D0987883

NEPAL-TIBET

van reizigers voor reizigers

TRTTER

NEPAL-TIBET

De wereld houdt niet op met draaien. Een wereldreiziger is de eerste om dat te beamen. Hoewel men geen inspanningen gespaard heeft om al de gegevens in deze gids uitgebreid te testen en te actualiseren, is het niet uitgesloten dat je ter plaatse vaststelt dat bepaalde gegevens in deze gids toch al opnieuw gewijzigd zijn. Veel adressen en suggesties in de Trotters zijn bovendien wat 'fragiel', juist omdat ze zo sympathiek en verrassend zijn. We zouden het daarom bijzonder op prijs stellen als je ons op de hoogte brengt van eventuele wijzigingen, zodat we de eerstvolgende herdruk op een correcte manier kunnen aanpassen. Dank bij voorbaat. Ons adres:

TROTTER

Uitgeverij Lannoo
Kasteelstraat 97
B-8700 Tielt

Lannoo Nederland
Postbus 614
6800 AP Arnhem

E-MAIL: TROTTER@LANNOO.BE
WWW.TROTTERCLUB.COM

De prijscategorieën die in de Trottergidsen worden gebruikt, zijn steeds afgestemd op het land. Als je in een goedkoop hotelletje ongeveer € 25 betaalt, behoort een hotel waar je € 75 neertelt uiteraard tot de dure prijsklasse. De uitgever kan niet aansprakelijk worden gesteld voor eventuele fouten of de gevolgen ervan.

VERTALING Petra Vancaneghem
REISINFO VLAANDEREN EN NEDERLAND WEGWIJZER, Brugge
OMSLAGONTWERP Studio Jan de Boer / Helga Bontinck
ONTWERP BINNENWERK Studio Lannoo
OMSLAGFOTO © Corbis / Angelo Cavalli / Nepalese vrouw uit Bhaktapur
OORSPRONKELIJKE TITEL Le Guide du Routard – Népal-Tibet
OORSPRONKELIJKE UITGEVER Hachette, Paris
DIRECTEUR Philippe Gloaguen
STICHTERS Philippe Gloaguen en Michel Duval
HOOFDREDACTEUR Pierre Josse
ADJUNCTREDACTEUREN Benoît Lucchini en Amanda Keravel
REDACTEUREN Olivier Page, Véronique de Chardon, Isabelle Al Subaihi, Anne-Caroline Dumas, Carole Bordes, André Poncelet, Marie Burin des Roziers, Thierry Brouard, Géraldine Lemauf-Beauvois, Anne Poinsot, Mathilde de Boisgrollier, Gavin's Clemente-Ruïz, Alain Pallier en Fiona Debrabander

WWW.LANNOO.COM

D/2008/45/355 - ISBN 978 90 209 7560 4 – NUR 517

IN DE TROTTERREEKS VERSCHENEN

INHOUD

NEPAL

VEELGESTELDE VRAGEN

WAT JE ZEKER NIET MAG MISSEN

NEPAL PRAKTISCH

MENS, MAATSCHAPPIJ, NATUUR EN CULTUUR

NEPAL

TIBET

VEELGESTELDE VRAGEN

WAT JE ZEKER NIET MAG MISSEN

TIBET PRAKTISCH

MENS, MAATSCHAPPIJ, NATUUR EN CULTUUR

TIBET

REIZEN NAAR NEPAL EN TIBET

TRANSPORT NAAR NEPAL

Neem contact op met de reisagent of surf naar de websites van volgende maatschappijen:
- **Brussels Airlines:** www.brusselsairlines.com.
- **KLM:** www.klm.com.
- **Jet Airways:** www.jetairways.com.
- **Air India:** www.airindia.com.
- **Air Sahara:** www.ichat.dhakdhak.com/airsahara.
- **China Airlines:** www.china-airlines.com.
- **Cathay Pacific Airways:** www.cathaypacific.com.
- **Malaysia Airlines:** www.malaysiaairlines.com.
- **Singapore Airlines:** www.singaporeair.com.
- **Thai Airways:** www.thaiair.com.
- **Qatar Airways:** www.qatarairways.com.
- **Air France:** www.airfrance.be en www.airfrance.nl.
- **Finnair:** www.finnair.com.
- **Lufthansa:** www.lufthansa.com.
- **British Airways:** www.britishairways.com.
- **Etihad Airways:** www.etihadairways.com.
- **Gulf Air:** www.gulfair.com.
- **Royal Nepal Airlines:** www.royalnepal.com.
- **Biman Bangladesh Airlines:** www.bimanair.com.

TRANSPORT NAAR TIBET

Neem contact op met de reisagent of surf naar de websites van volgende maatschappijen:
- **Brussels Airlines:** www.brusselsairlines.com.
- **KLM:** www.klm.com.
- **China Eastern Airlines:** www.ce-air.com.
- **China Southern Airlines:** www.csair.nl.
- **Hainan Airlines:** www.hnair.com.
- **Cathay Pacific Airways:** www.cathaypacific.com.
- **Malaysia Airlines:** www.malaysiaairlines.com.
- **Singapore Airlines:** www.singaporeair.com.
- **Thai Airways:** www.thaiair.com.
- **Qatar Airways:** www.qatarairways.com.
- **Air France:** www.airfrance.be en www.airfrance.nl.
- **Finnair:** www.finnair.com.
- **Lufthansa:** www.lufthansa.com.
- **British Airways:** www.britishairways.com.
- **Etihad Airways:** www.etihadairways.com.
- **Air China:** www.airchina.com.cn.

NUTTIGE ADRESSEN VOOR NEPAL

In België

- **Ambassade van Nepal:** Brugmannlaan 210, 1050 Brussel. 02 346 26 58.
Fax: 02 344 13 61. • embn@skynet.be • www.nepalembassy.be.
- **Consulaat van Nepal:** Mechelsesteenweg 212, 2018 Antwerpen. 03 293 00 66.
Fax: 03 293 00 77. • Nepal@pandora.be • www.nepal.be.
- **Wegwijzer Reisinfo:** Beenhouwersstraat 9, 8000 Brugge. 050 33 75 88.
• info@wegwijzer.be • www.wegwijzer.be. Onafhankelijk reisinformatiecentrum
met leeszaal (reisgidsen, tijdschriften, kaarten, reisverslagen). Uitgever van het ma-
gazine *Reiskrant*. Organisator van evenementen (reizigers informeren reizigers).
- **Belasia vzw:** Koning Albertstraat 48, 1785 Merchtem. en fax: 052 37 47 97.
• belasia@telenet.be • www.belasia.be. Vereniging ter bevordering van de sociale,
culturele en economische relaties met Aziatische landen. Organisator van de jaarlijkse Asia Fair.
- **Wereldmediahuis:** Vlasfabriekstraat 11, 1060 Brussel. 02 536 19 77.
Fax: 02 536 19 34. • www.mo.be, Uitgever van *MO*Magazine*, *MO*Papers* en *e-MO**.
- **AVCIV - Vlaams Centrum voor Inheemse Volken:** • martinaroels@skynet.be
• www.vciv.be.
- **ABNFA - Belgium Nepal Friendship Association:** Veldkantstraat 343, 1850 Grim-
bergen. T 02 251 44 77. Fax: 02 252 50 68. • Roger@green-lotus-trekking.com.
- **Bikas Belgium Nepal Association:** Pronkerwtlaan 173, 1120 Brussel. 03 230 57 49.
• http://users.skynet.be/bikas en • www.bikas.be.

In Nederland

- **Consulaat van Nepal:** Keizersgracht 463, 1017 DK Amsterdam. 020 624 15 30.
Fax: 020 624 61 73. • consulate@nepal.nl • www.nepal.nl.
- **Vereniging Nederland-Nepal:** Courbetstraat 20-I, 1077 ZT Amsterdam.
020 662 29 24. • www.nepal-vnn.nl.
- **Nepal Development Academy:** Oudwijkerdwarsstraat 110, 3581 LH Utrecht.
030 231 11 24. Fax: 030 231 05 51. • www.nepal-academy.nl.
- **Himalaya Magazine:** Postbus 76, 8090 AB Wezep. • info@himal.nl • www.himal.nl.
- **Royal Tropical Institute:** Postbus 95001, 1090 HA Amsterdam. 020 568 87 11 (alge-
meen nummer). Fax: 020 668 45 79. • www.kit.nl. Bezoekadres: Mauritskade 63.
- **Nederlands Centrum voor Inheemse Volken:** Postbus 94098, 1090 GB Amster-
dam. 020 693 86 25. Fax: 020 665 28 18. • info@nciv.net • www.nciv.net.
- **Oxfam-Novib:** Postbus 30919, 2500 GX Den Haag. 070 342 17 77. Fax: 070 361 44 61.
• www.oxfamnovib.nl. Ontwikkelingsorganisatie en uitgever.
- **Stichting Fair Tourism:** • www.fairtourism.nl. Actief op het gebied van duurzaam
toerisme.
- **Informatie Verre Reizen V.O.F.:** Postbus 1504, 6501 BM Nijmegen. 024 355 25 34.
Fax: 024 355 24 73 • www.tegastin.nl. Uitgever van publicaties met betrekking tot
verre bestemmingen.
- **Azië Magazine:** Strinsestraat 100, 5241 AZ Rosmalen. 073 521 88 01.
Fax: 073 521 88 42. • info@aziemagazine.nl • www.aziemagazine.nl. Oriënterend
reismagazine.

NUTTIGE ADRESSEN VOOR TIBET

In België

- **Ambassade van de Volksrepubliek China:** Tervurenlaan 463, 1160 Oudergem. ☎ 02 779 43 33. • www.chinaembassy-org.be.
- **Consulaat van de Volksrepubliek China:** Vorstlaan 400, 1160 Oudergem. ☎ 02 663 30 01.
- **Tibetaans Instituut:** Kruispadstraat 33, 2900 Schoten. ☎ 03 685 09 19. Fax: 03 685 09 91. • www.tibetaans-instituut.org.
- **Vrienden van Tibet:** • http://tibet.skynetblogs.be.
- **Wegwijzer Reisinfo:** Beenhouwersstraat 9, 8000 Brugge. ☎ 050 33 75 88. • info@wegwijzer.be • www.wegwijzer.be. Onafhankelijk reisinformatiecentrum met leeszaal (reisgidsen, tijdschriften, kaarten, reisverslagen). Uitgever van het magazine *Reiskrant*. Organisator van evenementen (reizigers informeren reizigers).
- **Belasia vzw:** Koning Albertstraat 48, 1785 Merchtem. ☎ en fax: 052 37 47 97. • belasia@telenet.be • www.belasia.be. Vereniging ter bevordering van de sociale, culturele en economische relaties met Aziatische landen. Organisator van de jaarlijkse Asia Fair.
- **Wereldmediahuis:** Vlasfabriekstraat 11, 1060 Brussel. ☎ 02 536 19 77. Fax: 02 536 19 34. • www.mo.be. Uitgever van *MO* Magazine*, *MO* Papers* en *e-MO**.
- **VCIV – Vlaams Centrum voor Inheemse Volken:** • martinaroels@skynet.be • www.vciv.be.

In Nederland

- **Ambassade van de Volksrepubliek China:** Willem Lodewijklaan 10, 2517 JT Den Haag. ☎ 070 306 50 91. Fax: 070 355 16 51. • chinaemb_nl@mfa.gov.cn • www.chinaembassy.nl/chn/.
- **Consulaat van de Volksrepubliek China:** Willem Lodewijklaan 10, 2517 JT Den Haag. ☎ 070 306 50 90. • consular@chinaembassy.nl.
- **Tibet Support Group Nederland:** De Wittenstraat 25, 1052 AK Amsterdam. ☎ 020 623 76 99. Fax: 020 420 22 08. • www.tibet.nu. Bezoek op afspraak.
- **Tibetwinkel:** Spuistraat 185a, 1012 VN Amsterdam. ☎ 020 420 54 38. • www.tibetwinkel.nl.
- **Royal Tropical Institute:** Postbus 95001, 1090 HA Amsterdam. ☎ 020 568 87 11 (algemeen nummer). Fax: 020 668 45 79. • www.kit.nl. Bezoekadres: Mauritskade 63.
- **Nederlands Centrum voor Inheemse Volken:** Postbus 94098, 1090 GB Amsterdam. ☎ 020 693 86 25. Fax: 020 665 28 18. • info@nciv.net • www.nciv.net.
- **Oxfam-Novib:** Postbus 30919, 2500 GX Den Haag. ☎ 070 342 17 77. Fax: 070 361 44 61. • www.oxfamnovib.nl. Ontwikkelingsorganisatie en uitgever.
- **Stichting Fair Tourism:** • www.fairtourism.nl. Actief op het gebied van duurzaam toerisme.
- **Informatie Verre Reizen V.O.F.:** Postbus 1504, 6501 BM Nijmegen. ☎ 024 355 25 34. Fax: 024 355 24 73. • www.tegastin.nl. Uitgever van publicaties met betrekking tot verre bestemmingen.
- **Azië Magazine:** Striensestraat 100, 5241 AZ Rosmalen. ☎ 073 521 88 01. Fax: 073 521 88 42. • info@aziemagazine.nl • www.aziemagazine.nl. Oriënterend reismagazine.

In Nepal
- **Consulaat van België:** Bhagawan Bahal, Thamal, Amrit Marg 643/26, PO Box 3022, Kathmandu. ☎1 441 37 32. Fax: 1 441 03 30. ●diplobel@wlink.com.np.
- **Consulaat van Nederland:** Bakhundole Height, Lalitpur, P.O. Box 1966, Kathmandu. ●consulate@snv.org.np ●www.netherlandsconsulate.org.np.

In China
- **Ambassade van België in Beijing:** 6 San Li Tun Lu, Beijing 100060. ☎010 65 32 17 36. Fax: 010 6532 5097. ●www.diplomatie.be/beijing.
- **Ambassade van Nederland in Beijing:** Liangmahe Nanlu 4, Beijing 100600. ☎010 8532 0200. Fax: 010 85 32 03 00. ● pek@minbuza.nl ● www.hollandinchina.org/nl/peking/intro.htm.

DOCUMENTEN VOOR NEPAL
- Een reispas en een visum zijn vereist. Zorg ervoor dat de pas nog minstens zes maanden geldig is. Het visum is verkrijgbaar in de consulaten van Nepal in België en Nederland. Daar kun je ook terecht voor informatie over trekking permits. Ook kinderen moeten een reispas en visum hebben.
- Ben je minderjarig, zorg er dan voor dat je een schriftelijke toestemming van je ouders of voogd op zak hebt (in het Engels). Het bewijs moet door de gemeentediensten van je woonplaats gelegaliseerd worden.
- Reizigers die niet de Belgische of Nederlandse nationaliteit hebben, nemen contact op met de ambassade in België of Nederland.

DOCUMENTEN VOOR TIBET
- Een reispas en visum zijn vereist. Zorg ervoor dat de pas nog minstens zes maanden geldig is bij vertrek uit China. Het visum is verkrijgbaar in de ambassades van China in België en Nederland. Hou hiervoor enkele lege bladzijden in de reispas beschikbaar. Het visum is drie maanden geldig. Ook kinderen moeten een reispas en visum hebben.
- Ben je minderjarig, zorg er dan voor dat je een schriftelijke toestemming van je ouders of voogd op zak hebt (in het Engels). Het bewijs moet door de gemeentediensten van je woonplaats gelegaliseerd worden.
- Reizigers die niet de Belgische of Nederlandse nationaliteit hebben, nemen contact op met de ambassade in België of Nederland.

INTERNATIONALE STUDENTENKAART
In België
- **Connections:** Connections Travel Shops in Aalst, Antwerpen, Brasschaat, Brugge, Brussel Centrum, Brussel VUB, Brussel Schuman, Brussel Luchthaven, Drogenbos, Gent, Gent Expo, Hasselt, Leuven, Mechelen, Mortsel, Nossegem, Oostende, Roeselare, Sint-Niklaas, Turnhout, Waterloo. Callcenter: ☎070 23 33 13. ●www.connections.be

In Nederland
- **KILROY travels Netherlands:** Singel 413, 1012 WP Amsterdam. ☎0900 0400 636. ●www.kilroytravels.nl. Er zijn ook kantoren in Utrecht en Groningen.

- JoHo: Stille Rijn 8-9, 2312 DE Leiden. ☎ 071 513 13 57. ● info@joho.nl ● www.joho.nl. Er zijn ook kantoren in Amsterdam, Rotterdam en Groningen.

Het is geen slecht idee om van al je belangrijke documenten (identiteitskaart, rijbewijs, verzekeringspolis, vliegtuigbiljet...) een fotokopie mee te nemen op reis. Bewaar de fotokopieën niet op dezelfde plaats als de originele documenten.

NEDERLANDSTALIGE STARTPAGINA'S
Startpagina's Nepal
● http://nepal.startpagina.nl.
● http://nepal.startkabel.nl.
● www.landenweb.net/nepal.

Startpagina's Tibet
● http://tibet.pagina.nl.
● http://tibet.startkabel.nl.

NEPAL EN TIBET VERLATEN

NEPAL VERLATEN

Kom niet de avond voor je terugvlucht in Kathmandu aan, je hebt een strijd van enkele dagen voor de boeg.

- Voor internationale vluchten betaal je een luchthaventaks van 1700 NPR (ongeveer € 21, enkel te betalen in Nepalese roepies). Voor een vlucht naar India betaal je 1400 NPR (€ 17,50). In de luchthaven is er een bankautomaat. Vertrouw er liever niet op en zorg dat je het juiste bedrag al bij hebt.

- Heb je nog Nepalese roepies over, dan kun je tot 10 % van de som, die je tijdens je verblijf hier hebt gewisseld, op het wisselkantoor van de luchthaven terug inwisselen voor dollars of euro's. Je hebt je bankbewijsjes nodig.

- De duty free shop is vrij goed bevoorraad.

ENKELE TIPS VOOR EEN GOED VERTREK
Houd je vliegticket al bij de hand als je op de luchthaven aankomt. Dit blijkt een tovermiddel te zijn. Eerste security check voor je bagage. Rechts naast de ingang ligt de Nabil Bank, waar je de taks betaalt volgens je bestemming (zie prijzen hierboven). Daarna ga je naar de balie van de luchtvaartmaatschappij.

NAAR INDIA
Met het vliegtuig
De beste oplossing: eerst en vooral omdat het snel is, logisch, maar ook omdat je een prachtig uitzicht hebt over de Himalaya (als de hemel helder is).

☒ **Naar Delhi:** met Nepal Airlines, Jet Airways, Indian Airlines, Druk Air en Air Sahara, dagelijkse vluchten. Duurtijd: 1 uur 45 minuten. Indian Airlines en Nepal Airlines geven een korting aan wie jonger is dan 30. Vraag een zitje links, dan zie je de bergen beter.

⊠ **Naar Kolkata (Calcutta):** met *Indian Airlines*, verschillende vluchten per week. Duurtijd: anderhalf uur.

Over de weg

Aan de grens van Nepal met India zijn er zo'n tien grensposten. De helft daarvan is om veiligheidsredenen gesloten. Bhairava (het handigst), Kakarbhitta, Nepalganj, Dhangadhi en Mahendraganar zijn altijd open.

De agentschappen, die tickets voor bus en trein naar alle bestemmingen in India verkopen, met reservatie van ligplaatsen, zijn betrouwbaar als je drie tot vier dagen vooraf langsgaat. Je krijgt je treinticket in Kathmandu zelf of anders van een contactpersoon aan de grens. Zo kom je niet voor enkele dagen vast te zitten in een Indiase stad omdat je geen ligplaats hebt, vooral op de trein naar Mumbai (Bombay) of Madras, die vaak overvol zit.

Aan de grenspost van Bhairava (Nepal)-Sonauli (India) kun je verder reizen naar **Benares** (Varanasi) en **Delhi**.

Je kunt in Kathmandu de bus nemen aan het *Central Bus Park (buiten plattegrond via B1)* in Gongabu naar **Bhairava**. Reistijd ongeveer 8 uur. In Pokhara, aan het oude *busstation (algemene plattegrond Pokhara, B3, 1)*, vertrekken de bussen ontiegelijk vroeg naar Bhairava (8 tot 9 uur rijden).

- **Naar Benares:** in principe overnacht je in Sonauli (grauwe Indische grensstad), waar je 's ochtends op de rechtstreekse bus naar Benares stapt. Reken op 7 uur van Sonauli naar Benares. Neem geen trein, je moet drie tot vier keer overstappen.

- **Naar Delhi:** ieder uur een bus van Sonauli naar Gorakhpur, overstappen op de trein. 7 tot 8 afreizen/dag, aankomst 15-16 uur later.

- **Naar Darjeeling:** neem de *Super Expressbus* (kantoor op Kicha Pokhari in Kathmandu) naar Kakarbhitta, oostelijke grensstad. Trek 20 uur uit voor dit traject. Reserveer de avond voordien, kies bij voorkeur een zitje vooraan, daar heb je het minst last van de hobbelige weg en het lage dak van de bus. In Kakarbhitta neem je de bus naar Siliguri, daarna naar Darjeeling (4 uur met de bus of de Land Rover).

- **Naar Patna:** via de grenspost Birganj (Nepal)-Raxaul (India). Je kunt in Kathmandu (*Central Bus Park*) ook de bus naar Birganj nemen. Regelmatig vertrek 's ochtends. Ga uit van 10 uur rijden voor 200 km. Reserveer de avond voordien voor de volgende ochtend. Het landschap is indrukwekkend. In Birganj steek je de grens te voet over naar de grenspost van Raxaul. Dagelijks bussen naar Patna.

NAAR TIBET

Formaliteiten

Let op! Heb je in Europa al een visum voor China aangevraagd, met het oog op je reis naar Tibet, dan zul je daar hier niks aan hebben. Je hebt een groepsvisum nodig. Dus je moet via een agentschap gaan om van Nepal naar Tibet te kunnen reizen. Wil je daarna doorreizen naar China, dan wordt het nog wat ingewikkelder. Voor meer informatie, zie hoofdstuk Tibet, rubriek 'Hoe kom je er vanuit Nepal? Formaliteiten'.

- **Agentschappen in Kathmandu die reizen naar Tibet organiseren:** *Glacier Safari Treks, Nepal Trekking et Expéditions, Montagnes du Monde, Nepal Ecology Treks, Exotic Treks and Expeditions, Celtic Trekking Adventure.* Voor meer info over deze agentschappen, zie rubriek 'Nuttige adressen' bij Kathmandu.

Met het vliegtuig

De makkelijkste manier. Het spectaculaire uitzicht op de Everest en de Himalaya is prachtig. Ondanks de aanhoudende geruchten over vluchten die het hele jaar door zullen kunnen worden geboekt, blijft de internationale verbinding met het land nog steeds seizoensgebonden. Juni-oktober: dagelijkse vluchten. De rest van het jaar: 2 tot 4 vluchten/week. Omwille van problemen die we hoger al hebben besproken (visum...), ga je langs bij een gespecialiseerd agentschap.

Over de weg

Om via de *Friendship Highway* de 900 km tussen Kathmandu en Lhasa te overbruggen, heb je drie dagen nodig, maar het zou jammer zijn hier niet vijf of zelfs acht dagen voor uit te trekken.

De agentschappen in Kathmandu organiseren korte reisjes à la carte van minder dan een week (minstens drie dagen). Dit betaal je vrij duur, maar het blijft nog steeds goedkoper dan vanuit België of Nederland iets te organiseren. Je kunt ook aansluiten bij een van de vele groepsreizen (meestal op dinsdag en zaterdag), met mensen uit alle windstreken, samengebracht door de reisagentschappen. Enkele van deze trajecten zijn heel goedkoop. De dienstverlening verloopt natuurlijk wel evenredig met de prijs.

De weg is in veel betere staat dan vroeger. Maar door de hoogte en het stof, wanneer de weg overgaat in een onverharde weg, blijft het vermoeiend. Je kunt hoogteziekte krijgen wanneer je de drie tot vijf toppen boven 5000 m oversteekt. Voorzie de nodige middelen hiervoor (zie rubriek 'Gezondheid'). Let wel op, in principe is de Friendship Highway het hele jaar door open, maar overstromingen tijdens het regenseizoen (juli-augustus) of sneeuw tijdens de winter (januari, februari) kunnen het verkeer stilleggen of vertragen.

- **Voorstel voor een reis van 8 dagen:** Nyalam, Tingri, basiskamp van de Everest, Shegar, Sakya, Shigatse, Gyantse en Lhasa.

Te voet of met de fiets

Je kunt ook met de mountainbike naar Tibet, of zelfs te voet. Je moet minstens met vijf zijn voor je visum en om de grens over te steken. Fietsers worden niet meer gecontroleerd, omdat er steeds meer zijn (gespecialiseerde agentschappen organiseren tal van expedities). Vraag inlichtingen bij een agentschap.

TIBET VERLATEN

MET HET VLIEGTUIG

Je betaalt geen luchthavenbelasting, die is al in de prijs van je ticket inbegrepen.

Om van de hoofdstad naar de luchthaven 机场 (of Jichang) te gaan, kun je dagelijks een van de 3 tot 4 bussen nemen aan de kantoren van de *CAAC*, van 6.00 tot 17.00 u. ☎ 0891 63 33 31. Reken op 25 ¥ (€ 2,50) en een reistijd van een uur. Je betaalt 150 ¥ (€ 15) voor een taxi (tot vier personen).

- **CAAC (algemene plattegrond Lhasa, C1, 19):** Nangre Beilu 88. ☎ 68 38 609. 400 m ten noorden van het hoofdpostkantoor. Dagelijks geopend van 9.00 tot 20.30 u (tot 19.30 u in de winter). Alle maatschappijen die op Lhasa vliegen, hebben hier een balie, bij de kantoren van de burgerluchtvaart. Verrassing, in dit moderne gebouw zit een informatiedienst waar je heel vriendelijk en in het Engels wordt geholpen. Je wordt er de weg gewezen naar de juiste luchtvaartmaatschappij en je krijgt een lijst met beschikbare vluchten. Maar daarna wordt het moeilijker: aan een van de loketten vul je een formulier in, met een souche ga je naar de kassa achteraan rechts (je kunt er enkel contant betalen). Is dat in orde, dan keer je terug naar het eerste loket voor je ticket. Behalve voor wijzigingen, terugbetalingen of klachten richt je je beter tot een ernstig agentschap zoals *Shigatse Travels* of je hotel. Zo win je tijd, je betaalt eventueel wel een kleine commissie.

Naar China

Het hele jaar door dagelijks vluchten, onder andere naar **Chengdu** (1 uur 40 minuten), **Beijing** via Chengdu (4 uur 45 minuten), **Kunming** (Yunnan).

Naar Nepal

Twee tot drie vluchten per week naar **Kathmandu** (1 uur 20 minuten), enkel van april tot oktober.

MET DE TREIN

Vertrek naar China: dagelijks naar Beijing (4064 km), om de twee dagen naar Chengdu (3360 km), Chongqing (3654 km), Lanzhou (2188 km) en Xining (1972 km).

OVER DE WEG

Opgelet, om in bepaalde gevoelige grensgebieden rond te reizen (zoals het westen, aan de grens met India), heb je een speciale vergunning nodig. Vraag inlichtingen bij de PSB (zie de rubriek hierover in 'Tibet praktisch').

Er zijn echter steeds meer mensen die nu (en al veel langer) in Lhasa vertrekken zonder deze vergunning. Naar Nepal, dat is logisch, maar ook naar *off-limitgebieden* zoals de provincies Sichuan of Yunnan in China. Er gaat 's zomers geen week voorbij in het grensstadje Zhongdian zonder dat een groepje clandestien vanuit Tibet aankomt, al liftend of met de fiets. Ze steken 's nachts de checkpoints van de politie over en vermijden te drukke hotels, zodat ze niet gevat worden. Dat bemoeilijkt natuurlijk alleen maar je reis. De straf als je wordt gesnapt, kan verschillen: een boete (minstens 300 ¥, € 30), je kunt onmiddellijk terug worden gestuurd of, echt waar, je krijgt een berisping en je mag gaan. Het blijft echter een avontuur, met alle risico's vandien (weer, hoogte, afzondering) (zie rubriek 'Tibet. Reizen naar Tibet. Over de weg' in het hoofdstuk 'Tibet praktisch').

Naar China

- **Naar Golmud:** 1165 km teerweg, naast de nieuwe spoorweg... Er vertrekken dagelijks verschillende bussen in Lhasa. Ga uit van een reistijd van 22 uur. Er wordt ook reclame gemaakt voor privémaatschappijen die deze verbinding verzorgen (zie *jeugdherberg Dongcuo* in Lhasa). Controleer of het wel degelijk om voertuigen met ligplaatsen gaat.
- **Naar Nentung, Dungching, Sheyan, Landu, Sheying en Chengdu:** een bus per dag vanuit Lhasa.
- **Naar Chamdo:** om de twee dagen.

Naar Nepal

Voor een expresverbinding naar Kathmandu heb je geen pasje nodig. Je kunt samen reizen met andere toeristen, al liftend of met de bus.

Zie in het hoofdstuk 'Tibet' het stukje over de *Friendship Highway* en het oversteken van de grens.

- **Naar Kathmandu:** op heel onregelmatige tijdstippen vertrekt een grote, comfortabele bus in Lhasa, richting Kathmandu, een reis van drie dagen. Inlichtingen aan het hoofdbusstation, aan het loket 'International Regular Bus Lhassa-Kathmandu'. Ook voor buitenlanders. De dienst wordt het hele jaar door verzorgd, behalve wanneer de weg is afgesloten. De vertrektijden kunnen variëren.

VEELGESTELDE VRAGEN

- Welke papieren heb ik nodig?
Een paspoort dat nog minstens 6 maanden geldig is vanaf het moment dat je uit Nepal terugkeert. Aan te vragen in België of Nederland of, gemakkelijker, bij aankomst in Kathmandu.

- Wat is het beste seizoen om het land te bezoeken?
Van oktober tot mei. Trekkers vermijden beter een klim op grote hoogte in januari en februari. Er ligt op dat moment te veel sneeuw.

- Welke inentingen zijn aangeraden?
De klassieke inentingen (tetanus, polio, difterie) en hepatitis (A en B).

- Wat is het tijdsverschil?
In de winter bedraagt het tijdsverschil 4 uur 45 minuten, in de zomer is dat een uurtje minder. Wanneer het middag is in Brussel of Amsterdam, is het 's winters dus 16.45 u en 's zomers 15.45 u in Nepal.

- Is het leven er duur?
Neen, het is er zelfs heel goedkoop. Neem je genoegen met eenvoudig comfort, dan kun je makkelijk rondkomen met € 10 per persoon per dag, maaltijden en overnachting inbegrepen.

- Kun je met kinderen naar Nepal reizen?
Nepal is een aangenaam land om met kinderen te bezoeken. Houd je gewoon aan enkele basisregels omtrent hygiëne. Als je ook de politieke gebeurtenissen van de voorbije periode in het achterhoofd houdt, weet je dat je beter eerst inlichtingen inwint over de veiligheid in het land als je een kort verblijf met kinderen plant.

- Wat is de beste manier om je in het land te verplaatsen?
Toeristenpendelbussen en luxebussen voor de belangrijkste plaatsen. Vermijd de lokale bussen, vooral 's nachts (vaak gebeuren er ongelukken). Een auto met chauffeur huren is een ideale oplossing als je met een groepje reist.

- Waar kun je het goedkoopst logeren?
In de kleine guesthouses, vanaf € 3 voor wie zijn eisen niet te hoog legt.

- Welke sporten kun je er beoefenen?
Trekking natuurlijk! Maar ook mountainbiken, rafting, canyoning, golfen, parapenten en bungeejumping...

- Moet je getraind zijn om op trektocht te gaan?
De gemakkelijke tot matige trektochten zijn goed te doen als je lichamelijk in goede conditie bent, een speciale training is niet nodig. Voor de moeilijkere trektochten (boven een hoogte van 4000 m en langer dan twee weken) moet je lichamelijk en mentaal echt wel goed voorbereid zijn.

WAT JE ZEKER NIET MAG MISSEN

- Wees erbij wanneer **Durbar Square in Kathmandu**, met zijn paleizen, pagodes, standbeelden wakker wordt. De schoonheid wordt nog versterkt door de geuren, ge-

luiden en levendigheid van de gelovigen die hier in de vroege ochtend al naartoe zijn gekomen.

- Volg onze **ongewone wandeling in Kathmandu**, die vertrekt op Durbar Square. Ontdek enkele van de verborgen pareltjes van de hoofdstad en ga zelf op zoek naar andere mooie plekjes.

- Ontmoet op je trektocht **inwoners van de bergdorpen**.

- Wandel rond op **Durbar Square in Patan**, ook wel de 'stad met duizend gouden daken' genoemd.

- Overnacht in de koninklijke hoofdstad **Bhaktapur**, een van de mooiste steden in de vallei van Kathmandu. Snuif de rust op bij valavond en 's ochtends vroeg voor de toeristen aankomen.

- Bezoek de **musea van Pokhara**, leerrijk, mooi voorgesteld en miskend...

- Bezoek de **dorpen van de Tibetaanse vluchtelingen**, verspreid over het hele land. Zo begrijp je beter hun leefomstandigheden en kun je hun handwerk bewonderen.

- Neem voldoende tijd om de **plaatselijke marktjes** te ontdekken, koop thee en kruiden.

NEPAL

- Neem deel aan een **lokaal feest** (er zijn er voldoende tijdens het hoogseizoen), heel kleurrijk en leerrijk.
- Probeer een van de **plaatselijke specialiteiten:** de onvermijdelijke *dal bath*, de yoghurt uit Bhaktapur, *lassi* of *nepali tea*...
- Trek **het prachtige natuurreservaat het Chitwanpark** in de Terai in. Hier wonen neushoorns, damherten, apen en heel wat vogels.
- Leer meer over **het hindoeïsme en het boeddhisme**. Houd rekening met de Nepalese eigenheden, ondanks de sterke invloed van de Indiase en Tibetaanse buren.
- **Bereid je voor op een trektocht**, bezoek de landbouwersdorpen in de vallei van Kathmandu: Pharping, Dakshin Kali, Pashupatinath, Changu Narayan... Rustige wandelingen voor je...
- **je tot Helambu waagt** voor een prachtige trektocht van een week, op een hoogte van 3400 m, niet te moeilijk en niet druk. Een unieke manier om dicht bij de boeren te komen die op de rijstvelden werken en de Sherpadorpen te ontdekken.

NEPAL PRAKTISCH

ABC VAN NEPAL
- **Hoofdstad:** Kathmandu.
- **Oppervlakte:** 147.180 km².
- **Hoogste punt:** de Mount Everest (8850 m).
- **Bevolking:** 29.000.000 inwoners.
- **Bevolkingsdichtheid:** 190 inw./km².
- **Gemiddelde levensverwachting:** 60 jaar.
- **Munteenheid:** Nepalese roepie.
- **Taal:** Nepali (officiële taal), Maithili, Bhojpuri (Hindidialecten), Newari...
- **Staatshoofd:** Girija Prasad Koirala
- **Gemiddeld maandelijks inkomen:** 4000 NPR (€ 47).

BAGAGE
Ga je niet op trektocht of wil je een deel van je bagage in het hotel in Kathmandu achterlaten als je dat wel doet, zorg dan voor een stevig koffer met hangslot. Op je trektocht daarentegen neem je beter een plunjezak mee, die kan tegen een stootje en is makkelijker voor de dragers. Je persoonlijke zaken (fototoestel, trui, water, zonnebrandcrème...) berg je best op in een kleine rugzak. Bekijk de tabel in rubriek 'Klimaat' als je je rugzak pakt. Neem niet te veel mee (voor binnenlandse vluchten is het gewicht beperkt tot 15 kg per persoon). Overal in Kathmandu en Pokhara vind je bovendien leuke goedkope kledij.

Zelfs al ga je niet op trektocht, dan nog zijn stevige, gesloten schoenen onontbeerlijk. Ook op je trektocht door de stad kan het soms glad en vuil zijn! Een windjekker en een paraplu zijn ook mooi meegenomen. Je kunt ze overal voor een paar roepie kopen.

Pak een volledig medicijntasje in (zie rubriek 'Gezondheid'), neem fotokopieën van al je documenten, zorg voor een ronde zaklantaarn (je vindt enkel ronde batterijen in Nepal), waskaarsen of oordopjes, een zakmes en zonnebrandcrème. Ga je op trektocht, lees dan ook eens de overeenkomstige rubriek.

BUDGET
Nepal is een vrij goedkoop land om rond te trekken, zelfs al zijn de kosten van levensonderhoud de laatste jaren sterk gestegen.

Logies
Voor een eenvoudige kamer betaal je ongeveer 250 NPR (€ 3) per dag en per persoon. Voor die prijs heb je vaak een kamer met badkamer. Je kunt nog goedkopere kamers vinden, maar dan is het comfort er spartaans, de netheid laat vaak te wensen over.

Ons klassement:
- **Goedkoop:** van 150 tot 500 NPR (€ 1,80 tot 6) voor een tweepersoonskamer.
- **Vrij goedkoop:** van 500 tot 1000 NPR (€ 6 tot 12).
- **Doorsneeprijs:** van 1000 tot 2000 NPR (€ 12 tot 24).
- **Luxueus:** van 2000 tot 4000 NPR (€ 24 tot 47).
- **Heel luxueus:** meer dan 4000 NPR (€ 47).

In heel wat etablissementen heb je kamers aan verschillende prijzen naargelang het comfort. We hebben de kamers gerangschikt volgens de vaakst gebruikte prijzen. Je kunt bijna altijd onderhandelen over de prijzen aan de receptie, in het bijzonder in Kathmandu en Pokhara waar het aanbod heel ruim is.
In de luxeuze hotels tel je nog eens 13 % overheidsbelasting op.

Maaltijden

Moeilijk in te delen volgens precieze categorieën. De meeste restaurants hebben een ruime keuze aan gerechten en prijzen. Voor een maaltijd betaal je gemiddeld 200 tot 500 NPR (€ 2,40 tot 6).
- **Goedkoop:** van 150 tot 350 NPR (€ 1,80 tot 4,20).
- **Doorsneeprijs:** van 350 tot 800 NPR (€ 4,20 tot 9,50).
- **Luxueus:** meer dan 800 NPR (€ 9,50).

Net als bij de hotels betaal je ook hier 13 % extra in de iets luxeuzere restaurants. Een fooi bedraagt ongeveer 5 tot 10 % van de rekening. Controleer ze altijd goed, in sommige restaurants is het de gewoonte ze een beetje aan te dikken. De Nepalezen gaan ervan uit dat westerlingen de rekening betalen zonder ze na te rekenen.

Vindplaatsen en trektochten

Let op, in de vallei van Kathmandu moet je vaak betalen als je steden wilt bezoeken. Het record staat op naam van Bhaktapur, je betaalt 750 NPR (€ 9) per persoon! Zie rubriek 'Trektochten' voor vergunningen voor trektochten.

DRUGS

Voorbij, de tijd van de coole hippies die hun tijd verdeelden tussen Goa en Kathmandu, waardoor hun levensstijl op die van Engelse lords leek: Nice in de winter, Deauville in de zomer. Drugs zijn sinds 1973 verboden. Toch zijn er nog steeds verkopers die toeristen benaderen, vooral in de wijken Thamel in Kathmandu en Lake Side in Pokhara. Het gaat om hasj of wiet van slechte kwaliteit. De verkoper is al een goede graadmeter. In Pokhara kun je zelfs omelet met paddo's (paddestoelen met hallucinerende werking) eten. Let ook hier op voor de gevolgen...
Drugs hebben al heel wat schade aangericht bij de Nepalezen. Ze zijn niet meer tevreden met enkele joints, maar zijn echt verslaafd aan geïmporteerde harddrugs of nemen hun toevlucht tot lijm. Zelfs kleine kinderen snuiven op straat, bijvoorbeeld in Tridevi Marg aan de ingang van Thamel. Op de bus en de wandelpaden van de trektochten worden controles uitgevoerd. Je rugzak kan aan verschillende checkpoints door de politie doorzocht worden. Let dus goed op. Nepalese gevangenissen hebben niet zo'n goede reputatie...

ELEKTRICITEIT

De gebruikte netspanning is 220 volt. Gebruik je je eigen elektrische apparatuur, dan is een reisstekker handig meegenomen. De afstand tussen de aansluitklemmen is vaak verschillend. In Nepal valt de stroom regelmatig uit. Vergeet je zaklantaarn niet, je kunt die nogal eens nodig hebben in grote steden als Kathmandu of Pokhara. Je vindt in alle grote steden batterijen (enkel ronde).

Het kan raar lijken dat de gigantische hydro-elektrische reserve van Nepal niet voldoende is. Daar is echter een heel goede reden voor: Nepal heeft verschillende stuwdammen die het samen met India heeft gebouwd, maar dat land neemt meer dan de helft van de productie af, volgens de oude, vooruit bepaalde akkoorden.

FESTIVALS, FEESTEN EN FEESTDAGEN

In Nepal wordt vaak feestgevierd. De Dienst voor Toerisme geeft elk jaar een volledige kalender uit met alle festiviteiten. We geven hier enkel de belangrijkste. Je zult er nog heel wat zelf ontdekken, die samenhangen met de stand van de maan, equinox, verjaardagen van godheden of gewoon wanneer men er zin in heeft. Zaterdag is altijd vrij.

De belangrijkste feesten

Enkel de kalender van dit jaar is beschikbaar. Hierna volgen de data bij benadering voor 2008 en 2009. Vraag inlichtingen ter plaatse, de feesten kunnen een paar dagen verschoven worden.

- **Shiva Ratri (23 februari 2009):** in Pashupatinath. Spectaculair, met uitzonderlijk veel *sadhu*, bedelaars met lange haren en bedekt met as, die de god Shiva komen eren.
- **Losar (27 januari 2009):** Tibetaans Nieuwjaar. Wordt ook gevierd door de Sherpa, de Tamang en de Gurung. Zeker de moeite. In Bodnath en Swayambunath. Unieke gelegenheid om volledig opgetooide lama's te zien, met vlaggen en portretten van de dalai lama.
- **Nationale feestdag (19 februari 2009):** viering van de democratie na de revolutie van 1951 en de omverwerping van het Ranaregime. Parades, defilés, geschal, 's avonds vuurwerk. Doet dat je niet aan iets denken?
- **Holi Purnima of Fagu Purnima (11 maart 2009):** net als in India sluit dit feest ook hier het jaar af met de volle maan in de maand *phalgun*. Er wordt overal gekleurd poeder en water rondgestrooid. Kathmandu wordt een waar slachtveld. Dit feest is het excuus voor tal van wangebruiken. Je vermijdt best het stadscentrum op die dag. Trek zeker geen smoking aan als je nog een eindje wilt wandelen.
- **Nayabarsa of Bisket Jatra (2de of 3de week van april):** Nepalees Nieuwjaar. Heel indrukwekkend, in Bhaktapur duurt dit festival een hele week. Twee imposante wagens met op de eerste de goden Bhairav en Betal en op de tweede de god Ajima. De deelnemers gaan onderling een strijd aan. Ze trekken aan de touwen die de wagens leiden. Daarna worden ze naar beneden gestort, naar de rivier toe. Een mast van 25 m hoog wordt opgetrokken en de volgende dag begint de strijd opnieuw. Dan moet deze mast neergehaald worden. Het nieuwe jaar begint wanneer de mast op de grond ligt. In 1997 en 1998 brak hij in twee, een slecht voorteken voor het nieuwe jaar. Heel wat van de problemen, waarmee Nepal te maken krijgt, worden aan dit evenement toegeschreven. Al enkele jaren gebeuren tijdens dit festival tal van uitspattingen. De al-

cohol vloeit er rijkelijk: gooien met stenen, avondlijke gevechten met de politie zijn een gewoonte geworden. We raden je sterk af na het vallen van de avond nog buiten te komen.

- **Buddha Jayanti (20 mei 2008 en 4 mei 2009):** de verjaardag van de geboorte van Boeddha. In Patan en Bodnath maar nog meer in Swayambunath worden *tangkha* en zeldzame mandala's uitgehaald, die normaal gezien in het klooster worden bewaard. Kleurrijke dansen, uitgevoerd door de lama's.

- **Janaï Purnima (16 augustus 2008 en 7 augustus 2009):** bij volle maan gaat iedereen naar de tempel van Kumbeshwar in Patan. Voor brahmanen en leden van de hogere kaste is dit de dag waarop het heilige lint, dat zij dwars over hun lichaam dragen, wordt verwisseld. In Pashupati laten mensen een klein touwtje zegenen door de priesters, dat ze nadien rond hun pols knopen. Dit zou een geluksbrenger zijn. De buitenlanders die het feest meemaken, worden uitgenodigd dit ook te doen.

- **Gaï Jatra (3de of 4de week van augustus):** feest van de Koe, acht dagen lang. Wie het voorbije jaar een kind verloren heeft, loopt vermomd als koe door de straten. Voor wie een oudere verloren heeft, wordt een, vaak heel hoge, piramide in bamboe gebouwd, bedekt met katoen en een foto van de overledene. De hele familie draagt deze piramide mee. Dit festival, ter nagedachtenis aan een heel oude legende, is tegenwoordig een echt carnaval geworden, met politici als geliefd doelwit. Schitterend, niet te missen.

- **Krishnastami (23 augustus 2008 en 14 augustus 2009):** verjaardag van de geboorte van Krishna. Een bezoek aan Patan op die dag is warm aanbevolen. Een massa gelovigen, vooral vrouwen in hun mooiste rode ceremoniesari, brengen offergaven naar de Krishnatempel. Later wordt er gezongen en gedanst ter ere van de godheid.

- **Teej (2de week van september):** het feest van de vrouwen, drie dagen. Weerzien tussen alle vrouwen van de familie, de gelegenheid ook om vrede te sluiten met de schoonmoeders! Voor de apotheose moet je naar Pashupati. Ga op de derde dag, liefst 's ochtends vroeg, dan wordt er gedanst en gezongen tijdens het rituele bad. Echt prachtig. Let toch op, mannen zijn niet welkom en wachten buiten.

- **Indrajatra of feest van Kumari (2de of 3de week van september):** het einde van de moesson. Indra, de god van de Regen, wordt gevierd. De hindoemythologie vertelt dat deze god de gewoonte had naar de aarde af te dalen om er zijn lievelingsbloemen en -groente te stelen. De dorpelingen hadden er genoeg van dat hun oogst steeds werd geplunderd. Ze vingen de god en bonden hem stevig vast. Ze hadden er geen idee van dat hij een god was. In alle steden zie je in het centrum kruisen met een afbeelding van deze god, naar het verhaal van deze legende. Ter gelegenheid van dit feest vinden tal van gemaskerde dansen plaats. Durbar Square in Kathmandu wordt omgetoverd tot een heus theater. De derde dag van het feest is de belangrijkste: dan komt de *kumari* uit haar huis. Zij is een levende godin, de incarnatie van de godin Taleju. De kumari blijft altijd binnen en verschijnt slechts een paar keer per jaar, zoals op dit feest. Ze zegent de koning en geeft hem de heilige *tikka* op het voorhoofd. Heel spectaculair.

- **Dasain (2de week van oktober):** nationale feestdag van Nepal. Vanaf eind september verschijnen de vliegers in de lucht. Op alle terrassen gaan groot en klein echte gevechten aan. Een lijn met een bepaalde lengte wordt bestreken met vogellijm en verbrijzeld glas. Wie de lijn van zijn tegenstander kapot kan maken, is gewonnen. Op de negende dag worden rammen, bokken en buffels, hanen en eenden geofferd. Alle voertuigen, ook de vliegtuigen, worden met hun bloed besprenkeld. Zo hoeven de heiligheden, die zo verzadigd zijn van al het bloed, geen ongevallen meer te veroorzaken...

- **Tihar of Deepavali (van 27 tot 30 oktober 2008 en van 16 tot 19 oktober 2009):** feest van het licht, Nieuwjaar voor de Newar. Verering van de raven, honden, koeien, stieren en... de broers, die een bloemenslinger omgehangen krijgen. Het feest voor iedereen. Dat zullen de kindjes je wel duidelijk maken. De rotjes vliegen je om de oren. Westerlingen zijn het geliefkoosde doelwit. Met een zwak hart blijf je maar beter binnen. In Bhaktapur hebben we een wel heel bijzondere viering gezien. 's Ochtends en 's avonds trekt een processie kinderen voorbij met olielampen in de hand, op de schouders en het hoofd. Muzikanten begeleiden de groep. Heel mooi spektakel. Op de laatste avond maken de inwoners, vaak de oudsten, van elke tempel en elk altaar 'taferelen' met verschillende soorten zaden. Vaak van een verbluffende gelijkenis. Wat later volgt het hoogtepunt, in de hele stad worden duizenden olielampen aangestoken.

FOOIEN EN BELASTINGEN

Een fooi is niet verplicht, maar wordt vaak gegeven. In bepaalde etablissementen wordt gevraagd iets in de *tip box* te deponeren. Dat wordt nadien verdeeld onder het personeel. Voor andere diensten volstaan enkele roepies ruimschoots.

Opgelet, in geklasseerde etablissementen betaal je een overheidsbelasting van 13 %. Dit is geen fooi.

Maak je een trektocht met dragers, dan is 250 tot 300 NPR (ongeveer € 3 tot 3,60) per toerist en per dag een redelijke gezamenlijke fooi. De gids krijgt normaal gezien een aparte envelop.

FORMALITEITEN

Een visum is verplicht, je reispas moet nog minstens zes maanden na je terugkeer uit Nepal geldig zijn. Je kunt dit voor je vertrek aanvragen ofwel afhalen in de ambassade van Nepal in Delhi, maar het is ook heel makkelijk te krijgen aan elke grenspost of op de luchthaven van Kathmandu (neem twee pasfoto's mee, houd rekening met een lange wachtrij, de grenspolitie is niet al te snel).

Ter plaatse betaal je $ 30 voor een verblijf van 60 dagen (het basisvisum) en $ 80 voor een meervoudig visum. Kinderen jonger dan 10 jaar zijn gratis. Ook voor een verblijf van minder dan 72 uur betaal je niet. Je kunt je visum in vreemde valuta betalen (wisselkoers in functie van de koers van de Amerikaanse dollar). Ben je je foto's vergeten, maak er dan snel enkele in een hokje voor de immigratiedienst. Wisselkantoor er net naast (handig), de wisselkoers is niet interessant en je betaalt commissie. Wissel dus het minimum; in het kantoor op de benedenverdieping, in de vertrekhal, krijg je een voordeligere koers.

Je kunt je visum tot 5 maanden verlengen. Daarvoor ga je naar de *Immigration Office* van Kathmandu, vlak bij de Dienst voor Toerisme. Zie rubriek 'Nuttige adressen' bij Kathmandu.

In Pokhara geniet je van dezelfde diensten. Regel alles zelf, laat niemand je helpen. Er zullen mensen zijn die je voorstellen je visum sneller te bemachtigen, mits betaling natuurlijk. Weiger beslist. Doe, als dat lukt, niets om corruptie aan te moedigen.

Met je visum kun je overal komen waar wegen en paden zijn. Niettemin betaal je een **toegangsprijs** aan de nationale parken. Soms heb je een **trekkersvergunning** nodig (zie rubriek 'Trektochten'). De reglementering hierrond verandert vaak. Vraag dus zeker inlichtingen bij de ambassade of het consulaat voor je vertrekt.

GELDZAKEN

Munteenheid, wisselen

De munteenheid van Nepal is de Nepalese roepie, 1 roepie is 100 paisa. In 2007 bedroeg de koers voor € 1 ongeveer 85 NPR. Je krijgt een bewijsje (is dit niet zo, vraag er dan een) dat je maar best bijhoudt. Verlaat je het land en heb je nog roepies over, dan kun je slechts 10 % van de totale som die je hebt gewisseld tijdens je verblijf, wisselen naar dollar. Nepalese roepies kun je buiten Nepal nergens gebruiken, en al zeker niet in Indië.

Vermijd de zwarte markt, sommige handelaren zijn oneerlijk en de koers is nagenoeg nooit gunstig. Er zijn in de belangrijkste steden heel wat officiële privéwisselaars. Euro's en reischeques worden in alle Nepalese banken en wisselkantoren aanvaard. In toeristische winkels kun je zelfs met dollar of euro betalen, hoewel dat officieel verboden is.

Wil je in Nepal geld ontvangen, ga dan naar de *Nepal Investment Bank* en *Western Union*. Zie rubriek 'Nuttige adressen. Geldzaken' bij Kathmandu voor de gegevens.

Betaalkaarten

Welke kaart je ook hebt, elke bank (behalve American Express) heeft zijn eigen procedure voor het blokkeren van kaarten. Noteer dus voor je vertrek het nummer van je eigen bank (vaak achteraan op de afhaalbewijsjes, op je contract of naast de geldautomaten te vinden) en je kaartnummer. Bewaar deze gegevens op een veilige plaats en gescheiden van je bankkaart. De medische bijstand is beperkt tot de eerste 90 dagen van je reis.

- Overal in Kathmandu, de vallei en Pokhara vind je geldautomaten voor Visa en MasterCard.

- Let op met betaalkaarten! Er is oplichterij gemeld in enkele winkels in Kathmandu. Volg de verkoper steeds als je hem je kaart geeft, houd je betaalbewijs bij.

Noodnummers in België

- **American Express Card:** ☎ 02 676 21 21 (persoonlijke kaart), ☎ 020 676 28 28 (Gold Card), ☎ 02 676 28 88 (Platinum Card).

- **Eurocard/MasterCard:** ☎ 070 34 43 44 (Bank Card Company) of ☎ 02 205 85 85 voor alle vragen over MasterCard en Visa.

- **Visa Card:** ☎ 070 34 43 44 (Bank Card Company) en ☎ 02 416 16 99 (International Card Services).

Noodnummers in Nederland

- **American Express Card:** ☎ 020 504 86 66.
- **Eurocard/MasterCard:** ☎ 020 660 06 11 (ICS).
- **Visa Card:** ☎ 020 660 06 11 (ICS).

Openingsuren

Normaal gezien van 10.00 tot 16.00 u in de winter, tot 17.00 u in de zomer, tot 15.00 u op vrijdag. In Kathmandu zijn de openingstijden wat ruimer. De meeste banken zijn gesloten op zaterdag.

GEZONDHEID

Je neemt best enkele voorzorgen, naast de inentingen en een malariabehandeling (zie rubriek 'Formaliteiten'). De gezondheidstoestand in Nepal gaat er niet echt op vooruit.

- **Muggen** zijn een grote plaag tijdens de moesson, vooral in de lage vallei (minder dan 1800 m hoogte) en de Terai. Gebruik een insectenwerend middel, zorg ervoor dat dit ook goed werkt tegen exotische muggen. Kies bij voorkeur een product uit het gamma *Repel Insect*. In ieder geval smeer je om de vier uren alle lichaamsdelen die niet bedekt zijn, in.
Het systeem van schijfjes die je rechtstreeks in het stopcontact steekt, wordt enkel in de vallei gebruikt. De *mosquito coils* die je 's nachts laat branden, zijn ook heel efficiënt, maar mag je niet gebruiken in kleine, afgesloten ruimtes.
- **Water** uit de kraan en de rivieren is nooit drinkbaar, vooral niet in Kathmandu. Daar is dit het gevaarlijkst. Filter het water altijd (type Katadyn), desinfecteer het chemisch (Micropur DCCNa) of laat het koken (enkele minuten op grote hoogte). Je tanden spoelen met mineraalwater is misschien een beetje té, zelfs de inwoners van de vallei doen dit niet. Let op met groenten en fruit die je niet schilt. Enkel als ze gestoofd of voldoende gewassen zijn met proper water of gekookt zijn, zijn ze in orde. In toeristische restaurants wordt sla gewassen met iodine (zoiets als micropur). Of ten minste, zo staat het op de kaart... Let op, dysenterie komt in Nepal nog vaak voor.
- Let ook op bij **zuivelproducten**, behalve als de melk voldoende werd gekookt. Ook *lassi*, een drank op basis van melk, is niet zo veilig, vooral tijdens de moessonperiode. Gefermenteerde melk kan niet tegen warmte en vochtigheid.
- Bescherm je voldoende tegen de **zon**. Let op voor je ogen. Neem een zonnebrandcrème met hoge factor mee.
- Doe je inspanningen, is het heet of heb je diarree, drink dan voldoende.
- Loop nooit op blote voeten.
- Ga nooit zwemmen in een meer of een rivier op meer dan 2000 m.
- Was vaak je handen, zo vermijd je darminfecties.
- Ook **bloedzuigers** komen vaak voor tijdens de moesson in de Terai en alle beboste zones (op de kleine paadjes die je volgt op een trektocht). Er is maar één afdoende manier om deze kleine vampiertjes weg te nemen: gooi er een pak grof zout over. Ze laten meteen los. OPGELET: trek ze nooit los, zo kun je ernstige infecties veroorzaken! Ontsmet de wond nadien, bloedzuigers dragen vervelende superinfecties met zich mee.
- Een van de kenmerken van Kathmandu is luchtvervuiling door **motorvoertuigen** (zie inleiding bij Kathmandu). Heb je zwakke luchtwegen en wil je toch een tweewie-

ler gebruiken, koop dan een masker 'speciaal motor of fiets' voor je vertrekt. De maskers in Nepal zijn niet zo goed.

- **Diarree** komt vaak voor in Nepal, er is te weinig hygiëne in de meeste etablissementen. Diarree komt het vaakst voor aan het begin van je verblijf en is meestal niet zo erg. Toch is een aangepaste behandeling nodig van bij de eerste symptomen. Vraag advies aan je arts of apotheek voor je vertrekt. Let op je ontlasting, kijk of er bloed of pus bij is. Heb je bovendien nog koorts, ga dan snel bij een arts langs. Neem contact op met de arts van de ambassade, hij zal je helpen.

- Let ook op voor **hondsdolheid**. Een preventieve inenting wordt aangeraden aan alle reizigers die niet binnen 48 uur een medische post kunnen bereiken voor een degelijke inenting. Bij een beet van eender welk dier, ook van een koe (echt gebeurd!), neem je onmiddellijk contact op met een arts. Je merkt de symptomen pas na 10 of 15 dagen, maar dan is het al te laat. Ben je gebeten door een dier, dan was en ontsmet je zorgvuldig en snel. En dan zo snel mogelijk naar Kathmandu. Controleer je tetanusinjectie. Laat dit zo snel mogelijk in orde brengen als dit nog niet het geval is. Desinfecteer elke wond meerdere keren per dag. De genezing vordert maar langzaam door de slechte kwaliteit van het douchewater.

- **Aids** is ook hier al opgedoken via de vele Nepalese prostituees, die gedwongen worden geronseld in India, vooral dan in Bombay. Uitkijken dus! Vermijd elke transfusie of injectie met een twijfelachtige naald.

- In je **medicijntasje** zit minstens dit: een middel tegen malaria (Savarine of Malarone) voor een vakantie op een hoogte van meer 1800 m, een pijnstiller, een antisepticum voor de darmen, een middel tegen diarree, een antibioticum met ruim bereik, een krampwerend middel, zonnebrandcrème, antiseptisch verband, een fixatieband, pleisters, nieuwe naalden en steriel materiaal, siroop of pastilles tegen geïrriteerde keel en hoest (je hoest vaak in Nepal). Vergeet ook niet iets om verkoudheid of bronchitis te behandelen. Daar kun je door het stof, de vervuiling door voertuigen en al het vuilnis, dat hopen bacteriën verspreidt, vaak last van hebben. Vitamine C kan ook nuttig zijn. Heb je aan het eind van je reis nog medicijnen over (dat hopen we voor jou), geef die dan niet aan de bevolking. Je denkt dat je vrijgevig bent, maar dit kan voor catastrofes zorgen. Je geeft ze beter af bij de ambassade, die geeft de medicijnen dan door aan verschillende organisaties en consultatiebureaus.

Nuttige medische adressen
Neem contact op met een huisarts of gespecialiseerd centrum.

In België
- **Instituut voor Tropische Geneeskunde:** Nationalestraat 155, 2000 Antwerpen. ☎ 03 247 66 66. Fax: 03 216 14 31. • info@itg.be • www.itg.be.
- **Provinciale gezondheidscentra:** raadpleeg je provinciebestuur.

In Nederland
- **Landelijk Coördinatiecentrum Reizigersadvisering:** Postbus 1008, 1000 BA Amsterdam.
- **Landelijke Vaccinatielijn voor Reizigers:** ☎ 0900 95 84. • www.lcr.nl (met adressen van vaccinatiebureaus in Nederland).

- **Tropencentrum AMC:** Meibergdreef 9, Postbus 22660, 1100 DD Amsterdam. Afspraken: ☎020 566 38 00. ●www.tropencentrum.nl.
- **Havenziekenhuis Rotterdam - Travel Clinic:** Haringvliet 72, 3011 TG Rotterdam. Afspraken: ☎010 412 38 88. ●www.travelclinic.com.
- **Tropenzorg/Tropicare:** Postbus 1415, 1300 BK Almere. ☎036 533 47 11. Fax: 036 534 49 75. ●info@tropenzorg.nl ●www.tropenzorg.nl.
- **GGD Nederland:** Postbus 85300, 3508 AH Utrecht. ☎030 252 30 04. Fax: 030 251 18 69. ● www.ggd.nl (met doorkliksysteem naar de regionale en stedelijke GGD's). Bezoekadres: Adriaen van Ostadelaan 140, 3583 AM Utrecht.

In noodgevallen

Kijk in de lijst met artsen in rubriek 'Nuttige adressen' bij Kathmandu. Er zijn maar enkele ziekenhuizen aan te raden. Zij verzorgen de klok rond medische permanentie. Privéziekenhuizen zijn goed voor analyses (biologie, radiologie) en gespecialiseerde consultaties. Ongeacht de structuur, ziekenhuis of hospitaal, de medicijnen moeten vooraf betaald worden en door de zieke zelf of door de persoon die hem begeleidt, aangekocht worden. Dit is ook zo voor eten. Het is moeilijk, zoniet onmogelijk, om iemand in het ziekenhuis te contacteren. Vaak is er maar een lijn voor een volledig gebouw. Lees ook verder de paragraaf bij 'Verzekeringen' in rubriek 'Trektochten'.

GIDSEN

Let op voor gidsen die zich in Kathmandu en Pokhara spontaan aanbieden. Of ze nu wel of niet erkend zijn door de stad (officiële gidsenkaart), hun prijzen zijn vaak aanlokkelijker dan die van een agentschap. Ze maken een korte babbel met je en doen een interessant voorstel (maar ook niets meer dan dat). Wat later wachten ze je op in de luchthaven van Pokhara alsof jullie al een overeenkomst hebben getekend. Ze lossen niet meer en dreigen er zelfs mee je moeilijkheden te bezorgen als je een trekvergunning wilt aanvragen. Tenzij je hen enkele roepies als schadevergoeding geeft. De gidsen met een licentie kennen inderdaad de overheid die de vergunningen aflevert en aangezien er toch wel corruptie is, let je maar beter op.

Reken ook nooit op kinderen. Ze worden aangetrokken door de mogelijke winst, ze leren op straat voor gids (vaak ook aangemoedigd door hun ouders). Maar veel liever gaan ze voor de makkelijke winst en geven hun opleiding op. Moedig ze dus niet aan!

INENTINGEN

Je hebt geen inentingen nodig als je Nepal vanuit Europa of Canada binnenkomt. We raden je toch wel sterk aan je te laten inenten tegen difterie, tetanus, polio, hepatitis A en B en buiktyfus. Ga je voor een langere periode naar Nepal, dan is een inenting tegen meningitis A en C (vooral voor wie jonger is dan 40) en hondsdolheid aangeraden.

Let op, je moet een malariawerende kuur volgen als je tussen mei en oktober naar afgelegen streken als de Nepalese Terai of de Indische grens gaat. Hiervoor neem je een pilletje per dag in. Begin de avond voor je aankomst en ga nog vier weken na je terugreis door. De mug die de ziekte overdraagt, overleeft niet op hoogtes van meer dan 1800 m. Deze kuur is dus niet nodig als je in Kathmandu of in de vallei blijft. Voor een langer verblijf in de Terai tijdens de moesson zorg je ook voor een bescherming tegen

Japanse encefalitis. Een kort verblijf in India of Pakistan (met overnachting in landelijk gebied) is al voldoende om de ziekte te krijgen. Denk dus goed na voor je vertrek en onthoud dat twee voorzorgen beter zijn dan een. We zorgen voor onze lezers. Vraag in ieder geval na bij een vaccinatiecentrum. Vergeet voor je vertrek ook niet onze rubriek 'Gezondheid' te lezen en te surfen naar gespecialiseerde sites als ● www. lcr.nl en www.itg.be.

INTERNETADRESSEN
Algemene en culturele informatie

● **www.routard.com:** Franstalig. Alles om je reis voor te bereiden. Handige steekkaarten over meer dan 180 bestemmingen, heel wat informatie en diensten: foto's, kaarten, weerberichten, dossiers, agenda's, wegbeschrijvingen, vliegtickets, hotelreservaties, verhuur van auto's, visums... Er is ook een community waar je plannetjes of foto's kunt uitwisselen of een reisgezel kunt zoeken. Vergeet zeker ook niet het *routard mag* met reportages, routebeschrijving en informatie voor een goede reis. Onmisbaar voor elke trotter.

● **www.welcomenepal.com:** Engelstalig. De officiële site van de Nepal Tourism Board.

● **www.travel-nepal.com:** Engelstalig. Uitstekende site, heel volledig, met algemene informatie over Nepal, heel wat links naar handige pagina's. Frequent geüpdatet.

● **www.kantipuronline.com:** Engelstalig. Journalistieke site die dagelijks wordt geupdatet.

● **www.explorenepal.com:** Engelstalige zoekmotor. Alles over politiek, geschiedenis, vrije tijd, economie, klimaat, hotels, trektochten, reisagentschappen... Mooie fotogalerij.

● **www.nepalnews.com:** ook Engelstalig. Vrij journalistieke site. Je leest er nieuws over Nepal, met links naar de radiozender *BBC Nepali* en de krant *Nepali Times*. Dagelijks, of zo goed als, geüpdatet.

● **http://namaste.thanaka.org:** Franstalig. Site over de Nepalese cultuur en die van Azië in het algemeen: advies over beleefdheid en gedrag, tips over keuken, vervoer... Ook hier een schitterende fotocollectie.

Fotoalbums

● **www.photoslagarde.com:** Franstalig. Fotoreportage, prachtige artistieke kwaliteit, over het land en de verschillende bevolkingsgroepen van Nepal.

Trektochten en bergen

● **www.philippe-bourgine.com/nepal2000.htm:** Franstalig. Onder de vele sites rond trektochten in Nepal heeft deze ons toch weten bekoren. Rijk geïllustreerd verslag (foto's, kaarten...), tal van handige tips (uitgeprobeerd!) voor toekomstige trekkers.

● **http://perso.wanadoo.fr/cryptozoo/vedettes/abominab.htm:** Franstalig. Info en de waarheid (als die er al is!) over de yeti, de verschrikkelijke sneeuwman, beroemd schepsel van de sherpa's in Nepal.

KALENDER

Nepal werkt met verschillende kalenders, die rekening houden met de maan. De Ne-warkalender (*Nepal Sambat*) wordt nog steeds gebruikt en gaat terug tot de stichting van Bhaktapur. De kalender begint in het jaar 879.

De officiële kalender (*Vikram Sambat*) wordt gebruikt in de administratie. Hij begint in het jaar 57 v.Chr. Midden april 2008 beginnen we dus aan het jaar 2065 en wordt het Nepalese Nieuwjaar (*Bisket Jatra*) gevierd. Net als in Europa bestaat ook deze kalender uit twaalf maanden van 29 tot 32 dagen. Elke maand is onderverdeeld in twee veer-tiendaagsen. De heldere veertiendaagse komt overeen met de wassende maan, de donkere veertiendaagse met de afnemende maan. Bij volle maan (*purnima* in het Ne-palees) wordt telkens feestgevierd.

De onderstaande tabel helpt je op weg.

Europese maanden	Nepalese maanden	Nepalese seizoenen
April/mei	*Baisakh*	zomer
Mei/juni	*Jeth*	zomer
Juni/juli	*Asar*	regenseizoen
Juli/augustus	*Saun*	regenseizoen
Augustus/september	*Bhadra*	vroege herfst
September/oktober	*Ashwin*	vroege herfst
Oktober/november	*Kartik*	late herfst
November/december	*Marg*	late herfst
December/januari	*Push*	winter
Januari/februari	*Magh*	winter
Februari/maart	*Phalgun*	lente
Maart/april	*Chaitra*	lente

KLIMAAT

Het Nepalese klimaat is zo goed dat je er in elk seizoen terechtkunt. Wil je in de ber-gen gaan wandelen (een trektocht maken dus!), dan ga je tussen oktober en midden maart, de droge en zonnige periode. De rest van het jaar (van midden of eind juni tot midden of eind september) zorgt de moesson permanent voor wolken rond de berg-toppen. Het kan ook hard regenen, vooral tussen juni en augustus. En dan zijn er nog de miljoenen bloedzuigers die zich in het gras verschuilen.

Je vindt alle klimaatsoorten in Nepal: van tropisch in de jungle van de Terai over ge-matigd in de valleien tot polair in het hooggebergte. Neem een dikke trui mee voor 's avonds en een dikke deken voor 's nachts, zelfs tijdens de zomer. Tot maart zijn de nachten heel fris (5 °C of zelfs kouder). In december en januari is het in de bergen, op meer dan 3200 m hoogte, heel koud

MATEN EN GEWICHTEN

Hoewel het decimale stelsel zowat overal in Nepal wordt gebruikt, zijn ook specifieke maten (ook in India) in gebruik. Om het allemaal nog wat ingewikkelder te maken, zijn ook de Engelse maten gebruikelijk.

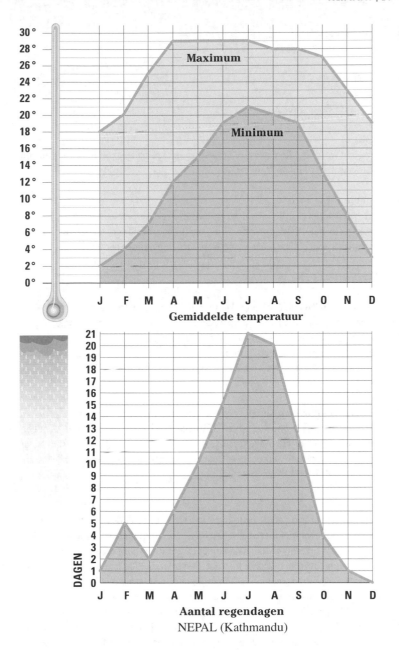

Gemiddelde temperatuur

Aantal regendagen

NEPAL (Kathmandu)

Hoogte

1 duim (*inch*) = 2,54 cm.

1 voet (*foot*) = 30,48 cm.

Oppervlakte

1 *ana* = 1,37 m².

1 *ropani* = 22 m x 22 m (16 *ana*).

Gewicht

Het gewicht wordt in kilo gemeten. Er bestaat een speciale benaming voor goud en zilver, *tola*, wat overeenkomst met 11,60 g.

Veel gebruikte termen

Je zult de Nepalezen vaak de volgende termen horen gebruiken:

- 1 *lakh*, komt overeen met 1.000.000 eenheden (bijvoorbeeld een miljoen roepies).

- 1 *crore* (spreek je uit als 'karroo'), komt overeen met 10 miljoen eenheden.

NUTTIGE ADRESSEN

In België

- **Ambassade van Nepal:** Brugmannlaan 210, 1050 Brussel. ☎ 02 346 26 58. ● www.ne-palembassy.be. Consulaire dienst: op weekdagen van 9.30 tot 12.30 u. Afhalen visum de volgende dag. Je betaalt € 35 voor een enkele binnenkomst en € 85 voor een visum met meerdere binnenkomsten. Je kunt een visum per aangetekend schrijven aanvragen. Tel daarvoor € 5 bij de prijs op. Zie ook de rubriek 'Formaliteiten'.

In Nederland

- **Consulaat-generaal van Nepal:** Keizersgracht 463, 1017 DK Amsterdam.
☎ 020 6241530. ● www.nepal.nl. Open op weekdagen van 10.30 tot 13.00 u. Voor een visum met enkele binnenkomst betaal je € 37,50, voor een meervoudig visum is dat € 87,50. Je krijgt je visum meteen mee. Ook aanvragen per aangetekend schrijven kan. Hiervoor betaal je € 6,45 extra.

POST

De post werkt heel traag en de bedeling ervan wisselt nogal. Het duurt een week tot een maand voor een brief uit Kathmandu op zijn bestemming aankomt. Wil je zeker zijn dat je brief aankomt, ga dan naar een postkantoor en zorg ervoor dat de postzegels afgestempeld worden waar u bij staat. Een brief uit België of Nederland doet er ongeveer 4 dagen tot 3 weken over om in Nepal aan te komen. Je kunt brieven ook poste restante laten versturen. Vraag daarvoor aan je correspondent je naam in drukletters te schrijven, je voornaam komt laatst. Stuur nooit geld op in een envelop. Je kunt erop rekenen dat je dit nooit meer terugziet. Wil je een pakje versturen naar Nepal, stuur dan telkens een stuk per keer op. Dit is vervelend, maar hou er rekening mee dat, zelfs bij een aangetekende zending, er altijd bedienden zijn die zichzelf zullen bedienen.

De post is gesloten op zaterdag.

REISLITERATUUR

- **De sneeuwluipaard** van Peter Matthiessen (Karnak Amsterdam, 1981). Samen met een dierkundige vertrekt Peter Matthiessen in 1973 naar Nepal voor een reis die in de Dolpo een spiritueel avontuur wordt.

- **Mijn leven op het dak van de wereld** van Alexandra David-Néel (Byblos, 2002). Bloemlezing van de brieven die Alexandra David-Néel aan haar man schreef vanuit het toen (1918-1940) nog zeer ontoegankelijke Tibet.

- **De Annapurna-expeditie** van Maurice Herzog (Scheltens & Giltay, 1952). Relaas van de beroemde expeditie van de Club alpin français in 1950. Maurice Herzog en Louis Lachenal zijn de eerste alpinisten ter wereld die de berg van meer dan 8000 m hoog beklimmen. Herzog bespaart ons geen details, toch lees je zijn spannende en boeiende verhaal in een ruk uit.

REISROUTES

Hierna volgen drie reisroutes. De duurtijd ervan verschilt, zodat je ze ten volle kunt benutten.

Een week

Kathmandu en omgeving. Als je rekening houdt met de staat van de wegen en de afstanden, kun je niet verder dan dit. Maar het geeft je wel al een prachtig beeld van het land.

- **Kathmandu en omgeving:** 2 dagen.

Durbar Square, Kumari Ghar, het voormalige koninklijke paleis Hanuman Dhoka, de oude Newarwijken. De stoepa van Swayambunath.

- **Bhaktapur:** 1 dag.

Bezoek aan de stad.

- **Patan:** 1 dag.

Bezoek aan de stad en het museum.

- **Pashupatinath en Bodnath:** 1 dag.

Golden temple, de crematiebrandstapels. Mrigasthali. De stoepa van Bodnath.

- **Dakshin Kali en Kirtipur:** 1 dag.

Het offeren van dieren (op dinsdag en zaterdag) in de tempel van Dakshin Kali. Bagh Bhairava. Uma Maheshvara, de Adibuddhatempel en de grote stoepa van Chitubihar in Kirtipur.

- **Panauti:** 1 dag.

Het religieuze complex van Panauti. Wandeling van Namo Boeddha.

Tien dagen

Volg de reisroute van een week, verlengd met:

- **De Terai:** 3 dagen.

Het Chitwanpark: tocht met de prauw, op de rug van een olifant, observatie van dieren.

Drie weken

Voor de sportiefsten onder onze lezers. Volg de vorige reisroute, verlengd met:
- **Pokhara en omgeving:** 3 dagen.

Wandeling aan de andere kant van het meer. Uitstap naar de meren van Begna en Rupas (met de fiets, de motor of de bus). Zonsopgang in Sarangkot.
- **De Annapurna:** 8 dagen.

Trektocht van Jomsom: Pokhara-Tirkhedunga-Ghorepani-Tatopani-Lete-Marpha-Muktinath-Jomsom-Kathmandu (via Pokhara).

Bij een gespecialiseerd agentschap in Pokhara kun je een langere trektocht boeken.

RISICO'S EN ERGERNISSEN

De noodtoestand, die in 2001 werd afgekondigd, werd in 2006 opgeheven. De maoisten bevalen een staakt-het-vuren dat in 2006 werd uitgevoerd. De revolutietaks op tal van trektochten wordt in principe niet meer geheven. Het is nog steeds geen goed idee er alleen op uit te trekken. Ga zeker langs bij een erkend agentschap.

Voor alle bijkomende inlichtingen over de situatie neem je voor je vertrek contact op met het ministerie van Buitenlandse Zaken.
- **Diefstal:** door het groeiende aantal toeristen stijgt ook de verleiding om te stelen. Daag niet uit. Laat je rugzak niet onbewaakt achter, ook niet op het dak van een bus. Er is steeds meer kruimeldiefstal. Een tas die je kunt afsluiten, is ideaal. Sluit in hotels steeds ramen en deuren, laat je reispas, munten en vliegtickets achter aan de receptie. Let ook op tijdens sommige trektochten zoals die naar Jomsom. Er zijn al trekkers beroofd in de streek rond Dampus of de Annapurna. Loop niet te koop met je geld, vooral niet als je iets koopt of net uit de bank komt met een goed gevulde portefeuille. Wees waakzaam, niet paranoïde.

In de streek rond Thamel zijn jammer genoeg al enkele toeristen aangevallen. Bij problemen kun je altijd terecht bij de *Tourist Police* (☎ 424 70 41 of ☎ 100).

Vertrouw geen juweliers die je vragen juwelen mee terug te nemen naar België of Nederland of die je een samenwerking voorstellen. Je wordt gegarandeerd opgelicht en je krijgt problemen met de douane.
- **Wasserij:** in Nepal wordt nog met de hand gewassen. Nu ja, wassen, schoon krabben past beter. Geef geen delicaat wasgoed. Je zou dit wel eens in een heel andere vorm terug kunnen krijgen... De stomerij in de betere hotels is onberispelijk.
- **Namaak:** net als in de meeste Aziatische landen vind je ook hier namaak van de meeste grote merken. Sportartikelen, horloges, elektronica... De prijs kan aanlokkelijk zijn, de kwaliteit is dat echter niet. Maar LET OP! Dit materiaal overbrengen naar Europa kan je heel duur te staan komen, de producten worden aangeslagen en je betaalt een fikse boete. Denk dus twee keer na!
- **Gekko's:** je kunt er niet omheen, deze hagedissen zullen in je kamer komen. Dood ze zeker niet, ze zijn je bondgenoot tegen de muggen. Bovendien zul je er geen last van hebben, ze zijn heel schuw.
- **Spinnen:** er zijn er heel vreemde bij, in de vorm van een schijfje of de zon. Ze kunnen bijten en hoewel dit niet gevaarlijk is, kan het toch voor heel wat ongemak zorgen. Je kunt ze heel moeilijk vangen, ze zijn zo plat dat ze op de meest onmogelijke plekjes raken. Ze springen en kunnen tegen insectenwerende middelen. Er is maar één oplossing, een dik boek, je Trotter bijvoorbeeld!

TAAL EN WOORDENSCHAT

In Nepal zijn er evenveel talen als bevolkingsgroepen en bijna evenveel dialecten als dorpen. De officiële taal is het *Nepali*, dat Indo-Europees van oorsprong is en goed lijkt op het Hindi. Twee andere talen kennen een lange traditie, zowel gesproken als geschreven: het *Newari* en het *Tibetaans*.

Het *Nepali* is niet zo moeilijk te leren. Probeer wat eenvoudige zinnetjes te onthouden, daar zijn de dorpelingen altijd blij mee. Spreek je goed Engels, dan kun je in de boekhandel *Pilgrims* in Thamel (Kathmandu) het boek *Basic Course in Spoken Nepali* uitlenen.

Uitspraak

- De klinkers zijn kort of lang: a-aa, i-ii, u-uu (wordt uitgesproken als 'oe'), e-ai (wordt uitgesproken als 'aj'), o-aou.
- De medeklinkers worden net als in het Engels uitgesproken: ch ('ts'), chh ('tch'), j ('dj').
- De r laat je rollen.

Op je reis zul je wel enkele handige zinnetjes onthouden.

Cijfers

Een	*Ek*	Tien	*Dosse*
Twee	*Doui*	Twintig	*Biss*
Drie	*Tin'*	Dertig	*Tiss*
Vier	*Tchar*	Veertig	*Tchalis*
Vijf	*Pantch*	Vijftig	*Patchas*
Zes	*Tcha*	Honderd	*Ek Sé*
Zeven	*Saat*	Tweehonderd	*Doui sé*
Acht	*Aath*	Duizend	*Hajar*
Negen	*Naou*	Tweeduizend	*Doui hajar*

Gezin

Vader	*Bua*	Oudere zus	*Didi*
Moeder	*Ama*	Jongere zus	*Bahini*
Zoon	*Tchora*		
Dochter	*Tchori*		

Tijd

Vandaag	*Aja*
Gisteren	*Hijo*
Morgen	*Bholi*
Overmorgen	*Parsi*
Volgende week	*Arko hapta*
Dag	*Din*
Nacht	*Raat*
Ochtend	*Bihana*
Namiddag	*Diuso*
Avond	*Beluka*

| Nu | | *Ahilé* | |
| Wanneer? | | *Kahilé?* | |

Trektocht

Kaart	*Naska*	Rivier	*Khola*
Gids	*Sirda*	Dorp	*Gaon*
Drager	*Kulli*	Regen (water)	*Pani*
Weg	*Bato*	Zon	*Surhya*
Berg	*Pahar, himal*	Maan	*Chandrama*

Veelgebruikte woorden en uitdrukkingen

Goeiedag, tot ziens	*Namaste*
Tot straks	*Féri Vétaula*
Hoe laat is het?	*Koti bodié?*
Ja	*Ho*
Neen	*Hoïna*
Het is goed	*Huntcha*
Het is niet goed	*Hundeïna*
Er is	*Tcha*
Er is geen	*Tchaïna*
Misschien	*Hola*
Ik spreek geen Nepali	*Mo népali boldeïna*
Ik begrijp u niet	*Mo boudjeina*
Hoe heet u?	*Tapaïko naam ké ho?*
Ik heet	*Mero naam... ho*
Waar woont u?	*Tapaïko ghar kahin ho?*
Hoe maakt u het?	*San tché tcha?*
De rekening graag	*Bill dinous*
In orde	*Mitho tcha*
Scherp, pittig	*Piro*
Ik heb honger	*Malaaï boglagyo*
Ik heb dorst	*Malaaï tirkha lagyo*
Waar gaat u heen?	*Tapaï kahau januhuncha?*
Welke weg?	*Kun bato?*

Zodra kinderen vijf jaar zijn, leren ze Engels. Op openbare scholen is dit echter niet zo goed. Alle Nepalezen die in contact komen met toeristen, spreken Engels. Bijna niemand spreekt Frans, behalve op toeristische trekpleisters.

Woordenlijst

- *Arak:* alcohol op basis van aardappelen of graan.
- *Avatar:* reïncarnatie.
- *Bahal:* boeddhistisch klooster.
- *Bahil:* hetzelfde maar kleiner.
- *Bodhisattva:* in het mahayanaboeddhisme degene die afziet van het nirwana om zijn naasten te helpen.

- *Brahmanen of Bahun:* hindoepriesters.
- *Chaitya:* kleine stoepa met mantra's.
- *Chakra:* rad van Vishnu.
- *Chapati:* broodje van tarwemeel.
- *Chhorten:* stoepa met boeddhabeeldjes.
- *Chowk:* binnenhof van een paleis.
- *Damaru:* kleine trom.
- *Dharmasala:* herberg voor pelgrims.
- *Ganga:* godin die de Ganges voorstelt.
- *Ghat:* rond platform voor rituele baden en crematies.
- *Hiti:* regenput of fontein uitgegraven in de grond.
- *Jhad:* bier op basis van rijst.
- *Juga:* bloedzuiger.
- *Karma:* alle goede en slechte daden die beslissen over de volgende reïncarnatie.
- *Lama:* boeddhistisch priester.
- *Lingam:* fallussymbool, symbool van Shiva, normaal ingebouwd in een *yoni*.
- *Mandala:* heilig rond diagram, voor meditatie.
- *Mandapa:* Nepalees heiligdom.
- *Mantra:* heilige lettergrepen die worden voorgedragen tijdens de gebeden.
- *Momo:* gestoomde (soms gefrituurde) ravioli, gevuld met vlees of groente.
- *Gebedsmolen:* ritueel instrument met de mystieke zin *'Om mani padme hum'*.
- *Mudra:* handgebaren tijdens boeddhistische ceremoniën en dansen.
- *Nirwana:* bevrijding bij het uittreden uit de reïncarnatiecyclus.
- *Pipal:* baniaanboom, heilige boom, vaak vol witte touwtjes (offergaven aan de goden voor een genezing).
- *Puja:* het gewone offer van de hindoes aan de goden; op basis van rijst, melk, kleine stukjes bloem of bloemblaadjes en altijd rood poeder. Het offer kan aan de tempel of zelfs op straat op een steen gebeuren, dat legt meteen al die rode stenen in Kathmandu uit.
- *Rinpoché:* 'abt' van een Tibetaans klooster.
- *Sadhu:* heremiet of reizende asceet. Talrijk in Pashupatinath. Enkelen hebben zich 'bekeerd' tot fotomodel voor toeristen.
- *Samsara:* geen parfum, wel de reïncarnatiecyclus.
- *Saranghi:* kleine viola met vier snaren, vaak te zien in de souvenirwinkels.
- *Sanskriet:* Indo-Europese taal gebruikt voor religieuze teksten (hindoe).
- *Sikhara:* toren in de vorm van een suikerbroodje, bovenaan soms een heiligdom.
- *Stoepa:* herdenkingsmonument in de vorm van een koepel.
- *Sudra (shudra):* de laagste kaste.
- *Tikka:* de rode stip op het voorhoofd van de hindoes, het symbool voor goddelijke aanwezigheid. De tikka bestaat uit een stukje van het offer van de dag of de puja (blaadje, rijst en karmijnrood) gemengd met leem.
- *Vajra:* ritueel voorwerp, een rol tussen twee scepters. Convexe lijnen. Symbool van Indra, vernietigt alle onwetendheid.
- *Yoni:* symbool van het vrouwelijke geslachtsdeel, een ronde steen met ingebouwde lingam.

TELEFOON EN TELECOMMUNICATIE

Telefoneren gaat heel goed, Nepal heeft satellietverbinding. In Kathmandu en Pokhara zijn er tal van telefoon-fax-internetkraampjes. Die met *ISD* zorgen voor internationale verbindingen (*STD* staat voor lokale gesprekken). Tijdens het weekend kun
je korting krijgen.

De goedkoopste manier vandaag is *Netphone*, telefoneren via het internet.
- Voor **inlichtingen** toets je ☎ 197 (vaak bezet, blijf proberen!).
- Opbellen op de kosten van iemand anders lukt niet zo goed. *Callback* functioneert dan
weer wel bijna overal.
- **Gesprekken binnen de stad:** binnen eenzelfde stad draai je enkel het nummer van
de correspondent, geen netnummer.
- **Gesprekken tussen twee steden:** draai het netnummer van de stad gevolgd door
het nummer van je correspondent.
- **Van België/Nederland naar Nepal:** draai 00 977 gevolgd door het netnummer van
de stad (zonder 0) en het nummer van je correspondent.
- **Van Nepal naar België:** draai 00 32 gevolgd door het netnummer van de stad (zonder 0) en het nummer van je correspondent.
- **Van Nepal naar Nederland:** draai 00 31 gevolgd door het netnummer van de stad
(zonder 0) en het nummer van je correspondent.

TIJDSVERSCHIL

De officiële tijd loopt 5 uur en 45 minuten voor op de nulmeridiaan en 15 minuten op
de Indische tijd. Als het bij ons middag is (wintertijd), dan is het 16.45 u in Nepal en
16.30 u in India. Trek 's zomers een uur af.

TRANSPORT IN HET BINNENLAND

Totale anarchie in het verkeer. Een wegcode kennen ze hier niet! Voetgangers en
tweewielers, kijk uit voor wegpiraten, in Nepal trouwens een synoniem voor chauffeurs. De wet van de sterkste, bus en vrachtwagen dus, telt hier!
Rijd nooit 's nachts. Voertuigen hebben vaak geen lichten (stoplichten, knipperlich-
ten of zelfs grote lichten!).
Belangrijk: volgens de Nepalese wet moet de chauffeur die een ongeval veroorzaakt,
zijn slachtoffer schadeloosstellen. Is het slachtoffer overleden, dan betaal je een vast
bedrag van 57.500 NPR (ongeveer € 676). Is het slachtoffer 'enkel' gewond, dan zorg je
voor de verzorging tot hij volledig is hersteld.
- **Bus:** niet duur, je bent onder de gewone Nepalezen. Naar toeristische bestemmingen neem je de *Tourist Bus*, handig want sneller. Anders neem je de lokale bussen, maar
dan heb je beter geen haast: er wordt vaak gestopt, eventjes wachten is geen uitzondering. Soms moet een zak rijst aan boord worden gehesen, of geiten... Kies bij voorkeur een bus van de maatschappij *Green Line* of *Sajha*, de *Blue Buses*, die zijn sneller en
comfortabeler. Je kunt geen bagage op het dak leggen. Hoe lang je onderweg bent,
hangt af van de staat van een heleboel dingen: lekke band, oververhitte motor, overstromingen, verzakkingen... Reis niet 's nachts.
- **Huurwagen:** opgelet, je rijdt links in Nepal (in theorie toch!). In alle agentschappen en de hotels in Kathmandu kun je een privéwagen met chauffeur huren. De prijs

voor een halve en een volle dag wordt bepaald door de vereniging *Nata*, erkend door de overheid. In de hoofdstad raden we je dat echter niet aan wegens veel te duur en te ergerlijk door de vele files. Je neemt beter een **taxi**, spreek een prijs af voor een hele dag, dit is vaak heel goedkoop.

- **Fiets:** wees heel voorzichtig. Ook al rijden Nepalezen en buitenlandse stadsbewoners al heel lang met de fiets, het blijft gevaarlijk in Kathmandu en op de grote wegen zoals die naar Patan of Bhaktapur. Ook de luchtvervuiling in de vallei is vervelend: draag een masker.
- **Motor:** enkel voor wie dit goed kan. Je moet voortdurend anticiperen en ogen op je rug hebben! Let op alles wat beweegt: kinderen, dieren... Nepal is echt geen land waar je snel doorraast. Niet voor snelheidsduivels dus! Soms moet je je rijbewijs kunnen voorleggen, je identiteitskaart, een vliegticket en een aanbeveling van je hotel. Geen verzekering! Je huurt per uur of voor een dag. Een helm is verplicht, maar enkel voor de bestuurder.

TREKTOCHTEN

Vergis je niet, beste lezer, *trek* is een Engels woord uit Zuid-Afrika en betekent 'rondtrekken'. Het heeft niks te maken dus met bergwandelen, wat je in de Alpen kunt doen. Trekking is gewoon wandelen. Maar het leuke is wel dat je dit doet in een van de mooiste berggebieden ter wereld. Je zult stevig onder de indruk zijn.

Het volgende geldt voor iedereen, zelfs voor wie denkt het al allemaal te weten. Skiërs en rotsbeklimmers mogen niet al te veel vertrouwen op hun ervaring in Europa. Lees toch maar eens onze tips. Voor wie wil bergbeklimmen, bestaat er de vereniging die is erkend door de ENSA (nationale skischool) van Chamonix: de *Kathmandu Climbing Club* voor gidsen, bedoeld om Nepalezen op te leiden.

Ben je een beginneling of wil je ter plaatse een agentschap contacteren, kijk dan in de onderstaande rubrieken voor meer informatie over veiligheid en ethiek. Ook hier is je Alpen-ervaring niet voldoende.

Trekvergunningen

Voor de klassieke treks heb je normaal geen vergunning nodig: rond de vallei van Kathmandu, van Pokhara tot Sarangkot en voor bepaalde *treks* tussen Kathmandu en Pokhara. Vraag vooraf inlichtingen. Voor andere trektochten (zie verder) ga je langs de *Immigration Office (algemene plattegrond, D4, 1)* in Kathmandu (zie 'Nuttige adressen. Formaliteiten.'), vlak bij de dienst voor toerisme (lange wachtrij: neem een boek mee). Ook mogelijk in Pokhara, en sneller bovendien. Als je je trektocht annuleert, word je niet terugbetaald. Trekvergunningen worden uitgereikt per week, je betaalt 750 tot 7600 NPR (ongeveer € 9 tot 90) per persoon en per week.

Voor deze regio's heb je een vergunning nodig (en moet je dus langs bij een agentschap):

- *Kanchenjunga*: reken op $ 10 (€ 7) per persoon per week. Na een maand ter plaatse loopt de prijs op tot $ 20 (€ 14) per week per persoon.
- *Manaslu*: $ 90 (€ 63) per persoon per week tijdens het hoogseizoen ($ 75 tijdens het laagseizoen). Ga uit van een tocht van 18 dagen. Tel hierbij belastingen en verzekering op.

- *Hoog-Mustang:* reken op ongeveer $ 70 (€ 49) per dag per persoon. Minstens tien dagen! Alpinisten kunnen de, volgens het ministerie van Toerisme, 'beste onder de treks' volgen. Je betaalt hoge royalty's. Voor een individuele vergunning naar het dak van de wereld betaalde je in 2007 maar liefst $ 25.000 (€ 17.500). Je denkt wel twee keer na, niet? De overheid heeft beslist in het laagseizoen een korting van 75 % te geven...
Voor een trektocht door twee regio's heb je dus twee vergunningen nodig. Zonder speciale toelating kun je niet langer dan anderhalve maand op trektocht gaan. De vergunningen zijn niet geldig in de grensgebieden (*restricted areas*), die achteraan op de vergunning vermeld worden.
Je gaat beter niet op wandel zonder vergunning. In het beste geval word je teruggestuurd naar Kathmandu en zorg je voor een vergunning, zoals iedereen. In het slechtste geval word je het land uitgezet en krijg je een verbod hier ooit nog te verblijven.

Nationale parken

Een trekvergunning betekent echter niet dat je voor bepaalde beschermde parken (*conservation areas*) geen toegangsprijs moet betalen. Voor Langtang, de Everest en Makalu ga je uit van 1000 NPR (€ 12), voor de Annapurna en Manaslu 2000 NPR (€ 24). Vraag inlichtingen op de benedenverdieping van het winkelcentrum *Trivedi Marg*, Sanchayakosh Building, in hetzelfde gebouw als de *Fire and Ice Pizzeria (detailplattegrond I, C1-2, 103)*. Open van 10.00 tot 16.00 u, gesloten op zaterdag en feestdagen.

Verzekering

Ga voor je vertrek na of je verzekering het risico 'Bergtochten' dekt. Kijk ook of er een repatriëring met de helikopter is inbegrepen (niet alleen voor het hooggebergte). Dit is normaal niet gedekt door verzekeringen zonder speciale clausule. Sluit in België of Nederland een verzekering af die dit wel dekt ($ 3000). Neem ook de optie 'Bijstand en opsporing' voor het geval je verdwijnt. Sommige agentschappen weigeren klanten die deze optie niet hebben. Vraag voldoende inlichtingen.
Boek je een trektocht in Nepal zelf, laat je dan voor je vertrek registreren op de ambassade en/of bij de *Himalayan Rescue Association* in Thamel. De zorg loopt dan beter en je wordt ook sneller gerepatrieerd.
Heb je zo'n verzekering afgesloten, dan wordt je repatriëring per helikopter georganiseerd door de arts van de ambassade samen met agenten van lokale en internationale verzekeringsmaatschappijen. Naast het medische aspect wordt ook voor materiële bijstand gezorgd (eten, hospitalisatiekosten, communicatie...). Dit is voor rekening van de lokale vertegenwoordigers van de verzekeringsmaatschappij.

Documentatie

In België en Nederland zijn gespecialiseerde werken te koop rond de grote trektochten in Nepal, streek per streek. Die zijn te vinden in reisboekenwinkels. Deze gidsen zijn heel gedetailleerd. Je vindt er alle nodige kaarten voor de organisatie en de keuze van je trektocht. De paden zijn heel makkelijk te volgen, de Nepalezen zijn heel hulpvaardig en vriendelijk. Er zijn kaarten te koop over de Himalaya en de vallei van Kathmandu met een schaal van 1/250.000 tot 1/50.000, ook stadsplattegronden. Op de reeks AMS-kaarten met een schaal van 1/250.000 staan hoogteaanduidingen en verschillende moeilijkheidsgraden voor de trekker. De kaarten lopen over vier bladzijden. Ook goed zijn de kaarten van het NGI (1/750.000). De eenkleurige kaarten *Mandala Trekking* worden in Kathmandu gedrukt en zijn zowat overal voor weinig geld te koop. Let op, ze zijn al jaren niet meer aangepast. De veelkleurige kaart *Mandala* met hoogteaanduiding is veel betrouwbaarder. Tegenwoordig zijn de beste kaarten die in Nepal verkocht worden, en bovendien veel goedkoper zijn dan bij ons: *Himalayan Map House* en *Nepal Maps*. Voor het massief van de Annapurna is er ook de uitstekende kaart van de *ACAP (Annapurna Conservation Area Project)*. Nog te vinden in Kathmandu zijn de degelijke Duitse kaarten van Schneider en de kaart van de Nepalese politie, met een schaal van 1/750.000. Voor minder bekende bergtoppen en streken probeer je best een kaart te vinden in België of Nederland. Als die al bestaat, zal die betrouwbaarder zijn.

Kledij en materiaal

Goede wandelschoenen zijn een must: licht, waterdicht (Gore Tex, Sympatex...), stevig, met een Vibram-antischokzool... Neem voldoende wollen sokken en ondergoed en leggings in polypropyleen mee. Een tip om blaren te vermijden: wrijf je voeten in met een oplossing op basis van formol. Navragen bij de apotheek. Vrij efficiënt.

In de winter: handschoenen, muts, zonnebrandcrème met hoge beschermingsfactor, sneeuwbril, een degelijk donzen dekbed, een dikke slaapzak en voldoende warme kledij. Neem ook wat lichters mee, 's middags kan het warm zijn.

In de zomer: een paraplu, waterdichte kledij en schoenen. Kortom, voldoende materiaal tegen de regen. Een regenjasje is niet voldoende.

Nog een kleine opmerking: de Nepalezen die je onderweg tegenkomt, stellen verzorgde en niet-uitdagende kledij op prijs (geen shorts en debardeur), vooral voor de dames. Respecteer dit, zo zul je vrienden maken.

Wil je een tentje meenemen, dan heb je een drager nodig (voor de tent en de keuken). Aan de meeste wandelpaden liggen voldoende *lodges*. De twee mogelijkheden hebben hun voor- en nadelen naargelang het seizoen en de weg die je neemt, aan jou de keuze. Van oktober tot maart kan het sneeuwen. Vanaf november zijn de hoger gelegen *lodges* gesloten. Vraag inlichtingen in Kathmandu, daar zal men je ook vertellen of een tent nodig is in de streek waar je naartoe trekt.

Train wat vooraf, al was het maar voor je schoenen.

Je zult zeker geen zin hebben om al je materiaal mee te sleuren van bij je vertrek uit Europa. Wees gerust, je kunt in Kathmandu alles huren. Er zijn tientallen kraampjes waar je kunt kopen, verkopen en huren... Iedereen is hier eerlijk, je krijgt je borg steeds terug. Kies voor een winkeltje met een goede reputatie, vergelijk de prijzen.

Laat je reispas en waardevolle spullen in het hotel achter, in een *safe deposit*. Je trekvergunning geldt als identiteitsbewijs. Vraag een bewijsje als je iets achterlaat, dit is een veiligheid. Neem voldoende roepies mee in kleine coupures, briefjes van 500 of 1000 roepies kunnen problemen geven in het hooggebergte.

Er wordt steeds vaker gestolen tijdens trektochten. Laat je geld of je fototoestel nooit achter, zelfs niet 's nachts. Waak altijd over je spullen, pronk niet met je geld of je gadgets.

Eten

Je kunt in de bergen eten in de *lodges* (vanaf november zijn de hogergelegen *lodges* gesloten). Vaak zijn de gerechten op basis van zetmeel en groenten. Veel gebakken rijst, vet dus... Niet geschikt voor zwakke magen! Bij spijsverteringsproblemen volg je een kuur met *boiled potatoes* (in water gekookte aardappelen) en *plain rice* (gewone rijst). De maximale wandelafstand tussen twee dorpen is 2 tot 5 uur. Zorg voor een koekje of iets anders voor onderweg. Enkel in sommige *lodges* in de buurt van Jomsom wordt het water gekookt en gefilterd. Maar ook hier moet je het nog eens extra zuiveren. Kijk uit voor doosjes fruitsap, die zijn vaak oud (diarree gegarandeerd!). Sla voldoende in in Kathmandu: suiker, melk in doosjes, zakjes soep, confituur, koekjes... Vanuit Europa kun je levertraan, kastanjeconfituur, voorgekookte pasta, eierpoeder, kaas, worst meenemen. Dit heb je echter niet nodig voor een trektocht naar de Annapurna, de Everest en de Langtang. Dit zijn tochten die vaak worden geboekt, je vindt er dus alles.

Medicijnen

Ook hier dezelfde tips als voor de rest van de reis. Een hoestsiroop, een middel tegen diarree, oogwater, hydroclonazone of Micropur®DCCNa en pleisters voor blaren. Neem wat kokosolie mee voor een massage van je kuiten en een vette crème voor droge lippen. Opgelet, tandbederf kan in het hooggebergte verergeren.
De klacht bij uitstek voor trekkers is kniepijn, die nog verslechtert bij afdalingen. Daal dus rustig en kalm af. Doe je dit niet, dan kun je last krijgen van *sahib knee*, een heftige pijn die slechts overgaat wanneer je weer begint te klimmen. Straks smeek je om een klim! Tip van trotters: twee sokken rond je knie, vastgebonden met een elastiekje, regelmatig besprenkelen met koud water, een afdoend middel.
Draag op je trektocht enkel ingelopen schoenen, nooit nieuwe! Reis licht, maar vergeet niks belangrijks.

Voorzorgen

Vertrek enkel als je in uitstekende lichamelijke conditie verkeert. Train voor je vertrek (1 tot 2 maanden vooraf). Dit hoeft niet intens te zijn, wel regelmatig. Kies een programma aangepast aan je mogelijkheden. Ben je ouder dan 45, ga dan langs bij de arts voor een inspanningstest.
Op de Nepalese wandelpaden zijn er altijd wel trekkers met voeten vol pleisters en hoge koorts die zich afvragen wat ze hier in godsnaam zijn komen zoeken. Velen vergeten dat een wandeling op 4000 m hoogte niet te vergelijken is met een wandelingetje door de stad.
Voor je op trektocht gaat, moet je wat oefenen: begin met een bergwandeling van een of twee halve dagen, met het materiaal dat je wilt meenemen. Begin met korte afstanden. Je kunt het wel raden, sla deze voorbereiding niet over: in principe heb je nog nooit op zo'n hoogte verbleven als hier. Je kunt pijn hebben of het wat lastig hebben, genoeg om je reis te vergallen. In de bergen moet je je tijd nemen, en nederig zijn! Ben je hartpatiënt of heb je last van gewrichtspijn in de knieën, keer dan meteen terug.
Vanaf een hoogte van 3000 m klim je niet meer dan 300 tot 500 m per dag. Ideaal zou zijn om per 1000 m twee nachten op eenzelfde hoogte door te brengen. Vertrek nooit alleen. Vraag steeds de weg als je bij een splitsing komt. Dat is de regel in Nepal, als er

geen bewegwijzering is. De afstanden worden gemeten in dagen, wandeluren of *kos* (de tijd die een zakdoek nodig heeft om te drogen) maar nooit in kilometers.

Er zijn bijna geen radio's (dit zijn de Alpen niet), maar de satelliettelefoon heeft er wel zijn intrede gedaan. Ben je ziek of gewond, ga dan naar een vliegveld, tenzij je een verzekering hebt waardoor je per helikopter wordt gerepatrieerd (onontbeerlijk!). Zie hoger onder 'Verzekeringen'.

Voor je op trektocht gaat, neem je in het agentschap een kopie van je reispas en de gegevens van je verzekering. Vertrek je alleen, ga dan zelf langs bij de ambassade en geef je kopieën af op de consulaire dienst. Zo word je in noodgevallen snel geholpen. Niet om je schrik aan te jagen, maar we moeten vermelden dat je in Nepal aan hoogteziekte kunt sterven. Het gebeurt zelden maar het kan. Lees daarom de volgende rubriek.

Hoogteziekte

HOOGTEZIEKTE IS GEVAARLIJK... je kunt sterven! Wees voorbereid. We willen je geen schrik aanjagen, maar het enkel heel goed herhalen. Als het je kan geruststellen, ook Chinezen die met het vliegtuig uit Beijing aankomen, hebben er last van. Hoogteziekte ontstaat door een tekort aan zuurstof (een vermindering in de atmosferische druk op grote hoogte en dus van de zuurstofdruk in de lucht). Iedereen kan hier last van krijgen. Er is geen verband met lichamelijke training of levenswijze. Zelfs de meest geharde bergbewoners kunnen last krijgen van hoogteziekte. De ziekte komt voor op eender welke hoogte en eender welk moment, boven 2000 m. Enkele van de gevolgen: hoofdpijn, lichte ademhalingsmoeilijkheden, misselijkheid, verminderde eetlust, slapeloosheid, abnormale vermoeidheid. Let op, deze symptomen kunnen vaak te maken hebben met andere factoren dan de hoogte (slechte voeding, oncomfortabele *lodges*...). In de meeste gevallen verdwijnen ze na enkele dagen.

VOLG ONDERSTAANDE REGELS NAUWGEZET OP: voor meer zuurstofopname moet het lichaam meer rode bloedlichaampjes aanmaken. Vuistregel is dus nutteloze inspanningen vermijden, handelingen te beperken, traag te stappen, langzaam maar diep in te ademen. LOOP NOOIT, zelfs niet om de foto van je leven te nemen. Rokers moeten sterk minderen, zoniet volledig stoppen met roken. Alcohol is uit den boze, net als slaapmiddelen.

Verergeren de symptomen: ernstigere hoofdpijn, braken, evenwichtsverlies, steeds moeilijker en luidruchtiger ademen (reutelen), volledig verlies van eetlust, ophouden van urine, hoesten met rood spuug (heel ernstig), extreme vermoeidheid, blauwe lippen, humeurschommelingen... Een oplossing: ONMIDDELLIJK LANGZAAM MINSTENS 500 M AFDALEN. De zwaarste gevolgen zijn longoedeem (de longen vullen zich met water) en vooral hersenoedeem, wat binnen enkele uren fataal kan zijn.

Hoewel de tekenen van hoogteziekte gekend zijn, worden ze nogal vaak verwaarloosd. We raden je aan preventief *Diamox* te nemen vanaf een hoogte van 4000 m, neem beslist contact op met je arts. Dit is geen mirakeloplossing en mag enkel ingenomen worden op voorschrift en medisch advies. De enige juiste behandeling van hoogteziekte is opnieuw zuurstof toedienen, afdalen dus (minstens 500 m).

Bij ernstige malaise is er maar een remedie: een hogedrukkamer. Vertrek je met een groepje, neem dan een opblaasbaar en draagbaar hogedruktentje mee (weegt niet meer dan 5 kg, pomp inbegrepen). Dit is de enige gekende manier waarop je in enkele minuten tijd 1500 tot 2000 m kunt afdalen. Je kunt zo'n kamer huren in Kathmandu bij het agentschap *Glacier Safari Trek* (zie 'Nuttige adressen' in Kathmandu), je betaalt ongeveer € 15 per dag.

BELANGRIJK: een zuurstoffles is een handig hulpmiddel, maar geneest je pijn niet. Jammer als je we plezier wat vergald hebben, maar als er één hoofdstuk is dat je zeker moet lezen, dan is het dit wel. Als je niet gek doet, dan loopt het allemaal wel goed!

- **The Himalayan Rescue Association:** Dhobichaur, Lazimpat, Kathmandu *(algemene plattegrond, C1)*. ☎444 02 92 en 93. ● www.himalayanrescue.org. Vereniging van vrijwilligersartsen. Gezondheidsposten in Pheriche (Everest) en Manang (Annapurna), organiseren briefings. Let op, de posten zijn enkel geopend in maart, april, oktober en november. Degelijk advies over hoogteziekte. Franstalige brochure.

Hoe verloopt een trektocht?

Twee mogelijkheden: de groep heeft zijn eigen kamp en keuken of je eet in *lodges*.

■ In het eerste geval is de groep volgens een bepaalde hiërarchie georganiseerd:
- Aan het hoofd staat de *sirdar*. Hij beheert het budget, kiest de leden van het team, de weg en de kampen. Hij bepaalt de organisatie van de trektocht, in overleg met het agentschap en natuurlijk de klant.
- Daarna komt de *kok* (hij kan ook *sirdar* zijn). Hij koopt onderweg de producten aan en stelt de maaltijden samen. Bij groepen groter dan vijf heeft hij *helpers* die het keukengerei en het eten dragen en die zelf hun maaltijden bereiden. Zij dragen weinig want ze zijn de laatsten die het kamp verlaten (na de vaat) en de eersten die in het volgende kamp aankomen om alles voor te bereiden.
- En dan de *sherpa's*. Binnen het team is dit een functie en geen culturele identiteit. Dit kunnen mensen van het Tamang- of het Chettrivolk zijn of van een andere bevolkingsgroep en toch sherpa zijn binnen een organisatie. De rol van de sherpa is, onderweg en in het kamp, helpen. Hij is zo'n beetje de assistent van de gids of de kok, soms zelfs van de dragers.
- Onderaan de hiërarchie staan de *dragers*. Hun aantal wordt bepaald in functie van het gewicht. In Nepal bedraagt de norm 30 kg, met daarbovenop nog eens hun eigen spullen!

■ In het tweede geval, met overnachting en maaltijden in een *lodge*, bestaat het team uit een *sirdar* die eventueel wordt bijgestaan door sherpa's, maar altijd met dragers voor de zakken.

Trektochten en ethiek

Al verschillende jaren zijn er in allerlei tijdschriften artikels te lezen over misbruiken door trekkers, zowel door onwetendheid als door laksheid. Men wil je misschien laten geloven dat er een traditie bestaat die van Nepalezen 'slaven' maakt, dat is echter niet zo.

Waarom moeten kinderen dan werken? Waarom laat je dragers een last van meer dan 50 kg meetorsen? De argumenten die de agentschappen en gewetenloze *sirdars* naar voren schuiven, komen er altijd op neer dat de drager meer verdient als hij een zwaardere last draagt. Dit kun je onmogelijk controleren. De dragers die voor een *sirdar* werken, liegen uit angst hun baan te verliezen. Nog zo'n argument, de *sirdar* kan geen dragers vinden omdat er een festival plaatsheeft. Onderweg zullen ze er wel een paar tegenkomen, dat blijkt nadien vaak niet te kloppen... maar keer je dan terug? Sinds de herfst van 2007 legt de *Trek Agents Association (TAAN)* een salaristabel voor dragers op (300 tot 500 NPR per dag, naargelang de trektocht), maar ook voor de andere leden van het team. Bekijk ook of zij goed behandeld worden. Ze dragen niet alleen de last, ze moeten ook een degelijke slaapplaats hebben en voldoende uitrusting, DIE MOETEN ZE DRAGEN OOK! Dat is vaak moeilijk. Omdat ze zo arm zijn, bewaren ze hun uitrusting in hun rugzak om die later te verkopen. Dikwijls zie je dragers met bevroren voeten omdat zij hun schoenen liever niet dragen, maar verkopen bij terugkeer! Agentschappen maken misbruik van het slechte geweten van de trekkers, omwille van het feit dat andere mensen hun zakken dragen. Onthoud dat de enige juiste en echte ethiek rond trektochten is dat het werk van de groep in menswaardige omstandigheden kan worden gedaan en degelijk wordt vergoed. Als klant kun je eisen dat aan bepaalde voorwaarden wordt voldaan. Info (in het Engels) op ●www.ippg.net.

Keuze van je trektocht

Hang niet de stoere bink uit. Is dit je eerste keer, kies dan een trektocht op lagere hoogte (minder dan 4000 m). Je wandelt langs drukkere paden (de *Nepalese highways*), waar je wat kunt eten en kunt slapen. Je loopt er niet verloren. Vertrek toch beter niet alleen. Een voorbeeld van zo'n trektocht is *Pokhara-Jomsom*.

Trektochten op grotere hoogte (4000 tot 5000 m en meer) krijgen te kampen met andere moeilijkheden: sneeuw, weinig zuurstof, weinig mensen, eten is moeilijk te vinden. Hiervoor neem je best contact op met een agentschap voor een gids en dragers.

Let op, vluchten uit Lukla (naar het basiskamp van de Everest) en Jomsom (Annapurna) kunnen door de weersomstandigheden geannuleerd worden. Bouw een veiligheidsmarge in, vooral aan het eind van je reis. Bevestig je terugvlucht.

Bovendien is ook een lichamelijke voorbereiding absoluut nodig. Een bijkomende moeilijkheid is dat de hoger gelegen plaatsen vaak afgelegen zijn. Als je geen half jaar tijd hebt, dan neem je best een vliegtuig naar het vertrekpunt van je trektocht. Je raadt het al, duur natuurlijk.

Vertrek je tussen juli en midden september, dan zul je de bergtoppen niet gauw zien: je ploetert in de modder en maakt vervelende vriendjes, bloedzuigers. Om deze ongemakken te vermijden, lees rubriek 'Gezondheid'. De beste periode is de lente (maart, april), eventueel kan tot juni ook nog, en de herfst (oktober, november).

Een overnachting in een *berglodge* kost niet zo veel, behalve als er een houtvuur is (raar maar waar, hout is heel duur in Nepal). Betalen voor een foto is ook vaak verkeerd.

Heb je nog nooit een trektocht georganiseerd, dan zul je merken dat dit veel werk vraagt maar dat het wel de moeite loont. Het landschap is schitterend, de mensen zijn heel vriendelijk, ontspanning is gegarandeerd. Je bent zeker niet de enige. Je moet nog niet echt aanschuiven op de paden, maar verlaten zijn ze nu ook weer niet.

Een paar voorbeelden
Korte en makkelijke trektochten

■ Een makkelijke en korte trektocht (3 tot 4 dagen) loopt door een deel van de vallei van Kathmandu. Vertrek in **Nagarkot** naar **Chaukee Banjang** (3 uur wandelen). Verder naar **Shisso Pani** (5 uur), **Shiva Puri** (4 uur), **Buddha Nilkantha** (4 uur), blauwe bus naar Kathmandu (1 uur). Enig probleem: geen overnachting of eten onderweg. Gids aangeraden.

■ Nog steeds makkelijk: van **Dhulikhel** naar het klooster van **Namo Bouddha**. Reken op een wandeling van 4 uren. Ga verder naar Panauti (zie, in de omgeving van Panauti, rubriek 'Wandeling van Namo Buddha').

■ **Pokhara-Ghorepani-Ghandrung-Pokhara:** een week. Zeer goede *lodges* onderweg. Mooi uitzicht op de Annapurna (zie rubriek 'In de omgeving van Pokhara').

De klassiekers

■ **De ronde van de Annapurna:** 16-18 dagen van Besisahar naar Birethanti. Toegangsprijs Nationaal Park Annapurna: 2000 NPR (€ 24).

Schitterend omwille van het wisselende landschap: tropische valleien, woestijnlandschappen, prachtige watervallen, schitterend uitzicht op de bergen. Hoewel je ze goed kunt zien, ben je niet ingesloten door de bergen (ook zo voor de andere trektochten). De wandeling is ook cultureel gezien interessant, je komt door tal van schilderachtige kleine dorpjes. Onderweg af en toe een stukje over asfalt, het is eens iets anders.

Dit is een vrij makkelijke trektocht, met wat beklimmingen en afdalingen. Maar omdat hij zo lang is, moet je wel goed in vorm zijn en wat aangepast zijn omwille van de top van de Thorong La, 5416 m hoog. Om geen hoogteziekte te krijgen, wandel je boven een hoogte van 3000 m rustig en in korte stukjes. 's Winters is de top gesloten door de sneeuw.

Jammer, dit is een van de drukste tochten van het land. Je vindt dus heel wat *lodges* (van goede kwaliteit) langsheen het parcours. Je kunt nooit lang wandelen zonder er eentje tegen te komen, behalve op de top van de Thorong La dan. De prijs stijgt evenredig met de hoogte.

> In Manang is het YETI HOTEL een goed adres. Gezellige houten *lodge*. Lekkere, gevarieerde maar vooral rijkelijke schotels.
>
> In Marpha houd je eens halt bij het DHAULAGIRI GUESTHOUSE AND ROOF TOP RESTAURANT, een charmant hotelletje in het centrum. De uitbundige Italiaanse uitbater maakt heerlijke lasagne. Proef de cider, specialiteit van het dorp. Meteen ook de gelegenheid om een warme douche te nemen.

■ **Basiskamp van de Annapurna:** trek ongeveer 10 dagen uit voor deze tocht die begint in Phedi (ongeveer een halfuur met de bus vanuit Pokhara) en eindigt in Naya Pool. Toegangsprijs Nationaal Park van Annapurna: 2000 NPR (€ 24). Fantastische trektocht, prachtig uitzicht op de bergen. Op de laatste dag bevind je je midden tussen de reuzen van de Himalaya, zoals de Annapurna en de Machhapuchhare. Cultureel gezien is deze tocht echter niet zo interessant. De dorpjes waar je langskomt, bestaan bijna enkel uit *lodges*. De rondreis zelf is vrij gemakkelijk, met toch enkele lange en steile beklimmingen en afdalingen, let op voor je knieën! Te vermijden tijdens de winter, risico op lawines!

📖 In Jhinu Danda is het NAMASTE HOTEL een goede plek om je rugzak even aan de kant te schuiven. Aangenaam, warmwaterbron vlakbij, tuin waar je lekker kunt eten.

■**Trektocht van Langtang:** ongeveer 8 dagen (vervoer inbegrepen) van Syabru Bensi, waar de tocht begint, naar Kyanjin Gompa en terug. Wat langer als je ook naar de meren van Gosaikund en Helambu wilt voor je naar Kathmandu terugkeert (ongeveer 14 dagen). Reken op nog een dag extra als je in Dunche vertrekt. Toegangsprijs Nationaal Park van Langtang: 1000 NPR (ongeveer € 12).

Je wandelt midden tussen de bergen langs een paar fraaie dorpjes waar Tamang wonen, een volk dat dicht bij de Tibetanen staat. Niet echt een moeilijke trektocht, kort, met progressieve beklimmingen (let toch op voor hoogteziekte). Naar het vertrekpunt gaan, blijkt een avontuur te zijn: om de 110 km tussen Kathmandu en Syabru Bensi af te leggen, maak je een busrit van ongeveer 9 uur. Dat geeft je al een idee van de staat van de weg, het aantal haltes en checkpoints. De weg die in Trisuli Bazaar vertrekt, is niet meer verhard. Net voor Dunche ligt de weg vol puin, de weg is erg hobbelig en loopt boven een rivier, 1000 m lager.

■**Trektocht van Helambu:** zo'n 7 à 8 dagen tussen Sundarijal (15 km van Kathmandu) en Melamchi Bazaar (ga uit van een busrit van 6 uur naar Kathmandu). De meest toegankelijke trektocht. Toegangsprijs Nationaal Park van Langtang: 1000 NPR (€ 12).

Wandeling op lagere hoogte (niet meer dan 3500 m), maar vermoeiend, vooral dan het eerste deel omdat je enkele bergtoppen over moet. Een paar echt steile beklimmingen. Je bent nooit echt in de bergen maar je ziet ze wel in de verte. Toch interessant omwille van de dorpjes waar je doorheen komt. Vooral brahmanendorpen aan het begin van de tocht, daarna Sherpadorpen (naarmate je hoger klimt) zoals het boeddhistische Malemchigaon. Ook een goede lodge: **Wild View Lodge and Hotel**.

■**Trektochten van de Everest:** ideaal voor wie echt de bergen in wil trekken. Indrukwekkend uitzicht op de reuzen van de Himalaya. Je komt bovendien langs verschillende Sherpadorpen. Toegangsprijs Nationaal Park van Sagarmatha (Nepalinaam voor de Everest): 1000 NPR (€ 12). De duurtijd van de wandelingen verschilt naargelang je in Jiri, waar je met de bus aankomt, of in Lukla, waar een luchthaven ligt, vertrekt. Vertrekken in Lukla is makkelijker omdat je progressief klimt en afdaalt (let op voor hoogte- en bergziekte). Vertrek je in Jiri, dan ben je beter geacclimatiseerd omdat je daar al boven 3000 m bent gegaan.

- **Van Jiri naar Lukla:** ongeveer 10 dagen, reken op een extra dag met de bus vanuit Kathmandu, je hebt een rit van 9,5 uur naar Jiri voor de boeg. Enkel voor sporters en goed getrainde wandelaars. Je beklimt elke dag een bergtop, de wandeling zelf is bijzonder zwaar. Vrij steile beklimmingen en afdalingen. Let op voor zwakke knieën. Je vertrekt in Jiri, wandelt door lieflijke dorpjes en komt langzaam dichter bij de bergketen, waardoor je nog meer geniet van het landschap. Veel toeristen komen rechtstreeks in Lukla aan met het vliegtuig. Dit deeltje van de tocht is dus minder druk en bijgevolg aangenamer.

- **Van Phaplu naar Lukla:** 3 tot 4 dagen. Aankomst in Phaplu met het vliegtuig vanuit Kathmandu is een goed alternatief: minder lang dan vertrekken in Jiri, betere acclimatisatie aan de hoogte omdat je direct in Lukla aankomt.

- **Van Lukla naar het basiskamp van de Everest:** trek ongeveer 14 dagen uit. Beter is nog wat extra dagen te voorzien voor als je last krijgt van hoogteziekte, waardoor je minder snel vooruit raakt. Hou ook rekening met annuleringen van vluchten omwille van het slechte weer, waardoor je in Lukla kunt stranden.

Een vlucht naar Lukla is duur, maar het blijft de beste optie voor wie weinig tijd heeft of niet in Jiri wil beginnen wandelen. Uitkijken voor hoogteziekte, met het vliegtuig kom je al meteen op een zekere hoogte aan. Daardoor moet je een intensere lichamelijke inspanning leveren, de klim wordt zwaarder (traag wandelen is de boodschap). Toch is dit een (te?) druk bezocht wandelpad (je móét het gedaan hebben zeker?). Het schitterende uitzicht op de bergen krijg je er zomaar bovenop.

- **Van Lukla naar de meren van Gokyo:** heen en terug zo'n 12 dagen. Best te combineren met de tocht naar het basiskamp van de Everest. Reken in dat geval op 21 dagen. Ondanks de grote hoogte is deze tocht korter en minder zwaar dan die naar het basiskamp van de Everest vanuit Lukla (zie hoger). Ook minder druk en, misschien, mooier. Echt, de meren van Gokyo zijn schitterend. Het uitzicht op Gokyo Ri, een top van 5483 m en makkelijk te beklimmen, is weids. Zelfs al ligt de Everest verder, hij is beter te zien.

> 📖 Bij aankomst aan de meren kom je tot rust in de Gokyo Namaste Lodge. Ruime en lekkere schotels. De eigenaar werkt ook als kok bij expedities. Eindelijk iemand die begrijpt dat trekkers bergen op kunnen! Aangename en warme eetzaal (de haard met jakkeutels brandt altijd). Vriendelijke ontvangst.

Minder drukke trektochten (moeilijker of in afgelegen gebieden)

■ **Meer van Rara:** 15 dagen, vertrek in Kathmandu. Met het vliegtuig naar Jumla. Niet druk gezien de afstand.

■ **Mustang:** heen en terug vanuit Pokhara, 13 dagen. Met het vliegtuig naar Jomsom. Wandeling naar Lo Manthang, de hoofdstad van dit oude boeddhistische koninkrijk. Een maand vooraf inschrijven. Aantal beperkt tot 600 personen per jaar. Ook mogelijk in de zomer, de Mustang heeft geen last van de moesson. De winter is koud, de wind snijdt. Je bent verplicht bij een agentschap langs te gaan en een drager te voorzien voor je afval.

■ **Manaslu:** 19 dagen. Beklimming van een bergtop van meer dan 5000 m. Prachtige tocht door Manaslu, langs terrasvormige rijstvelden in Tibetaans gebied. Weinig bezoekers. Verplicht bij een agentschap langs te gaan.

■ **Noord-Dolpo of Shey Gompa:** voormalig Tibetaans koninkrijk. Deze streek is vaak afgesloten door maoïstische acties. Vraag vooraf inlichtingen. Is de orde hersteld, dan kun je rekenen op 20-25 dagen. Lastig. Verschillende toppen van meer dan 5000 m. Zo'n 100 mensen zijn per jaar toegelaten. Ga via een agentschap.

■ **Zuid-Dolpo:** net als bij Noord-Dolpo vraag je ook hier voldoende inlichtingen vooraf. Is de streek open, dan trek je 15 dagen uit voor een reis heen en terug. Nepalganj-Jufaal met het vliegtuig. Klim in de Tarapvallei. Twee bergtoppen van meer dan 5000 m, aankomst aan het blauwgroene meer van Ringmo. Ook voor deze trektocht moet je langs een agentschap gaan.

VERZEKERINGEN

Als je bij een ziekenfonds of particuliere verzekeringsmaatschappij bent aangesloten, dan ben je verzekerd tegen ziekte en ongevallen. Ga na of je verzekeringsmaatschappij ook zorgt voor een repatriëring of een zoektocht in de bergen per helikopter als je op trektocht gaat. Het kan aangewezen zijn een bijkomende bijstands-, annulerings- of bagageverzekering af te sluiten.

MENS, MAATSCHAPPIJ, NATUUR EN CULTUUR

Al eeuwen lang is Nepal een gesloten boek. Het land kreeg de bijnamen 'Koninkrijk der kluizenaars', 'Huis van de goden' of ook nog 'De weg naar het paradijs'. Dit legendarische landje, geklemd tussen twee reuzen, ligt aan het mythische kruispunt van de Zout- en de Zijderoute. Een groot aantal bevolkingsgroepen leven hier samen, vreedzaam, verdraagzaam. Hier werd Boeddha geboren, hier woont de enige levende godin ter wereld. Een magisch koninkrijk waar het dagelijkse leven nog steeds bestaat uit verhalen over koningen, koninginnen en prinsessen, godheden die veranderen in dieren, slangen die goden worden, reuzen, duivels en andere tovenaars en heksen. Die charme vind je ook terug in de voornamen van de inwoners, de mensen heten Vishnu, Laksmi, Krishna of gewoon Raj Kumar ('zoon van de koning').

Een land van tegenstellingen, net als de god Shiva, zowel schepper als vernieler. Nepal verrukt en bedroeft je, het is zoetzuur, tragikomisch, yin en yang. Maar de mensen glimlachen, praten met elkaar, ruilen, zijn bezorgd om elkaar...

Nepal is een gezegende plek, er zijn maar weinig reizigers die ontgoocheld terugkeren.

BEDELARIJ

We raden je aan geen geld te geven aan 'professionele' bedelaars, die zich rond toeristische trekpleisters (Bodnath, Swayambunath) en in Thamel ophouden, en zeker niet aan kinderen die op straat leven, omdat ze slecht behandeld worden of die hun eigen streek ontvlucht zijn om niet ingelijfd te worden door de maoïsten.

Wil je toch de straatkinderen helpen, koop hen dan een kom rijst, wat brood of fruit (dit zijn maar voorbeelden), bederfbare etenswaren dus die niet kunnen verkocht worden om daarna drugs te kopen. Geef zeker geen geld. Je moet de mentaliteit en de koopkracht van de Nepalezen kennen. Het gemiddelde maandloon ligt rond 4000 NPR (€ 47), een drager op een trektocht verdient zo'n 300 NPR (€ 3,60) per dag. Vertrouw dus niet op wat voor jou normaal lijkt, maar bekijk alles in het licht van deze gegevens.

BEVOLKING

Een lappendeken van bevolkingsgroepen

Nepal telt vandaag 29 miljoen inwoners. In 80 jaar is de bevolking meer dan verdrievoudigd en stijgt vandaag met 2,2 % per jaar. De bevolkingsdichtheid verschilt sterk tussen de regio's onderling: 2,4 inwoners/km² in Manang en 1710 in Kathmandu. De nationale bevolkingsdichtheid bedraagt 190 inwoners/km² (zie 'ABC van Nepal' in hoofdstuk 'Nepal praktisch'). De bewoners trekken weg uit de heuvels en bergen naar de Terai en de vallei van Kathmandu.

De bevolking van Nepal is een verbazend lappendeken van bevolkingsgroepen die samen 75 verschillende talen of dialecten spreken. In geen enkel ander land ter wereld kent de bevolking zo'n diversiteit op zo'n kleine oppervlakte. Dat is meteen de reden waarom Nepal als 'etnologische draaischijf van Azië' wordt beschouwd. De oorsprong van deze bevolkingsgroepen is heel complex en vaak bediscussieerd door specialisten zelf.

De bevolking van Nepal kan in twee grote groepen opgedeeld worden: de 'Tibetaans-Birmaans-Nepalese' groep en de 'Indiaas-Nepalese' groep. Algemeen kun je stellen dat deze laatste groep voornamelijk in de vlaktes en de vallei van de Terai woont, terwijl de bevolking met Tibetaanse voorouders meer in de bergen woont. Het is onmogelijk een precieze kaart met de verdeling van de bevolkingsgroepen te tekenen, zozeer lopen ze door elkaar. De klimatologische redenen en de voedingsproblemen die met cultuur samenhangen hebben grotendeels tot de migratie bijgedragen. Maar vandaag zijn het vooral de burgeroorlog, de maoïstische bedreiging en het tekort aan werk die de plattelandsbevolking aanzetten om massaal richting hoofdstad te trekken.

Dit zijn de vier bekendste (maar niet belangrijkste) bevolkingsgroepen:

- **De Newar:** de oudste inwoners van de vallei van Kathmandu, verdeeld in 84 onderkasten (volledig verschillend van het Nepalese kastesysteem). Ze zijn vandaag met 630.000 (ongeveer 2 % van de bevolking). De Newar hebben een aangeboren gevoel voor organisatie en zijn vooral artiesten. Ze hebben de vallei gevuld met werken van onschatbare waarde en met een zeer verscheiden architectuur. Vreemd genoeg zijn de enige regio's zonder kunstwerken die waar de Newar nooit zijn geweest, de Terai bijvoorbeeld. Zij hebben de tempels gebouwd en bewerkten met evenveel plezier hout, steen en brons. Het is trouwens ook een van hen, de architect en schilder Arniko, die de uitvinder zou zijn van de pagode. Hij werd met een hele groep ambachtslieden naar Tibet uitgenodigd, waar ze meehielpen met de bouw van tal van kloosters. Vervolgens ging Arniko verder naar China op vraag van Kubilaï Khan om er de pagode van Beijing te bouwen, die vandaag nog te bezichtigen is. De 'pagodestijl' was geboren en verspreidde zich in heel Azië.

De Newar zijn zeer gehecht aan hun religieuze tradities en gebruiken. Tantrische dierenoffers, diepe verering van de Kumari en strikte regels voor de rites voor de overgang van de kindertijd naar de volwassenheid. Als het lukt, woon dan in Bhaktapur een symbolisch huwelijk van jonge, prepuberale meisjes met Vishnu bij. De Newar zijn ook heel bijgelovig.

- **De Sherpa:** niet te verwarren met de functie van *sherpa* binnen het team dat trektochten begeleidt, die kan bekleed worden door iemand van eender welke bevolkingsgroep. De Sherpa (als bevolkingsgroep) telt maar 150.000 mensen meer. De Sherpa zijn Mongoolse types die in de 13de en 14de eeuw uit Tibet kwamen. *Sher* betekent 'oost' en *pa* 'volk', vandaar dus hun naam. Ze wonen geïsoleerd in dorpjes in het hooggebergte. Hun lichamelijke eigenschappen zijn bewaard gebleven. De Sherpa leefden lange tijd afgezonderd van andere beschavingen en buitenlandse invloeden. Hun verhoudingen zijn gebaseerd op discussie, bemiddeling bij conflicten en verdeling van de taken volgens de belangen van de gemeenschap.

Ze hebben ook hun eigen gebruiken en geloofsovertuigingen. Zo mogen de Sherpa geen dieren slachten. Daarvoor moeten zij een beroep doen op andere bevolkingsgroepen. Hoewel zij uitstekende gidsen zijn, zul je zelden Sherpa de bergen zien beklimmen, omdat die voor hen heilig zijn. Voor het huwelijk zijn de Sherpa vrij in hun liefdesrelaties. De vrouwen hebben dezelfde rechten als de mannen (scheiding...). Overspel is voor beide echtgenoten verboden. De schuldige betaalt een boete (*dhijal*). Conclusie: het Sherpa-ideaal is geweldloosheid, gekenmerkt door de weigering zowel dieren te doden als kinderen aan het huilen te brengen. Het is niet zozeer belangrijk kennis of geld te verwerven, maar om het hart zuiver en sereen te houden, verstandig te zijn en zichzelf meester te blijven (een uitzondering zijn echter de Sherpa van de Solo, die zich door zaken het hoofd op hol hebben laten brengen). Dit streven verklaart hun onbaatzuchtigheid, hun vrolijkheid en hun toewijding.

- **De Gurung:** net als hun buren en dichte neven de Tamang, zijn ook de Gurung van Tibetaanse oorsprong. Ze zijn ongeveer met 540.000 (2 % van de totale bevolking). Ze hebben hun Tibetaans geïnspireerd geloof behouden, ondanks het hindoeïsme dat aan belang won in het land. Ze zijn minder bekend dan de Sherpa, ondanks dat ze de laatste decennia uitstekende berggidsen geworden zijn. De Gurung hebben zich in de gebieden rond Pokhara, Gandrung en de vallei van Kali Gandaki gevestigd. Het volk kent een interessant systeem van gezamenlijke arbeid, het hele dorp werkt samen aan het bebouwen van de grond. De groepen gaan ook van het ene veld naar het andere en delen zo hun krachten en enthousiasme.

- **De Tharus:** de belangrijkste bevolkingsgroep in de Terai, met een sterke concentratie in het centrum en het westen. Ze zijn met meer dan anderhalf miljoen (6 %) en leven in perfecte symbiose met de natuur. Hoewel ze al eeuwenlang landbouwers zijn, hebben maar weinigen van hen hun eigen stukje land. Het grootste deel van hen wordt vandaag nog steeds uitgebuit door *zemindar* (belastingontvangers) en zit nog voor generaties vast in een schuldensysteem dat zij via hun werk moeten afbetalen. De huwelijken worden nog op ouderwetse manier afgesloten. De jongens trouwen al heel jong, op een leeftijd van 7 of 8. In Chitwan valt het nog regelmatig voor dat de jonge vrijer enkele jaren in dienst van de schoonfamilie werkt voor hij de toestemming krijgt om te trouwen. De Tharus hebben ook hun eigen geloof, een combinatie van aanbidding van hindoegoden en bosgeesten. De meeste dorpen tellen 10 tot 12 huizen, in het midden van het dorp staat een altaar uit bewerkt hout. Bij bepaalde gelegenheden worden hier dieren geofferd. Naargelang de kaste waartoe de overledene behoorde, wordt hij begraven of gecremeerd. Alle persoonlijke spullen van de dode worden buiten het dorp weggegooid. De Tharus leven in hutten uit bamboe, bedekt met leem en koeiendrek, en met een rieten dak. Ondanks hun armoede zijn de woningen verrassend net.

De ontwikkelings- en onderwijsprogramma's veranderen niet alleen de levensomstandigheden van de Tharus maar ook van de meeste andere bevolkingsgroepen in Nepal. De religieuze tradities die het grootste deel van het dagelijkse leven bepaalden, worden door deze modernistische golf in vraag gesteld en steeds vaker verworpen.

De emigratie van Tibetanen naar Nepal

De invasie van Tibet door de Volksrepubliek China in oktober 1950 veroorzaakte een ware uittocht van Tibetanen. Ze sloegen op de vlucht voor de Chinese 'heropvoeding' en niet alleen voor de hongersnood die het gevolg was van economische maatregelen opgelegd door Beijing. Na de eerste golf emigranten volgde een tweede, na de definitieve annexatie in maart 1959 en de ballingschap van de dalai lama. In de jaren die volgden, verlieten nog eens 160.000 Tibetanen hun land, omwille van de guerilla-strijd en de verschrikkelijke Chinese repressie. Vandaag wonen meer dan 15.000 van hen in Nepal.

In de vallei van Kathmandu werden heel wat Tibetaanse kloosters gebouwd, waarvan de grote meerderheid in Bodnath. Tibetanen zijn uitstekende zakenmensen, maar hun succes in de tapijtenweverijen en zaken in het algemeen wekte de vijandigheid van de Nepalezen op. De Tibetanen die uitweken naar Nepal, hebben niet allemaal hetzelfde statuut. Sommigen, die al rijk waren in Tibet, hebben hun bezittingen overgebracht. De anderen, die in vluchtelingenkampen wonen, leven in armoedige omstandigheden. Zelfs de houding van sommige monniken is vaak dubbelzinnig: het is niet ongewoon monniken tegen te komen die goed in hun vlees zitten, met de gsm tegen het oor, terwijl ondervoede kinderen aan de poorten van het klooster liggen te slapen.

Bhutanese vluchtelingen

Je zult hen niet te zien krijgen, ze zijn verbannen naar het uiterste oosten van Nepal, naar het district Jhapa. Hun aantal wordt geschat op 100.000. Ze leven in dramatische omstandigheden en met het gevoel door de hele wereld opgegeven te zijn. Waarom deze massale exodus? In 1988 kondigde de koning van Bhutan, Jingme Singhe Wangchuk, nieuwe wetten af over het burgerschap en de identiteitskaarten, gevolgd door de jammer genoeg bekende uitspraak 'Een natie, een volk'. Het is nu verplicht de nationale klederdracht te dragen, iets anders is niet toegestaan. Er mag ook geen andere taal dan het Bhutanees gesproken worden, het hindoeïsme is het enige toegestane geloof. De mensen kwamen de straat op, vooral dan de Nepalezen die in het zuiden van het land woonden.

Zo ontstond de democratische beweging, wier betogingen hardhandig werden neergeslagen. De Nepalezen werden het doelwit van de overheid. Er werd een militie opgericht die hen dwong het land te verlaten. Daarvoor werden de brutaalste middelen gebruikt: ontvoering, verkrachting, marteling, vernieling van huizen en velden... De Nepalese gemeenschap kon niet anders meer en verliet het land in 1989.

In Nepal worden de Bhutanese gezinnen samengedreven in voorlopige hutjes en zijn ze volledig afhankelijk van internationale hulp, aangezien vluchtelingen niet buiten de kampen mogen werken. Dit probleem is vandaag nog steeds niet opgelost maar er lijkt beweging in te komen: de Verenigde Staten hebben voorgesteld gedurende vijf jaar 60.000 vluchtelingen op te vangen, Canada wil gedurende drie jaar 15.000 mensen opvangen. Maar deze voorstellen stuiten op een veto van de Nepalese overheid, die blijft kiezen voor een terugkeer naar Bhutan en zo elke permanente vestiging of emigratie uitsluit. Het UNHCR (Hoog Commissariaat voor de Vluchtelingen van de Verenigde Naties) stelt de Bhutanezen een aantal oplossingen voor in samenspraak met de betrokken landen (Nepal, India, Verenigde Staten en Bhutan). Maar het ziet er naar uit dat het dossier zal blijven liggen tot Nepal zijn politieke crisis tot een goed einde heeft gebracht.

De kasten en hun status

Hoewel koning Tribhuvan ze in 1953 officieel heeft afgeschaft, zijn de kasten niet verdwenen. Net als in India zijn ook in Nepal de kasten, die al sinds de oudheid de bevolking verdelen in sociale categorieën, geregeld volgens strikte statuten en regels. Deze indeling heeft niks te maken met de economische hiërarchie, maar alles met geboorte. De priesters of brahmanen behoren tot de hoogste klasse (*bahum*), de kaste van de onderwijzers en geestelijken die de regels van de Heilige Schrift respecteren. De kaste van de soldaten en de officiëlen, waartoe ook de leden van de koninklijke familie behoren, heet *chetri* of *kshatriya*. In de klasse van de *vaishya* vind je alle handelaren en landbouwers. De klasse van de *shudra* verenigt kunstenaars, boeren en tal van sociaaleconomische groepen. De *onaanraakbaren* behoren niet tot een kaste. Tot deze laatste kaste behoren slagers, schoenmakers, tamboers en al wie contact heeft met de huid van dieren die als onrein wordt beschouwd.

De samenleving wordt georganiseerd volgens regels die de menselijke relaties, voeding, huwelijken... bepalen. Zo mag gekookte rijst enkel binnenshuis gegeten worden, weg van indiscrete blikken. Men heeft schrik bezoedeld te worden door blikken van mensen van een lagere kaste. Dat is meteen ook de reden waarom een buitenlander bij mensen van een hogere kaste nooit in de keuken mag, die meestal op de meest ontoegankelijke plaats van het huis ligt.

Je mag de kasten niet vergelijken met de sociale lagen van onze samenleving, ze hebben ook niet echt iets te maken met professionele sectoren of rijkdom. Bij de brahmanen vind je industriëlen maar ook landbouwers. Een onaanraakbare kan zich verrijken door een leerlooierij te beginnen. Een brahmaan kan zijn hele leven arm blijven door voedsel voor andere brahmanen te bereiden. Een huwelijk tussen verschillende kasten ligt moeilijk, maar er zijn koppels in de steden die er wel in slagen. Er bestaan instellingen die onaanraakbaren opleiden.

DRANK

- We kunnen het niet genoeg herhalen: drink geen **water** dat niet eerst langdurig heeft gekookt of gezuiverd is. Vermijd ijsblokjes, amoeben gedijen goed in koude. Je kunt makkelijk water in flessen kopen, maar steeds minder mineraalwater en steeds vaker gezuiverd (smaakt een beetje zoals een zwembad). De prijs voor een flesje kan tot vier keer verdubbelen naargelang de plaats waar je het koopt. Reken op 20 tot 30 NPR. Kijk of het flesje wel degelijk goed gesloten is.

- Ook **lassi** (drank op basis van yoghurt) kan gevaarlijk zijn, vooral tijdens de moessonperiode. De drank moet in goede hygiënische omstandigheden bereid worden. Vraag een *lassi* zonder ijsblokjes.

- **Thee** is de nationale drank. Spreek uit als 'tchya'. Aan alle kraampjes wordt thee geschonken op de Indiase manier, heet, zoet en met melk. De *nepali tea* is het equivalent van de Indiase *masala tea*, thee met kruiden zoals kardemom of kruidnagel... dus. Tibetaanse thee is anders, deze thee is gezouten en een beetje op smaak gebracht met *nakboter* (het vrouwtje van de jak). Je moet ervan houden! In hotels en restaurants wordt enkel *black tea* geschonken in smakeloze builtjes.

- Proef het Tibetaanse bier, **chang** (of *thomba*), met een cidersmaakje, gebrouwen op de boerderij. Hoewel het bier weinig alcohol bevat, gaat je hoofd er toch snel van duizelen. Het bier ontstaat door de gisting van gerstkorrels. *Star Beer* en *Everest* zijn heel licht. Ook enkele geïmporteerde bieren, die zijn duurder. Kijk uit, vaak flesjes van 0,65 liter, drinken maar!

- Nepalese **rum** is niet slecht. Gemengd met wat cola vergemakkelijkt dit de spijsvertering. Te koop in een flesje in de vorm van een *ku-khuri*, een origineel geschenk.
- De Nepalese rijstalcohol heet **rakshi**. Perfect om de sfeer wat op te vrolijken...
- Er wordt plaatselijk ook **whisky** en **wodka** gebrouwen en verschillende soorten alcohol ingevoerd.
- In de supermarkt is tegenwoordig ook gemakkelijk **wijn** te vinden vanaf 400 NPR (€ 4,70) per fles. In de grote hotels betaal je je blauw.
- Er bestaat een lekkere **koffie** uit de Terai. Vraag ernaar. Jammer genoeg krijg je in de meeste hotels en restaurants vaak slootwater of instantkoffie.

ECONOMIE

Naar schatting leeft een derde van de Nepalese bevolking onder de armoedegrens. Landbouw is nog steeds een belangrijke pijler van de economie. Het toerisme en de hydraulische activiteit zijn groeimarkten. Sinds het begin van de jaren 1990 heeft het land aan dynamiek gewonnen. Er werden economische hervormingen doorgevoerd zodat buitenlandse investeerders werden aangetrokken. Niet gemakkelijk als je rekening houdt met de onstabiele politieke situatie, de corruptie en de zwakke infrastructuur... Maar het democratische proces kan misschien vertrouwen wekken. In afwachting blijft de zwakke groei (2 % in 2006) nog steeds, voor de helft van het budget, verbonden met internationale hulp.

Landbouw

Nepal verbouwt voornamelijk rijst, mais, rietsuiker, jute... Deze producten zijn goed voor ongeveer 38 % van het nationaal inkomen. Drie vierde van de bevolking werkt in de landbouwsector. Dit is de belangrijkste activiteit van het land, hoewel het bouwland maar 17 % van de totale oppervlakte uitmaakt. Bovendien zijn 8 Nepalezen op 10 boeren. In bergachtig gebied wordt vooral aan terraslandbouw gedaan. Generatie na generatie heeft de mens heuvels en bergen omgevormd tot echte trappen, waarvan elk vlak gedeelte gevoed wordt via een ingenieus irrigatiesysteem.

Nepal produceert op dit moment twee keer meer graan dan het nodig heeft. Een groot deel wordt naar India uitgevoerd. In ruil daarvoor krijgt Nepal zo goed als alle fabrikaten die het te kort heeft.

Vandaag zijn nagenoeg alle boeren eigenaar van hun land. Tot de landhervorming moesten zij 50 % van hun oogst aan de eigenaars afstaan.

Mijnen en industrie

De ondergrondse rijkdom is nog lang niet ontgonnen, toch bestaan er reeds enkele mogelijkheden rond mica en bruinkool. De industrie ontwikkelt zich (20 % van het bbp), maar is nog steeds weinig gediversifieerd. De staatsbedrijven waren lange tijd gericht op de enige binnenlandse markt: klinkers, sigaretten, suiker, alcohol, zeep... De belangrijkste activiteit blijft textiel.

Handel

Het vervoeren van handelswaren gebeurt nog grotendeels door mensen en die-ren. Het land is maar 13.000 km wegen rijk (waarvan amper 4000 geasfalteerd). Deze wegen doorkruisen Nepal van west naar oost, een andere weg verbindt Kathmandu met Tibet. Er lopen twee korte spoorwegen tussen Nepal en India. Een 42 km lange kabelbaan (die nog steeds wordt hersteld) wordt gebruikt om handelswaren tussen Hetauda, in de Terai, en Kathmandu te transporteren.

De handelsbalans van Nepal vertoont een groot tekort. De import is twee keer gro-ter dan de export. Het volume dat wordt verhandeld, is echter wel sterk gestegen, wat wijst op een toenemende integratie van Nepal in de wereldeconomie. India blijft de grootste klant en leverancier van zijn buur. De export is steeds meer gericht op de Ver-enigde Staten en Europa, importeren gebeurt nog voornamelijk vanuit Azië. Door het toerisme kan Nepal zijn bronnen van buitenlandse inkomsten diversifiëren. Maar naast de nefaste gevolgen voor het milieu en de cultuur van het land is dit vooral een activiteit die afhangt van de politieke situatie, met de risico's die dat meebrengt voor de levensstandaard van de vele Nepalezen die afhankelijk zijn van het toerisme.

Levensstandaard

Tot 1950 was Nepal een land zonder industrie, zonder wegen en zonder luchtverbin-ding. Nog niet 1 % van de kinderen ging naar school. Malaria maakte er nog heel wat slachtoffers. Het land had maar 50 artsen die deze plaag konden bestrijden. Het sterfte-cijfer was schrikwekkend hoog en in bepaalde regio's haalden maar weinig borelingen hun vijfde verjaardag. De gemiddelde levensverwachting bedroeg amper 26 jaar. Van-daag is dat al 60, met nog steeds grote verschillen tussen de regio's. Dat is vooral te dan-ken aan de inspanningen die op alle gebieden werden geleverd, om het leven van een volk, dat jarenlang door een isolationistische politiek was veroordeeld, te verbeteren. Ondanks deze inspanningen blijven sommige gebieden nog zwaar geteisterd. Het noordwesten van het land, en in het bijzonder het district Humla, krijgt regelmatig te kampen met droogte. Hongersnood maakt er vele slachtoffers. 10 miljoen inwoners leven er nog steeds onder de armoedegrens. Hopelijk gaan de nieuwe leiders deze uit-dagingen, de omsluiting van gebieden maar ook de werkloosheid die 42 % van de ac-tieve bevolking bedraagt, aan door de conjuncturele en structurele problemen aan te pakken.

Enkele cijfers:
- **Bevolkingsgroei:** 2,2 %.
- **Levensverwachting:** 60 jaar.
- **Kindersterfte:** rond 63 ‰, een van de hoogste cijfers in Azië.
- **Een jonge bevolking:** 38 % is jonger dan 15.
- Elke vrouw heeft gemiddeld 4 tot 5 kinderen, 1 vrouw op 15 sterft in het kraambed.
- **Analfabetisme:** ongeveer 50 % van de bevolking (rond 37 % mannen en 65 % vrou-wen). Er is verbetering.
- **Ondervoeding** treft 1 op 15 kinderen.
- **Onderwijs:** drie vierde van de kinderen gaat tegenwoordig naar de lagere school. Meer dan de helft van de Nepalese adolescenten gaat niet verder naar school en werkt thuis of elders.

- **Verstedelijking:** 13 %, stijgt.
- De **energie** van het land berust op het gebruik van hout en gedroogde koeiendrek voor verwarming, maar ook op petroleum uit India. Er staan nieuwe hydro-elektrische projecten op stapel.
- **Nepalees budget:** 60 % bestaat uit buitenlandse hulp en zo goed als de helft van de inkomsten wordt aangewend voor de afbetaling van de buitenlandse schuld.
- Het **bnp** per inwoner plaatst Nepal tussen de armste landen ter wereld. Meer dan 10 miljoen mensen leven er onder de armoedegrens. In 2007 stond het land op de 138ste plaats op de lijst met 177 landen, gerangschikt volgens de index van de menselijke ontwikkeling, berekend door het VN-ontwikkelingsprogramma.

FAUNA EN FLORA

De *yeti* wordt door de Nepalese overheid gezien als een nationaal bezit: sinds 1960 is het bij wet verboden hem te doden! Een Britse organisatie biedt zelfs de antiyetiverzekering aan! Word je aangevallen, dan krijg je een schadeloosstelling van 1,5 miljoen euro... Die Engelsen toch! Maar de 'verschrikkelijke sneeuwman' is niet het enige dier in het land, bijlange niet. Nepal heeft een grote verscheidenheid aan zoogdieren, vogels en reptielen. Het spreekt voor zich dat je hier geen Bengaalse tijgers zult zien op elke hoek van de straat. Maar laat het zeker niet om een nationaal park of natuurreservaat te bezoeken: de Nepalese zijn befaamd over de hele wereld.

Sneeuwluipaarden, eenhoornige Indische neushoorns (de grootste Aziatische neushoorn), olifanten, twee soorten makaken, wolven, jakhalzen, krokodillen, maar ook meer dan 500 vogelsoorten wonen in uitgestrekte territoria.

Hoor je op een van je wandelingen een schelle en korte schreeuw, schrik dan niet. Dat is zonder twijfel de schreeuw van een *muntac*, ook wel het blaffend hert genoemd, ten minste als het geen *pika* of schreeuwende haas is.

Een van de eigenaardigheden van Nepal, die het land nog mysterieuzer maakt, is de uitzonderlijke begroeiing. Hoewel het land niet echt uitgestrekt is, zijn alle klimaten hier vertegenwoordigd. Daardoor kan Nepal zich beroemen op een weelderige en uitzonderlijk afwisselende flora. Rododendrons (*laligura* in het Nepali, de nationale bloem dit tot 15 m hoog kan worden), irissen, orchideeën, vetkruid, steenbreken (ja echt, dit bestaat!), sleutelbloemen, edelweiss maar ook acacia-, sparren-, dennen- en piceabossen. Er zijn niet minder dan 6500 boom-, struik- en wilde bloemensoorten geteld in Nepal. Daarom geen volledige lijst van de plaatselijke vegetatie. Geef je ogen de kost op een van je vele wandelingen door de natuur.

FOTOGRAFEREN

Een reis naar Nepal is de gelegenheid bij uitstek om prachtige landschappen en schilderachtige taferelen uit het dagelijkse leven te fotograferen. Neem niet te veel materiaal mee, vooral niet als je nog op trektocht gaat. Neem ook geen te fragiele apparatuur mee, vooral geen toestellen die niet tegen koude, vochtigheid of hoogte kunnen. Vergeet geen uv-filter en een telelens van 100 of 200 mm om de hoge toppen te fotograferen. Een flits is handig als je binnen foto's wilt maken of als je details van monumenten die in de schaduw liggen, op foto wilt vastleggen. Uit respect voor de bevolking vraag je altijd vooraf de toestemming als je iemand wilt fotograferen. Als hij om geld vraagt, geef hem dat dan niet, maar toon liever de foto die je hebt gemaakt of vraag zijn adres zodat je hem een foto kunt opsturen.

Fotografeer geen ellende. Tijdens crematies op de *ghat* van Pashupatinath houd je je toestel in je tas.

GEOGRAFIE

Tussen twee reuzen

Nepal is een smal strookje land van 145 tot 241 km breed en 800 km lang, een klein grensstrookje tussen twee grote mogendheden. Gelukkig is er de Himalaya, een bergketen met hoge toppen en grote niveauverschillen die uniek is ter wereld. Een vesting van eerste orde. Over een lengte van 25 km kan de hoogte met 6000 m verschillen. Beter nog, deze keten is een klimatologische grens met alle ecologische gevolgen die daarbij horen.

Omwille van zijn moeilijke geografische ligging moet Nepal vooral goed over zijn grenzen waken. De relatie met India is niet altijd even goed. Bovendien heeft het land geen uitweg naar zee. Het is dus nauw verbonden met het buurland China, Nepal bezet een groot deel van het glacis van de Himalaya net naast China. Een groot deel daarvan is echter permeabel geworden na de aanleg van de Chinese autoweg die Lhasa met Kathmandu verbindt. Met de vrachtwagen is het maar een maand meer van India naar Beijing. Nepal is bijgevolg een belangrijk strategisch punt geworden op de politieke wereldkaart.

Vijf natuurlijke regio's

Nepal is al vaak vergeleken met een gigantische trap van de Gangesvlakte naar het dak van de wereld. Op een oppervlakte van 147.181 km² (4,5 keer België en 3,5 keer Nederland) neem je een van de vreemdste geografische fenomenen ter wereld waar. De morfologie van het land bestaat uit overlangse stroken die zo vijf grote natuurlijke regio's vormen die overeenkomen met vijf terrassen: de Terai, het Siwalikmassief, de Mahabharata Lekh, het Nepalese plateau en de Hoge Himalaya.

- **De Terai** of lage regio is een slibgebied aan de voet van de grote Gangesvlakte. Vroeger werd deze streek door malaria beschouwd als de hel. Het bouwland aan de oevers van de bijrivieren van de Ganges overstroomde regelmatig. Zo werd Chitwan in 2003 en 2004 verwoest door de moessons. Dat klopt, tijdens de moessonperiode kan de waterstand op een dag tijd met enkele meters stijgen. De jungle vol tijgers en luipaarden, de moerassen en het oerwoud vormen een natuurlijke grens tussen Nepal en India. Door de inspanningen van de Wereldgezondheidsorganisatie was malaria hier zo goed als verdwenen, maar het lijkt erop dat de ziekte, met de komst van een mug die bijzonder resistent is, toch weer de kop opsteekt. Vandaag is deze streek alleen al goed voor twee derde van de bouwgrond. Twee vijfde van de Nepalese bevolking woont hier. De steden groeien. Biratnagar is de op een na grootste industriestad van het land geworden. Nieuwe bedrijven voor de verwerking van rietsuiker, rijst en hout trekken een groot deel van de Nepalese werknemers aan. De bebouwing van graangewassen is een van de belangrijkste bronnen van de Terai (rijst, mais, colza en jute). Ongeveer 20 % van de rijstoogst wordt naar India uitgevoerd.

De Terai, vroeger verwaarloosd door India en Nepal, is vandaag een belangrijke inzet geworden tussen beide landen. De bevolking in dit gebied sluit, voor wat betreft zeden en gewoonten, dicht bij India aan. Er komen steeds vaker incidenten voor in het grensgebied. Grote irrigatieprojecten worden meer dan eens uitgesteld. Een deel van de bevloeiing van de Gangesvlakte komt zo in het gedrang.

- **Het Siwalikmassief**, net boven de Terai, vormt de aanloop naar de eerste toppen van meer dan 1500 m. Deze bergketen bestaat uit bergkammen, van elkaar gescheiden door grote vlaktes, de *doon*. Op deze vlaktes groeit regenwoud. Hier komen de Indiase en de Nepalese plaat samen. Deze streek is dunbevolkt.

- **De Mahabharata Lekh** is daarentegen een echte bergketen, met toppen van vaak hoger dan 3000 m, en vormt een bolwerk tussen de Terai en het Nepalese plateau. Overdwarse valleien doorkruisen de diepe en wilde kloven, waardoor het rivierwater naar de Gangesvlakte stroomt.

- **Het Nepalese plateau**, het hart van het land, is het vierde en belangrijkste terras. Deze strook van 100 km lang wordt in het zuiden begrensd door de Mahabharata Lekh en in het noorden door de Himalaya. Het plateau wordt door rivieren opgedeeld in 9 natuurlijke bekkens. Dit is het rijkste gebied van het land met de grootste steden (Kathmandu, Patan, Bhaktapur en Pokhara). Hoewel dit gebied maar een kwart van de totale oppervlakte van het land uitmaakt, woont hier meer dan de helft van de bevolking. Het klimaat is er gematigd.

- **De Himalaya:** van de 14 bergtoppen boven 8000 m liggen er 9 in Nepal of aan de grens van het land: de Everest (*Sagarmatha* in het Nepali, 8850 m), de Kanchenjunga (8598 m), de Lhotse (8571 m), de Makalu (8470 m), de Dhaulagiri I (8172 m), de Manaslu (8156 m), de Cho Oyu (8153 m), de Annapurna I (8091 m) en de Shisha Pangma (ongeveer 8013 m). Rond deze bergen liggen meer dan 100 7000 m hoge toppen, wat van de Himalaya een echte reus maakt. Deze bergketen is veel jonger dan de Alpen maar behoort wel tot hetzelfde bergstelsel. Volgens de Zwitserse geoloog Toni Hagen zou de jongste onder de bergketens op deze aarde 60 miljoen jaar geleden zijn huidige vorm aangenomen hebben, op het moment dat de continenten met elkaar in botsing kwamen.

De Himalaya bestaat uit afzonderlijke massieven, die soms onderling verbonden zijn door secundaire, minder hoge ketens. Het systeem van de waterstromen is heel specifiek: het zijn stromen zoals de Kali Gandaki, die ontstaat in de Mustang en zich tussen de Dhaulagiri en de Annapurna via een van de diepste kloven ter wereld, de Thak-Khola, naar beneden kronkelt. Door het verschil in breedtegraad met de Alpen begint de eeuwige sneeuw hier pas op 6000 m hoogte op de zuidelijk gerichte flanken. Tot 4000 m hoogte is er nog bosgroei en wordt er nog verbouwd, tot 5000 m zie je nog weilanden. Op 6000 m zijn zelfs nog bloemen gezien.

Deze bergen zijn voor de Nepalezen heilig: ze behoren tot de volksmythologie en worden beschouwd als woonplaats van de goden. De Everest heet in het Tibetaans 'Moedergodin van het land' (*Chomo Lungma*). De hoogste bergtop ter wereld werd op wel heel onverwachte manier ontdekt. In 1849 bestudeerden Britse officieren van de *Trigonometrical Survey* onder leiding van Sir John Everest, de Nepalese bergtoppen. De meeste daarvan hadden nog geen naam. Ze kregen een Romeins cijfer, de Everest werd top XV gedoopt. In 1852 werd de hoogte op veel nauwkeurigere manier gemeten. Een van de rekenaars ontdekte dat top XV de hoogste was, hij kreeg de naam Everest.

Dankzij de technologische vooruitgang worden de berekeningen vandaag steeds nauwkeuriger. In 1999 kondigde een team Amerikanen, beladen met ultragesofisticeerde instrumenten, een revisie van de hoogte van de Everest aan. Die werd vastgesteld op 8850 m, of 2 m hoger dan de internationaal erkende hoogte sinds 1954. De Nepalese overheid weigert echter nog steeds deze nieuwe meting te erkennen.

Jarenlang heeft de mens geprobeerd deze fantastische massieven van steen en ijs te bedwingen. Tussen 1921 en 1948 lanceerden de Britten 8 expedities naar de top van de Everest via Tibetaanse zijde. Tussen 1950 en 1951 werden nieuwe pogingen langs Nepalese kant ondernomen, gevolgd door twee Zwitserse expedities in 1952.

Het dak van de wereld werd uiteindelijk bereikt op 29 mei 1953 door twee mannen, Sir Edmund Hillary en de Sherpa Tenzing Norgay, tijdens een zeven weken durende expeditie onder leiding van Sir John Hunt. Drie jaar voordien slaagden de Fransen Herzog en Lachenal er voor het eerst in de top van de 8091 m hoge Annapurna te bereiken (zie hoger in rubriek 'Reisliteratuur'). Vandaag zijn de meeste van de toppen bedwongen. De expedities zoeken nu nieuwe uitdagingen en proberen de toppen via nieuwe wegen te bereiken of door er een snelheidswedstrijd van te maken. In 2004 werd de snelste beklimming van de Everest vastgelegd op... 8 uur en 10 minuten! Een deel van de Nepalezen beschouwt ook vandaag nog deze beklimmingen als heiligschennis. De expeditie naar de top van de Machhapuchhare strandde in 1957 op 50 m van de top, uit respect voor het plaatselijke geloof en om de woonplaats van de goden niet te ontheiligen.

In mei 1999 vond men, op 600 m van de top van de Everest, de sporen van een Britse expeditie uit 1924 die de top zou kunnen hebben bereikt, ondanks hun armoedige uitrusting: tweedkledij, primitieve zuurstofflessen. Helaas, het fototoestel van de alpinisten Mallory en Irvine, verdwenen tijdens de afdaling, dat het succes van de beklimming zou kunnen bewijzen, werd nooit gevonden. Hillary, die nog steeds leeft, geeft graag toe dat hij pas de tweede is die het dak van de wereld heeft bereikt, een mooi voorbeeld van de legendarische Britse fair play (hoewel hij Nieuw-Zeelander is).

GESCHIEDENIS

De geschiedenis van Nepal begint met een legende. Er was eens... de vallei van Kathmandu, niets meer dan een immens meer waar een slang woonde. Een Chinese wijze zou hier zijn gestopt om te mediteren. Na een droom besliste hij het water weg te laten lopen om er een stad te bouwen. Hij hakte de berg doormidden om de vallei droog te leggen. Zo ontstond de stad *Manju Pattana*, die wij beter kennen als Kathmandu.

Deze legende is niet de enige, ieder vertelt zijn eigen verhaal. Volgens de hindoes is het Shiva die de berg spleet. Andere legendes verwarren de stichting van deze stad met die van Swayambunath (zie tekst over de tempel). Recente studies over de eerste inwoners van Nepal zouden erop wijzen dat zij uit Mongolië stammen of uit Perzië. Maar de archeologische en historische opgravingen staan nog in hun kinderschoenen, er wachten ons ongetwijfeld nog tal van verrassingen.

Het is bewezen dat de eerste veroveraars van de vallei de Kirat zijn. Zij kwamen in 700 v.Chr. uit het oosten van de Himalaya. Veel later, in 300 n.Chr., volgden de Licchavi die door de Mongolen uit hun Indiaas koninkrijk werden verdreven. Ze stichtten een nieuwe dynastie, waarvan de Newar de afstammelingen zouden zijn. In 623 n. Chr. werd in een uithoek van Nepal, in de Lumbinituinen, de toekomstige Boeddha, prins Siddharta Gautama, geboren. Vervolgens hielp een Indiase keizer, Ashoka, bij het verspreiden van het boeddhisme, het schrift en de taal Sanskriet in de vallei. Kathmandu (dat lange tijd Nepal werd genoemd) werd feitelijk in 949 gesticht door Gunakamadeva. Hij was ook de stuwende kracht achter tal van festivals die vandaag nog worden gevierd. In 1346 drongen Bengaalse moslims de vallei binnen en vernielden er alle tempels en monumenten. Na deze tragedie volgden bloedige gevechten om de macht tussen stamhoofden en bandieten, en dat 50 jaar lang. Maar toen kwam de koning van de derde en belangrijkste Malladynastie: Jayasthiti Malla. Hij zorgde voor een volledige reorganisatie van de administratie, de staat en de samenleving. De bestaande gebruiken werden in regels gegoten en het systeem van de kasten werd ingevoerd. Tot zijn verdeling in drie prinsdommen 100 jaar later bleef het koninkrijk één. Er ontstond een wrede rivaliteit tussen de drie steden in de vallei, en wel om de kunst en de cultuur. In die periode werden de mooiste monumenten van de vallei opgericht.

Het tijdperk van de Rana

In 1768 profiteerde Prithivi Narayan Shah, koning van Gorkha, van de conflicten en twisten aan de hoven van de drie koningen en veroverde zo Kathmandu en daarna Patan en Bhaktapur. Hij zal 25 jaar nodig hebben om Nepal een te maken en het Nepali op te leggen. Dit betekent het einde van de Malla. In 1774 sterft de 'vader van de natie' zonder waardige opvolger. Na een reeks oorlogen met China, Tibet en de Britten en tal van complotten in het paleis en familietragedies grijpt Jang Bahadur Rana in 1847 de macht, na zich eerst op wrede manier van zijn rivalen te hebben ontdaan. Dit is het begin van een nieuw tijdperk, dat van de Rana, dat ongeveer een eeuw stand zal houden. De koning staat onder grote invloed van de Britten (daarvan is de architectuur uit die periode het bewijs). Hij houdt de Shahvorsten op een afstand en onderdrukt iedere opstand. Zo raakt Nepal van elke invloed van buitenaf geïsoleerd. Hij laat ook nergens in het land scholen bouwen. Een van de belangrijkste oorzaken van het onderdrukken van het despotische regime van de Rana zijn de onafhankelijkheid van India in 1947, gevolgd door de invasie van Tibet door China. Alle verdragen worden vernietigd. Er vinden steeds meer gewelddadige manifestaties tegen het regime plaats. Tribhuvan, de wettige vorst, ontsnapt op het nippertje aan de gevangenis en vlucht naar India.

Met de hulp van het Nepali Congress en India, waar hij asiel heeft gekregen, leidt koning Tribhuvan in 1951 een algemene opstand en herstelt de autoriteit van de dynastie. Zijn zoon Mahendra geeft het land moderne instellingen die een eind moeten maken aan het feodale regime. Het is nog wachten tot februari 1959 op een grondwet die de basis legt voor een echt parlementair systeem. Mahendra maakt handig gebruik van de bloedige opstanden na de eerste parlementsverkiezingen om dit democratisch experiment te beëindigen. Hij ontbindt het parlement, laat de belangrijkste leiders arresteren en eigent zich alle macht toe. De grondwet van 1962 voert de 'Panchayatdemocratie' in, een piramide van volksvertegenwoordigers die alle partijen uitsluit en die de koers die het paleis wil uitgaan, niet in vraag kan stellen. De verdeelde oppositie moet onderduiken.

Mahendra sterft in 1972. Hij wordt opgevolgd door koning Birendra Bir Bikoram Shah Dev. In 1980 wordt hij na tal van opstanden verplicht een referendum te houden over het Panchayatsysteem. De monarchie haalt maar een nipte meerderheid. Er ontstaan in 1989 grote tegenstellingen met India die leiden tot een blokkade die Nepal helemaal isoleert. De ontevredenheid tegenover het regime bereikt een hoogtepunt. Een alliantie tussen de communistische partij en de congrespartij zorgt voor onrust bij de bevolking. Birendra ziet zich verplicht een parlementaire democratie en een (enkel) constitutionele monarchie te aanvaarden.

De opkomst van de maoïstische beweging

Maar kun je met een percentage van 50 % analfabetisme (de meerderheid stemt voor een tekening en/of een symbool) en met populistische propaganda wel zeggen dat de Nepalezen klaar waren voor democratie? Na de verkiezingen van 1990 wordt de Nepalese communistische partij de tweede grootste politieke speler van het land. Maar de radicale tak van de partij aarzelt niet zich af te scheuren: Pushpa Kamal Dahal, alias Prachanda 'de verschrikkelijke', sticht in 1995 de Nepalees-maoïstische communistische partij (CPN-M). Wat staat er op hun programma: het land aan de landbouwers, het einde van het kastensysteem, gelijkheid tussen mannen en vrouwen, rekening houden met de verschillende bevolkingsgroepen en talen in het land en natuurlijk de afschaffing van de koninklijke privileges. Vooral in de westelijke districten Rukum en Rolpa kiezen de inwoners voor de guerillastrijd. Deze strategische regio's, de armste van Nepal, werden door de monarchie steeds verwaarloosd. Bovendien is het dichte regenwoud een ideale uitvalsbasis voor de guerillastrijders.

Vanaf 1996 vallen de maoïsten de 'vijandige klasse' aan: politie, functionarissen, notabelen, woekeraars. Afpersing, verplichte dienstneming en barbaarse executies volgen. Tegenover een slecht uitgeruste en niet graag geziene politiemacht wint de guerilla al snel veel terrein. De koning behoudt slechts de controle over de grote assen en de vallei van Kathmandu.

Op militair vlak behalen de maoïsten dus een groot succes. Ook op ideologisch vlak zijn de argumenten een schot in de roos: de corruptie tiert welig, de 'democratie' is slechts een façade en heeft de verschoppelingen niets opgeleverd, de kloof tussen rijk en arm wordt steeds groter... Vrouwen nemen een belangrijke plaats in binnen de maoïstische beweging. In de bastions in het westen maken de 'guerillera's' een derde van de troepen uit, van sympathisante tot officier. De ongeletterde en door een zeer fallocratische cultuur onderdrukte vrouwen zijn van nature gewend aan huiselijk en sociaal geweld. Bovendien hebben heel wat mannen hun toevlucht moeten zoeken in de jungle, de grote steden of India om aan de politie te ontsnappen of om zich niet te laten inlijven door de maoïsten. Het zijn dus de vrouwen die zorgen voor het voortbestaan en de veiligheid van de gezinnen.

In maart 2001 probeert de Nepalese overheid de dialoog opnieuw te herstellen, een hoop die de bodem wordt ingeslagen wanneer de koninklijke familie op 1 juni 2001 wordt afgeslacht. In Kathmandu gaat steeds vaker het gerucht dat dit zou gebeurd zijn door Gyanendra, de onpopulaire broer van de overleden koning en voorstander van de absolute monarchie. Zijn troonsbestijging gaat gepaard met talrijke gewelddadige opstanden in de hoofdstad.

De nieuwe koning laat, met de steun van de Amerikanen (geld, wapens...), het leger tussenbeide komen. En met 11 september en de strijd tegen het terrorisme in het achterhoofd... In 2002 wordt het CPN-M, samen met Al Qaida, op de lijst met terroristi-sche organisaties gezet. In oktober 2002 ontslaat de koning de eerste minister en ontbindt hij het parlement, zonder een datum voor nieuwe verkiezingen aan te kondigen.

De maoïsten, die het tij voelen keren, vragen een rondetafelgesprek met de koning, het leger en de politieke partijen. De discussies duren niet lang en het geweld keert in de straten terug, heviger dan ooit. De rebellen gebruiken grof geschut, Kathmandu wordt afgesloten.

Militair gezien kan noch het leger van de koning noch dat van het volk de ander de baas. De mensenrechten worden zwaar geschonden. De twee legers kidnappen, mar-telen en moorden, waarmee ze openlijk de conventie van Genève met voeten treden. Bijna 13.000 Nepalezen vinden in deze conflicten de dood.

De breuk in aantocht

Vanaf februari 2005 voert de koning een totalitair regime in. In november 2005 teke-nen de maoïsten en de oppositiepartijen een akkoord dat een parlementair regime moet oprichten en dat voor de koning slechts een ererol voorziet. Dit alles gebeurt onder leiding van de VN. Natuurlijk heeft het paleis hier geen oren naar, het verklaart de oorlog aan de democratie. Achtereenvolgens worden maatregelen genomen om de media het zwijgen op te leggen, het werk van de ngo's te controleren ('NGO-Code'), betogingen te onderdrukken... Maar de Nepalezen hebben van de vrije meningsui-ting geproefd en verdedigen met vuur hun verworven vrijheden: zo is er de nooit ge-ziene mobilisatie van journalisten en advocaten tegen deze maatregelen die de vrij-heid doden.

Het jaar 2006 betekent het einde van de unilaterale wapenstilstand afgekondigd door de 7 oppositiepartijen en de maoïsten. Het komt opnieuw tot confrontaties, Kathmandu leeft op het ritme van betogingen, algemene stakingen en de avond-klok. In februari worden, in een vijandig klimaat, gemeentelijke verkiezingen ge-houden. Slechts 21 % van de stemgerechtigden daagt op. De gehele internationale ge-meenschap heeft kritiek. Onder druk van de toenemende protesten keurt de koning de wederinvoering van het parlement goed, de oppositiepartijen zetelen in de rege-ring. De maoïsten kondigen een staakt-het-vuren af. Een grondwetgevende verga-dering wordt belast met het opstellen van een nieuwe tekst voor het land. Op 19 mei wordt een nieuwe bladzijde in de geschiedenis van Nepal omgeslagen: de Kamer van Afgevaardigden ontneemt de koning de meeste van zijn privileges. Hij voert niet lan-ger het bevel over het leger, kan geen wetten meer uitvaardigen en is zijn immuniteit kwijt. Nepal wordt een lekenstaat. In juli 2006 vragen de regering en de maoïsten of-ficieel de hulp van de VN om het land te ontwapenen en de vrede te herstellen.

De langverwachte nieuwe coalitieregering en de verkiezingen

Met het vredesakkoord dat in november 2006 werd ondertekend, treden de maoïsti-sche rebellen tot de regering toe. Zij eisen in deze nieuwe coalitieregering de onmid-dellijke afschaffing van de monarchie. Maar er zijn andere stemmen die pleiten voor het behoud ervan. Naast de politieke elite is ook een groot deel van de Nepalese boe-ren gehecht aan de meer dan twee eeuwen oude hindoedynastie. Onverwachte wending: op 18 september 2007, zes maanden na hun toetreding tot de regering, trekken de maoïsten zich terug uit de coalitie omdat hun eisen niet worden gehoord. Ze dreigen ermee een beweging op te starten die de verkiezingen moet bemoeilijken, zoniet verhinderen. Die verkiezingen zijn voorzien voor november 2007 en moeten een constituante oprichten die belast is met het opstellen van een nieuwe grondwet. Onder druk van de maoïsten, die vrezen niet de meerderheid van de zetels te behalen, zijn ze echter uitgesteld.

De wedren naar de parlementaire zetels belooft hard te worden, niet alleen tussen de politieke partijen, maar ook onder de etnische minderheden en zelfs tussen de vertegenwoordigers van de verschillende geloofsovertuigingen.

Eind december 2007 nemen de gebeurtenissen een onverwachte wending: de politieke crisis lijkt in een impasse te zitten. Uiteindelijk wordt er een akkoord gesloten tussen de politieke partijen en de maoïsten. De overheid aanvaardt eindelijk dat de grondwetgevende vergadering bij haar eerste zitting 'de federale democratische republiek' uitroept. Midden april 2008 worden verkiezingen gehouden. De Maoïstische rebellen worden de eerste poitieke macht van het land. Ze hebben het grootste aantal zetels gewonnen, maar hebben de absolute meerderheid niet kunnen bereiken. Eind mei is koning Gyanendra officieel ontheven van zijn functie. Zo raakt een van de meest gespannen situaties toch nog opgelost, tenminste als niet een zoveelste opstoot weer roet in het eten komt gooien.

GODSDIENST EN GELOOF

Nultolerantie

Nepal is een van de weinige landen ter wereld die geen godsdiensttoorlogen hebben gekend. Het systematisch verbannen van missionarissen van welk geloof ook is daar zeker niet vreemd aan! Bovendien verbiedt de grondwet alle pogingen tot zieltjes winnen. Begin 1998 begon een Amerikaanse kerk, de mormonen, onder het mom van humanitaire hulp met een gedwongen bekering in ruil voor financiële steun. De leden van deze kerk werden *manu militari* verdreven.

De goden nemen een belangrijke plaats in het leven van de Nepalezen in. De belangrijkste godsdienst is het hindoeïsme (80 % van de bevolking), maar het land telt ook boeddhisten (10 %), enkele moslims (4 %) en een handvol christenen. Hindoes en boeddhisten leven naast elkaar en vermengen zich soms. De gelovigen nemen vaak deel aan feesten van beide religies. Een Nepalese boeddhist ziet er geen problemen in te geloven in de hindoegoden.

Claude B. Levensen schreef: 'Door zijn geschiedenis en geografische ligging op de heuvels van de Himalaya sluit Nepal zogezegd natuurlijk aan bij Brahma en Boeddha'.

De belangrijkste hindoegoden en hun incarnatie

Het godendom is zo verscheiden dat het vaak verwarrend is. Elke god of godin heeft meerdere namen, waartussen hij of zij wisselt naargelang de incarnatie. En dan zouden we nog de vrouwelijke tegenhanger (*shakti*) vergeten die ook haar eigen naam heeft. Al deze mythische figuren hebben verschillende afbeeldingen en attributen. Met duizenden namen te onthouden, vergissen zelfs de diepst gelovigen zich soms nog!

We houden het hier bij de belangrijkste goden. De hindoedrie-eenheid bestaat uit *Brahma*, *Vishnu* en *Shiva*.

- **Brahma** is de stichter en je herkent hem aan zijn vier hoofden (hij ziet alles!) en vier armen. Hoewel hij heel belangrijk is voor de hindoes, is hij veel minder vaak afgebeeld dan Vishnu of Shiva. Zijn vrouwelijke tegenhanger of *shakti* is *Saraswati*, godin van de Kunst, de Letterkunde en de Wetenschap. Het voertuig van Brahma is de zwaan.
- **Vishnu** is de bewaarder van het leven en de wereld. Hij heeft onder tien reïncarnaties geleefd. In Nepal wordt hij voornamelijk vereerd in zijn incarnatie als *Narayan*, met verschillende armen en omgeven door een cirkel. Hij is een paar keer te zien als mens-leeuw, dan heet hij *Narsingh*. Wordt hij als dwerg voorgesteld, dan heet hij *Vikrantha* of *Vamana*. Zijn shakti is *Jaya Varahi* of *Lakshmi*. Zij wordt afgebeeld als een afgesneden hoofd. In zijn zevende reïncarnatie heet hij *Rama*, de belangrijkste held van Ramayana. Zijn echtgenote heet *Sita*. Zij is het toonbeeld van vrouwelijkheid. De koning wordt beschouwd als de levende incarnatie van Vishnu. Het voertuig van Vishnu is *Garuda* (net als de luchtvaartmaatschappij), half arend en half gier. In Nepal krijgt hij als standbeeld vaak het lichaam van een mens. In bas-reliëf wordt dat een vogel met uitgestrekte vleugels die domineert.
- **Shiva** of **Civa** is de veranderende kracht, zowel vernieler als schepper, onbeweeglijk en veranderend. Dit is een bivalente god die vaak met een drietand (*trisul*) wordt afgebeeld. Als vernieler, in zijn vrouwelijke vorm (*shakti*), heet hij *Kali*. Zijn mannelijke en angstaanjagende incarnatie is Bhairav, duistere god met zes armen, uitpuilende ogen, uitstekende tanden en een slang als halssnoer. Hij draagt een tiara versierd met een slinger schedels. In een van zijn handen houdt hij een zwaard, in de andere een afgehakt hoofd. Hij is te zien als god van de Dans met als naam *Nriteshwar*. Als beschermheer is hij bekend als *Pashupati* (het dorp Pashupatinath draagt zijn naam). De echtgenote van Shiva, die ook zijn *shakti* is (volg je nog?), heet *Durga* (haar gevaarlijke incarnatie) en soms ook *Parvati* (dit keer haar vriendelijke incarnatie). Het voertuig van Shiva is de heilige stier *Nandi*, beschouwd als het symbool van vruchtbaarheid en te zien aan de ingang van de Shivatempels.
- **Hanuman** is het sleutelpersonage van de Ramayana (heldenverhaal) en hoofd van het leger apen. In Nepal wordt hij vereerd als god. Hij staat voor loyauteit en moed. Je ziet hem vaak aan de ingang van paleizen.
- **Rudrayani** of **Shikali Mai** is de godin van de Natuur, beschermster van de vallei van Kathmandu.
- **Indra** is de god van de Oorlog en de Bliksem.
- **Surya** is de god van de Zon.

We zullen je niet vervelen met de godin van de Pokken of de god van de Tandpijn... Maar vergeet toch maar **Ganesh** niet, de sympathieke en goedige god met een olifantenkop, telg van *Shiva* en *Parvati*. Als god van de Wijsheid, de Voorspoed en het Verstand is hij overal. Voor elke beproeving roep je hem aan. Zijn voertuig is de rat. De gelovigen eren hun goden met rijst, bloemen, geld, wierook, fruit en taart. Elke dag staat in het teken van een godheid en is bijgevolg goed of nefast voor bepaalde werken.

HEILIGE KOEIEN

Je ziet ze vast en zeker door de straten van Kathmandu lopen. In feite zijn ze eigendom van boeren, die hen elke avond komen zoeken. Iedereen geeft ze eten. Als ze oud geworden zijn, laten hun eigenaars hen in alle vrijheid rondlopen. De Nepalezen eten geen koe, maar wel vlees van de *buffalo* (waterbuffel). De mensen van de hogere kaste nemen genoegen met kip of geit, ten minste als ze geen vegetariër zijn.

OPGELET: zit je zelf achter het stuur van een wagen of een motor, weet dan dat op het doden van een koe, net als van een mens, een gevangenisstraf staat. Zelfs al slaapt de koe lekker midden op de weg. Opletten is dus de boodschap!

HUMANITAIRE ACTIES

Nepal is een van de armste landen ter wereld. De laatste jaren heeft het land zwaar geleden onder opeenvolgende droogte en overstromingen gevolgd door grondver-schuivingen, laatst nog in 2007. De ontwikkeling van het toerisme en de trektocht-industrie, waarvan maar enkelingen profiteren, zorgde voor een aanzienlijke stijging van de kosten van levensonderhoud. Nepal bevindt zich vandaag in een moeilijke po-litieke, economische en sociale situatie. Er zijn tal van verenigingen opgericht die de plaatselijke bevolking moeten helpen (zie verder 'Onderwijs en opleiding'). Op je reis door Nepal kun je gerust een gift doen aan een van deze organisaties. Als je navraag doet bij de ambassade, zullen zij je hoogst waarschijnlijk enkele betrouwbare organi-saties kunnen doorgeven.

Prostitutie

Dit is het moment om een pijnlijk probleem aan te kaarten, dat van de handel in vrou-wen en heel jonge meisjes. Ze worden gedwongen te werken als prostituee in sme-rige bordelen in India. Het ergst is misschien nog dat zij vaak door hun eigen ouders worden verkocht. De pooiers werken ook in dorpjes en beloven, natuurlijk, een beter leven. De vrouwen worden nadien doorverkocht aan eigenaars van bordelen, met name in Mumbai, voor een bedrag dat ligt tussen $ 40 en 500. Maar daarmee is hun lij-densweg nog niet ten einde. De meeste vrouwen worden terug naar Nepal gestuurd als ze aids of een andere soa krijgen. Ze worden bovendien ook nog verstoten door hun eigen dorpelingen, die vaak niet beter weten.

De cijfers zijn schrikwekkend: 200.000 Nepalese vrouwen 'werken' in de seksindus-trie in India. Nog alarmerender is dat jaarlijks 5000 tot 7000 vrouwen de grens over-steken. Er zijn ngo's die deze handel proberen in te dijken en deze praktijken aan de kaak blijven stellen. Ondanks hun vraag om hulp blijft India de ogen sluiten. Ook de Nepalese overheid heeft niet veel zin om dit ernstige probleem aan te pakken. De ngo's hebben vaak weinig werkingsmiddelen. Neem contact met hen op en doe, als het kan, een gift. Je helpt deze vrouwen en meisjes enorm.

KEUKEN

Het basismenu van een Nepalees bestaat uit witte rijst (*bath*) en linzen (*dal*) die worden gemengd met rijst om de smaak wat te verbeteren. Het nationale gerecht, de *dal bath*, dat de Nepalezen zowel 's ochtends als 's avonds eten, is te krijgen in een *veg*- en *non-vegversie*, met een groentencurry (*tarkari*) of een mengeling van gekruide ingrediënten (*achard*) met vlees of kip.

Ook de Tibetaanse keuken is wijdverspreid. De voornaamste schotels hiervan zijn soep met linzen of splitterwten en *momo*, een soort ravioli gevuld met vlees of groente en die gekookt of gefrituurd kan worden opgediend. Heerlijk als het goed is bereid. Je vindt overal Tibetaanse noedels met groente en ei (*chowmein*).

Zodra je de stad verlaat, wordt vlees schaars. Het vlees dat je in de bergen vindt, is gedroogd en wordt in stukken gegeten (*sukuti*). Zet dit niet op je menu in het hooggebergte. Het vlees is vaak bedorven en zit vol vliegen terwijl het in de zon wordt gedroogd... Smakelijk!

Het spreekt voor zich dat de Chinese en de Indiase keuken het gevarieerdst zijn. In tal van restaurants in Kathmandu en Pokhara staat dit dan ook op het menu, naast Tibetaanse, Japanse, Mexicaanse of Italiaanse gerechten. Het gebrek aan hygiëne zorgt altijd voor wat extra waakzaamheid, maar wees gerust, de meeste toeristische restaurants hebben grote inspanningen geleverd hierrond. Vandaag de dag zijn er heel wat supermarkten waar je zowat alles kunt vinden, zelfs kaas.

MEDIA

Radio

Heel populair in Nepal, vooral nu er meer en meer goede privézenders komen zoals *Kathmandu FM* (100 MHz) en *Metro FM* (106,7 MHz). Nepalezen luisteren heel graag naar de Nepalese uitzendingen op de BBC. De openbare omroep Radio Nepal geeft 's ochtends (8.00 uur) en 's avonds (20.00 uur) Engelstalige informatie op de middengolf (648 KHz) en de korte golf (792 KHz).

Het land telt ook zo'n dertig gemeentelijke zenders. De maoïsten blijven niet achter. Ook zij hebben hun eigen station, *Radio Janaganatantra Nepal (Radio Republiek Nepal)*, die je in het westen van het land kunt ontvangen.

Televisie

De nationale zender *Nepal TV* is niet zo interessant, behalve dan het informatieve journaal in het Engels, om 22.15 uur. In de overgrote meerderheid van de hotels en tal van gezinnen zijn er heel wat kabelzenders te ontvangen. De Nepalezen houden erg veel van BBC World en de Indiase televisiezenders.

De televisiekanalen die via de zender te ontvangen zijn, *Kantipur Television* en *Image Channel* dat sterk concurreert met de openbare zender *Nepal Television*, bieden ook informatieprogramma's.

Kranten

De dagbladen *Kathmandu Post* en The *Himalayan Times* en de weekbladen *Nepali Times*, *Himal* en *Spotlight* berichten over de nationale en internationale actualiteit. Er zijn ook achtergrondartikelen bij de situatie in het land, het toerisme en het milieu. Daarnaast zijn er nog een tiental dagbladen, de meeste in het Nepali, tientallen weekbladen, bijna allemaal in het Nepali en zeer gepolitiseerd, en tijdschriften. Ook buiten Kathmandu is de pers goed vertegenwoordigd met een tiental plaatselijke kranten, allen in het Nepali.

In de krantenkiosken in de grote steden kun je bovendien internationale tijdschriften en enkele Engels-, Frans- of Duitstalige kranten kopen.

Ten slotte kun je op het internet tal van actuele sites vinden, zoals • www.nepalnews.com of • www.kantipuronline.com.

Persvrijheid

De persvrijheid heeft baat bij de terugkeer van de democratie en het vredesakkoord van 2006 met de maoïsten. De journalisten stonden bij de manifestaties tegen het autoritaire regime van koning Gyanendra op de eerste rij.

Toch is de situatie niet zo schitterend als mag gehoopt worden. In het zuiden worden journalisten nog steeds ruw behandeld door gewelddadige troepen in de Terai die het gezag van Kathmandu niet erkennen. Bovendien hebben de maoïsten, die in september 2007 uit de regering stapten, hun oude gewoonten, freelancejournalisten lastigvallen, opnieuw opgenomen. In 2006 hebben maoïstische militanten zelfs twee journalisten gedood. Vakverenigingen die achter hen staan, hebben zelfs persgroepen in Kathmandu, met name Kantipur dat volgens hen 'burgerlijk en voor de monarchie' is, geboycot.

De regering van de oude leider Girija Prasad Koirala heeft de vrijheden een voor een weer hersteld. Er werd een wet over persvrijheid aangenomen en nieuwe licenties werden verleend aan private radio- en televisiezenders. Censuur bestaat niet meer.

MENSENRECHTEN

De wolken die lange tijd rond de bergtoppen van Nepal hingen, lijken sinds eind 2007 opgetrokken nadat een akkoord werd gesloten tussen de maoïsten en de belangrijkste politieke partijen. De maoïstische guerilla legde de wapens neer en stapte in de regering, om er na veel omhaal in september 2007 weer uit te stappen. Ze weigerden de monarchie te ontbinden en van het land een republiek te maken. Het geweld laaide weer op. Toch heeft koning Gyanendra, die al zijn titels intussen kwijt was, zijn belangrijkste macht verloren ten voordele van de regering. Sinds 2006 is Nepal een lekenstaat. Eind 2007 waren verkiezingen voorzien, maar die zijn uitgesteld. Omdat de regering 'tijdens haar eerste zitting de tijdelijke federale democratische republiek heeft uitgeroepen', kon het vredesproces in het land weer op gang komen. De verkiezingen vonden uiteindelijk midden april 2008 plaats. Eind mei is de monarchie officieel afgeschaft. Hoe de verschillende overheidsinstanties in de Nepalese republiek zich ten opzichte van elkaar zullen verhouden is nog onduidelijk.

Dit kan de rust herstellen. Je mag niet vergeten dat de voormalige rebellen nog steeds een groot deel van het land controleren en dat er nog steeds heel wat spanningen zijn. Er zijn nog steeds tussen 100.000 en 250.000 mensen, die tijdens de conflicten zijn gevlucht, die niet naar hun huizen kunnen terugkeren omwille van deze onzekerheid. Ook in het zuiden van het land vinden rellen plaats, geleid door de Madhesiopstandelingen, een gediscrimineerde bevolkingsgroep die door de Nepalezen worden beschouwd als migranten uit India.

In België

- **Amnesty International Vlaanderen:** Kerkstraat 156, 2060 Antwerpen.
☎ 03 271 16 16. Fax: 03 235 78 12. ●amnesty@aivl.be ●www.amnesty.be.

In Nederland

- **Amnesty International Nederland:** Postbus 1968, 1000 BZ Amsterdam.
☎ (020) 626 44 36. Fax: (020) 624 08 89. ●www.amnesty.nl.

MILIEU

Kathmandu is een van de meest vervuilde steden ter wereld. Gelukkig zul je met de acht nationale parken en vier natuurreservaten, goed voor 8 % van de landoppervlakte, op de trekpaden geen last hebben van vervuiling door stookolie of uitlaatgassen.

Maar toch is die vervuiling alomtegenwoordig en heel opvallend, in verschillende vormen: de ontbossing, voor de verwarming van de *lodges*, toeristen laten graag overal afval en plastic flessen achter. Ieder jaar wordt daarvan zo'n 100 ton verzameld. En dan hebben het nog niet over de niet-afbreekbare zuurstofflessen gehad, die hier worden achtergelaten door bergbeklimmers.

Nepalese alpinisten, maar ook een Franse organisatie, die het beu zijn richting top massa's afval tegen te komen, hebben het op zich genomen de bergen schoon te houden. In 2002 en 2003 verzamelden zij op hun schoonmaakexpedities meer dan 3 ton afval. Terzelfder tijd hebben ze in alle *lodges* een trekkers-charter opgehangen. In het gebied rond de Everest moeten de *lodges* zelfs hun lege flessen door dragers naar Lukla laten brengen. Deze regel wordt heel nauwgezet opgevolgd door een Nepalese organisatie die zich inzet voor het milieu (KEEP). Je moet tegenwoordig ook een borg betalen voor je op expeditie vertrekt naar het hooggebergte, die je enkel terugkrijgt als je al je afval terug meebrengt. Nu is het wachten tot wanneer dit zal worden doorgetrokken naar alle trektochten.

De Nepalezen zelf hebben nog minder oog voor dit probleem dan de toeristen, dat zul je snel merken!

MUZIEK EN FILM

Die troubadours toch!

Religieuze en heilige teksten worden vaak gezongen door troubadours. Ze zijn de bezitters van legenden, heldendichten en poëtische literatuur. De troubadours reizen van dorp naar dorp om aan de hand van hun kunst deze epossen, helden en goddelijkheden weer tot leven te wekken. Jammer genoeg zijn er steeds minder troubadours maar met wat geluk kom je er eentje tegen op de bus.

- **Muziek** speelt een belangrijke rol bij feestelijkheden en in het dagelijkse leven. De muziek heeft aan de hindoecultuur en Tibetaanse boeddhistische cultuur verscheidene vormen verleend, die allemaal een teken zijn van het heterogene karakter ervan. Je vindt in Kathmandu cassettes en cd's (meestal van matige kwaliteit) voor minder dan 200 NPR (€ 2,40). Koop *Live in Kathmandu*, opgenomen in hotel Vajra (viool, tabla, sitar) en cassettes van de Nepalese groep *Sur Sudha*. Heel goede klassieke muziek met Nepalese gezangen. Op 21 juli organiseert de Alliance française het Feest van de Muziek. Voor wie houdt van rock-, jazz- en bluesconcertjes zijn er in Kathmandu en Pokhara enkele muziekcafés.

- **Film:** voor een regenachtige dag. De films zijn in het Hindi en duren vaak drie uur, maar je moet het echt eens meegemaakt hebben. Er is in de zaal zelf vaak van alles te beleven, de Nepalezen zijn een heel gemoedelijk publiek. Spotprijs. Op de affiche kun je lezen wat de film inhoudt.

Ben je in een mistroostige bui en wil je eens iets anders, dan kun je in de Alliance française in Kathmandu een film op aanvraag bekijken. Voor meer info hierover, zie 'Nuttige adressen' in het hoofdstuk over Kathmandu. Er zijn ook steeds meer hotels en restaurants in Thamel waar je een film met ondertiteling kunt zien.

NAMASTE!

Er zijn nagenoeg geen mensen die uit Nepal terugkomen zonder ooit het woord *namaste* te hebben gehoord. Desondanks zijn er ook nagenoeg geen mensen die de betekenis ervan kennen. Namaste is natuurlijk een uitdrukking die wordt gebruikt om iemand te groeten en die net zo goed 'goeiemorgen', 'welkom', 'aangename kennismaking', 'tot ziens', 'goede reis' als 'tot gauw' betekent en nog tal van andere betekenissen heeft. Maar de exacte betekenis ervan is: 'Dat al uw kwaliteiten gezegend zijn en beschermd door de goden'. In het hele land word je begroet met de handen samen en een buiging. En aangezien we het nu toch over wellevendheid hebben: als je in het bijzonder diegene wilt eren, die je aanspreekt, dan wordt *namaste namaskar*, wat getuigt van nog meer respect. *Namaskar* dus, beste lezer!

NEPALESE VLAG

Dit is de enige vlag ter wereld die niet rechthoekig of vierkant is. Voor de Hindoes staat een driehoek voor het *Dharma* (morele wet, religieuze deugden en heilige plichten). De vlag hangt aan de poorten van de meeste tempels. Op de vlag staan wit en zwart, de kleuren van de dood, tegenover rood, de kleur van het geluk en de rododendron, de nationale bloem. De zon en de maan houden de herinnering aan de mythische zon- en maandynastie, die regeerde toen Nepal ontstond, levendig. De vlag heeft een blauwe boord, het symbool voor vrede. Hij wordt bovendien beschouwd als een gebedsmiddel (de zon en de maan maken deel uit van alle mantra's). 'Handel zodat de natie voorspoedig en levendig blijft, zolang de zon en de maan aan het firmament schitteren'.
Een ander nationaal symbool is de **danphe** (of *monal*), een fazantensoort die enkel boven 3500 m hoogte leeft. Een prachtig dier, het metalige groen en rood schittert in de zon. Je kunt hem zien tussen de vele vogels in het Nationale Park van Sagarmatha (Everest).

ONDERWIJS EN OPLEIDING

Je ziet veel kinderen in schooluniform, het land is dus op goede weg. Jammer genoeg is dit niet helemaal waar. Er bestaat een grote ongelijkheid rond het recht op onderwijs. Ook hier maakt geld weer maar eens het verschil. De gratis openbare scholen heten *Nepali schools*. De lokalen zijn vaak heel armoedig, de leerlingen zitten er op matjes. De scholen beschikken over het basismateriaal, de onderwijzers zijn slecht betaald (ongeveer 2400 NPR of € 28,50 per maand!). De *boarding schools* zijn gebaseerd op het Britse systeem. Alles is te betalen (tot het inschrijvingsformulier toe), de kwaliteit van het onderwijs is een stuk beter en Engels is er verplicht.
Wat kun je doen? Veel, en met weinig geld. Krijt en pennen kosten hier niet veel. Spreek zeker eens met de leraars. Wat je ook doet, het is altijd zeer nuttig voor de tientallen kinderen die niets hebben. Wat moeilijker ligt het sponsoren van een kind, dat vraagt een engagement gedurende verschillende jaren. Denk goed na voor je hierover

beslist. Heel wat toeristen houden hier na een jaar al mee op. De gevolgen kunnen dramatisch zijn voor deze kinderen!

RAFTEN EN CANYONING
Raften

Deze sport, die al enkele jaren bestaat, is een originele manier om het land te ontdekken. Ervaring is niet echt nodig, een goede lichamelijke conditie is wel een pluspunt. Je kunt enkel raften van september tot mei en dat op een van de drie grote rivieren. De ideale periode is oktober-november: het is warm en na de moesson zijn de rivieren gezwollen. Zo krijg je gegarandeerd een afwisselend parcours. Wie houdt van intense ervaringen, kiest zeker voor deze periode! In de winter (van december tot februari) is het water echt koud. In de lente (maart, april) is het warm, maar het waterpeil van de rivieren is laag. Goed voor een rustig parcours.

De drukste rivier, de *Trisuli*, volgt de route van Pokhara naar Mugling en splitst dan richting de Terai. Dit is een heel rustige rivier, vooral het lagere gedeelte dan. Het is drie tot vier dagen varen naar het Chitwanpark. Opgelet tijdens maart en april, dan staat het water van de Trisuli wel heel laag... je strandt vaak.

De *Sun Kosi* is moeilijker te bevaren dan de Trisuli, je bent gewaarschuwd! Er zijn al dodelijke ongevallen gemeld. Deze rivier doet met zijn diepe kloven op bepaalde plaatsen denken aan de Colorado. Enkel voor waaghalzen. Trek zo'n tien dagen uit voor de afvaart.

De *Kali Gandaki*, die vertrekt in Kusma en via Tansen (sterke stroomversnellingen) naar de Terai stroomt, is een parel voor natuur- en vogelliefhebbers. Reken op drie tot vier dagen, naargelang het seizoen, vergeet je vervoer niet.

Er bestaan twee soorten *rafting*: met paddels (iedereen helpt mee) of met roeispanen (enkel de gids leidt de afvaart). De laatste is rustiger maar ook minder opwindend.

Laat de logistiek over aan een gespecialiseerd agentschap, dat zorgt voor alle materiaal zoals reddingsvesten, helmen, waterdichte tonnen voor je spullen (ook je fototoestel) en kampeermateriaal (tent, matras, donsdeken). Zij nemen ook de organisatie van de maaltijden op zich en huren hiervoor een kok in. Je rijdt met de wagen, een minibus of het plaatselijke vervoer heen en terug naar de rivier. De groepen bestaan uit 8 deelnemers en een gids, een kok en dragers. Neem een minimum aan bagage mee, zorg voor een zwempak, schoenen die nat mogen worden (neem een extra paar voor 's avonds mee), reservekledij en plastic zakken. Maak je bril, hoed... vast met een touwtje of een elastiekje. Je hebt twee pasfoto's nodig voor je vergunning.

We hebben enkele gespecialiseerde agentschappen in Kathmandu uitgezocht, die afvaarten voor iedereen organiseren:

- **Great Himalayan River:** in Lazimpat. ☎ 441 09 37 en 443 46 06. Fax: 422 80 66.
● www.ghaadventures.com. Een van de oudste en betrouwbaarste raftingagentschappen van Nepal.

- **The Borderland Adventure Centre Asia (Ultimate Descents, detailplattegrond I, B1, 21):** kantoor aan de ingang van het *Northland Cafe*, vlak bij hotel *Mandap*. ☎ 441 92 95 en 442 63 29. ● info@udnepal.com ● www.udnepal.com.

- **Everest River Adventure:** in Thamel. ☎ 442 15 60. ● www.tata_erawlink.com.np.

- **Ultimate Rivers:** in Thamel, het kantoor naast boekhandel *Pilgrims (detailplattegrond I, B1, 11)*. ☎ 470 05 26. ● info@urnepal.wlink.com.np. Ernstig agentschap dat rafting op de belangrijkste rivieren van het land aanbiedt.

- **Glacier Safari Treks (algemene plattegrond, E1, 14)**: in Lazimpat, niet ver van hotel *Shangri-La*. ☎ 441 21 16. ● www.gstreksnepal.com. Vijf dagen raften op de Kali Gandaki en twee of drie dagen op de Seti.

Canyoning

Erg ín in Europa. Deze specialiteit heeft ook zijn weg naar Nepal gevonden. Op dit moment is er maar een agentschap dat canyoning aanbiedt. Ook op het programma staan rafting en kajak, alles onder leiding van professionals, met respect voor de natuur en de inwoners. De directeur is een Australiër met een passie voor zijn beroep. Vertrouwen en veiligheid zijn hun leuzen. Hun mooie center ligt niet ver van de Chinese grens, is comfortabel en biedt gezonde maaltijden. Organiseert ook trektochten langs originele paden. Niet te missen als je tijd over hebt. Je zult geen spijt krijgen!
- **The Borderland Adventure Centre Asia (detailplattegrond I, B1, 21)**: zie de info bij rafting.

UNESCO WERELDERFGOED

◎ Om op de lijst van werelderfgoed te komen, moeten de vindplaatsen een uitzonderlijke universele waarde hebben en voldoen aan minstens een van de tien criteria van de selectie. De bescherming, het beheer, de authenticiteit en de integriteit van het goed is ook een van de belangrijke overwegingen.

Dit patrimonium is het erfgoed van het verleden waar nu van kunnen genieten en dat we doorgeven aan de volgende generaties. Ons cultureel en natuurerfgoed zijn twee onvervangbare bronnen van leven en inspiratie. Deze vindplaatsen behoren toe aan de hele wereldbevolking, zonder rekening te houden met het land waar ze zich bevinden. Voor meer informatie: ● http://whc.unesco.org.

Wat staat in Nepal op de lijst: **de vallei van Kathmandu** (1979, uitgebreid in 2006, Durbar Square in Kathmandu, Patan en Bhaktapur, de boeddhistische stoepa's van Swayambu en Bodhnath, de hindoetempels van Pashupatinath en Changu Narayan), **het nationaal park van Chitwan** (1984), **het nationaal park van Sagarmatha** (Everest, 1979) **en Lumbini**, geboorteplaats van Boeddha (1997).

UNITAID

'De overheidssteun bij ontwikkeling is vandaag onvoldoende', zo zeggen de Verenigde Naties. De belangrijkste doelstellingen zijn het halveren van de extreme armoede in de wereld (1 miljard mensen moet vandaag rondkomen met minder dan 1 dollar per dag), het behandelen van iedereen met aids, malaria en tuberculose en basisonderwijs voor alle kinderen tegen 2020. De staten leveren maar de helft van de nodige middelen (80 miljard dollar).

Met dit in het achterhoofd werd in 2006 Unitaid opgericht, dat medicijnen tegen aids, tuberculose en malaria aankoopt.

Vandaag werken meer dan 30 landen aan een solidariteitsbijdrage op de vliegtickets, voornamelijk voor het financieren van Unitaid. Daarmee hebben ze de burgers ook betrokken bij de solidariteit, een wereldpremière, een internationale fiscaliteit om de mondialisering te regulariseren: via het vliegticket draagt eenieder bij tot het verminderen van de ongelijkheid die ontstaat door de mondialisering.

De werking van Unitaid is heel eenvoudig en transparant. Bureaucratie is er niet want Unitaid is ondergebracht bij de WGO, het beheer gebeurt door de begunstigde landen en de ngo-partners. Dankzij de 300 miljoen dollar die in 2007 werd gehaald, kon Unitaid acties opstarten voor 100.000 seropositieve kinderen in Afrika en Azië, 65.000 aidspatiënten, 150.000 kinderen met tuberculose en zullen 12 miljoen malariakuren verspreid worden.

Wil je meer weten, surf naar ● www.unitaid.eu.

WINKELEN

De Nepalezen zijn een volk van artiesten, maar het toerisme heeft de productie kapotgemaakt. Wat vroeger nog handwerk was, wordt nu massaal geproduceerd. Vaak is het ook knoeiwerk. Neem je tijd om te kiezen, dan vind je nog originele en mooi afgewerkte producten. Vergelijk steeds voor je koopt. Vergeet nooit af te dingen, dat is een deel van het spel. De Nepalese huisvrouw onderhandelt zelfs over de prijs van een bundel prei op de markt!

- **Kukhuri:** messen die vaak als snoeimes worden gebruikt. Soms bengelen ze aan de riem van de Nepalees. Sommige van deze messen zijn echt prachtig, vooral de oude maar die zijn dan ook duurder. Een goede kopie van een oud mes heeft twee kleine mesjes in een koker. In het lemmet is vaak een gleufje gemaakt zodat het bloed niet op het heft loopt tijdens het offer. Koop liever niets wat antiek lijkt, je zult ongetwijfeld beetgenomen worden. Blijf in Kathmandu ver van Durbar Square. Ga liever naar de winkels van Asan Tole, daar vind je mooie messen die ook echt door de inwoners zijn gebruikt. Bovendien zijn de prijzen er redelijk. Ga je later op trektocht, wacht dan tot je terug bent. Ook op marktdagen kun je koopjes doen.

- **Saranghi:** kleine viola's waarop de reizende muzikanten spelen. Elke viola wordt uit één stuk hout gemaakt en heeft vier darmsnaren (van geitendarmen). De korte strijkstok wordt gemaakt van paardenhaar. Je kunt ze kopen in het straatje van de boeren, die uit hun dorpjes hierheen zijn gekomen om de viola's te verkopen.

- **Gebedsmolentjes:** let op, de molentjes die als authentiek worden aangeboden, zijn nagenoeg altijd nep. Er zijn mooie kopieën te koop, die op ambachtelijke wijze worden gemaakt. Ga na of de heilige teksten binnenin staan.

Met een beetje mazzel... vind je er een!

De zingende Tibetaanse bollen worden gemaakt van een legering van 7 metalen die staan voor 7 sterren van het zonnestelsel. Als je tegen de bollen tikt, hoor je een dof gerinkel, gevolgd door een indrukwekkende galm wanneer je met een stukje hout over de rand strijkt. Elke bol heeft zijn eigen basisgeluid, een noot. Laat de bol altijd 'zingen' voor je hem koopt, het geluid verschilt nogal eens van bol tot bol.

- **Zingende Tibetaanse bollen**, dolken, messen, bijlen en kopieën van Tibetaanse rituele voorwerpen. Koop ze bij voorkeur in een muziekwinkel.

- **Tapijten:** al enkele jaren zijn de Nepalese tapijten erg in trek. Ze worden gemaakt uit pure wol, de kleuren zijn samengesteld op basis van plantaardige verf. Ga in Patan naar de wijk Jawalakhel. Kwaliteitsvolle reproducties van oude modellen. In de tapijtsector werken zo'n 400.000 mensen. De helft van de productie wordt ter plaatse aan toeristen verkocht. Let op, je mag maar 1 tapijt per persoon mee terugbrengen. Extra tapijten moeten worden aangegeven, je betaalt hierop belastingen.

- **Juwelen:** in alle vormen, aan alle prijzen. Aan winkeltjes geen tekort hier! In sommige kun je je eigen halssnoer samenstellen. Net als Indiase vrouwen pronken ook Nepalese vrouwen graag. Ze maken heel mooie combinaties van goud en fantasiejuwelen.

De ruimste keuze traditionele Nepalese halssnoeren vind je in Kathmandu, op het Indra Chowkplein. Vrouwen verdringen er elkaar om toch maar de mooiste kleurrijke armbanden en halssnoeren te pakken te krijgen. Geen edelstenen hier, maar plastic of glazen parels uit Japan. Niettemin een origineel cadeau dat zeker in de smaak zal vallen thuis.

Zilveren armbanden en halssnoeren kosten niet veel. Let erop dat elk juweel een stempel heeft, met sommige wordt geknoeid. Ook hier is oplichterij troef. Ga op zoek naar een degelijke winkel en vergelijk je juwelen met goedkopere versies.

Hou je van piercing, dan ben je hier niet op de juiste plek. Hygiëne wordt niet zo nauw genomen, zelfs al wordt het tegendeel beweerd! Juwelen kun je met een gerust hart hier kopen, maar je laten piercen doe je liever niet.

- **Stenen:** er zijn heel wat stenen te koop vanaf $ 1 per karaat, de prijs kan gaan tot $ 100 (en meer). De meeste halfedelstenen (aquamarijn, toermalijn...) komen uit Nepal. Koraal, turkoois en andere lazuurstenen daarentegen worden vaak uit India en Tibet ingevoerd.

- **Kledij** vind je overal, aan spotprijzen. Let op de afwerking, die is vaak verre van perfect. De vaardige Nepalese kleermakers kunnen heel snel kledij op maat maken. Enkele ontwerpers die hier verbleven, hebben hun originele patronen hier gelaten. Die worden nu gebruikt door de kleermakers. Nepal is ook begonnen met de export naar het buitenland, vooral dan Japan. De geborduurde T-shirts zijn echt onweerstaanbaar. Je kiest uit bepaalde modellen en die worden dan machinaal gemaakt. Tijgers en Kuifje vallen erg in de smaak! De katoenen broeken zijn een zegen als het warm is. Ruime keuze truien met originele motieven, gebreid door de Tibetanen zelf. Perfect voor een trektocht. Neem de beste kwaliteit... jakwol prikt vreselijk!

Op elke hoek van de straat worden **pashmina's** verkocht, sjaals uit donshaar van geiten uit de hogere gebieden van Nepal en Tibet. Drie kwaliteiten: 70 % pashmina en 30 % zijde, 50 % pashmina en 50 % zijde of 100 % pashmina. Maar de sjaals die de verkopers je aan de hand willen doen, neigen eerder naar 0 %, begrijp je? Viscose, wol, katoen, zijde, alles is goed... Je moet dus een neus voor kwaliteit hebben. Onthoud ook dat je echte, dus dure, pashmina enkel in de betere boetieks vindt of in de fabriek *Everest Pashmina Arts* in Kathmandu (zie rubriek 'Winkelen' bij deze stad).

Ruime keuze trekkerskledij in Kathmandu en Pokhara. Alle merken zijn nep. Gore Tex komt uit Korea en China, maar de confectie gebeurt in Nepal. Controleer de waterdichtheid, giet er gerust een bekertje water over. Enkel de naden, de zwakke plek van deze kledij, laten water door. De windjekkers, wanten en jacks hebben een goede prijs-kwaliteitverhouding, net als de fleece slaapzakken. De kwaliteit van de fleece kledij is goed, bovendien betaal je niet veel!

- **Houten maskers:** mooi bewerkt, op Durbar Square in Kathmandu, in Patan en tal van winkeltjes in Bhaktapur.

- **Brons, koper, tin, messing op basis van wassen model:** de mooiste en goedkoopste zijn te vinden bij de kunstenaars van Patan (in de buurt van de Mahabouddhatempel). Trek een uur uit om over de prijs te onderhandelen, de verkopers zijn nogal moeilijk. Met wat humor en overtuiging kun je toch een mooie korting krijgen.

- **Thangka of paubha:** veel kraampjes (voor toeristen), de echte kunstwerken moeten besteld worden. Heb je advies nodig, ga dan langs bij de *Kumari Shop* in Kathmandu, Hanuman Dhoka op Durbar Square, boetiek 11. Ratna KJ Shakya spreekt Frans en kan je de betekenis van de verschillende symbolen uitleggen. Nog een interessant adres: *Tara Thangkha Center* in Thamel (☎ 426 17 65 of 98 510 24 738). Bipin leert je het onderscheid te maken tussen een Newari- en een Tibetaanse schilder, *tamang*... Vriendelijke ontvangst, een uitzonderlijke collectie. Betaalkaarten aanvaard. Of bezoek een van de vele schilderscholen in Bhaktapur, boeiend!

- **Nepalees papier**, ten onrechte ook 'rijstpapier' genoemd. In feite is dit papier dat wordt gemaakt van schors van het peperboompje (*daphne*). Het merendeel van dit papier wordt in Bhaktapur vervaardigd. De rest kan ook gemaakt zijn van ongebruikelijker materiaal zoals jute, hennep of zelfs brandnetel. Papier is echt overal te koop.

- **Kruiden en thee:** elke maand openen nieuwe winkeltjes voor de toeristen. De vraag blijft groeien. Je kunt in de winkels van *Asan Tole* en *Indra Chowk* in Kathmandu dezelfde producten ook aan een lagere prijs vinden, maar die zijn dan niet in plastic verpakt. Echte saffraan (stampers), vaak ingevoerd uit Kasjmier en verplicht verpakt in kleine, verzegelde plastic doosjes, gember, muskaatnoot, steranijs, kardemom...

- **Postzegels:** in het uitstalraam van tal van winkels. Uit Nepal natuurlijk, maar ook Bhutan, Tibet... Nieuwe postzegels koop je in het GPO. Een weetje voor de nieuwsgierige lezer, de oudste postzegel in Nepal dateert van 1907. Daarvoor werd de (meestal koninklijke) post door boodschappers bezorgd.

- **Muntstukken:** ken je er wat van, dan zul je niet ontgoocheld zijn. Je vindt zowat overal muntstukken. Als je goed zoekt, kun je zelfs munten uit de *Licchavi*, *Thakuri*, *Malla* en zelfs de *Shahperiode* ontdekken.

ZEDEN EN GEWOONTEN

De Nepalezen zijn, over het geheel genomen, vriendelijk, vreedzaam, heel beleefd en helemaal niet agressief. Ongetwijfeld is het het harde bestaan in de bergen dat hen deze karaktertrekken heeft bezorgd en hen zo innemend maakt, wanneer je bij hen verblijft.

Enkele regels rond de plaatselijke zeden en gewoonten:

- Trek je schoenen uit voor je in een religieus gebouw of een huis binnengaat. Zet je schoenen met de zolen op de vloer.
- Ga nooit de keuken in.
- Loop in de richting van de wijzers van de klok rond de stoepa (zie Kuifje in Tibet).
- Vuur is heilig, verbrand je afval niet maar begraaf het.
- Eet niet uit het bord of drink niet uit de beker van een ander, dat wordt beschouwd als jutho of ritueel bezoedeld. Is er maar een fles voor iedereen, giet het drinken dan achter in je keel, drink niet rechtstreeks van de fles.
- Wil je de plaatselijke gewoonten volgen en het nationale gerecht (*dal bath*) met je handen eten, gebruik dan je rechterhand.

- Het is onbeleefd iemand, of zelfs een standbeeld, met de vinger aan te wijzen.
- Ga je zitten, strek je benen dan niet uit en richt je voeten niet naar iemand. Oefen voor je vertrekt in kleermakerszit.
- 'Dank u' bestaat niet in Nepal, wees dus niet verrast! Als je een geschenk aanbiedt, zal dit niet worden geopend als je erbij bent. Zo zie je niet wanneer de ontvanger ontgoocheld is of niet tevreden is met wat je hem geeft. Bij een huwelijk worden alle geschenken samengelegd, zodat niet te zien is wie meer of minder bezit. Voor ons westerlingen misschien iets om over na te denken.
- Mannen mogen een short en T-shirt dragen, het bovenlichaam moet altijd bedekt zijn. Vrouwen mogen niet te uitdagend gekleed zijn of een short dragen. Er zijn leuke bermuda's en lichte broeken te koop. De plaatselijke bevolking begrijpt onze onfatsoenlijke kledij niet altijd zo goed.
- Het openbaar tonen van genegenheid, een koppel bijvoorbeeld, is niet gebruikelijk in Nepal.
- Nepalezen zijn heel nieuwsgierig en stellen veel vragen, vat dit niet verkeerd op.
- Onthoud goed dat in Nepal, net als in India, een knik met het hoofd naar rechts (of omgekeerd) 'Ja, akkoord' betekent.
- Zoals overal in Azië is het de gewoonte vroeg op te staan en vroeg te gaan slapen. Zelfs in het lawaaierige Kathmandu zijn de avonden rustig, een ochtendje uitslapen is ondenkbaar...
- Tot slot nog een vervelende gewoonte (je hoeft geen lord te zijn om geschokt te zijn): het luidruchtig spuwen.

Samengevat, probeer je intelligent en vriendelijk te gedragen: je krijgt er geen spijt van en je zult misschien vermijden dat Nepal al te veel vervuild wordt door toerisme. Op toeristische plaatsen en langs sommige trekpaden hebben kinderen al geleerd hun glimlach te verzilveren voor een roepie of een *school pen*. Maar echt, lieve lezer, geef geen snoepjes! Tandbederf was zo goed als onbekend voor hele horden dragers ervan hier toekwamen...

NEPAL

KATHMANDU

Kathmandu, op 1350 m hoogte, aan de samenvloeiing van twee rivieren, de Bagmati en de Vishnumati, is een historische, culturele en menselijke parel. Al zullen er natuurlijk altijd droefgeestigen zijn, die de stad nog hebben gekend in de tijd van de beatniks, die de anarchistische ontwikkeling betreuren... of gewoon de ontwikkeling op zich. Kathmandu is zowel de economische als de culturele hoofdstad van het land. Door de enorme groei klom de stad heel snel van klein dorp naar grote metropool.

Het moet gezegd, Kathmandu is een stad die beweegt, die houdt van haar verleden, maar die weigert een museumstad te worden. En dat bewonderen wij. De stad aanvaardt de tegenstellingen, de ontwikkeling, die de bezoekers in de war brengen. Trotters zullen vooral verbaasd zijn door de levendigheid en de vervuiling, behalve als ze eerst in India zijn geweest. Je hebt nochtans weinig tijd nodig om gewoon te raken aan deze onaangenaamheden. Je raakt al snel in de ban van de bijzondere sfeer die ervan uitgaat, van de schoonheid van de monumenten, de magie van de perfect bewaarde koninklijke verblijven.

In Kathmandu heb je natuurlijk de bezienswaardigheden die in het oog springen, maar ook die die enkel de nieuwsgierige toerist ontdekt. Hét moment om op zoek te gaan naar de verborgen charmes van de hoofdstad. Dat doe je het best door gewoon door de steegjes rond te dwalen, door zomaar wat rond te dolen. In de kleinste hoekjes van de stad liggen tempels verscholen, kun je altijd heerlijke geuren opsnuiven en genieten van adembenemende vergezichten. Al is het wel jammer dat er niets wordt gedaan om al deze schatten te bewaren. Maar het is zoals Jean Ratel het zo mooi zegt: 'De vallei van Kathmandu is door de Unesco geklasseerd en staat nu op de lijst van erfgoed der mensheid. Bravo. Maar als alle kunstwerken, die op korte termijn in gevaar zijn in deze tuin van de Himalaya, zouden moeten worden gerestaureerd en beschermd, dan zou hiervoor het volledige Nepalese budget nodig zijn.'

EEN WARE EXPANSIE VAN DE STAD

De voorbije jaren is de trek naar de steden sterk gestegen. Sinds het begin van de onenigheden in de provincie trekt een deel van de bevolking naar Kathmandu in de hoop daar veiligheid en werk te vinden. Maar deze uittocht doet de onveiligheid en de werkloosheid enkel stijgen... En dan hebben we het nog niet eens over het verkeer, dat elk jaar steeds drukker wordt, en dat in een stad die daar duidelijk niet op is voorzien. Files en uitlaatgassen zijn dagelijkse kost geworden. Het aantal voertuigen op de weg blijft stijgen. En veel verbetering zit er niet in.

Het is moeilijk om een juist cijfer van de stadsbevolking te geven. En terecht! Het aantal verdubbelt zowat om de tien jaar! Van 235.000 inwoners in 1981 is het inwonersaantal van Kathmandu in 2001 gestegen tot 730.000. In 2005 bedroeg dit al ongeveer 1,5 miljoen.

AANKOMST OP DE LUCHTHAVEN

- Zodra je uit het vliegtuig stapt, gaat het richting visumdienst. Heb je al een visum, maak dan van de gelegenheid gebruik om wat geld te wisselen: je kunt daarvoor terecht in twee banken (nog steeds geen degelijke geldautomaat, maar dat zou niet lang meer duren). De wisselkoers is niet interessant, wissel dus maar een klein beetje. Vraag een ontvangstbewijs en tel je geld na. Indische roepies worden niet aanvaard.
- Na controle van je visum ga je naar de benedenverdieping. Heb je veel bagage mee, zoek dan zo snel mogelijk een karretje, er zijn er niet veel.
- Klein kantoor van de **dienst voor toerisme** aan de uitgang. ☎ 206 10 11. Dagelijks de hele dag open. Ze zoeken een hotel voor je, een paar kleine brochures.
- BELANGRIJK: laat je aan de uitgang niet overrompelen door kruiers die je koffers proberen te pakken te krijgen om ze naar de taxi te dragen. Weiger vriendelijk maar zeer beslist. Let er ook op dat je je bagage niet laat ontfutselen door nepkruiers!
- Dezelfde waarschuwing geldt ook voor de ronselaars voor hotels en *lodges*, ze zullen proberen je te lokken met hun gratis vervoer en goedkope kamers. Eis van de chauffeur dat hij je naar het opgegeven adres brengt, ga niet in op de argumenten die hij aanbrengt (adres gesloten, ver van het centrum...). Sommige chauffeurs werken met commissie, ze hebben een kaartje van meerdere hotels en brengen de klanten meestal naar die adressen waar ze het meeste verdienen. Heel wat hotels en pensions komen je ophalen zonder extra kosten, als je vooraf hebt gereserveerd. Handig maar minder makkelijk om zo over de prijs te onderhandelen.
- De beste manier om naar het stadscentrum te raken, is met voorsprong de taxi: aan de balie aan de uitgang van de luchthaven kun je voor een vast bedrag een *taxi prepaidkaartje* kopen. Je krijgt er gratis een plattegrond van de stad bij. Niet duur: 300 NPR, ongeveer € 3,70, naar Thamel. 's Nachts stijgt de prijs met ongeveer 50 %. Vermijd andere taxi's.
- Het is amper zes kilometer van de luchthaven naar het centrum, maar heel vaak sta je toch een uur of langer in de file...
- Word je opgewacht door vrienden, dan zul je hen niet zien in de luchthaven zelf. Je komt er niet in zonder vliegticket.

NUTTIGE ADRESSEN

Toeristische informatie

- **Nepal Tourism Board** (algemene plattegrond D4): Bhrikutimandap Marg. ☎ 42569 09 of 425 62 29. Fax: 425 69 10. ● www.welcomenepal.com ● info@ntb.org.np. Open van zondag tot vrijdag van 9.00 tot 17.00 uur. Luxueus kantoor dat gratis brochures en informatie geeft. Je kunt er ook een cd-rom van goede kwaliteit kopen. Vriendelijke ontvangst. Op de eerste verdieping klein etnografisch museum (klederdracht, gebruiksvoorwerpen).
- **Immigration Office** (algemene plattegrond D4, 1): Bhrikutimandap Marg (naast de Nepal Tourism Board). ☎ 422 24 53, 422 36 81 en 422 35 90. Fax: 422 31 27. Voor trekvergunningen en verlenging van visum. Reken op iets minder dan € 1 per extra dag, te betalen in Nepalese roepie. Zorg voor een pasfoto en een identiteitskaart. De aanvragen worden tussen 10.00 en 15.00 u behandeld, in de winter tot 14.00 u. Het visum wordt afgeleverd tussen 15.00 en 17.00 u (16.00 u in de winter). Kom vroeg, de rij is soms ellenlang.

- **KEEP Travellers Information Center (detailplattegrond I, C3, 104):** Jyatha, in Thamel. In het steegje van restaurant *Kilroy's*. ☎ 421 67 75. Fax: 442 16 77. ● www.keepnepal.org. Deze ngo heeft een dubbele taak: beschermen van het milieu en informatie verstrekken aan reizigers. In het kader van de ecologische strijd (en er is werk in Nepal!) kun je er informatie meepikken over trekking, culturele evenementen, dienstregeling van bus en vliegtuig, je kunt er gratis kaarten inkijken en diavertoningen bekijken. Hulpvaardige jongeren die bovendien Engels spreken.

Diplomatieke vertegenwoordiging

- **Belgisch ereconsulaat:** Bhagawan Bahal, Thamal, Amrit Marg. 643/26, PO box 3022, Kathmandu. ☎ 441 37 32. Fax: 441 03 30. ● diplobel@wlink.com.np. In Thamel, vlak bij de *Souvenir Guesthouse (detailplattegrond I, C2, 53)*. Open van maandag tot vrijdag van 10.00 tot 12.00 u.
- **Nederlands consulaat:** Bakhundole Height, Lalitpur, PO box 1966, Kathmandu ● www.netherlandsconsulate.org.np ● consulate@snv.org.np. Gesloten tijdens de festivals van Dasain en Tihar (van 18 tot 24 oktober en van 9 tot 13 november).
- **Ambassade van Thailand:** Bansbari, in het noorden van de stad (op de weg naar Buddha Nilkantha). ☎ 437 14 11 ● thaiemb@wlink.com.np. Visumaanvragen op weekdagen van 9.30 tot 12.00 u, afgifte op vrijdag rond 16.00 u. Neem drie foto's mee.
- **Ambassade van India (algemene plattegrond, D1):** Lainchur, voorbij het Ciwecziekenhuis. ☎ 441 09 00 of 441 16 69. Visumaanvragen tussen 9.30 en 12.00 u, afgifte tussen 16.00 en 17.00 u. Je wint veel tijd als je dit al in België of Nederland regelt. Je hebt namelijk heel wat geduld en energie nodig in de ambassade van India. Trek twee ochtenden uit en houd er rekening mee dat je 's namiddags nog eens moet terugkomen. En dat in minstens een week, de ambassade stuurt een telex om te controleren of je paspoort wel van jou is. Vergeet geen zwarte stylo, gebruik hoofdletters, anders wordt je aanvraag verworpen.
- **Ambassade van China (algemene plattegrond, F1):** Baluwatar. ☎ 441 90 53. Visumdienst op maandag, woensdag en vrijdag van 9.30 tot 11.30 u.
- **Ambassade van Myanmar:** Chakupat, bij de Patanpoort (in Patan dus). ☎ 552 17 88. ● emb@myanmar.wlink.com.np. Visumaanvragen op weekdagen van 9.30 tot 16.00 u. Het visum wordt drie dagen later in de namiddag afgeleverd en kost 10 $ (€ 7).

Luchtvaartmaatschappijen

De meeste luchtvaartmaatschappijen zijn normaal gezien open van 9.30 tot 13.00 u en van 14.00 tot 17.00 u. Gesloten op zaterdag (sommige maatschappijen zijn wel op zaterdagochtend open), soms op zondag.
- **KLM Royal Dutch Airlines:** Malla Treks, Lekhanath Marg. ☎ 141 83 87 of 141 83 89. Fax: 1423143.
- **Air India:** Hattisar. ☎ 443 75 20 of 441 67 21. ● www.airindia.in.
- **Aeroflot:** Kamaladi (bij de klok). ☎ 422 73 99 of 422 61 61. ● www.aeroflot.ru.
- **Biman:** Lazimpat. ☎ 443 47 40 of 443 49 82. ● www.bimanair.com.
- **British Aiways:** Kamaladi. ☎ 422 66 11 of 422 22 66. ● www.britishairways.com.
- **China Southwest Airlines:** Lazimpat. ☎ 444 06 50 of 51. ● www.cswa.com.
- **Gulf Air:** Hattisar. ☎ 443 53 22 of 443 59 18. ● www.gulfair.com.
- **Indian Airlines:** Hattisar. ☎ 441 09 06 of 441 45 96. ● www.indianairlines.in.

- **Kuwait Airways:** Kathmandu Plaza, Kamaladi. ☎ 424 98 84 of 87. ● www.kuwait-air-ways.com.
- **Lufthansa:** Durbar Marg. ☎ 422 30 52 of 422 43 41. ● www.lufthansa.com.
- **Nepal Airlines (algemene plattegrond, C4):** New Road. ☎ 424 86 25 of 422 07 57. ● www.royalnepal-airlines.com.
- **Pakistan International Airlines:** Hattisar. ☎ 443 96 24 of 443 93 24. ● www.piac.com.pk.
- **Qatar Airways:** Hattisar. ☎ 425 65 79 of 425 77 12. ● www.qatarairways.com.
- **Singapore Airlines:** Kamaladi. ☎ 422 54 82 of 422 07 59. ● www.singaporeair.com.
- **Swiss Airlines:** Durbar Marg. ☎ 443 46 07. ● www.swiss.com.
- **Thai Airways International:** Durbar Marg. ☎ 422 35 65. ● www.thaiairways.com.

Post en telecommunicatie

✉ **General Post Office (GPO, algemene plattegrond, C4-5):** net naast de Bhim-sentoren. Dagelijks open van 10.00 tot 15.00 u, behalve op zaterdag, tot 13.00 u op vrijdag. Je staat er een paar keer in de rij, een eerste keer voor de postzegels en een tweede keer om ze te laten afstempelen (loket 1!). Tip: koop je postzegels al vooraf in een boekhandel of een winkel waar ook postkaarten te koop zijn. OPGELET: er worden vaak identiteitskaarten of reischeques gestolen. Let op je dingen! Alle pakjes naar het buitenland worden geopend. Je zou zo denken dat ze niet al te veel vertrouwen hebben. Ook de poste restante bevindt zich hier (als die open is tenminste).

✉ **Andere postkantoren:** Botahity Post Office, in een straatje dat uitgeeft op de grote verkeersader Botahity, vlak bij Rani Pokhari. Nog een kantoor op Basantapur Square, tegenover het voormalige koninklijke paleis.

◼ **Pakjes versturen**

- *Foreign Post Office:* naast de GPO (*algemene plattegrond, C4-5*). Dagelijks open behalve op zaterdag en feestdagen, van 10.00 tot 14.00 u (tot 13.00 u op vrijdag). Pakjes tot 20 kg per boot (3 tot 4 maanden), pakjes tot 10 kg met het vliegtuig (15 dagen). Je moet je pakje ter plaatse in een witte doek verpakken. Wil je voorwerpen zoals beeldjes, *thangka...* versturen, dan heb je daarvoor de toelating nodig (stempel van het departement archeologie, zie verder), zelfs al zijn ze nieuw. Reken op ongeveer anderhalf uur voor het versturen van een pakje. Ga voor de middag. Zelfs voor de formulieren moet je betalen. Pakjes uit het buitenland ontvangen is minstens even moeilijk, je betaalt 100 % douanerechten op alle nieuwe artikelen, behalve boeken en medicijnen.

- *DHL International:* Kamaladi. ☎ 424 75 63 of 422 32 22. ● www.dhl.com. Gesloten op zaterdag.

- *UPS:* in Thamel. ☎ 470 02 68. ● www.ups.com.

◼ **Archeology Department (algemene plattegrond, E5):** National Archives, Ram Shah Path, rechts naast Singha Durbar. ☎ 425 06 83 of 85. ● archeology@infoclub.com.np. Alle dagen open, behalve op zaterdag, van 10.00 tot 15.00 u (tot 14.00 u op vrijdag).

Goedkeuringsstempel voor het versturen van voorwerpen die oud kunnen zijn of die oud lijken, zoals thangka's en beeldjes, hout en brons, edelstenen. Opgelet, de leeftijdsgrens bedraagt 100 jaar. Je betaalt een heel kleine commissie. Om tijd te winnen, vraag je aan de handelaar bij wie je het voorwerp hebt gekocht, dit te laten certificeren, als het voorwerp tenminste een bepaalde waarde heeft. Sommige handelaars doen dit met alle plezier.

■ **Privételefoon-, fax- en e-mailmaatschappijen:** je vindt ze overal. Handig, en je staat er niet in de rij. Je betaalt per minuut, je kunt er telefoontjes, faxen en post ontvangen. Alleen al in Thamel zijn er een tiental, ook heel wat rond Durbar Square. Vaak kun je in dezelfde kantoren ook e-mailen. Hoe dan ook, je zult al heel snel merken dat je zowat op iedere hoek in de stad kunt surfen voor weinig geld.

Geldzaken

Op de toeristische trekpleisters tal van wisselkantoren, veel *money changers* in Thamel, zowat overal dezelfde wisselkoers. In nood kun je ook in de hotels terecht, maar daar is de wisselkoers minder interessant natuurlijk. Je wisselt nog steeds het voordeligst in Kathmandu, in vergelijking met de rest van Nepal... goed om weten als je een trektocht plant.

- **Himalayan Bank Limited (plattegrond I, C3, 5):** op de eerste verdieping van het winkelcentrum, aan de ingang van Trivedi Marg, in Thamel. ☎ 425 02 01. Een van de enige banken die alle dagen open is (behalve op zaterdag en feestdagen) van 8.00 tot 20.00 u. Vrij snelle transacties. Mogelijkheid tot het wisselen van reischeques. Bankautomaat in een hokje op straat. Het bijkantoor in New Road (*algemene plattegrond*, B3, 6) verkoopt reischeques en wisselt. Open van 10.00 tot 19.00 u. Ook geldautomaat.
- **Standard Chartered Bank (algemene plattegrond, D2, 4):** in Lazimpat, in het noorden van de stad. ☎ 441 84 56. Open van 9.45 tot 19.00 u. Op vrijdag gesloten om 16.30 u, op zaterdag en feestdagen om 12.30 u. Geldautomaat buiten. Wisselen gaat snel. Geen commissie op reischeques of afhaling van Nepalese roepie met Visa of MasterCard. Meerdere bijkantoren: in Thamel naast het *Roadhouse Café (plattegrond I, B2, 94)*. Geldautomaat. Aan de ingang van *Kathmandu Guesthouse (plattegrond I, B1, 65)*, in New Baneshwor, Bijuli Bazar, net voor het *Everest Hotel* richting luchthaven en in Patan, in de Jawalhakhelwijk.
- **Nepal Investment Bank (algemene plattegrond, D3, 7):** Durbar Marg. ☎ 424 25 30. De enige bank die het hele jaar door, zonder uitzondering, geopend is tussen 9.30 en 19.00 u, op vrijdag gesloten om 14.30 u, op zaterdag om 12.30 u. Aan- en verkoop van reischeques, geldautomaat. Een veilige bank voor het ontvangen van overschrijvingen via fax. Wachttijd: 4 dagen tot een week.
- **American Express (algemene plattegrond, D3, 8):** Jamal Tole. ☎ 422 61 72. Dagelijks van 10.00 tot 16.00 u, gesloten op zaterdag. Telefoonpermanentie op weekdagen van 8.00 tot 20.00 u, zaterdag van 9.30 tot 17.00 u.
- **Western Union:** c/o Annapurna Travels and Tours in Durbar Marg. ☎ 425 48 21 en 422 35 30. ook in Sita World Travel, naast de *Fire and Ice Pizzeria (plattegrond I, C-D3, 103)*, in Tridevi Marg. ☎ 424 85 56. ● www.sitanepal.com. En in de Nabil Bank op Kanti Path. ☎ 422 71 81 ● nabil@nabil.com.np. In nood kun je hier geld naartoe laten sturen, zonder maximumbedrag. Let toch maar op, je hebt een code nodig van de persoon die je het geld overmaakt. Je krijgt het geld op een cheque in Sita World Travel (de bank is vlakbij) of in baar geld bij Annapurna Travels and Tours en de Nabil Bank.
- Let op: als je het land verlaat, kun je theoretisch slechts 10 % van het bedrag dat op je rekeninguittreksels staat, terugkrijgen in dollar. Houd de ontvangstbewijsjes van de wisselkantoren (en zo weinig mogelijk roepie) goed bij.

Gezondheid, noodgevallen

- **Medische dienst van de Franse ambassade (algemene plattegrond, D2, 3):**
☎ 441 23 32, 441 38 39 of 441 47 34. Alle inwoners van de Europese Unie en Zwitserland kunnen hier terecht. Op maandag van 16.00 tot 18.00 u, op woensdag van 8.00 tot 9.30 u en op vrijdag van 16.00 tot 18.00 u. Bel best vooraf, de arts is niet altijd aanwezig en de dienstregeling verandert vaak. Te betalen (ongeveer € 22). Je krijgt het behandelformulier mee. In noodgevallen en buiten de normale openingsuren legt de wachtdienst je uit waar je terechtkunt.

- **Norvic (buiten algemene plattegrond via D5):** Thapathali; voor de Patanbrug.
☎ 425 95 07 of 421 82 30. Het beste ziekenhuis op dit moment, perfect uitgerust en ultramodern.

- **Nepal International Clinic (algemene plattegrond, D3):** tegenover de zuidelijke poort van het paleis. ☎ 441 28 42. De Franse ambassade wijst bij voorkeur door naar dit ziekenhuis. Dokter Buddha Basnyat is specialist in hoogteziekte. Goedkoper dan in het Ciwecziekenhuis.

- **B & B Hospital (buiten algemene plattegrond via D5):** Gwarku, op Ring Road.
☎ 553 19 30. Zeer goed uitgerust ziekenhuis, met specialisten in alle gebieden, ook trekking.

- **Ciwec Clinic (algemene plattegrond, D2, 9):** in Lazimpat, vlak bij de Indische ambassade. ☎ 441 31 63 of 442 41 11. Permanentie van maandag tot vrijdag tot 16.00 u. Bij noodgevallen, 's nachts of tijdens het weekend komt de arts met wachtdienst. Consultatiecentrum met Amerikaanse en Canadese artsen, met bijbehorende tarieven. Reischeques en betaalkaarten aanvaard.

- **Patan Hospital:** in Patan. ☎ 552 22 66 of 78. Dit ziekenhuis heeft een operatiekwartier en werkt met buitenlandse artsen. Uitstekende dienst parasitologie en tandartsenkabinet. Dienst spoedgevallen 24/24.

- **Kailash Medical & Astro Society:** 3/114 Chhetrapati, Dhobichour. ☎ 442 48 89. Dagelijks van 9.00 tot 12.00 u en van 13.00 tot 16.00 u. Tibetaans ziekenhuis dat werkt volgens de leer van de dalai lama. Maakt zijn eigen medicijnen. Zeer goede reputatie.

- **Tandarts:** Central Oral Health Clinic, Kanti Path, eerste verdieping. ☎ 422 68 69. Redelijke prijzen, kwaliteitsverzorging. De Ciwec Clinic heeft ook een aantal goede tandartsen maar de tarieven liggen wat hoger.

- **Ziekenwagens:** het kan lang duren voor ze ter plaatse zijn, 1 tot 2 uren. In noodgeval neem je best een taxi.

- **Apotheken:** verschillende in New Road (*algemene plattegrond, C4*) en in Thamel, open tot 's avonds laat. Nog een apotheek op Kanti Path, voor het Bir Hospital, de klok rond open.

- **Tibetaanse apotheek:** Kunsang Tibetan Medical Hall, Chhetrapati Tole, 1e steeg op 300 m van het kruispunt aan de rechterkant. Gratis consult, verkoop van Tibetaanse medicijnen. Niet lekker maar ze werken wel! Bekwame arts.

- **Gorkha Ayurved Company:** in de Samakhosiwijk, in het noorden van Thamel. ☎ en fax: 423 22 18. Dagelijks van 10.00 tot 17.00 u, behalve op zaterdag. In het ziekenhuis van de vereniging krijg je (gratis) inlichtingen. Farmaceutisch lab gesticht door een Franse vereniging, dat werkt met planten uit de Himalaya. De medicijnen worden gemaakt volgens de voorschriften van de ayurvedische geneeskunde, de eerste geneeskunde in de geschiedenis van de mensheid! De medicijnen zijn klinisch getest, in orde bevonden en gebruikt door de meeste Nepalezen en andere inwoners van het land. De behandeling van aandoeningen zoals diarree (amati) en verkoudheden (sitopaladi) zijn doeltreffend, zowel op korte als op lange termijn, en dat zonder bijwerkingen.

- **Onderzoek:** bij dokter Iswar Lall Shrestha, in Dilli Bazar (Siddhi Polyclinic, algemene plattegrond, E3). In een klein straatje niet ver van de gevangenis, achteraan links. ☎441 06 04. ●www.ilshrestha.com.np. Dagelijks van 8.00 tot 12.30 u en van 16.30 tot 19.30 u. Je kunt ook terecht in het Curex Diagnostic Centre, Putali Sadak. ☎443 84 40. Van zondag tot vrijdag van 7.30 tot 20.00 u, op zaterdag van 8.00 tot 12.00 u. Bij Ciwec Clinic.
- Vermijd het Bir, het Kanti, het Teaching en het Teku Hospital.
- **Politie (algemene plattegrond, D3, 10):** aan het eind van Durbar Marg.
- **Toeristenpolitie (algemene plattegrond, D4):** achter het toerismebureau. ☎424 70 41 of 621 35 91. Kan het best al je problemen oplossen.
- **Noodgevallen:** ☎100.

Boekhandels, kranten, cultuur

Struin wat rond in de boekenwinkeltjes van Thamel. Je vindt er vaak goedkope boeken die hier zijn achtergelaten door andere reizigers. Er is niet echt een bookshop in het bijzonder aan te raden. We sommen enkel die winkeltjes op met een ruime keuze.
- **Mandala Book Point:** Kanti Path, tegenover het Delicatessen Center (detailplattegrond I, D3, 133). ☎422 77 11. Ruime keuze aan Franstalige boeken. Bekwame en goede ontvangst. Heel goede kaarten voor trektochten, enkele boeken met typisch Nepalese uitdrukkingen. Deze boekenwinkel geeft ook een prachtig boekje uit met verhalen uit de vallei van Kathmandu, van Kesar Lall. Wie Tibetaans wil leren, kan alvast beginnen met het uitstekende boek van Sylvie Grand-Clément, Le Tibétain sur le bout de la langue.
- **Vajra Book Shop (detailplattegrond I, C3):** in Thamel, op Jyatha, niet ver van het hotel Utse en het restaurant Chikusa. Heel wat Franse boeken. De uitbater Bidur is heel sympathiek.
- **Pilgrims (detailplattegrond I, C2, 11):** ☎470 09 42. ● www.pilgrimsbooks.com. Dagelijks open van 8.00 tot 22.00 u. De plaatselijke Fnac, maar de prijzen zijn iets duurder dan in de andere boekhandels. Je vindt er echt alles, ook handwerksnijverheid, muziekinstrumenten... De prijzen worden vermeld. Aangenaam restaurant en theesalon in de tuin. Meditatie- en yogacursus, gratis kennismakingsles.
- **Trektochtkaarten:** zijn te koop in een tiental boekhandels in Thamel. Gedetailleerde kaarten van elke streek in Nepal en van de naburige provincies (Tibet, Ladakh).
- **Nepal Maps:** op de weg naar de luchthaven, voor hotel Everest. Officieel verkooppunt van het departement Topografie. Uitstekende kaarten, minder duur dan in Thamel.
- **Alliance française (algemene plattegrond, C5, 13):** Tripureshwar, vlak bij de dierenkliniek, tegenover hotel Janak. ☎424 11 63 en 424 28 32. ● general.afk@gmail.com. Bibliotheek van maandag tot woensdag en op vrijdag van 8.00 tot 18.30 u, op zondag van 12.00 tot 16.00 u. Uitlenen van boeken, zeer ruime keuze tijdschriften en kranten (een paar dagen later), je kunt er strips en referentiewerken lezen. De Alliance ontvangt met alle plezier buitenlanders. Elke zondag rond 14.00 u wordt er een Franse film vertoond. Dagelijks films op aanvraag tussen 10.00 en 17.00 u. De laatste vrijdag

van de maand filmdiner, met film en een speciaal menu. Je kunt er in de bistro in de rustige tuin wat eten (zie 'Eten'), je leert er mensen kennen.
- **Muziekschool DO RE MI (algemene plattegrond, D3, 31):** in Jamal, in een filmzaal. ☎ 424 76 00. Speel je zelf muziek, vraag dan naar Nyoo. In zijn school organiseert hij concerten voor zijn studenten en de buitenlandse muzikanten. Hij ontvangt je met plezier.

Kunstgalerijen
- **Indigo Gallery:** Naxal, in het restaurant *Mike's Breakfast (algemene plattegrond, E2, 121).* ☎ 441 35 80 • www.asianart.com/indigo. Gevarieerde en vaak interessante tijdelijke tentoonstellingen: foto's, schilderkunst, beeldhouwwerken, tapijten...
- **Lazimpat Gallery Café (algemene plattegrond, D1):** Lazimpat, ongeveer tegenover restaurant Ringmo. ☎ 442 85 49. Schilderijen, concerten, recente films een keer per week. Je kunt er koffie drinken. Heel vriendelijk.
- **J Art Gallery:** Durbar Marg, niet ver van het koninklijk paleis. Tal van tentoonstellingen van Nepalese schilders.
- **Nef-Art Gallery:** in Patan, Gabahal, 5 km van Durbar Square. In deze galerij kun je terecht voor een ruim aanbod aan tangkhakunst.
- **Nepal Art Council Gallery (algemene plattegrond, E5):** Baber Mahal. ☎ 422 07 35. Af en toe tentoonstellingen van avant-gardekunstenaars. Soms vrij verrassend.
- **Srijana Contemporary Art Gallery:** in het complex *Brikutimandap.* ☎ 424 99 67. Organiseert tentoonstellingen van hedendaagse beeldhouwers en schilders.

Zwembaden
- **Tripureshwar (algemene plattegrond, D5):** achter het nationaal stadion. Olympisch zwembad in de openlucht. Laat je niet onder de voet lopen als je een kaartje wilt kopen! Bewaakte kastjes voor je persoonlijke spullen.
- **Zwembaden van de hotels Shangri-La en Everest:** een beetje van het centrum weg en vrij duur. Het zwembad van het Shangri-La is iets kleiner maar heel charmant, je kunt je er na het zwemmen heerlijk laten masseren. Zo ben je in topvorm voor je trektocht.

Trektocht- en reisagentschappen
We telden er meer dan 300, maar ze zijn niet allemaal even betrouwbaar. We selecteerden enkele bekwame agentschappen, die ook door hun collega's worden gerespecteerd. Bovendien spreken alle medewerkers Frans.
OPGELET: let er goed op dat dragers, gidsen en koks voldoende zijn betaald en dat ze aangepaste uitrusting bij hebben (en dat ze die gebruiken ook, wat niet altijd vanzelfsprekend is). Let er goed op als je op trektocht vertrekt. Loopt er wat mis, laat ons dat dan zeker weten. Uiteindelijk ben jij het die betaalt, alleen jij kunt dus iets veranderen. Teveel agentschappen (de goedkoopste natuurlijk, maar ook enkele van de grotere) beknibbelen op lonen en materiaal. Je gaat dus op weg met slaven, de veiligheid is ondermaats. Zie ook hoger 'Trektochten en ethiek' in de rubriek 'Trektochten' in het hoofdstuk 'Nepal Praktisch'.
- **Glacier Safari Treks (algemene plattegrond, E1, 14):** Pandol Marg, in Lazimpat, een steegje iets voor hotel *Shangri-La*, dreefje aan de overkant. ☎ 441 21 16 of 441 45 49.

● www.gstreksnepal.com. Agentschap uitgebaat door de Franse Catherine, die een passie voor de bergen heeft. Ze woont al jaren in Kathmandu en kent er alle trekpaden. Het agentschap werkt met bekwame en vriendelijke gidsen, sommigen spreken zelfs Frans. Trektochten à la carte of in groepjes, in de klassieke streken of wat origineler (Mustang, Solo, Rolwaling...). Beklimming van de bergtoppen met een gids gespecialiseerd in hooggebergte. Trektochten in Tibet, naar de Kailash en de Everest, op vaste data. Laat je niet misleiden door het agentschap *Himalayan Glacier*, de gelijkaardige namen kunnen je in de war brengen.

- **Celtic Trekking Adventure (detailplattegrond I, C3, 15):** onder Chhetrapati Tole, niet ver van hotel *Harati*. ☎ 421 80 40 of 426 90 50. ● www.celtictrekking.com. De Bretoense uitbater is getrouwd met een Nepalese. Organiseren trektochten op ieder niveau. Alle diensten. Ook Tibet staat op het programma. Olivier en Krishna, hartelijk en professioneel, doen al het mogelijke om u van dienst te zijn. Verschillende gidsen spreken Frans.

- **Nepal Trekking en Expeditions (detailplattegrond I, C3, 16):** op het binnenplein van het *Om Ra Guesthouse*, Thamel. ☎ 425 35 62 of 425 73 00. ● www.nepal-trek.com. Binnen 24 uur krijg je een antwoord op je vragen. Een vereniging van Franstalige gidsen die zich achter drie basisconcepten scharen: logistiek, veiligheid, gezelligheid. Amir, Ramesh en Surbendra laten je graag meedelen in hun ervaring. Ze organiseren uitstappen, trektochten, beklimmingen en expedities à la carte (Tibet, India, Bhutan, Dolpo, Mustang...). Je wordt al aan de luchthaven opgewacht door een Franstalige gids.

- **Trinetra Adventure (detailplattegrond I, D3, 17):** PO box 20231, Kanti Path, Jyatha. ☎ 425 24 62. ● www.trinetra-adventure.com. Ernstig en bekwaam agentschap met Franstalige gidsen. Sunar houdt van de bergen. Hij zal je vertellen over zijn expedities en over Frankrijk, hij heeft namelijk aan de ENSA in Chamonix gestudeerd. Naast trektochten in Nepal organiseert hij ook uitstappen naar Sikkim, Ladakh, Bhutan, Tibet...

- **Base Camp Trekking and Exhibitions (algemene plattegrond, D1, 18):** vlak bij de Franse ambassade, in de straat naar hotel *Tibet*. ☎ 441 55 73 of 441 15 04. ● www.basecamptrek.com. Serieus en efficiënt agentschap uitgebaat door Jérôme, een Franse 'Tibetoloog' en Rashmi, een Franstalige Nepalees. Organiseert trektochten in Nepal, maar ook naar Bhutan, Rajasthan, Ladakh, Sikkim en Tibet. Franstalige gidsen.

- **Acme-Losar Travels (algemene plattegrond, E3, 19):** Hattisar, in het gebouw van Buddha Air. ☎ 441 99 40 of 443 01 73. ● www.acmetours.com. Klein reisagentschap dat er niet geweldig uitziet, maar dat wel verschillende diensten aanbiedt. Punya, de directeur, vindt altijd een oplossing voor eender welk probleem. Bel hem gerust op als je hulp nodig hebt. Dit agentschap werkt vaak met Franse en Belgische klanten.

- **Montagnes du Monde Himalaya & Sailung Adventure Trekking (detailplattegrond I, D2, 20):** Keshar Mahal, Thamel. ☎ 442 41 47 of 442 34 57. ● www.nepaltibetexpedition.com. Dit professionele agentschap, dat samenwerkt met de Belgische vereniging 'Montagnes du monde ASBL', stelt (voor het grootste deel) Franstalig personeel ter beschikking. Ze zijn gespecialiseerd in korte en lange, vaak ongewone, trektochten. Je ontdekt te voet of met de mountainbike het authentieke Nepal of Tibet. Kennismaken met de eigenaar, Kaman Singh Lama, is al een avontuur op zich. Dit agentschap draagt zorg voor het milieu. Een deel van de winst wordt bovendien geïnvesteerd in ontwikkelingsprojecten.

- **Lama Randonnées Trekking**: in Patan, Sanepa Chowk. ☎554 26 59 en 554 07 23. ●www.lamarando.com. Frans-Nepalees agentschap dat gespecialiseerd is in trektochten à la carte in groep of alleen en wandeltochten voor gezinnen met kinderen. Neem zeker contact op als je twijfelt of je met kinderen wilt vertrekken. Vraag naar Karma, hij helpt je aan alle informatie die je nodig hebt om je trektocht te organiseren. Hij regelt bovendien ook een hotel en een binnenlandse vlucht.

- **The Borderland Adventure Centre Asia (detailplattegrond I, C2, 21)**: in Thamel, vlak bij het Northfield Cafe. ☎442 63 29 of 470 12 45. ●www.borderlandresorts.com. Voor trektochten weg van de platgetreden paden, maar ook voor rafting. De enigen in Nepal die canyoningstages op alle niveaus aanbieden. Sensatie gegarandeerd! Zie ook de rubriek over rafting en canyoning aan het begin van de gids. Een ander leuk ideetje. Een afwisselend parcours met sport (kayak, rafting) en cultuur (Tibetaanse kloosters, dorpen).

- **Hard Rock Treks & Expedition (detailplattegrond I, C3, 23)**: Thamel. ☎425 90 67. ●www.hardrocktreks.com. De uitbater Om ontvangt je hartelijk, hij levert kwaliteitsdiensten. Geen nare verrassingen, correcte prijzen. Zowel speciale trektochten als de grote klassiekers, ook een *package* van vier dagen in Chitwan, voor een heel redelijke prijs.

- **Nepal Ecology Treks (algemene plattegrond, D2, 24)**: Dhobichaur, Lazimpat. ☎443 06 64. ● www.tibet-nepal.org/descriptif. Achter het koninklijk paleis, makkelijk te vinden. Organiseert trek- en wandeltochten in Nepal en Tibet, alleen of in groep, en reizen naar Bhutan. Hun slogan: 'Wandel nuttig'. De winsten financieren hun humanitaire acties. De bouw van een gratis polikliniek in Helambu is goed voor de verzorging van duizenden mensen. En dan zouden we de drie scholen en de hulp aan een weeshuis in Tibet nog vergeten. Als je met dit agentschap op trektocht gaat, kunnen medicijnen en scholing voorzien worden voor minder begunstigde kinderen. Je kunt natuurlijk al hun projecten ook bezoeken. Het agentschap heeft ook een hotel in de bergen van Helambu, je zult er warm ontvangen worden.

- **Mandala Trekking (algemene plattegrond, D2, 25)**: Lazimpat, niet ver van hotel *Shanker*. ☎442 80 43. ●www.mandalatrek.com.np. Frans-Nepalees agentschap. Akal en Bhim wachten je op voor een van hun trektochten à la carte of reizen in de terreinwagen naar Tibet of Bhutan. Je kunt dit alleen of in kleine groepjes doen. Dynamisch en bekwaam team. Iets duurder maar met respect voor de werknemers. Binnen 24 uur krijg je een antwoord op je vraag per telefoon, fax of e-mail.

- **Exotic Treks & Expeditions (detailplattegrond I, C3, 26)**: net onder hotel *Harati*. ☎424 65 63. ●www.exotiquenepal.com. Basu, Shree Gopal en Pradeep, echte professionals, hebben een ruim aanbod aan trektochten, of je nu naar Dolpo of Mustang, Sikkim of Tibet wilt. Op de organisatie valt niks aan te merken, de prijzen zijn scherp. Hartelijke ontvangst, efficiëntie gegarandeerd.

- **Himalayan Sherpa Excursions**: Maharajgunj, Ring Road. ☎442 51 00 of 442 65 55. ●http://oasis.fortunecity.com/bahamas/355. Familiaal, dynamisch agentschap, stevig onder leiding van Lakpa Tenje Sherpa, correspondent voor de *Club alpin français* en de *National Geographic Society*. Van een eenvoudige trektocht tot een ware expeditie, hun aanbod is erg ruim. Jong team, plezier verzekerd. Specialisten in trektochten buiten de platgetreden paden: Dolpo, Mustang en Kanchenjunga.

- **Les Portes de l'Aventure (detailplattegrond I, C2, 28):** Bhagabatisthan, Thamel. ☎ 442 24 97. ● www.portesaventure.com. Tek Khakural is sympathiek, handig, luistert naar zijn klanten, spreekt Frans en organiseert al lang trektochten, expedities, avontuurlijke en culturele reizen naar Bhutan, Tibet, Nepal en India. Ook rafting en canyoning voor wie van sport houdt. Scherpe prijzen.

Ngo

- **Porter's Progress:** in Thamel, vlak bij *Annapurna Restaurant (detailplattegrond I, C2, 90)*, op de eerste verdieping. ☎ 441 00 20 of 441 39 66. ● www.portersprogressnepal.org. Organisatie met als doel het verbeteren van de werkomstandigheden van de dragers. Ze betalen een waarborgsom aan de ngo en krijgen in ruil daarvoor berguitrusting. Giften van kledij, handschoenen, brillen en vooral schoenen zijn welkom. In het kantoor kun je ook een film bekijken over Nepalese dragers... niet zo aangenaam, maar het brengt een en ander wel in beweging! Zie ook de rubriek 'Trektochten en ethiek' onder 'Trektochten' in 'Nepal praktisch'.

TRANSPORT

Taxi: de beste oplossing in Kathmandu. Normaal gezien met een teller. Is dit het geval, vraag dan aan de chauffeur dat hij die aanlegt (behalve 's nachts). Anders spreek

---

Nuttige adressen
- Nepal Tourism Board
- City Bus Station en vertrekpunt voor toeristen
- Bus naar Chitwan en Pokhara
- General Post Office (GPO)
1. Immigratiedienst
3. Ambassade van Frankrijk
4. Standard Chartered Bank
6. Himalayan Bank Limited
7. Nepal Investment Bank
8. American Express
9. Ciwec Clinic
10. Politiekantoor
13. Alliance française
14. Glacier Safari Treks
18. Base Camp Trekking and Expeditions
19. Acme-Losar Travels
24. Nepal Ecology Treks
25. Mandala Trekking
29. Great Himalayan Adventure
31. Muziekschool DO RE MI

Slapen
40. Monumental Paradise en Moon Stay Lodge
41. Himalaya's Guesthouse and Coffee Bar
42. Green House Lodge
43. Nippon Guesthouse
80. Hotel Yak and Yeti
81. Hotel Tibet en Hotel Manaslu
82. Hotel Shanker
83. Hotel Vajra
84. Dwarika's Hotel

Eten
13. De bistrot van de Alliance française
80. Restaurants van hotel Yak and Yeti

84. Krisnarpan (Dwarika's Hotel)
109. Shree Bhoe Chhen
110. Diyalo
111. Snow Man
112. The Pub Nanglo
113. Tukche Thakali Kitchen en Kushifuji
114. Koto Restaurant
115. Kathmandu Kitchen
116. Bhojan Griha
117. Nepali Chulo
118. Royal Saïno Restaurant
119. Ghàr c Kobàb
120. China Town
121. Mike's Breakfast
122. Delicias

Ontbijten
121. Mike's Breakfast

Iets drinken, uitgaan
140. Bar van het Royal Park Guesthouse
143. Upstairs Jazz Bar

Wat is er te zien?
183. Chusya Bahal
184. Katheshimbu
185. Kilagal Tole
186. Yitym Bahal

Inkopen doen
80. Banketbakkerij van hotel Yak and Yeti
112. The Pub Nanglo
122. Delicias
190. Folk Nepal
193. Everest Pashmina Arts

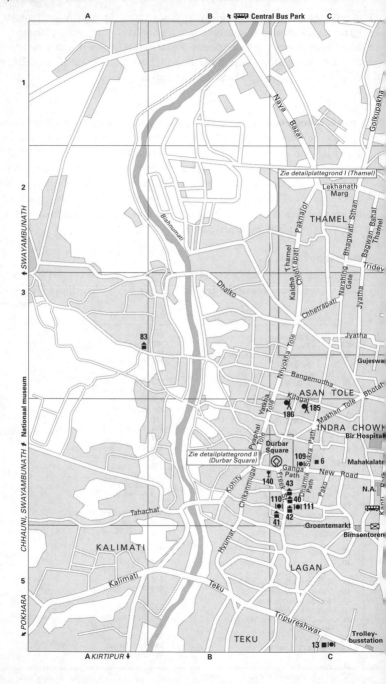

Central Bus Park

Nava Bazar

Golkupakha

Zie detailplattegrond I (Thamel)

Lekhanath
Marg

THAMEL

Paknajol

Kaldha

Thamel

Chhetrapati

Bhagwati Sthan

Bagwan Bahal
Thamel

Narshing
Gate

Jyatha

Tridev

Bishnumati

Dhalko

Chhetrapati

Jyatha

Gujeswa

Bangemurdha

Nhyokha Tole

83

Kilagal

ASAN TOLE

Bhotah

Yatkha
Tole

186

185

Makhan Tole

INDRA CHOWK

Bir Hospital

Pyaphal
Tole

**Durbar
Square**

Sukra Path

109

6

Mahakalate

*Zie detailplattegrond II
(Durbar Square)*

Ganga
Path

New Road

Kohity

Chikanmugal

140

Dharma
Path

Pako

N.A.

43

Kanti

CHHAUNI, SWAYAMBUNATH ↟ Nationaal museum

Tahachal

110

40

41

42

111

Groentemarkt

Bimsentoren

KALIMATI

Hyumat

LAGAN

Kalimati

Teku

Tripureshwar

↓ POKHARA

TEKU

13

Trolley-
busstation

↟ SWAYAMBUNATH

A KIRTIPUR ↓

| A | B | C |

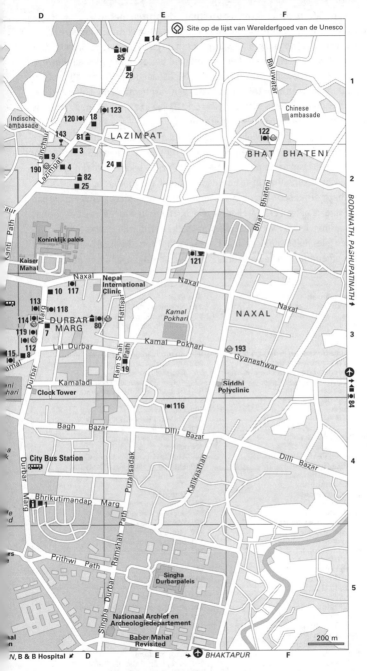

◎ Site op de lijst van Werelderfgoed van de Unesco

D · E · F

14

85

29

Baluwatar

Chinese ambasade

Indische ambasade

120 18 123

143 81

LAZIMPAT

122

BHAT BHATENI

3

9

190 4

82

25

24

Lazimpat

Bhat Bhateni

Koninklijk paleis

Kaiser Mahal

121

Naxal

Naxal

BODHNATH, PASHUPATINATH →

Nepal International Clinic

Naxal

Naxal

10 117

Kamal Pokhari

NAXAL

113

118

DURBAR MARG

Hattisar

114 80

119 7

Kamal Pokhari

193

Lal Durbar

Ram Shah Path

19

Gyaneshwar

115 8 112

Kamal

Kamaladi

Siddhi Polyclinic

84

Clock Tower

116

Bagh Bazar

Dilli Bazar

Putalisadak

Dilli Bazar

City Bus Station

Durbar Marg

Bhrikutimandap Marg

1

Karkikasthan

Prithwi Path

Ramshah Path

Singha Durbarpaleis

Singha Durbar

Nationaal Archief en Archeologiedepartement

Baber Mahal Revisited

200 m

N, B & B Hospital ↙ D

E → ⊕ BHAKTAPUR F

1
2
3
4
5

je vooraf een prijs af. Tussen 21.00 en 6.00 u stijgen de prijzen met 50 %. Dit is toegelaten. Of je dingt stevig af, of je gaat te voet naar huis. Ook voor een langere rit betaal je zeker niet te veel, de taxi's in Nepal zijn veruit de goedkoopste ter wereld. Zorg altijd voor wisselgeld, de chauffeur heeft nooit geld bij, of ten minste dat beweert hij. Wil je een taxi reserveren voor 's nachts, dan bel je naar de *Taxi Service*: ☎ 422 43 74 of 426 66 42. Dagelijks van 8.00 tot 17.00 u. Voor een vast bedrag kun je ook een taxi huren voor een hele dag: *Confort Cab'* en *Yellow Cab*. ☎ 442 43 74 of 201 09 42. De taxi's zijn comfortabel en nieuw, en helemaal niet duur.

■ **Tempo:** een scooter op drie wielen. Goedkoper dan een taxi als hij de teller gebruikt. De dappere chauffeurs dringen zich door de files heen. Een leuke ervaring, dat wel, maar je ziet niets van het landschap. Alle tempo's zijn elektrisch of rijden op gas. Op termijn zou dat de vervuiling in de hoofdstad moeten verminderen.

■ **Gemeenschappelijke scooter:** ook wel tempo genoemd. Rijdt volgens een vast parcours door de stad, je betaalt een vast bedrag, een beetje zoals voor de bus. De scooters hebben een nummer, je zou zweren dat je een pak slijk ziet rondrijden. Vaak vol.

■ **Riksja:** driewieler met twee zitplaatsen. Spreek altijd voor de rit de prijs af. De riksja's zijn geen eigendom van de bestuurder, maar van de eigenaar die ze per dag ver-

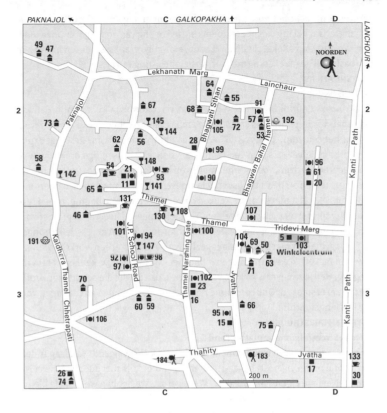

KATHMANDU – DETAILPLATTEGROND I (THAMEL)

huurt. Volg geen al te steile weg, dat is niet zo leuk voor de bestuurder. Wel een ideale manier om het centrum te doorkruisen, zelfs al is het een beetje '*nabab*'.

🚲 **Fiets:** wordt niet aangeraden in Kathmandu. Er bestaat namelijk geen wegcode. Gevaarlijk dus en niet echt leuk. Er zijn wel veel fietspaden in de vallei.

🚗 **Autoverhuur:** als je rekening houdt met de verkeersdrukte, het besturen en de prijs van de huurwagen, dan is een rit met een wagen door de hoofdstad echt af te raden. Bovendien zijn de taxi's heel goedkoop. Je kunt een privéwagen met chauffeur huren in alle agentschappen, hotels en op het kruispunt van Durbar Marg, bij de taxi's en minibussen.

SLAPEN

Een slaapplaats vinden is in Kathmandu geen enkel probleem, zelfs niet tijdens het hoogseizoen (oktober-november). Ruim aanbod aan prijzen:

Er zijn drie wijken: **Freak Street**, de 'historische wijk' uit de *early seventies*, nu jammer genoeg meer vervallen dan **Thamel**, waar zich de meeste diensten voor toeristen hebben gegroepeerd, en ten slotte de **as Kanti Path-Durbar Marg-Lazimpat**, de wijk met de grote hotels en chique restaurants.

- Prijzen: ongeacht het hotel, je moet stevig afdingen, ga nooit voor de prijs die uithangt. Naar gelang van het seizoen krijg je korting van 20 tot 50 %. Onze indeling kan dus wat willekeurig lijken. Let op, sommige etablissementen houden in hun basisprijs geen rekening met de overheidbelasting van 13 %.

GASTENKAMERS

VRIJ GOEDKOOP

▣✖ MAISON CHUNDEVI (BUITEN ALGEMENE PLATTEGROND VIA E1): ten noorden van Lazimpat, voorbij hotel *Shangri-La*. In de ambassadewijk. In een wip bereik je met de taxi het centrum. ☎215 08 86. • chundeviktm@yahoo.com. Reserveer ruim op voorhand. Ideaal als je in een familiale, vriendelijke, gezellige omgeving wilt overnachten. Kortom, voor wie het niet zo op hotels begrepen heeft. Het huis ligt in een grote tuin en heeft beslist enkele troeven: twee comfortabele kamers met badkamer, een flat met salon en keuken en vooral een rustige ligging, in een residentiële wijk met uitzicht op de velden. Thamel is hier wel heel ver weg! De sfeer is een mengeling van oosters en westers, dat komt door Jean-Marc, een leuke jongen uit Europa, die hier met zijn Nepalees gezin woont. Je kunt er een workshop volgen (juwelen maken, koken...), er is een bibliotheek en muziek. De keuken heeft vrije toegang. Heb je zin in een lekkere pannenkoek, dan zal die die de uitbater voor je bakt, je zeker smaken. Ook een ruime flat met tuin aan de kant van Lazimpat, voor een iets langer verblijf.

HOTELS EN GUESTHOUSES

In Freak Street (algemene plattegrond C4)

De hippies uit de jaren 1970 hebben zich deze wijk toegeëigend. Vandaag is deze wijk vooral in trek bij nostalgische trotters. De hotels zijn niet duur, maar wel wat smerig. Neem je eigen slaapzak mee. Wees gerust, we hebben wel enkele kleine, nette en leuke adresjes in deze wijk uitgezocht. Hier zit je in hartje Kathmandu, net naast Durbar Square, ver van Thamel en de bars. Sommige taxichauffeurs hebben wat aanmoediging nodig om hierheen te rijden...

GOEDKOOP (150-500 NPR, € 2-6)

▣ MONUMENTAL PARADISE (ALGEMENE PLATTEGROND, C4, 40): Freak Street, bijna aan het eind van de straat. ☎424 08 76. • mparadise52@hotmail.com. Hotel met een twintigtal nette en comfortabele kamers. Leuk dakterras met bar. Warme ontvangst, ontspannen sfeer. Je vindt natuurlijk nog goedkoper in deze wijk, maar de prijs-kwaliteitverhouding hier is uitstekend.

▣ HIMALAYA'S GUESTHOUSE AND COFFEE BAR (ALGEMENE PLATTEGROND, C4, 41): aan het eind van het eerste steegje rechts, loodrecht op Freak Street vanaf het plein. ☎424 65 55. • himalgst@hotmail.com. Dit flowerpowerhotelletje bevalt ons enorm. De receptie en de traphal staan vol tweedehandsspullen. De kamers, met of zonder badkamer, zijn net. Vaak vol, er zijn heel wat trotters die hier weken blijven hangen. De ontvangst is hartelijk, natuurlijk en zonder veel poespas. De eigenaar vertelt graag over de trektocht naar en vooral het huwelijk (!) van zijn dochter op de top van de Mount Everest. Mooi uitzicht op het terras, als de was er niet hangt te drogen.

▣ MOON STAY LODGE (ALGEMENE PLATTEGROND, C4, 40): Freak Street 398. ☎424 29 76. ☎984 166 68 13. • moonstaylodge@yahoo.com. Eenvoudige kamers, beperkt comfort, met of zonder badkamer. Jonge en ontspannen sfeer, een beetje hippie. Vooral aan de bar, waar je op de grond gaat zitten, het halfduister is goed voor je vermoeide ogen.

🔲 Green House Lodge (algemene plattegrond, C4, 42): in een straat loodrecht op Freak Street, vlak bij restaurant *Snow Man*. ☎ 424 18 88 of 423 08 30. ● newgreenhouse_lodge@hotmail.com. Klein hotel met aangename kamers, met of zonder badkamer. Vrij onpersoonlijk, maar netter dan in de rest van de wijk, dat telt. Vriendelijke ontvangst.

VRIJ GOEDKOOP (500-1000 NPR, € G-12,50)

🔲 Nippon Guesthouse (algemene plattegrond, C4, 43): in de eerste straat loodrecht op Freak Street, links als je van het plein komt. ☎ 425 17 01. ● nipponguesthouse@mail.com.np. Amper duurder dan de adresjes uit de categorie 'Goedkoop', het comfort is wel stukken beter. De kamers hebben een mooi afgewerkte badkamer en zijn kraaknet. Mooie met bewerkt hout versierde voorgevel, receptie van hetzelfde kaliber. Vriendelijke ontvangst, goede prijs-kwaliteitverhouding.

In Thamel (detailplattegrond I)

Thamel is in de jaren 1980 ontwikkeld voor het toerisme. Een levendige wijk, 10 tot 15 minuten wandelen van het centrum, overvol, vooral winkels. Hier vind je het 'authentieke Nepal' zeker niet. De hoogste hotels bieden wel een prachtig uitzicht op de vallei en de nabijgelegen bergtoppen. Als je goed onderhandelt, kun je een aardige prijs afdingen, omwille van de concurrentie.

GOEDKOOP (150-500 NPR, € 2-6)

Op enkele verrassingen na lijken de meeste guesthouses in Thamel op elkaar. Het comfort kan ermee door, maar meer ook niet. Een vriendelijke en gewiekste uitbater is een handige troef tijdens je verblijf. Hij kan je bij al je probleempjes helpen (buskaartjes, trektochten...).

🔲 Kathmandu Peace Guesthouse (detailplattegrond I, C2, 49): Paknajol, rustig gelegen. ☎ 438 03 69. ● www.peaceguesthouse.com. Vraag de buschauffeur je hier af te zetten als je van de luchthaven komt. In een klein straatje als je vertrekt aan het kruispunt, op een tweesprong. Eenvoudige kamers met twee of drie bedden, met of zonder badkamer, verdeeld over twee gebouwen. Ga voor het nieuwe gebouw, daar zijn de kamers ruimter. Warm water. Heel net, rustig en zonnig. Dakterras met spectaculair uitzicht op de stad en de tuin. Aangename ontvangst.

🔲 Shangri-La Guesthouse (detailplattegrond I, C3, 50): Jyatha. ☎ 425 01 88. ● www.shangrilathamel.com. Correct adres voor wie platzak is, rustig gelegen in een uithoekje van Thamel. Summiere kamers, met of zonder badkamer, een beetje verwaarloosd. Het jeugdige onthaal is niet bijzonder. Dit terzijde, de allerlaagste prijzen in deze categorie.

🔲 The Yellow House (detailplattegrond I, C2, 47): Paknajol. ☎ 438 11 86. ● theyellowhouse2007@gmail.com. De Zwitser Nicolas was vroeger partner van de *Tibet Peace Guesthouse*, maar heeft tegenover zijn vroegere hotel een eigen guesthouse opgericht. Een twintigtal kamers in een geel, recent gebouw. De kamers met gemeenschappelijke badkamer zijn in orde. Kamer 15 is duurder maar heeft dan ook een terras en een eigen badkamer. Het schitterende uitzicht krijg je erbovenop. Zachte matras met kleurrijke sprei. Beneden een restaurant met rustieke tafeltjes en een tongewelf.

⊞Souvenir Guesthouse (detailplattegrond I, C2, 53): Bagwan Bahal, naast hotel Shakh, in een lawaaierige straat. ☎441 82 25 of 441 28 86. • www.souvenir-guesthouse.com. Het gebouw zelf is eenvoudig, de kamers basis, met of zonder badkamer. Achter het hoofdgebouw liggen enkele recentere en comfortabelere kamers. Geen echte luxe, maar het personeel is vriendelijk, de prijzen zijn zacht.

⊞Prince Guesthouse (detailplattegrond I, C2, 54): Satghumti. ☎470 04 56. •princeguesthouse@hotmail.com. Klein, bescheiden hotel, niet erg comfortabel maar correct voor deze prijs. De kamers zijn wat klein, het onderhoud kan beter. Dakterras, restaurant en café *Delima*. Zie 'Ontbijten'.

⊞The Pleasant Lodge (detailplattegrond I, C3, 46): aan het eind van een doorgang. ☎441 74 15. Een adres vol trotters zonder geld, een van de goedkoopste in de wijk. Gemeenschappelijke douches en badkamer. Minimaal onthaal.

VRIJ GOEDKOOP (500-1000 NPR, € 6-12)

In deze categorie vind je de adressen met de beste prijs-kwaliteitverhouding.

⊞Shree Tibet Hotel (detailplattegrond I, C2, 56): ☎470 09 02 of 470 08 93. •www.hotelshreetibet.com. Rustig etablissement, uitgebaat door een Nepalese familie. Iedereen is hier hulpvaardig en attent. De dertig kamers met badkamer en wc zijn onberispelijk. De prijzen zijn niet echt hoog. Fax, telefoon en internet. Zoals zo vaak ook hier een dakterras met bloemen. Uitstekende prijs-kwaliteitverhouding.

⊞International Guesthouse (detailplattegrond I, C2, 58): in Kaldhara. ☎425 22 99 of 425 16 61. • www.ighouse.com. Mooi gebouw, rustig en smaakvol ingericht. De kamers zijn niet echt ruim, maar wel aangenaam, onberispelijk en goed uitgerust. Klein tuintje. Dakterras met ligstoelen waarin je kunt ontspannen. Dit adres beviel ons wel, vooral dankzij de mooie inrichting en de warme ontvangst. Restaurant.

⊞Potala Guesthouse (detailplattegrond I, C3, 59): Chhetrapati. ☎422 04 67 en 422 65 66. •www.potalaguesthouse.com. Aanzienlijke korting als je via het internet reserveert. Verwar dit niet met *Potala Hotel*, dat ook in Thamel ligt. Degelijk comfort voor een degelijke prijs. Niet echt charmant, maar een goede prijs-kwaliteitverhouding. Kies een kamer die op de patio uitgeeft. De andere kamers, aan de straatkant, zijn lawaaierig.

⊞Dolphin Guesthouse (detailplattegrond I, C2, 55): vlak bij Lainchaur. ☎442 54 22 of 442 92 80. • www.dolphinguesthouse.com. Een tiental kleine kamers met of zonder badkamer. De kamers op de tweede en derde verdieping werden gerenoveerd en zijn lichter. Warm water, ventilator, telefoon op de kamer. Voorbeeldige netheid. Dakterras met bloemen, met een schitterend uitzicht op de omgeving, de bergketens Langtang en Swayambunath. Je wordt hartelijk ontvangen door Surendra, de eigenaar, die goed Frans spreekt.

⊞Tayoma Hotel (detailplattegrond I, C3, 60): Chhetrapati. ☎424 41 49 of 425 59 77. • www.tayomahotel.com. Dertig bescheiden maar degelijk onderhouden kamers. Vraag of je er enkele kunt bekijken, sommige kamers zijn nogal donker. Neem geen kamer aan de straatkant, die zijn te lawaaierig. Enkele kamers hebben een mooi uitzicht, met name de twee dakkamers. Hulpvaardig personeel. Sauna en massageruimte. Restaurant.

📷 BLUE HORIZON HOTEL (DETAILPLATTEGROND I, D2, 61): 📞 441 38 81 of 442 19 71.
● www.hotelbluehorizon.com. Rustig gelegen, in een doodlopend straatje. Hoewel het hotel dicht bij het centrum van Thamel ligt, is het hier kalm. De ligging en kwaliteit van de ontvangst maken van dit adres een goed hotel. Comfortabele, nette kamers met badkamer. Jammer dat ze zo donker zijn. Mooi terras met bloemen op elke verdieping.

📷 MANDAP HOTEL (DETAILPLATTEGROND I, C2, 62): 📞 470 03 21. ● www.hotelmandap.com. Eenvoudige maar functionele en nette kamers met ietwat verouderde badkamer. Aangename omgeving. Degelijk restaurant. Dakterras waar je kunt zonnen. Banketbakkerij die uitgeeft op de straat, met lekkere broodjes.

📷 MUSTANG HOLIDAY INN HOTEL (DETAILPLATTEGROND I, C3, 63): aan het eind van een steegje, na talloze bochten. 📞 424 90 41 of 424 95 07. ● www.mustangholiday. com. Rustig hotel, Tibetaans ingericht, kleine binnentuin, gezellig terras. 25 kamers met badkamer en ventilator. Kies de nieuwere kamers, die zijn comfortabel en goed ingericht. Vriendelijke uitbater, gewiekste zakenman, charmant personeel.

📷 PILGRIMS GUESTHOUSE (DETAILPLATTEGROND I, C2, 64): 📞 444 05 65.
● pilgrimshouse@yahoo.com. Twintig degelijke kamers. De prijs kan nogal eens verschillen. Kleine internetruimte. Restaurant en bar in de mooie tuin vol bloemen, ligt wat van de straat af. Dakterras met uitzicht op Thamel. Hier komen vaak Engelsen.

DOORSNEEPRIJS (1000-2000 NPR, € 12-24)

📷 HOTEL SHAKTI (DETAILPLATTEGROND I, C2, 57): Bhagwan Bahal. 📞 441 01 21 of 442 95 08. ● www.hotelshakti.com. Wat van de straat weg. Zo'n 40 kamers, verschillende groottes en prijzen, over drie verdiepingen. Het oude gebouw heeft zijn charme bewaard, met zijn plafonds en badkamers. Hier en daar toch wat gemoderniseerd om de kamers iets comfortabeler te maken. De troef? Net en rustig, het onderhoud verdient een speciale vermelding. Discrete en attentvolle ontvangst.

📷 IMPERIAL GUESTHOUSE (DETAILPLATTEGROND I, C3, 69): naast het Shangri-La Guesthouse. 📞 424 93 39 of 424 96 57. ● imperial_guesthouse@hotmail.com. Twintig piepkleine kamers, met enkel basiscomfort, wel net en met een badkamer. Terras. Zoals overal ook hier over de prijs onderhandelen. De uitbater spreekt goed Frans. Ook voor groepen, wat soms wat luidruchtig kan worden.

📷 UTSE HOTEL (DETAILPLATTEGROND I, C3, 66): Jyatha. 📞 425 76 14 of 422 89 52.
● www.hotelutse.com. Gekke inkomhal met bar, vol kitsch. Vrij comfortabele kamers, voor de inrichting is wat inspanning geleverd, ventilator aan het plafond. De *deluxe* kamers hebben vast tapijt, maar zijn niet echt beter dan de andere. Bekijk verschillende kamers. Dakterras met bloemen, leuk om iets te drinken. Middelmatig restaurant. De ontvangst daarentegen is goed, leuk zo!

📷 BUDDHA HOTEL (DETAILPLATTEGROND I, C2, 67): hartje Thamel. 📞 470 03 66 of 470 05 08. ● www.buddhahotel.com. Oubollige kamers, maar voor een redelijke prijs en comfortabel. Vraag of je er enkele kunt bekijken, er zijn er een paar die geen raam hebben (maar wel rustiger zijn!). Sommige kamers hebben een badkamer en zelfs airco voor dezelfde prijs… profiteer ervan! Gezellige en rustige tuin, met kleine tafeltjes. Vriendelijk personeel.

▨ Kᴀᴛʜᴍᴀɴᴅᴜ Gᴜᴇsᴛʜᴏᴜsᴇ (ᴅᴇᴛᴀɪʟᴘʟᴀᴛᴛᴇɢʀᴏɴᴅ I, C2, 65):
☎470 06 32 of 470 08 00. ● www.ktmgh.com. Reservatie is nodig, het hotel is meestal volgeboekt. Aan het eind van een brede laan, weg van de straat... en Nepal! Een echte bijenkorf, of een toeristenfabriek, dat is zeker! In elk geval, dit is hét trefpunt voor trotters met poen van overal ter wereld. Ruim aanbod aan kamers, voor ieder budget. De goedkoopste zijn echter wel vervallen! De prijzen zijn echt hoog, het gebrek aan privacy zal ook niet iedereen bevallen. Allerlei diensten in het hotel: kapper, internet, uitstapjes... Restaurant *Laskus* op het binnenplein, geen echte hoogvlieger.

LUXUEUS (2000-4000 NPR, € 24-47)

Op alle volgende adressen worden betaalkaarten aanvaard. Vergeet niet te onderhandelen over de prijzen.

▨ Hᴏʟʏ Hɪᴍᴀʟᴀʏᴀ Hᴏᴛᴇʟ (ᴅᴇᴛᴀɪʟᴘʟᴀᴛᴛᴇɢʀᴏɴᴅ I, C3, 71): Jyatha. ☎426 31 27 of 73. ●www.holyhimalaya.com. Sla het straatje ter hoogte van restaurant Kilroy's in. Ontbijtbuffet. Dit hotelletje ligt wat verder weg van de stadsdrukte. Het is gezellig en al bij al geslaagd. De lobby is uitnodigend, er is een kleine winkel, een lift, een restaurant en een ruim dakterras. Kortom, een leuk en aangenaam luxueus hotel in het hart van Thamel, en dat voor een redelijke prijs.

▨ Tʜᴀᴍᴇʟ Hᴏᴛᴇʟ (ᴅᴇᴛᴀɪʟᴘʟᴀᴛᴛᴇɢʀᴏɴᴅ I, C2, 68): ☎441 76 43 of 441 46 93. ● www.hotelthamel.com. In een rustig steegje. Een veertigtal vrij ruime kamers met parket (het is eens iets anders dan vochtig tapijt!), tv en telefoon. De kamers worden regelmatig onderhouden, het is er dus aangenaam. De *deluxe* kamers hebben een balkon, airco en een bad. Er is een restaurant met een goede selectie wijnen. Prettige ontvangst, de prijs is te bespreken...

▨ Nɪʀᴠᴀɴᴀ Gᴀʀᴅᴇɴ Hᴏᴛᴇʟ (ᴅᴇᴛᴀɪʟᴘʟᴀᴛᴛᴇɢʀᴏɴᴅ I, C3, 70): aan het eind van de steeg. ☎425 62 00 of 425 63 00. ● www.nirvanagarden.com. Mooi, heel goed onderhouden charmehotel. Zo'n 60 comfortabele kamers met een verzorgde inrichting, de bedden zijn wel wat hard. Er is overal een badkamer en sommige kamers hebben zelfs een balkon. Aangenaam restaurant met een haard. Warme kleuren in het salon. Goed gevulde bibliotheek, terras. Heerlijke tuin met fontein. Ideale ligging, geen lawaai en grote massa's. Hartelijk personeel. Een goed adres.

▨ Nᴏʀʙʜᴜ Lɪɴᴋʜᴀ (ᴅᴇᴛᴀɪʟᴘʟᴀᴛᴛᴇɢʀᴏɴᴅ I, C2, 72): in Gairidhara. ☎441 06 30 of 442 40 67. ● www.hotelnorbulinka.com. Rustig gelegen, vlak bij het heilige bekken van Gairidhara. Ruime, comfortabele kamers, vrij onpersoonlijk. De *deluxe* kamers hebben een salon en airco. Terras vol bloemen met uitzicht op Thamel en de bergen. Gratis vervoer van en naar de luchthaven. Aanzienlijke korting buiten het seizoen. Ook tijdens het seizoen als er nog plaats vrij is. Vaak is dat niet het geval, want dit hotel wordt door de meeste reisagentschappen aangeraden.

▨ Mᴏᴏɴ Lɪɢʜᴛ Hᴏᴛᴇʟ (ᴅᴇᴛᴀɪʟᴘʟᴀᴛᴛᴇɢʀᴏɴᴅ I, C2, 73): in Paknajol. ☎438 06 36 en 438 35 28. ● moonlight@enet.com.np. In een populaire wijk, wat verder van het toeristische centrum van Thamel. Beding vooraf een grote korting, de prijzen die uithangen, zijn echt wel buitensporig. Dit hotel moet het niet hebben van zijn mooie inrichting, maar de kamers zijn ruim en heel gezellig. Sommige met balkon, overal telefoon en tv. Klein salon op iedere verdieping, tuin met houten stoeltjes en tafels. Uitstekende diensten: vervoer, internationale telefoongesprekken, wasserette... Immense biljartzaal vlakbij, moet je zeker eens gaan bekijken.

⚅ Harati Hotel (detailplattegrond I, C3, 74): Chhetrapati. ☎ 425 77 58 en 425 79 07. ● www.hotelharati.com. Spreek vooraf een prijs af. Redelijke kamers, overal badkamer. Maar de echte troef van dit hotel is het schitterende Engelse grasperk achter het gebouw. Vraag een van de kamers die op de tuin uitgeven, die zijn veel rustiger. Heb je geld genoeg, dan is de suite wel iets. Mooi uitzicht over Swayambu. Lekkere keuken.

IETS LUXUEUZER

⚅ Kantipur Temple House (detailplattegrond I, C3, 75): achteraan in een steegje dat je bereikt via Jyatha. ☎ 425 01 31 of 29. ● www.kantipurtemplehouse. com. Reserveren is aangeraden. De prijs voor een tweepersoonskamer die uithangt, is $60 (€42), maar als je wat afdingt, krijg je een mooie korting. En dan hoef je niet meer te aarzelen. Een uitzonderlijk adres, in alle opzichten. Eerst de architectuur: steen, hout, traditionele *Newarstijl*. De ontvangst: hartelijk en eerlijk. De klant wordt er onthaald als een prins, maar alles blijft wel ongedwongen. De kamers: ongeveer 50, uiterst smaakvol ingericht, oog voor elk detail, benadert de perfectie. De recentste kamers sluiten perfect aan bij het oude gebouw. Het restaurant volgt helemaal de stijl, met zitkussens, lage tafels, zichtbare balken en gedempt licht. Heerlijke specialiteiten door de chef bereid. Internationale tijdschriften die je kunt inkijken in het salon. Bloemige patio met fontein, tuin en dakterras met uitzicht op Swayambu. Een geslaagd geheel, volgens ons een van de mooiste hotels van Kathmandu.

In de wijk Durbar Marg (algemene plattegrond, D3)

De boulevard met grote hotels en casino's, chique restaurants en natuurlijk files... Net als in Kanti Path is ook hier veel verkeer, dat merk je aan de kwaliteit van de lucht.

HEEL LUXUEUS (MEER DAN 4000 NPR, € 47)

⚅ Yak and Yeti Hotel (algemene plattegrond, D3, 80): niet ver van de *Nepal Investment Bank*. ☎ 424 89 99 en 424 05 20. ● www.yakandyeti.com. Reken op ongeveer $200 (€140) voor een kamer voor twee, je krijgt eventueel wel een korting van 30 %. Dit is eigenlijk een vijfsterrenhotel dat zich voornamelijk richt op zakenmensen en congressen. De bediening is perfect, hoewel de ontvangst wat minder is. Het is hier echter wel betoverend mooi. Tennis, zwembaden, casino, bars, tuin met enorme vijver... Meer dan 200 kamers, de meeste luxueus, de standaardkamers zijn wat oubollig. De twee restaurants, in een authentiek paleis uit de 18de eeuw, hebben een goede naam.

In de wijk Lazimpat (algemene plattegrond, D-E1-2)

De ambassadewijk ten noorden van Thamel en het koninklijk paleis. Klassehotels, enkele goede restaurants, 2 of 3 gezellige bars. Het is hier vrij rustig, niet ver van het centrum met de taxi. Thamel ligt op wandelafstand.

LUXUEUS (2000-4000 NPR, € 24-47)

⚅ Manaslu Hotel (algemene plattegrond, D1, 81): ☎ 441 00 71 of 441 34 70. ● www.hotelmanaslu.com. Ruime, gezellige kamers, met mooie badkamer. Jammer van de duffe gangen en hal. De tuin en het zwembad daarentegen zijn prachtig, vooral tijdens de zomer. In het weekend worden er vaak bruiloften gevierd, de ideale gelegenheid om veelkleurige sari's en ingewikkelde kapsels te bewonderen. Lekker ontbijt, goed restaurant. Vaak geen kamers meer vrij.

🏨 Astoria Hotel (buiten algemene plattegrond via E1): volg het straatje net achter het Shangri-La Hotel. ☎ 442 88 10 en 443 61 80. ● www.astoria-hotel.com. In een residentiële wijk, een soort grote villa met een mooie tuin en kleine terrasjes. Gezellige kamers, met smaak ingericht. Bekijk er meerdere: de leukste kamers zijn niet altijd de duurste. Enkele kamers staan met elkaar in verbinding, voor gezinnen dus. Restaurant. Nagendra, de manager, heeft in Zwitserland gestudeerd en spreekt goed Frans.

HEEL LUXUEUS (MEER DAN 4000 NPR, € 47)

🏨 Tibet Hotel (algemene plattegrond, D1, 81): neem het straatje naar rechts net voorbij de Franse ambassade. ☎ 442 90 85 tot 88. ● www.hotel-tibet.com. De officiële prijs voor een tweepersoonskamer bedraagt $ 85 (€ 65), maar je krijgt een fikse korting (zowat de helft van de prijs). Tsering Dolkar, de bedrijvige Tibetaanse uitbaatster van het hotel, spreekt vloeiend Frans. Heel gezellige, onberispelijke kamers. Tsering is een uitstekende zakenvrouw en laat je met plezier haar fabriekje in Tibetaanse tapijten zien. Ruim dakterras. Lift. Het personeel zorgt voor tal van kleine attenties.

🏨 Shangri-La Hotel (algemene plattegrond, E1, 85): in de laan in het verlengde van Kanti Path. ☎ 441 29 99 of 441 00 51. ● www.hotelshangrila.com. Naar gelang van de luxe van de kamer tel je $ 130 tot 160 (€ 91 tot 112) neer voor twee. Maar ook hier krijg je een fikse korting. Heel aangenaam etablissement met 100 kamers, een prachtige tuin, een leuk zwembad (ook als je geen gast bent, dan betaal je 500 NPR, € 6) en een fitnesscentrum met een befaamde masseur. Sympathieke ontvangst. De directeur, Deepak Upraity, spreekt perfect Frans. Ongetwijfeld een van de beste hotels van Kathmandu, in deze categorie. Een luxe die je niet kunt weigeren, als je het geld hebt. Twee restaurants en een casino.

🏨 Shanker Hotel (algemene plattegrond, D2, 82): ☎ 441 01 51 of 52. ● www.shankerhotel.com.np. Reken op $ 105 (€ 74) voor een tweepersoonskamer, maar amper de helft als je online reserveert! Dat doe je best ruim vooraf. Een authentiek en schitterend Ranapaleis, omgebouwd tot hotel. Je hebt er geen last van lawaai in deze schitterende Engelse tuin. Het geheel heeft een decadente charme. De kamers zijn groot maar wat somber. Goede service. Aangename bar. De vroegere balzaal is tegenwoordig een chique eetzaal. Jammer dat de keuken maar middelmatig is. Zwembad.

Aan de weg naar Swayambunath (algemene plattegrond, A3)

LUXUEUS (2000-4000 NPR, € 24-47)

🏨 Vajra Hotel (algemene plattegrond, A3, 83): aan de weg naar de bekende tempel, aan de andere kant van de rivier de Vishnumati. ☎ 427 15 45 of 427 27 19. ● www.hotelvajra.com. Aangename ligging op een heuvel, weg van het stadscentrum. Newarstijl. Klassevol en charmant, minder duur dan de luxe doet vermoeden. Mooie binneninrichting. Schitterend terras van waarop je van de zonsopgang en -ondergang kunt genieten. De gasten zijn vaak mensen met een voorliefde voor het Oosten, schrijvers, journalisten, artiesten... Afhankelijk van wat je kunt betalen, kies je een van de 50 kamers. De goedkoopste lijken op kleine cellen en hebben gemeenschappelijk sanitair. Reserveer op voorhand, vaak is het hotel vol. Op dinsdagavond traditionele dansen, niet enkel voorbehouden voor de hotelgasten. Een van de beste voorstellingen in Kathmandu. Kwaliteitsvolle keuken.

In de wijk Dilli Bazar (algemene plattegrond, F3-4)

HEEL LUXUEUS (MEER DAN € 110)

▨ DWARIKA'S HOTEL (BUITEN ALGEMENE PLATTEGROND VIA F3, 84): Battisputali, richting Pashupatinath. ☎ 447 94 88 of 447 37 24. • www.dwarikas.com. Tussen € 110 en 170 naargelang het seizoen en het type kamer, ontbijt betaal je bij. Zonder twijfel het mooiste hotel van het land. Hier bevind je je in het hart van de Nepalese cultuur en de Newararchitectuur. Voorgevels, balken, deuren, vensters... alles is volledig gerestaureerd zoals het was. De meeste architecturale elementen werden trouwens overal in de vallei gevonden en nadien briljant gerestaureerd. Zelfs het zwembad is bijzonder. Het restaurant *Krisnarpan* is een van de beste in onze rubriek 'Eten'. Kun je je dit echt niet veroorloven, loop er dan toch maar eens rond (fantastische ontvangst) of drink er iets op het binnenplein. Net een museum.

ETEN

Genoeg adresjes. Elke maand openen nieuwe restaurantjes de deuren in Kathmandu, maar heel wat Nepalezen improviseren maar wat. Sommige eethuisjes nemen het niet zo nauw met de basisregels omtrent hygiëne (hallo microben!). Geen aanrader: quiches en uit India ingevoerde garnalen, die worden niet altijd fris genoeg bewaard. In eetstalletjes let je vooral op voor niet gepelde groenten en fruit. De luxeuzere en/of toeristische restaurants daarentegen wassen fruit en groenten wel met gezuiverd water.

Waar je ook gaat eten, je betaalt minder dan bij ons. Probeer zeker de traditionele Nepalese schotel *dal bath*. Slaat de schrik je om het hart bij het zien van al die gekruide gerechten, ga dan voor pasta of pizza, zowat overal in Thamel te krijgen. Profiteer van het kosmopolitische karakter van deze stad en proef Indisch, Koreaans of zelfs Japans. Rundvlees, dat in feite buffelvlees is, heeft een uitgesproken smaak. Heb je zin in een lekker glaasje bordeauxwijn, betaal dan de volle pot of wacht liever tot je terug in het land bent.

De kwaliteit van de keuken wisselt sterk. Een van de redenen daarvoor is jammer genoeg dat, wanneer een restaurant goed draait, de eigenaar vaak iemand in dienst neemt en de winst opstrijkt zonder zelf nog iets te doen. De kwaliteitsrestaurants worden vaak uitgebaat door westerlingen, of er staat minstens een westerling aan het hoofd.

In de wijk Thamel

GOEDKOOP (150-350 NPR, € 1,80-4,20)

▧ JATRA (DETAILPLATTEGROND I, C3, 92): ☎ 425 66 22. Bediening tot 22.00 u (tijdens het weekend wat later). Aangenaam restaurant met lekkere Indische en Nepalese schotels en Westerse keuken. Wie de smaak voor pikant eten te pakken heeft gekregen, zal die laatste wat flauwtjes vinden. Muren met zichtbare steen en mooie binneninrichting. Je eet er op de binnenplaats of in een zaal op de tussenverdieping. Jeugdige sfeer. Kleine, gezellige bar: bekijk de boom binnen. Livemuziek op zaterdag. Tijdelijke tentoonstellingen van Nepalese schilders.

✕ TRATTORIA NUOVO MARCO POLO (DETAILPLATTEGROND I, C2, 90): Amrit Marg, Bhagwan Bahal. ☎ 441 37 42. Dagelijks geopend van 11.00 tot 22.00 u. Mooie constructie met zichtbaar gelaten steen, Nepalese stijl, patio en aangenaam overdekt terras. Uitgebreide kaart met een twintigtal pasta's, pizza en vlees (varken, kip). Om af te ronden tiramisu en *torta della casa*. Uitbaters zijn Robi, een sympathieke Romein, en zijn partner. Iets minder duur dan *Fire and Ice*, nog zo'n goed Italiaans restaurant.

✕ HELENA'S (DETAILPLATTEGROND I, C3, 98): ☎ 426 69 79. Warm restaurant met verschillende verdiepingen. Stevige keuken: *moussaka*, hamburgers, lasagne. De taarten zijn heerlijk (*chocolate cake, banana cake, carrot cake*...). Veel volk. Hier komt de hippe Nepalese jeugd, maar net zo goed de toerist.

✕ ANNAPURNA RESTAURANT (DETAILPLATTEGROND I, C2, 90): Bhagwati Bahal. ☎ 620 64 94. Dagelijks geopend van 9.00 tot 22.00 u. Het moeilijkste is er binnen te raken! Sombere voorgevel, maar voor de inrichting binnen werden heel wat inspanningen geleverd. Gezellig eindresultaat met enkele tafeltjes en kleurrijke wandlampjes. Jammer genoeg blijft de sfeer wel kantineachtig aandoen... Moet je zeker proeven: *dal bath*, *tandoori* kip, *chicken makhmali* (een zaligheid) of de *paneer* (kaas met saus), met wat rijst en *butter naan* (Indisch brood). Niet al te pikant. Ook Franse en Chinese keuken en pizza's.

✕ CHIKUSA (DETAILPLATTEGROND I, C3, 95): Jyatha. ☎ 422 32 16. Zoals ze al zeggen in hun reclame: 'Genoeg van nescafé?'. Kleine, pretentieloze bar annex theesalon, maar met echte zelfgemaakte koffie, klaar terwijl je wacht. Zodra je binnenkomt, spreekt de heerlijke geur al voor zich. Ook lekkere sandwiches en Japans menu.

✕ ROADHOUSE CAFÉ (DETAILPLATTEGROND I, C3, 94): ☎ 426 01 87. Een adres dat in trek is bij de buitenlanders, voor hun lekkere en grote pizza's. Vooral die met *chicken tandoori* is om je vingers af te likken. Houten interieur, het gedempte licht is rustgevend.

✕ MOMOTAROU (DETAILPLATTEGROND I, C2, 99): Bhagawat Bahal. ☎ 441 76 70. Sluit om 21.00 u. Een petieterige Japanner, waar je overigens ook Chinees kunt eten. Twee zalen met keuken op de patio. Sushi, tempura, *udon*. Wij hadden het meer voor de Chinese gerechten, zoals gebakken rijst, of de Nepalese gerechten. Net. Snelle bediening.

✕ KOREAN RESTAURANT FESTIVAL (DETAILPLATTEGROND I, C3, 97): J.P. School Road. ☎ 442 33 18. Dagelijks van 8.00 tot 22.00 u. Goed restaurantje voor wie eens wil proeven van de lekkere Koreaanse keuken. Je krijgt een fotoalbum om de gerechten te visualiseren. De chef-kok heeft enkele jaren in Korea gewerkt en is kwistig met lekkere, ruime en sterk gekruide schotels (je bent gewaarschuwd!). Thee of koffie na de maaltijd. Ook Chinese en westerse gerechten en ontbijt. Vriendelijk en efficiënt personeel. Je zit in de schaduwrijke tuin of in een zaal versierd met foto's van het Land van de Kalme Ochtend.

✕ LES YEUX (DETAILPLATTEGROND I, C3, 100): op het kruispunt van Thamel. ☎ 426 68 46. Leuk dakterras. Je eet er vooral westers, geen verrassingen dus. Zachte prijzen. Cocktailbar op de eerste verdieping, waar je waterpijp kunt roken.

✕ ZAIKA (DETAILPLATTEGROND I, C2, 93): ☎ 470 09 72. Heel klein, drukbezocht restaurantje, met een ruim aanbod aan Nepalese en Indische schotels, voor ongelofelijk lage prijzen. Gevoelige magen, let op! De koks zijn nogal gul met kruiden.

DOORSNEEPRIJS (350-800 NPR, € 4,20-10)

✖ Dechenling (detailplattegrond I, D2, 96): in het steegje van het *Blue Horizon Hotel*. ☎ 441 21 58. Dagelijks open van 8.00 tot 22.00 u. Lekkere keuken uit de vier hoeken van de Himalaya: Tibet en Bhutan, Nepal en China. En dat in een frisse, weelderige tuin. Vooral de gevarieerde (soep, *momo*, curry) en rijkelijke Nepalese keuken is een aanrader. Uitstekend, de goedkoopste uit de categorie, rustig.

✖ Fire and Ice Pizzeria (detailplattegrond I, C-D3, 103): Trivedi Marg, op de parking van een klein winkelcentrum. ☎ 425 02 10. Anna Maria, de hartelijke Italiaanse uitbaatster, maakt heerlijk dikke en ruim belegde pizza's. Je kunt er ook een echte espresso drinken en een Italiaans ijsje eten. Veel volk, wat normaal is, het restaurantje ziet er prima uit en je kunt er lekker eten.

✖ Everest Steak House Restaurant (detailplattegrond I, C3, 106): Chhetrapati. ☎ 421 74 71. Verschillende zalen, enkele zijn wat somber. Waarschijnlijk het beste vlees van Thamel. Enorme porties: een schotel vlees is voldoende voor twee. Bestel zeker geen chateaubriand als je met minder dan vier komt! Leuk om weer op krachten te komen na een trektocht.

✖ Yin Yang Restaurant (detailplattegrond I, C3, 101): een wat chiquer restaurant, met verzorgde inrichting. Smakelijke Thaise specialiteiten en vis. Ook een westers menu. Vraag maar na, de kwaliteit van de keuken wordt nooit tegengesproken. Rustige tuin, zaal op de eerste verdieping. Klassevol, net als de kelners, die er uitzien als om door een ringetje te halen.

✖ Gorkha Palace (detailplattegrond I, C3, 107): dagelijks open van 14.00 tot 23.00 u. De laatste bestelling wordt opgenomen om 21.30 u. Grappig en een beetje kitscherig diner-spektakel. Hier komen vooral Nepalezen, maar ook buitenlanders worden met open armen ontvangen. Traditionele of moderne Indiaas-Nepalese dansen, vaak verrassend, vanaf 19.00 u. Geslaagde sfeer. Lekkere Indische keuken voor een zachte prijs. Ideaal om even te ontsnappen aan het toeristische Thamel.

✖ Kilroy's (detailplattegrond I, C3, 104): Jyatha. Enorm restaurant met gezellige terrassen vol groene planten, weg van het lawaaierige en vervuilde Jyatha. Iets duurder dan elders in deze wijk, maar ook meer sfeer. Westerse keuken, zoals zowat overal. Hier kom je vooral voor het decor.

✖ Northfield Café (detailplattegrond I, C2, 21): naast de boekenwinkel *Pilgrims*. Westers buitenrestaurant, een beetje zoals *Kilroy's*. Voor de toeristen van het *Kathmandu Guesthouse* die te lui zijn om ver te lopen voor een originele plek om wat te eten. Eerlijke schotels, tal van Mexicaanse gerechten maar ook wat Chinees en een grote pizzakaart. Kleine, leuke bar binnen.

✖ Koto Restaurant (detailplattegrond I, C3, 98): dagelijks open van 11.30 tot 15.00 u en van 18.00 tot 21.00 u, gesloten op zaterdag. De inrichting is een stuk verleidelijker en vrolijker dan het gelijknamige restaurant in Durbar Marg. In het kleine achterzaaltje ga je op z'n Japans zitten, op de grond rond lage tafels. Ruime keuze, alle prijzen: *yakitori*, tempura, *sukiyaki*, sushi... kortom, alle Japanse klassiekers. De bediening is niet al te slecht.

✖ Café Mitra (detailplattegrond I, C3, 102): naast *Hard Rock Treks & Expedition*, in een onopvallend klein straatje. Dagelijks open van 12.00 tot 23.00 u. Recent, ultramodern restaurant annex bar, waar ontwikkelingswerkers en Nepalezen 'van boven' elkaar onmoeten. De tafels zijn met klasse gedekt. Op de eerste verdieping is de bar-lounge de ideale plek om neer te ploffen op een van de zachte banken en iets te drinken. Het is hier trouwens leuker om een aperitief te drinken dan om iets te eten. Arrogante bediening.

LUXUEUS (MEER DAN 800 NPR, € 9,50)

🍴Thamel House Restaurant (detailplattegrond I, C2, 105): dagelijks open van 11.00 tot 21.30 u. Een referentie. Nepalese specialiteiten in een oud, gerestaureerd Newarhuis uit de 19de eeuw. De zalen zijn verdeeld over drie verdiepingen. Lekkere *dal bath*, heerlijk vlees. Een iets duurder restaurant, maar met een uitstekende ontvangst, kwaliteitseten en degelijke inrichting. Let op, de kelners stellen het degustatiemenu voor (duur, dat wel, maar heel rijkelijk). Vraag toch maar om de kaart te krijgen.

In de wijk rond Freak Street (algemene plattegrond, C4)

Voornamelijk eetstalletjes waar trotters en vaste klanten elkaar treffen voor *momo's* of een *chowmein*. Men neemt het niet zo nauw met de hygiëne, maar je eet er wel lekker voor ongeveer 100 NPR (€ 1,20).

🍴Diyalo (algemene plattegrond, C4, 110): het restaurant van de *Annapurna Lodge*. Je eet in een tuintje, veel uitnodigender dan het hotel! Lekker eten: Chinees, Italiaans, Mexicaans... echt alles dus. Er worden rond 19.00 u recente Engelstalige films vertoond.

🍴Snow Man (algemene plattegrond, C4, 111): net naast de *Green House Lodge*. Klein theesalon, echt schuiloord in Freak Street. Kom hier een dessertje eten, de taarten zijn heerlijk.

🍴Shree Bhoe Chhen (algemene plattegrond, C4, 109): Basantapur, aan het begin van Durbar Square, op de eerste verdieping. ☎233 10 28. Op vrijdag-, zaterdag- en zondagavond Nepalees muziekspektakel. Warme inrichting, lage caissonzoldering in Newarstijl, overwegend rood. Op het menu: gebakken rijst, noedels, *chopsuey* en andere Chinese specialiteiten. Ook typische Indische gerechten en lekkere *dal bath*. Grote alcoholkaart. Goede bediening.

In de wijk Durbar Marg (algemene plattegrond, D3)

DOORSNEEPRIJS (350-800 NPR, € 4,20-9,50)

🍴Tukche Thakali Kitchen (algemene plattegrond, D3, 113): Durbar Marg, op de eerste verdieping, naast het *Delicatessen Center*. ☎422 58 90. Dagelijks geopend van 9.00 tot 21.00 u. Je reserveert best, het aantal plaatsen is beperkt. Een origineel adres als je de specialiteiten van de Thakalikeuken wilt ontdekken (streek van Jomsom). Sober maar elegant decor. Je zit er op kussens in het halfduister (licht staat niet op de kaart). Gezellige sfeer, uitstekend eten (onvergetelijke *momo*). Heel goede bediening.

🍴The Pub Nanglo (algemene plattegrond, D3, 112): Durbar Marg. ☎442 26 36. Dagelijks open van 11.00 tot 22.00 u. De inrichting van het zaaltje beneden is niet zo bijzonder, maar het drukst bezochte Chinese restaurant van de stad, dat hier gevestigd is, is dat wel. Het grote dakterras is echt aangenaam, maar ga niet te dicht bij de barbecue zitten. Je begrijpt het al, van *chowmein* tot allerlei soorten grill dus. Een restaurant met een uitstekende prijs-kwaliteitverhouding.

🍴 KUSHIFUJI (ALGEMENE PLATTEGROND, D3, 113): Durbar Marg, op de eerste verdieping. ☎ 422 05 45. Dagelijks open van 11.30 tot 22.00 u. Een Japans restaurant, dat zie je al. Veel Japanse klanten, een goed teken. Verschillende gerechten aan verschillende prijzen: *sukiyaki* (kip, ossehaas), varken met gember... Kleine maar lekkere porties.

🍴 KOTO RESTAURANT (ALGEMENE PLATTEGROND, D3, 114): Durbar Marg. ☎ 422 60 25. Nog een Japanner. Eenvoudig restaurant, maar je eet er heel lekker. Wij hebben toch liever die in Thamel, die is gezelliger.

LUXUEUS (MEER DAN 800 NPR, € 9,50)

In deze luxueuze restaurants vind je stevige schotels vanaf 600 NPR (€ 7,10), die op zich al een volledige maaltijd vormen.

🍴 GHÀR E KEBÀB (ALGEMENE PLATTEGROND, D3, 119): Durbar Marg, in hotel *Annapurna*. ☎ 422 17 11, toestelnummer 4116. Reservatie 's avonds aangeraden. De zaal geeft uit op een leuk zwembad. Hier komen veel Indiërs eten. Kwaliteitskeuken. Duur, maar het loont de moeite. Heerlijke tandoori. Wat onhandige bediening.

🍴 NEPALI CHULO (ALGEMENE PLATTEGROND, D3, 117): op wandelafstand van het koninklijk paleis. ☎ 422 04 75. À la carte 's middags, 's avonds vast menu voor ongeveer 1100 NPR (€ 13) met dansspektakel. Restaurant in een klein neoklassiek paleis naast de Amerikaanse ambassade. Je gaat in de lange zaal zitten op kussens. Hier komen vooral groepen toeristen, vrij luidruchtig dus en niet ieders smaak. Maar het eten is best wel lekker (Newari en Nepalees, overgoten met *rakshi*) en de prijzen redelijk. Bier, cocktails en whisky. De *staff* is heel vriendelijk, de sfeer is uitstekend.

🍴 KATHMANDU KITCHEN (ALGEMENE PLATTEGROND, D3, 115): in Jamal, op de eerste verdieping. ☎ 422 38 50. Elke avond vanaf 19.00 u traditioneel dansspektakel. Restaurant met Nepalese specialiteiten, gesticht door een vereniging van toeristische gidsen. Terwijl je geniet van het aperitief (rakshi) dat je wordt aangeboden, krijg je van de elegante kelner het menu te horen, dat bestaat uit Newarspecialiteiten. Je zit op kussens aan lage tafels of op hoge stoelen. Wist je trouwens dat in Nepal de hoogste verdieping altijd de keuken is? Niet alleen omdat het hele huis anders geurt naar eten, maar ook om religieuze redenen, zo bezoedelen de 'onreine' buitenlanders de keuken niet. Heel vriendelijke uitbater. Goede prijs-kwaliteitverhouding.

🍴 BHOJAN GRIHA (ALGEMENE PLATTEGROND, E4, 116): midden in Dilli Bazar. ☎ 441 64 23. Reserveren is aangeraden. Maaltijd voor ongeveer 1000 NPR (€ 12). Duur en toeristisch restaurant met traditionele keuken in een historisch gebouw uit de 19de eeuw. Hier kom je meer voor het gebouw en het dansspektakel dan voor het eten, dat teleurstellend en smakeloos is voor die prijs. Terwijl je eet, wervelen de dansers tussen de tafels door. Kleine bar *Kama Sutra*, versierd met erotische prenten. Leuk om hier na het eten wat te komen drinken.

🍴 ROYAL SAÏNO RESTAURANT (ALGEMENE PLATTEGROND, D3, 118): aan het eind van Durbar Marg. ☎ 423 08 90. Je kunt in de tuin eten of binnen, in een fluwelen interieur. Twee heel verschillende verdiepingen, elk schitterend ingericht. Ga zitten aan een klein tafeltje met krukjes of op z'n oosters, op kussens. Degelijke keuken, Indisch, Tibetaans en Nepalees. Heel redelijke prijzen.

🍴 De restaurants van hotel Yak and Yeti (algemene plattegrond, D3, 80): op de resten van het Ranapaleis van Lal Durbar. Inlichtingen en reservatie aan de receptie van het hotel of op het nummer ☎ 424 89 99. Weelderig interieur dat doet denken aan de luxe van de vroegere prinsen. In China Palace, open vanaf 18.30 u... Chinees natuurlijk! Sunrise, de hele dag open, ontbijt, westerse keuken en buffet.

In Baber Mahal (algemene plattegrond, E5)

In het complex *Baber Mahal Revisited* (zie verder bij 'Inkopen doen. Souvenirs').

LUXUEUS (MEER DAN 800 NPR, € 9,50)

🍴 Chez Caroline: ☎ 426 30 70. Dagelijks open van 9.30 tot 22.00 u. Dit Franse restaurant-theesalon heeft al snel naam gemaakt bij expats en ontwikkelingswerkers. Schitterend ingerichte binnentuin, zelfs verwarmd in de winter. Verlang je naar quiches, stokbrood of crème brûlée, dan vind je hier wat je zoekt... Toch vrij hoge prijzen, maar je weet waarom!

🍴 Baithak: ☎ 426 73 46. Dagelijks van 10.00 tot 22.00 u. Rond 1000 NPR (€ 12) voor een volledig menu. Heel luxueus restaurant waar je kunt proeven van het 'feestmaal van de Rana's', de laatste dynastie van Nepalese leiders (niet de meest menslievende) die regeerde tot 1951. Het restaurant is eigendom van Rana Jitu, de oprichter van *Baber Mahal Revisited*. De inrichting is prachtig, aan de muren hangen portretten van al zijn voorouders... Je zou het bijna geloven. Het vaste menu geeft je een mooi overzicht van de typisch Nepalese keuken. *Sikarni* is een verrukkelijk dessert. Vrij duur maar al bij al valt het nog mee.

Vlak bij Baber Mahal

GOEDKOOP (150-350 NPR, € 1,80-4,20)

🍴 De bistro van de Alliance française (algemene plattegrond, C5, 13): ☎ 424 11 63. Op weekdagen open van 7.00 tot 18.30 u, op zondag van 12.00 tot 16.00 u. Ga op het terras zitten of aan de bar. Je krijgt een bordje rauwkost, toast met kaas (het menu verandert elke dag) en een glaasje rosé. De gelegenheid bij uitstek om Nepalezen te ontmoeten die Frans spreken. Ze laten je heel graag hun land zien.

LUXUEUS (MEER DAN 800 NPR, € 9,50)

🍴 Krisnarpan (buiten algemene plattegrond via F3, 84): restaurant van *Dwarika's Hotel* in Battisputali-Pashupatinath. Reservatie verplicht. ☎ 447 94 88 en 447 37 24. Een must als je je het kunt veroorloven: je betaalt tussen $ 22 en 34 (€ 15,50-24). Vast menu met 6 tot 22 gangen: de culinaire marathon van Kathmandu! Kom vroeg als je genoeg tijd wilt om alles op te eten! De gerechten zijn voorbeelden van de specialiteiten uit de verschillende regio's van Nepal. Heerlijk en verfijnd. Maar het is ongetwijfeld de kom *rakshi* die je tussen de maaltijden door krijgt, die je de das omdoet. Er zijn er maar weinigen die deze beproeving doorstaan en daarna nog kunnen rechtstaan. Prachtig kader, mysterieuze serveersters met uitzonderlijke piercings. Vergeet je trofee niet, een menukaart met je naam, en een bezoekje aan het hotel achteraf.

In Bhat Bhateni (algemene plattegrond, F1-2)

GOEDKOOP (150-350 NPR, € 1,80-4,20)

🍴 Delicias (algemene plattegrond, F1, 122): Bhat Bhateni, tegenover de supermarkt met dezelfde naam. ☎ 443 36 07. Dagelijks geopend van 10.00 tot 20.00 u, behalve op zondag. Leuk en onberispelijk zaaltje. Uitgebaat door een Nepalees-Chileens koppel. Jaya, de man, heeft kooklessen gevolgd in Bordeaux en heeft lange tijd gewerkt voor een grote hotelketen. Gladys, lerares biologie, zorgt voor de pr en verwijdert tegelijkertijd zelfs de kleinste bacterie! Geniet van een heerlijke quiche met geitenkaas, Chileense *empanada's* met kip of een *cazuela* van vis (alles op basis van ingevoerde producten). Vergeet zeker niet de chocolademousse, overheerlijk! Je kunt er ook eten kopen om mee te nemen. Vriendelijke ontvangst.

In Lazimpat (algemene plattegrond, D-E1-2)

DOORSNEEPRIJS (350-800 NPR, € 4,20-9,50)

❎ RINGMO (ALGEMENE PLATTEGROND, D-E1, 123): 200 m voorbij de Franse ambassade, aan dezelfde kant van de straat. ☎ 441 53 27. Dagelijks geopend van 10.00 tot 21.00 u. Het pretentieloze restaurant zelf is gewoontjes, maar wel net. Chinese (kip zoetzuur) en westerse keuken, met foto's op de kaart. Goede bediening, discreet.

❎ CHINA TOWN (ALGEMENE PLATTEGROND, D1, 120): niet ver van de Franse ambassade, boven de *Blue Bird Supermarket*. ☎ 441 02 98. Twee grote zalen, Chinese, ietwat kitscherige inrichting (met bijbehorende muziek). Dakterras, toch wel gezellig ondanks het vele beton en de golfplaten. De keuken is lekker en gevarieerd. De attente kelners dragen rode jasjes. Reuzentelevisie en enkele tafeltjes waar je de verschillende schotels kunt uitproberen.

LUXUEUS (MEER DAN 800 NPR, € 9,50)

❎ THE JAZZ BAR (ALGEMENE PLATTEGROND, E1, 85): op de eerste verdieping van het luxueuze *Shangri-La Hotel*. Dagelijks open van 19.00 tot 22.00 u. Thaise, Indische, Chinese en westerse keuken. Er speelt een klassieke pianist of een jazzorkest.

In Naxal (algemene plattegrond, E-F2-3)

DOORSNEEPRIJS (350-800 NPR, € 4,20-9,50)

❎ MIKE'S BREAKFAST (ALGEMENE PLATTEGROND, E2, 121): vlak bij het politiekantoor in Naxal. ☎ 442 43 03. Dagelijks open van 7.00 tot 21.00 u. De Mexicaanse schotels en rijkelijke snacks worden in de tuin opgediend. Barbecue op zondagavond. Druk bezocht. Logisch, het is hier ook gezellig en het eten is eenvoudig maar lekker. Kunstgalerij met niet te missen tijdelijke tentoonstellingen.

In Tahachal (algemene plattegrond, A-B4)

DOORSNEEPRIJS (350-80 NPR, € 4,20-9,50)

❎ BUKHARA (ALGEMENE PLATTEGROND, A4): restaurant van het luxehotel *Soaltee Holiday Inn*. ☎ 427 39 99. Reserveren is noodzakelijk. Iets verder gelegen, in het zuiden van Kathmandu. Afghaanse specialiteiten. Weloverwogen inrichting, de sfeer doet wat krijgslustig aan. Je eet er met je vingers, messen en schilden aan de muren. Schitterende keuken, met een grote glazen schuifdeur. Kom met een groepje, de porties zijn zo rijkelijk dat je die nooit alleen op kunt.

Aan de weg naar de luchthaven

DOORSNEEPRIJS (350-800 NPR, € 4,20-9,50)

❎ THE BAKERY CAFÉ: New Baneshwor. ☎ 448 85 28. Een hippe plek, jong publiek. Je kunt er snel ontbijten. Beperkte kaart, maar zonder verrassingen. Na 17.00 u barbecue met schapen-, kippen- en varkensvlees. Ruime keuze ijsjes. Ideaal voor een snelle hap tussendoor. Het doofstomme personeel is charmant. Je communiceert met gebarentaal.

ONTBIJTEN

🔲 DELICATESSEN CENTER (DETAILPLATTEGROND I, D3, 133): Kanti Path. Koffie, boter, brood, beleg, taart, sandwiches om mee te nemen of ter plekke te verorberen. *Lassi* en milkshakes. Het beste ontbijtadres, ook voor een middagmaaltijd.

🔲 MIKE'S BREAKFAST (ALGEMENE PLATTEGROND, E2, 121): heerlijk ontbijt op de zonnige binnenplaats tussen de groene planten. In de zomer *special waffle* (romige kwark met fruit), verfrissend. Zie ook 'Eten'.

🔲 CHEZ CAROLINE (ALGEMENE PLATTEGROND, E5): in het complex *Baber Mahal Revisited* (zie 'Eten'). Uitgebaat door een energieke Française. Een rustige plek om wat te drinken of te ontbijten. Verrukkelijke pasteitjes: eclairs, geglaceerde nougat, mangopuree, chocolade- of kruidencake... Duurder dan elders, maar zoveel lekkerder!

🔲 JUST JUICE AND SHAKE (DETAILPLATTEGROND I, C2, 93): naast *Zaika*. Ongetwijfeld de beste milkshakes van Kathmandu. De uitbater is een echte goedzak, hij bedient je met de glimlach. Het gebak en de taarten zijn verrukkelijk.

🔲 PUMPERNICKEL (DETAILPLATTEGROND I, C2-3, 130): (te?) druk bezocht. De trekpleister bij de toeristen in Kathmandu. Leuk om te ontbijten of voor een vieruurtje. Smakelijke croissants, gebak en Italiaans ijs. In de zaal of het gezellige tuintje.

🔲 DELIMA GARDEN CAFÉ (DETAILPLATTEGROND I, C2, 54): aangename tuin met bloemen, rustgevende muziek. Hier drink je gezellig iets in de loop van de dag. Lekkere *lassi*. Ook restaurant. Wat kille bediening.

🔲 HOT BREADS (DETAILPLATTEGROND I, C2-3, 131): bakkerij met ruim terras op de eerste verdieping. Taart en lekker gebak (smakelijke *chocolate danish*). Halve prijs na 21.00 u.

🔲 WEIZEN BAKERY (DETAILPLATTEGROND I, C3, 98): naast het restaurant *Helena's*. Lekkere bakkerij met een ruime keuze taart en gebak. Halve prijs na 20.00 u. Goed voor een ontbijt of een tussendoortje. Ga even zitten op het rustige binnenplaatsje en drink iets.

🔲 LE BISTRO (DETAILPLATTEGROND I, C2-3, 131): in Thamel, naast het *Kathmandu Guesthouse*. Ontbijt met croissants en brioches. 's Avonds heerlijke taart. Veel volk. Ook restaurant. Aangename tuin.

- De bakkerijen van de hotels *Shangri-La (algemene plattegrond, E2, 85)* en *Radisson SAS (algemene plattegrond, naast hotel Manaslu)* hebben een goede naam. Niet goedkoop maar wel kwaliteit.

IETS DRINKEN

🔲 BAR VAN HET ROYAL PARK GUESTHOUSE (ALGEMENE PLATTEGROND, B-C4, 140): op het terras kijk je uit over Durbar Square en het oude koninklijke paleis. Perfect dus om iets te drinken in een historisch kader.

UITGAAN

Nachtvlinders zullen ontgoocheld zijn: er zijn maar enkele plekjes die ook na middernacht doorgaan. Het nachtleven concentreert zich rond Thamel, waar je ook

de meeste bars met westers publiek vindt. De meeste Nepalezen liggen na 22.00 u
in bed. Er is veel politiecontrole in Thamel, wat de plaatselijke bevolking als een
avondklok aanvoelt. Het happy hour loopt normaal van 16.00 tot 20.00 u, de alcohol is vaak minder zwaar.

■ NEW ORLEANS CAFÉ (DETAILPLATTEGROND I, C2, 141): naast *Tom and Jerry*. Een van
de leukste bars in Thamel. Je zit in een klein zaaltje in Newarstijl met leuke oude
foto's, of je zoekt de kalmte van het binnenplaatsje op, weg van het straatlawaai.
Bont publiek, buitenlandse inwoners van de stad, toeristen en Nepalezen. Tijdens
het weekend rock-, jazz- of bluesgroepjes, ook traditionele muziek. Sluit normaal
rond middernacht, soms iets later als de sfeer erin zit.

■ VIA VIA CAFÉ (DETAILPLATTEGROND I, C2, 142): op de eerste verdieping van een
oud Newarhuis. Op weekdagen open van 11.00 u tot middernacht, op vrijdag en
zaterdag tot 1.30 u. Gesloten op maandag. Een van de meest trendy bars in Thamel.
Tal van cocktails, milkshakes en verschillende snacks. Hamburgers, pasta en Indische gerechten, voor wie honger krijgt van al dat drinken.

■ UPSTAIRS JAZZ BAR (ALGEMENE PLATTEGROND, D1, 143): in Lazimpat. Toffe, kleine
jazzbar. Degelijke concerten op woensdag en zaterdag rond 20.00 u: sfeer verzekerd! Veel volk op die avonden, kom vroeg genoeg als je een plaatsje wilt. Geeft uit
op een lawaaierige straat, maar de muziek maakt veel goed.

■ MAYA COCKTAIL BAR (DETAILPLATTEGROND I, C2-3, 108): happy hour van 17.00 tot
20.00 u. Knusse westerse bar, eerder rock en salsa. De kelners zijn vriendelijk. Op
vrijdagavond is het feest. Lange lijst cocktails, iets duurder dan elders.

■ RUM DOODLE BAR-40.000 FEET (DETAILPLATTEGROND I, C2, 144): tegenover hotel
Shree Tibet. Dagelijks open van 10.00 tot 22.00 u. Sinds jaar en dag de trefplaats voor
trekkers in Kathmandu. Grote gezellige bar. Je kunt er binnen of buiten drinken
en eten (op hout gebakken pizza), op de achtergrond speelt rock. Een van de leukste bars in de stad. Aan de muren en het plafond hangen kartonnen voeten met de
namen van trektochten of expedities... te voet!

■ BAMBOO CLUB (DETAILPLATTEGROND I, C2, 145): zowat tegenover hotel *Shree Tibet*,
op de eerste verdieping. Concert op woensdag- en vrijdagavond, meestal westerse
rock. Goed gelegen, boven de grote massa. Met een strooien dak overdekt terras
op twee verdiepingen. Je kunt er ook goedkoop iets eten.

■ TOM AND JERRY (DETAILPLATTEGROND I, C2, 141): tegenover de boekhandel *Pilgrims*, op de tweede verdieping. Dagelijks open van 14.00 u tot middernacht. Veel
(soms wat te veel) buitenlanders. Goedkope cocktails. Je hoort elkaar moeilijk
door de luide muziek... behalve als je heel hard roept natuurlijk! Amerikaanse biljart boven. Uithangbord met heel wat informatie.

■ TONGUES AND TALES BAR (DETAILPLATTEGROND I, C3, 147): links naast *Mom's House
Lodge*. Ontspannen sfeer, vriendelijke obers. Een van de nachtelijke bars waar je
ook Nepalezen treft, het is eens wat anders!

■ FULLMOON (DETAILPLATTEGROND I, C2, 148): dagelijks tot 23.00 u (en later als het
nodig is!). Gezellige bar met originele inrichting in *seventiesstijl*... Lage tafels en
kussens. De sfeer is ontspannen, of je nu op de grond zit of aan de bar hangt. Iets
minder dure cocktails.

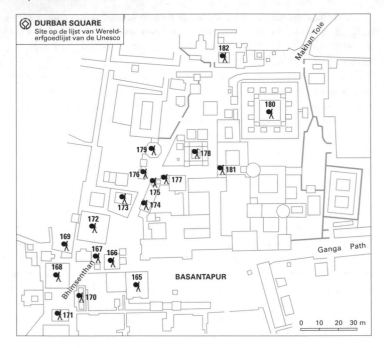

KATHMANDOU – DETAILPLATTEGROND II (DURBAR SQUARE)

🔫	**Wat is er te zien?**	**174**	Bhagwati Temple
165	Kumari Ghar	**175**	Ivoren vensters
166	Trailokya Mohan of de tempel van	**176**	Grote trommels
	Narayan	**177**	Seto Bhairav
167	Garuda	**178**	Jagannath Temple
168	Kasthamandap	**179**	Achthoekige Krishnatempel
169	Maru-Ganesh	**180**	Talejutempel
170	Nasal Devta Temple of Nasal Devata	**181**	Voormalig koninklijk paleis,
171	Singha Satal		Hanuman Dhoka
172	Mahadeva of Shivatempel	**182**	Machendranath Bahal
173	Asta Yogini, tempel van Shiva en Parvati		

WAT IS ER TE ZIEN?

Kathmandu is afgeleid van *Kasta Mandap*, wat 'Houten Tempel' betekent in het Sanskriet. De tempels zijn de opvallendste en uitzonderlijkste monumenten die je op je reis zult zien.

Durbar Square (algemene plattegrond B-C4 en detailplattegrond II)

🔫 🔫 🔫 ◎ Het monumentale centrum van Kathmandu, met een typische opeenstapeling van tempels, paleizen, pagodes, beelden, allemaal heel mooi en heel onwezenlijk. Toegangsprijs: 200 NPR (€ 2,40). Vraag een pasje op het hoofdbureau als je in deze wijk verblijft (neem je identiteitskaart mee). De ochtend is zonder twijfel het beste moment voor een bezoekje, je geniet dan het best van de rust die er nog hangt. Het ontwaken van Durbar Square is een plezier op zich: de geur van wierook, klokgelui, gelovigen die zich klaarmaken voor de *puja*... Duizenden duiven hebben zich hier gevestigd, niet in het minst om de massa die hier voor een paar roepie wat graan komt strooien. Je gaat het plein het best op vanaf New Road. Zo krijg je met mondjesmaat alle pracht te zien. Het grote plein van Basantapur, dat vandaag een markt vol souvenirs is geworden, was vroeger de standplaats van de koninklijke olifanten. Rechts zie je nog de statige gelijknamige toren. Uitzonderlijk fijne houten beeldhouwwerken. De opdringerigheid van de verkopers en nep-*sadhu* kunnen de magie van deze plek wel wat verstoren.

Godin of trekster: maak je keuze

Sajani Shakya, die op tweejarige leeftijd tot kumari of 'levende godin' van de stad Bhaktapur werd gedoopt, verloor haar statuut in juli 2007. Toen was ze 9 jaar. Ze overtrad de regels omdat ze, als promotie van een Britse documentaire over de Nepalese tradities, op reis ging naar de Verenigde Staten. De religieuze hoogwaardigheidsbekleders beschouwden haar gedrag als 'onrein'.

🌿 **Kumari Ghar (detailplattegrond II, 165)**: 18de-eeuws huis, links net voorbij het plein. Twee stenen leeuwen aan de ingang. Dagelijks tot 18.00 u geopend. De binnenplaats alleen al is een kijkje waard. Let op de prachtige gebeeldhouwde motieven op de deuren en vensters en het talent van de Newarhoutbewerkers die dit opmerkelijke huis zonder nagels of lijm hebben gebouwd!

In dit huis woont de levende godin. De oorsprong van de verering van de *Kumari* gaat terug tot de 17de eeuw, onder de heerschappij van Jaya Prakash Malla. Deze vorst had de gewoonte te dobbelen met de godin Taleju, goddelijke beschermster van de stad. Op een dag echter maakte Jaya Prakash haar het hof, Taleju vluchtte. Ze bezocht hem tijdens een droom en kwelde hem met zijn ongehoorde gedrag. De koning kreeg slechts vergiffenis als hij beloofde haar 'incarnatie', Kumari, jaarlijks te vereren. Sinds die dag buigt elke Nepalese vorst een keer per jaar voor haar om haar zegening te krijgen. De incarnatie van de godin op aarde is een meisje van ongeveer vier of vijf jaar, dat tot een heel precieze kaste behoort, met een zuiver lichaam en een horoscoop die overeenkomt met een aantal specifieke criteria... Al haar wensen worden ingewilligd, maar ze komt slechts buiten voor enkele religieuze plechtigheden. Ze mag zich absoluut niet bezeren, bloed betekent voor haar het onherstelbare einde van haar heiligheid. Het meisje mag dus niet spelen, bijna niet bewegen en eindigt haar carrière met haar eerste maandstonden. Ze krijgt een pak geschenken en gaat terug naar haar familie. Voor de rest van haar leven zal ze de geestelijke sporen hiervan meedragen. Ze zal ook nooit huwen, het hardnekkige bijgeloof zegt namelijk dat de gekozene zal sterven binnen de eerste maanden na haar huwelijk. Wil je haar zien, dan betaal je een grote bakchich of je sluit je aan bij een georganiseerde groep die betaalt om de godin drie seconden lang op het balkon te mogen zien staan (een beetje onfatsoenlijk toch!). Haar gezicht is uitdrukkingsloos. Foto's mag je niet maken, dat is formeel verboden. Sinds 2002 heeft Kathmandu een nieuwe *kumari*: ze heet Preeti Sakya.

🌿 **Trailokya Mohan of tempel van Narayan (detailplattegrond II, 166)**: de eerste tempel die je ziet als je het huis van de *kumari* verlaat. De tempel is gewijd aan Vishnu. Je kunt hem er zien in zes verschillende aardse gedaanten.

🔸 **Garuda (detailplattegrond II, 167):** aan de andere kant van de tempel van Narayan staat een standbeeld van Garuda, voertuig van Vishnu, geknield en met de handen gevouwen, tegenover de ingang. Garuda, half mens, half vogel, stelt de goddelijke energie en macht voor.

🔸 **Kasthamandap (detailplattegrond II, 168):** dit heiligdom is gewijd aan een heel populaire man in Nepal, Guru Goraknath. Sommigen denken dat de bouw van het heiligdom dateert uit de 12de eeuw, anderen neigen eerder naar de 17de eeuw. De tempel zou gebouwd zijn met het hout van een enkele boom en dient als rustplaats voor pelgrims en handelaars langs de weg naar Tibet. Aan de vier hoeken van de tempel staan beelden van Ganesh.

🔸 **Maru-Ganesh (detailplattegrond II, 169):** net achter het tempelhuis ligt een aanbeden heiligdom. Een van de vier gedaanten van Ganesh die de vallei zouden beschermen. Het eerste heiligdom dat de koning na zijn kroning bezocht.

🔸 **Nasal Devta Temple of Nasal Devata (detailplattegrond II, 170):** rechts dit keer van Kasthamandap. De tempel heeft met zijn drie verdiepingen meer weg van een rijk huis. Nasal Devta is de naam van de dansende Shiva. Dit standbeeld is volledig verdwenen onder de lage rode verf die gelovigen hier aanbrachten. In deze tempel komen dansers en muzikanten samen voor zij hun kunst de vrije loop laten.

🔸 **Singha Satal (detailplattegrond II, 171):** links van Kasthamandap. Een huis met twee verdiepingen en een groot balkon. Volgens de legende zouden na de bouw van de 'houten tempel' de resten van het hout gebruikt zijn om dit huis te bouwen. Vier prachtige leeuwen waken. Binnen een prachtige voorstelling van Krishna die fluit speelt.

🔸 **Mahadeva of Shiva Temple (detailplattegrond II, 172):** domineert Durban Square. Op deze tempel kun je alle bedrijvigheid op het plein gadeslaan. De tempel met drie verdiepingen werd gebouwd in 1690 en heeft een bijzonderheid: de pinakel (het symbool boven op het dak) heeft de vorm van een stoepa, wat op zijn minst gezegd verrassend is voor een tempel gewijd aan Shiva. Binnen kun je een *lingam* ontwaren.

🔸 **Asta Yogini, tempel van Shiva en Parvati (detailplattegrond II, 173):** je kunt ze niet missen. Al eeuwen lang zien ze door het raam alles wat er op Durbar Square gebeurt. Oh, als ze konden praten!

🔸🔸 **Bhagwati Temple (detailplattegrond II, 174):** wandel langs het grote, witte, Nieuwgriekse gebouw, rechts, boven de *thangkakraampjes*. Een constructie met drie daken en de altijd aanwezige en schitterende houten beelden die verschillende godinnen voorstellen. De geschiedenis vertelt ons dat Prithivi Narayan Shah, een groot bewonderaar van de godin, na de verovering van Kathmandu een beeltenis bij zich had die tot dan toe in zijn fort in Nuwakot verborgen was gebleven.

🔸 **De grote klokkentoren:** aan de overkant, een indrukwekkende klokkentoren met een dak. Kathmandu was de laatste stad in de vallei die een klokkentoren van deze omvang bouwde. Vroeger werd deze als waarschuwingsteken gebruikt. Vandaag wordt de klok enkel nog bij de ceremonie in de tempel van Taleju in oktober geluid. Bekijk zeker ook de kettingen die de klok ophouden, ze zijn versierd met prachtige vogels.

🔸🔸 **De ivoren vensters (detailplattegrond II, 175):** niet te missen, rechts, op de hoek met het koninklijke paleis. Deze vensters zijn uniek in Nepal. Drie prachtig bewerkte ivoren vensters. Hierdoor aanschouwden de Mallakoningen de defilés en processies. Ze werden ontdekt toen het paleis werd schoongemaakt voor de kroning van koning Birendra in 1975.

De grote trommels (detailplattegrond II, 176): hebben een nieuw laagje leder gekregen (voor het eerst sinds ze hier in 1880 werden geplaatst). Ze worden enkel gebruikt tijdens het Festival van Dasain (zie rubriek 'Feesten en feestdagen'). Op een van de twee troms staat gegraveerd dat ter ere van hen ieder jaar een buffel en een geit moeten worden geofferd.

Seto Bhairav (detailplattegrond II, 177): enkel te bewonderen tijdens het Festival van Indra Jatra in september. De rest van het jaar verborgen achter een imposant venster van ineengestrengeld houtwerk. Het standbeeld met een aureool van vlammen is 3,60 m hoog en draagt een gouden kroon. Tijdens het festival krijgt hij een bamboe in de mond waarmee hij de liefhebbers van *rice beer* te drinken geeft.

Gestolen kusjes

Om religieuze redenen wordt aan verliefde koppeltjes gevraagd niet te kussen in de tempelwijk van Durbar Square. Er hangen affiches uit die knuffelen moeten stoppen. Vergeefse moeite, die werden losgescheurd. Geërgerde Nepalese functionarissen fotograferen nu de koppels en publiceren de foto's. Zal de zedelijkheid het halen van de omhelzingen in het openbaar? We zullen zien...

Jagannath Temple (detailplattegrond II, 178): aan de ingang van het oude koninklijke paleis, naast Durbar Square. Rijkelijke versiering en verscheidenheid aan erotische motieven. Nog mooier omdat ze zo kleurrijk zijn. Daar net naast het nog steeds vereerde indrukwekkende standbeeld van *Kalo* (zwart) *Bhairava*. Van wanneer het dateert, weet niemand, maar het zou gemaakt zijn uit een enkel stuk steen. Koning Pratap Malla heeft het standbeeld hier gezet nadat hij het had ontdekt in een veld ten noorden van de stad.

Achthoekige tempel van Krishna (detailplattegrond II, 179): originele architectuur, zeldzaam in Nepal. De tempel werd gebouwd door Pratap Malla die hoopte op die manier zijn aanzien, dat hij was verloren na de verovering van Patan, terug te winnen.

Tempel van Taleju (detailplattegrond II, 180): de mooiste en een van de oudste (1564). Drie verdiepingen met koperen vergulde daken, 35 m hoog. Gewijd aan de beschermgodin van de Mallakoningen. De bekendste van de drie Talejutempels in de vallei. De deur naar de tempel is een prachtig voorbeeld van het gebruik van terracotta. In het heiligste der heiligen van dit gebouw zou de boog met een schitterende diamant staan, die Rama gebruikte om de koning van Lanka te doden. Een andere legende vertelt dat Prithivi Narayan Shah, de veroveraar van Gorkha, een menselijk offer bracht aan Taleju om zijn overwinning te vieren. De godin verscheen aan hem in een droom en vertelde hem dat zij niet akkoord ging met deze barbaarse praktijken. Sindsdien zijn menselijke offers verboden. Je kunt de tempel niet bezoeken, dat is voorbehouden voor de koning en de leden van de koninklijke familie. Enkel zij mogen het allerheiligste binnentreden. Links van de tempel, onder een prachtige *pipal*, een mooi beeld van Vishnu en Garuda.

Het vroegere koninklijke paleis, Hanuman Dhoka (detailplattegrond II, 181): ingang via de Gouden Poort, afgelegen in een hoek, naast het met rode pasta bedekte beeld van Hanuman, de apenkoning. Dagelijks open van 9.30 tot 16.00 u (tot 15.00 u in de winter), gesloten op maandag en feestdagen. Toegangsprijs: 250 NPR (€ 3). Elk binnenplein is gewijd aan een andere godheid. De toegang tot sommige binnenpleinen is verboden.

Dit complexe bouwwerk is zowel religieus, politiek als administratief. Er werd in de 14de eeuw met de bouw ervan begonnen. Toch zijn er aanwijzingen dat deze plaats al werd gebruikt door de Lichhavidynastie in de 8ste eeuw.

Het oubollige, rare *museum* in het paleis staat in het teken van de heerschappij van koning Birendra (in 2001 samen met zijn gezin vermoord) en zijn vader. Tijdens je bezoek kun je het interieur van de verschillende binnenplaatsen bekijken. Het Europese meubilair uit de jaren 1930, van de vorige koning, is ook niet mis. Misschien mist het toch wel wat exotisme. Hier werden eerbiedig alle persoonlijke voorwerpen van de vorst bewaard: zijn bed, zijn aquarium, zelfs de doodskist waarin zijn lichaam vanuit Zwitserland terugkeerde. Foto's uit die tijd, rijkelijk geborduurde kostuums, koninklijke *howdah* (mand voor op de olifant), collectie waaiers en houten beelden die je meer vertellen over de geschiedenis van Nepal. Ga zeker ook langs de houten trappen naar boven, naar de 7de verdieping van de grote toren van het paleis. Je hebt er een prachtig uitzicht over de vallei en Durbar Square. Links van de ingang, langs de muren van het paleis, een steen waarin woorden in 15 talen zijn gegraveerd. Koning Pratap Malla, dichter en taalkundige, liet deze steen in 1664 in de muur zetten, een teken van nederigheid tegenover godin Kalika. Een knipoogje naar de cultuur van de koninklijke familie uit die tijd.

❧ **Machendranath Bahal (detailplattegrond II, 182):** tempel op een ietwat van Makhan Tole afgelegen plaatsje. Gieren aan de ingang. Een van de vreemdste tempels, want zowel boeddhistisch als hindoeïstisch. De pagode met twee verdiepingen is met smaak versierd. Rond de hoofddeur weergave van de 108 gedaanten van Avalokitesvara, een echte iconografische verzameling. Elke avond rond 21.00 u komen hier muzikanten samen die heilige psalmen zingen. Achter de tempel leidt een kleine overdekte doorgang naar een plein dat uitgeeft op de wijk van de handelaars in aardewerk.

Rond Durbar Square

❧❧ **Makhan Tole (algemene plattegrond, C4):** de 'schuine straat'. De straat begint aan het eind van Durban Square, loopt schuin naar links en verandert onderweg enkele keren van naam (Indra Chowk, Asan Tole). De bomvolle straat bij uitstek, met de grootste concentratie aan winkeltjes in Kathmandu. Wie houdt van Azië, zal hier in de wolken zijn. Wie pleinvrees heeft, komt hier beter niet. Werkelijk alles wordt hier verkocht, maar vooral goedkope kledij, kleine elektronische toestellen en tal van snuisterijtjes, *made in China*. Ook een groentemarkt. Een leuke wandeling vol fotogelegenheden.

❧❧ **De oude Newarwijken (algemene plattegrond, C4):** in een rechthoek, gevormd door New Road, Kanti Path en de oevers van de Vishnumati. Laat je leiden door het toeval, struin wat door de straatjes, je zult heel wat moois ontdekken: een tempeltje, een prachtige fontein in de schaduw... Loop een van de binnenplaatsjes op. Meestal staan die vol leuke beelden, stoepa's. De pleintjes zijn met elkaar verbonden. Dwaal wat rond, zo doe je de mooiste ontdekkingen. Er is altijd wel iemand die je de weg terug wijst. Ben je hier niet zo voor te vinden, volg dan onze excentrieke wandeling (zie verder).

De wijk rond de Bhimsentoren (algemene plattegrond, C4-5): achter het hoofd-kantoor van de post. Veel minder toeristen dan die van Makhan Tole, maar toch en-kele interessante monumenten. De Bhimsentoren, de 'Dharahara', lijkt op een mi-naret en werd in 1852 gebouwd als uitkijktoren. Je kunt naar boven klimmen. Naast de toren een zo goed als verlaten klooster met enkele mooie overblijfselen. Mis de *Sundhara* niet, de mooiste fontein van de stad, die terrasgewijs in de grond verdwijnt. Schitterende schenktuiten in verguld brons.

Tussen Durbar Square en Thamel

Rani Pokhari (algemene plattegrond, D3): neem de grote verkeersader Kanti Path terug naar Thamel. In het midden zie je een grote vijver met een tempel. De *Vijver van de Koningin*, die in 1670 werd gebouwd door Pratap Malla ter nagedachtenis aan een van zijn zonen die na anderhalve dag regeren overleed. De tempel is slechts een keer per jaar open voor *Bhai Tikka (Tihar)*. Wie geen broers of zussen heeft, kan hier de *tikka* op het voorhoofd krijgen, die speciaal is voorbehouden voor deze dag. Een kleine anek-dote: de vijver werd gevuld met water uit alle heilige rivieren en meren van Nepal.

Seto Durbar Gate: sla rechts af, net voorbij Rani Pokhari in de richting van Dur-bar Marg. Een monumentale witte poort, versierd met een prachtig smeedijzeren portaal. Daarachter ligt eigenlijk niks bijzonders. De poort doet denken aan een film-decor. Vroeger was dit de toegangspoort tot een schitterend paleis, Seto Durbar, ge-bouwd tijdens het bewind van de Rana. De poort werd gebouwd zodat de toenmalige vorst naar binnen kon zonder van de olifant af te stappen. Samen met die van Tansen de grootste poort van Nepal. Het paleis werd vernield door een brand. Jammer dat er niet beter wordt gezorgd voor de overblijfselen.

Excentrieke wandeling

Misschien heb je er al enkele zelf ontdekt, maar deze wandeling staat volledig in het teken van de verborgen schatten van Kathmandu. Niet allemaal natuurlijk, dat is niet mogelijk. Wedden dat je er zelf onderweg nog een pak ontdekt? Trek ongeveer ander-half uur uit.

- Vertrek aan Jyatha, ter hoogte van **Chusya Bahal (detailplattegrond I, C3, 183)**, een prachtig oud boeddhistisch klooster met vooraan twee leeuwen. Mooie bewerkte poort en *torana*. Vandaag is dit een school. De klok van het klooster luidt niet meer voor de kerkdienst maar voor het speelkwartier.
- Wandel verder tot het kruispunt met een fontein, een offertorium en een politie-hokje en daarna naar het grote plein **Thahity Tole**. Bewonder onderweg aan je linker-kant nog een boeddhistisch gebouw met twee leeuwen. Thahity Tole is een heel druk kruispunt (handelaars, dragers...) met een grote stoepa in het midden. Loop links het plein op. Verdwijn meteen links in een steegje dat je naar de vreemde **apen- en slan-genfontein** brengt. Dit is de wijk van de schroothandelaars, vertinners, koperslagers en andere metaalbewerkers. Die zijn er trouwens steeds minder.
- Tegenover de apen- en slangenfontein drie binnenpleinen vol *chaitya*. Op het eerste plein de weinig bekende **Sigaltempel**. Een klein juweel met resten van muurschilde-ringen, een bewerkte poort en *torana*, een klokje, gebedsmolen, een kleine portiek, twee stenen leeuwen... Een van de oudste boeddhistische tempels van de stad.

- Keer terug vanwaar je komt, ga naar Thahity Tole, nog steeds links, en neem de grote bedrijvige straat die opnieuw naar links draait. Wandel zo'n 100 m, tot je rechts bij twee grote lotussen komt, waar twee leeuwen met vaandels een steegje wijzen. De ingang van, volgens ons, het mooiste pleintje van Kathmandu, **Katheshimbu (detailplattegrond I, C3, 184)**. Zoveel stoepa's en *chaitya*! De grootste, in het midden, lijkt wel gebouwd naar het voorbeeld van die van Swayambhunath, met teveel stenen. Een speelparadijs voor kinderen. Enig spektakel!

- Verlaat Katheshimbu, sla rechts af en wandel de straat zuidwaarts uit. Aan de doorgang een paar tandartsenstalletjes. Zo weet je meteen weer waarom een goede tandhygiëne belangrijk is. Je komt opnieuw uit bij een groot kruispunt, **Bangemuda Tole**. Hier vertrekken de gemeenschappelijke taxi's naar Swayambunath. Fantastische sfeer. Kleine tempel in het midden, vier eeuwen oud. Eerste bezienswaardigheid: links naast de ingang van het plein zie je een scheef geplaatste zwarte stenen stele die Boeddha symboliseert. De stele dateert uit de 6de eeuw en is sindsdien nog niet verplaatst, zelfs al wordt er rond de steen druk gebouwd. Steek het plein over. Terwijl je verder wandelt, kijk je eens naar links, daar staat een vreemde houten bol met honderden nagels. Dit is de *god van de tandpijn*. Jawel! Heb je tandpijn, dan sla je een nagel in de bol en ben je ervan verlost. Het werkt echt!

- Vergeet cariës en loop de straat uit naar een pleintje met een klein monument met Arabische koepel, vol aardewerk en snuisterijen. Ga naar rechts, je komt uit op een van de schilderachtigste en aandoenlijkste pleintjes van Kathmandu: **Kilagal Tole (algemene plattegrond, C4, 185)**. Petieterig klein, heel levendig en kleurrijk. Bijna middeleeuws aandoend. Het beste moment: aan het eind van de namiddag, wanneer de eeuwenoude gebouwen met steunen en vensters niet meer blaken in het zonlicht en je wat meer reliëf ziet. Fonteinen en tempeltjes vol begroeiing. Het is allemaal een beetje vervallen en veroudert langzaamaan.

- Verlaat Kilagal Tole en loop rechtdoor. Links zie je al gauw een kleine doorgang tussen twee gebouwen die je naar een heel groot, rechthoekig binnenhof brengt, waar enkele *chaitya* staan. Loop het plein over naar de rechter achterzijde. Twee stenen leeuwen bewaken er een kleine poort met daarboven een heel oude *torana* in bewerkt hout, die Boeddha symboliseert. Loop de poort door en dompel je onder in een prachtig artistiek verleden: **Yitym Bahal (algemene plattegrond, C4, 186)**, een binnenplaatsje met schitterende schuine bewerkte balken uit de 13de en 14de eeuw (de oudste van Kathmandu). Achteraan nog enkele veelkleurige recente balken. Bekijk ook de andere vreemde bijzonderheden van dit plein.

- Verlaat het grote plein via een vierkante lage poort, tegenover die waardoor je hier bent geraakt. Ga naar rechts. Het wegje draait een beetje. Je wandelt voorbij een offertorium in aardewerken mozaïek en een mooi uitgebeeld balkon voor je uiteindelijk bij een grote straat aankomt die naar Durbar Square leidt. Merk in het verlengde van het balkon trouwens een schitterende kunstig bewerkte deur met daarboven een *torana* en een venster versierd met een *tara* (ster), een geluksbrenger. En dat was het dan. Heb je er nog niet genoeg van? Dan zijn er nog tal van wandelingen die je kunt doen. In de wijk rond de Bhimsentoren bijvoorbeeld. Ga zeker ook eens naar het plein van *Te Bahal*, tussen Sundhara en de portiek van New Road. Weinig bezocht en interessant.

INKOPEN DOEN

Eten

Je vindt zowat alles in de voedingswinkels van Kathmandu. Fruit, groenten, kruiden en losse thee: op de **markt van Asan Tole (algemene plattegrond, C3)**, al de rest in de supermarkten in het centrum van Thamel. Zie ook de **Sales Mart Departmental Store** in de Namche Bazar Building naast het *Kathmandu Guesthouse (detailplattegrond I, B1, 65)*. Onder andere een ruime selectie wijnen aan redelijke prijzen. Zie ook de **Blue Bird Department Stores** in Lazimpat, voorbij de Franse ambassade **(algemene plattegrond, D2, 3)**, in Bhat Bhateni, bij **Delicias (algemene plattegrond, F1, 122)** en in **Tripureshwar Marg (algemene plattegrond, B4)** tussen het stadion en de Patan-brug.

Bakkerijen, banketbakkerijen

☐ **Banketbakkerij van hotel Yak and Yeti (algemene plattegrond, D3, 80):** in de winkelgalerij van het hotel. Ruime keuze taart en gebak.

☐ **Banketbakkerij van hotel Radisson (algemene plattegrond, D1):** naast *hotel Manaslu (algemene plattegrond, D1, 81)*. Elegant kader, lekker gebak.

☐ **Mabacco:** bijhuizen in Thamel, New Road... Verkopen heerlijk witbrood, niet duur.

☐ **The Pub Nanglo (algemene plattegrond, D3, 112):** in Durbar Marg. Gebak, droge koekjes, witbrood... Happy hour voor gebak na 20.30 u.

- Zie ook hoger bij 'Ontbijten'.

Souvenirs

Je moet echt niet op zoek gaan, winkeltjes vind je overal. En dan zijn er nog de venters. De grootste concentratie vind je in Thamel en op de esplanade van Durbar Square. Afdingen is de boodschap: de prijs kan vijf keer lager dan wat ze vragen! Voor meer details verwijzen we je naar de rubriek 'Inkopen doen' aan het begin van de gids. Je betaalt met euro of dollar (wat normaal bij wet verboden is).

☐ **Asan Tole en Indra Chowk (algemene plattegrond, C3-4):** tussen deze twee pleintjes in vind je een pak kraampjes waar de Nepalezen winkelen. Perfect dus voor een origineel Nepalees souvenir tegen een lage prijs. Vooral kledij, die steeds minder traditioneel wordt. Stevig afdingen.

☐ **Kupondole:** in deze straat naar Patan (net voorbij de brug over de Bagmati) enkele mooie kunstambachtwinkels. Vooral twee vielen bij ons in de smaak. Het zijn coöperatieve verenigingen, de prijs ligt vast. **Mahaguthi**, Manbhavan (naast de AVM-school) en, aan de overkant van de straat, **Dhukuti**: echte kwaliteitsproducten.

☐ **Folk Nepal (algemene plattegrond, D2, 190):** in Lazimpat. Dagelijks van 9.00 tot 19.00 u. Een mooie waaier aan ambachtelijke Nepalese producten. De prijzen liggen vast maar zijn redelijk. Vooral kledij.

☐ **Pooja Paper Industry (detailplattegrond I, C2, 192):** Bhagawan Bahal, in Thamel. Klein, leuk winkeltje, opengehouden door twee koddige broers, Sushil en Gyanal. De gewone papieren producten hier zijn: lampen, kaarten, schriften, kaders en fotoalbums, maar de vormen en kleuren zijn origineler dan in de andere *shops* in Thamel. Van Boeddha-ogen tot bladeren van de banyan!

🏠**Baber Mahal Revisited (algemene plattegrond, F5):** zoals je al ziet op de foto's die uithangen, was dit schitterende Ranapaleis nog niet zo lang geleden nog een ruïne. Jitu, waardige erfgenaam van de Rana en achterkleinzoon van de stichter van het befaamde Singha Durbar, heeft de twee bijgebouwen van het paleis omgetoverd tot een luxewinkelcentrum. Je brengt er makkelijk twee tot drie uur door met snuffelen en kijken. De keuze in de winkels geeft je een mooi staaltje van de kwaliteit die in Nepal te koop is. De prijzen zijn navenant.

Foto, film, video

De stad telt heel wat fotografen (vooral in Thamel en op New Road). Ze zijn allemaal vrij goed, de prijzen zijn heel laag (amper een derde van wat je thuis betaalt). De bekendste merken filmrolletjes en films voor je camera, ook digitale geheugenkaarten. Let op de vervaldatum en op hoe dit alles in de winkel wordt bewaard. Je kunt ook tweedehandsmateriaal kopen, op Thahiti Square en in New Road. Ook nieuw materiaal (nagenoeg geen belasting op fototoestellen) tegen scherpe prijzen.

Muziek

Winkels genoeg. Folk of moderne muziek, de keuze wordt steeds groter. Cassettes en cd's zijn heel goedkoop (piraterij natuurlijk), de kwaliteit is minder. Controleer of je ook echt krijgt wat op het hoesje staat.

Wil je heel graag een muziekinstrument kopen (traditionele slaginstrumenten, *saranghi*...), ga dan naar een gespecialiseerde winkel. Die vind je op Chhetrapati en in het centrum van Thamel. Echte instrumenten (bedoeld om te bespelen), lagere prijzen dan in de toeristische winkels.

🏠**Saroj Instrumental Shop (detailplattegrond I, C3, 191):** in Chhetrapati.

📞425 83 72. Tijdens de week van 9.30 tot 19.30 u (tot 13.00 u op zaterdag). Gesloten op zondag. Verschillende soorten trommels (waaronder enkele oude), tabla, sitar, zingende bollen (verkocht per kilo!). Alles aan een eerlijke prijs. Je krijgt ook degelijk advies.

Kledij

- Wil je een trektocht maken, maar niet al te zwaar beladen zijn als je thuis vertrekt, dan kun je in Kathmandu zowat alles kopen of huren: parka's, slaapzakken, veldflessen, tenten...
- De namaakkledij is wel leuk, maar de kwaliteit en de afwerking laten vaak te wensen over. Goed om op reis mee te nemen, maar was ze niet te vaak. De machinaal geborduurde T-shirts zijn dan weer wel heel goed.
- Wie zich niet als hippie uit de jaren 1970 wil verkleden, kan na zijn vakantie terecht in een van de kledingwinkels. Met wat zoekwerk kun je er echt koopjes doen.
- Wil je enkel degelijke kwaliteit en klasse, dan vind je hier misschien wat je zoekt:

🏠**Everest Pashmina Arts (algemene plattegrond, F3, 193):** Kawal Pokhari.

📞441 12 96. Dagelijks van 10.00 tot 19.00 u. Vaste prijzen (niet al te hoog), maar degelijke kwaliteit en gedetailleerde uitleg over de samenstelling van de stoffen.

🏠**Yasmine:** Durbar Marg, in de Katsurigalerij, waar ook het *Koto Restaurant (algemene plattegrond, D3, 114)* ligt. Dagelijks, behalve op zaterdag, open van 11.00 tot 18.00 u. Heel mooie kleding ontworpen door een Franse stiliste. Duur, maar haute couture. Vaste prijzen. Betaalkaarten worden aanvaard.

🗆**Wheels Boutique (algemene plattegrond, D3):** Durbar Marg, in de Katsurigalerij, op de eerste verdieping (ook in de winkelgalerij van hotel Shangri-La). Door een Nepalese naaister op maat gemaakte kleding. Snel klaar, de prijs valt heel goed mee.

JE VAKANTIE VERLENGEN OF INKORTEN

De meeste grote hotels (Soaltee Holiday Inn, Yak and Yeti, Everest, Annapurna, Radisson, Hyatt...) hebben een **casino** voor Indiaas publiek. Officieel is de toegang verboden voor Nepalezen. Daarom is de munteenheid voor de jetons de Indiase roepie. Ga eens langs, zelfs al speel je zelf niet. In sommige hotels komt een gratis minibus de klanten voor het casino van Soaltee Holiday Inn rond 21.00 u oppikken. Vraag inlichtingen ter plaatse. Ieder uur terugkeer mogelijk. Speelautomaten, roulette. In een zaal worden Hindifilms vertoond, zo zijn de vrouwen ook tevreden terwijl de mannen spelen. Een trucje: kom je langs in de week die volgt op je aankomst en kun je een vliegticket en identiteitskaart voorleggen, dan krijg je van het casino wat roepies voor de eerste inzet. Vanaf 22.00 u kun je ook eten. Verrassing! De prijzen zijn hier de laagste in heel Kathmandu. In hotel *Annapurna* kun je rond 17.30 en 20.30 u een Amerikaanse film bekijken. Je kunt er ook een rockconcert meepikken. Echt gezien, monniken die rond de speeltafels het *dharma* uitdagen. Makkelijker toegankelijk dan het casino van Soaltee.

KATHMANDU VERLATEN

Met de bus

De lokale bussen vertrekken aan twee hoofdstations: het *City Bus Station*, voornamelijk naar de vallei van Kathmandu, en het *Central Bus Park*, voor wat meer afgelegen regio's.

Belangrijkste busstations

🗆**Central Bus Park (buiten plattegrond via B1)**, ook wel **New Bus Park** genoemd, en **Balaju Bus Park**: in Gongabu, op de Ring Road, in de richting van Balaju. Neem een taxi. ☎ 435 14 80 voor het westen van het land, ☎ 435 30 56 voor het oosten. Kom een halfuurtje vroeger, het is bijna onmogelijk om de juiste bus te vinden in dit geharrewar. Steden waar wordt gestopt: **Pokhara, Dunche** (vertrek van de trektocht naar Langtang)**, Nepalganj, Bhairava, Taulihawa, Kakarvita, Biratnagar, Dharan, Surkhet, Dhangahi** en **Bardiya**.

🗆**City Bus Station (algemene plattegrond, D4)**, ook **Old Bus Park** genoemd en recenter **Ratna Park**. Bussen naar de **vallei van Kathmandu**: Patan, Bodnath, Banepa, Panauti, Swayambunath, Sankhu, Sundarijal (vertrek van de trektocht naar Helambou), Nagarkot, Kirtipur, Balaju, Jawalakhel, Kalimati, Pharping en Dakshin Kali. Totale anarchie, zoek je bus niet alleen, er staat geen enkel Engelstalig bord. Vraag ter plaatse na.

Bestemmingen in de vallei van Kathmandu

- Naar **Bhaktapur**: minibus 7, 9 en 10 aan Bagh Bazar (*algemene plattegrond, C2-3*). Ook bussen, al dan niet snelbussen, vertrek aan Ratna Park (*algemene plattegrond, D4*). Neem een snelbus voor een rechtstreekse verbinding met Bhaktapur. Regelmatig vertrek.

- Naar **Nagarkot**: dagelijkse busverbinding voor toeristen, vroeg in de namiddag. Vertrek aan Lainchaur, op de grote parking tegenover hotel Malla, in Thamel. De bus komt de volgende ochtend uit Nagarkot terug. De lokale bussen zijn makkelijker en rijden vaker: vertrek om het halfuur aan Ratna Park. Reken op een rit van een uur. Trekkers die aan hun conditie willen werken, kunnen de klim te voet doen (5 uur wandelen).

Bestemmingen van de hoofdlijnen

Voor wie doodsbang is van wachtrijen of voor wie zich het leven wat makkelijker wil maken. De meeste agentschappen kunnen je ticket twee dagen vooraf al reseteren, mits een commissie van 20 %.

- Naar het **Chitwanpark (Sauraha)**: vertrek aan Kanti Path (*algemene plattegrond, B3*), rond 6.30-7.00 u, aankomst rond 13.00 u. Ook naar Pokhara met de toeristische bus *Green Line* (iets duurder, maar veilig en comfortabel) of met *Saibaba Travel*. Reserveer een tot twee dagen vooraf. Heel wat minder handig maar als er echt heel veel volk is, kun je ook een bus nemen in Central Bus Park (in Gongabu) naar Narayanghat, 3 km ten westen van de ingang van het park. Zelfde vertrektijden.
- Naar **Trisuli, Dhunche**: reserveren in Central Bus Park (in Gongabu), vertrek 's ochtends vroeg. Er vertrekken ook bussen in Soharkutte, ten noorden van Thamel, iets later. Je komt ongeveer acht uur later aan in Dhunche, waar de trektochten naar Langtang en Gosaïnkund vertrekken. Vanuit Dhunche heb je een vergunning nodig.
- Naar **Pokhara**: de betrouwbaarste bussen zijn die van de maatschappij *Green Line*. Luxebus, dat wel, de duurste ook, maar je reist er in alle vertrouwen. Vertrek om 7.00 u stipt aan Tridevi Marg (*algemene plattegrond, D3*), aankomst rond 14.00 u in Pokhara. Inlichtingen en reservatie in alle agentschappen of bij de maatschappij zelf in Kathmandu: ☎ 061 53 14 72. In Chitwan: ☎ 056 56 02 67. Ga, naargelang de staat van de weg, uit van een rit van 8 uur. Reserveer minstens de avond voordien bij een reisagentschap. Ook de minibussen van *Swiss Travels, Blue Sky, Worldwide, Lotus*... zijn betrouwbaar. Vermijd bussen van plaatselijke agentschappen, die zijn niet comfortabel en bovendien traag. De nachtbussen zijn gewoonweg gevaarlijk. Op deze lijn zijn elk jaar steeds meer dodelijke ongevallen te betreuren. Aankomst aan het vroegere busstation van Pokhara, in het zuidwesten. Je kunt ook je terugreis reserveren. De bussen van *Swiss Travels* vertrekken om 7.00 u aan Kanti Path. Koop je kaartje achter de GPO (*algemene plattegrond, C4*), op de markt, of in Trivedi Marg in Thamel (*algemene plattegrond, D3*). Tickets met *open date* voor je terugreis te koop.
- Naar **Gorkha**: rechtstreekse bus aan Central Bus Park, rit van 5 uur.
- Naar **Janakpur**: aan Central Bus Park, reken op 9 uur rijden.

Met het vliegtuig

- Opgelet, we vermelden hier enkel de binnenlandse vluchten. Voor internationale verbindingen (advies, taksen, wisselen...) verwijzen we je naar het begin van deze gids, onder de rubriek 'Nepal en Tibet verlaten'.
- Let op bij binnenlandse vluchten van verschillende maatschappijen, deze worden vaak geannuleerd omwille van het weer of om andere redenen.
- Vergeet de luchthavenbelasting niet (enkel te betalen in Nepalese roepie), 170 NPR (€ 2) voor binnenlandse vluchten. Toegelaten gewicht bagage: 10 kg. Briefjes van 1000 NPR worden geweigerd, zorg voor wisselgeld.

Privéluchtvaartmaatschappijen voor binnenlandse vluchten

🗴**Buddha Air:** in Hattisar. ☎554 24 94 of 443 70 25. Ook in Patan, Jawalakhel. ☎552 10 15. Op de luchthaven: ☎449 13 84. ● www.buddhaair.com. De betrouwbaarste op dit ogenblik.

🗴**Yeti Airways:** in Lazimpat. ☎441 74 55 of 442 35 77. ● www.yetiairlines.com. Tal van bestemmingen.

🗴**Gorkha Airlines:** in Maharajgunj. ☎444 45 25. ●www.gorkhaairlines.com.

🗴**Nepal Airlines:** in New Road. ☎422 07 57 of 424 86 21. ●www.royalnepal-airlines. com.

🗴**Sita Air:** in Sinamangal. ☎448 71 10.

- Deze maatschappijen verzorgen tal van binnenlandse vluchten vanuit Kathmandu naar **Pokhara** en **Biratnagar**. Enkele vluchten naar **Bharatpur, Bhairawa, Lukla, Nepalganj** of op de lijn **Pokhara-Jomsom**. Er wordt een tot twee keer week op de andere luchthavens in het land gevlogen.
- Ook vluchten naar **Delhi, Calcutta, Patna, Benares, Dhaka (Bangladesh)**...
- Normaal gezien verzekeren de maatschappijen ook de **Mountain Flight** (zie verder 'Ontdek de bergen vanuit de lucht').

ONTDEK DE BERGEN VANUIT DE LUCHT
Met het vliegtuig of de helikopter (Mountain Flight)

Een vlucht van ongeveer anderhalf uur boven de bergen, afhankelijk van het weer van die dag. Uitzonderlijk! Jammer genoeg heel duur (ongeveer € 105). Nog duurder als je met de helikopter vliegt. Niet echt speciale foto's, maar je kunt wel even in de cockpit. Schitterend uitzicht! De gemiddelde hoogte van de Himalaya is hoger dan de hoogte waarop een gewoon vliegtuig vliegt. Als je naar Pokhara vliegt, krijg je bijna hetzelfde effect, maar dan zonder de Everest en met de Annapurna. Inlichtingen bij de volgende maatschappijen:

🗴**Buddha Air:** In Hattisar. ☎554 24 94 of 443 70 25. Ook in Patan, Jawalakhel. ☎552 10 15. ● www.buddhaair.com.

🗴**Fishtail Air:** in Teenkune. ☎449 01 08 of 449 36 70. ●www.fishtailair.com.

🗴**Dynasty Aviation:** in Sinamangal. ☎447 75 60 of 449 74 18.

DE VALLEI VAN KATHMANDU

Deze ronde vallei is niet zo uitgestrekt. De diameter meet amper vijftien kilometer. Toch is de vallei dichtbevolkt (meer dan 2 miljoen inwoners). In dit natuurlijke keteldal liggen de meeste artistieke schatten van het land.

Trek minstens een week uit voor een bezoek aan Kathmandu en de vallei. Tijd zul je niet over hebben, de verleiding is groot om nog eens naar bepaalde plekken terug te keren, zo fascinerend is het er. Je kunt makkelijk in Kathmandu logeren en vanuit de stad de vallei verkennen. Heb je het niet zo op grootsteden begrepen, zoek dan een kamer in Bhaktapur of Patan. Er is geen luchtvervuiling en het is er aangenaam verblijven.

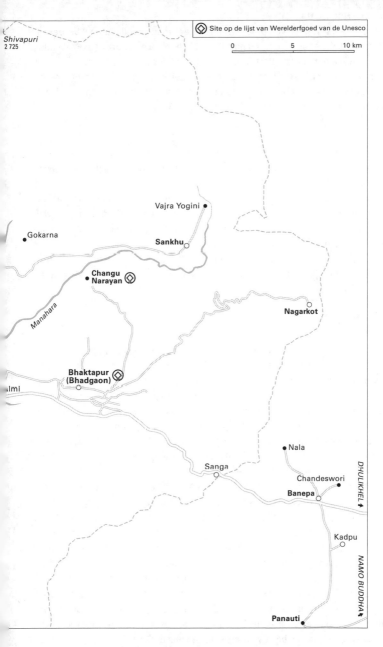

DE VALLEI VAN KATHMANDU

HOE BEZOEK JE DE VALLEI?

- Over het geheel genomen kun je de verschillende sites in de vallei te voet bezoeken, gespreid over enkele dagen. Dat is lang natuurlijk, het kan ook warm zijn. Maar dit is toch de beste manier om de vallei te ontdekken en Nepalezen te ontmoeten.

- Trotters die er warmpjes inzitten en zich geen zorgen willen maken om hun vervoer, kunnen met een taxichauffeur een forfaitair bedrag afspreken voor een hele dag of langer. Omdat er zoveel concurrentie is, kan dat niet moeilijk zijn.

WAARSCHUWING

De situatie is niet echt gevaarlijk te noemen, maar de veiligheid is toch niet je dat. Wees voorzichtig als je door de vallei trekt. GA NIET ALLEEN, ZELFS NIET MET TWEE, BUITEN DE DRUKBEWANDELDE PADEN.

Vermijd militaire zones. Hang niet rond in de bossen, in het bijzonder het bos van Nagarjung (ten noordwesten van Kathmandu). Hier verdwenen in de herfst van 2005 vlak na elkaar een Franse en een Duitse vrouw. Neem als het even kan betrouwbare Nepalezen mee. Zij kunnen beter om met gevaarlijke situaties.

Verschillende plaatsen zijn 's nachts af te raden: Bodnath (groot risico op nachtelijke agressie), de wijk Pulchowk in Patan. Vraag wat meer uitleg aan je hoteleigenaar, neem het advies niet licht op.

SWAYAMBUNATH
SWAYAMBU

De tempel van Swayambunath, ook wel *Monkey Temple* genoemd, ligt boven op een heuvel, 2 km ten westen van Kathmandu. Bezoek deze tempel meteen na aankomst in Kathmandu, zo raak je vertrouwd met deze plaatsen. Het uitzicht op de stad en de vallei is verrassend. Het ontstaan van Swayambunath gaat 2500 jaar terug, maar de boeddhisten plakken er geen datum op. In de stad staat de oudste stoepa van de vallei, hij wordt beschouwd als een van de eerste boeddhistische heiligdommen ter wereld (hij zou 25 eeuwen geleden gesticht zijn). Deze plek is een van de populairste en aandoenlijkste bedevaartsoorden . Bezoek de stad tijdens de *Newarfeesten*: zowel 's ochtends als 's avonds, er valt altijd wel wat te beleven.

In onze rubriek 'Er was eens...' vertelt Alexandra David-Néel ons: 'Aan het uiteinde van de besneeuwde bergketen van de Himalaya schiep Ishwara, de god die van de eerste Boeddha uitging (de Adi Boeddha, in Nepal gekend onder de naam Swayambu), een vallei. Hij noemde deze vallei Naghrad, wat reservoir of meer betekent en waarin een heilige slang of *naga* woont. In die tijd kwam een boeddha met de naam Vispashyi naar Nepal en verbleef er op een berg ten oosten van het meer. Bij volle maan zaaide hij een lotuszaad in het meer. Daarna keerde hij terug naar huis. Er ging heel wat tijd voorbij, het zaadje kiemde en bracht een bloem voort. In het hart van deze lotus verscheen Swayambu als licht. Toen een andere boeddha van dit wonder hoorde, kwam ook hij naar de berg. Hij beschouwde er het licht uit de lotus, verdiepte zich lange tijd in meditatie, voegde zich nadien bij de vlam en werd een met het licht.'

Toegangsprijs: 100 NPR (ongeveer € 1,20).

AANKOMST EN VERTREK

- **Met de gezamenlijke taxi:** vertrek aan Bangemuda Tole in Kathmandu *(algemene plattegrond, B2).* Je betaalt slechts enkele roepies.
- **Met een privétaxi:** voor wie het kan betalen (minder dan 250 NPR, € 3 per rit). Laat je afzetten op de parking. Van daaruit beklim je enkele trappen naar het heiligdom.
- **Te voet:** vertrek in het centrum van Kathmandu (45 minuten wandelen). De beste oplossing. De weg is makkelijk, iedereen raakt er. Je ziet de stoepa al snel. Een leuke wandeling door volkse wijken langs de rivier de Vishnumati. Hier wonen de onaanraakbaren, je ziet er ambachten, tempels, crematies langs de rivier...

WAT IS ER TE ZIEN? WAT IS ER TE DOEN?

Aan de voet van de Swayambunath sla je links af; wandel verder over de weg die je naar de stoepa brengt. Beklim de monumentale trap die vertrekt aan het portiek. Zo geniet je van een schitterende aankomst. De apen glijden als straatkinderen over de leuning. Neem geen voedsel mee, anders vallen ze aan. Houd je tas stevig vast. Een trucje: kijk ze nooit in de ogen. Let op, de treden zijn glad. Rond de stoepa ligt een bos van *chaitya's.*

Je hebt mooie ogen, weet je?

Op de enorme stoepa van Swayambunath staat een ronde pijl op een vierkant, versierd met de blauwe ogen van de boeddha die alles ziet. De dertien ringen symboliseren de kennisgraden. Het vraagteken tussen de ogen van boeddha zou het cijfer 1 voorstellen in het Sanskriet. Bevestiging van de goddelijke eenheid in het hindoeïstische veelgodendom. Een mond zie je niet, dat kom omdat de boeddha die alles ziet en weet, nooit praat!

De stoepa: in het bouwwerk liggen heilige relieken en documenten. In de negen nissen in de centrale stoepa staat telkens een van de mooiste bronzen voorwerpen van de Newarkunst. Rond de stoepa laten de gelovigen de gebedsmolens draaien. In elke molen staat een heilige tekst. Als de gelovige deze molen laat draaien, voert de wind het gebed of *mantra* mee en zorgt zo voor het welzijn van iedereen.

Maar Swayambunath is niet alleen een boeddhistisch heiligdom. Tegenover de trap staat een kleine tempel gewijd aan *Sitala,* Nepalese godin van de Kinderpokken.

Je kunt er een van de drie Tibetaanse kloosters (het grootste rechts als je aankomt) bezoeken. Nagenoeg dagelijks wordt hier om 15.00 u een dienst van de Karma Kagyuschool gehouden. De sfeer die er heerst, is aangrijpend. De lama's zingen met hun monotone stem gebeden die onderbroken worden door het schrille geluid van lange hoornen en *gyalings,* een soort hobo met dubbel trillend riet.

Wandel in de richting van de wijzers van een klok rond de stoepa: een stoepa moet altijd aan je rechterkant liggen. Doe niet zoals kapitein Haddock in Kuifje in Tibet: 'Jij langs links, Sahib!'.

De tempel is niet alleen een monument, er zijn ook huizen in, een paar winkeltjes, *sikhara* uit de 18de eeuw (stoepa in de vorm van een hindoetempel), *chaitya's* en *pagodons,* allemaal kriskras door elkaar.

Daal langs de andere zijde af, zigzag tussen de witte *chaitya's* (een soort offerbeelden die langs de paden staan) naar de tweelingheuvel van Sarasvati.

🍴 **Nationaal museum:** 2 km van Kathmandu, in **Chhauni**. Te betalen (maar echt niet duur). Wil je fotograferen, dan betaal je bij. Het museum ligt aan de weg naar Swayambunath (niet aan de weg die je neemt als je te voet gaat). Dagelijks open van 10.30 tot 16.30 u, behalve op dinsdag en feestdagen. Op maandag tot 14.30 u, 's winters tot 15.30 u.

Een wat ouderwetse omgeving met toch enkele mooie stukken: beeldhouwwerken, standbeeldjes (waaronder een heel mooie *Nritya Devi*, dansende godin in hout uit de 15de eeuw) en gravuren. Een hele reeks wapens van de koningen van Nepal, ook een 2 m lang zwaard! Tibetaanse lederen kanonnen... Is een ommetje waard als je tijd hebt.

BUDDHA NILKANTHA

Ongeveer 10 km ten noorden van Kathmandu. Er vertrekken lokale scooters en *Blue Busses* aan Rani Pokhari. Deze plek is enkel de moeite omwille van het 5 m lange standbeeld van de liggende Vishnu, rustend op de slang met duizend koppen Ananta. Rond het beeld staat een betonnen beschermingsrand die het geheel ontsiert. Ga bij voorkeur 's ochtends voor de ceremonie rond 9.00 u. De koning van Nepal is de enige die niet in het heiligdom binnen mag. Als levende incarnatie van Vishnu mag hij niet tegenover zijn eigen afbeelding komen te staan, anders krijgt hij de doodstraf. Toegegeven, de hele locatie is ontgoochelend, de koning mist niet veel.

Je kunt er echter wel een wandeling maken met mooie uitzichten over de vallei. Reken op vier uren heen en terug naar het standbeeld. Verharde weg tot de ingang van het nationale park. Daar gaat de weg over in een kiezelpad. Neem 10 min. voorbij de ingang de splitsing naar rechts, naar het boeddhistische klooster. Vrij steile klim (1400 tot 2000 m). Het klooster met gebedsvlaggen is al van ver te zien. Neem het kleine pad links, dat met een paaltje op de hoek. Heel mooi uitzicht over de vallei. De misdienst voor vrouwen loopt normaal gezien van 7.00 tot 10.00 u en nog eens van 13.00 tot 16.00 u. Je kunt de dienst bijwonen. 500 m verder ligt het klooster voor de mannen.

PATAN

LALITPUR   250.000 INWONERS | NETNUMMER 01

De vroegere koninklijke stad en voorheen hoofd- en kunststad Lalitpur ('de Stad van de Schoonheid') ligt amper 6 km van Kathmandu. Was de rivier de Bagmati er niet, dan zou de grens tussen de twee steden moeilijk te zien zijn. Lang geleden was dit een groot onderwijscentrum van de boeddhisten, getuige daarvan zijn de talrijke kloosters (*bahal*) verspreid over de stad. Er wordt graag verteld dat Lalitpur door keizer Ashoka werd uitgekozen om er een van zijn vier grote stoepa's te bouwen. Dat zou van de stad de oudste boeddhistische stad van Azië maken.

Patan heeft misschien niet het prestige en de architecturale eenheid van Bhadgaon (Bhaktapur). Door zijn ligging dicht bij Kathmandu heeft de stad ongetwijfeld een deel van zijn middeleeuws aspect verloren. Maar toch gaat van Patan een betoverende charme uit. Het zal je zeker niet spijten hier een hele dag door te brengen en door de steegjes te dwalen. Ga op je gevoel af. Volg je de wandeling met blauwe bewegwijzering, dan ontdek je plekjes waarvan je het bestaan niet vermoedde. Het *Durbar* is verrukkelijk, het plein heeft de vorm van een schelp, het symbool van Vishnu.

Mis het museum in het koninklijke paleis niet, het is zonder twijfel het rijkste van het land. Patan is ook een belangrijk ambachtelijk centrum.

AANKOMST EN VERTREK

- **Met de taxi:** de beste oplossing, als de teller loopt ten minste!
- **Te voet:** ga uit van anderhalf uur. De weg is niet zo aangenaam door de vervuiling. Wie volhoudt: vertrek in Kathmandu, volg de weg naar het zuiden via Ram Shah Path, steek de brug over de Bagmati over. De weg klimt vrij steil naar Patan Gate.
- **Met de bus:** neem bus 26 in Kathmandu aan Ratna Park, op de hoek met Kanti Path, vlak bij het GPO.

HANDIGE INFO

- Normaal moet je betalen om de stad in te mogen: 200 NPR. Voor het museum komt daar nog eens 250 NPR bij. Samen maakt dat meer dan € 5. Het is wel mogelijk dat je op je wandeling door Patan de ticketverkoper niet tegenkomt en je niet wordt gecontroleerd... Heel anders dan Bhaktapur!

NUTTIGE ADRESSEN

- ✉ **Post:** het hoofdpostkantoor ligt op het Durbar. Op weekdagen van 10.00 tot 17.00 u.
- ■ **Wisselen:** in de *Standard Chartered Bank*, Jawalakhel, naast hotel *Aloha Inn*. Van maandag tot donderdag van 9.45 tot 15.00 u, op vrijdag tot 12.30 u. Zelfde koers als in Kathmandu, zelfde lange wachtrij ook.
- ■ **Geldautomaten:** eentje in de *Nabil Bank*, vlak bij hotel *Himalaya*, in Patan als je van Kathmandu komt. Nog een in het centrum, op Durbar Square onder restaurant *Lakeyu Kitchen*.
- ☎ **Telefoon:** heel wat agentschappen hebben een telefoon, fax en internet.

SLAPEN

GOEDKOOP TOT VRIJ GOEDKOOP (MINDER DAN 1000 NPR, € 12)

🏠 MAHABUDDHA GUESTHOUSE: ☎ 554 05 75. ● mhg@mos.com.np. Klein familiehotel in een klein straatje tegenover de Mahabuddhatempel. Eenvoudige maar correcte en nette kamers, allemaal met badkamer en warm water. Je kunt er je buskaartje, binnenlandse vluchten... reserveren. Cybercafé op de benedenverdieping.

🏠 CAFÉ DE PATAN: Mangal Bazar 83 (20 m van Durbar Square). ☎ 553 75 99.
● www.cafedepatan.com. Een tiental kamers met of zonder badkamer. Degelijk hotel. Mooi uitzicht over Patan en de omliggende bergen. Reserveer, het hotel is vaak vol. Het rustige restaurant ligt aan een schaduwrijke patio.

🏠 MOUNTAIN VIEW GUESTHOUSE: Kumaripati. ☎ 553 81 68. Als je van Patan komt, neem je het kleine straatje rechts, ter hoogte van het college, ongeveer 500 m van het kruispunt van Jawalakhel. Gezinshotel uitgebaat door een oude Gurkhakapitein. De kamers zijn niet al te net, je zou ze zelfs triest kunnen noemen. Kies geen kamer met een gemeenschappelijke badkamer. In de gang ruikt het niet fris. De prijzen zijn gelijkaardig aan die van de hotels hierboven. Als laatste optie.

LUXUEUS TOT HEEL LUXUEUS (VANAF 2000 NPR, MEER DAN € 24)

🏠 HOTEL CLARION: Man Bhawan, Jawalakhel. ☎ 552 45 12 of 552 14 76.
● www.hotelclarion.com. Ongeveer $ 60 (€ 42) per nacht, grote korting als er nog plaats is. Uitstekend hotel, de Nepalese uitbater is opgeleid in Zwitserland. Tien

onberispelijke kamers met badkamer. Grote tuin, weg van de lawaaierige straat. Klasserestaurant, niet duur.

▣ SUMMIT HOTEL: Kupondole Height, Kathmandu. ☎ 552 46 94 of 552 18 10.

● www.summit-nepal.com. Aan de weg naar Kathmandu, net voor je in Patan aankomt. Sla rechts af (er staat een pijl). Neem bij voorkeur een taxi, het hotel ligt vrij ver van de hoofdweg en is moeilijk te vinden. Reken op $ 60-110 (€ 42-77) naargelang het seizoen. Zoals gewoonlijk valt ook hier over de prijs te praten! Een paar tweepersoonskamers met gemeenschappelijke badkamer voor $ 20-30 (€ 14-21).

Heel aangenaam, luxueus hotel, rustig, met zwembad en mooi uitzicht op de bergen. Ruime kamers in Newarstijl. Het balkon geeft uit op de tuin. De kamers met gemeenschappelijk sanitair zijn een goede formule om toch te genieten van de luxe van het hotel zonder je blauw te betalen. Professionele bediening, zeldzaam in Nepal!

ETEN

GOEDKOOP (150-350 NPR, € 1,80-4,20)

▣ TEMPEL CAFE: op Durbar Square. ☎ 552 71 27. Dagelijks open van 9.00 tot 21.00 u. Zoek je weg in het doolhof van steile trappen en nauwe gangen. Dakterras met mooi uitzicht op Durbar. Chinees, continentaal, Nepalees en Indisch. De vaste *veg'*- en *non veg'*-menu's zijn betaalbaar. Lekkere milkshakes. Vriendelijke en efficiënte bediening.

▣ TALEJU RESTAURANT: in het verlengde van Durbar Square, achter de Shivatempel. ☎ 553 83 58. Zalen op de tweede en derde (waar je in kleermakerszit zit) en de vierde verdieping. Daarboven terras. Schitterend uitzicht op de tempelrij van Durbar Square en de bergen, als het helder weer is. Lekkere Nepalese, Indische of Chinese keuken. Attente bediening, net, lage prijzen, hartelijke ontvangst.

▣ THE THIRD WORLD RESTAURANT: op Durbar Square, op de hoek van een straat achter de Krishnatempel. Restaurant met vier verdiepingen en twee heerlijke terrassen. Een beetje verwaarloosd en minder duur dan de andere restaurants. Het eten is er niet uitzonderlijk, maar je kunt er iets gaan drinken en intussen de hindoetempel gewijd aan Krishna wat beter bekijken.

▣ THE BAKERY CAFE: aan de weg naar Kathmandu, aan de grote rotonde van Jawalakhel, vlak bij de zoo. Westerse zelfbedieningszaak met hamburgers, pizza, ijs en enkele typische gerechten, correcte prijzen. Ook zaken in Kathmandu.

DOORSNEEPRIJS (350-800 NPR, € 4,20-9,50)

▣ LAKEYU KITCHEN: op Durbar Square. ☎ 555 12 54. Dagelijks open van 9.00 tot 21.00 u. In een oud, gerestaureerd gebouw in Newarstijl. Fraai, verzorgd kader. Je zit op kussens aan lage tafels. Gevarieerd en lekker eten. Op het goedkope Newarmenu staan verschillende voor- en hoofdgerechten. Enige probleem: de ramen geven uit op de lawaaierige straat... Het geluid van motoren en autotoeters zijn het achtergrondgeluid bij je maaltijd. Maar de uitstekende ontvangst doet je dat allemaal vergeten.

▣ PATAN MUSEUM CAFE: in de tuin van het koninklijke paleis. ☎ 552 62 71. Toegang via de Gouden Poort en het museum. Enkel open van 10.30 tot 17.00 u. Verkoopt snacks en eenvoudige maar heerlijke gerechten. Een deel van de tuin is voorbehouden voor de teelt van biologische groenten (zo werd het ons toch verteld) die in het restaurant worden gebruikt. Een bekoorlijke haven van rust. Heel redelijke prijzen, rekening houdend met de mooie omgeving en de kwaliteit van de keuken. Je kunt er binnen zonder de toegangsprijs voor het museum te moeten betalen.

🍴 DHOKAIMA CAFÉ: in Patan Dokha (rechts voorbij de Patanpoort). ☎ 552 21 13. Je eet er in een minuscuul maar gezellig zaaltje of op het schaduwrijke binnenpleintje. De omgeving is vredig en staat vol begroeiing. Lekkere westerse gerechten en goede snacks. Vooral de *fish scallop Rochelle* is smakelijk. Dagschotel, redelijke prijs, voor wie reuzenhonger heeft. Er wordt wijn geschonken. Uitstekend adres.

🍴 LA SOON: op Pulchowk, niet ver van de *Namaste supermarkt*. ☎ 553 71 66. 100 m van de rotonde, in een geplaveid doodlopend straatje. Maria, de uitbaatster, is Afrikaanse. Smakelijke plaatselijke en westerse keuken, heerlijke pasta. Dagschotel, geschreven op een grote leisteen. Wijn. Ook de desserts zijn lekker. De tafeltjes staan in de ruime, rustige tuin. Een beetje luxe voor een meer dan redelijke prijs.

WAT IS ER TE ZIEN?

ⓜ Met zijn talrijke tempels wordt Patan ook wel 'de stad met duizend gouden torens' genoemd.

🌺🌺🌺 **Durbar Square:** op dit levendige plein staat het koninklijke paleis. Durbar Square ligt in de schaduw van een tiental tempels gewijd aan verschillende goden. De ene tempel is nog mooier dan de andere. 's Avonds spektakel met muziek, dans en zang. Een mooie en gezonde wedijver die je absoluut niet mag missen.

- Het **koninklijk paleis** neemt een volledige zijde van Durbar Square in. Het paleis is het lange bouwwerk tegenover de tempels. De drie hoofdingangen geven elk uit op een binnentuin of *chowk*. De eerste poort, rechts, wordt beschermd door Hanuman (de aap-god) en Vishnu in zijn angstaanjagende incarnatie. De poort geeft uit op *Sundari Chowk* met in het midden de fraaie stenen fontein *Tusha Hiti*, vroeger het koninklijke bad. Deze achthoekige fontein werd in 1670 gebouwd. Jammer genoeg zijn er enkele jaren restauratiewerken aan de gang en is de toegang verboden. De tweede poort, tegenover de grote klok en bewaakt door twee leeuwen, geeft uit op *Mul Chowk*, een binnenplein dat werd gebouwd in 1666. Dit is het oudste binnenplein. In het midden van dit pleintje staat een heiligdom van Badya Mandir. Rechts zie je twee uitzonderlijke standbeelden. Het standbeeld dat de Ganges uitbeeldt, staat op een schildpad. Het standbeeld dat de rivier de Jumna of Yamuna uitbeeldt, staat op een *makara* (een bizar dier). De derde poort of Gouden Poort met zijn rijkelijk versierd timpaan is een waar meesterwerk, die kan wedijveren met de poort van Bhadgaon. De poort ligt tegenover de *Krishna Mandir* en wordt beschermd door twee leeuwen. Via de poort kom je in het museum. Zeker niet te missen.

- **Het museum van Patan:** ☎ 552 14 92. ● www.asianart.com/patanmuseum. Dagelijks open van 10.30 tot 17.00 u. Toegangsprijs: 250 NPR (€ 3). Geslaagde renovatie. De tentoongestelde werken zijn van uitzonderlijke kwaliteit. Boeiende uitleg (in het Engels) over het hindoeïsme en het boeddhisme. Lees zeker ook de opmerkingen over het maken van de metalen standbeelden. Als er een museum is dat je op je reis zeker moet bezoeken, dan is dit het. Je komt er heel wat interessante informatie te weten, waardoor je de hindoekunst nog meer gaat waarderen. Aangenaam restaurant in de tuin (*Patan Museum Cafe*, zie 'Eten').

- **Bhimsen Mandir:** aan de noordelijke rand van het plein. Bhimsen, de held met de legendarische kracht uit het *Mahabharata-epos*, is de god van de Handel en de Zaken. Deze tempel werd na een brand heropgebouwd in de 17de eeuw. Twee leeuwen, de rijdieren van Bhimsen, beschermen de ingang. Mooie gouden voorgevel, rijkelijk versierd.

- **Vishwanath Mandir of Shivatempel:** naast Bhimsen Mandir. Nog zo'n schitterend mooi meesterwerk uit de 17de eeuw. Een uitzonderlijke combinatie van hout en steen. Let op de mooie gebeeldhouwde erotische taferelen op de pilaren en de indrukwekkende *lingam*. De inwoners van Patan noemen deze tempel trouwens 'de tempel van de Kama Sutra'!.

- **Krishna Mandir:** voorbij de Shivatempel. Tegenover het museum. Een van de mooiste tempels, die dateert uit de 18de eeuw. De tempel is gebouwd in de vorm van een *sikhara* op een achthoekig vlak, wat vrij uniek is in Nepal. Deze mandir werd gebouwd ter nagedachtenis aan de geofferde vrouwen van koning Yoganarendra Malla, volgens de riten van de *sati*. Dit is vandaag verboden in Nepal maar gebeurt soms wel nog in India, hoewel het ook daar sinds 1829 verboden is. De weduwe van de koning gooit zich levend op de brandstapel waarop haar overleden echtgenoot wordt gecremeerd. Naast deze tempel staat de grote klok van *Taleju*.

- **Jagannarayan Mandir of Karnarayana:** in het verlengde van de Krishna Mandir. Waarschijnlijk het oudste bouwwerk op het plein. Kleine tempel met twee verdiepingen gewijd aan Narayan, een incarnatie van Vishnu. Interessante erotische taferelen op de steunbalken van het dak.

- ✹✹ **Golden Temple (Hiranya Mahavihar):** ongeveer 200 m van Durbar Square. Dagelijks open van 8.30 tot 18.00 u. Toegangsprijs: 25 NPR (€ 0,30). Wordt momenteel gerestaureerd. De toegangsprijs kan wat stijgen. Dit is een van de mooiste monumenten van Patan. Eeuwenlang hebben de ambachtslieden van de stad minutieus aan deze tempel gewerkt, met een ongeëvenaarde finesse, en zo hun reputatie eer aangedaan. Het resultaat is te bewonderen in de reusachtige zilversmeedkunst die teruggaat tot de 12de eeuw. Het geheel is gegraveerd en geciseleerd. Er hangt een aangrijpende religieuze sfeer. Elke avond dragen monniken hier een dienst op. Bewonder ook het fraaie werk van de toegangspoorten. Bekijk de heilige schildpadden, die leven van de offergaven en in het hart van de tempel wonen. Kouwelijk als ze zijn, komen ze in de winter niet tevoorschijn. Let op, lederen voorwerpen zijn in de tempel niet toegelaten, schoenen bijvoorbeeld. Vaak is er in de tempel een ontvangstcomité dat zich over de tempel ontfermt... en de toeristen voor een bezoekje lokt. Werp een muntstuk in het offerblok.

- ✹✹ **Kumbeshwar of Shiva's Temple:** verder noordwaarts voorbij de *Golden Temple*. Niet zo mooi als de tempel van Bhadgaon en zonder monumentale trap, maar wel een van de laatste met vijf daken. Schitterend bewerkte balkons. Rond de tempel bekkens met opmerkelijke beeldhouwwerken, waaronder een van Ganesh. Levendig: kinderen spelen, lopen alle richtingen uit, soms vragen ze de toeristen om een kleinigheid. Tegenover de tempel kun je het technisch centrum *Khumbeshwar Technical School* bezoeken, dat zich bezighoudt met de onaanraakbaren. Er is ook een klein weeshuis. Tapijten en met de hand gebreide wollen truien te koop. Degelijke kwaliteit, de winst gaat naar de school.

🔆🔆 **Maha Bouddha (tempel met 9000 boeddha's):** volg links Mangal Bazar, op de hoek van Durbar Square. Loop door de poort, die lijkt op die van een huis. Immens *shikara* (suikerbrood) in het midden van het plein. Op elke steen is de afbeelding van Boeddha te zien, je telt er ongeveer 9000, in alle maten. Gebouwd in de 14de eeuw. De tempel werd bijna volledig vernield door de aardbeving in 1934. Met een eindeloos geduld bouwden de pottenbakkers van Patan de tempel weer op, geheel volgens model. Een ongelofelijk werk! Wandel in de richting van de twee huizen achteraan met hun terrassen. Neem de nauwe trap die leidt naar de bovenste verdieping. Ongelofelijk mooi uitzicht op de tempel en de bergen. Op dit pleintje en in de winkeltjes in de omtrek vind je de mooiste bronzen voorwerpen op basis van wassen modellen.

🔆🔆 **Rudravarna Mahavihara of Uku Bahal:** aan het eind van de Maha Boeddhastraat links afslaan. Prachtig boeddhistisch klooster met op de toren twee gouden daken. Harmonieus, gezellig binnenplein, gevleugelde monsters, *Garuda*, leeuwen en enkele boeddhistische symbolen zoals de *dorje*. De steunbalken (als je geleerd wilt lijken, zeg je kraagstenen) uit bewerkt hout zouden de oudste van de stad zijn.

- Neem wat tijd om door de straatjes rond Durbar Square te dwalen en de binnenplaatsen van de huizen op te lopen: tempeltjes in overvloed, ateliers met bronzen voorwerpen op basis van een wassen model...

INKOPEN DOEN

Patan is een belangrijk centrum voor Nepalese ambachtelijke kunst. Je kunt er tapijtenfabrieken bezoeken, een kijkje nemen in de ateliers waar beeldjes of tangkha worden gemaakt en wat inkopen doen.

🔲 **Patan Industrial Estate:** 1 km voor je in Patan aankomt, als je van Kathmandu komt. Rechts. Dagelijks open van 10.00 tot 18.00 u. Nepalese ambachtskunst (juwelen of hout). Als je souvenirs wilt kopen. Niet goedkoop, toeristisch.

🔲 **Het Tibetaanse dorpje Jawalakhel:** 4 km van Durbar Square. De ateliers waar tapijten worden geweven zijn dagelijks open van 9.00 tot 17.00 u. Je betaalt je tapijten in vreemde munten. Duizenden Tibetanen zijn hierheen gevlucht, weg van de Chinese invasie. Hun eigen gewoonten en religieuze praktijken hebben ze behouden. Ook hun traditionele beroepen oefenen ze nog uit, die zijn vooral kaarden en weven. In de winkels koop je tapijten, pashmina's en lederen en houten voorwerpen. Klein winkeltje met juwelen en ambachtelijke kunstwerken. Vaste prijzen.

IN DE OMGEVING VAN PATAN

🔆 **Bungamati:** 6 km van Patan, in de buurt van Jawalakhel. Dit dorpje ligt in een adembenemende omgeving, met rijstvelden in terrasvorm. Er staan mooie huizen. Op het levendige middenplein staan twee tempels. In een ervan wordt de bekende rode god *Rato Machhendranath*, de godheid van de Landbouw, bewaard gedurende zes maanden. De rest van het jaar blijft hij in Patan. De overdrachtsceremonie, begin december, gaat gepaard met een druk bijgewoonde processie. De plaatselijke specialiteit: houtsnijkunst (heel wat van de beeldhouwwerken die je in Bhaktapur kunt kopen, worden hier trouwens gemaakt). Gezellig, wat vergeten door de reisagentschappen. Als je het niet te veel rondbazuint, kan dit plaatsje nog lang behouden blijven.

Khokhana: je kunt hier even halt houden op terugweg van Bungamati (maar neem dan een binnenweg en niet de hoofdweg). Net als Bungamati is het ook in dit dorpje heerlijk toeven, het heeft nog steeds die authentieke sfeer. Voor hun huizen spinnen vrouwen de wol van de jak. Een rustig moment ver van de drukte van Kathmandu. In het dorp vertrekt een bus naar Patan... soms...

Godavari: 22 km van Patan. Neem een bus of minibus in Patan Lagankhel. Zie je dit niet zitten, dan is er natuurlijk altijd nog de taxi. Die brengt je naar de top van de berg. De weg erheen is al schilderachtig. Hij slingert door het kleine dorpje *Harisiddhi*, met een mooie tempel met vier verdiepingen, en dan verder naar *Bishanku Narayan*, een belangrijk bedevaartsoord. Het uitzicht in Godavari is ronduit prachtig. En dan kom je in de plantentuin. Je bent er onder de indruk van de rust en frisheid van de plek. Voor een handvol roepies mag je binnen en de planten bewonderen. Je moet er wat van kennen want jammer genoeg staan de namen er niet bij. Buiten de tuin loopt de weg verder. Voorbij de vreemde plek *Godavari Kunda* (de naam van een heilige bron) begint de beklimming van de *Pulchowki*, de hoogste bergtop in de omgeving (2762 m). Ben je hier in de lente (van februari tot april), dan zul je versteld staan over het woud reuzenrododendrons. Jammer dat de tv-antennes het landschap een beetje (veel) verpesten.

GODAVARI VILLAGE RESORT: Amarabati (Taukhel), Godavari, Lalitpur. 556 06 75. • www.godavariresort.com. Vanaf $ 50 (€ 35) voor een tweepersoonskamer. Smaakvol vijfsterrenhotel. Voor deze prijs krijg je een kamer zo groot als een flat met een vrij uitzicht. Er is een zwembad, tennisveld, jacuzzi... Vrij duur maar zeer goed restaurant.

KIRTIPUR

Het lijkt alsof deze oude vesting, 6 km ten zuidwesten van Kathmandu, nog in de middeleeuwen leeft. Langs de weggetjes staan bouwvallige huizen met hier en daar nog een mooi bewerkt venster.

Fotoliefhebbers, hier moeten jullie zijn. Kom vroeg, de zon doet er niet lang over om het geheel van huizen en tempels te overheersen. De mensen zijn hier heel vriendelijk, wat je bezoekje nog wat leuker maakt. Een van onze lievelingsplekjes; jammer genoeg is hier de laatste tijd heel wat afgebroken en gemoderniseerd met beton en golfplaten. Knoeiwerk.

- Er vertrekt regelmatig een bus bij het Ratna Park in Kathmandu, een rit van 45 minuten. Je stapt af aan de rand van het dorp, bij de universiteit.

De stad van de afgesneden neuzen

In de 18de eeuw was Kirtipur een heel belangrijke stad. Tijdens de eenmaking van het koninkrijk viel Prithivi Narayan Shah, koning van Gorkha, de stad aan. Omdat zijn broer door een pijl een oog was kwijtgeraakt, beval hij dat de neuzen van alle jongens ouder dan 10 moesten worden afgesneden. Maar hartstochtelijk muziekliefhebber als hij was, verleende hij gratie aan... wie een instrument kon bespelen! Hij veranderde bovendien de naam van de stad in Naskatpur, wat 'stad van de afgesneden neuzen' betekende. Tegenwoordig verkiest de stad de naam Kirtipur.

SLAPEN, ETEN

⬛⬛ **Kirtipur Hillside:** richting centrum, aan je linkerkant. ☎ 433 40 10.

● www.kirtipurhillside.com.np. Ga uit van € 10-20 voor een tweepersoonskamer. Dit eenvoudige hotel heeft nette kamers met badkamer en met of zonder balkon. Maar de grote troef is het buitengewone uitzicht op Kathmandu. Bovendien kun je lekker eten in het dakrestaurant.

WAT IS ER TE ZIEN?

Je zult regelmatig op straat aangehouden worden door kinderen die je willen rondgidsen. Het dorp zelf is niet zo groot, dus dat is echt niet nodig. Bovendien kun je zo niet in alle rust wegdromen.

🍴 **De Thaise tempel:** in het lagere gedeelte van het dorp als je van de campus van de universiteit komt. Voorbij de uitgang van het busstation. Dit kleurrijke Thaise heiligdom is uniek in Nepal en werd onlangs gebouwd. Omdat het zo vreemd is, moet je het absoluut gaan bekijken, zelfs al is het kitscherig. Diorama's op ware grootte beelden de belangrijkste passages uit het leven van Gautama uit. Voor wie heimwee heeft naar Bangkok en het boeddhisme van het 'kleine pad' of Hinayana.

🍴 **Bagh Bhairava:** voor het plein, met het groenige bekken, waar de taxi's geparkeerd staan. De tempel van de tijgergod, massief met zijn drie verdiepingen. Heilig zowel voor de hindoes als de boeddhisten. Op de eerste verdieping bungelt een vreemde verzameling keukengerei aan de voorgevel. Op de tweede verdieping schitterende panelen en bewerkte steunbalken. De zwaarden, dolken en schilden aan de muur zijn die van Newarstrijders overwonnen door de koning van Gorkha. 's Ochtends vroeg op dinsdag en zaterdag wordt er geofferd. Als je de tempel verlaat, ga je naar rechts, waar de heuvel iets omhoog gaat.

🍴 **Uma Maheshvara:** deze tempel domineert het dorp. De bergkam waarop hij is gebouwd, is heel goed te zien. Heel mooi hoeveel zorg er is gedragen voor de harmonie van het geheel. Schitterend panorama over de groene valleien en bergen, wanneer het helder weer is. Bij de aardbeving in 1934 verloor de tempel twee daken. Ervoor herinneren twee olifanten je eraan dat deze tempel gewijd is aan Ganesh. Verleidelijke Shiva en Parvati in het heiligdom.

🍴 Wandel verder naar het westen, voorbij Uma Maheshvara. Je komt uit bij de **oudste poort van de stad**, de enige trouwens die gespaard is gebleven bij de ontmanteling van omwalling die de stad moest beschermen tegen indringers. Fraai pleintje, heerlijke rust.

🍴 In het verlengde van het centrale bekken ligt de **Adibuddhatempel**, met een sikhara uit de 17de eeuw. Op een steenworp van de grote stoepa van **Chitubihar**. Eeuwenoud en schilderachtig geheel. De boeddhistische *chaitya's* en uitbundigheid van de hindoeheiligdommen gaan harmonieus samen. De hele wijk is charmant. Loop de trap af, onder de portieken door en ontdek twee heel mooie stenen standbeelden. Links staat een vreemde kapel uitgehouwen in een boom.

IN DE OMGEVING VAN KIRTIPUR

🍴 **De kloven van Chobar:** 4 km van Kirtipur, aan de weg naar Pharping en Dakshin Kali. Door deze kloof lopen de drie heilige rivieren, de Manohara, de Bisnumati en de Bagmati. Volgens een van de bekende legenden van deze vallei is dit de plek waar Manjushri de bergen met zijn zwaard doorkliefde. Zo kon het water uit het meer wegstromen en werden de slangen, die in het meer werden vastgehouden, bevrijd. Alle slangen behalve hun koning, die nog steeds in de buurt woont, zo wordt verteld. De waarheid van deze plek is echter heel triest. Het stof van de lager gelegen cementfabriek heeft het omliggende landschap onherstelbaar beschadigd. Op de rivieren zie je wit schuim dat komt van de industrie van Kathmandu, hier niet ver vandaan.

Steek de hangbrug (een geschenk van de Schotten) over naar het dorpje op de heuvel, een tocht van een uur. Daar staat een tempel gewijd aan *Adinath Lokeshwor*. Opmerkelijk is het huishoudgerei dat is opgehangen: dit zijn offergaven van jonggehuwden aan de god Lokeshwor. Dat doen ze omdat ze hopen op een gelukkig en lang leven samen.

Voor je de weg terug neemt, stop je even aan het **heiligdom voor Ganesh**, wat meer naar beneden. Mooie erotische friezen en een schitterend bronzen standbeeld van een rat (voertuig van Ganesh). Foto's trekken kan moeilijk worden, de bewaker is niet zo inschikkelijk!

❧ **Kucchay:** tussen Chobar en Kirtipur, klein dorpje helemaal bovenaan de weg. Je moet wat zoeken. Klim te voet (10 min.). Vraag de weg aan een taxi. Heel mooi uitzicht over Kathmandu. Dit landelijk dorpje is nog perfect bewaard: geen toeristen hier, de mensen zijn heel hartelijk. 's Zomers droogt het graan op de weg, de maisaren hangen aan de muren van de huizen. Kinderen spelen er op het plein tussen de eenden en de kippen. Aan het eind van de weg stuit je op een heel oude tempel. Honderden keukenvoorwerpen, werktuigen hangen al vier eeuwen lang op aan de muren.

PHARPING

NETNUMMER 01

Pharping ligt 18 km van Kathmandu, op de top van de heuvels boven Kirtipur. Op de berg van Pharping heb je een adembenemend uitzicht op de Himalaya en de vallei van Kathmandu, helemaal tot Bhaktapur en Nagarkot.

SLAPEN

🛏 Hattiban Resort: boven Pharping, aan het eind van een drukke weg. Reserveren in Kathmandu op het nummer ☎ 437 13 97. Fax: 437 15 61. ● www.intrekasia. com. De prijzen liggen tussen $60 en 120 (€ 42 en 84) naargelang de luxe van de kamer. In het laagseizoen kun je een lagere prijs afspreken. Een aantal bungalows gebouwd door Bhutanezen, midden in een prachtig pijnboombos met tuinen vol bloemen. Afgelegen, mooi, ideaal voor als je toe bent aan wat absolute rust. Vooral in trek bij Duitsers. Beleefde ontvangst. Het hotel zorgt ook voor vervoer van en naar Kathmandu.

WAT IS ER TE ZIEN?

❧ **Het heiligdom van Shikhara Narayan:** weinig toeristen houden hier halt, nochtans is het hier heel bekoorlijk. De dorpelingen wassen zich aan de lagergelegen waterval, de vrouwen doen er ook de was, kinderen spelen in de bekkens terwijl de monniken een middagdutje doen in de schaduw. Boeddhistische bedevaarders voegen zich hier bij hindoegelovigen. Mooie vijvers met heilige vissen. Boven is een kleine tempel uitgehouwen in een rots. Je kunt het Tibetaanse klooster bezoeken.

❦ Beklim de berg tot boven Pharping naar de tempel van **Vajra Yogini**. Een paadje links leidt naar een vervallen kluizenaarswoning tussen yucca's en eucalyptussen. Panorama over de hele vallei.

DAKSHIN KALI

NETNUMMER 01

20 km ten zuiden van Kathmandu.

Hoewel er niet zoveel te vertellen valt over Dakshin Kali, is het hier toch vrij toeristisch geworden. Er is geen ontsnappen aan de souvenirverkopers of de bedelaars. Deze plek staat bekend om zijn zaterdagse religieuze ceremonie ter ere van de godin Kali (ook op dinsdag maar die is niet zo interessant). Opgepast, op die dag is er vaak een kilometerlange file in de smalle straat. Honderden bussen en vrachtwagens stampvol bedevaarders blokkeren de toegang tot de site. Je moet rechtsomkeer maken. Je komt best heel vroeg, of beter nog, overnacht ter plaatse. Om de bloeddorst van de godin Kali te stillen en om de zaterdag (een rampzalige dag) niet slecht te laten aflopen, komen honderden Nepalezen hierheen om kippen en jonge bokken te offeren. Ze bieden Kali bloemen, fruit en wierook aan. De tempel waar geofferd wordt, is open. In feite is het een soort groot binnenplein van 40 m waar de offerpriester de dieren die worden aangeboden, een voor een met een kapmes onthoofdt. Redelijk indrukwekkend schouwspel, de celebrant-slager ploetert in het bloed maar vreemd genoeg heeft hij geen last van enig religieus vuur of emotie. Het is routinewerk geworden: zodra het hoofd op de grond valt, grabbelen de gelovigen naar hun dieren en laten het bloed over de bas-reliëfs lopen. Toeristen mogen niet binnen, maar achter het hek kun je het gebeuren heel goed meevolgen. De kippen en andere dieren worden daarna aan de oever van de rivier gevild en nadien opgegeten.

Trotters met een klein hartje kunnen intussen altijd even naar de kleine tempel gaan, die wat hoger ligt. Daar worden bloemen en groenten geofferd.

AANKOMST EN VERTREK

- **Kathmandu-Dakshin Kali:** in Kathmandu neem je een plaatselijke bus tussen de rotonde van Martyr's Gate en Kanti Path (ter hoogte van het GPO). Er vertrekken ook taxi's bij Ratna Park. Je kunt je niet vergissen, volg de mensen met kippen op de rug of die jonge bokken meetrekken. Een rit van ongeveer een uur. Ga links zitten, zo heb je een mooier uitzicht over het landschap met schitterende terrascultuur. Reis je met een groepje, dan is een taxi voordeliger. Spreek 's ochtends een prijs af voor een tochtje door de omgeving: Dakshin Kali-Shikhara Narayan-Chobar-Kucchay. Vertrek heel vroeg.

SLAPEN, ETEN

▨✖ **DAKSHINKALI VILLAGE INN:** net links naast de hoofdpoort naar de tempel. ☎ 471 00 53. Reserveren in Kathmandu: ☎ 433 08 58 en 433 07 70. Ongeveer $ 25 (€ 17,50) voor een tweepersoonskamer, maar ding af. Ideaal voor de avond voor de offers (die al beginnen om 5.00 u) of om er te ontbijten. Eenvoudige kamers met badkamer. Prachtig uitzicht. Goede prijs-kwaliteitverhouding. Het menu is wat duurder dan in Kathmandu. Probeer de *kukhura ko sekuwa* of de *chicken lebanese style*, verrukkelijk.

PASHUPATINATH

Dit dorp ligt 5 km ten oosten van Kathmandu en is een van de heiligste dorpen van het land, een bedevaartsoord aan de oevers van de Bagmati (de Benares en de Ganges van Nepal, zo je wilt). *Pashupati* is een van de vele namen van de grote god Shiva. Deze plek wordt al geëerd sinds de oudheid. De gebouwen die je vandaag ziet, van de hand van Pratap Malla, dateren uit de 17de eeuw. De geschiedenis vertelt ons dat deze radja om een wel heel vreemde reden een vrome daad stelde. In zijn harem met 3000 concubines verkrachtte hij een heel jong meisje dat nadien stierf. De losbandige vorst zag de ernst van zijn gedrag in. Als boete leefde hij drie maanden in afzondering in Pashupathinath waar hij zich bezighield met het uitbreiden en verrijken van het heiligdom, dat vandaag nog steeds baadt in de sfeer van deze gewijde schrik die typisch is voor de oorden gewijd aan Shiva. Een van de vele namen van Pashupatinath is trouwens 'de schaduwvallei'. Daarnaast is Pashupatinath ook een prachtig dorp met een heel harmonieuze architectuur. Wil je het dorp graag fotograferen, kom dan vroeg in de ochtend. In de namiddag en de avond heb je de zon tegen. Dit pakkende en rustgevende oord is een uitstap meer dan waard. Neem je tijd. Het kan handig zijn een gids mee te nemen die je uitleg kan geven bij de hindoesymbolen en -rituelen. Er staan genoeg gidsen met praatjes aan de ingang, maar die zijn niet allemaal even goed... Aarzel in elk geval niet om ze af te poeieren. Spreek voor je bezoek een prijs af, zodat er nadien geen onenigheid ontstaat.
- Toegangsprijs: 250 NPR (€ 3).

AANKOMST EN VERTREK

- **Kathmandu-Pashupatinath:** met de bus van Ratna Park (regelmatig vertrek) naar Bodnath. Met de gemeenschappelijke *tempo* bij Rani Pokhari of met een goedkope taxi (ongeveer 100 NPR, € 1,20).

WAT IS ER TE ZIEN?

✤⊚**Golden Temple:** enkel hindoes mogen binnen. Jij kunt enkel een glimp opvangen van het imposante standbeeld van de stier *Nandi* (voertuig van Shiva) op de hoofdbinnenplaats. Neem de trappen links. Klim de heuvel op en geniet van het mooie uitzicht op het heiligdom en de rivier. Het straatje dat naar de tempel leidt, is heel levendig. Overal zijn er fleurige bloemenwinkels, er worden heiligenbeelden verkocht, langs de weg zitten *saddhu*, mannen vol as die leven als asceten, aan de rand van de maatschappij. Op hun voorhoofd staan drie horizontale lijnen. In hun ene hand houden ze de drietand van Shiva, in de andere een centenbakje. Het is bovendien ook hier in Pashupatinath dat de jaarlijkse samenkomst van de *saddhu* plaatsheeft voor de *Shivaratri*. In februari of maart, dat hangt van het jaar af. Niet te missen spektakel. Let die dag in het bijzonder op voor gauwdieven. Ze komen helemaal uit India om hier de zakken van de toeristen en rijke Nepalezen op bedevaart te rollen.

Teej (in september) is een tweede niet te missen feest: die dag komen duizenden brahmaanvrouwen uit de hele vallei naar Pashupatinath. Ze komen, helemaal in het rood gekleed, bidden, dansen en zingen in de Gouden Tempel. Daarna volgt een rituele wassing in de Bagmati. Enkel zij mogen dan in de stad binnen, aan de ingang staat politie. Dit spektakel met kleurrijke sari's is ronduit schitterend. Vrouwelijke toeristen mogen hier en daar wel binnen, mannen daarentegen moeten wachten in het kroegje om de hoek!

❧ Op het kleine pleintje links naast de brug staat een **minitempel van Batchhla Dev**, met kunstig bewerkte balken en interessante erotische figuren. Eens de brug over zie je links een vrij grote *lingam*. Vroeger zou hier een waterput geweest zijn. Als je in deze put kijkt, zie je je nieuwe incarnatie. Voor het oog van de ontzette Nepalezen, die in die tijd nog niet zo deugdzaam waren, liet de regerende prins Sankara Rajah de put dichtgooien en bouwde er een *lingam*.

❧❧ **De lijkverbrandingsplaatsen (burning ghats):** aan de rivier, op de oever van de Gouden Tempel. Het is mogelijk dat er tijdens je bezoek een crematie aan de gang is. De Bagmati mondt uit in de Ganges. Een crematie in Pashupatinath heeft dus evenveel waarde als een crematie in Varanasi (Benares). Toch is deze plek bescheiden en een stuk minder indrukwekkend. Hoewel hier minder spanningen zijn met de toeristen, is het toch beter discreet te zijn wanneer je wilt fotograferen. Ga voor een minimum aan respect op de andere oever staan. Rechts liggen de *ghat* van de armen. De brandstapels liggen op vierkante stenen. De lichamen liggen naar het noorden, in de richting van de Himalaya, de wieg van de goden. De oudste zoon steekt de brandstapel van zijn vader aan na eerst water in zijn mond te hebben gegoten. Is de overledene de moeder, dan voert de jongste zoon het ritueel uit. De *ghat* links van de brug zijn voorbehouden voor de rijken en bekenden. De ronde *ghat* op de andere oever dienen voor de rituele wassingen van de *saddhu* of zijn plonsbekkens voor de kinderen!

❧❧ **Mrigasthali:** steek de brug over de rivier over naar de beboste heuvel vol gebouwen. Langs de trappen bemerk je echte *saddhu* op bedevaart maar ook heel wat komedianten, fotogeniek dat wel, maar met een neus voor zaken. Ze hebben niks meer te maken met de oorspronkelijke filosofie van de *saddhu*. Ze trekken vol overgave aan hun lange *shilom*, zodat je foto dat tikkeltje extra krijgt! Sla halverwege links af, om de hele plek te ontdekken. Op het grote terras krijg je een weids uitzicht (en kun je mooie foto's trekken). Boven op de heuvel kun je, ofwel door het bos ofwel via de monumentale trap, naar een verlaten groepje kloosters en tempeltjes gaan. Een paradijs voor apen en zwerfhonden. Jammer dat het toegangsgeld niet wordt gebruikt om deze volledig vervallen gebouwen te restaureren. Net als in Swayambunath heb je ook hier beter geen voedsel bij, de apen worden al snel agressief. Je kunt de berg afdalen langs de rivier, zo kom je terug uit bij je vertrekpunt.

❧ **Social Welfare Centre:** rechts als je aankomt. Dit toevluchtsoord voor minderbedeelden is gehuisvest in een mooi gebouw, dat wordt uitgebaat door de overheid. Je kunt er een gift doen.

- In Pashupatinath kun je door het sterk verstedelijkte platteland terug naar **Bodhnath**. Neem de trap naar Mrigasthali. Boven ga je verder naar links, daal de trap af tot de Bagmati. Steek de rivier over vlak bij de tempel waar enkel hindoes binnen mogen. Dan heb je nog een wandeling van 45 minuten voor de boeg tussen Pashupatinath en Bodhnath.

BODHNATH

BAUDA   NETNUMMER 01

8 km ten oosten van Kathmandu. Er vertrekken regelmatig bussen bij Ratna Park. Wandelaars kunnen zich verheugen op een mooie wandeling vanuit Pashupatinath (zie hoger).

De stad Bodhnath wordt beschouwd als een boeddhistisch heiligdom. De inwoners zijn vooral Tibetanen die naar Nepal zijn gevlucht na de Chinese invasie. Er zijn bijgevolg niet minder dan 30 heiligdommen te tellen. Op het middenplein staat een heel grote stoepa met een omtrek van 100 m. De oorsprong ervan is een beetje duister: hij zou gebouwd zijn door koning Mana Dev in de 5de eeuw v.Chr.

Bodhnath is vandaag vuil en overbevolkt. Rond de stoepa staan tal van souvenirkraampjes (juwelen, *thangka*, klokjes, gebedsmolentjes...). De vele toeristen hier trekken bedelaars aan. Let op, dit is vaak georganiseerd en meedogenloos. Elke bedelaar heeft zijn eigen listen bedacht... Ook veel schoenenpoetsers en hasjverkopers. Wees voorzichtig als je hier 's avonds rondloopt, het is er niet zo veilig (diefstal, agressie).

- Heel wat cybercafés en wisselkantoren.

SLAPEN

Overnachten in Bodhnath heeft iets magisch. Let toch op 's avonds, het is hier niet zo veilig op straat als in Kathmandu. 's Ochtends word je rond 6.00 u zachtjes gewekt door het geluid van de Tibetaanse hoornen.

GOEDKOOP (150-500 NPR, € 1,80-6)

▣ LOTUS GUESTHOUSE: Phoolbari, Budha. ☎ 447 24 32. Neem het kleine steegje ter hoogte van het *Stupa View Restaurant*. Goed aangeduid. Voorbij een paar splitsingen, aan het eind van een steegje. Tijdens het seizoen reserveer je best. Behoort tot het klooster ernaast. Heel rustig. Eenvoudige kamers met een wat hard bed, maar wel net, met of zonder badkamer. Rustige tuin. Een vaste waarde.

DOORSNEEPRIJS (1000-2000 NPR, € 12-24)

De sterk overdreven prijzen zakken pijlsnel tijdens het laagseizoen. Afdingen is de boodschap!

▣ HAPPY VALLEY GUESTHOUSE: Phoolbari, Budha. ☎ 447 12 41. • hinn@wlink.com. np. In het kleine straatje dat vertrekt bij het *Saturday Café* neem je de eerste straat links. Het guesthouse ligt helemaal op het eind. Hoewel vlak bij de stoepa toch heel rustig. In de inkomhal hangen schilderijen met Tibetaanse motieven en staan beeldjes met de plaatselijke klederdracht. Heel nette kamers met onberispelijke badkamer. Terras met leuk uitzicht. Verhuurt ook flats. Op aanvraag wordt je zelfs opgehaald aan de luchthaven.

▣ PADMA HOTEL: op het plein met de stoepa. ☎ 446 24 52 of 447 09 57. • www.geocities.com/hotelpadma. Achter een grote houten poort. Het mooie houtwerk ziet er veelbelovend uit... Helaas. De kamers geven niet uit op de stoepa, maar ze zijn wel brandschoon en comfortabel. Dakterras.

LUXUEUS (2000-4000 NPR, € 24-47)

▣ NORBU SANGPO HOTEL: Phoolbari, Budha. ☎ 447 73 01. • www.hotelnorbusangpo.com. Sla aan het *Stupa View Restaurant* links af, loop 200 tot 300 m door. Het hotel is aangeduid. Vrij groot hotel, uitgebaat door Tibetanen, en is heel rustig gelegen. Rondom ligt braakland. De prijzen hier zijn wat hoger dan die van de vorige adresjes, maar ze zijn wel bespreekbaar (ook tijdens het hoogseizoen). Zo kun je een tweepersoonskamer met alle comfort krijgen aan een spotprijs. Ruime kamers, kraaknet. Ook verhuur van flats. Tuin, terras, uitstekend restaurant, iedereen is er heel vriendelijk en lacht er voortdurend. Het beste hotel in Bodhnath, goede prijs-kwaliteitverhouding.

ETEN

Bodhnath staat bekend om zijn *chang* (gerstbier). Je kunt er ook *thomba* drinken, een warm gierstbiertje met een houten rietje. Je krijgt regelmatig warm (gekookt) water bijgeschonken. Gezondheid!

Opgelet, de restaurants sluiten hier vroeger dan in Kathmandu.

GOEDKOOP (150-350 NPR, € 1,80-4,20)

🍴 Tal van kleine eetstalletjes voor wie platzak is. Ze zijn befaamd om hun *momo*. Over het geheel genomen goedkoop en lekker. Een goed teken als je er monniken ziet, dan kun je op beide oren slapen.

🍴 BIR RESTAURANT & BAR: Tuser Road, 100 m links voorbij de hoofdpoort van de stoepa (als je ervoor staat). Ons lievelingsrestaurant, toevallig ligt het ook net buiten de omwalling van de stoepa. Je kunt er Tibetaanse specialiteiten en enkele Chinese gerechten eten. Het eten is er eenvoudig en eerlijk, met *thantuk* (soep met pasta, groente en vlees) en *momo*. Heerlijk. Lekkere *lassi* en heel wat soorten alcohol. Fantastische bediening, spotprijzen.

🍴 THE SATURDAY CAFÉ: aan de andere kant van het *Stupa View Restaurant*, in het straatje naar het *Lotus Guesthouse*. ☎207 31 57. Dagelijks open van 7.30 tot 20.30 u. Eetzaal op de eerste verdieping met boekenwinkel en verkoop van originele kledij. Leuk voor je koffie- of theepauze, maar voor een falafel, pizza, *momo* of sandwich uit het vuistje. Lekkere taart. Vriendelijke bediening, net.

🍴 VIEW HIMALAYAN RESTAURANT: vlak bij de stoepa. ☎447 90 97. Eetzaal op de eerste verdieping, terras op de vijfde. Wisselende keuze, zoals gewoonlijk. Tibetaans, Indisch, Italiaans en Chinees. Redelijke prijzen. Vrij uitzicht op de stoepa.

🍴 STUPA VIEW RESTAURANT: naast de stoepa, natuurlijk, links van de ingang. ☎448 02 62. Dagelijks open van 10.00 tot 21.00 u. Op de eerste verdieping aangenaam terras met mooi uitzicht op de stoepa. Buitengewone lokale specialiteiten ('!'): Griekse salade, Nepalese tomaat-mozzarella, pizza, *mezze*... Zeer net, dat wel, maar niet zo charmant. Ook duurder dan de concurrentie voor eten dat er net mee door kan.

🍴 THREE SISTERS CAFÉ & RESTAURANT: binnen de omwalling van de stoepa. ☎449 91 81. Dit gezellige en nette restaurantje verkoopt snacks, sandwiches, *thali*, pizza, ijsjes, gebak, bagels, *brownies*... Correcte prijzen.

WAT IS ER TE ZIEN?

🎭🎭◎ **De stoepa:** te betalen binnen de omwalling: 100 NPR (€ 1,20). Bedevaarders komen 's ochtends vroeg of rond 18.00 u. De stoepa zelf bestaat uit vijf terrassen, die je kunt beklimmen. Een van de indrukwekkendste in Nepal en zeker een van de grootste. De bouwers hebben er een mandala van gemaakt die enkel Boeddha kon beschouwen. Een mandala is een figuur in het teken van een cirkel die water symboliseert, omgeven door vierkanten (aarde), die dan weer binnen een of meerdere buitenringen vallen. De mandala's inspireerden de boeddhistische meditatie. Door de omvang is voldoende plaats voor symboliek: de toren boven de koepel staat voor vuur, de laatste krans symboliseert de lucht. Zo staan de vier elementen boven elkaar. In het heiligdom van de stoepa zou de as van Kashyapa, de voorganger van Boeddha Sakyamuni, bewaard zijn.

De dertien treden van de stoepa naar het halfrond van de pinakel staan voor de dertien stappen naar perfecte kennis, *Bodhi* genaamd. Vandaar de naam van de stad 'Bodhnath'.

Deze plaats is heel levendig en erg toeristisch. Wil je de stad op een andere manier leren kennen, kom dan aan het eind van de middag. Dan hoor je de boeddhistische gezangen in de straten. Leken en monniken draaien rond de stoepa, soms zelfs op hun knieën of languit liggend.

Aan de overzijde van de grote toegangspoort, ongeveer tegenover de reuzengebedsmolen, loopt een klein wegje voorbij een oude half vernielde fontein en leidt naar het **klooster van Shechen**, het grootste van de hele streek. Dagelijks dienst om 15.00 en 18.00 u.

🕯 Er zijn nog heel wat andere kloosters geopend, maar die zijn niet allemaal even mooi. Je komt er wel altijd monniken en bedevaarders tegen en je kunt er vaak interessante rituelen bijwonen (gemaskerde dansen, concert met reuzentrompet...).

Bodhnath is bovendien een bloeiende handelsstad, met bijbehorende souvenirwinkeltjes en nepbedelaars. De dynamische Tibetaanse samenleving is trouwens ook te zien in het grote aantal luxueuze kloosters dat de laatste jaren is gebouwd of nog in aanbouw is. Het zijn er zo'n dertig.

- Heb je het geluk voor *Losar* (het Tibetaanse Nieuwjaar, 27 januari 2009) in Nepal te zijn, mis dan zeker niet de ceremoniën. Enkel in de ochtend, bij de grote stoepa. In de namiddag Tibetaanse dansen in het grote Bhutanese klooster. Vraag inlichtingen ter plaatse.

📧 Je kunt overnachten in het **KLOOSTER VAN KOPAN**: enkele kilometers voorbij het kruispunt van Chabahil aan de linkerkant (2 km voor Bodhnath). Reserveren in Kathmandu: ☎ 448 12 68. • www.kopanmonastery.com. Reservatie verplicht. Er rijden taxi's heen, maar de prijs terug is vrij hoog. De weg is in slechte staat. Je kunt er kiezen voor een verblijf met door het klooster georganiseerde activiteiten (zoals een maand inleiding tot het boeddhisme). Inlichtingen vind je op hun website. Het klooster zelf is schitterend met een uitzonderlijk mooi uitzicht.

BHAKTAPUR

BHADGAON	165.000 INWONERS | NETNUMMER 01

Bhaktapur ligt ongeveer 13 km ten oosten van Kathmandu. Zonder twijfel de mooiste stad van de vallei.

◎ Bhaktapur heeft de sfeer van een fantastische soek weten te bewaren, de meeste straatjes zijn nog steeds geplaveid zoals vroeger. Alweer een voormalige hoofdstad van het koninkrijk van de vallei (van de 14de tot de 17de eeuw), rivaal van Patan en Kathmandu. Een prachtige stad van landbouwers en ambachtslieden, bezaaid met paleizen, tempels en schitterende woningen (trouwens uitgekozen door Bertolucci om er bepaalde scènes voor zijn film *Little Buddha* te draaien). Voor ons is deze stad het absolute hoogtepunt. Verblijf hier zeker enkele dagen. De zon die ondergaat in het door toeristen verlaten Bhaktapur en een wandeling door de straatjes als de avond is gevallen, zijn onvergetelijk. Steeds meer reizigers die genoeg hebben van de luchtvervuiling en het lawaai van Kathmandu, komen hier herbronnen.

EEN BEETJE GESCHIEDENIS

Koning Ananda Deva stichtte de stad in de 9de eeuw. De originele opbouw zou ge- beurd zijn volgens een schelpvormig plan. Wat waarschijnlijker lijkt, is dat het plan gebaseerd is op een mandala, waarbij de binnenstad binnen een 'magische driehoek' valt die wordt gevormd door de drie tempels van Ganesh buiten de stad. Deze drie- hoek is een symbolische bescherming voor de stad. Tot de 16de eeuw domineerde Bhaktapur zowel politiek als cultureel het hele land en behield deze positie tot de ver- overing door de Ghorka in 1769. Sindsdien is de stad altijd een wereld apart gebleven, met een economische autarkie maar ook een sterke onafhankelijkheid. De meeste ouderlingen die hier wonen, spreken geen Nepali. Hun taal is het Newari, het zuiver- ste dat nog in Nepal wordt gesproken. De architectuur en de organisatie van de stad zijn een staaltje van Newarplanning. De wijken (*tole*) liggen rond een centraal plein met een put of een openbare bron en vaste religieuze altaars. Deze *tole* moeten ook de oogst beschermen. In het verleden verwierf de stad haar belang dankzij de bevoor- rechte ligging aan de as India-Tibet. De belasting die aan de handelaars werd opge- legd, zorgde voor grote rijkdommen. Bhaktapur, dat lange tijd 'Stad van de Vromen' werd genoemd, heeft ook zijn religieuze karakter behouden. Hier, meer dan elders, staat alles in het teken van de goden. De bijzondere sfeer in dit levende museum zal je verrassen.

Bhaktapur in eer hersteld

Vind je de toegangsprijs voor de stad overdreven (zie verder in 'Nuttige informatie'), weet dan dat dit de moeite loont, als je de restauratiewerken bekijkt die worden uitge- voerd. Er staan nog heel wat andere projecten op stapel. Na verloop van tijd zou Bhak- tapur zijn originele uitzicht terug moeten krijgen. Verder nog in voorbereiding: het vervangen van de golfplaten daken door traditionele pannen, het opnieuw opbou- wen van de walmuur en het verkeersvrij maken van het centrum. Heb je vragen, dan kun je de gemeente een e-mail sturen op ● bhaktapur@htp.com.np.

AANKOMST EN VERTREK

Bhaktapur is verbonden met:
- **Kathmandu:** het makkelijkst is een taxi. Niet al te duur, hoewel de terugreis toch wat kostelijker blijkt uit te vallen. Hetzelfde geldt voor de verbindingen met andere steden in de vallei. Ook mogelijk is de *express minivan*: regelmatig vertrek in Kathmandu bij *Bagh Bazar (algemene plattegrond, C2-3)*. Aankomst en vertrek van de pendeldienst in Bhaktapur bij het *postkantoor (plattegrond A2)*. Afhankelijk van hoe druk het is, duurt de rit een tot anderhalf uur. Ook plaatselijke (heel trage) bussen, bij Ratna Park in Kath- mandu *(algemene plattegrond, C3)* met aankomst in Kamalbinayak *(plattegrond D1)*.
- **Nagarkot:** bus om het uur tot ongeveer 16.30 u. Een rit van ongeveer anderhalf uur. In Bhaktapur vertrek je voor het kleine meer Kamal Pond aan de weg naar Nagarkot *(plattegrond D1)*. Volg de hoofdweg aan het Dattatrayaplein. Buiten de stad net voorbij de poort sla je links af.
- **Banepa, Panauti en Dhulikhel:** alle bussen stoppen in Bhaktapur tegenover de vroegere trolleyhalte *(plattegrond B3)*. Meerdere vertrekmogelijkheden vanaf 5.00 u. Bij voorkeur reserveren in Kathmandu, de bussen zitten vaak overvol.

A		B	
◼	**Nuttige adressen**	14	Shiva Guesthouse
▣	Busstations	30	Big Bell Garden Restaurant
▣	General Post Office (GPO)	31	Nyatapola Café
1	Nyatapola Money Exchange	32	Nyatapola Restaurant
2	Dattatraya Money Exchange	34	Temple Town Café
3	Departement voor Muziek		
		🔍	**Wat is er te zien?**
▣	**Slapen**	40	Tempeltje
10	Golden Gate Guesthouse	41	Koninklijke vijver
12	Khwopa Guesthouse	42	Museum voor Schilderkunst en Tangkha
13	Sunny Guesthouse	44	Chyasilim Mandap
14	Shiva Guesthouse	45	Kancha-Pukhu
15	Bhadgaon Guesthouse	46	Ta-Pukhu
16	Pahan Chhen Guesthouse	47	Pujari Math, museum voor Bewerkt Hout
17	Pagoda Guesthouse en Roof Top Café	48	Museum voor Brons en Koper
18	Bhaktapur Guesthouse		
		▢	**Inkopen doen**
▣	**Eten**	2	Peacock Tea & Spice Shop
13	Sunny Restaurant		

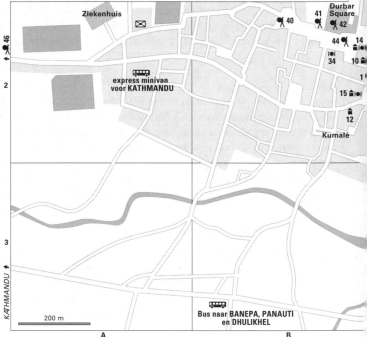

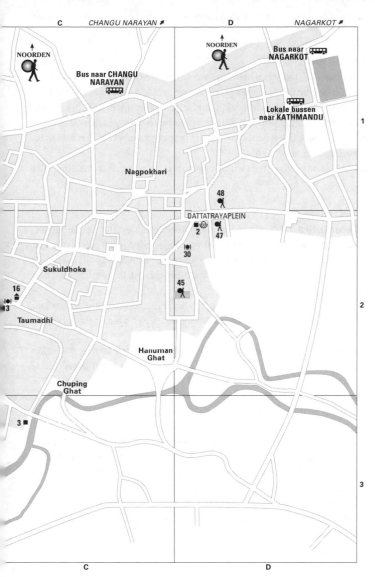

- **Changdu Narayan:** neem de bus naast de Mahakalitempel ten noorden van Durbar Square *(plattegrond C1).*

HANDIGE INFORMATIE

- Toegangsprijs voor de stad: 750 NPR per persoon, te betalen in dollars ($ 10 of € 7).
- Overnacht je in de stad of wil je graag terugkomen, vraag dan een *pass* (identiteitskaart voorleggen). Deze is een hele week geldig, je betaalt niet extra. Let op, de loketbediende stelt dit niet altijd zelf voor. Ben je het vergeten te vragen, keer dan terug naar het loket waar je je ticket hebt gekocht en vraag een stempel op de achterzijde. Zo moet je geen twee keer betalen!
- Avondklok om 20.00 u, maar alles wordt nog magischer zodra de toeristen er niet meer zijn.

NUTTIGE ADRESSEN

✉ **General Post Office (GPO, plattegrond A2):** tegenover de halte van de pendelbussen. Vaak ligt het postkantoor hierachter verscholen, vind je het niet, vraag dan de weg. Zoals altijd moet ook hier de postzegel worden afgestempeld waar je het ziet. Alles wordt aan het eind van de dag naar Kathmandu gebracht, de bedeling leidt hier amper onder.

■ **Wisselen:** je kunt geld wisselen in de *Nyatapola Money Exchange (plan B2, 1),* op het Taumadhi Toleplein of in de *Dattatraya Money Exchange (plan D2, 2),* op het Dattatrayaplein. Geen commissie.

■ **Geldautomaten:** de automaat van de *Nabil Bank* ligt op Durbar Square, onder het *Shiva Guesthouse.* Open van 9.30 tot 18.00 u. Nog een automaat op dezelfde plek als de *Himalayan Bank.*

■ **Gezondheid:** voor alle ernstige problemen raadpleeg je een arts in Kathmandu. Twee apotheken tegenover het ziekenhuis van Bhaktapur *(plattegrond A2),* waar je degelijk advies krijgt.

♪ **Department of Music (University of Kathmandu, plattegrond C3, 3):** ☎ 661 24 60. ● www.asianart.com/kumusic/index.htm. Als je *sarod,* sitar, tabla, percussie van de Newar of zelfs rituele dansen wilt leren. Cursus voor iedereen. Ongeveer 5600 NPR (€ 66) per maand, 2 uur les per week. Deze universiteit is ondergebracht in een oude tempel die smaakvol is gerestaureerd. Bibliotheek en minimuseum met Nepalese muziekinstrumenten die je kunt bezoeken. Gerd, een Duitser die al jaren in Bhaktapur woont, vertelt je met passie over zijn bekommernis om de muzikale folklore van het land vast te leggen op kilometers geluidsband.

SLAPEN

GOEDKOOP (150-500 NPR, € 2-6)

🏠 **GOLDEN GATE GUESTHOUSE (PLATTEGROND B2, 10):** een ingang naast het *Shiva Guesthouse,* een tweede achteraan. ☎ 661 05 34 of 661 24 27. ● www.goldengate- guesthouse.com. Je bereikt het guesthouse via een wirwar van straatjes en binnenpleintjes. Verschillende categorieën kamers tegen spotprijzen, met of zonder badkamer, enkele met balkon. Kortom, hoe hoger de verdieping, hoe duurder. De rust is de grote troef van dit adres. Minder duur dan elders, voor uitstekende dienstverlening. Heel goede ontvangst.

🏠 KHWOPA GUESTHOUSE (PLATTEGROND B2, 12): in de straat naar *Pottery Square*, ongeveer 100 m van Taumadhi Square. ☎ 661 46 61. • www.khwopa-guesthouse. com.np. Heel eenvoudig guesthouse in een gerestaureerd Newarhuis. De kleine kamers zijn mooi ingericht, met vast tapijt en mooie badkamer. De baas en zijn personeel zijn charmant. Zeker een van de betere prijs-kwaliteitverhoudingen.

VRIJ GOEDKOOP (500-1000 NPR, € 6-12)

🏠🍽 SHIVA GUESTHOUSE (PLATTEGROND B2, 14): op Durbar Square, vlak bij de Pashupatinathtempel. ☎ 661 39 12. • www.shivaguesthouse.com.np. Vijftien eenvoudige kamers van verschillende grootte. Kies een kamer met privébadkamer. Het gemeenschappelijke sanitair is in orde, maar ook niet meer dan dat. Sommige kamers zijn gezelliger dan andere, bijvoorbeeld die onder het dak. Klein dakterras met mooi uitzicht op de tempels. Ook restaurant, zie 'Eten'. Heel vriendelijke ontvangst.

🏠 SUNNY GUESTHOUSE (PLATTEGROND C2, 13): op Taumadhi Square. ☎ 661 66 94 of 661 60 94. • sunnyres@hotmail.com. Ideale ligging op Taumadhi Square. Gezellige kamers, niet zo groot maar wel net, met of zonder badkamer. De kamers geven uit op het plein of de achterkant (rustiger). Newarinrichting. Stevig afdingen. Ontvangst met de glimlach. Aangenaam restaurant op het dak, met mooi uitzicht op het plein.

DOORSNEEPRIJS (1000-2000 NPR, € 12-24)

🏠🍽 BHADGAON GUESTHOUSE (PLATTEGROND B2, 15): Taumadhi Square.
☎ 661 04 88. • www.bhadgaon.com.np. Ontbijt à la carte. Op het plein van de Nyatapolatempel. Gezellig dakterras met schitterend uitzicht. Leuke binnentuin. Ultracentraal gelegen, bijgevolg lawaaierig van 's ochtends tot 's avonds. Vraag indien mogelijk een kamer die uitgeeft op de binnenruimte. Vrij harde matras in mousse. Het guesthouse heeft een bijgebouw aan de andere kant van het Nyatapolaplein (*plattegrond C2*). Comfortabel maar even lawaaierig. Vriendelijk personeel, misschien een beetje verveeld.

🏠 PAHAN CHHEN GUESTHOUSE (PLATTEGROND C2, 16): ☎ 661 28 87. • srp@mos.com. np. Nagenoeg op het Taumadhiplein, naast de ingang van het *Sunny Guesthouse*. Je komt binnen langs een pashminawinkeltje. Klein hotel met een tiental kamers, niet zo groot maar wel goed onderhouden. Alle kamers hebben een badkamer. Er is een inspanning geleverd voor de aankleding van de ramen, jammer genoeg kan dit niet gezegd worden voor de dekens... Telefoon. Leuk dakterras boven de tempels op het plein, hier ontbijten is te gek. De prijzen zijn misschien iets overdreven, het comfort is te vergelijken met dat van de naburige hotels.

🏠🍽 PAGODA GUESTHOUSE & ROOF TOP CAFÉ (PLATTEGROND B2, 17): Taumadhi.
☎ 661 32 48. • www.pagodaguesthouse.com.np. Aan de ingang van het plein, achter de Nyatapolatempel. Onberispelijke kamers, betimmerd, al bij al vrij ruim, met of zonder badkamer. Er staat zelfs een bankje waarop je wat kunt gaan liggen. De prijzen zijn wat overschat. Kitscherige inrichting. Matig eten.

ETEN

Verlaat Bhaktapur niet zonder de plaatselijke specialiteit geproefd te hebben: de *dahi*, of *jujudhau* in het Newari, een yoghurt op grootmoeders wijze. De yoghurt wordt opgediend in een grote aardewerken kom en staat vaak op de Newarmenu's.

Jammer dat er niet zoveel restaurants zijn, dat is te merken aan de kwaliteit van het eten. Opgelet: het nachtleven in Bhaktapur is niet zo bijzonder. Na 20.00 u vind je nog moeilijk een restaurant dat open is!

GOEDKOOP (150-350 NPR, € 1,80-4,20)

Shiva Guesthouse (PLATTEGROND B2, 14): op Durbar Square, vlak bij de Pashupatinathtempel. 661 39 12. Twaalf hoge tafels, herberg-*trattoria*sfeer, mooi uitzicht op het plein. Net als overal ook hier een uitgebreide kaart. De Newarschotels en de kip *shashlick* met groenten en smakelijke rijst zijn een aanrader. Sterk gekruide *momo* met groenten, die met vlees is wat zachter. Heerlijke yoghurt die je absoluut moet proeven. Vriendelijke bediening met de glimlach. Ons beste adres in Bhaktapur.

Nyatapola Restaurant (PLATTEGROND C2, 32): achter de tempels met vijf daken. Allerlei specialiteiten voor weinig geld: Nepalese *thali*, *thukpa*... Correcte keuken. Het leuke is dat dit restaurant iets langer open blijft dan de andere (tot ongeveer 22.00 u): de jeugd komt hier vaak 's avonds een biertje drinken. Leuk decor. Aangenaam terras onder een rieten dak.

Sunny Restaurant (PLATTEGROND C2, 13): rechts naast de Nyatapolatempel. Gesloten om 20.00 u. Restaurant op de eerste verdieping van een typisch huis met uitzicht op het plein. Adembenemend uitzicht op het dakterras. Mooi gepresenteerde Newarspecialiteiten. Lekkere *chicken shashlik* en *momo*, ruime porties. Om duimen en vingers af te likken. Rustige sfeer.

Café Nyatapola (PLATTEGROND B2, 31): midden op het plein Taumadhi Tole. Sluit om 18.00 u (behalve als er groepen gereserveerd hebben). In een pagode met vrij uitzicht op de tempels en het levendige plein. En meer heeft dit café niet echt te bieden. Hier komen enkel toeristen die samenhokken op de eerste verdieping. Je kunt er enkele snacks eten. Overdreven prijzen voor wat je op je bord krijgt.

Big Bell Garden Restaurant (PLATTEGROND D2, 30): net voor Dattatraya, rechts als je van het centrum komt, achterin een steegje. Open tot 21.00 u. Kantine met een paar tafeltjes op een rustige achterplaats of in een smalle zaal. Hier kom je meer voor de sfeer dan voor wat er op je bord ligt. Voor trotters met een stalen maag!

Café de Temple Town (PLATTEGROND B2, 34): aan de ingang van Durbar Square, rechts, net voor bij de ingangspoort (te betalen). 661 03 46. Goede ligging, matig eten. Drink een thee of iets fris en geniet van het uitzicht.

WAT IS ER TE ZIEN?

Als je met de bus of de taxi rijdt, dan kom je binnen langs de Leeuwenpoort (toegangsprijs te betalen). Ongeveer 100 m voor je binnenrijdt, zie je rechts een **tempeltje (plattegrond B2, 40)**. De erotische friezen tonen dieren in vol liefdesspel. Vooral het koppel olifanten is kostelijk.

Durbar Square (plattegrond B2): haast je niet hierheen. Blijf onderweg even staan bij de twee enorme steles links uit de 18de eeuw, *Durga* en *Bhairava* met snoeren met doodskoppen rond hun hals. Durga heeft 18 armen, Bhairava heeft er maar 12. Vroeger stonden deze beelden aan de toegangspoort van Basantapur Durbar, een schitterend paleis dat vandaag jammer genoeg vernield is. De monarch hield zo van deze beelden dat hij de handen van de artiest liet afhakken zodat die geen even mooie standbeelden meer zou kunnen maken. Vandaag staan de beelden aan de ingang van een school.

- Net voorbij deze twee standbeelden, op een binnenpleintje waar lange tijd het politiekantoor was, staat het **koninklijke bekken (plattegrond B2, 41)**, volledig schoongemaakt. De gebouwen rond deze vijver zijn gebouwd volgens de originele plattegronden. Recent werd een museum geopend waar onder andere gouden juwelen die in de vijver werden ontdekt, een heel arsenaal zwaarden, halssnoeren... tentoon worden gesteld.

🔸🔸 **Het museum van Schilderkunst en Thangka (plattegrond B2, 42):** links naast de Gouden Poort. Dagelijks open van 10.00 tot 17.00 u, gesloten op dinsdag. Toegangsprijs: 20 NPR, kaartje ook geldig voor het Museum van Bewerkt Hout en dat van Brons en Koper, beiden op het Dattatrayaplein.

Aan beide zijden van de toegangspoort staan twee beelden, eentje is *Hanuman*, de aapgod, het andere is *Narsingh*, de mens-leeuw (Vishnu). Binnen een prachtige en interessante collectie *thangka*, vooral als je van plan bent er later een te kopen bij een handelaar. Hier ontdek je alles wat een mooie oude *thangka* onderscheidt van een slechte kopie. Maar wees gerust, je kunt er ook mooie vinden bij de betere handelaars en in de schilderscholen. De oorsprong van de *thangka* wordt vaak aan de Tibetanen toegedicht. In werkelijkheid zijn het de Newar van Bhaktapur die ze naar Lhasa hebben geexporteerd. Ze stichtten er scholen voor onderricht in hun technieken. Dit museum heeft bijzondere aandacht voor twee schilderijen-kaarten, de *Shree Yantra Mandala* en de kegel van Vishnu, de symbolische geografie van de stad.

🔸🔸 **Het koninklijke paleis (plattegrond B2):** twee langwerpige gebouwen die verbonden zijn door de Gouden Poort, een meesterwerk van de Nepalese edelsmeedkunst dat een godin met vier hoofden voorstelt. De poort, die dateert uit de 17de eeuw en gemaakt is uit verguld koper, heeft amper geleden onder de tijd. Ga door de poort naar de tempel van Taleju daar net achter, de toegang is echter verboden voor niet-hindoes. Als de deuren open staan, kun je het schitterende binnenplein dat voorbehouden is voor de *Kumari (Kumari Chowk)* bewonderen. Zelfs al is die van Kathmandu de belangrijkste, toch heeft elke stad haar eigen Kumari. De twee levende godinnen, die van Patan en van Bhaktapur, verblijven hier maar 1 keer per jaar, tijdens de Daisinperiode. Ga ook kijken naar de koninklijke vijver met zijn heilige cobra's. Het 10 km lange kanaal dat de vijver van water voorziet, zorgde onderweg nog voor water voor 63 fonteinen. Sla je ogen op bij het naar buiten gaan en bewonder het standbeeld van koning Bhupatindra Malla, hij zit geknield en heeft zijn handen samengevouwen. Het overgrote deel van de uitzonderlijke monumenten in deze stad is aan deze koning, de beschermheer van de kunst, te danken. Vandaag zie je nog maar een schijn van de prachtige stad die Bhaktapur eens was. Het Durbar (paleis) telde niet minder dan 99 binnenpleinen. Bhupatindra, een groot schaakspeler, bedacht de dambordplattegronden. Enkel de koning, zo werd gezegd, liep hier niet verloren. Het paleis was even groot als dat in Kathmandu. De woongebouwen telden niet minder dan 7 verdiepingen. Helaas, enkel de tekeningen van de voorgevel zijn bewaard gebleven.

🔸🔸 **Het paleis met 55 vensters (plattegrond B2):** rechts naast de Gouden Poort, de oorspronkelijke kern en het origineelste van de koninklijke gebouwen. Het paleis werd volledig opnieuw opgebouwd na de aardbeving van 1934. Vandaag wordt het uitvoerig gerestaureerd. Bekijk de vensters met fijn bewerkte lateien ingebouwd in steen. Vanaf de tweede verdieping vormt het houten kantwerk een galerij met 55 naast elkaar geplaatste vensters. Pas sinds de 20ste eeuw worden in Nepal ruiten gebruikt. De eerste werd in dit paleis aangebracht. Het houten latwerk dat de vensters versiert, wordt nog in tal van huizen gebruikt.

🏃🏃 **Chyasilim Mandap (plattegrond B2, 44):** deze oude tempel, gebouwd in de 18de eeuw en vernield tijdens de aardbeving van 1934, werd dankzij voormalig Duits bondskanselier Helmut Kohl opnieuw opgebouwd. Als leidraad werd een foto uit 1866, die genomen werd door de Franse fotograaf Gustave Lebon, gebruikt. Met deze foto, die meer dan een eeuw oud is, als basis, konden de Newarkunstenaars het gebouw van hun voorouders nabouwen. Ze konden steunen op enkele originele elementen (pilaren en stutten) die na de aardbeving door het hoofd van het dorp werden verborgen en aan zijn familieleden uitgedeeld.

Deze *mandap* werd door de vorsten oorspronkelijk gebruikt als loge om de processies en feesten bij te wonen. Op dit platform heb je een prachtig uitzicht over het Durbar met al zijn monumenten. Dit keer werd de Chyasilim Mandap zo opgebouwd dat het bestand is tegen nieuwe aardbevingen. De polemiek die hierdoor ontstond, is nog lang niet afgelopen. Het ijzer dat werd gebruikt voor de versteviging is ritueel verboden in een tempel. Rede tegen religie, wat moet je dan kiezen?

De seksuele revolutie

De bloeiende erotische kunst in Bhaktapur is een van de uitzonderlijkste voorbeelden van het tantrisme, een soort mysticisme dat in de 6de eeuw in India ontstond. Deze kunst was in feite een opstand tegen de orthodoxe kasten die zeer restrictief waren in hun indeling. Het tantrisme stelde zich niet alleen open voor alle kasten maar ook voor de vrouwen. Vandaag wordt nog steeds niets van het hindoe- of boeddhistische geloof verworpen, integendeel, het wordt overstegen.

🏃🏃 **Pashupatinath Temple (plattegrond B2):** achteraan Durbar Square, tegenover de Gouden Poort. Deze aan Shiva gewijde tempel is de oudste van Bhaktapur. Onder het dubbele dak is een mooie collectie erotische figuren, verliefde beeldjes en uiterst realistische lichaamsoefeningen ondergebracht.

🏃 Naast het paleis met 55 vensters ligt een gezellig pleintje vol kraampjes en met drie tempels: de **tempel van Durga**, schitterend. Daar tegenover de imposante *klok van Taleju*. Rechts ervan een andere klok, bescheidener in omvang en befaamd omdat honden zich hier dood blaffen. De tweede tempel is de **tempel van Fasidega**. Op een sokkel met 6 vlakken, bewaakt door rijen dieren. Niet zo interessant, maar bovenop deze tempel geniet je wel van een prachtig uitzicht op het plein en de daken. De **tempel van Batsala Durga** werd in *shikarastijl* gebouwd en lijkt op de bekende *Krishna Mandir* op het Durbar Square in Patan. Een beiaard siert de pinakel. De trap is versierd met beeldjes van dieren, waaronder dromedarissen, wat vreemd is in Nepal omdat dit dier hier niet voorkomt.

🏃 Niet ver van Durbar Square ligt nog een plein, **Taumadhi Tole**, ronduit schitterend. Op dit plein staat de bekende **Nyatapolatempel**. Bovenaan de steile trap, afgezoomd met grote beelden, troont de tempel met vijf aaneengeregen daken. Je hebt er een weids uitzicht over de stad vanop het terras van het café Nyatapola. De tempel, gebouwd in 1708, is de hoogste van Nepal. De standbeelden onderaan stellen twee krijgers, twee olifanten, twee gieren en tenslotte twee godinnen voor. Elk koppel is telkens tien keer sterker dan dat van de verdieping eronder.

De andere tempel op dit plein is die van **Bhairav**, zeer aanbeden en bewaakt door twee wreed uitziende leeuwen-draken. Deze tempel werd als eerste op dit plein gebouwd. Gewijd aan de vreselijke incarnatie van Shiva. Maar Bhairav, die daar werd gezet, was heel ontevreden en belaadde het volk met tal van epidemieën. Na beraadslaging met priesters en wijzen werd beslist niet ver van de verbolgen god, de grote godin van de Tantra, *Siddhi Laksmi*, te plaatsen. Zo werd de tempel met vijf verdiepingen gebouwd. De koning gevolgd door het volk, legde de eerste steen. Bhairav was niet meer vertoornd. Fantastisch geheel. Een van de weinige tempels met een rechthoekige en geen vierkantige basis. Bekijk aandachtig de hoeken van het hoofddak, je ziet er vogeltjes die gaan uitvliegen, een idee van koning Yoga Narendra Malla. Net voor hij stierf, liet hij weten dat zolang deze vogels niet uitvlogen, hij bij zijn volk zou blijven, hoewel zijn lichaam levenloos zou zijn. Alle koningen die na hem regeerden, volgden zijn voorbeeld. De poëzie is echt overal!

Nog een uitzonderlijke tempel ligt tegenover de Nyatapola. Je kunt binnen via een deur. Dit is de **Til Mahadev Narayan tempel** met dubbel dak, gewijd aan Vishnu. Een legende, alweer een, vertelt dat het standbeeld van de god, dat in deze tempel stond, gevonden werd onder een berg sesamzaad, bij een handelaar. Vreemd genoeg verminderde de berg niet, hoewel de handelaar wel veel verkocht. Een keer per jaar wordt de god ingewreven met boter, hij krijgt sesamtaartjes ter nagedachtenis aan deze gebeurtenis. Hier wordt ook het *ihi* gevierd, een ceremonie waarbij jonge meisjes symbolisch huwen met de god Vishnu. Een van de oudste tempels van de stad.

🎥🎥 De straat die vertrekt tussen Nyatapola en Bhairav is de commerciële slagader van Bhaktapur. In deze straat staan mooie huizen en schilderachtige kraampjes. Wandel helemaal tot het eind (vrij lang) naar het **Dattatrayaplein (plattegrond D2)**, waar tempels en middeleeuwse huizen staan. Dit plein was het centrum van Bhaktapur tot dit zich in de 17de eeuw verplaatste naar het Durbar.

- Aan het eind van de straat, rechts als je van het centrum komt, ligt het **Pujari Math (plattegrond D2, 47)**, een absoluut schitterend oud klooster. De vensters versierd met pauwen die hun staart uitspreiden, gaven dit klooster zijn bijnaam 'Peacock House'. Ga het fameuze venster met de pauw (besteld door koning Yaksa Malla in de 15de eeuw) bekijken, in het straatje links van het gebouw als je er tegenover staat. Vandaag is hier het **Museum van het Bewerkte Hout** ondergebracht, interessant hoewel je snel rond bent (dagelijks open van 10.00 tot 17.00 u, gesloten op dinsdag). Aan de overkant, in een mooi huis, het **Museum van Brons en Koper (plattegrond D1, 48)**, zelfde openingstijden als het voorgaande museum, maar minder boeiend. Het kaartje is ook geldig voor het *Museum van Schilderijen en Thangka* (20 NPR). Je betaalt extra om foto's te nemen.

- **De Dattatrayatempel:** op het plein. De tempel dateert uit de 15de eeuw en is gewijd aan de god Dattatraya, een 'combinatie' van drie goden: *Brahma*, *Vishnu* en *Shiva*. Wordt ook vereerd door de boeddhisten, die hem beschouwen als de neef van Boeddha. In februari overrompelen bedevaarders uit heel Nepal en India het plein om *Shiva Ratri* te vieren. De legende wil dat de tempel werd gebouwd uit het hout van een enkele boom. Bijzonder zijn de drie daken boven elkaar en de open galerij op elke verdieping. Het voorste deel werd later bijgebouwd, vandaar de vrij vreemde vorm. Let ook op de erotische scènes op de dwarsbalken en de beeldjes van twee *mallastrijders* die de ingang bewaken.

⚜ Kumale (de wijk van de pottenbakkers, plattegrond B2): begint net achter het café Nyatapola. Na amper 5 minuutjes wandelen waan je je in de middeleeuwen. De technieken zijn nog nagenoeg dezelfde als eeuwen geleden, al zijn de stenen draaischijven langzaam vervangen door kneedbare vrachtwagenbanden. De klei komt uit Thimi, een dorpje ten westen van Bhaktapur. Geen pottenbakkersovens hier. Het aardewerk wordt bedekt met stro dat in brand wordt gestoken en bakt verder in de as. Struin door de straatjes in de omgeving en trek foto's van het pittoreske dagelijkse leven. In september zijn de pleinen bedekt met een tapijt van rode Spaanse pepers die liggen te drogen.

⚜ Hanuman Ghat (plattegrond C2): verschillende straten leiden hierheen. Op Taumadhi neem je een van de straatjes naar de rivier. Voorbij de wijk van de onaanraakbaren, die altijd verbannen worden naar de rand van de stad, steek je de brug over. Tussen de weg en de rivier, temidden van *chaitya* en andere altaren, staan de grootste *lingam* van Nepal. Je ontdekt er een zeer goed geschapen naakte Shiva! Links vinden de crematies plaats. De sfeer die er hangt, is nogal vreemd. Jammer van de twee betonnen daken boven de platformen. Aan de overkant van de kleinere brug 200 m verder links en wat hoger gelegen zit een boeddha, beschermheer van een grote vijver met groenig water naast immense bamboe die zorgt voor wat koelte rond **Kancha-Pukhu (plattegrond D2, 45)**. Daar vertrekt een klein geplaveid straatje terug naar het Dattatrayaplein. Dit is maar een voorbeeldje van de wandelingen die je kunt doen om Bhaktapur te ontdekken. In deze stad is het heerlijk rondkuieren, je komt altijd wel iemand tegen die je de weg terug wijst.

⚜ Ta-Pukhu (buiten plattegrond via A2, 46): gigantische vijver net voorbij het busstation. Ongeveer tegenover de brandweerkazerne. Mis de vrachtwagens niet, echt antiek! Heb je tijd, wandel dan zeker naar deze vijver, die ook wel *Siddha Pokhari* heet in het Nepali. Hij is volledig opnieuw aangelegd. Vroeger was het hier maar een weerzinwekkende boel. Al in de 7de eeuw schreven rondreizende Chinezen over deze plaats. Voor een handvol roepies krijg je wat oud brood voor de vissen die hier leven. Nu we het toch over dieren hebben, wandel deze weg verder af naar **Sallagharigrove**, een klein dennenbos waar een kolonie vliegende honden woont die uit Kathmandu zijn verjaagd. Na valavond, wanneer ze wakker worden, zorgen ze voor een indrukwekkend spektakel. Wees gerust, ze eten enkel fruit.

⚜ Voor een algemeen zicht over de stad ten slotte ga je naar de Surya Vinayaktempel gewijd aan Ganesh, aan de andere kant van de rivier bovenop een heuvel, een beetje voorbij de vroegere halte van de trolleys. Hier komen vaak ouders van kinderen die moeite hebben met spreken en algemeen mensen die geluk nodig hebben. Aan de voet van de tempel begint een pad door het woud en kleine dorpjes. Vrij uitzicht over de stad en de Himalaya.

INKOPEN DOEN

Maskers, marionetten, thangka...

De stad staat bekend om haar maskers in papier-maché, haar marionetten van de god-heden, houten beelden en *thangka*. Voor deze laatste, zie ook:

☐ **Treasure Himalaya** en **Art Curio Goods & Tangkha Center:** op Durbar Square (in het kleine straatje tussen Durbar en Nyatapola).

☐ **Traditional Tangkha Painting:** op het Taumadhiplein. ☎ 661 12 43. • madhuart@col.com.np Madhu Krishna is een echte kenner en stamt uit een bekende artiesten-familie.

☐ **Lama Tangkha Painting School:** achter Durbar Square. ☎ 661 20 24. Dagelijks open van 9.00 tot 18.00 u. Een schilderschool die het traditionele onderricht volgt. Vraag naar Ram Bahadur of Gyan, meesters in hun kunst. Ze laten je altijd graag proe-ven van hun passie. Met de verkoop van *tangkha* wordt de school gefinancierd.

Papierwaren

De stad is ook bekend om haar papier, postkaarten... Interessant bezoek aan een van de vele artisanale fabrieken (vraag inlichtingen in de winkels). Zie onder andere:

☐ **Namaste Paper Handicraft:** op Pottery Square. Dagelijks open van 10.00 tot 19.00 u. Ruime keuze papierwaren. Heel redelijke prijzen. Vraag naar Nawaram, hij geeft je heel wat uitleg.

Kruiden

Er zijn tal van winkeltjes met kruiden en thee. In deze winkel word je goed geholpen en krijg je voldoende informatie:

☐ **Peacock Tea & Spice Shop (plattegrond D2, 2):** op het Dattatrayaplein. ☎ 661 69 88. • peacocktea@yahoo.com. Dagelijks open van 7.00 tot 18.30 u. Ratna, de eigenaar, spreekt perfect Frans. Met plezier legt hij u het verschil uit tussen de thees, laat hij je de verschillende kruiden ruiken en geeft uitleg bij de medicinale werking van bepaalde planten. Redelijke prijzen.

Aardewerk

☐ Heel wat kraampjes, met name rond Kumale, waar potten, vazen en andere deco-ratieve voorwerpen in klei worden gemaakt en verkocht. Een beetje kitscherig toch, liefhebbers krijgen uitleg...

IN DE OMGEVING VAN BHAKTAPUR

🍴 In **Thimi**, aan de oude weg naar Bhadgaon, kun je ambachtslieden bezoeken die maskers en aardewerk maken. De trolley stopt aan de rand van het uitgestrekte dorp. Verblijf je in Bhaktapur, aarzel dan niet te vragen waar de oude weg loopt die vertrekt bij Sallagharigrove (het kleine dennenbos op de heuvel). Alleen al voor het eerste hei-ligdom van de godin *Bal Kumari* dat je onderweg tegenkomt. Een van de voornaam-ste gewijde plaatsen in de vallei. Merk de tientallen kokosnoten aan de tempel op. Vreemd heilig offer. Ook hier liggen begin september miljoenen pepertjes en andere voedingswaren te drogen aan de rand van de weg. Dat geeft de velden hun specifieke geur en kleur.

CHANGU NARAYAN

Verrassende aankomst. Het lijkt alsof je aankomt op een middeleeuwse boerderij, een erf dat is omheind met heel oude en rustieke gebouwen. In het midden verblindt de hoofdtempel je met zijn rijkdom. Een van onze lievelingsplekken. Door het succes van het dorp is vandaag jammer genoeg wat van de rust verloren gegaan. Tal van uitstalramen voor de toeristen in de hoofdstraat.
- Toegangsprijs: 60 NPR (€ 0,70).

AANKOMST EN VERTREK
- **Met de wagen:** in feite kun je dit afgelegen heiligdom enkel vanuit Bhaktapur langs een klim van 6 km door prachtig landschap bereiken. Het eenvoudigst is de **taxi**.
- **Met de bus:** 2 bussen/uur vanuit Bhaktapur. Een rit van ongeveer een halfuur. Regelmatig vertrek terug.
- **Te voet:** wie houdt van wandelen, kan zich vanuit **Sankhu** verheugen op een heerlijke wandeling: Sankhu, Changu Narayan, Bhaktapur (of omgekeerd natuurlijk!). De tocht is niet te vermoeiend, je wandelt door mooie landschappen, net postkaarten, en dorpjes die even natuurlijk zijn als Sankhu. Moeilijker tijdens de moesson. Je vertrekt dus, te voet of met de bus, in de richting van Thaligaon, 5 km van Sankhu. Ter hoogte van Bramhakhel zie je al vanaf de weg de heuvel van Dolagiri met Changu Narayan. Hier kun je makkelijk het riviertje de Manohara doorwaden, behalve tijdens de moesson (wanneer het water tot je billen reikt!). Soms staan er Nepalese veermannen die je helpen oversteken. Voorbij de rijstvelden stijgt de weg vrij steil. Adembenemend uitzicht op de vallei beneden.

SLAPEN, ETEN

VRIJ GOEDKOOP (500-1000 NPR, € 6-12)
⊠☒◎ CHANGU GUESTHOUSE AND RESTAURANT: ☎ 661 66 52 en 620 45 24.
• saritabhatta@hotmail.com. Klein, goed gelegen guesthouse, midden in het dorp, voor de trappen van de tempel. Familiaal, 4 kamers, de 2 kamers beneden zijn donker en minder comfortabel dan die boven, die bovendien een klein terras hebben. Goed onderhouden, kamers met badkamer. Buitengewoon hartelijke ontvangst. Ook restaurant. Net naast het guesthouse ligt de CHANGU COTTAGE met degelijke bungalows, dezelfde prijs als het *Changu Guesthouse*.
⊠☒ NEW HILL RESORT: ☎ 661 06 82. Restaurant meteen als je de stad binnenkomt, gesloten om 19.00 u. Heel eenvoudig, zowel de kamers als de menukaart. Vriendelijke ontvangst. Kamers met badkamer, 5 minuten van het restaurant, voor de ingang van het dorp, wat hoger gelegen. Hobbelige weg erheen.

WAT IS ER TE ZIEN EN TE DOEN?
🚶🚶◎ **De tempel:** in de 4de eeuw v.Chr. besloot koning Handatta Burma vier tempels voor Narayan (een van de namen van Vishnu) te bouwen op de vier belangrijkste plaatsen in de vallei. De tempel van Changu is er een van en bijgevolg een van de oudste. De geschreven geschiedenis van Nepal zou ook hier beginnen met de oudste inscriptie die op vandaag is ontdekt, door koning Manadeva I in 464 gegraveerd in een

steen. De eerste tempel werd door de Moghuls vernield, de volgende brandde groten-deels af in de 17de eeuw, werd gerestaureerd en leed opnieuw schade na de aardbeving van 1934. Ondanks dit alles heeft de tempel heel wat kunstwerken uit het verleden be-waard. Nergens anders zijn zo'n belangrijke overblijfselen van de Licchavidynastie (van de 4de tot de 7de eeuw) te vinden. We kunnen ze onmogelijk allemaal beschrij-ven, dus sommen we enkel de uitzonderlijkste op. Prachtige beeldhouwwerken: een *Vishnu Vaikunthnatha* (zittend op Garuda) uit de 13de eeuw, een *beeld van de koningin Buvana Laksmi* in verguld brons (voor de tempel), een *Vishnu met verschillende hoofden boven elkaar* uit de 5de eeuw... Fantastische panelen, *torana* en veelkleurige balken sieren de deur van het heiligdom.

✗ Het museum: in de hoofdstraat van het dorp, die leidt naar de tempel. Toegangs-prijs: 140 NPR (€ 1,60) bovenop de toegangsprijs voor het dorp. Rondleiding met gids. Klein pretentieloos maar interessant museum, in het oudste huis van de stad (midden 19de eeuw). Veel oude voorwerpen zoals muziekinstrumenten, keukengerei, munt-stukken... Meteen ook de gelegenheid om de legende over de oorsprong van Changu te ontdekken.

⊠ Wandeling: wil je te voet naar Nagarkot gaan, neem dan de weg die in het dorp vertrekt en volg de bergkam. Ongeveer 3 tot 4 uur wandelen in een schitterend land-schap.

SANKHU

Volgens ons een van de mooiste wandelingen in de vallei. Sankhu ligt 19 km ten noordoosten van Kathmandu en is een voormalige pleisterplaats voor dragers op weg naar Tibet. Vrij goede weg, op enkele kilometers met enkele kuilen na. Neem in Kathmandu een openbare bus of taxi bij Ratna Park. Geen overnachting mogelijk, enkel eettenten. Sankhu is al eeuwenlang niet veranderd. Boerderijen met bewerkte houten ramen en balkons. Vele ervan zijn al vrij vervallen of volledig in puin, wat aan het dorp een verloederde en schrijnende aanblik geeft. Schilderachtige scènes uit het dagelijkse leven.

WAT IS ER TE ZIEN?

Ontdek, bij de noordelijke uitgang van het dorp, uitzonderlijke *steles van Vishnu en Ha-numan*, de aap-god. Hier vertrekt meteen ook de weg naar de *tempel van Vajra Yogini*, een zware klim van 45 min, een van de belangrijkste bedevaarten van Nepal. Enkele eeu-wen geleden werden langs de weg rustplaatsen aangelegd met mooie bewerkte fon-teinen. Via een laatste trap, onder een gewelf van gebladerte, bereik je de tempels.

Het belangrijkst is de *tempel van de godin Vajra Yogini*, met drie verdiepingen. Verrukkelijke *torana* en reliëfs in verguld brons. De andere, kleinere, tempel heeft gebeeldhouwde steunbalken en deuren. Grote, heel oude fontein met drie schenktuiten. Boven de tempels staat een klooster met in het midden een versierde fontein. Mis het prach-tige uitzicht op de vallei door het portiek en de monumentale klok niet. Een wande-ling die je je niet zult beklagen!

NAGARKOT

33 km ten oosten van Kathmandu en 15 km van Bhadgaon (Bhaktapur). Nagarkot is de enige plaats in de vallei van Kathmandu (op 2200 m) waar je een kans hebt de Everest te zien tijdens de moesson. Maar maak je geen illusies: als het opklaart, dan duurt het spektakel maar enkele minuten, en als je weet dat het weer het helderst is rond 17.00 u... dan is het puzzelen om hier op het juiste moment te zijn! De rest van het jaar kun je de bergen eventueel zien bij zonsopgang.

Houd er rekening mee dat het koud kan zijn in Nagarkot. Neem warme kledij mee.

AANKOMST EN VERTREK

Nagarkot heeft verbindingen naar:

- **Kathmandu:** rechtstreekse bus om het halfuur, bij Ratna Park in Kathmandu. Privé-taxi of gezamenlijke jeep bij Kanti Path.
- **Bhaktapur:** minibus, altijd overvol, of taxi. Terugrit in Nagarkot om het halfuur, tot 17.30 u.

SLAPEN

Algemeen zijn de prijzen hier hoger dan in Kathmandu. Ga niet af op de prijzen die uithangen, ding stevig af! De hotels, doorsnee of luxueus, zijn niet verwarmd. Er zijn wel overal voldoende dekens, soms brandt er 's avonds een vuurtje.

Als je dat wilt, word je vroeg in de ochtend gewekt zodat je kunt genieten van een prachtige zonsopgang boven de bergen... bij helder weer! Zoniet, dan kun je lekker lang uitslapen.

GOEDKOOP (150-500 NPR, € 1,80-6)

🛏 MADHUBAN BAMBOO COTTAGE: boven de *Peaceful Cottage*. ☎ 668 01 14. Ons beste adres voor wie niet veel geld over heeft. Minuscule houten chalets, onlangs gerenoveerd. In de meeste chalets is er nu een warme douche, en de prijs is meer dan aantrekkelijk. De minst dure (categorie 'heel goedkoop') hebben gezamenlijk sanitair. Klein eenvoudig restaurant, bescheiden prijzen. Vriendelijke ontvangst, mooie ligging.

🛏 SHERPA COTTAGE & TIBET HOME: bij de tweesprong. ☎ 668 00 15 of 668 01 80. • sherpacottage@wlink.com.np. Kleine houten huisjes. Niet veel comfort, overdreven prijzen, maar toch... de kamer boven het restaurant, onder het dak, doet denken aan de boomhut uit onze jeugd! Het bed staat op de grond, de badkamer is buiten. Net maar enkel koud water (warm water haal je met een emmer). En dat 's ochtends vroeg! Twee comfortabelere hutjes, doorsneeprijs (niet te duur dus). Wat hoger gelegen, aan de weg, een bijgebouwtje met een verharde kamer, minder charmant maar er is wel warm water. Leuk restaurant tegen de heuvel aan.

VRIJ GOEDKOOP TOT DOORSNEEPRIJS (500-2000 NPR, € 6-24)

🛏 THE END OF THE UNIVERSE: ☎ 668 01 09 of 668 00 11. • www.endoftheuniverse. biz. Een klein hotelletje boven in de bergen, rustig gelegen. Drie types kamers waarvan de prijzen schommelen tussen goedkoop en doorsneeprijs. In een verhard gebouw. Kamers met badkamer, comfortabel en gezellig. Overal hout, grote ramen op de natuur. Ook oudere chalets zonder badkamer, maar wel heel leuk.

Geslaagd. Ontspannen en hartelijke sfeer, ook in het restaurant annex bar. Een adresje waar je met plezier een paar dagen blijft hangen...

📧 PEACEFUL COTTAGE: ☎ 668 00 77 of 56. • peacefulcottage@hotmail.com. Te betalen pendeldienst naar het hotel, vertrek in Thamel in Kathmandu. Kamers met verschillende luxe: goedkoop zonder badkamer voor wie op zwart zaad zit, degelijk comfort en een 'chique' prijs voor veeleisende trotters. Je moet stevig onderhandelen over de prijs. Eenvoudig hotel, vrij comfortabel, met vrij uitzicht van op je bed! Panoramisch restaurant met gevarieerd en rijkelijk menu. Je eet bij het haardvuur! Schitterende uitkijkkoepel. De sympathieke eigenaar Ram Shankar spreekt goed Frans.

📧 HOTEL HIMALAYAN HEART: 200 m voorbij de bushalte. ☎ 668 00 84 of 668 01 26. Reserveren in Kathmandu op het nummer ☎ (01)470 04 24. Al bij al comfortabele kamers met badkamer (warm water). Terras met panoramisch uitzicht op de bergen en de vallei. Sombere eetzaal. Hoge prijzen, afdingen zoals gewoonlijk.

LUXUEUS (2000-4000 NPR, € 24-47)

📧 FARM HOUSE: aan de hobbelige en bochtige weg naar Sankhu. 3 km van de bushalte, voorbij het *Country Villa Hotel*, op een prachtige plek. Reserveren in Kathmandu in het hotel Vajra: ☎ (01)422 80 87 of 427 27 19 of 427 15 45. Dit bekoorlijke hotel heeft vijftien kamers, ruim, warm ingericht, met badkamer en groot balkon zodat je volop kunt genieten van het uitzicht. Kies kamer met ontbijt of volpension (omdat het hier zo afgelegen is, kan het moeilijk zijn uit eten te gaan!). De eetzaal met schoorsteen doet denken aan de berghutten. Paviljoen voor meditatie. Uitzonderlijk adres dat we aanraden voor zijn charme en rust. Haven van rust, ver van de drukte van de buitenwereld! Maar let op, de toegangsweg is in heel slechte staat!

📧 COUNTRY VILLA HOTEL: aan de weg naar Sankhu. ☎ 668 01 28. Fax: 668 01 27. Reserveren in Kathmandu: ☎ (01)4700305. • www.hotelcountryvilla.com. Twee grote gebouwen, zonder uitstraling maar schitterend gelegen, je geniet helemaal van het landschap. Correcte kamers, zelfs al zijn de bedden wat hard en de douches niet zo warm! Sommige kamers zijn groter dan andere (nrs. 205, 210, 214...). Bekijk er enkele. Heel goed restaurant, stenen muren en glazen puien. Aanlokkelijke kaart. De *patron* en het personeel zijn charmant. Je krijgt er info en wandelkaarten. Kleine behaaglijke bar met grote glazen schuiframen om te genieten van het uitzicht. Lekker warm.

HEEL LUXUEUS (MEER DAN 4000 NPR, € 47)

📧 THE FORT RESORT: ☎ 668 00 69 of 668 01 48. Reserveren in Kathmandu op ☎ (01)443 29 60 of 443 29 64. • www.mountainretreats.com. Reken op ongeveer $ 80 (€ 56) voor een tweepersoonskamer en $ 90 (€ 63) voor een bungalow. Je krijgt een aanzienlijke korting tijdens het laagseizoen of als er nog kamers vrij zijn. Je wordt gratis opgehaald in Kathmandu. Betaalkaarten aanvaard. Een hooggelegen stenen huis en mooie bungalows, in de stijl van de Newarhuizen, verspreid in de natuur – kies bij voorkeur deze formule. De kamers van het hoofdgebouw zijn comfortabel en het uitzicht is adembenemend. De suites in de lagergelegen bungalows zijn echt wel gezelliger en intiemer. Extra verwarming in de bungalows (zeer vochtig, dat wel). Leessalon met boeiende werken over Nepal. De sfeer in de eetzaal en de salon doet denken aan een grote chalet. Redelijke keuken, niet meer dan dat, maar wel duur. Hartelijke ontvangst, zeer attent personeel (bedkruik...). Een van onze betere adressen als je het kunt betalen.

ETEN

THE RESTAURANT AT THE END OF THE UNIVERSE: een gezellig en goedkoop (vergeleken met de anderen) restaurantje met grote schuifpuien die uitgeven op de twee valleien. Volgens ons is dit het hartelijkste adresje in de stad om iets te komen drinken of eten. Proef de *chicken biryani* met cashewnoten, kokos en gedroogde rozijnen: overheerlijk! Vriendelijke maar trage bediening: je eten vooraf al bestellen is wel zo slim.

THE TEA HOUSE INN: in de *Club Himalaya*. Open van zonsopgang tot zonsondergang. Doorsneeprijzen. Heel aangenaam restaurant boven op een rotsige bergtop. Panoramische zaal, zonnig terras. Kwaliteitsbediening en -keuken: heel wat interessante lokale gerechten. Lekker frisse en smeuïge *lassi*.

IN DE OMGEVING VAN NAGARKOT

Er zijn heel wat wandelingen te voet te doen, zoals terugkeren naar de vallei: 3 tot 4 uur naar Changu Narayan als je de bergkam volgt, daarna nog 2 uur van Changu naar Bhaktapur. Je kunt ook tot in Dhulikhel gaan: reken dan op nog eens 4 uur via Nala of daal af naar Sankhu, 2 ½ uur via **Jaharsing Pauwa**, een dorpje met een even mooi vrij uitzicht als Nagarkot. De weg loopt door bossen en over mooie heuvels. Er is maar 1 *lodge*, meer *basic* kan niet. Ga ook eens langs bij de *kaasmakerij*, een groot gebouw dat beneden ligt, rechts voorbij het postkantoor. Je kunt er buffelkaas kopen.

BANEPA

NETNUMMER 01

25 km van Kathmandu, voorbij Bhaktapur en een beetje voor Dhulikhel. Het dorpje is grotendeels opnieuw opgebouwd na een grote brand in 1962. Niet zo interessant, op enkele huisjes na die aan de brand zijn ontsnapt. Aan de rand van het dorp daarentegen ligt de **tempel van Chandeswori**, die je absoluut moet zien. Zo'n 20 minuten wandelen van het centrum. Deze schitterende tempel met drie daken ligt boven een rivier en ligt binnen een fraaie stenen omwalling. De uitgebeitelde balken (ook wel kraagstenen genoemd) zijn uitzonderlijk fijn. Op de zijmuur staat een recent, psychedelisch fresco van de god Bhairava, de slechte incarnatie van Shiva. Nog enkele interessante bouwwerken in rode steen, gewijd aan Shiva. Je ziet er ook heel wat pilaren met bronzen dieren. Indrukwekkende liggende Vishnu uitgehouwen in de rots aan de oever van de rivier.

SLAPEN

Aan de oever liggen enkele guesthouses die niet zoveel voorstellen. Je overnacht best in Dhulikhel, 5 km verder (zie verder). Daar is voldoende keuze.

IN DE OMGEVING VAN BANEPA

Nala: 3 km van de stad. Neem de eerste weg links net voor je Banepa binnenkomt, voorbij het politiekantoor. In dit heel rustige dorpje krijg je zonder twijfel het 'authentiekste' dagelijkse leven van de Newar te zien. Hier geen guesthouses of restaurants. Banepa is niet opgenomen in de reisgidsen. De inwoners zijn heel vriendelijk, al gauw word je omringd door nieuwsgierige kinderen. Het dorp was vroeger een vesting, in de buurt van de bazaar zie je nog de overblijfselen daarvan. Toen het dorp door de Ghorkavorst werd veroverd, verscholen de inwoners zich in een onderaardse gang, die vandaag voor een gedeelte gesloten is. Het Newari voor tunnel is 'Nala'; het dorp heeft deze naam behouden ter nagedachtenis aan deze verovering. Er staan twee tempels, waaronder de Ugrachand Bhagwati uit de 15de eeuw met vier daken. Deze tempel staat in het midden van het dorp en is versierd met spiegels en een pendule aan de voorgevel. Let op het gereedschap dat werd aangeboden als dank voor verhoorde wensen en de wapens waarvan de kogels werden gebruikt om de stad te bestormen. Tref je iemand die Engels spreekt, vraag dan of je het verhaal mag horen van de woedende Ghorkasoldaten, razend omdat ze niemand vonden om hen in het dorp te ontvangen.

■ De andere tempel, gewijd aan *Lokeshwor*, is wat minder interessant, maar wordt toch zeer vereerd. Als je tijd hebt, kun je hier de oude weg naar Bhaktapur nemen, schitterende omgeving! Reken op ruim twee uur wandelen.

PANAUTI

NETNUMMER 01

Dit dorp ligt 6 km ten zuiden van Banepa. Hoe is zo'n religieus complex in een verlaten dorpje als Panauti te verklaren? Heel eenvoudig. In de 10de eeuw was dit een koninkrijk. De vorsten hadden een heel goede smaak. Het is hier gewoonweg prachtig.

SLAPEN

▱Overnachten daarentegen is hier, net als in Banepa, niet echt veel soeps. Je overnacht beter in Dhulikhel. Zit je in de problemen, dan is hier nog altijd het hotel PANAUTI PVT., met een degelijk restaurant.

AANKOMST EN VERTREK
- Van en naar Kathmandu: Blue Bus bij Ratna Park (Kathmandu). De meeste bussen rijden rechtstreeks naar Panauti. Er zijn regelmatige verbindingen van Panauti naar Banepa en Dhulikhel.

WAT IS ER TE ZIEN?
🔦 **De tempel met drie daken van Indreshwar Mahadev:** op het hoofdplein waar je van de bus stapt. Volg de kleine, gedeeltelijk ingebedde Punyamatirivier langs de bekoorlijke Main Street. Deze Shivatempel dateert uit de 15de eeuw en is vandaag waarschijnlijk de oudste tempel van het land die nog in originele staat verkeert. Hij is gebouwd in de zuiverste Nepalstijl die je je kunt indenken. Acht leeuwen verzekeren een oplettende wacht. De ruwhouten maar heel fijn bewerkte stutten stellen alle goden en godinnen van de *Mahabharata* voor. Bewonder de *stele van Surya* op zijn gewijde vierspan. Er staan nog gebouwen rond de tempel, die even interessant zijn. De tempel staat op de wachtlijst om opgenomen te worden op de Werelderfgoedlijst van de Unesco.

◆ **De tempel van Brahmayani:** aan de overkant van de rivier, alleen aan de voet van de heuvel. De tempel die de inwoners van Panauti heel nauw aan het hart ligt, dateert uit de 17de eeuw. Hij werd in 1981 door een team Fransen van de ZWO gerestaureerd. Er werd bij de inwoners nagevraagd wat zij het liefst eerst zagen verbeterd in het dorp. Na de renovatie van andere monumenten (ongeveer 70 in de hele streek!) vatten de Fransen ook werkzaamheden aan die de levensomstandigheden van de dorpsbewoners moesten verbeteren (kanalisering, herstelling van de wegen, 4000 ton graan per jaar en aanbouw van scholen).

◆◆ De tempel van Brahmayani behoort tot de **wijk Triveni Ghat**, die er zo'n 20 telt. De mooie omgeving kan wedijveren met de fijnheid van de tempels. Deze wijk is een belangrijk bedevaartsoord voor hindoes. Tijdens het *Makar Mela* in maart 1998 kwamen hier enkele honderdduizenden bedevaarders mediteren. Het volgende festival vindt in 2010 plaats.

Er zijn nog enkele typische festivals in Panauti. Het belangrijkste daarvan is *Jya Punhi* dat drie dagen duurt en rond volle maan in juni valt. Zeker een bezoekje waard als je in de buurt bent. De dorpelingen nodigen hun familieleden uit op allerlei feestelijkheden en optochten.

WANDELING VAN NAMO BUDDHA

De wandeling van Panauti naar Dhulikhel is echt geweldig en perfect in een dag te doen, zonder uitzonderlijke moeilijkheden. Reken op een enkele tocht van 6 uur als je rustig wandelt. Eerste etappe: de *Namo Buddha*. Je steekt de rivier over de hangbrug over, volg het water tot de *tempel van Brahmayani*. Wandel verder langs het goed bewegwijzerde pad. Wat later merk je een grote kom bedekt met rijstvelden, waardoor een klein, zeer nauw moreneweggetje loopt. Aan het eind daarvan, op de heuvel, kun je de Namo Buddha al zien. De weg splitst voorbij het rijstveld. Sla rechts af naar het enige dorp op de heuvels. Net voorbij dit schilderachtige en levendige dorpje klimt de weg fel. Ter hoogte van het kruispunt ga je naar links. In het midden van het gehuchtje volg je de weg naar rechts (vraag nog eens na bij een dorpeling als je twijfelt of dit de weg naar de Namo Buddha is). Door de maisvelden kan het nogal zwaar worden, maar dan kom je uit op een grotere weg. Die leidt naar een dorp met een adembenemend uitzicht op de vallei.

De Namo Buddha is een mooie stoepa in afgesleten geel, met een snoer gebedsmolens. Rondom staan kraampjes met thee en frisdrank.

Tegenover de vallei volg je een steil paadje dat links naast de stoepa vertrekt. Voorbij de helling staat een kapel en een klein boeddhistisch klooster waar monniken een retraite houden. Vergeet niet langs links rond het klooster te lopen en je schoenen uit te trekken als je binnengaat. Op een steen staat in reliëf de legende over hoe deze plek aan zijn naam is gekomen: de boeddha hoorde dat op de top van de heuvel een tijgerin was gedood door een jager. Hij ging erheen en vond vier kermende en uitgehongerde welpjes. Hij voelde zo met hen mee dat hij zichzelf in een tijgerin veranderde, zijn lichaam in stukken deelde en zijn ingewanden aan de kleintjes gaf. Zij groeiden op tot sterke dieren die later wraak namen op de jager en hem verscheurden.

Hier worden droge koekjes en vruchtensap geofferd!

⊡✕Als er plaats is en als je geïnteresseerd bent in het boeddhisme, kun je in het KLOOSTER overnachten. Goedkope kamers.

Voorbij het klooster zie je de bergkam liggen. Zoek het enige gehucht en neem de aardeweg als richtpunt. Volg dit pad links tot het eind. Je wandelt recht naar Dhulikhel. Toch neem je beter, zoals de dragers en de dorpelingen doen, een kortere weg. We geven je enkele vage aanwijzingen, er zijn geen echte referentiepunten (nogal moeilijk in de natuur!). Volg je intuïtie en kijk vooral naar de dragers die het snellere bergpad nemen. Het is ongeveer vier uur wandelen van Namo Buddha naar Dhulikhel.

Voorbij de bocht, na een paar kilometer wandelen, zie je een dorp (met een fontein en een bosje) op de tegenoverliggende heuvel. Aan een grote alleenstaande boom kun je meteen doorlopen naar die andere alleenstaande boom. Zo snijd je een hele bocht af. In het dorp volg je opnieuw de weg enkele honderden meter hoger. Het paadje naar rechts is makkelijk te onderscheiden: zeer primitief, gewoon wat stenen in klei. Een laatste zware klim en je komt aan bij de *tempel van Kali*, perfect voor een korte stop.

✕Twee **guesthouses**, eenvoudig maar degelijk menu, redelijke prijzen. De Panorama View Lodge is heel leuk, net als de uitbater. ☎(011)66 20 85.

De afdaling kan worden ingekort. De kortere weggetjes zijn goed te herkennen. Je vertrekt nog maar net en je moet al meteen de andere kant uit (stenen weggetje). De grote stroom dragers aan het eind van de middag is een goede aanwijzing. En daar is Dhulikhel dan, in een rustige vallei.

DHULIKHEL

NETNUMMER 011

Nog een stadje befaamd om zijn uitzicht op de Himalaya, 30 km van Kathmandu, aan de Chinese weg door mooie rijstvelden. Deze weg is in feite de weg naar Tibet die de Chinezen hebben aangelegd. Van hieruit zie je vooral de Makalu (8515 m) liggen.

Behalve het uitzicht heeft het dorp niet zoveel te bieden. De enkele 'restaurants' sluiten heel vroeg, het dorp is helemaal uitgestorven na 21.30 u. Neem een goed boek mee.

AANKOMST EN VERTREK

Verbindingen naar:

- **Namo Buddha:** 4 uur wandelen. Neem een taxi als de weg berijdbaar is. Buiten de moessonperiode rijden er bussen. Je kunt ook te voet van Nagarkot naar Dhulikhel.

- **Kathmandu:** in de hoofdstad neem je de bus bij Bagh Bazar (net als de bus naar Bhaktapur). Om het kwartier vertrekt een bus terug. Bij de vertrekhalte zijn de bussen leeg, je kunt dus zitten. Een rit van ongeveer anderhalf uur.

SLAPEN

Vrij luxueuze hotels. Vaak groepen en seminars. Handig is even telefoneren vooraf om te zien of er plaats vrij is.

GOEDKOOP TOT VRIJ GOEDKOOP (MINDER DAN 1000 NPR, € 12)

⊡ART GALLERY IN NAWARANGA: als je het dorp verlaat, aan de weg naar de Namo Buddha. ☎49 02 26. Vraag de weg, iedereen kent dit hotel. Purna en zijn guesthouse zijn onvergetelijk! Hij heeft een warme glimlach die zijn gegroefde gezicht oplicht. Al tientallen jaren komen doorgewinterde trotters uit de hele wereld naar zijn bescheiden huisje. Tien kamers, soberder kan niet, Turks toilet, gemeenschappelijke douche. Voor wie echt geen cent meer heeft. Recentere kamers met badkamer (warm water). De prijzen zijn goedkoop. Beneden doet een overvol zaaltje dienst als restaurant en 'tentoonstellingsruimte'. Ja hoor, voor Purna hoort kunst bij lekker eten! Heel goedkope lokale keuken, grote porties. Je verlaat dit hotelletje met een paar souvenirs...

🏨 ARNIKO HOTEL: ☎ 49 04 80. Reserveren in Kathmandu: ☎ (01)443 36 94.

● www.arniko.com. Modern gebouw net buiten het dorp, tegenover *Himalayan Horizon*. De kamers boven hebben een groot raam met een mooi uitzicht op de terrasvormige velden. Degelijk onderhouden. Enig probleempje: het is hier 's nachts ijskoud want de kamers zijn niet goed geïsoleerd. Bovendien ook lawaaierig als je aan de straatkant slaapt. Gezellig restaurant in de tuin.

LUXUEUS TOT HEEL LUXUEUS (MEER DAN 2000 NPR, € 24)

🏨 HIMALAYAN HORIZON (SUN'N'SNOW HOTEL): ☎ 49 02 96 of 60. Reserveren in Kathmandu op ☎ (01)424 71 83 of (01)422 50 92. ● www.himalayanhorizon.com. Ga uit van $ 55-60 (€ 38,50-46,20), natuurlijk kun je proberen wat van de prijs af te krijgen. Villa in een mooie omgeving. Zo'n dertig kamers met een schitterend uitzicht. De nieuwere kamers zijn immens, met een echt kingsize bed en een groot balkon. De kamers in het oude gebouw zijn kleiner maar heel leuk met parket en balken in het plafond. Mooie tuin, terras met bloemen. Verzorgde ontvangst. Panoramisch restaurant, niet goedkoop.

🏨 DHULIKHEL MOUNTAIN RESORT: 4 km van Dhulikhel, naar het noorden, aan de weg naar Tibet. ☎ 691 00 32 of 691 01 65. Reserveren in Kathmandu: ☎ (01)442 07 74. ● www.dhulikhelmountainresort.com. Je betaalt iets minder dan $ 80 (€ 56) voor een tweepersoonskamer. Veertig onberispelijke kamers in bungalows die met zorg zijn gebouwd in een traditionele stijl. De tuin, vol eeuwenoude bomen en fijne bloemen, ligt op een helling van de heuvel. Aangename restaurantzaal waar je heerlijk kunt eten. Duur, maar het is het waard. Vriendelijke ontvangst. Tal van wandelingen in de omgeving. Het gedienstige personeel geeft je zeker enkele tips.

🏨 MIRABEL RESORT HOTEL: 300 m van de bushalte. ☎ 49 09 72 tot 75. ● www.mirabelresorthotel.com. Reserveren verplicht. Luxueus maar minder duur dan het voorgaande adres. Volpension tegen interessante prijs. Dit hotel heeft zonder twijfel het mooiste uitzicht. Heel gezellige kamers met balkon, mooie inrichting, sober, het is eens iets anders! Cursus yoga op aanvraag. Let op, hier komen ook grote groepen. Zie je de prijs niet zitten, dan kun je hier altijd eens komen ontbijten op het terras, het beste moment om de Himalaya te zien. Restaurant met Nepalese en westerse kaart, zoals gewoonlijk...

ETEN

Alle hoger genoemde adressen hebben een restaurant. Je kunt ook hier terecht:

🍴 PURNA'S NAWARANGA RESTAURANT: zie *Art Gallery in Nawaranga* bij 'Slapen. Goedkoop tot vrij goedkoop'. Spotprijzen. De onvergetelijke en heel bijzondere Purna bereidt in zijn bescheiden huisje eenvoudige maar heerlijke schotels. Volgens zijn gouden boek maakt hij de beste *momo* van de hele wereld! Maar niet altijd.

TEN WESTEN VAN KATHMANDU

MUGLING

NETNUMMER 056

Verplichte halte van elke bus. Een stad zonder charme die doet denken aan de westernstadjes.

WAT IS ER TE DOEN?

- **De kabelbaan van Manakamana:** net voor je in Mugling aankomt, als je uit Kathmandu komt. ☎ (01)443 46 90. ● rajesh@cc.wlink.com.np. Dagelijks open van 9.00 tot 12.00 u en van 13.30 tot 17.00 u (op zaterdag doorlopend open). Retourkaartje: 700 NPR (€ 8,20). De Oostenrijkers bouwden deze kabelbaan die je in amper 10 minuten naar het bedevaartsoord Manakamana brengt. Indrukwekkend! Zo moet je de 12 km niet te voet afleggen. Heb je genoeg tijd, neem dan alleen de kabelbaan heen en keer te voet terug, een wandeling van goed anderhalf uur. Vermijd absoluut de schoolvakanties en de zaterdagen als je niet graag ... minstens twee uur aanschuift!

GORKHA

NETNUMMER 064

Aan de weg naar Pokhara. Sla rechts af in Khareni (zo'n 10 km voorbij Mugling) en volg de teerweg gedurende 20 km. Gorkha is de voormalige hoofdstad van de Shahdynastie. De huidige koning is trouwens een directe nakomeling van deze dynastie. Hier boven deze vesting richtte Prithivi Narayan Shah het befaamde Gorkhaleger op met Tamang-, Magar- en Thakurisoldaten. 27 jaar lang voerde dit leger regelmatig aanvallen uit op Kathmandu en de hele vallei. In 1767 veroverde het uiteindelijk de hele vallei en bepaalde gebieden in India en Tibet en verenigde zo het hele land.

AANKOMST EN VERTREK

Verbindingen met:

- **Kathmandu:** in de hoofdstad neem je een bus bij Central Park Station (vraag 'Gangabu' aan de taxi). Vertrek 's ochtends vroeg, kom op tijd zodat je de bus kunt zoeken! In Gorkha vertrekken dagelijks voldoende bussen en minibussen naar Kathmandu. Vertrek tussen 6.45 en 14.30 u. Een rit van 6 uur met een lokale bus, 5 uur met een *tourists coach*.
- **Pokhara:** ook hier vertrek bij dageraad. Trek 3 uren uit. In Gorkha vertrekken vaak 2 bussen/dag, eentje 's ochtends vroeg en eentje 's middags. Vraag inlichtingen ter plaatse.

SLAPEN, ETEN

Als je van de bus stapt, word je al meteen aangeklampt door ronselaars. Aanvaard geen voorstel zonder eerst ter plaatse te gaan kijken. De radeloze ronselaars vertellen je uiteindelijk wat je graag wilt horen. Vertrouw de talloze kleine guesthouses links aan de stenen weg naar Gorkha Durbar niet. De meeste zijn vuil en niet aan te raden. Kies liever een van de volgende hotels, aan de weg die de bus volgt. Betrouwbaar en rustig.

VRIJ GOEDKOOP (500-1000 NPR, € 6-12)

🛏️🍴 Gorkha Bisauni Hotel: bij het binnenkomen van de stad. ☎42 01 07 of 42 04 19. • hotel_bisauni@hotmail.com. Troosteloos hotel zonder charme maar goed gelegen. Kamers aan verschillende prijzen. De duurdere kamers met tv zijn niet noodzakelijk beter. Vooral interessant voor wie met een beperkt budget reist. Het restaurant is best goed.

LUXUEUS (2000-4000 NPR, € 24-47)

🛏️🍴 Gurkha Inn, Village Hotel: in het centrum van de stad, 5 min. van de bushalte. ☎42 02 06. Reserveren in Kathmandu: ☎(01)444 00 91. Rond $ 35 (€ 24,50). Hotel met een onweerstaanbare charme. Schitterende bloementuin die lekker geurt 's avonds. Er is een fontein, het is er gezellig zitten en iets drinken. Comfortabele kamers, met zorg ingericht. Klein restaurant met Indische, Chinese en westerse specialiteiten. Uiterst charmant personeel. Goede prijs-kwaliteitverhouding. Veruit ons beste adres.

🛏️🍴 Gorkha Hill Resort: sla rechts af voorbij *Laxmi Bazar*, 3 km voor je de stad bereikt. Reserveren in Kathmandu: ☎(01)424 70 82. • www.promotenepal.com. Je telt er $ 50 (€ 35) neer. De uitgelezen plek om even in alle rust te bekomen, midden in een adembenemende omgeving met terrascultuur. Twintig ruime kamers met badkamer, telefoon en een groot raam om van het uitzicht te genieten. Jammer dat het wat verouderd is. Kwaliteitsrestaurant en bar met knallende cocktails. De prijzen zijn toch wat aan de hoge kant!

WAT IS ER TE DOEN?

🏛️ **Tallo Durbar:** iets hoger gelegen dan de bushalte, net voorbij de vijver. Open van 10.00 tot 17.00 u. Dit prachtige vierkante gebouw in originele Newarstijl was in de 18de eeuw het administratieve centrum van het koninkrijk Prithivi Narayan Shah voor Kathmandu de hoofdstad werd. Enkele van de ramen in bewerkt hout zijn echte juweeltjes. Het geheel is prachtig gerestaureerd. Normaal zou hier (ooit misschien...) het museum over de geschiedenis van Gorkha ondergebracht worden.

🏛️ **Gorkha Durbar:** vesting-tempel met een fraai uitzicht op de Himalaya. Reken op een zware klim van zo'n 45 minuten vanuit het dorp. Binnen mag je geen leder dragen en geen foto's trekken. Rond volle maan wordt binnen de omwalling in de namiddag veel geofferd ter ere van Kali. Bedevaarders komen uit het hele land en brengen hun offergaven mee. De koning en zijn gevolg komen hier ieder jaar ergens in september of oktober, 10 dagen na *Dasain* (voor de data verwijzen we naar het begin van de gids, 'Feesten en feestdagen'). De vesting is dus regelmatig een echt bloedbad, niet voor gevoelige zielen...

🏛️ **Upkallo:** 45 minuten wandelen vanuit de vesting. Het hoogste punt met het indrukwekkendste uitzicht op het paleis en de bergketen.

🚶 Kleine, leuke 3 uur durende **wandeling** te voet: klim tot Gorkha Durbar, volg de bergkam, wandel tot Tallokot, een dorpje in het oosten. Je stapt voorbij het stand-

beeld van koning Ramsha. Loop door. In Tallokot daal je opnieuw af via de lager gelegen dorpjes. Wandel voorbij het bejaardentehuis voor de ouderlingen van Gorkha.
Stop even, ze zullen blij zijn en graag even met je praten. Een ideale wandeling bij helder weer.

BANDIPUR

NETNUMMER 064

Halverwege tussen Mugling en Pokhara. Dit charmante Newardorpje is heel bekoorlijk. Trotters op zoek naar authenticiteit halen hier hun hartje op. Maar haast je want
het dorpje raakt snel bekend...

EEN BEETJE GESCHIEDENIS
In de 18de eeuw, op de vlucht voor de Gorkha, vestigden enkele rijke handelaarsfami-
lies uit Bhaktapur zich hier in wat toen nog een piepklein dorpje was. In enkele jaren
tijd werd Bandipur een onvermijdelijk doorgangspunt tussen India en Tibet. Dankzij
de heffing op goederen bloeiden de tempels en burgershuizen. Maar met de openstelling van Nepal in 1950 en meer nog met de aanleg van de weg tussen Kathmandu
en Pokhara verliest Bandipur langzaam aan belang. De afstammelingen van de eerste handelaars keren terug naar hun geboortedorpen. Net als alle dorpen waar Newar
woonden, heeft ook Bandipur een prachtige erfenis van heiligdommen, tempels, pagodes, huizen met fijnbewerkt hout. De sfeer die dit mooie dorp uitademt, doet je ongetwijfeld denken aan Bhaktapur...

AANKOMST EN VERTREK
- **Bus:** alle bussen (behalve die van de maatschappij *Green Line*) stoppen bij Dumre Bazaar, van waar het nog 3 uur wandelen is naar het dorp. Ongetwijfeld de beste manier
want je neemt de oude handelsroute tussen Tibet en India. Trapvormige rijstvelden,
bossen vol vogels, bronnen...
- **Wagen:** geen probleem, er loopt een snelweg naar de stad.

SLAPEN, ETEN

Veel families in traditionele huizen hebben een *Bed & Breakfast*. Vraag inlichtingen
in het dorp.
GOEDKOOP (150-500 NPR, € 0,80-6)
BANDIPUR GUESTHOUSE AND RESTAURANT: in het centrum van het dorp.
52 01 03. Enkele eenvoudige kamers met gemeenschappelijk sanitair in een traditioneel huis. Hartelijke ontvangst, zachte prijzen.
DOORSNEEPRIJS (1000-2000 NPR, € 12-24)
THE OLD INN BANDIPUR: in het hart van het dorp. 52 01 10. Je kunt reserveren in het *Kathmandu Guesthouse* in Thamel: (01)470 06 32 of 470 08 00. Ga uit van
$ 21 (€ 14,70). In een traditioneel huis dat bijna twee eeuwen oud is. Mooie, gezel-
lige kamers, verzorgde en authentieke inrichting. Sanitair buiten, maar kraaknet.
Terras met mooi uitzicht. Een goed adres.
BANDIPUR MOUNTAIN RESORT: 52 01 25. Reserveren in Kathmandu op het
nummer: (01)422 01 62 of 422 91 16. • www.islandjungleresort.com. Je betaalt

ongeveer $25 (€17,50), maaltijd inbegrepen. Uiterst rustig complex hoog op de heuvel, weg van het dorp. Een twaalftal nette en gezellige kamers met balkon en vrij uitzicht op de vallei en de bergen. Televisie en telefoon op alle kamers. Grote tuin, zwembad en restaurant. Ideaal om enkele dagen tot rust te komen.

WAT IS ER TE ZIEN EN TE DOEN?

🛉🛉 **Bindebasini Temple:** midden in de bazaar. Deze tempel met twee daken is nog een voorbeeld van de rijkdom van de Newarkunstenaars. Bewerkt hout en lederen *torana* met verbazingwekkende details. Binnen een van de incarnaties van Durga, de vernielgodin van de demonen. Tijdens het Festival van Bisket in april bereiken de activiteiten in deze tempel hun hoogtepunt: de afgod wordt op een kar gezet en de stad rondgedragen onder begeleiding van muzikanten.

🛉🛉 **Khadga Devi Temple:** weer een tempel met twee daken. Deze wordt in het bijzonder vereerd. Er ligt een heilig zwaard. Volgens de traditie werd dit zwaard door Shiva aan Mukunda Sen, de vroegere koning van Palpa, waarvan Bandipur een vazalstaat was, aangeboden. Tijdens het Festival van Dasain, in september of oktober, wordt het zwaard uitgehaald en gebruikt bij het offeren van een schaap. Daarna wordt het in de stad rondgedragen.

🛉🛉 **Mahalaxmi Temple:** alweer een tempel-pagode gewijd aan de godin van de Overvloed. Ook hier deuren, bogen en lateien in fijnbewerkt hout dat de perfectie benadert.

🛉 **De overdekte markt:** de enige overdekte markt in de vallei.

🛉 **Tudikhel:** van op dit grote veld ten noorden van de stad krijg je bij mooi weer een grandioos panorama. Je bent sprakeloos als je de zonsopgang of zonsondergang bij de *Langtang*, de *Ganesh Himal*, de *Manaslu* en de *Annapurna* aanschouwt. Maak een wandeling in de omgeving als je tijd hebt. Neem een gids mee als je de grotten zoals **Pataali Dwar**, de 'poort naar de hel' met zijn vele kalkafzettingen, of **Siddha Gufa**, wilt ontdekken. Dit is de diepste put ooit gevonden in Nepal, en hij heeft nog lang niet al zijn geheimen prijsgegeven.

POKHARA

150.000 INWONERS | NETNUMMER 061

Dit kleine dorp was tot de afwerking van de weg in de jaren 1980 zo goed als afgesneden van de wereld (behalve misschien van Tibet). Er woonden amper 5530 mensen in 1962. Vandaag zijn dat er 150.000 en komen hier evenveel toeristen als in Kathmandu. Pokhara is het vertrekpunt voor een bezoek aan het nationaal park van Annapurna en valt dus bijzonder in de smaak bij trekkers.

De lage ligging, rond 850 m, verklaart het vrij zachte en vochtige klimaat, in schril contrast met het droge en koude weer in de omliggende bergen. Meer groen, minder vervuiling: een ontspannende halte voor wie na een trektocht even weer op adem wil komen (warme douches, goede restaurants, kroegjes, luilekkerland!). Pokhara ligt niet ver van het meer van Phewa, het tweede grootste van Nepal. Ronduit schitterend met de Annapurna op de achtergrond. De oude stad is een wandeling waard.

AANKOMST EN VERTREK

Met de wagen

200 km van Kathmandu. Het landschap tussen Kathmandu en Naubise (26 km) is schitterend, met een indrukwekkend hoogteverschil. Het tweede deel van de weg (84 km) tussen Naubise en Mugling is in goede staat, net als het derde deel (90 km) van Mugling naar Pokhara. Trek 5 tot 6 uur uit naargelang de staat van de weg.

Met de bus

Enkele opmerkingen vooraf: neem tijdens de moesson geen bus wegens de grondverschuivingen op de wegen. Let op voor diefstal op de bus!

Pokhara heeft drie stations:

Tourist Bus Station (algemene plattegrond, B3, 1): aan de weg naar de luchthaven. Verbindt Pokhara met Kathmandu, Chitwan, de Indiase grens en Besishar (trektocht van de Annapurna).

- Local Bus Station (algemene plattegrond, B2, 2): op *Prithvi Chowk*, verbindingen met onder andere Kathmandu en Chitwan. Rekening houdend met de staat van de weg raden we je dit alternatief heel sterk af.

Station van Baglung (algemene plattegrond, B2, 3): als je op trektocht naar het westen vertrekt (Birethanti, Beni...).

- Van/naar Kathmandu: zelfs al is de maatschappij *Green Line (detailplattegrond A3, 9,* ☎*53 14 72)* duurder dan de lokale bussen, toch is dit een goed alternatief. Reserveer de avond voordien. Een rit van 6 tot 8 uur naargelang de staat van de werkzaamheden aan de weg en het verkeer. De bussen vertrekken in beide richtingen (Kathmandu-Pokhara en omgekeerd) tussen 7.00 en 8.00 u, en 's avonds tussen 19.00 en 20.00 u. Kies een rit overdag, dat is veiliger. De bussen hebben slaapzetels, er is toilet en airco, er worden maaltijden opgediend. De enige maatschappij die bij Lake Side (tegenover het agentschap), de toeristische wijk, vertrekt en aankomt.

Er zijn tal van *Tourist Busmaatschappijen* zoals *Swiss Travels, Loyal, Worldwide, Swiss Coaches, Blue Sky...* die de verbinding 's ochtends vroeg verzorgen. Deze bussen zetten je af bij het *Tourist Bus Station (algemene plattegrond, B3, 1)* aan de weg naar de luchthaven en niet in de toeristische wijk. Ongetwijfeld hebben ze een twijfelachtige overeenkomst met de taxilobby en bepaalde lodges. Je wordt er opgewacht door taxi's die je naar Lake Side brengen.

- Naar Chitwan (Sauraha): met *Green Line.* Neem vroeg in de ochtend de bus richting Kathmandu, stap over in Kurinta. Nog anderhalf uur naar Sauraha.

Met het vliegtuig

De kantoren van de luchtvaartmaatschappijen liggen op Mustang Chowk *(algemene plattegrond B3).* Je kunt reserveren bij eender welk agentschap. Vergeet de luchthavenbelasting niet op binnenlandse vluchten, 170 NPR (€ 2).

Nepal Airlines Office: op de luchthaven *(plattegrond B3).* ☎52 00 40. En op Mustang Chowk *(plattegrond B3).* ☎52 10 21 of 52 73 15. Normaal gezien open van 10.00 tot 13.30 u en van 14.00 tot 15.00 u. Enkel verkoop van tickets voor vertrek in Pokhara.

Buddha Air: Mustang Chowk *(plattegrond B3).* ☎53 49 98 of 52 89 97. En op de luchthaven *(plattegrond B3),* ☎53 49 97. Geopend van 8.00 tot 17.30 u (tot 18.00 u 's zomers).

⊠ **Sita Air:** op de luchthaven, ☎ 52 03 50 of 52 08 73.

⊠ **Yeti Airlines:** op de luchthaven, ☎ 53 00 16 of 52 89 92.

Verbindingen met:

- **Kathmandu:** dagelijkse verbindingen verzorgd door *Nepal Airlines*, *Buddha Air* en *Yeti*. Je vliegt met een klein propellervliegtuig waarin plaats is voor 15 passagiers. Een vlucht van 25 min. Iets meer dan $ 70 (€ 49) voor een enkele vlucht. *Yeti* en *Buddha* vliegen elk zo'n 6 keer heen en terug per dag, goed om weten want er wordt vaak geannuleerd omwille van het weer. Bestel en betaal je terugvlucht naar Kathmandu voor je op trektocht vertrekt, bevestig je terugvlucht vooraf. De wachttijd loopt soms op tot meerdere dagen. Enkel vreemde valuta worden aanvaard. Reserveer een tweede vlucht voor het geval de eerste wordt geannuleerd. Ga links zitten, zo geniet je volop van het mooie uitzicht (onvergetelijk schouwspel).

- **Jomsom:** dagelijks vluchten met *Nepal Airlines*, *Buddha* en *Sita*. Ongeveer $ 70 (€ 49). De nieuwe weg zal deze luchtverbinding, die vaak wordt geannuleerd omwille van het weer, ongetwijfeld een klap geven.

NUTTIGE ADRESSEN

Gezondheid, spoedgevallen

■ **Western Regional Gandaki Hospital (buiten plattegrond via B2):** ☎ 52 00 66. Neem een taxi bij Mahendra Pul. En **Gandaki Zonal Hospital**, in de Ranipauwawijk. Correcte ziekenhuizen. Bij ernstige medische problemen laat je je terugbrengen naar Kathmandu en verwittig je de arts van de ambassade. Verschillende apotheken in de bazaar en in de buurt van het meer.

■ **Politie (algemene plattegrond, A3, 5):** aan de rand van Lake Side. De toeristische politie patrouilleert langs het meer en in de winkelstraat.

Post en telecommunicatie

◻ **Hoofdpostkantoor (algemene plattegrond, B2):** in het centrum van de stad. Van zondag tot donderdag van 10.00 tot 17.00 u, op vrijdag van 10.00 tot 15.00 u. De meeste boekhandels in de stad verkopen postzegels, dat is makkelijker!

■ **Telefoon:** maak gebruik van de diensten van een van de telecomagentschappen. Daar is vaak ook een fax. Hogere prijzen dan in Kathmandu. Nog duurder dan in de hotels.

@ **Internet:** in *Lake Side*. Schieten als paddestoelen uit de grond. Ook duurder dan in Kathmandu en veel trager.

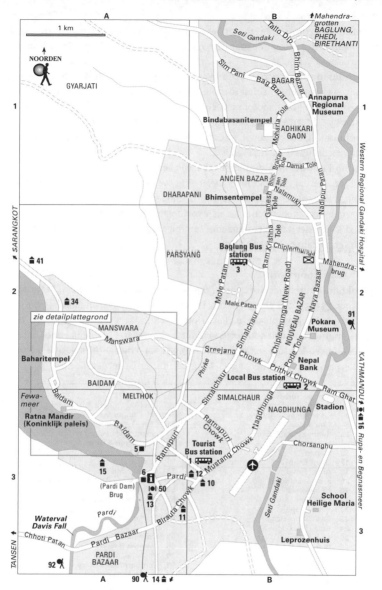

POKHARA – ALGEMENE PLATTEGROND

Rijden en je verplaatsen

■**Verhuur van pony's:** dwergpaardjes van het Mustangras. Richt je tot de trekagentschappen in Lake Side die de paarden naar de stad brengen. Gids verplicht, de buffels vallen de pony's soms aan.

■**Verhuur motors 100 tot 125 cc en Vespa:** heel wat mogelijkheden in Lake Side. Je betaalt een borgsom of geeft je identiteitskaart af. Soms wordt er gesjoemeld met de brandstof: je krijgt een motor met een nagenoeg lege tank in de hoop dat jij die bijvult. Tank slechts zoveel als je zelf zult gebruiken, de rest is verloren!

🚲**Verhuur fietsen:** per uur of per dag, zowat overal. Normaal gezien in goede staat. Controleer de fiets toch snel even.

■**Verhuur bootjes en kleine zeilboten:** een beetje overal in Lake Side. Verhuur per uur of voor een dag, met of zonder roeier. Prijs overeen te komen. Let op, de wind kan snel opsteken wat het moeilijk maakt om behouden in de haven aan te komen. Vaar je alleen, gebruik de zeilen dan enkel als je voldoende ervaring hebt.

🚖**Taxi's:** duurder dan in Kathmandu. Sommige taxi's hebben een teller. Is er geen teller, spreek dan vooraf een prijs af.

Toeristische informatie

ℹ️**Pokhara Tourist Service Centre (algemene plattegrond A3):** naast het *Immigration Office*. ☎️53 52 92. ● pntb@bb.com. Dagelijks open, behalve op zaterdag, van 9.00 tot 17.00 u, op vrijdag tot 15.00 u. Niet zo interessant.

■**Verlenging visum:** in het *Immigration Office (plattegrond A3, 6)*. Dagelijks open behalve op zaterdag en feestdagen, van 10.00 tot 17.00 u (op vrijdag tot 15.00 u). De visums worden pas vanaf 13.00 u behandeld. Neem een foto en € 1 per dag mee.

■ Nuttige adressen	🍽 Eten
4 Standard Chartered Bank	18 Lan Hua Chinese Restaurant
7 Ganesh Kayak Shop	37 The Hungry Eye
9 Green Line	51 Lhasa Tibetan Restaurant
26 Sunrise Paragliding	52 Laxman Restaurant en Caffé Concerto
	53 Once Upon A Time
🛏 Slapen	54 The Lemon Tree
17 Gauri Shankar Guesthouse	55 Boomerang
18 Angel Hotel	56 Mamma Mia
19 Kiwi Guesthouse	57 Moondance Restaurant and Pub
20 Nirvana Hotel	58 Koto Restaurant
21 Lake Side Hotel	59 Fewa Park Restaurant
22 Baba Lodge	60 Bistrot Caroline
23 Base Camp Resort	61 Newari Kitchen
24 Butterfly Lodge	
25 New Solitary Lodge	☕ Ontbijten
26 Monal Hotel	55 German Bakery
27 Lubbly Jubbly	70 Pokhara Joe's
28 Nanohana Lodge	71 Pumpernickel Bakery
29 Serenity Hotel	72 Sheela Bakery
30 Tranquillity Lodge	
31 Noble Inn	🍸🎵 Iets drinken, uitgaan
32 Board Walk Guesthouse	58 Moonsoon Bar and Grill
33 ABC Hotel	71 Busy Bee
35 Mountain Top Hotel	76 Club Amsterdam
36 Temple Villa Hotel	77 Old Blues Café
37 The Hungry Eye Hotel	78 Maya Pub and Restaurant
38 Meera Hotel	79 Magic Club
39 Fewa Hotel	
40 Barahi Hotel	
42 Bien Venue Hotel	

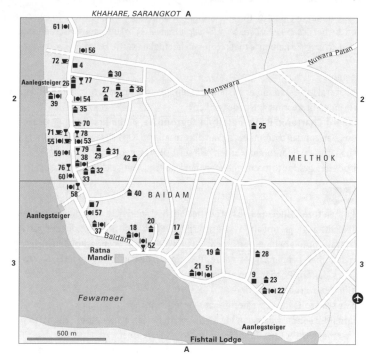

POKHARA – DETAILPLATTEGROND

Trektochten en raften

■ **Annapurna Conservation Area (algemene plattegrond A3):** hetzelfde kantoor als de dienst voor toerisme. ☎ 54 03 76. • info@kmtnc-acap.org.np. In principe open vanaf 6.00 u als je dezelfde dag nog op trektocht wilt vertrekken, tot 17.00 u (16.00 u in de winter). Vraag steeds inlichtingen vooraf, het verandert snel! Gesloten op vrijdagmiddag, zaterdag en feestdagen. Neem twee pasfoto's en 2000 NPR (€ 24) mee (cash) voor je toegangsbewijsje voor het nationaal park van de Annapurna. Je krijgt dit dan meteen mee. Ga bij voorkeur rond openingstijd. Ook de agentschappen met een vergunning of je hotel kunnen, mits een commissie, deze formaliteiten afhandelen.

■ **Verhuur en aankoop van trekmateriaal:** zowat overal in Pokhara, de prijs is nagenoeg overal gelijk.

■ **Agentschappen voor trektochten en rafting:**

- *Ganesh Kayak Shop (detailplattegrond, A3, 7):* ☎ 52 26 57. • gks@fewanet.com.np. Reisagentschap uitgebaat door Charly, een Fransman die hier al tientallen jaren woont en gespecialiseerd is in raften en kajak (die hij ook verhuurt) maar ook in trektochten. Regelt de vergunningen voor je trektocht.

- Voor agentschappen die trektochten aanbieden, zie 'Nuttige adressen' in Kathmandu. Wees voorzichtig bij het maken van je keuze, het ene voorstel is nog aanlokkelijker dan het andere. In Pokhara kun je terecht bij Ram of Hara, twee ervaren gidsen die het *Gauri Shankar Guesthouse (detailplattegrond, A3, 17)* uitbaten. Discreet, sympathiek en ernstig. Ze helpen je met plezier bij het maken van je keuze.

Wisselen

Zowat overal in de stad zijn er wisselkantoren, maar de koers is over het geheel genomen minder interessant dan in de banken.

- **Standard Chartered Bank (detailplattegrond A2, 4):** bij het meer. ☎52 01 02 en 52 17 46. Van zondag tot donderdag van 9.45 tot 16.15 u. Op vrijdag gesloten om 13.15 u. Betaalkaarten. Geldautomaat buiten. Wisselt ook reischeques.
- Er is ook een **geldautomaat** tegenover het *Koto Restaurant (detailplattegrond A3, 58).*

SLAPEN

Er komen razendsnel nieuwe hotelletjes bij. Niemand betaalt nog de prijs die officieel uithangt, je kunt altijd korting krijgen. Een van de ongerijmdheden van Pokhara: alle hotels hebben een prachtige tuin die perfect is onderhouden. Ach, legden de uitbaters nu maar eens dezelfde zorg aan de dag bij het onderhoud van de kamers, dan zou Pokhara een paradijs zijn...

Er zijn vier overnachtingszones:

- **In de stad zelf:** vies, lawaaierig en niet interessant.
- **Damside:** een stuwdam aan het begin van het meer. Minder toeristisch dan vlak bij het meer. De hotels zijn er niet duur, troosteloze sfeer.
- **Lake Side (Baidam in het Nepalees):** het echte hart van het toeristische Pokhara, twee zones aan de rand van het meer.
- **Tussen de Dam en het koninklijk paleis** en **ten noorden van het koninklijk paleis:** niet veel verschil in stijl en prijs tussen de hotels. Ga altijd vooraf kijken, speel de hotels uit tegen elkaar. De minst authentieke wijk van Pokhara, maar handiger omdat alles dichtbij is.

In de Damwijk

GOEDKOOP (150-500 NPR, € 1,80-6)

🛏 New Pagoda Hotel (ALGEMENE PLATTEGROND, B3, 10): tegenover het *Dragon Hotel.* ☎52 18 02. Klein familiehotelletje. De uitbater is een oude Gorkha, hij was luitenant bij het Britse leger. Bescheiden maar heel goed onderhouden en zo rustig! Kleine, gezellige tuin, hartelijke ontvangst. Mooi uitzicht op het dakterras.

🛏 Green View Hotel (ALGEMENE PLATTEGROND, A3, 11): ☎52 18 44.
• hotelgreenview@yahoo.com. Een beetje afgelegen, midden tussen schattige tuintjes. Twaalf gewone kamers, verschillende prijzen, met badkamer. Enkele kamers hebben uitzicht op de bergen. Fantastische ontvangst.

DOORSNEEPRIJS (1000-2000 NPR, € 12-24)

🛏 Dragon Hotel (ALGEMENE PLATTEGROND, B3, 12): ☎52 26 30.
• dragon@mos.com.np. Gastvrije inkomhal met bloemen. Dertig kamers met een wat ouderwetse charme, veel houtwerk, badkamer, ventilator of airco. Heel rustig, kleine tuin achter het huis.

🛏 Monalisa Hotel (ALGEMENE PLATTEGROND, A3, 13): ☎52 36 80. • monalisa@ mos.com.np. Smaakloze maar correcte kamers, met een vredig en schitterend uitzicht op het meer. Twee categorieën kamers, sommige met balkon dat recht-streeks uitkijkt op het meer. Prijzen aan de hoge kant: onderhandel.

HEEL LUXUEUS (MEER DAN 4000 NPR, € 47)

▨▨ SHANGRI-LA VILLAGE (BUITEN ALGEMENE PLATTEGROND VIA A3, 14): afgelegen, niet ver van het oogheelkundig ziekenhuis (Eye Hospital). ☎ 52 21 22 of 52 37 00. ●wwww.hotelshangrila.com. De prijs bedraagt $180 (€ 126) voor een tweeper-soonskamer, maar daar valt over te praten. Een prachtig geschenk: als je geen gast bent, kun je tijdens het weekend voor 550 NPR (€ 6,50) gebruik maken van het zwembad, 's middags is er buffet en rond 16.30 u thee, alles in de prijs inbe-grepen. Ze halen je zelfs op aan je hotel als je dat wilt... Knap! Een van de beteke-nissen van het woord Shangri-La is 'paradijs', en dat is wel het minste wat je over dit hotel kunt zeggen! Ruime, gezellige kamers, smaakvol ingericht. Schitterend diepblauw zwembad. Dit alles verscholen in een exotische, weelderige tuin. Uit-stekend Chinees restaurant op de eerste verdieping. *Spice Route*, cafetaria, goed voorziene bar en biljartzaal op de benedenverdieping. Bioscoopzaal waar elke dag een andere film wordt vertoond. Ook de kinderen worden niet vergeten. Niks valt hier uit de toon, er is oog voor het fijnste detail, de perfectie nabij (een bloem op je hoofdkussen...). Uitstekende bediening, charmant personeel. De directeur spreekt Frans. Zonder twijfel ons beste adres in deze categorie.

▨▨ FISH TAIL LODGE (ALGEMENE PLATTEGROND, A3, 15): op een schiereiland in het meer. ☎ 52 00 71 of 52 64 28. Reserveren in Kathmandu: ☎ (01)422 17 11 of 422 95 70. ● www.fishtail-lodge.com.np. Ga uit van $100-120 (€ 70-84) voor een tweepersoonskamer, te bespreken. Het restaurant serveert een Indisch menu voor 800 NPR (€ 9,50). Pittig en lekker maar de prijs is echt wel té. Je kunt er altijd iets gaan drinken en genieten van de omgeving, maar ook de drankjes zijn hier bijna onbetaalbaar. Een haven van rust, vooral de moeite om de ligging en feeë-rieke tuin. Hier voorbij varen is pure ontspanning, het uitzicht op de Annapurna bij zonsopgang (of -ondergang) is schitterend. Ietwat verouderde kamers in grote ronde gebouwen. Standaardcomfort, de harde matras kan beter. Vraag een nieu-were kamer, die is aangenamer. Zwembad.

In Lake Side, tussen de Dam en het koninklijk paleis

GOEDKOOP (150-500 NPR, € 1,80-6)

▨ GAURI SHANKAR GUESTHOUSE (DETAILPLATTEGROND A3, 17): ☎ 52 04 22. ● gaurishankarh@hotmail.com. Vernieuwde kamers, vrij ruim, net. De kamers in het gebouw met 'erwtjes' zijn het modernst, met een plafond met sierlijsten alstublieft! Lekker ontbijt. Mooie tuin, aangenaam om wat uit te rusten en te klet-sen. Ram en Harka, twee berggidsen, werken samen met Judy, een enthousiaste Australische. Samen runnen ze dit schattige guesthouse. Resultaat: je voelt je er thuis, je wordt er professioneel en met de glimlach ontvangen.

▨ ANGEL HOTEL (DETAILPLATTEGROND, A3, 18): achterin een doodlopend straatje. ☎ 52 20 52. Correct comfort, hoewel het wat onderhoud mist, en dat met de con-stante vochtigheid hier in Pokhara. Jonge en dynamische service. Kies een kamer in het tweede gebouw achteraan, dat heeft een tuin en is gezelliger. Grote korting voor jongeren (of voor wie er zo uitziet!).

VRIJ GOEDKOOP (500-1000 NPR, € 6-12)

▣ NIRVANA HOTEL (DETAILPLATTEGROND A3, 20): ☎ 52 33 32. ● nirvana@cnet.wlink. com.np. Tijdens het hoogseizoen is reserveren aangeraden. Degelijk onderhouden hotel, uitgebaat door het Nepalees-Schotse koppel Ganga en Ailsa. Immense en nette kamers, waaronder enkele met balkon en uitzicht op het meer. Rijkelijk ontbijt op het terras met uitzicht op het meer en de bergen. Een zeer goed adres. Zijn er geen kamers meer vrij, dan kun je terecht in hun andere hotel, *Sacred Valley*, op wandelafstand van het *Nirvana*.

▣✗ LAKE SIDE HOTEL (DETAILPLATTEGROND A3, 21): ☎ 52 00 73. ● htllakeside@hotmail.com. Ligt wat van de straat af en is dus rustig. Twintig heel goed onderhouden kamers, aangename tuin. Vriendelijke ontvangst. Goed restaurant. Goede prijs-kwaliteitverhouding.

▣✗ BABA LODGE (DETAILPLATTEGROND A3, 22): ☎ 52 19 97. Eenvoudige kamers met badkamer en tv. De kamers die uitgeven op straat, neem je beter niet, daar is te veel lawaai. Terras. Tuin. Restaurant. Al lang een klassieker bij trotters. Ontvangst zonder veel omhaal.

HEEL LUXUEUS (MEER DAN 4000 NPR, € 47)

▣ BASE CAMP RESORT (DETAILPLATTEGROND A3, 23): ☎ 52 29 49 en 52 36 53. Reserveren in Kathmandu op het nummer ☎ (01)421 65 98. ● www.basecampresort.com. Een groot hotel dat bestaat uit een aantal kleine gebouwen (niet zo mooi!) van twee verdiepingen, verspreid in een tuin vol bloemen. Kamers met alle comfort, klein balkon. Overal heb je uitzicht op de bergen. De basisprijzen zijn vrij duur voor de gewone luxe. Attent personeel.

In Lake Side, ten noorden van het koninklijk paleis

Weinig originele adressen hier. Een tiental correcte hotels, nagenoeg identiek. Dezelfde prijzen overal.

GOEDKOOP (150-500 NPR, € 1,80-6)

▣ BUTTERFLY LODGE (DETAILPLATTEGROND A2, 24): ☎ 52 28 92 of 52 58 53. ● www.butterflyfoundation.org. Tijdens het hoogseizoen is reserveren aangeraden. Kamers voor ieders budget. De nieuwste kamers hebben een badkamer. Spartaans comfort in de andere, maar ze zijn tenminste net. Slaapzaal met 6 bedden. Tuin vol bloemen, gezellige sfeer. Vriendelijke uitbater. Keuken en wasserette. Op het dakterras panoramisch uitzicht op de bergen en het meer. Uitstekend adres dat we al jaren aanraden.

▣ NEW SOLITARY LODGE (DETAILPLATTEGROND A2, 25): ☎ 52 18 04 of 52 31 67. ● www.newsolitarylodge.com. Goed gekozen naam, afgelegen. Familiaal adres, elegant, kraaknet. Alle kamers hebben een badkamer met warm water. Terras met uitzicht op de Machhapuchhare.

▣ LUBBLY JUBBLY (DETAILPLATTEGROND A2, 27): ☎ 53 18 96 of 52 28 81. Familiaal en lieflijk guesthouse, net. Hippiesfeer hoewel die tijd toch al lang voorbij is. Voor je op trektocht gaat, kun je mediteren in de kleine Shivatempel. Pluk bananen in de tuin. Maak je geen zorgen om je bagage die je achterlaat. De eigenaar zorgt er heel goed voor.

▣ NANOHANA LODGE (DETAILPLATTEGROND A3, 28): in het straatje bij de Green Line. ☎ 52 24 79 en 52 51 14. ● nanohana_lodge@hotmail.com. Mooi vernieuwd hotel, frisse kleuren. Kamers in verschillende prijscategorieën, allemaal even net en met badkamer. Heel mooi uitzicht op de omgeving van op het terras. Rustig, midden in de tuin. Organiseert trektochten.

SERENITY HOTEL (DETAILPLATTEGROND A2, 29): 52 60 98. • sunrise@mos.com. np. Kamers in verschillende prijsklassen, met of zonder badkamer, vrij sober maar net. Mooie badkamer (enkele met bad) en warm water. Eenvoudig adres, zonder al te veel charme, maar met een goede prijs-kwaliteitverhouding.

TRANQUILITY LODGE (DETAILPLATTEGROND A2, 30): 52 10 30. • hemrajpahari@ hotmail.com. Mooi gebouw, maar banale kamers met badkamer. Sommige met balkon of zelfs een terras. Kies een kamer op de eerste verdieping, die zijn lichter. Rustige tuin afgemaakt met een touw. Attente eigenaar.

BOARD WALK GUESTHOUSE (DETAILPLATTEGROND A2, 32): 52 49 27. • meera@ cent.wlink.com.np. Comfortabele kamers maar ietwat verouderd, met badkamer. Zachte matras. Ontspannen familiale sfeer. Aangename tuin, net als bij de buren (leuke straat trouwens).

MANDAP HOTEL (ALGEMENE PLATTEGROND A2, 34): aan de noordelijke rand van Lake Side. 615 27 088. • hotelmandap@hotmail.com. Grote kamers, verschillende prijzen, overal badkamer. Spartaans maar degelijk onderhouden. Terrasrestaurant met menu aan zachte prijs. Het personeel spreekt een paar woordjes Engels.

MOUNTAIN TOP HOTEL (DETAILPLATTEGROND A2, 35): 52 07 79. • www.hotelmountaintop.com. Een gebouw met vier verdiepingen zonder uitstraling. De kamers zijn onderverdeeld in drie categorieën. Er zijn er met een klein balkon, andere hebben een tv. Dakterras. Niet onaangenaam maar het hotel kan wel wat beter onderhouden worden (bevlekt vast tapijt, ouderwetse badkamer...). Een bijkomend ongemak is de helse muziek van het naburige restaurant. Vriendelijke ontvangst.

VRIJ GOEDKOOP (500-1000 NPR, € 6-12)

ABC HOTEL (DETAILPLATTEGROND A2, 33): 52 19 34. • abc@go2kathmandu. com. Familiaal hotel. De grote kamers hebben een badkamer, tv en – de meesten toch – een klein balkon. Kies een kamer boven, die is iets duurder maar je hebt een schitterend uitzicht op de bergtoppen. Goede ontvangst. Rustige tuin met bloemen, maniakaal onderhouden door de eigenaar.

NOBLE INN (DETAILPLATTEGROND A2, 31): 52 49 26. • www.nobleinn.com. Kamers met badkamer, kraaknet. Met uitzicht op een grote, verzorgde tuin. Dit hotel is eigendom van een Nepalese familie die ontvangst en comfort perfect weet te combineren, en dat alles voor een lage prijs. Echt een goed adres.

HOTEL BIEN VENUE (DETAILPLATTEGROND A2, 42): iets voorbij het *Barahi Hotel*, rustig gelegen. 52 45 31. De broer van de uitbater heeft een meubelzaak in Parijs. Open inrichting met grijze steen, twee verdiepingen, ruim en mooi terras. Het is eens iets anders dan de bunkerstijl die Pokhara domineert! Splinternieuwe kamers met vast tapijt, ruime badkamer, tv en ventilator. Goede ontvangst.

TEMPLE VILLA HOTEL (DETAILPLATTEGROND A2, 36): iets verder dan de *Butterfly Lodge*. 52 12 03. • templevilla_hotel@hotmail.com. Klein hotel met Duits-Nepalese eigenaars. Alles wordt hier in het werk gesteld zodat je je thuis voelt. Trek je schoenen uit bij de deur. Mooi ingerichte, gezellige en uiterst nette kamers met of zonder badkamer. Degelijke badkamer. De tuin is al even aangenaam, vredig en vol bloemen. Een van onze beste adressen in Pokhara.

🏠 MONAL HOTEL (DETAILPLATTEGROND A2, 26): 📞 52 14 59. ● kbpariyar@hotmail. com. Gezellige en nette kamers met of zonder badkamer. En altijd weer dat vervloekte vast tapijt, geen goed idee met al die vochtigheid hier... Bamboemeubilair. Restaurant en cybercafé. Goede ontvangst.

LUXUEUS (2000-4000 NPR, € 24-47)

🏠 THE HUNGRY EYE HOTEL (DETAILPLATTEGROND A3, 37): 📞 52 09 08 of 52 30 96. Net geen dertig kamers van verschillende grootte. De duurste kamers zijn ruim en licht, met vrij uitzicht. Degelijk onderhouden, rustig, mooi ingericht. Bekijk er een paar. Attent personeel. Terras met uitzicht. Niet slecht gezien de zachte prijzen. Het restaurant is iets duurder, maar het Nepalese dans- en zangspektakel 's avonds is prachtig.

🏠❌ MEERA HOTEL (DETAILPLATTEGROND A2, 38): groot blok met twee verdiepingen, aan de rand van Lake Side. 📞 52 10 31 of 52 30 91. ● www.hotelmeera.com.np. Vijftig fraaie kamers, licht en net. De helft van de kamers in dit gebouw en de kamers in het bijgebouw hebben uitzicht op het meer. Voordelige prijzen buiten het seizoen. Terrasrestaurant op straat.

🏠❌ FEWA HOTEL (DETAILPLATTEGROND A2, 39): 📞 52 01 51. ● www.trekinfo.com/ mikes/mikefewa.htm. Goed gelegen hotel aan de oever van het meer, weg van de hoofdstraat van Lake Side. Nette en gezellige kamers. Kleine Nepalese huisjes, twee verdiepingen, heel bekoorlijk. Kamers in het lange hoofdgebouw. Restaurant met lekkere Mexicaanse gerechten, schitterend terras boven het meer. Onze lieveling in deze categorie.

🏠 BARAHI HOTEL (DETAILPLATTEGROND A3, 40): Barahi Path, in een straatje naar rechts, dat vertrekt bij Ganesh Kayak. 📞 52 30 17 of 52 35 26. ● www.bahari.com. Fraai hotel in een schitterende tuin. Een paar kamers met een prachtig uitzicht. De standaardkamers zijn nagenoeg even comfortabel als de *deluxe* kamers, waarvan de afwerking te wensen overlaat. In trek bij groepen Indische toeristen. Te hoge prijzen voor de geleverde diensten, het zal aan het zwembad liggen (en de netheid ervan!).

SLAPEN IN DE OMGEVING

🏠❌ THE FULBARI RESORT (BUITEN ALGEMENE PLATTEGROND VIA B3, 16): 7 km van Pokhara. 📞 52 34 51. Reserveren in Kathmandu: 📞 (01)478 03 05. ● www.fulbari. com. Standaard tweepersoonskamer vanaf $ 150 (€ 105), ontbijt inbegrepen. Een uitspatting, dat is nog de beste manier om dit paleis in Newarstijl, met een combinatie van hout en steen, te omschrijven. De inkomhal alleen al toont hoe majestueus deze plek is. Vier restaurants, keuken uit alle hoeken van de wereld. Golf, tennisvelden, prachtig zwembad, sauna, jacuzzi en zelfs een splinternieuw casino. Charmant en discreet personeel.

In het dorpje Khahare

Wandel verder noordelijk langs het meer naar het dorpje Khahare, het laatste schuiloord voor hippies, armoezaaiers en reizigers op zoek naar wat rust. Fraaie omgeving, buffels trekken door de rijstvelden...

VRIJ GOEDKOOP (500-1000 NPR, € 6-12)

🏨 Chhetri Sisters Guesthouse (ALGEMENE PLATTEGROND, A2, 41): ☎ 52 40 66.
• www.3sistersadventure.com. Een van de laatste *lodges* langs het meer, in de richting van Sarangkot. Aangenaam en rustig guesthouse, uitgebaat door drie leuke zussen die Nepalese vrouwen opleiden tot berggids. Kleine, onberispelijke en bekoorlijke kamers, met of zonder badkamer (piekfijn). Midden in de rijstvelden met uitzicht op het meer, wat uitzonderlijk is in Pokhara. Beleefde ontvangst, supersfeer.

ETEN

Heel wat restaurantjes, vooral rond het meer, maar weinig origineel. Neem 's avonds een antimuggenspray mee, die vervelende beesten duiken op zodra de zon ondergaat!

Jammer dat de meeste etablissementjes hier zowat overal hetzelfde serveren. Een tip: kies voor kip, vergeet je zin in vis of rood vlees. Het meer is vervuild, de stroom valt vaak uit, er wordt niet zo nauw omgesprongen met de juiste bewaartemperaturen. Kip wordt zowat overal in Pokhara gefokt en is bijgevolg makkelijk te krijgen en dus vers.

In de Damwijk

GOEDKOOP (150-350 NPR, € 1,80-4,20)

❌ Don't Pass Me By (ALGEMENE PLATTEGROND, A3, 50): ☎ 53 13 32. Leuk terrasje aan de stuwdam. Hartelijk, internationaal clientèle dat hier komt proeven van het lekkere, goedkope eten.

In Lake Side

GOEDKOOP TOT VRIJ GOEDKOOP (MINDER DAN 800 NPR, € 9,50)

❌ Moondance Restaurant and Pub (DETAILPLATTEGROND A3, 57): rechts voorbij hotel *The Hungry Eye*. Zoals in de meeste restaurants ook hier wereldkeuken. Vrij goedkoop menu met dagschotel en glas wijn. Eerlijke prijs-kwaliteitverhouding. De enige echte espresso van de stad, een pluspunt! Leuke sfeer 's avonds, rond het haardvuur, onderuitgezakt in een van de comfortabele zetels.

❌ Caffé Concerto (DETAILPLATTEGROND A3, 52): ☎ 53 14 29. Open tot 23.00 u. Italiaans restaurant. De zaal met schoorsteen is gezellig, op het terras is wat meer frisse lucht. De Italiaanse bazin waakt over haar pizza's, haar trots. Correcte pasta, maar te veel gekookt en flauwe saus (oké, we zijn hier niet in Italië!). Lekker citroenijs en tiramisu, ontspan op de muziek van Gershwin of Miles Davis.

❌ 📞 Laxman Restaurant (DETAILPLATTEGROND A3, 52): naast het *Caffé Concerto*. ☎ 53 23 15. Dagelijks geopend van 8.00 tot 22.00 u. Happy hour van 17.00 tot 20.00 u. Een groot restaurant, net als de traditionele huizen in oker geverfd en 's winters verwarmd met een schoorsteen. 's Avonds zorgen kaarsen voor sfeervolle verlichting. Voor elk wat wils: *burgers*, salades, steak, vis uit het meer, *thali*, Mexicaans, Chinees en Italiaans. Een van de drukstbezochte restaurants in Pokhara. Redelijke prijzen rekening houdend met de inrichting, de kwaliteit van de keuken en de bediening. Eveneens een bar (cocktails) op het terras, waar ook een biljarttafel staat.

❌ Once upon a time (DETAILPLATTEGROND A2, 53): ☎ 53 18 81. Een van de weinige restaurants die tot 's avonds laat open zijn. Happy hour van 18.00 tot 20.00 u. Op sommige avonden wordt een film vertoond. Op de eerste verdieping, onder een groot rieten dak, of op het terras op straat. Degelijke keuken, wat een voordeel is hier. Uitgebreide Italiaanse en Indische gerechten. Zelfs Sonia Gandhi zou haar gading hier vinden. Trage en onprofessionele bediening.

☒ The Lemon Tree (detailplattegrond A2, 54): ☎ 52 32 46. Minuscuul zaaltje of terras op straat. Het restaurant heeft ook een dakterras. Het stelt weinig voor maar je hebt er wel een mooi uitzicht op het meer. Het terras zou nog mooier zijn zonder die vervelende snoeren. Een wat rommelige menukaart. Een tikkeltje minder duur dan de andere restaurants in deze categorie.

☒ Lhasa Tibetan Restaurant (detailplattegrond A3, 51): ☎ 52 30 66. Je eet er lekker en veel. Immense zaal met Tibetaanse doeken aan het plafond. Tuin met bloemen achteraan. Menukaart met zowat alles. Aangezien dit een Tibetaans restaurant is, probeer je de *gyakok* (een halfuur vooraf bestellen) of the *tibetan chopsuey*. Je kunt er *thomba* drinken, een Tibetaans bier op basis van gerst dat warm wordt geschonken. Afronden doe je met een thee met jakboter. Bestel geen *momo*, niet bijzonder hier. Uitstekende bediening.

☒ Newari Kitchen (detailplattegrond A2, 61): Lake Side 6. ☎ 55 04 23. Een soort opgewaardeerd eetstalletje, er is een inspanning geleverd voor de inrichting, de hygiëne, de muziek en de ontvangst. Dat maakt van dit restaurantje een van de modernste in de buurt. Evenwichtige kaart met ruime keuze voorgerechten (*momo, papad*, Nepalese tapa's), soep en de klassieke Newari en Nepali *set meals*. Jonge en discrete bediening.

☒ Boomerang (detailplattegrond A2, 55): ☎ 52 29 79. Open tot 22.00 u, soms later. Elke avond tussen 19.00 en 21.00 u voorstellingen. Een van de autoriteiten in Pokhara. Diverse keuken: tandoori, Mexicaans, pizza... Eten doe je in een strohut, dit keer zit je echt wel aan het water. De hygiëne daarentegen laat te wensen over.

☒ Mamma Mia (detailplattegrond A2, 56): ☎ 52 35 82. Zoals de naam al laat vermoeden, is dit een restaurant met Italiaanse specialiteiten. *Trattoria*, op de tafels ligt een roodgeblokt kleedje. Pizza en pasta maar ook tandoori en curry. Lusteloze bediening... Pokhara style!

☒ Koto Restaurant (detailplattegrond A3, 58): ☎ 53 14 14. Dit Japanse restaurant, dat befaamd is in Kathmandu, heeft al sterk uitgebreid. Basisinrichting maar aangenaam terras. Sushi en andere menu's, *teriyaki, sukiyaki*, tempura... Verschillende prijzen.

☒ Lan Hua Chinese Restaurant (detailplattegrond A3, 18): tegenover de ingang van het koninklijk paleis. ☎ 52 68 47. Chinees, de naam zegt het al, een van de beste in de stad. Buitengewoon kitscherige inrichting, fluo aquarium.

DOORSNEEPRIJS TOT LUXUEUS (350-800 NPR EN MEER, € 4,20-9,50 EN MEER)

☒ The Hungry Eye (detailplattegrond A3, 37): Italiaans, Chinees en Indiaas. Wat duurder. Cocktails. Efficiënte bediening. Veel groepen. Mooi programma met Nepalese dansen (dagelijks van 18.30 tot 20.00 u).

☒ Fewa Park Restaurant (detailplattegrond A2, 59): dagelijks open van 7.00 tot 22.00 u. Elke avond tussen 19.00 en 21.00 u traditionele dans of muziek. Zoals vaak het geval is, ook hier een lange kaart met verschillende en gevarieerde gerechten. Niet slecht, een aangename tuin aan de oever van het meer. Goede ontvangst.

⊠ Bᴉꜱᴛʀᴏᴛ Cᴀʀᴏʟɪɴᴇ (ᴅᴇᴛᴀɪʟᴘʟᴀᴛᴛᴇɢʀᴏɴᴅ A2, 60): niet ver van het *Fewa Park Restaurant*. ☎ 53 13 41. De Française met een stevige reputatie in de hoofdstad heeft hier, aan de rand van het meer, een westers theesalon-café-restaurant geopend. De leuke tuin krijg je er gratis bij. Provençaals getinte inrichting. Lekkere sandwiches, quiches en taarten. De bediening is wat sloom en arrogant.

Aan de andere kant van het meer
Huur een bootje of een kajak om aan de andere oever van het meer te raken. Vertrek voor de *Ganesh Kayak Shop*. Je betaalt ongeveer 400 NPR (€ 4,70) voor een boot heen en terug. Een kajak huren voor een uur is goedkoper en is makkelijker te besturen. Perfect voor de lunch. Het meer in het midden van de nacht kan dan wel romantisch zijn, het is niet evident om je weg terug te vinden!

⊠ Fᴇᴡᴀ Rᴇꜱᴏʀᴛ ᴀɴᴅ Lʏᴄʜᴇᴇ Gᴀʀᴅᴇɴ Rᴇꜱᴛᴀᴜʀᴀɴᴛ: ☎ 52 08 85. Rustig en ontspannen. Wie de gejaagdheid van Lake Side even wil ontvluchten. Correcte en goedkope keuken. Je luncht bij het meer, geniet van de vogels en de vlinders. Overnacht je in het hotel, dan word je gratis teruggebracht met de boot. Ruime en comfortabele kamers.

⊠ Kᴏᴘɪʟᴀ: eenvoudige maar lekkere kaart. Uitgebaat door een Nepalees-Japans koppel. Niet duurder dan in Lake Side. Ook enkele kamers.

ONTBIJTEN

⬛ Gᴇʀᴍᴀɴ Bᴀᴋᴇʀʏ (ᴅᴇᴛᴀɪʟᴘʟᴀᴛᴛᴇɢʀᴏɴᴅ A2, 55): aan de ingang van het *Boomerang Restaurant*. Een paar bijhuizen in de stad, maar met dezelfde leverancier. Gebak en heerlijke taart... op z'n Duits, maar dat had je wel al geraden. Heel lekker volkorenbrood.

⬛ Pᴏᴋʜᴀʀᴀ'ꜱ Jᴏᴇ (ᴅᴇᴛᴀɪʟᴘʟᴀᴛᴛᴇɢʀᴏɴᴅ A2, 70): op de eerste verdieping. Neem een koffiepauze in een van de zetels of op een smeedijzeren stoeltje. Echte espresso, cappuccino, ijskoffie... Mooi terras boven. Internet.

⬛ Pᴜᴍᴘᴇʀɴɪᴄᴋᴇʟ Bᴀᴋᴇʀʏ (ᴅᴇᴛᴀɪʟᴘʟᴀᴛᴛᴇɢʀᴏɴᴅ A2, 71): in een fraaie tuin aan de rand van het meer. Ontbijt of lunch. Lekker brood dat ter plaatse wordt gebakken, gebak en grote sandwiches. Let op, weinig schaduw.

⬛ Sʜᴇᴇʟᴀ Bᴀᴋᴇʀʏ (ᴅᴇᴛᴀɪʟᴘʟᴀᴛᴛᴇɢʀᴏɴᴅ A2, 72): een klein eetstalletje met lekkere *lassi* en grote sandwiches. Neem geen croissant, niet altijd vers. Kies liever een *roll*.

IETS DRINKEN, UITGAAN

Heel wat westerse pubs en een discotheek.

⬛ Bᴜꜱʏ Bᴇᴇ (ᴅᴇᴛᴀɪʟᴘʟᴀᴛᴛᴇɢʀᴏɴᴅ A2, 71): de bezoekers worden aangetrokken door de leuke sfeer en de gezellige inrichting. Biljart. Films, sportevenementen. De meest hippe bar van de stad.

⬛ Cʟᴜʙ Aᴍꜱᴛᴇʀᴅᴀᴍ (ᴅᴇᴛᴀɪʟᴘʟᴀᴛᴛᴇɢʀᴏɴᴅ A2, 76): dagelijks open van 11.00 u tot 's avonds laat (of 's ochtends vroeg). Grote bar met hoog plafond, volledig in hout, met een tuintje dat uitgeeft op het meer. Lekkere cocktails. Biljart. Newagemuziek, 's avonds treden soms groepen op.

⬛ Oʟᴅ Bʟᴜᴇꜱ Cᴀꜰᴇ́ (ᴅᴇᴛᴀɪʟᴘʟᴀᴛᴛᴇɢʀᴏɴᴅ A2, 77): dagelijks open van 17.00 tot 1.00 of 2.00 u. Later als de sfeer erin zit. Films om 16.00 u. Leuke plek om te biljarten. Lekkere cocktails, jong publiek.

🏠 Moonsoon Bar and Grill (detailplattegrond A3, 58): bar met twee lichte verdiepingen, grote schuiframen en uitzicht op het meer. Heel aangenaam om na de middag of zelfs 's avonds iets te drinken. Restaurant.

🏠 Maya Pub and Restaurant (detailplattegrond A2, 78): happy hour tussen 17.00 en 22.00 u. Leuker dan die in Thamel. Heerlijke cocktails met muziek op de achtergrond. Warm ingericht, in het zaaltje beneden kun je biljarten, er is een terras.

🏃 Magic Club (detailplattegrond A2, 79): de discotheek van Pokhara. Dagelijks van 18.00 tot 23.00 u, tijdens het hoogseizoen. Vooral jonge Nepalezen. Binnen een koele dansvloer, de stijl is niet echt uit te maken. Achterhaalde dancemuziek. In de ommuurde tuin kun je even op adem komen.

WAT IS ER TE ZIEN?

🏔 Zoals je wellicht weet, is Pokhara de stad die het dichtst bij de **Annapurna** ligt. In de winter is het observeren van het massief de voornaamste bezigheid. De bergketen weerspiegelt in het water van het meer, een onvergetelijke ervaring wanneer het licht meezit. Enkele jaren geleden was het meer zo'n 600 ha groot. Vandaag is dat maar 400 meer en elk jaar zou dat nog eens met 6 ha verminderen door de erosie veroorzaakt door de ontbossing als gevolg van de groeiende bevolking en de toeristen. Na jaren van achteloosheid zijn er eindelijk maatregelen genomen om het meer en de omgeving te beschermen: het is verboden op de oevers te bouwen en huizen te bouwen met meer dan twee verdiepingen (maar ook dat is relatief, met corruptie kom je hier al een heel eind!). Er zwemmen opnieuw vissen in het meer, dat is al een goed teken! Tijdens de moesson is er hier en daar vegetatie in het meer. Let op, je raakt er makkelijk in verstrikt.

Het Fewameer is druk bevaren. Je kunt er bootjes, pedalo's en kajakken huren. Hier kom je na een trektocht echt wel tot rust. Roei zelf, vaar naar het noorden van het meer, tussen de rijstvelden en viskwekerijen.

🏔🏔 **De overkant van het meer** (tegenover Lake Side) geeft je een beeld van het Pokhara van enkele jaren geleden. Makkelijk te bereiken met de boot of de kajak. Enkele *lodges* en restaurants. Een van de weinige plekjes waar je tegelijk kunt genieten van de bergen en het meer. Geen winkeltjes, geen drukke stad, rust verzekerd. Je kunt er een leuke wandeling maken: vertrek 's ochtends vroeg op Dam Side, wandel naar de top van de bergkam tot het *Japanse klooster* (2 uur wandelen), architecturaal gezien niet zo interessant maar je hebt er een adembenemend panorama over de bergen en het meer. Daal terug af naar de waterrand, neem een veerbootje om het meer over te steken. Naast het restaurant *Typical* is een waterval waarin je kunt baden.

🏔🏔 **International Mountain Museum (buiten algemene plattegrond via A3, 90):** Rata Paira, vlak bij de *Shangri-La Village*. ☎ 52 57 42. Dagelijks open van 9.00 tot 17.00 u. Toegangsprijs: 300 NPR (€ 3,60). Museum in het teken van de bergen en de bergbewoners. Vrij goed opgevat. Je leert er de verschillende bevolkingsgroepen van het land, die in de bergen wonen, onderscheiden. Ook info over de fauna en flora, zo let je in de toekomst op waar je loopt. Mooie foto's van de 14 hoogste toppen ter wereld, met de geschiedenis van hun 'verovering' en zelfs het gebruikte materiaal. Ongetwijfeld de moeite als je de tijd en het geld ervoor over hebt. Buiten reconstructie van Nepalese woningen... niet interessant. Slenter liever wat rond in het mooie park rond het museum.

❧ **Annapurna Regional Museum (algemene plattegrond, B1):** binnen de campus. Dagelijks open, behalve op zaterdag, van 10.00 tot 17.00 u. Gratis toegang. Mooie collectie vlinders (Nepal telt niet minder dan 640 soorten), enkele dode vogels gespreid op hun rug en dieren in cement in dit ouderwetse museum. De uitleg over het ecosysteem in de Himalaya en de plaatselijke bevolking is daarentegen wel interessant.

❧ **Tamu Pye Lhu Sangh (Tamu Kohibo Museum) (algemene plattegrond, B2, 91):** tegenover het *Pokhara Museum*, aan de andere kant van de *Seti River*. In het voorbijgaan een schitterend panorama op de diepe kloof. De openingstijden liggen niet echt vast. Toegangsprijs: 20 NPR (€ 0,20). Bescheiden museumpje rond de Gurung, een Mongoolse bevolkingsgroep die rond de Annapurna en in de Mustang leeft. Aan de hand van schema's maar vooral dankzij de gepassioneerde conservator ontdek je hun religieuze riten (de Gurung zijn polytheïsten), kosmogonie, kunst, klederdracht en voorwerpen uit hun dagelijkse leven.

❧ **Pokhara Museum (algemene plattegrond, B2):** tussen het busstation en Mahendra Pul. Dagelijks open, behalve op dinsdag, van 10.00 tot 17.00 u. Te betalen. Als je niet weet wat gedaan op een regenachtige dag... Niet zo bijzonder, beelden van de etnische verscheidenheid van Nepal: foto's, modellen, ambachten.

❧ **De bazaar van Pokhara (algemene plattegrond, B1):** ten noordoosten van het busstation. De bazaar is echt wel een ommetje waard als je het echte Pokhara wilt ontdekken. Tot het begin van de jaren 1960 leefde de stad vooral van handel en ruil. De Newar, met de handelaars van de Mustang en Tibet, ruilden allerlei goederen met de Gurung (de grootste bevolkingsgroep van de streek). Vandaag heeft de bazaar heel wat van zijn diversiteit verloren maar is al bij al nog vrij authentiek.

Een kleine wandeling: rond de **Bimshentempel (algemene plattegrond, B1)**, enkele oude huizen in rode steen met mooie balkons, balken en bewerkte vensters. De tempel zelf is niet zo interessant maar de wijk geeft je een beeld van het Pokhara van midden vorige eeuw. Wandel verder naar de modernere **Bindabasanitempel**. Boven op de heuvel heb je een schitterend uitzicht op de stad en de omliggende bergen. Wandel rond op de campus en bekijk het Natuurhistorisch Museum. Loop verder langs de Setirivier naar het zuiden tot bij de twee andere musea van de stad.

❧ **De waterval Davis Fall (algemene plattegrond, A3):** 2 km van het stadscentrum aan de weg naar Lumbini. Kleine toegangsprijs. Indrukwekkend. Het water stort met veel lawaai naar beneden tijdens de moessonregens. Je kunt afdalen in de grot (*Buktesur Cave*) en de bron van de waterval zien.

❧ **Het Tibetaans vluchtelingenkamp Tashiling (algemene plattegrond, A3, 92):** ongeveer 500 m voorbij Davis Falls. ☏ 52 04 47. • tashilingpkr@fewanet.com.np. Breng een bezoek aan de tapijtweverijen, investeer in een van de werken. De kwaliteit is uitstekend maar een tapijt is wel duur. Tibetaans klooster, enkele winkel met ambachtelijk handwerk, kinderdorp... Leuk voor trotters die wat vrije tijd hebben en niet weten wat te doen.

WAT IS ER TE DOEN?

Parapente

Onvergetelijk maar niet goedkoop: je telt ongeveer $ 85 (€ 59,50) neer voor 30-40 minuten. Je vertrekt in Sarangkot, 8 km van Pokhara (20-25 min. van de agentschappen met de wagen). Cursus gedurende meerdere dagen, alle niveaus.

- **Sunrise Paragliding (detailplattegrond A2, 26):** ☎ 52 11 74. ● www.nepalparagli-ding.com. Het oudste parapenteagentschap. Heel betrouwbaar. Naast de klassieke vluchten stellen zij je nog als enige een unieke ervaring voor: *parahawking* of tandem-vliegen met afgerichte valken! Bekijk hun dvd (aan het begin van de avond vertoond): gewoonweg magisch!

- **Blue Sky Paragliding:** bij het *Mandap Hotel (algemene plattegrond, A2, 34)*. ☎ 53 47 37. ● www.swissparapente.ch. Nepalees-Zwitsers ernstig agentschap met ongeveer dezelfde diensten. Europese lesgevers.

ULM

- **Avia Club Nepal PVT (algemene plattegrond, B3):** Mustang Chowk. ☎ 54 03 38 of 52 59 44 (luchthaven). ● www.avianepal.21bc.net. Altijd met twee, ontdek de vallei vanuit de lucht. Sensatie. Je betaalt $ 65 (voor een kwartier) tot 200 (voor een uur) (€ 45,50-140). Kinderen vanaf 8 jaar.

Mountainbike

- **Pokhara Mountain Bike Club (buiten detailplattegrond via A2):** ☎ 985 41 240 450. Tonki, een door mountainbike gepassioneerde Fransman, biedt je een aantal parcours van verschillende moeilijkheidsgraad aan, samen met een gids. Een goede optie om op een sportieve manier het prachtige landschap te ontdekken.

Golf

- **Himalayan Golf Course:** ☎ 52 18 82 of 52 72 04. ● www.travel-nepal.com/adventure/golf. Niet makkelijk te vinden, maar de taxi's kennen het. Ongeveer $ 35-45 (€ 24,50-31,50) alles inbegrepen. Uniek kader in een cañon waar ook arenden hun nest maken. Op de achtergrond de Annapurna. Zelfs wie niet golft, mag binnen. Alleen al voor de wandeling is dit golfterrein de moeite! Opengehouden door een golfliefhebber, die vroeger bij het Gorkhaleger zat.

INKOPEN DOEN

In Pokhara vind je alles, vooral Tibetaans ambachtelijk werk. De keuze is even groot als in Kathmandu en de prijs ligt lager. Natuurlijk moet je ook hier onderhandelen, zelfs al lijkt de prijs redelijk. Er is zoveel concurrentie dat je altijd wel een goeie prijs krijgt. Let toch op, de meeste voorwerpen worden met grote vrachtwagens uit India ingevoerd.

- **Kledij:** de winkeltjes waar T-shirts worden geborduurd, schieten als paddestoelen uit de grond. De zogezegde *pashmina 100 %* (en waarom niet 150 % nu we toch bezig zijn) is natuurlijk viscose, katoen, zijde of een mengeling hiervan. Je vindt alle benodigdheden voor je trektocht. De beste plek om de inkopen hiervoor te doen. Alle winkels liggen rond het meer, speel de concurrentie uit. Huurmateriaal is vaak minder duur dan in Kathmandu.

- Tal van **boekenwinkels** verkopen of ruilen boeken. Ook gidsen (raften, trektochten) en trekkaarten.

- **Juwelen:** heel mooie juwelen te vinden in de vele juwelenwinkels van Pokhara, interessante prijzen. Met name zilveren ringen en halssnoeren. De stenen komen uit

India en kosten niks. Laat je niet lastig vallen door Tibetaanse straatverkopers. Ze zijn vriendelijk maar opdringerig en verkopen rommel.

IN DE OMGEVING VAN POKHARA

- Het is een uur wandelen naar het Tibetaanse vluchtelingendorp **Hyangja** via de weg naar Naudanda. Er rijdt ook een bus heen (richting Baglung). Specialiteit: Tibetaanse tapijten, je kunt de weverij bezoeken. Groot klooster. Het platteland is heel mooi hier.
- Wat verder, zo'n 15 km ten oosten van Pokhara, liggen de **meren van Begnas en Rupa**. Je kunt er met de fiets, de motor of de taxi heen. De bus richting Kathmandu (vertrek bij het *Local Bus Station, algemene plattegrond, B2, 2*) zet je af aan het kruispunt, 300 m van de meren. Het meer van Begnas is het mooist. Hier wordt vis gekweekt, het meer is aangelegd door het ministerie van Landbouw. Je kunt er te voet rondwandelen, maar reken toch op een halve dag. Overtocht per boot (30 min.) voor enkele roepies. Onderhandel met de inwoners, niet op de plek waar de veermannen wachten. Rond het meer veel vogels: zilverreigers, reigers, limicolen... Wat verder ligt de prachtige **vallei van Kali Khola**. Je kunt er overnachten en iets eten in het hogergelegen dorp, tussen de twee meren.
- **Nirmal Pokhari:** neem een taxi tot Hunge Sanghu, een klein dorp 6 km van Pokhara, waar je een adembenemend uitzicht hebt. Vraag vervolgens aan een taxichauffeur je naar Modgauda te brengen, voorbij de Seti. Langs een wegje (er is er maar 1) wandel je voorbij rijstvelden en door bossen tot Nirmal Pokhari. Dit lijkt wel Pokhara in het klein. Valt het weer mee, dan kun je enkele toppen van de Annapurna bewonderen.

TREKTOCHTEN VAN DE ANNAPURNA

Loop verder in westelijke richting en vraag de weg naar Baj Pokhari, nog zo'n typisch dorpje. Je komt onderweg in andere gehuchten (*Shivalaya, Foksing* en *Dhopahare*), zo zie je de bergtoppen steeds uit een nieuwe hoek. De laatste halte is het *Tashi Tibetan Camp*. Van Dhopahare is het nog een uur naar het Tibetaanse vluchtelingenkamp. Neem een taxi of een plaatselijke bus terug naar Pokhara. Deze leuke wandeling duurt ongeveer 5 uur. Je zult het je niet beklagen.

- Op deze uitstap van een halve dag bewonder je een zonsopgang in **Sarangkot**. Bestel de avond voordien een taxi (met een groepje) rond 5.30 u aan het hotel. Laat je naar het dorp Sarangkot brengen en maak de korte klim naar het platform. Een echt magnifiek uitzicht op de Machhapuchhare en het Fewameer. Jammer dat de lucht snel dichttrekt. Je kunt te voet terug naar Pokhara, in de richting van het meer (ongeveer 2 uur). Moeilijk als je alleen bent. Neem een van de jongeren mee die boven op de berg staan te wachten. Spreek een prijs af voor je vertrekt.

🚶 **Naudanda-Kaski-Sarangkot-Pokhara:** lichte wandeling van een hele dag. Neem een kaart van de vallei mee, die je bekijkt met de hoteleigenaar of de gids van een agentschap. Reserveer de avond voordien (met een groepje) een taxi bij het hotel om 5.30 u. Laat je afzetten in het dorp Naudanda, 32 km van Pokhara. De weg stijgt tot 1600 m hoogte, van waar je een prachtig uitzicht op de Annapurna hebt als het helder is. Bij aankomst zal de gids voorstellen je te begeleiden: weiger steevast, deze wandeling is gemakkelijk en er zijn altijd voldoende mensen die je kunnen helpen.

In *Naudanda* ontbijt je snel, de wolken komen al opzetten. Koop een flesje water. Onderweg volg je niet gewoon de weg, maar klim je de bergkam op. Steek de rijstvelden over. Je ontmoet er zeker en vast heel wat mensen. Bovendien heb je een adembenemend uitzicht onderweg. Boven op de bergkam kun je beide zijden zien. Vervolg je weg parallel met de weg naar Sarangkot. Voorbij het dorpje Kaski klim je naar de vesting, ook hier weer een prachtig panorama. In *Sarangkot* zijn er enkele lodges en heel wat restaurants. Kies niet meteen voor het eerste dat je ziet, wandel door naar het eind van de straat. Het View Top Restaurant heeft het mooiste uitzicht op het meer van Pokhara. De afdaling van Sarangkot naar Pokhara duurt 2 uur.

🛶 **Raften:** trajecten van een of meerdere dagen (tot 12 dagen) op de Kali Gandaki of de Seki Gandaki (minder toeristisch dan de eerste). Ga langs bij de *Ganesh Kayak Shop* (zie 'Nuttige adressen' in Pokhara).

🚶 Daarnaast is Pokhara ook het vertrekpunt voor talloze trektochten, waaronder de bekendste de **Jomsom** en het **heiligdom van de Annapurna** zijn (lees hierover het hoofdstuk rond trektochten in 'Nepal praktisch'). In Pokhara betaal je de toegangsprijs voor het nationaal park bij de *Annapurna Conservation Area* (zie 'Nuttige adressen'). Het geld wordt gebruikt voor het schoonhouden en bebakenen van de paden.

De weg naar Jomsom is bijna afgewerkt. Dat zal het uitzicht van alle trektochten in de omgeving sterk veranderen: vroeger vertrokken de tochten in *Birethanti*. Nu kun je met de wagen naar Jomsom, langs de Kali Gandaki, zo spaar je enkele dagen wandelen uit. Het spreekt voor zich dat de Annapurna een groot deel van haar mysterie verliest...

🚶 **Een mooie trektocht:** drie dagen voor de snelle versie, vier tot vijf voor de rustige. Je kunt de route **Pokhara-Birethanti-Ghandruk-Landruk** (Gurungdorp)-**Dhampus-Phedi-Pokhara** volgen zonder twee keer langs dezelfde plek te komen. Op de heenweg neem je bij het *station van Baglung (algemene plattegrond, B2, 3)* de bus tot Nayapul, ook wel New Bridge genoemd. Voor de terugreis neem je een bus of taxi in Phedi naar Pokhara. Je kunt het traject ook in de omgekeerde richting volgen (makkelijkere klim). Er zijn herbergen in elk dorp. We raden je sterk aan een gids onder de arm te nemen. Hij is je tolk, geeft je informatie en inlichtingen over het leven van de mensen hier. Bovendien betaal je echt niet veel, zeker niet als je met een groepje reist. In de zomer hangen de wolken rond de bergtoppen. Een ontbijt in de schaduw van de Annapurna en de Machhapuchhare is zeker ook niet te versmaden. Vaak regent het trouwens maar aan het eind van de namiddag.

Andere haltes op de trektocht van de Jomsom

🌿 **Ghorepani:** 5-6 dagen met vertrek in Pokhara, neem de bus of een taxi naar Phedi. Daarna het traject Phedi-Dhampus-Ghandruk-Ghorepani.

📷 De HILLARY GUESTHOUSE, een gezellige lodge als je het dorp Phedi verlaat. De eigenaar is een vrolijke frans. Prachtig uitzicht en aangename tuin. Ook een aanrader is de HILL TOP LODGE in Ghorepani. Schitterend uitzicht op de bergen, warme douche buiten. Nog een goed adres: de SUPER VIEW LODGE, iets luxueuzer dan het voorgaande. Geen telefoon op dit ogenblik.

Klim voor zonsopgang de heuvel Poon Hill (3200 m, 45 min. wandelen) op. Dit mooie schouwspel mag je niet missen. Keer terug naar Ulleri en ga verder naar Birethanti. Daar neem je een bus naar Pokhara. Je kunt de tocht ook in de andere richting doen.

🌿 **Tatopani:** met twee dagen extra kun je van Ghorepani nog doorgaan naar Tatopani.

📷🍴 Hier moet je echt naar de DHAULAGIRI LODGE. Het eten is er uitstekend, vooral het gebak. Alleen jammer dat ze proberen de lage prijzen van de kamers goed te maken op de menukaart. Veel bloemen, vlak bij de warmwaterbronnen. Dé attractie in deze buurt. De Nepalezen komen zich hier wassen. Nog een adresje dat te onthouden is: de TREKKER LODGE, duurder dan de andere, maar echt de moeite, al was het maar om het ontbijt in de tuin. Terugreis Tatopani-Beni-Baglung. Daar rechtstreekse busverbinding met Pokhara.

TANSEN

PALPA   20.000 INWONERS | NETNUMMER 075

Zo'n 110 km van Pokhara en 55 km van Bhairava. Dit kleine dorpje waar voornamelijk Newar wonen, wordt vaak vergeten in de reisgidsen. En dat is jammer, want Tansen is een fraaie halte waar je mooie wandelingen kunt maken. De sfeer die er heerst, is nog bijna die van het Nepal van vroeger. Dit dorp wordt niet voor niets 'klein Kathmandu' genoemd. De straatjes zijn hier zo nauw dat voertuigen er nagenoeg niet doorkunnen. Dat betekent dus geen vervuiling. Eindelijk een stad waar je kunt ademen.

EEN BEETJE GESCHIEDENIS

Tansen, een vesting in het koninkrijk Palpa, was de laatste stad die zich aan de Gorkha overgaf. In de 18de eeuw kregen de inwoners van het dorp een zekere reputatie, tijdens een van de beslissende gevechten tegen het Britse leger. Kolonel Ujir Singh Thapa, die het leger in de streek aanvoerde, bevond zich in een hopeloze situatie. Hij voerde een gevecht van een tegen vier. Daarom vroeg hij goddelijke bijstand; hij beloofde hiervoor in ruil de bouw van een tempel voor Bhagwati (een wrede godin die houdt van offers) als zij hem zou helpen. Tegen alle verwachtingen in was hij de overwinnaar van de slag. In 1815 hield hij woord. Dit is nu een van de origineelste monumenten die je hier kunt bewonderen. Tijdens het tijdperk van de Rana werd Tansen het verbanningsoord voor al wie niet aan het hof was gewenst, met name de talloze samenzweerders. Later werd van de stad een vakantieoord gemaakt, er werden een paleis en tweede woningen gebouwd.

AANKOMST EN VERTREK
Verbindingen met:
- **Pokhara:** 2 lokale bussen/dag. Zeer lang traject (een rit van 6 1/2 uur). Bovendien is de weg tussen Pokhara en Tansen in zeer slechte staat en bijgevolg gevaarlijk. Plan je bezoek aan Tansen beter vanuit Bhairava of Chitwan.
- **Sauhara:** geen rechtstreekse bus, stap over in Bhairava en Butwal.

SLAPEN, ETEN

⚐ **Gautam Siddharta Hotel:** niet ver van de bushalte. ☎ 52 02 80. Eenvoudig kamers.

⚐✗ **Srinagar hotel:** 2 km van de bushalte, op de heuvel. ☎ 52 00 45. Prachtig uitzicht op de noordzijde van de Himalaya en de zuidelijke Mustang. Comfortabel hotel, betere klasse maar toch vrij hoge prijzen. Eerlijk restaurant.

✗ **Nanglo West:** Bhagwati Tole. Op dit moment het enige restaurant in de stad die naam waardig. Dezelfde uitbater als van *The Pub Nanglo* in Kathmandu. Heel aangenaam restaurant, je zit op kussens rond lage tafels. Uitstekend eten, lagere prijzen dan in de hoofdstad. Goede bakker op de benedenverdieping.

WAT IS ER TE ZIEN?
🌿🌿**Amar Narayan Temple:** deze tempel met drie daken werd gebouwd aan het begin van de 18de eeuw door Newar ambachtslieden die uit de vallei van Kathmandu kwamen. Het mooiste staaltje van hun kunnen buiten de vallei. Naast de tempel een heel mooie fontein. Elke ochtend *puja* ter ere van Vishnu.

🌿**Baggi Dhoka:** de grootste poort die je in Nepal kunt bewonderen. De poort werd gebouwd zodat de regent van die periode, Khadga Sumsher Rana, zijn paleis binnen kon zonder van zijn olifant af te stappen. Het gebouw binnen is niet zo interessant.

🌿**Bhagwati Temple:** vlak bij het Durbar. Een kleine, eenvoudige tempel maar zeer vurig aanbeden. Vroeger, voor de aardbeving van 1934, zou deze tempel nog mooier geweest zijn. In augustus heeft hier een festival plaats, met een optocht met koetsen, ter nagedachtenis van de overwinning op de Engelsen.

🌿**Birendra Park:** hier is het goed uitrusten 's avonds. Zo'n 150 rozensoorten, een streling voor je neus...

🌿Heel wat **boeddhistische heiligdommen** in het centrum en de omgeving.

IN DE OMGEVING VAN TANSEN

🦐🦐 **Parvas Lake:** 8 km ten zuiden van Tansen. Een mooie wandeling naar de vijver vol lotusbloemen. Ook het landschap is schitterend.

🦐🦐 **Chandi Bhanjyang:** 200 m boven de stad. Via een pad op de heuvel. Van hieruit heb je niet alleen een fraai uitzicht op Palpa maar ook op de Himalaya in al zijn grootheid.

🦐 **Bhairabsthan:** 9 km ten westen van Tansen. Goed twee uur wandelen voor je de grootste drietand van Azië te zien krijgt. Dit is een heiligdom gewijd aan Shiva. Op deze berg krijg je een mooi uitzicht op de bergen.

🦐🦐 **Rani Ghat:** reken op 6 ½ uur wandelen heen en terug (neem je picknick). Het wandelpad begint net naast het *Srinagar Hotel*. Volgens ons de mooiste uitstap. Door een dennenbos en langs een indrukwekkende kloof. Daal af naar de Kali Gandaki. Het paleis, dat ook vaak de Taj Mahal van Nepal wordt genoemd, werd gebouwd door een verbannen samenzweerder, ter nagedachtenis van zijn vrouw. Een magische plek, zoals er zoveel zijn in Nepal. Neem je tijd, snuif de sfeer van deze plek op. Je waant je een maharadja...

DE TERAI

Deze smalle, 50 km brede strook land tussen de uitlopers van de Himalaya in het noorden en de grote aanslibbingsvlakte van de Ganges in het zuiden trekt nog steeds weinig de aandacht van de toeristen (behalve dan het Chitwanpark). Toch heeft deze streek je heel wat te bieden en wachten je hier een aantal leuke verrassingen. Trekkers die tijd hebben, raden we een bezoek aan *Janakpur* of de theeplantages van *Ilam* aan, een groot contrast met de vallei van Kathmandu. Alle bevolkingsgroepen zijn hier vertegenwoordigd, de concentratie Tharus is het grootst (zie rubriek 'Bevolking' bij 'Algemeen' over Nepal). Bijna de helft van de Nepalezen woont in deze provincie. De groeicurve blijft stijgen. Steden als Biratnagar en Nepalganj zijn de smerigste voorbeelden van de Nepalese industriesteden. Op de heuvels van de Churia daarentegen vind je nog echt het authentieke plaatselijke leven.

AANKOMST EN VERTREK

- **Via de weg** naar Mugling of de rechtstreekse weg die Naubise (26 km van Kathmandu) met Hetauda verbindt via Daman. Het kan de moeite zijn even te stoppen in Daman en daar wat rond te kijken.
- **Met de bus:** talrijke vertrekken in Kathmandu naar de belangrijkste steden van deze streek. Vraag inlichtingen bij de agentschappen en op het busstation. De bussen van *Green Line* rijden dagelijks naar Sauraha, met vertrek in Kathmandu of Pokhara.
- **Met het vliegtuig:** kun je het betalen, dan kun je naar Biratnagar, Simra, Bhairava en Janakpur vliegen. De andere luchthavens zijn enkel buiten de moessonperiode geopend.

DE CENTRALE TERAI
HET CHITWANPARK

Dit reservaat, waar vroeger door de koningen werd gejaagd, is het bekendste van Nepal. Je zult er ongetwijfeld neushoorns, damherten, apen en heel wat andere dieren zien, die we bij ons niet kennen. Het park is ook een waar vogelparadijs. Met wat geluk kom je er een tijger (er wonen er nog zo'n 100 à 110 in het park) of een *sloth bear* (lippenbeer) tegen.

Dit prachtige reservaat dat bijna 1000 km² groot is, ligt ten zuiden van de rivier de Rapti en dient voor de bescherming van bedreigde diersoorten. En dat werd tijd! In de jaren 1950 werd het aantal neushoorns nog op 800 geschat, vandaag is dat amper de helft meer. Ruim voldoende voor Chitwan, daarom worden hier nog jaarlijks neushoorns gevangen en overgebracht naar andere parken (dat van Bardia bijvoorbeeld).

Het reservaat is het hele jaar door geopend, maar je komt er beter niet tijdens de moesson, van mei tot september. Het waterpeil van de rivieren stijgt er dan snel waardoor je je moeilijk kunt verplaatsen, het regent vaak en de dieren verschuilen zich. De rest van het jaar is het klimaat er best aangenaam. De beste maanden zijn februari, maart en april wanneer het gras nog kort staat. Tijdens de herfst blijven de dieren dicht bij de drinkplaatsen: je weet waar je ze kunt vinden, maar door het hoge gras lukt dat niet altijd even goed. In de vlaktes van de Terai kun je van mei tot oktober nog met een lichte vorm van malaria te maken krijgen. Vergeet dus zeker je insectenwerend middeltje niet. Vraag na of het nuttig is een malariakuur te volgen.

Sinds 1998 is er ook in Chitwan elektriciteit. Het dorpje Sauraha werd uit de grond gestampt om de groeiende stroom toeristen aan te kunnen. Goedkope hotels, winkeltjes, restaurants, reisagentschappen... staan er kriskras door elkaar. Zijn er weinig toeristen, dan doet het hier wat verlaten aan. In de zeven *lodges* in het park krijg je het echte safarigevoel. Hier overnachten vooral groepen, je betaalt er bijgevolg meer.

AANKOMST EN VERTREK
Met de bus

- **Van/naar Kathmandu:** bereid je voor op een kronkelige en erbarmelijke rit van 160 km, 5 tot 7 uur afhankelijk van het verkeer, het aantal politiecontroles en wegverzakkingen door de regen. Neem een toeristenbus: de luxueuze *Green Line* of de *Saïbaba Travel* (de helft goedkoper, maar anderhalf uur langer onderweg). De *Green Line* vertrekt 's ochtends vroeg in Kathmandu, op *Tridevi Marg*. Afspraak op *Kanti Path* als je voor *Saïbaba Travel* kiest. Beide bussen rijden naar Sauraha. Reserveer de avond voordien of zelfs nog een dag vroeger. Ook voor de terugrit bevestig je best een of twee dagen op voorhand (☎ 58 00 56 voor *Green Line*). De bus vertrekt 's ochtends bij Chitrasali, een brug tussen Sauraha en Tandi Bazar.

- **Van/naar Pokhara:** 1 *Green Line* bus elke ochtend, een rit van ongeveer 5 uur. Overstappen doe je in Kurinta ('lunch place').

Met het vliegtuig
- Meerdere vluchten per dag van **Kathmandu** naar **Bharatpur**, 9 km van Tandi Bazar. Dure oplossing. De vlucht duurt minder dan een halfuur. Opgelet, er staan geen taxi's

aan de luchthaven van Bharatpur. Heb je gereserveerd in Kathmandu, dan word je er wel opgewacht.

Met een georganiseerde reis

- Een andere oplossing is langs een reisagentschap gaan (ongeveer $ 60 of € 42 per persoon, voor drie dagen en twee overnachtingen buiten het park). Het volledige pakket (bezoek aan het park, rit op de rug van een olifant, prauw...) verloopt via het personeel van de *lodge* en niet via gemachtigde natuurkenners (die er wel wat van kennen!). Het grootste deel van het bezoek valt buiten het park, waar nagenoeg niets te zien is. Vraag voldoende inlichtingen op het moment van reservatie. Via eigen middelen naar Sauhara reizen valt heel wat goedkoper uit. En je kiest zelf wat je wilt doen. De dienstverlening in de *lodges* binnen het park is een pak beter, maar je betaalt natuurlijk wel meer dan het dubbele. Ga uit van minstens $ 110 (€ 77) per persoon voor drie dagen en twee nachten. Je kunt in Kathmandu reserveren of zelfs in België of Nederland. Ter plaatse hoef je niet meer over de prijs te onderhandelen.

NUTTIGE ADRESSEN

■**Wisselen:** er zijn enkele officiële wisselkantoren maar de koers is echt niet interessant. Wisselen reischeques en contanten. Opgelet, betaalkaarten worden enkel op luxeuzere plekken aanvaard. Heb je *Visa* of *MasterCard*, dan kun je geld afhalen bij het agentschap *Hello World's*, onder restaurant *Hungry Eye*. Dagelijks geopend van 7.00 tot 19.00 u. Maar houd rekening met een commissie van 4 %.

@**Internet:** heel wat mogelijkheden. Duurder dan in de hoofdstad, maar toch nog vrij goedkoop.

Agentschappen ter plaatse

- **United Jungle Guide Service:** kantoor tegenover het restaurant *Hungry Eye*. ☎58 02 63 of 58 31 33. Enig in zijn soort in Nepal. Het agentschap is het resultaat van de samenwerking van verschillende gemachtigde gidsen in Sauraha. In plaats van door de straten te dwalen op zoek naar mogelijke klanten, hebben ze zich gegroepeerd voor een betere dienstverlening en vaste prijzen. Het geld dat ze verdienen, wordt gelijk verdeeld en zorgt voor een degelijk inkomen voor de gidsen. Alle agentschappen doen een beroep op hen.

- **Bird Education Society:** naast *United Jungle Service*. ☎58 01 13. ● besnepal@wlink. com.np. Voor vogelliefhebbers. De vereniging helpt de overheid bij het opstellen van een lijst met vogelsoorten (meer dan 540 op vandaag) en leert de Tharus op vrijwillige basis hoe zij hun natuurlijke leefomgeving kunnen beschermen en respecteren. Toeristen kunnen zich gratis bij de groep voegen. De beste periode om de vogels te observeren, is van oktober tot december.

SLAPEN

De meeste lodges bevinden zich in **Sauraha**, een dorpje aan de ingang van het park. Sauraha is een typisch voorbeeld van een snel groeiende Nepalese stad, te snel groot geworden door het toerisme. Al heel snel telde het dorpje zo'n 60 lodges, de meesten staan nagenoeg helemaal leeg. De stad heeft wat weg van de kleine westernstadjes, er zijn veel overnachtingsmogelijkheden, maar er hangt een vreemde sfeer. Ga een paar etablissementen bekijken en speel de concurrentie uit.

De luxeuzere *lodges* liggen **in het park** zelf. Ontzeg je dit niet, als je het kunt betalen. Elke *lodge* heeft zijn eigen gidsen en olifanten, de service is er ook een pak beter. Vertrek je met hen, dan heb je meer kans dieren te zien, misschien wel tijgers. De sfeer is er gezelliger dan in Sauraha, maar je moet er af en toe een groep bijnemen. Over de prijzen valt te discussiëren met de agentschappen in Kathmandu.

In Sauraha

GOEDKOOP, ZELFS HEEL GOEDKOOP (MINDER DAN 500 NPR, € 6)

TRAVELLER'S JUNGLE CAMP: in de hoofdstraat. ☎58 00 13 of 98 55 05 58 45.
• tiger@gnet.com.np. Nette kamers, met klamboe en badkamer (warm water). Uitstekende ontvangst, familiale sfeer, mooie tuin om even tot rust te komen. Uitzonderlijke prijs-kwaliteitverhouding.

ANNAPURNA VIEW: vlak bij de ingang van het reservaat. ☎58 00 24. Een adres met een minimum aan comfort, voor wie echt wel platzak is. Kamers met badkamer in een vervallen gebouw of traditionele bungalows met gemeenschappelijke douche. Warm water in een emmer. De rust en de goede ontvangst maken het gebrek aan comfort goed.

CROCODILE SAFARI CAMP AND LODGE: naast *Annapurna View*. ☎58 02 02 of 56 15 21. Summiere kamers met of zonder badkamer in een kleine bungalow die erg te lijden hebben onder de tand des tijds. Toch tamelijk *destroy*. Vriendelijke ontvangst.

VRIJ GOEDKOOP (500-1000 NPR, € 6-12)

JUNGLE ADVENTURE WORLD: niet ver van de aanlegsteiger, naast de strooien bars. ☎58 00 64. In Kathmandu: ☎(01) 426 11 27. • jaw_resort@hotmail.com. Een tiental leuke huisjes met rieten dak, net, versierd met *thangka*. Mooie eetzaal. Het jonge team zorgt voor een gezellige sfeer. Lage prijzen voor een goede service. Duidelijk een goed adres.

RIVER VIEW JUNGLE CAMP: 100 m van het hoofdkruispunt. ☎58 00 96.
Fax: 58 00 35. Comfortabele, traditionele bungalows met badkamer, warm water (als de zon schijnt) en een klamboe. Schitterende tuin met directe toegang tot de rivier. Je wordt er hartelijk ontvangen en kunt er lekker eten.

RHINO LODGE AND HOTEL: naast het *River View Jungle Camp*. ☎58 00 65 of 91. Reserveren in Kathmandu op het nummer ☎(01) 443 68 84. • rhinolodge@gnet.com.np. Hoewel de roze gebouwen met twee verdiepingen niet mooi zijn, zijn de kamers gezellig en net, enkele hebben airco, er is een badkamer. Mooie tuin en bar met uitzicht op de rivier en het park. Goede ontvangst.

RAINBOW SAFARI RESORT: bij de ingang van het park. ☎58 01 03. In Kathmandu: ☎(01) 442 52 38. • www.rainbowadventure.com. Eenvoudige maar nette kamers, met warm water. Goede ontvangst, een pluspunt is de frisse en rustige tuin.

EDEN JUNGLE RESORT: niet ver van de aanlegsteigers van de kano's. ☎58 00 71. Reserveren in Kathmandu: ☎(01) 470 04 81. • www.edenresort.com.np. Vrij deprimerend. Goedkoop meubilair in de kamers, versleten appelgroen tapijt. Het resort heeft zijn eigen olifant.

DOORSNEEPRIJS (1000-2000 NPR, € 12-24)

🏠 ROYAL PARK HOTEL: aan het eind van de hoofdstraat, bij de rivier. ☎ 58 00 61. Reserveren in Kathmandu: ☎ (01) 441 29 87. Ongetwijfeld het beste in deze buurt. En toch betaal je minder dan € 20 voor een tweepersoonskamer. Hier zul je je geld alvast niet kwijtraken. De immense tuin met bungalows is ordelijk en geeft een gevoel van ruimte. Kamers met alle comfort, schitterende badkamer. Restaurant, bar met terras. Professionele ontvangst. Een goed adres.

In het park

LUXUEUS (ONGEVEER $ 110, € 77 VOOR DRIE DAGEN EN TWEE NACHTEN)

🏠 ISLAND JUNGLE RESORT: op het eiland *Bandarjhola*, in het park zelf. Reservatie en prijzen in Kathmandu: ☎ (01) 442 91 16 of 442 01 62. ● www.islandjungleresort. com. Een van de goedkoopste in het park. Je logeert in bungalows. Je ziet gegarandeerd dieren. Onderhandel flink over de prijs.

HEEL LUXUEUS ($ 150-250, € 105-175 VOOR DRIE DAGEN EN TWEE NACHTEN)

Ongeacht het seizoen moet je absoluut goed over de prijzen onderhandelen.

🏠 MACHAN WILDLIFE RESORT: reservatie en prijzen in Kathmandu: ☎ (01) 422 50 01 of 424 54 02. ● www.nepalinformation.com/machan. Aanzienlijke korting als je via het internet reserveert. Natuurlijk zwembad. Een team van heel bekwame natuurkenners. Boeiend parcours met informatie over het gebruik van grassen, schors... voor medische doeleinden. Geen onaangename verrassingen. Het resort heeft zijn eigen olifanten, *Land Rover*... Uitzonderlijke organisatie.

🏠 TEMPLE TIGER: ☎ 52 09 80. Reserveren in Kathmandu: ☎ (01) 426 34 80 of 424 46 51. Bungalows midden in de jungle. Onberispelijke service. Olifanten voor de excursies. De gidsen-natuurkenners weten waarover ze spreken. Jitu is een fantastisch verteller. Het kamp heeft heel wat charme en is volgens ons het beste van het hele park.

🏠 SAFARI NARAYANI LODGE: aan de oever van de rivier. In Kathmandu: ☎ (01) 453 50 20 of 452 28 71. Fax: 452 41 39. Bungalows in aardetinten, net en goed geventileerd, warm water, privéterras. Gekwalificeerde natuurkenners, veel olifanten. Prachtig zwembad in het bijgebouw. Het landschap aan de rivier de Rapti is ronduit schitterend.

🏠 GAIDA WILDLIFE CAMP: bekoorlijk complex aan de oevers van de Rapti, ten zuidoosten van Sauraha. Reservatie en prijzen in Kathmandu: ☎ (01) 421 54 09 of 31. ● gaida@mos.com.np. Geslaagde bungalows op palen. Van op het terras kun je de neushoorns zien op het eiland aan de overkant. Uitzonderlijk goede ontvangst. Het is anderhalf uur rijden op de rug van een olifant naar het naburige dorpje. Daar zie je zeboes, bizons en met wat geluk ook tijgers.

🏠 TIGER TOPS: reservatie en prijzen in Kathmandu: ☎ (01) 436 15 00 of 435 42 37. ● www.tigermountain.com. Een van de oudste maar ook duurste resorts in Chitwan. De verschillende overnachtingsmogelijkheden, in de bomen, zijn prachtig en origineel. De dienstverlening is natuurlijk uitstekend. Er zijn verschillende activiteiten mogelijk. De ligging in het park is schitterend. Meteen ook de *lodge* waar u de meeste kans heeft een tijger te zien.

ETEN

In alle *lodges* kun je zelfbereide maaltijden eten. Het eten in Sauraha zelf is maar doorsnee, de service traag. Je gaat beter naar een van de echte restaurantjes, je betaalt er evenveel. In de hoofdstraat, je kunt ze niet missen. Ze liggen allemaal naast elkaar. In de *lodges* in het park daarentegen kun je lekker Nepalees of westers eten.

✖ HUNGRY EYES: ☎ 52 85 78. Dit restaurant wordt uitgebaat door een gezin, iedereen steekt er de handen uit de mouwen. Lekkere specialiteiten uit de hele wereld, aangepast aan de Nepalese smaak, geen onaangename verrassingen. Uitstekende prijs-kwaliteitverhouding. *German Bakery* beneden, de lekkerste croissants van Sauhara.

✖ KC'S: ☎ 58 00 08. Dit restaurant heeft niks te zien met het gelijknamige etablissement in Thamel. De eigenaar behoort tot de kaste van de khatri en de bevolkingsgroep de Chhetri, vandaar *KC*! De zaal geeft uit op een ruime tuin met uitzicht op de rivier. Westers eten, grote porties; jonge, vriendelijke en dynamische bediening. Vraag naar hun overheerlijke *special lassi*.

✖ 🛈 RIVER SIDE RESTAURANT: ☎ 58 00 09. Je eet in een grote hut met uitzicht op de rivier. Gevarieerde keuken, lekker en ruim. Happy hour 's avonds, gezellig rond een groot vuur aan de oever van de rivier.

✖ 🛈 SUNSET VIEW RESTAURANT AND BAR: aan het eind van de hoofdstraat, aan de oever van de rivier. Nepalese, Indiase en westerse gerechten, zachte prijzen. Je kunt er ook iets drinken, lekker languit op een ligbank, genietend van de zonsondergang. Veel cocktails. Happy hour 's avonds.

✖ 🛈 JUNGLE VIEW RESTAURANT AND BAR: aan het hoofdkruispunt, op de eerste verdieping. Perfect plekje om de levendigheid – of het gebrek eraan – in de stad te bekijken. Ruime keuze schotels. Happy hour 's avonds. Net als bijna overal ook hier beneden een *German Bakery*, met taartjes en gebak.

BEZOEK AAN HET PARK

Toegangsprijs: 500 NPR (€ 6). Je kaartje is 24 uur geldig. Je kunt dus meerdere keren het park binnen. Ga niet zonder gids. Wil je alle kansen benutten om wilde dieren te zien, draag dan kledij in neutrale kleuren en maak geen lawaai. Vergeet ook shorts en sandalen, daar ben je op tocht in de jungle niks mee. Met een verrekijker dan weer wel. Je ziet neushoorns, apen en tal van vogels. Mis ook de alomtegenwoordige plant *Mecania micrantha* niet: de plaag van het park, kweekgras dat de dieren niet opeten, de bomen beschadigt en de andere planten verstikt. Zorg nummer 1 van de parkwachters en natuurkenners in Chitwan: dit gras kwijtraken!

WAT IS ER TE ZIEN EN TE DOEN?

🔎 **Informatiecentrum fauna, flora en lokale etnologie:** vlak bij de aanlegsteiger van de kano's. Een tikkeltje verouderd maar toch interessant. Een goeie tip voor je het park bezoekt.

■ **Afvaart van de rivier met een kano:** bekijk de ingeslapen krokodillen (behalve aan het eind van de moesson en de maand voordien). Ze lijken wat plomp. Tijdens deze uitstap kun je ook heel wat vogelsoorten bewonderen. Je komt aan in het park voor een bezoek aan het centrum voor de bescherming van krokodillen en gavialen. Je keert te voet terug naar je vertrekpunt. Onderweg zie je weinig dieren.

⚜ Centrum voor de bescherming van reptielen: in het park. Toegangsprijs: 100 NPR (€ 1,20). Meer dan 600 krokodillen werden uit dit centrum vrijgelaten. Je kunt ze bekijken achter een omheining. Bestudeer er de verschillende stadia van hun leven. In dit centrum worden twee soorten gehouden: de gaviaal met zijn lange en smalle snuit kan 7 m lang worden, hij eet enkel vis. De *mash-mugger* is wat korter en gedrongener. Deze krokodil eet, in tegenstelling tot de gaviaal, zowat alles, zelfs mensen als hij daar de gelegenheid toe heeft. Hier worden ook wezen en gewonde reptielen verzorgd.

▪ Uitstapjes met de terreinwagen: enkel van februari tot juli. Ga de avond voordien naar de *United Jungle Guide Service* en vorm er samen met wat anderen een groepje, voldoende om een terreinwagen te vullen (in de grote is er plaats voor tien). Zo kun je de kosten delen. De uitstap in een oud afdankertje in erbarmelijke staat duurt ongeveer 4 uur. De rit is wel 40 km lang, de kans is dus groot dat je dieren ziet. Je kunt ook een langere tocht maken (ongeveer 10 uur voor 80 km!) maar dan moet je echt wel fan zijn van een terreinwagen.

▪ Elephant's Ride: buiten het park. Ga uit van 3 uur op de rug van een olifant en 650 NPR (€ 8) per persoon. Een ritje in het park zelf kost 1000 NPR (€ 12) en duurt een tot anderhalf uur. Tel daarbij nog eens de toegangsprijs voor het park. Duur dus, maar je hebt wel meer kans dieren te zien. Een niet te missen ervaring bovendien. Tegen betaling (wat roepies of sigaretten) doet de olifantenoppasser wat meer moeite om de verzamelplaatsen van de dieren te zoeken. De wandelingen gaan 's ochtends vroeg of aan het eind van de middag door. Je kunt er dus twee op een dag doen. Ga niet zelf aanschuiven, maar vraag je *lodge* of agentschap dit voor je te regelen. Wil je een langere wandeling maken, neem dan contact op met de *chief warden*, je vindt hem aan de ingang van het park.

⚜ Elephant's Stable: de stal van de olifanten, niet te verwarren met de *nursery* in het park zelf. Gratis toegang. Hier komen de dikhuiden uitrusten na een dag hard werken. Interessant voor wie de wandeling niet doet en hen toch van dichtbij wil bekijken. Ook het omliggende landschap is prachtig.

⚜ Tharu Culture Programm: 200 m van het centrale kruispunt, aan de weg naar de stallen. Elke avond om 19.00 u. Toegangsprijs: 60 NPR (minder dan € 1). Tharudansen, pauwdansen en andere *stickdances*. De moeite, ook al staat dit niet op je programma (vaak het geval bij de *lodges*). Joviale sfeer. Vermijd echter een georganiseerd bezoek aan een Tharudorp, dit verloopt niet altijd met het nodige respect voor de mensen.

Uitzonderlijk gevaar

Een wandeling alleen in het park is echt wel gevaarlijk, vooral als de avond valt. Hier wonen neushoorns en (gelukkig niet zo veel) hongerige tijgers. Word je aangevallen door een neushoorn, klim dan in een boom (een stevige liefst) en wacht geduldig af of loop op het allerlaatste moment zigzaggend weg. Dames, gebruik geen al te sterk parfum, heren, neem een bad. Een neushoorn mag dan niet zo scherp zien, zijn reukzin daarentegen is bijzonder goed ontwikkeld. Neem deze tips niet licht op. Deze dieren maken ieder jaar slachtoffers. 's Nachts verlaten ze de reservaten en vernielen landbouwgrond, soms wagen ze zich zelfs in de tuinen van de hotels. Een van onze lezers heeft zo eens de nacht op de wc doorgebracht met een neushoorn voor de deur die wachtte tot hij naar buiten kwam! Wees bijzonder oplettend met wijfjes en hun jongen.

Het gevaarlijkste dier is echter de lippenbeer, een beer met een lichtere vacht rond de hals. Hij valt mensen aan en klimt in bomen. Je kunt niet ontsnappen ... behalve met een open paraplu in de hand terwijl je een stripact opvoert en je kledingstukken een voor een achterlaat. Oefen alvast voor je vertrekt...

De Bengaalse tijger is van nature schichtig en valt zelden mensen aan. Gebeurt dit toch, weet dan dat mensenvlees bijzonder in de smaak valt bij hem...

DE WESTELIJKE TERAI

LUMBINI

Dit kleine dorpje, dat wat verloren ligt in de Terai, was van kapitaal belang voor de ontwikkeling van de beschavingen: Lumbini was de wieg van het boeddhisme. Hier werd Siddharta Gautama, ook wel Sakyamuni of kortweg Boeddha genoemd, in een gefortuneerde familie geboren. Op zijn 29ste ontdekt hij tijdens vier wandelingen te paard door het dorp het leed van de wereld. Hij beslist alles op te geven en de weg naar bevrijding van alle menselijk lijden te zoeken. Na jaren van afzondering en meditatie vindt hij uiteindelijk de verlichting die van hem de 'Verlichte' Boeddha maakt.

Vandaag is dit dorp nog steeds een belangrijk bedevaartsoord voor boeddhisten van over de hele wereld. Het oude Lumbini, dat ook wel Rupendehi wordt genoemd, was lange tijd bekend om zijn souvenirs, meer dan om de monumenten. De secretaris-generaal van de UNO, de Birmaan U Thant, overtuigd boeddhist, kwam in 1967 op bedevaart naar Lumbini. Hij was geschokt door de staat van deze heilige plek en lanceerde 'meer Lumbini', onder bescherming van de Unesco. Het idee erachter was van dit dorp een universele hoofdstad van het boeddhisme te maken, op de plek zelf waar 2500 jaar geleden de stichter van deze oosterse religieuze filosofie werd geboren.

Ieder boeddhistisch land in Azië kan nu een pagode of een klooster financieren of bouwen, volgens de nationale stijl, op een ruime zone van 8 km. Sommige mensen klaagden de extreem hoge kost van deze werken aan. Ze konden niet akkoord gaan met dergelijke uitgaven in een land waar de meerderheid van de mensen amper rondkomt. Anderen verwijten dan weer dat de rijkere landen zoals Japan bevoordeligd worden tegenover de armere zoals Sri Lanka en Tibet. Bovendien ergert de overduidelijke aanwezigheid van Japanse sekten de mensen die achter respect staan en tegen de scheiding van de verschillende boeddhistische takken en scholen zijn.

AANKOMST EN VERTREK

Verbindingen met:

- **Sauraha (Chitwan):** plaatselijke bus met overstap in Bhairava (Indiaas-Nepalese grens). Een rit van ongeveer 4 ½ uur.

Tansen: niet zo handig. Je moet twee keer overstappen: in Bhairava en in Butwal. Reken op een rit van 5 ½ uur.

SLAPEN

GOEDKOOP TOT VRIJ GOEDKOOP (150-1000 NPR, € 2-12)

🛏 Lᴜᴍʙɪɴɪ Vɪʟʟᴀɢᴇ Lᴏᴅɢᴇ: voor de hoofdingang van het dorp. Eenvoudige maar correcte kamers.

🛏 Lᴜᴍʙɪɴɪ Bᴜᴅᴅʜᴀ Hᴏᴛᴇʟ: bij het busstation, aan de weg naar het dorp.

☎ (071) 801 14. Aangename lodge, er is een tuin waar je in de schaduw van een hutje kunt eten. Comfortabele, nette kamers met badkamer met warm water. Wat duurder dan de *Lumbini Village Lodge*, maar ook beter. Correct restaurant.

ETEN

Weinig restaurants die naam waardig. Een paar eetstalletjes ter plaatse, ook een eenvoudig restaurant:

🍴 Lᴜᴍʙɪɴɪ Gᴀʀᴅᴇɴ Rᴇsᴛᴀᴜʀᴀɴᴛ: niet ver van de heilige tuinen. Kantineachtig restaurant met eenvoudige maar correcte schotels. Redelijke prijzen.

WAT IS ER TE ZIEN?

🔆 **De Ashokazuil:** het belangrijkste historische overblijfsel van Lumbini is ongetwijfeld deze herdenkingszuil die in 249 v.Chr. werd opgericht en werd geschonken door keizer Ashoka. Op de zuil staat een inscriptie die bevestigt dat Boeddha wel degelijk hier in Lumbini werd geboren in 560 v.Chr.

🔆 **De Mayadevitempel** draagt de naam van koningin Mayadevi, de moeder van Boeddha. Zoals de traditie het wil, werd Boeddha geboren op een plek met 'aangenaam beboste tuinen', Lumbini. Terwijl de kleine uit haar rechterzij werd geboren, hield zij zich vast aan een tak van de *sal*-boom.

🔆 **De heilige tuinen** omzomen de zuidelijke rand rond de Ashokazuil en de Mayadevitempel. Stapje voor stapje gerestaureerd door de Nepalese overheid. Heel wat archeologen doorzoeken de ondergrond, op zoek naar nieuwe aanwijzingen over de jeugd van Boeddha.

🔆 **Het centrale kanaal** verbindt de tuinen (in het zuiden) met de nieuwe stad Lumbini (in het noorden). Aan beide kanten van het kanaal loopt een aardeweg.

🔆 **De Pagode van de Vrede** werd geschonken door de Japanse boeddhistische organisatie Nipponjan Myohoji. De spits van de pagode zou 46 m hoog zijn, veel hoger dus dan de reglementair toegelaten 18 m, zodat de Ashokazuil en de Mayaveditempel niet in de schaduw komen te liggen. Prijskaartje: meer dan € 760.000.

🔆 **De kloosterzone:** tussen de nieuwe stad Lumbini (in het noorden) en de heilige tuinen (in het zuiden). Volgens het charter van de Unesco wordt elke boeddhistische gemeenschap uitgenodigd een pagode, een tempel of een klooster te bouwen in de architecturale stijl van hun land. Wanneer het internationale bedevaartsoord zal afgewerkt zijn, zullen hier in het oosten bijna 38 kloosters van het Mahayana en in het westen 13 kloosters van het Hinayana staan. Bovendien zullen de twee kloosters van de stad, buiten deze werf, kunnen worden bezocht. In het eerste, een boeddhistisch klooster, staat een marmeren standbeeld van Boeddha, geschonken door Myanmar. Het tweede, een Tibetaans klooster dat werd gesticht in 1975, is een gift van de koning van Mustang. Hier staat een mooi standbeeld van Boeddha en kun je heel wat mooie fresco's bewonderen.

🐾 **Internationaal instituut voor onderzoek naar het boeddhisme:** gefinancierd door de Japanse sekte *Reiykai* (bijna € 7,5 miljoen) en gebouwd door Koreanen. De architectuur doet denken aan enorme in steen afgeronde leidingen. Een derde van de werken in de bibliotheek is Japans.

HET BARDIAPARK

NETNUMMER 084

OPGELET: de maoïsten teisterden in 2007 deze streek nog af en toe, vraag vooraf inlichtingen over de situatie ginds.

Het park ligt in het zuidwesten van de Terai. Wie wat is ontgoocheld door het Chitwanpark of bezeten is van safari's, komt naar hier. Een van de weinige plaatsen waar je bijna zeker Bengaalse tijgers en zoetwaterdolfijnen ziet. In tegenstelling tot het Chitwanpark zijn hier enkel olifanten toegelaten in het oerwoud en dan nog om de beurt: je kunt er vanop aan dat jouw olifant de enige is die op dat moment een dubbel zo lange wandeling door het park maakt (en dat voor dezelfde prijs!). We raden je een bezoek aan een Tharudorp af, zodat deze mensen geen attractie worden, wat in Chitwan wel zo is.

AANKOMST EN VERTREK

- Heb je niet veel tijd en heb je het niet zo begrepen op het openbaar vervoer, dan is de handigste manier om naar Nepalganj te reizen wel het vliegtuig, daarna maak je een busrit van 5 uur naar het park. Heb je in Kathmandu gereserveerd, dan word je van de luchthaven naar je *lodge* gebracht.

SLAPEN

Overnachten blijft duur, ondanks de enkele kleine guesthouses.

GOEDKOOP (150-500 NPR, € 1,80-6)

📧 BARDIA WILDLIFE PARADISE: naast de Dolphin Manor. ☎ 42 97 15. Kleine, eenvoudige maar nette bungalows in Tharustijl. Zeven kamers, waarvan vier met badkamer. Heel gezellige eetzaal. Krishna, de eigenaar, is een schat. Een heel goed adres met een heel precies programma mèt wandelingen onder leiding van Shankar en Indra.

📧 SUKARMALLA CREST (VROEGER RHINO EXPRES): kleine, gezellige bungalows in een tuin vol bloemen. Zes kamers, gemeenschappelijke douche. De jonge uitbaters zorgen voor een ontspannen sfeer.

VRIJ GOEDKOOP TOT DOORSNEEPRIJS (500-2000 NPR, € 6-24)

📧 FOREST HIDEAWAY: Takudwara. ☎ 42 97 16. Reserveren in Kathmandu doe je op ☎ (01) 422 59 73. ● hideaway@forest.wlink.com.np. De bungalows in Tharustijl liggen verspreid in een grote tuin. De summiere badkamer is onberispelijk schoon. Lekkere keuken. Heel bekwame gidsen-natuurkenners. Ons beste adres in deze categorie.

📧 BARDIA JUNGLE COTTAGE: tegenover de hoofdingang van het park. ☎ 42 97 14. Fax (in Kathmandu): (01) 442 86 91. Het oudste adres. Moet het, jammer genoeg, alleen hebben van de reputatie. Heel erg rustieke bungalows, niet echt pico bello. Grote mooie tuin. Heel vriendelijk personeel.

⊟ TIGER TOP KARNALI LODGE: reserveren in Kathmandu: ☎ 42 95 05 of (01) 436 15 00 (in Kathmandu). ● www.tigermountain.com. Je overnacht in een bungalow of een tent, aan de rivier Karnali. Op de organisatie valt niks aan te merken.

DE OOSTELIJKE TERAI
JANAKPUR

NETNUMMER 041

Als je in Janakpur afstapt, zul je je ongetwijfeld afvragen of je niet in India verzeild bent geraakt. Een wirwar van kleine straatjes, overvol riksja's, een razende gejaagdheid, inwoners met een donkere huidskleur, veelkleurige sari's... Een opvallend contrast, maar Janakpur ligt wel degelijk in Nepal!

Volgens de legende zouden de god Rama en de godin Sita hier in het huwelijksbootje zijn gestapt, bijgevolg is de stad een belangrijk bedevaartsoord voor hindoes. Uit heel India en Nepal komen duizenden gelovigen naar *Janaki Mandir*.

EEN BEETJE GESCHIEDENIS

De stad is enkele eeuwen voor onze tijdrekening gesticht en werd verschillende keren verwoest door epidemieën en invallen. De inwoners verlieten Janakpur, het woud overwoekerde de ruïnes. Vreemd genoeg was er altijd wel een koning te vinden die de stad wou restaureren. Zo veranderde Janakpur talloze keren van naam, maar het was de eerste koning van de Janakdynastie die, met de stichting van het koninkrijk Mithila, de stad haar definitieve naam gaf en Janakpur meteen ook tot hoofdstad benoemde. De stad beleefde haar gouden eeuw tijdens de regeerperiode van de 22ste koning. Zijn aangenomen dochter Sita, incarnatie van Laxmi, huwde er met Rama. Volgens de *Ramayana* moest de toekomstige echtgenoot tijdens een wedstrijd, die werd ingericht door de koning, uit de duizenden pretendenten gekozen worden. De beproeving vond plaats in Danusha (niet ver van Janakpur), waar de magische boog van Shiva stond. Rama was de enige die deze kon spannen.

Het koninkrijk Mithila had, en heeft nog steeds, zijn eigen taal en geschrift. In 1819 voegde Prithivi Narayan Shah het koninkrijk bij Nepal.

Het is ook hier dat de typische schilderkunst genaamd 'Mithilakunst' ontstond, de uitdrukking van een cultuur die van generatie op generatie werd doorgegeven en verrijkt, vooral door de vrouwen. Vergeet zeker niet een bezoek te brengen aan het *Women's Development Centre* (zie 'In de omgeving van Janakpur').

AANKOMST EN VERTREK

Met de bus

Janakpur heeft twee busstations:

⊟ **Ramanand Chowk:** voor lange afstanden (Kathmandu, Kakarbhita, Pokhara...).

⊟ **Zero Mile (Traffic Office):** voor korte afstanden (Danusha en de omgeving van Janakpur).

- **Vanuit Kathmandu en Pokhara:** privé- of overheidsbussen zorgen voor meerdere vertrekken, zowel overdag als 's nachts.

Met het vliegtuig

- **Vanuit Kathmandu:** minstens een vlucht per dag met *Buddha Air, Cosmic Air* of *Nepal Airlines*. De luchthaven ligt vlak bij de stad.

NUTTIGE ADRESSEN

🛈Janakpur Tourist Office: Bhanu Chowk. ☎52 07 55. Vlak bij het station. Weinig brochures, geen stadsplattegrond, uitstekende ontvangst en veel mondelinge informatie.

◼Wisselen: in de *Nepal Bank*, achter het station, en de *Nepal Bengladesh Bank* (Bhanu Chowk, niet ver van het *Kathmandu Guesthouse*) kun je contant geld en reischeques wisselen, interessante koers.

◼Nepal Airways: Bhanu Chowk, niet ver van het centrale kruispunt. ☎52 01 85. Voor alle reservaties en bevestigingen.

◼Necon Air: Bhanu Chowk. ☎52 19 00. Aan het centrale kruispunt.

@Spectrum Computer: Bhanu Chowk, vlak bij hotel *Welcome*. In dit nieuwe winkeltje kun je e-mails versturen.

SLAPEN, ETEN

Vreemd dat er in Janakpur maar een handvol hotels, in belabberde staat dan nog, zijn, ondanks de grote toestroom toeristen. Dit zijn de 'minst slechte'...

GOEDKOOP (150-500 NPR, € 1,80-6)

🛏SUKH SAGAR HOTEL: op wandelafstand van de Janaki Mandir. ☎52 04 88. Sobere maar nette kamers. Aangename ontvangst. Lawaaierig.

🛏SHREE RAM GUESTHOUSE: Station Road 2. ☎52 29 08. Iets verder dan *Hotel Welcome*, aan de rechterkant. Heel eenvoudige kamers, kraaknet. Douche en toilet hebben dezelfde afvoer, laat je stuk zeep dus niet vallen... De betere kamers liggen achteraan, het is er rustiger.

VRIJ GOEDKOOP (500-1000 NPR, € 6-12)

🛏✗WELCOME HOTEL: Shiva Chowk, Janakpurdham. ☎52 06 46. Fax: 52 09 22. De minst slechte oplossing. Goede ontvangst. Kitscherige kamers, niet zo gezellig maar wel net. Restaurant met lekkere Indiase specialiteiten. Het lawaai van de ventilatoren en de airco is bijna ondraaglijk, zelfs de plastic planten geven er de brui aan...

WAT IS ER TE ZIEN EN TE DOEN?

🛱Janaki Mandir: bijna een eeuw geleden gebouwd door een Indiase koningin, in Rajasthanistijl. Hier zou koning Janak Sita (ook Janaki genoemd) hebben gevonden, die hij nadien adopteerde. De architectuur doet eerder denken aan een rococo filmdecor. In de tempel staat een standbeeld van Janaki, haar echtgenoot Rama en zijn drie broers. Je bezoekt de tempel best 's avonds, net na valavond, wanneer hij tot leven komt.

🛱Marriage Canopy (Ram, Sita Mandir): vlak naast de voorgaande tempel. Je betaalt een bescheiden bijdrage. Vrij modern gebouw, zelfs al is de architectuur onmiskenbaar Nepalees. Er zijn geen muren, in de ruiten zie je Rama, Sita en hun familie. Rond de tempel ligt een mooie tuin. Niet zo interessant.

🏃 **Shree Ram Mandir:** een paar honderd meter voorbij de vorige twee tempels, net naast de grote heilige vijver (*Danush Sagar*). Tempel gewijd aan Rama. Ook hier weer de Nepalese stijl met koperen daken met pagodes.

- Overal in de stad nog meer tempels en vijvers (108 in totaal). Net voor zonsondergang is het aangenaam rondwandelen of een ritje met een riksja te maken.

FESTIVALS

- **Vivah Panchami:** november-december. Viering van het legendarische huwelijk tussen Rama en Sita. De stad telt op dat ogenblik twee keer zoveel inwoners. Nu nog een hotel vinden, is onmogelijk. Het huwelijkspaar en hun gasten gaan van de Ram Mandir naar Ranghbumi (het huidige stadion). Afspraak daarna aan de Janaki Mandir voor de eigenlijke ceremonie. Meteen ook de gelegenheid voor een groot volksfeest.
- **Ram Navami (verjaardag van de geboorte van Rama):** maart-april. Optochten met muziek en dans door de hele stad. Ook nu weer een volksfeest, ambachtelijke werken uit de Terai en omliggende heuvels.
- Elke **nieuwe maan (Panchami)** is de gelegenheid voor een bepaald feest. Probeer er eentje mee te maken.
- **Chaat Festival (feest van de Zon):** 6 dagen na het *Festival van Deepavali* in oktober. Bij uitstek een vrouwelijk feest. Alle vrouwen zitten de hele nacht lang rond de vijvers en wachten tot de zon opkomt. Na 24 uur vasten zingen en dansen ze. Een lust voor het oog en het oor.

IN DE OMGEVING VAN JANAKPUR

WAT IS ER TE DOEN?

- **De trein:** heel smalle spoorweg, de enige in Nepal. De plaatselijke bewoners kunnen via de andere kant van de grens naar Jayanagar, dit is verboden voor buitenlanders. Wandel je graag, dan raden we je aan in een van deze stations af te stappen en te voet terug te keren. Je ontdekt typische, echt uitzonderlijke dorpjes.

Drie stations dus aan de grens:

🚉 **Parbaha:** ongeveer 7 km van Janakpur.

🚉 **Baihedi:** 12 km.

🚉 **Khajuri:** 21 km.

Ben je moe, dan houdt niks je tegen de trein in de andere richting terug te nemen. Er rijden er dagelijks drie. Vraag voldoende inlichtingen over het uurrooster.

WAT IS ER TE ZIEN?

🏃 **Danusha:** 20 km van Janakpur. De tempel is al even klein als het dorpje... De legendarische plek waar Rama de magische boog van Shiva kon spannen.

🏃 **Janakpur Women's Development Centre:** zuidelijk, aan de weg naar de luchthaven. 📞 en fax: 52 10 80. Dit project ontstond in 1985 dankzij een Amerikaanse die schilderijen ontdekte die de vrouwen hadden gemaakt. Ze wilde hen aanmoedigen en vooral hen leren kennen. In de dorpen rond Janakpur vind je nog tal van deze befaamde schilderijen, *Mithila* geheten. De motieven verschillen volgens de kaste, het gaat voornamelijk om religieuze en symbolische schilderingen, taferelen uit het dagelijkse leven... Ook het maken van gebruiksvoorwerpen (vaatwerk, wandrekjes, graansilo's...) behoort tot de *Mithilakunst*.

Het centrum is een coöperatie. Iedere maand wordt een bepaald percentage op het loon afgehouden, zodat de gezinnen kunnen lenen zonder interesten te betalen. Een ander deel van de taken van het centrum bestaat uit opleidingen en onderwijzen van kinderen. Het beheer van de rekeningen verloopt volledig transparant. In een winkeltje kun je de kunst voor een redelijke prijs kopen. Een ommetje voor een bezoek aan dit centrum is warm aanbevolen.

KOSHI TAPPU WILDLIFE RESERVE

OPGELET: vraag vooraf inlichtingen over hoe het zit met de maoïsten.

Dit reservaat, dat 450 km van Kathmandu en 150 km van Janakpur ligt, werd opgericht om de wilde buffels te beschermen. Een dam en dijken beschermen het reservaat tegen het hoogwater van de onmetelijke rivier de Sapta Koshi. In het natuurpark wonen zo'n 300 vogelsoorten, waaronder tal van trekvogels. Een waar paradijs voor vogelliefhebbers, die hier tussen november en maart massaal heen trekken. De gevarieerde fauna – aalscholvers, gavialen, pythons, schildpadden en hagedissen – leven hier in dit vreemde, 175 km grote waterparadijs, verstopt onder waterlelies en lotussen. Misschien heb je wel geluk en tref je een *gonch*, een meerval even groot als een mens.

Om ten volle van dit natuurpark, dat volgens ons veel mooier is dan dat van Chitwan, te kunnen genieten, verblijf je hier best drie dagen en twee nachten. Het enige, kleine ongemak is de hoge prijs (de toegangsprijs bedraagt ongeveer 1000 NPR of € 12 per dag). Maar als dat voor jou geen probleem is, dan zul je je dit bezoek niet beklagen. Je reserveert in Kathmandu.

SLAPEN, ETEN

AQUA BIRDS UNLIMITED CAMP: reserveren in Lazimpat, Kathmandu. (01) 443 47 05. • www.aquabirds.com. In Kusaha, 2,6 km van de *Mahendra Highway*, net naast het reservaat. Ga uit van minstens $ 200 (140) voor twee nachten en drie dagen, zonder vervoer en toegangsprijs voor het park. Tien comfortabele tenten met gemeenschappelijke badkamer. Smaakvol ingerichte bar en restaurant, tegenover de moerassen waar het wemelt van de vogels. Niet meer dan 20 mensen tegelijk, om de rust te garanderen. Heel bekwaam en gedienstig personeel.

KOSHI TAPPU WILDLIFE RESERVE: reserveren bij Camp Kaaladi, PO box 536, Kathmandu, (01) 424 70 78. • explore@mos.com.np.

WAT IS ER TE ZIEN EN TE DOEN?

Je bepaalt zelf, wanneer je reserveert, wat je zult doen en wat je interesseert: ontdekking van het natuurpark op de rug van een olifant, kanoën en/of kajakken, jeepsafari, vissen...

's Avonds kom je aan de hand van een diavoorstelling meer te weten over de fauna en flora, er zijn telescopen waarmee je de hemel kunt waarnemen en er worden traditionele dansen opgevoerd.

DEEL 2

TIBET

VEELGESTELDE VRAGEN

- Welke formaliteiten moet ik doorlopen?

Je hebt een paspoort nodig dat nog minstens 6 maanden na je terugkeer geldig is. Aangezien Tibet Chinees is, moet je een Chinees visum kunnen voorleggen, dat is afgeleverd door het Chinese consulaat van het laatste land dat je hebt bezocht voor je China binnenkomt.

Een visum kun je in België of Nederland aanvragen als je vanuit Brussel of Amsterdam naar China reist. Wil je vanuit Kathmandu doorreizen naar Tibet, dan moet je in Nepal je visum aanvragen. In ieder geval is een visum voor China dat je hebt aangevraagd in België of Nederland niet geldig als je Tibet via Nepal binnenkomt. Bovendien ben je verplicht langs een agentschap te gaan om je TTB-pasje voor Tibet aan te vragen.

- Kun je alléén, zonder de hulp van een agentschap, naar Tibet reizen?

Ja, maar dat hangt af van waar en wanneer.

Neen, als je het land via Nepal binnenkomt.

Ja, als je via China reist, maar dan nog blijft het lastige probleem van het TTB-pasje bestaan. Enkel een agentschap kan je hieraan helpen.

Ja, om Tibet te verlaten via de *Friendship Highway* of een andere weg of luchtverbinding.

Ja, voor Lhasa en omgeving en in bepaalde grote steden. Maar om je visum te verlengen of vergunningen voor regio's waarvoor je een bepaalde pas nodig hebt, aan te vragen (vaak ook kloosters of plaatsen aan de grens met een verboden regio), moet je je wenden tot een agentschap. Vraag dit aan als 'alleenreizende' of 'vergezeld', of zo je wil, als 'alleenreizende' of als 'groep', om de kosten te delen. Onthoud dat een groep gerust uit 1 persoon kan bestaan.

- Wat is het beste seizoen om het land te bezoeken?

Mei, juni, september en oktober zijn de beste maanden voor een trektocht. Hartje winter kunnen de temperaturen tot ver onder het vriespunt dalen. Sommige bergpassen en wegen zijn afgesloten. Dit is wel het rustigste seizoen voor een 'cultureel bezoek'. Juli en augustus zijn topmaanden voor het toerisme. Dit is natuurlijk ook het regenseizoen (vaak wat verzacht door de hoogte).

- Wat is de beste manier om je in het land te verplaatsen?

Een wagen met chauffeur huren, met een groepje dat je ter plaatse of vooraf hebt gevormd. Het openbaar vervoer wint terrein, dankzij de verbetering van het wegennet. Liften is moeilijk, er is te weinig verkeer.

- Wat is het tijdsverschil?

Lhasa volgt de klok van Beijing. Zo vergeet je zeker niet dat je in China bent! 's Zomers tel je 6 uren bij, 's winters draai je de klok 7 uurtjes door. Als je eerst in Nepal reist en dan naar Tibet gaat, is het tijdsverschil 2 uur en 15 minuten.

- Wat is het grootste gezondheidsrisico?

Lhasa ligt op 3650 m hoogte. Vaak zul je overnachten op 4000 m hoogte of een bergtop van 5000 m beklimmen. Houd dus vooral rekening met hoogteziekte. Je krijgt last van ademnood, misselijkheid, hoofdpijn... Door de band heb je twee tot drie dagen nodig om je lichaam aan de hoogte te laten wennen. Neem enkele regels in acht. Voor je naar Tibet reist, laat je je medisch helemaal onderzoeken, zo ben je zeker dat je in goede lichamelijke conditie verkeert.

WAT JE ZEKER NIET MAG MISSEN

- **Ontbijt bij het krieken van de dag samen met de nonnen** van het Tsamkhung-klooster in Lhasa voor je de vergadering in de grote tempelzaal bijwoont, in het licht van een boterlamp.
- Neem 's ochtends vroeg op de **Jokhangesplanade** een wierookbad, midden tussen de bedevaartgangers die hun gebedsmolentjes laten draaien of een rozenkrans bidden.
- Woon een mis van de monniken in **de grote vergaderzaal van het Gandenklooster** bij. Het monnikenkoor zingt op het ritme van de cimbalen. Een moment van puur geluk!
- **Struin door de mooiste oude stad van Tibet**: Gyantse. Bezoek er het klooster, dat op zijn minst uitzonderlijk kan worden genoemd.
- Ga naar het hooggelegen fort van Gyantse en zie de zon ondergaan. Sportievelingen gaan te voet en worden beloond met een prachtig uitzicht over de versterkte stad, het klooster en de vallei, in vuur en vlam gezet door het laatste schijnsel van de dag. Bestaat er nog iets mooiers?
- Maak een praatje met de wolkaardsters van **de tapijtenfabriek van Gyantse**, gebruik gebarentaal.
- **Bemerk vanuit het klooster van Rongpuk**, het hoogste ter wereld, **de Everest**. Het toppunt van schoonheid in deze uitzonderlijke omgeving.
- Meng je onder de massa bedevaarders die in **Sera** te communie gaan en keer met wat zwart roet op je neus terug.
- Fiets **met een mountainbike naar Lhasa**, vertrek aan het klooster van Drak Yerpa en probeer ongedeerd aan te komen!
- Cirkel met een vliegtuigje **boven de Himalaya**, vertrek in Kathmandu of vlieg erheen.
- **Maak een wandeling**, zoals de bedevaartgangers, **rond het Namtsomeer**, gelegen op 4591 m en dus een van de hoogste meren ter wereld.
- Drink nooit **boterthee**, de zware en vrij ranzige drank van de Tibetaanse nomaden.
- **Neem de Friendship Highway**, de mythische route tussen Lhasa en Kathmandu langs prachtige landschappen, eeuwenoude dorpen en schitterende kloosters.
- **Dompel je onder in de sfeer van Sakya** en zijn rijke klooster dat eerder werd gebruikt als verdediging dan voor het belijden van de godsdienst. Een verrassende plek.

TIBET PRAKTISCH

ABC VAN TIBET
- **Statuut:** autonome regio van de Volksrepubliek China (officiële naam: Xizang).
- **Oppervlakte:** 1.228.000 km².
- **Gemiddelde hoogte:** 4000 m.
- **Bevolking:** 2.640.000 inwoners.
- **Bannelingen:** 160.000 (sinds 1959).
- **Gemiddeld maandelijks inkomen:** 1250 ¥ (€ 125).

TIP VOOR DE LEZER
Voor je naar Lhasa en het Tibetaans plateau gaat, onthoud dan de eerste boeddhistische regel: 'Alle verschijnselen zijn voorbijgaand'. Zo kom je in de juiste stemming om de grillen en tegenslagen van de Chinese politiek, wat wel en niet is toegelaten, wat was maar nu niet meer is, het hoofd te bieden. Probeer (bescheiden!) Boeddha's *Weg van het Midden* te volgen. Je zult zien dat het lot van reizigers van alle slag is verbeterd. Maar al lijkt de Chinese reus wat zachter geworden, zijn opflakkeringen zijn nog steeds te duchten, waardoor de huidige situatie in gevaar kan komen.

REIZEN NAAR TIBET
Je kunt altijd proberen naar Lhasa, de Verboden Stad, te reizen door je voor te doen als bedevaarder-bedelaar, zoals Alexandra David-Néel in de jaren 1920 het deed. Er zijn mensen die dit hebben geprobeerd, ze maakten zich tussen checkpoints en politiesteden onzichtbaar, vaak zelfs met succes. Maar als je de politieke moeilijkheden achterwege laat, dan is je reisweg heel wat makkelijker en veiliger dan vroeger. Het is minder gevaarlijk Tibet via officiële weg over de Nepalese grens of via China, vanuit Chengdu, Kunming, Golmud of zelfs Kashgar binnen te komen of op een trein of vliegtuig in Beijing te stappen. Daarvoor heb je wel een speciale vergunning nodig, het TTB-pasje, van het *Tibet Tourism Bureau*.

Kun je zonder de hulp van een agentschap naar Tibet reizen?
Dé vraag die veel reizigers zich stellen. Vaak raak je niet meer wijs uit alle tegenstrijdige informatie. Het antwoord is formeel 'neen' (want om Tibet binnen te komen, heb je een TTB-pasje nodig, dat enkel via een agentschap kan bekomen worden), maar in de praktijk 'ja'! Alles hangt af van hoe en waar.
Als je via Nepal de grens wilt oversteken, zal dat niet lukken. Wil je dit vanuit China proberen, met het vliegtuig of de trein (de formaliteiten voor het aankopen van een vliegticket en het aanvragen van de vergunning zijn eenvoudig en snel) of over de weg via Golmud (zie verder 'Vanuit China. Over de weg'), dan lukt het wel.
Ja ook als je Tibet verlaat via de *Friendship Highway* of via een ander transportmiddel wanneer je Tibet voorgoed verlaat. En ja ook voor Lhasa en omgeving (ook het Namtsomeer) waar trekkers vrij kunnen bewegen. Maar in de hoofdstad moet je, voor een vergunning voor de *restricted areas*, bij een agentschap langsgaan, als alleenreizende of

in groep reizende, om de kosten te delen. Trotters met genoeg poen kunnen alleen ook een groepje vormen en zo de diensten van een agentschap kopen voor zich alleen!

In de praktijk gaan de meeste reizigers nog steeds langs bij een gespecialiseerd agentschap – Europees, Chinees, zelfs Tibetaans (voor wat meer of minder tussenpersonen) – om hun reis te organiseren. Dit is verplicht in Nepal en een verstandige keuze als je vertrekt vanuit China (al was het maar voor je TTB-pasje).

Welke visums heb je nodig?

Om Tibet binnen te komen, heb je een Chinees visum nodig. In Nepal kun je bij een reisagentschap een speciaal groepsvisum aanvragen, het enige dat aan de grens is toegelaten. Een visum dat je in Nederland of België hebt aangevraagd, geldt hier niet in dat geval. Kom je uit China, geen probleem... Dan heb je al een visum.

Vanuit Nepal

Formaliteiten

Hoewel Nepal historisch gezien wel een interessante halte op weg naar Tibet is, is het administratief gezien niet de eenvoudigste weg. De Chinese ambassade in Kathmandu verleent geen visum aan individuele reizigers op weg naar Tibet, je kunt hier enkel voor groepsvisums terecht (zelfs al bestaat die groep uit 1 persoon). Wie alleen heen en terug naar Tibet gaat vanuit Nepal en niet van plan is in China te verblijven, zal niet worden beboet. Maar er zijn steeds meer trotters die naar China doorreizen. Ieder individueel visum voor China dat je thuis hebt aangevraagd, zal worden geannuleerd door de ambassade van Kathmandu. Je krijgt een groepsvisum, dat je bovendien nog eens moet betalen ook! Er zijn echter wel goedgeïnformeerde Nepalese touroperators die ons hebben bevestigd dat het mogelijk is de originele visums ter plaatse te gebruiken. Dit bekijk je best voor je vertrekt.

Enkel wie een prestatie bij een agentschap in Kathmandu heeft gekocht, kan Tibet vanuit Nepal binnen, over de weg of met het vliegtuig.

Een groepsvisum is in principe 15 dagen geldig, maar niets houdt de agentschappen tegen een langere periode af te dingen. In 2007 was het voor trotters die in Nepal in groep reizen, mogelijk de groep te verlaten, hun Chinese visum te verlengen en alleen door te reizen naar China.

Tip bij het reserveren: vraag voldoende inlichtingen over het type voertuig. De beloofde terreinwagen blijkt vaak een minibusje te zijn. Kies niet meteen de duurste formule die een betere overnachting belooft (met maaltijden). Je vindt ter plekke makkelijk een hotel zonder commissie te hoeven betalen. Er zijn agentschappen die proberen je een terugvlucht aan te smeren. Kies zelf. Heen met het vliegtuig en terug over de weg geeft je het voordeel op 'slechts' 3650 m hoogte aan te komen en de toppen van boven 5000 m voor het laatst te bewaren. Zo vermijd je hoogteziekte.

- **Opgelet:** voor je vanuit Lhasa nieuwe avonturen opzoekt, zorg er dan voor dat je je originele visumpapieren (een los blaadje) bij je hebt. Zonder kun je het land niet meer uit!

- Voor de **verschillende mogelijkheden om naar Lhasa te reizen**, verwijzen we je naar het begin van de gids, hoofdstuk 'Nepal verlaten, naar Tibet'.

Vanuit China

De optie met de meeste 'vrijheid' voor de individuele reiziger.

Formaliteiten

Let op, als je uit China komt en als je Chinese toeristenvisum geldig is, dan blijft het aanvragen van een TTB-pasje (*Tibet Tourism Bureau*) via een bevoegd agentschap in theorie nog steeds verplicht.

Dit pasje wordt nooit alleen afgeleverd door een agentschap (aangezien de Chinese overheid de agentschappen verbiedt dit te verkopen). Je moet dus een extra prestatie kopen (hoe minimaal ook), zoals een of meerdere overnachtingen in een hotel, een rondleiding met gids of een vast dagtarief voor transport. In theorie gaat de aankoop van een vervoerbewijs (trein of vliegtuig) naar Tibet samen met het voorafgaand aanvragen van een TTB-pasje.

Maar ziedaar, de *e-tickets* die je via het internet kunt kopen! In je luie zetel koop je een ticket Beijing-Lhasa! Probleempje. Bij het inschepen in Beijing (of een andere stad in China) richting Lhasa is het heel goed mogelijk dat men je naar je TTB-pas vraagt. Om dit probleem op te lossen, neem je contact op met een Tibetaans agentschap en laat je het pasje (en je bon of de schriftelijke bevestiging van bijkomende prestaties) met een koerierdienst nasturen naar een hotel in Beijing. Bij je aankomst in China haal je dit meteen op. Eens in de zone rond Lhasa (inclusief het Namtsomeer), als je gekozen hebt voor de minimumprestatie die enkel transport en een TTB-pas omvat, ben je vrij om te gaan en te staan waar je wilt als je binnen de zone blijft natuurlijk. Daarbuiten moet je bepaalde regels volgen (zie verder bij *PSB* en de *travel permits*).

- Beleef langer plezier: hoe lang kun je in Tibet blijven, best een netelige vraag. Wettelijk gezien moet je altijd tot een groep behoren. Maar praktisch wordt slechts weinig gecontroleerd en kun je dus tot je Chinese visum vervallen is in het land blijven. De reisagentschappen vragen helemaal niks om bij hen je vertrek naar Kathmandu te bevestigen, op de luchthaven evenmin en ook niet aan de grens als je het land verlaat.

Met het vliegtuig

Net als bij de vlucht vanuit Kathmandu vraag je ook hier een zitje bij het raam: zo heb je een eindeloos zicht op de hoge pieken, meren, valleien vol bossen. Genieten...

De verbindingen en frequentie van de vluchten veranderen elk jaar. De meeste zijn seizoensgebonden, maar de wintervluchten zijn aan een opmars bezig. Wil je meer weten, lees dan 'Lhasa verlaten'.

In Chengdu, maar ook in Beijing, Guangzhou, Xining, Xi'an en Chongqing kun je terecht bij de pensions voor trotters (zie Trotter China). Zij kunnen je verder helpen. In Zhongdian ga je naar het agentschap *Tibet Tour* in het hotel *Shangbala* in Changzheng Lu.

Over de weg

Je kunt vanuit het noorden (Golmud, Xining), het oosten (provincies Sichuan en Yunnan) en sinds kort ook vanuit het verre westen (maar dat is moeilijker) over de Zijderoute (Kashgar, provincie Xinjiang) reizen.

De eerste twee opties even op een rijtje:

- **De weg via Golmud (1165 km):** er is openbaar vervoer. Volgens de laatste berichten kun je niet reserveren op het busstation. Je moet naar het CITS (duur) in de stad of daar waar de jeeps wachten, gaan. Hier komen heel wat chauffeurs en tussenpersonen en kun je dus makkelijker onderhandelen. Golmud is verbonden met alle grote Chinese steden, met het vliegtuig of de trein. Deze route is heel erg in trek bij trotters, je kunt er met een pasje alleen reizen. De procedure voor het aanvragen van zo'n pasje is nogal omzichtig, er komt geen eind aan het papierwerk. Let op, vraag na welke bus je zult nemen, er is niet overal een slaapbank. Dit is echter niet de spectaculairste weg, hij loopt door het nogal monotone landschap van het Tibetaans plateau, de Changtang, het land van nomaden en hun jaks. Onderweg kom je drie checkpoints tegen: eentje bij Golmud, de twee andere ter hoogte van de Tangulapas, aan beide kanten van de Tibetaanse grens. In de winter is hier niemand...

- Je kunt ook inschepen in **Xining**, dan ben je zo'n 800 km langer onderweg. Ga naar het station voor de langeafstandsbussen en wacht tot een bestuurder je een voorstel doet. Ze komen vaak bleekneuzen tegen die naar het plateau willen reizen. De prijzen omvatten een ruime commissie, in 't geheim natuurlijk... Spreek een fors lagere prijs af voor je instapt. Reken op een rit van 36 uur in een slaapbus, die stopt niet vaak, tenzij er een ongeval gebeurt.

Het reisagentschap **Wind Horse Adventure tours**, • www.windhorseadventuretours.com, in Xining (niet verwarren met het gelijknamige agentschap in Lhasa) geniet een goede reputatie. Ze organiseren hier allerlei types reizen naar Tibet, pasje inbegrepen.

- **De wegen in het oosten (Yunnan-Tibet, Sichuan-Tibet Highways):** dit zijn de mooiste. Deze wegen vertrekken in de provincies Yunnan of Sichuan. Eerst doorkruis je het land van Kham, zo heet het oostelijke deel van Tibet. Alexandra David-Néel noemde de inwoners (de Khampa's) terecht 'edelmannen-schurken' omwille van de terreur tegenover de reizigers en later de Chinese bezetters. Ze waren de enigen, of toch nagenoeg, die de legers met de hand konden verslaan. Vandaag zijn ze bezadigder, maar hun uitzicht blijft niettemin indrukwekkend: groot, lang haar opgevrolijkt met vlechten van rode of zwarte wol en grote cabochons van koraal of turkoois. Je kunt deze reis van 1500 tot 2000 km in vier tot tien dagen doen, naargelang de weg die je volgt en... de tijd die je hebt. Op het programma: diepe kloven, die van de Boven-Yangtze, de Mekong en de Salween, hoge passen, mooie wouden zelfs al hebben ze de laatste jaren geleden onder de Chinese bezetting. Keer vanuit het oosten terug naar Lhasa en verlaat het land via Nepal. Zo leer je Tibet in al zijn verscheidenheid kennen.

Laat je niet misleiden door de naam 'Highway', ook al wordt er voortdurend aan de weg gewerkt en is de helft ervan al verhard. Openbaar vervoer rijdt er nagenoeg niet. Wat er op de baan komt, is in ieder geval verboden voor vreemdelingen. Je hebt een speciale vergunning nodig en een eigen wagen die je huurt bij een gespecialiseerd agentschap. Maar dat houdt onverschrokken reizigers niet tegen om clandestien op stap te gaan, met de fiets of al liftend (soms zelfs te voet!) en een Chinees visum (zie verder 'Met de fiets of te voet').

De drie mogelijke routes in het oosten:

- De twee eerste lopen zuidelijk en komen in de stad Markham samen, steken de Mekong over en gaan verder richting Bamda, waar ze opnieuw scheiden. De noordelijke tak gaat naar het plateau, de zuidelijke naar het bekken van de Brahmaputra niet ver van India.

De eerste weg wordt weinig genomen. Ondanks dat hij ruw is, liggen er tal van weinig bezochte kloosters langs, wat deze route fascinerend maakt.

De tweede weg loopt door prachtige gevarieerde landschappen met een indrukwekkend woud, dat wat lager, zo'n 50 km van de grens met India, zelfs een echte jungle wordt. De meeste reizigers kiezen voor deze route.

- De derde weg, 'helemaal in het noorden', vertrekt in Chengdu. Je steekt net voorbij het dorpje Derge de Yangtze over en komt in het autonome gebied Tibet. Je reist verder via Chamdo, hoofdstad van de Kham, langs de Mekong. Voorbij Chamdo gaat de weg verder naar het plateau van de Changtang, net voor je op de weg uit Golmud en in de vlakte van Lhasa komt.

Ook hier adembenemende landschappen, een Aziatisch avontuur. Als je vertrekt in Yunnan, is dit een vrij makkelijke reisweg. De Yunnan-Tibet Highway keert via het noordoostelijke punt van de provincie, een autonoom Tibetaans district dat onlangs de naam Shangri-La heeft gekregen, terug naar het 'politieke' Tibet.

Wil je deze reis vooraf regelen, dan neem je best contact op met een plaatselijk kantoor dat een eerlijke dienst aanbiedt. Dit kunnen bijvoorbeeld *China Minority Travel* (● www.china-travel.nl) of *Startrekking* (● startrekkingasia@hotmail.com) zijn, twee agentschappen in Yunnan. In Kunming zoek je de agentschappen van het *Camellia Hotel*. De laagste prijzen hebben vaak ook een invloed op de kwaliteit van de dienstverlening.

Te voet of met de fiets

Of met de rollerskates (nog niet overal geasfalteerde wegen), getrokken door een vlieger... Geen pretje echter voor je fiets of je schoenzolen. Vooral de koppige trotters hebben het voor de Tibetaanse wegen. Elk op hun manier treden zij in de voetsporen van de grote ontdekkingsreizigers. Is het dan zo vreemd dat de meesten van hen vertrokken zonder vergunning. Als je vanuit China (in tegenstelling tot Nepal) reist, is dat namelijk geen probleem. Al wat we kunnen doen, is hen veel succes wensen. Als je al zo ver gekomen bent, dan moet je op de hoogte zijn van de risico's die je loopt. Aangehouden worden is nog het minste. In het slechtste geval mag je op je stappen terugkeren of, beter nog, een boete betalen om verder te kunnen reizen. Erger zijn het klimaat, de hoogte, de afzondering en het gebrek aan transport.

Bepaalde agentschappen, gespecialiseerd in reizen over land, organiseren trektochten te voet of met de fiets, die wettelijk in orde zijn. Neem contact op met de hierboven vermelde kantoren (zie 'Over de weg') of diegene die we bij Lhasa vermelden. Ga in elk geval ruim vooraf.

Met de trein

De spoorweg, die in de zomer van 2006 werd ingehuldigd, is de hoogste ter wereld en verbindt Golmud met Lhasa. In het hoogseizoen (juli en augustus) stappen dagelijks zo'n 5000 toeristen (vooral Chinezen) af in Lhasa. Ongetwijfeld de goedkoopste manier om vanuit Beijing naar Lhasa te reizen. Maar opgelet, reserveer je ticket ruim op voorhand! De spoorweg is ook een aanlokkelijke manier om Tibet te verlaten richting China.

BUDGET

Goed nieuws, Tibet is al bij al een goedkoop land voor wat betreft slapen en eten, zelfs al is de levensstandaard hier wat hoger dan in China of Nepal. Dit komt omdat het land geïsoleerd is en moeilijk te bevoorraden. De nieuwe spoorweg is een zegen voor het toerisme. De prijzen stijgen zowat overal. Het transport zorgt echter wel voor een duurdere rekening. Zodra je het land binnenkomt, moet je betalen voor vergunningen en moet je vaak een voertuig huren om je uitstapjes te kunnen maken. Ook de toegangsprijzen voor de toeristische trekpleisters (kloosters, natuurparken...) zijn fors gestegen. Ook de monniken doen hun duit in het zakje. De prijzen die zij vragen voor het fotograferen van hun heiligdommen kunnen soms tot € 180 oplopen (bijvoorbeeld in het klooster van Tashilumpo in Shigatse)! Algemeen kun je stellen dat geld overal aanwezig is. De afgoden in de kapelletjes zijn behangen met bankbriefjes. Tal van hotels en restaurants hebben de vervelende gewoonte te zwaar door te rekenen aan buitenlanders. Probeer een juist beeld te krijgen van de prijzen voor de gerechten en voedingswaren in Lhasa, voor je gaat afdingen.

Ook wie met een klein budget reist en met weinig tevreden is, heeft in Tibet geen problemen: kleine hotelletjes en eetkraampjes, openbaar vervoer, af en toe wat liften, nauwlettend de berichtjes en reisverslagen in de guesthouses lezen. Voor minder dan € 10 per dag vind je in Tibet al volpension (overnachting en eten). Op voorwaarde dat je niet teveel bier drinkt...

Overnachting

De buitenlandse toerist (lees niet-Chinees) kan slapen en eten in een van de etablissementen van het *FIT* (Chinees Bureau voor Toerisme). De hoteleigenaar of restaurantuitbater betaalt een speciale belasting om reizigers te mogen ontvangen. Elke overtreding wordt beboet. De klant neemt geen enkel risico. De etablissementen die door Chinezen worden uitgebaat (alomtegenwoordig, want meer dan 85 % van de toeristen komen uit China), zijn niet aan deze regels onderhevig. Ze zijn minder duur, maar buitenlanders zijn in theorie niet toegelaten.

Tijdens het laagseizoen, van begin november tot eind maart, krijg je een korting van 20 tot 50 % op de prijs, naargelang het comfort.

Plaatselijk eigenaardigheidje: in heel wat hotels vind je 'Tibetaanse' kamers. Door de band 10 tot 20 % goedkoper, ze verschillen van de 'westerse' kamers door hun traditionele inrichting en typisch meubilair: slaapbanken (vrij smal en hard, bedekt met een dikke stof), lage tafel... Ook heel wat guesthouses, herbergen en andere gemeenschappelijke overnachtingsmogelijkheden voor de vele weinig gefortuneerde bedevaarders.

Onze prijsmarges voor het hoogseizoen:
- **Goedkoop:** minder dan 100 ¥ (minder dan € 10), privékamers met badkamer of bed in slaapzaal (vanaf 15 ¥).
- **Doorsneeprijs:** 100-300 ¥ (€ 10-30), standaardkamers met badkamer.
- **Iets luxueuzer:** 300-500 ¥ (€ 30-50).
- **Luxueus:** meer dan 500 ¥ (€ 50).

Eten

In Lhasa vind je een heel gevarieerd aanbod, voor alle smaken en beurzen. Buiten de hoofdstad is het aanbod beperkt (vooral binnen de categorie goedkoop) tot de typisch Tibetaanse restaurants van de 'karavanserai' en Chinese eetstalletjes.
- **Goedkoop:** tot 25 ¥ (€ 2,50) per maaltijd.
- **Doorsneeprijs:** 25-50 ¥ (€ 2,50-5) per maaltijd.
- **Iets luxueuzer:** meer dan 50 ¥ (€ 5) per maaltijd.

Transport
- **Openbare bussen:** altijd vrij duur, reken op minstens 0,20 ¥ (€ 0,02) per kilometer. De prijzen gaan van standaard minibus tot luxeprivétaxi die je deelt.
- **Minibus en *vans*** vertrekken ook aan het busstation, maar zijn vaak volzet. Om hun wagens vol te krijgen, rijden de chauffeurs door de stad en schreeuwen ze de naam van hun eindbestemming door het venster om zo mogelijke reizigers aan te trekken.
- **Huurwagens en georganiseerde reizen:** de opgegeven prijzen zijn in principe die voor een groep en niet voor individuele reizigers. Inbegrepen is het gebruik van het voertuig voor de overeengekomen route, de overnachting en het eten van de chauffeur en de gids. Ook jouw overnachtingen en maaltijden kunnen inbegrepen zijn, maar dat raden we niet aan. Ter herinnering, de toegangsprijzen voor de toeristische plekken (kloosters, parken) en de *travel permits* zijn niet in de prijs inbegrepen.
Het grootste deel van de totale prijs is het aantal afgelegde kilometers. De prijs schommelt rond 8 ¥ (€ 0,80) per kilometer, maar ook dit hangt af van het seizoen en het soort voertuig. Let op voor de periodes van algemeen verlof van de Chinezen, de prijzen schieten de lucht in: de week van 1 oktober en 1 mei.
Nog een laatste puntje, het belang van de **fooien** (een standaardgids en een chauffeur verdienen niet veel). Ook de Tibetanen en Chinezen op reis houden zich hieraan. Hoeveel geef je? Voor een uitstap van een week (bijvoorbeeld langs de *Friendship Highway*) reken je op 100 ¥ (€ 10) per passagier. Gids en chauffeur verdelen dit bedrag. De helft is echter ook al ruim voldoende. Ben je niet tevreden van de service, dan kun je gerust ook geen fooi geven.

ELEKTRICITEIT
220 volt, 60 hertz, net als in China. Je hebt dus geen transformator nodig. De meeste stopcontacten zijn aangepast aan verschillende formaten. Ook de stekkers met twee poten van onze elektrische apparaten passen hierop. Zit je toch in de problemen, dan vind je snel een transformator in een van de winkeltjes in Lhasa.

FESTIVALS, FEESTEN EN FEESTDAGEN
De Tibetaanse kalender verschilt sterk van onze Gregoriaanse. Hun kalender is gebaseerd op de zon en de maan. De kalender loopt 4 tot 6 weken achter op de onze. De eerste Tibetaanse maanmaand begint normaal in februari, de vijfde in juni of begin juli en de achtste in september. De jaren worden geteld (127 jaar verder dan onze tijdrekening), maar worden vaak aangeduid met een combinatie van een van de twaalf dierentekens (draak, slang, paard, geit, aap, vogel, hond, varken, muis, os, tijger en haas) met een van de vijf elementen (water, aarde, vuur, hout en metaal). Aan de hand

daarvan vinden om de 60 jaar belangrijke ceremonies plaats. Op 7 februari 2008 begint het jaar van de aardemuis (het jaar 2135 voor de Tibetanen). Ter info hebben we hieronder de overeenkomstige data op de Gregoriaanse kalender opgesomd. De data kunnen enkele dagen opschuiven. Wil je graag meer weten over de tekens en data, dan kun je surfen naar ● http://public.ntic.qc.ca/rloiselle//astrotibet/calendrier/calactuel.html of ●http://kalachakranet.org/ta_tibetan_calendar.html.

Eerste maanmaand

- 1ste tot 7de dag (februari): **Nieuwjaarsfeesten (Losar)**. Feest met het gezin. Je logeert op dat moment best in Lhasa. De hele week lang worden paardenrennen, theater en carnavals georganiseerd. De familie brengt offergaven en wierook naar de heuvels in de omgeving mee. Volgende feesten: 27 januari 2009.
- 15de dag (februari-maart): **Lantaarnfestival**. Lichtjes op het dak, lampen voor de venster. Gigantische beelden in jakboter worden rond Barkhor opgericht.
- 25ste dag (februari-maart): **festival van het Mônlam chenmo**, het 'grote gebed', voor het eerst door Tsongkhapa in 1409. Een massa bedevaarders troept samen in Lhasa op het Jokhang. De boeddha van de toekomst (Jampa) wordt meegetroond op een parade door Barkhor.

Tweede maanmaand

- 28ste en 29ste dag (maart): **festival van de bezwering**, om het kwaad te verdrijven. Processies met lama's en monniken, met trompetten doorheen Lhasa.

Vierde maanmaand

- 8ste dag (mei): **verjaardag van de geboorte van Boeddha Sakyamuni**. Belangrijke bedevaarten. Volgende datum: 11 juni 2008.
- 15de dag (mei-juni): **verjaardag van het ontwaken van Sakyamuni en zijn overlijden (Saga Dawa Düchen)**. De bedevaarders overrompelen de Jokhang, gevangengenomen dieren worden vrijgelaten. Volgende datum: 18 juni 2008.

Zesde maanmaand

- 4de dag (juli): **herdenking van de eerste preek van Boeddha Sakyamuni (Chökhor Düchen)**. De bedevaarders beklimmen de heilige bergen rond Lhasa.

Zevende maanmaand

- Eerste week (augustus): **Shöton Festival**. Gregoriaanse kalender: 30 augustus-5 september 2008.

Achtste maanmaand

- In de loop van de maand (september): **festival van de gouden ster** (venus). Rituele baden in de rivieren om de ziel te zuiveren van haat, hebzucht en illusie. Volgende vieringen: 20-30 september 2008.
- Een beetje overal wordt het **eind van de oogst** gevierd. Paardenrennen, dansen, gezang, spelen...

Negende maanmaand

- 22ste dag (oktober-november): **Boeddha daalt neer uit de hemel** waar hij heenging om zijn moeder te onderwijzen. Alle kloosters zijn open. Grote concentratie bedevaarders in Lhasa.

Tiende maanmaand

- 25ste dag (november): **festival van de lampen**. De Gelugpa vieren de verjaardag van de dood van Tsongkhapa. Er wordt een vuurgloed voorbereid, lampjes worden op het dak van de kloosters gezet.

Twaalfde maanmaand

- 29ste dag (januari): **eindejaarsfeesten**.

FORMALITEITEN

- Om een visum aan te vragen, heb je een reispas nodig die nog minstens zes maanden geldig is op het moment van je aanvraag, een pasfoto en een ingevuld en ondertekend formulier van het consulaat of dat je kunt downloaden via het internet.
- Je vertrekt binnen drie maanden na uitreiking, je mag 30 dagen ter plaatse blijven. Heb je meer tijd nodig, vermeld dan verschillende steden in alle uithoeken van het land op je aanvraag, preciseer dat een maand niet voldoende is voor je rondreis. Misschien krijg je er dan twee of zelfs drie.
- Let wel op, zeg nooit dat je ook naar Tibet wilt, en al zeker niet dat je journalist, fotograaf of uitgever bent. Je maakt het jezelf alleen maar nodeloos moeilijk.

Nuttige adressen in België

- **Ambassade van de Volksrepubliek China:** Tervurenlaan 463, 1160 Oudergem. ☎ 027794333. • www.chinaembassy-org.be.
- **Consulaat van de Volksrepubliek China:** Vorstlaan 400, 1160 Brussel. ☎ 02 663 30 00 en 01 (Dienst Visa) of ☎ 02 779 43 33 (voicemail). • www.chinaembassy-org.be. Geopend op weekdagen van 9.00 tot 11.30 u. Wachttijd voor het aanvragen van een visum: 5 werkdagen. Expresdienst is mogelijk mits supplement.
- **Tibetaans Bureau:** Kunstlaan 24, 1000 Brussel. • tibetbrussels@tibet.com. 🚇 Kunst-Wet. Geopend op weekdagen van 9.30 tot 18.00 u. Opgelet, dit is geen dienst voor toerisme van Tibet maar een van de 12 kantoren ter wereld die de dalai lama en zijn regering in ballingschap vertegenwoordigen.

Nuttige adressen in Nederland

- **Chinese ambassade:** Willem Lodewijklaan 10, 2517 JT Den Haag. ☎ 070 306 50 60. Consulaire en visumafdeling: ☎ 070 306 50 90. • www.chinaembassy.nl/chn. • consular@chinaembassy.nl. Geopend op weekdagen van 9.00 tot 12.00 u.

GELDZAKEN

De munteenheid is de *renminbi*, ook wel *yuan* of *RMB* (afgekort ¥) genoemd en is onderverdeeld in 10 *jiao*. Iedereen gebruikt eigenlijk de benamingen *kuai* en *mao* (niets te maken met de Grote Roerganger).

Sinds begin 2008 krijg je voor € 1 ongeveer 10 ¥.

In principe heeft de *Bank of China* in alle grote steden een of meerdere geldautomaten waar je met je internationale betaalkaarten terechtkunt. Interessanter dan de loketten waar je een voorschot in contanten kunt krijgen op je betaalkaart mits een commissie van 3 %. Je slaat best een voorraad baar geld in voor je het land gaat ontdekken. Houd je ontvangstbewijsje bij. Heb je aan het eind van je reis geld over, dan kun je dit altijd bij de *Bank of China* terug inwisselen.

Het is niet meer nodig enkel dollars mee te nemen. In de meeste agentschappen in de grote steden die we hier vermelden, worden ook euro's aanvaard. Groene bankbriefjes kunnen echter wel eens van pas komen als je ergens afgelegen op het platteland zit en geen renminbi meer hebt. Probeer het eens bij een hotel of een chauffeur van een of andere terreinwagen.

Aan de Tibetaans-Nepalese grens is de zwarte markt schaamteloos aanwezig. Heel wat 'handelaars' wachten je in Tibet op om je renminbi, roepies, dollars en zelfs euro's te wisselen. Probeer dit nergens anders, het is te gevaarlijk. Kom je met het vliegtuig aan, dan kun je terecht in het wisselkantoor op de luchthaven.

GEZONDHEID

Voor een zorgeloze reis naar Tibet moet je in goede gezondheid verkeren. Twijfel je, laat je dan eens nakijken door een arts voor je vertrekt.

Hoogteziekte

Het grootste risico hangt samen met de hoogte. Sommige mensen kunnen hier last van hebben. Lhasa ligt op 3650 m, de zuurstof in de ingeademde lucht bedraagt twee derde. Daarom kun je, als je rechtstreeks van de vlakte naar deze hoogte reist, last krijgen van hoofdpijn, je kunt buiten adem raken, misselijk of ongemakkelijk worden... Voor de meesten niet erg. Jezelf wat ontzien, geen lichamelijke inspanningen doen en de eerste dagen geen uitstappen plannen, veel drinken (geen alcohol natuurlijk), veel slapen en vooral niet roken is meestal voldoende. Lees hierover de rubriek rond hoogteziekte in 'Trektochten' bij 'Nepal praktisch'.

Kortom, houd het rustig en wen aan de omgeving. Je kunt medicatie gebruiken om dit proces te versnellen; die kun je ginds overal kopen. Bespreek dit zeker voor je vertrek met je arts. Er bestaan ook tal van plaatselijke middeltjes om de symptomen te bestrijden (loop de apotheken van Lhasa af, hoogteziekte is *gaoshanbing* in het Chinees). Gewone paracetamol helpt je ook al een eind.

Heb je erg veel last, dan is de enige oplossing rustig naar een lager gelegen regio afdalen (minstens 500 m lager). Een zuurstofbehandeling, inademen van met zuurstof verrijkte lucht, overal in Lhasa en de grote steden beschikbaar in flessen van 1 liter, kan de problemen verhelpen, maar lost de ziekte zelf niet op.

Meest voorkomende ziekten

Tibet is een heel arm land, de hygiëne laat te wensen over. Heel wat ziekten zijn dus wijdverspreid: diarree, hepatitis A, buiktyfus, andere salmonella- en shigella-infecties, amoebiasis, giardiase (ontsteking van de bovenste dunne darmen) en alle andere ziekten die worden overgedragen door een slechte persoonlijke hygiëne. Let heel goed op wat je eet en drinkt. Zorg voor de universele hygiënische voorzorgen. Op deze hoogte moet je je echter geen zorgen maken om malaria (de muggen die de ziekte overdragen, overleven in Azië niet boven 1800 m).

Nuttige medische adressen
In België
- **Prins Leopoldinstituut voor Tropische Geneeskunde:** ☎ 03 247 66 66. Fax: 03 216 14 31. ● info@itg.be ● www.itg.be.
- **Provinciale gezondheidscentra:** raadpleeg je provinciebestuur.

In Nederland
- **Landelijk Coördinatiecentrum Reizigersadvisering:** Landelijke Vaccinatielijn voor Reizigers. ☎ (0900) 9584. ● www.lcr.nl (met adressen van vaccinatiebureaus in Nederland).
- **Tropencentrum AMC Amsterdam:** afspraken ☎ (020) 566 38 00. ● www.tropencentrum.nl.
- **Havenziekenhuis Rotterdam - Travel Clinic:** afspraken ☎ (010) 412 38 88. ● www.travelclinic.com.
- **Tropenzorg:** ● www.tropenzorg.nl.
- **GGD's:** ● www.ggd.nl (met doorkliksysteem naar de regionale en stedelijke GDD's).

Voorzorgen
- Let op voor **koude en stoffige lucht**, vaak de oorzaak van luchtweginfecties. Behandel elke verkoudheid met zorg, een hoest kan snel erger worden. Kleed je warm aan, neem keelpastilles en paracetamol mee...
- **De zon:** ook op grote hoogte gevaarlijk. Gebruik een zonnebrandcrème met voldoende hoge beschermingsfactor, een lippenbalsem en een speciale bril voor in het hooggebergte.
- **Honden:** let hier heel erg goed mee op. De dieren zijn vrij wild en onvoorspelbaar. Vermijd ze zoveel mogelijk. Ze bijten dikwijls, hondsdolheid komt dan ook vaak voor.
- Draag je **lenzen**, dan raden we je aan in Tibet toch voor een bril te kiezen. Het is er te stoffig en het waait er veel.
Bij gezondheidsproblemen of een ongeval kun je in de ziekenhuizen van de grote steden terecht. Ook voor kleinere probleempjes trouwens (het militaire ziekenhuis in Lhasa met name). Probeer voor een tolk te zorgen. Heb je iets ernstigs voor, laat je dan repatriëren (maar dan moet je de lange reis aankunnen). Je kunt je ook naar de dichtstbijzijnde Aziatische hoofdstad laten brengen (Bangkok, Hongkong, Singapore).

Inentingen
Hier heb je extra voordeel van de meest gangbare inentingen: difterie-tetanus-polio en hepatitis B (waar meer dan 10 % van de bevolking aan leidt).
Andere aanbevolen inentingen:
- hepatitis A;
- buiktyfus;
- hersenvliesontsteking met meningokokken, bij een langer verblijf;

- hondsdolheid, tegen de grote Tibetaanse waakhonden, vooral als je rondtrekt.
Begin hier een maand voor je vertrek mee, zo heb je voldoende tijd voor de herhalingsinentingen.

HANDIGHEIDJES EN KNEEPJES

Onbaatzuchtige trotters hebben tal van handige tips achtergelaten: de staat van de wegen, de hotels, de plaatsen van de checkpoints en andere interessante weetjes. Doorblader de schriftjes in de restaurants van Lhasa, zoals *Makye ame* of *Tashi*, vergeet ook het internet niet (forums, persoonlijke pagina's, blogs...). In Lhasa leg je heel makkelijk contact met andere trotters. Je sprokkelt er heel wat nuttige tips.
Je kunt samen een jeep huren of je bij een groep voegen die op trektocht gaat. Raadpleeg de advertenties in de hotels *Yak*, *Snowland*, *Banakshöl* en *Kirey*.

HULPORGANISATIES

Het is voor hulporganisaties heel moeilijk werken in Tibet omdat de Chinese autoriteiten van heel dichtbij alles wat volgens hen ook maar enigszins tegen de Chinese belangen ingaat, opvolgen. Er zijn maar enkele organisaties die erin zijn geslaagd ter plaatse kleine groepjes op te richten, tenminste zolang de Chinese overheid dit tolereert.
- **Tibet Heritage Fund:** ● www.tibetheritagefund.org. Ben je gevallen voor de straatjes van de Barkhor, dan is dat dankzij deze internationale organisatie die zich lange tijd heeft ingezet voor de restauratie van het historische centrum van Lhasa. Er werden meer dan 20 plekken gerenoveerd met de hulp van de plaatselijke bevolking, oude huizen, kloosters uit de 9de eeuw... THF houdt zich ook bezig met sanitair, stromend water in de wijken. Vandaag zetten de Tibetanen, die de organisatie heeft opgeleid, het werk voort, niet alleen hier maar overal in Tibet (vooral dan in de provincies Kham en Amdo, maar ook in de buurt van Lhasa). En er is nog heel wat werk! Wil je contact met hen opnemen, weten waar zij aan het werk zijn of een gift doen, stuur hen dan gerust een mail. André of Pimpim stuurt je met plezier een antwoordje terug.
- **Tibet Poverty Alleviation Fund:** ● www.tpaf.org. Opgericht in 1998. Deze Amerikaanse ngo wil de achtergestelde Tibetanen betrekken bij de economische ontwikkeling van hun land. Met hun vele projecten werken zij rond het verwerven van 'moderne' kennis, het aanpassen van traditionele bestaansmiddelen en het ontwikkelen van de handwerkkunst (zie boetiek *Dropeling* in Lhasa, rubriek 'Inkopen doen') en het bevorderen van verantwoord toerisme.
- **Shambhala Foundation:** ● www.shambhala-ngo.org. De stichting werd opgericht door Laurence J. Brahm, advocaat en politiek analist van opleiding, aanhanger van de weg van het midden, gepredikt door de dalai lama. Zijn acties: bemiddeling tussen China en Tibet, restauratie van kloosters, bescherming van het culturele erfgoed...

INTERNETADRESSEN
Vooraf
- ● **www.routard.com:** Franstalig. Alles om je reis voor te bereiden. Handige steekkaarten over meer dan 180 bestemmingen, heel wat informatie en diensten: foto's, kaarten, weerberichten, dossiers, agenda's, wegbeschrijvingen, vliegtickets, hotel-

reservaties, verhuur van auto's, visums... Er is ook een community waar je plannetjes of foto's kunt uitwisselen of een reisgezel kunt zoeken. Vergeet zeker ook niet het *routard mag* met reportages, routebeschrijving en informatie voor een goede reis. Onmisbaar voor elke trotter.

Politieke informatie

● **www.tibet.com:** Engelstalig. Site van het Tibetaans Bureau in Londen, dat Zijne Heiligheid de dalai lama en de Tibetaanse regering in ballingschap vertegenwoordigt. Naast overheidsinformatie vind je op deze site zeer volledige informatie over het Tibetaanse boeddhisme.

● **www.tibet.net:** Engelstalig. Officiële site van de regering in ballingschap van Zijne Heiligheid de dalai lama. De regering wordt er voorgesteld, je vindt er de laatste informatie terug en berichten van de dalai lama.

● **www.tibet-info.net:** Franstalig. Site opgericht door enkele verenigingen, waaronder het *Comité de soutien au peuple tibétain*. Online info, dossier van de maand, informatie over de lopende acties of acties die op het programma staan, een interessante woordenlijst, een soort Tibetaans woordenboekje.

● **www.tibet.be:** site van het Tibetaans Bureau in Brussel. Een korte schets van de situatie in Tibet. Je kunt er doorklikken naar ● www.tibetvlaanderen.be, een organisatie van het Bureau van Tibet en de Tibetaanse Vlaamse Vriendenkring.

● **www.tchrd.org:** Engelstalig. Site van het *Tibetan Centre for Human Rights and Democracy*. Om op de hoogte te blijven van de situatie rond de mensenrechten in Tibet. Het TCHRD publiceert ieder jaar een rapport (te bekijken op de site) en klaagt onvermoeibaar de Chinese onderdrukking aan.

Cultuur

● **www.tibetart.org:** Engelstalig. Boeiende site. Een belangrijke verzameling boeddhistische schilderijen en Nepalese en Tibetaanse bonzen, met goede beschrijvingen. Je kunt zelfs een heel specifiek werk opzoeken en op de details inzoomen. Door het geluid leer je ook de belangrijkste woorden in de Tibetaanse woordenschat en het Sanskriet juist uitspreken!

● **www.tibethouse.org:** Engelstalig. Deze site staat volledig in het teken van het behoud van de Tibetaanse levende cultuur: agenda, kalender met de evenementen, galerijen, bibliotheken en news om in contact te blijven.

● **www.buddhaline.net:** Franstalig. Volledig opgesteld rond de regels van het boeddhisme en de gevolgen ervan op het dagelijkse leven. Ook gericht op andere religies en filosofieën. Je vindt er conferenties, onderricht, essays en portretten online, zowel van de dalai lama, van Mathieu Ricard als van Daniel Cohn-Bendit of Jean-Marie Lustiger.

Kaarten en foto's

● **www.tibetmap.com:** Franstalig. Site van het Instituut voor Cartografie van Tibet. De heel gedetailleerde kaarten zijn een goeie hulp bij het voorbereiden van je reis. Je vindt er ook een fotoalbum waardoor je je een beeld kuntvormen van bepaalde plaatsen. Er staat ook een chronologie op. Mooi afgewerkt.

- **www.schneuwly.com/tibet/:** Franstalig. Heel mooie portfolio met schitterende foto's van het landschap, dat al even adembenemend is. Door Alain en Pavla Schneuwly.

Diversen

- **www.tew.org:** Engelstalig. Tibet aan de hand van verschillende rubrieken: biodiversiteit, geografie, ontwikkeling, vredeszone, dalai lama, publicaties, nieuws. Werpt een interessant licht op de levensomstandigheden in deze streek.
- **www.tibetinfor.com.cn/english:** Engelstalig. Een Chinese portal met algemene, culturele en toeristische informatie. Hoewel deze site heel Chinees is getint en vaak veel propaganda bevat, kun je tussen de lijntjes toch wel interessante dingen te weten komen. Het kan ook goed zijn eens de andere kant van het verhaal te horen.

JE REIS TER PLAATSE ORGANISEREN

Een van de belangrijkste bezigheden van de trotter in Lhasa, niet alleen omwille van de tijd die je erin steekt, maar ook voor de mensen die je ontmoet. Wie met het openbaar vervoer (als het rijdt!) of al liftend wil rondtrekken, mag dit hoofdstuk gerust overslaan. Zie ook rubriek 'Reizen naar Tibet. Te voet of met de fiets' en de rubrieken 'Aankomst en vertrek' bij iedere stad.

Opgelet!

Enkel de agentschappen met het label *FIT* (*Foreign Independant Traveller*, zie 'Nuttige adressen. Reisagentschappen' bij Lhasa) dat wordt toegekend door het TTB (*Tibet Tourism Bureau*) kunnen 'alleenreizenden' de nodige documenten bezorgen. Het lijkt allemaal duidelijk, maar toch opgelet! Niet enkel wie het land alleen binnenkomt, wordt beschouwd als alleenreizend... maar ook wie Tibet in groep, georganiseerd als 'enkele reis', of met een nieuw samengestelde groep binnenkomt.

Een paar voorbeelden:

- Je groep heeft enkel van een agentschap gebruikgemaakt voor de trip Kathmandu-Lhasa. Ga langs bij een *FIT*-agentschap als je een vergunning nodig hebt om in Tibet rond te reizen of het land te verlaten.
- Je groep heeft een arrangement 'binnenkomen-verlaten' gekocht bij een agentschap. In Lhasa wil iemand zich bij jullie groep voegen en voor de nodige documenten zorgen. Niet mogelijk! Je moet de hulp van een *FIT*-agentschap inroepen.
- Je komt met de bus uit Golmud, met de trein of het vliegtuig uit China. Je bent dus 'super onafhankelijk'. Natuurlijk moet je, eens ter plaatse, beroep doen op een *FIT*-agentschap.

Allemaal heel ingewikkeld, zowel voor de reiziger als voor de onafhankelijke agentschappen. We wilden je wel de basis meegeven omdat hierdoor vaak problemen ontstaan.

Reizen in gebieden waarvoor geen vergunning nodig is, vallen hier niet onder (zie verder in rubriek 'PSB, travel permits').

Reisroutes, bezoeken, overnachtingen

Wees zo precies mogelijk. Noteer alles op een 'reisblaadje' dat je laat ondertekenen door de dienstverlener voor je vertrek. Ga uit van de reistijden in deze gids, houd je aan de voorgestelde reisroutes (zie elders) en recente informatie die wij ter plaatse hebben verzameld. Trek liever wat meer tijd dan te weinig tijd uit, zo kom je niet vast te zitten omdat je te moe bent of vertraging hebt opgelopen. Zelfs een kleine aanpassing, zoals een bezoek aan een klooster (een ommetje van amper een paar kilometer) kan soms moeilijk te realiseren zijn als dit niet is voorzien in het programma. De chauffeur en de gids zullen duizenden redenen aanhalen om toch maar niet van de reisweg te moeten afwijken, zoals een zogenaamde speciale vergunning die je nodig hebt, de lange bezoektijd... De agentschappen zijn vaak enkel tussenpersonen die de trekkers in contact brengen met freelance chauffeurs en gidsen, die enkel zo snel mogelijk op hun eindbestemming willen aankomen, terwijl jij zoveel mogelijk uit je reis wilt halen! Dit merk je al snel en kan voor een slechte sfeer in de wagen zorgen. Houd voet bij stuk wat je programma betreft, behalve bij overmacht (slechte weersomstandigheden, grondverschuivingen...).

Chauffeur, gids, wagen

Probeer voor je vertrek kennis te maken met je gids en chauffeur. Hoewel de agentschappen er prat op gaan met Tibetaanse gidsen te werken, is dit niet altijd een garantie voor een goeie reis. Heel wat gidsen hebben geen interesse voor de cultuur. Je bent de pineut als je op tocht vertrekt met een jonge gids die liever naar Chinese techno luistert dan je het landschap en de gebruiken te beschrijven. Ga ook goed na of je gids wel Engels spreekt. Vind je echt geen goede gids, dan kun je op bepaalde trajecten, zoals de *Friendship Highway*, gerust zonder. Je eindrekening zal niet echt goedkoper zijn, maar je hebt een plaatsje over in de wagen.

Let voor het vervoer ook op voor onaangename verrassingen. Meestal krijg je een terreinwagen type *Toyota Landcruiser*, een oud beestje. Natuurlijk betaal je voor een oud model een pak minder dan voor de allernieuwste comfortabele *Landcruiser*. Vraag of je de wagen vooraf even mag bekijken, let op de afwerking (aantal zetels, bagagerek op het dak). Kijk of je groep comfortabel kan reizen. Het maximum aantal passagiers ligt tussen drie en vijf, afhankelijk van de hoeveelheid bagage, het aantal zetels en of er al dan niet een gids meereist.

Reisgezellen

De prijs wordt verdeeld door het aantal reizigers. Je vormt dus best een groepje. Neus door de kleine aanbiedingen in de hotels in Lhasa (zie rubriek 'Slapen') en ga eens langs bij een agentschap. Daar kan men je zeggen welke groepen nog op zoek zijn naar extra mensen. Ook een onverwachte ontmoeting in een restaurant of café in Lhasa kan de perfecte gelegenheid zijn om een reisgezel te vinden die dezelfde weg op moet als jij.

Prijzen

Zie hoger bij 'Budget. Transport'.

KLIMAAT

Zoals iedereen weet, speelt Kuifje in Tibet zich af in Nepal en niet in Tibet, waar het bijna niet sneeuwt, behalve een beetje aan de rand van de Himalaya. In tegenstelling

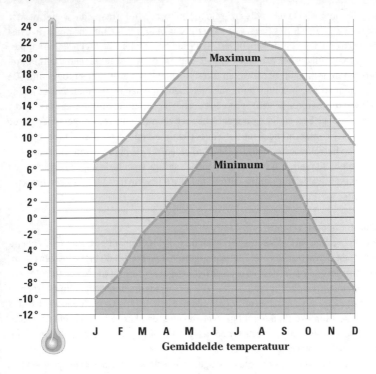

Gemiddelde temperatuur

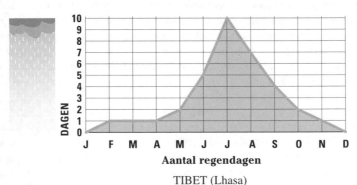

Aantal regendagen

TIBET (Lhasa)

ook tot wat iedereen aanneemt, houdt de Himalaya de moesson niet tegen tijdens de zomer. De bergketen verzacht de moesson wel wat, maar in juli en augustus krijgt het land zowat de helft van de jaarlijkse neerslag en regelmatig ook een storm met hagelbuien te verwerken. In het oosten van Tibet (Kham) valt de meeste regen.

De centrale provincies hebben een gematigder klimaat dan het westen (regio Kailash) en het noorden (Changthang). De milde temperaturen in Lhasa (3650 m) zijn beter te begrijpen als je weet dat de stad op dezelfde breedtegraad ligt als Caïro.

Van juni tot begin oktober is het aangenaam kamperen.

Buiten de zomer neem je best altijd een deken mee, de temperaturen kunnen tot onder het vriespunt zakken, zelfs overdag. 's Nachts kan het ijskoud worden. Omwille van de hoogte zijn de verschillen tussen maximum- en minimumtemperaturen soms aanzienlijk, vooral in de lente en de herfst. Alexandra David-Néel vertelt hoe haar handen, reizend te paard, verbranden in de zon en haar voeten, die in de schaduw zitten, bevriezen.

Je rugzak pakken

De temperatuur daalt heel snel. De uientechniek is daarom sterk aan te raden. Trek verschillende lagen kledij over elkaar aan. Die kun je doorheen de dag uit- en weer aantrekken. Zijden ondergoed is een goede keuze, maar er bestaan tegenwoordig nieuwe vezels. Vraag advies aan een verkoper. Zo ook voor de bovenste laag. Kies een vezel die transpiratie doorlaat maar die waterdicht is, de warmte vasthoudt en de wind tegenhoudt. Deze kledij is makkelijk overal te vinden en kost niet veel, de stijl varieert van 'legerstocks en oude leggings' tot grotere merken, al dan niet namaak. Ook heel belangrijk: goede wandelschoenen. Vergeet geen sjaaltje tegen het stof, een muts en handschoenen, een zaklamp en batterijen (voor een bezoek aan de tempels, een nachtelijk toiletbezoek...), een veldfles (veel drinken is een goede remedie tegen hoogteziekte), toiletpapier, een blikopener en een mes. Uit respect voor de Tibetanen draag je geen shorts en bedek je steeds je schouders bij een bezoek aan een heilige plek.

Wanneer ga je best?

- **Mei, juni, september en oktober:** dit zijn de beste maanden, mooi en droog. Een zachte temperatuur overdag, mooi licht, geen wolken rond de bergtoppen. Bloemen in de lente, mooie herfstkleuren. De ideale maanden dus om je over te geven aan activiteiten in de vrije natuur: rafting, mountainbiken, trektochten...
- **Van november tot april:** dit is het laagseizoen, er zijn weinig toeristen, de prijzen kelderen. Het is echter wel koud. De nomaden komen terug uit de bergen, kamperen of huren een kamer in de stad en verkopen hun vlees en pelzen. Op deze momenten kun je buitengewone mensen leren kennen in de stad. Voor een bezoek aan de heilige plaatsen hoef je nagenoeg niet aan te schuiven. In deze periode worden ook tal van volksfeesten georganiseerd (Shigatse, Gyantse, Tsetang). Jammer van de temperatuur, maar anders een heel goed seizoen voor een bezoek aan het land, vooral voor de nieuwjaarsfeesten. Dit is vooral zo voor Lhasa en omgeving. Op het plateau of in de hoger gelegen streken, in de enkele afgelegen kloosters, ga je best uit van het ergste. Zorg voor een heel goede uitrusting.
- **Juli en augustus:** toeristisch hoogseizoen. Per dag stromen meer dan 5000 bezoekers in Lhasa toe (waarvan meer dan 85 % uit China)! De kloosters worden bestormd, vaak zijn er lange wachttijden. Zo moet je bijvoorbeeld al gauw twee tot drie dagen uittrekken om het bezoekrecht voor de Potala aan te vragen. Een hotelkamer is ook moeilijker te vinden. Het weer is goed, dat wel, maar het regent soms, vaak in de buurt van de Himalaya. Regelmatig is er ook bewolking. Vanaf 15 juli kun je op bepaalde stroken van de *Friendship Highway* te maken krijgen met regenval, wat je reis kan bemoeilij-

ken en verlengen. Dit seizoen is te vermijden als je vooral een culturele reis voor ogen hebt. Teveel mensen is niet goed voor de charme.

OVERNACHTEN

'De mens is niet gemaakt voor het comfort; net als de geit niet voorbestemd is om op open vlaktes te leven.'
Met uitzondering van de toeristische plaatsen vat dit Tibetaanse gezegde de situatie heel goed samen. Comfort en netheid zijn maar zelden te vinden. In Tibet heb je drie overnachtingsmogelijkheden:

- **De karavanserai:** voor vrachtwagenchauffeurs, in nagenoeg alle dorpen. Een thermos warm water en dik donsdeken krijg je. Dit stelt niet zoveel voor, neem je eigen slaapzak mee. Het sanitair is vies en rudimentair. Warm water is een mirakel. Trek je uit de slag met wat water dat je kookt en een kommetje! Een goedkope overnachtingsmogelijkheid. Je kunt er ook eten.
- **Goedkope hotels:** er zijn er niet zo veel. Meestal in de grotere steden en op toeristische trekpleisters. Normaal gezien vrij gezellig. Je komt er altijd wel iemand tegen. De kwaliteit kan nogal eens verschillen, maar de situatie verbetert langzaam. Soms heb je geen eigen sleutel. Het jongste meisje op de verdieping doet de deur van de kamer open (wees lief als je pas na middernacht terugkomt!).
- De pseudoluxeuze **Chinese hotels** zoals in Shigatse, Gyantse, Tsetang, Shegar... Televisie met Chinese (en Tibetaanse) kanalen op de kamer, aluminium ramen. Doorgangsplek voor Chinese officiëlen, die verplicht zijn hier te overnachten. Op bepaalde tijdstippen is er warm water, het eten is niet slecht.
- Daarnaast zijn er nog altijd de **kloosters** die een guesthouse hebben voor de bedevaartgangers. Verwacht nergens meer dan de basisinrichting. Soms kun je er als buitenlander niet terecht, maar je kunt het altijd proberen.

Overnachten bij een inwoner is verboden. Je kunt je gastheren in nauwe schoentjes brengen, in de ogen van de Chinese overheid.

Een tent en kampeermateriaal is onontbeerlijk als je buiten de platgetreden paden wilt gaan. Op de camping kom je pas echt in contact met de plaatselijke bevolking. Het is soms zelfs beter een afgelegen plekje op te zoeken, al loop je dan het risico een horde schattige maar zeer opdringere kinderen achter je aan te krijgen.

POST

Post versturen gaat vrij goed maar traag. Alles moet eerst naar Beijing en wordt daar gesorteerd. Een brief naar het thuisfront versturen, neemt al gauw twee tot drie weken in beslag. Postkantoren zijn er zo goed als overal, zelfs in de kleinere steden en dorpen als Shegar of Nyalam. Toch raden we je aan je post te versturen in Lhasa. In heel wat hotels kun je postkaarten en zegels kopen en er is een brievenbus. Wil je een pakje buiten Tibet versturen, dan kun je daarvoor enkel terecht in het hoofdpostkantoor in Lhasa.

PSB - BUREAU VOOR OPENBARE VEILIGHEID

Deze drie lettertjes staan voor de Engelse afkorting voor de Chinese politie, het *Public Security Bureau*. Dit bureau houdt zich bezig met alle formaliteiten omtrent visum en *travel permits* ter plaatse. In ieder kantoor zit normaal gezien een agent van *Foreign Affairs* (het departement bevoegd voor toeristen) die Engels spreekt. Het kantoor is geopend op de officiële momenten: van 9.00 tot 13.00 u en van 16.00 tot 19.00 u, behalve tijdens het weekend. Hier geef je ook verlies of diefstal aan. De reisagentschappen van Lhasa zijn de verplichte tussenpersonen voor vergunningen en verlenging van visums. In Shigatse en Ali daarentegen kun je hiervoor ook bij een zelfstandige terecht. Voor de formaliteiten heb je je reispas nodig en een toegangsvisum als dit een afzonderlijk blaadje is. De prijzen hangen uit. Ze kunnen veranderen naargelang je nationaliteit.

Travel permits

Opgelet: dit is slechts een momentopname, houd rekening met de Chinese bureaucratie.

Je begint met het aanvragen van je TTB-vergunning, de voorbereiding van je reis naar Tibet. Daarna heb je nog enkele verplichte toelatingen en vergunningen nodig voor zowat het hele land, behalve Lhasa en omgeving (het Namtsomeer inbegrepen). Deze documenten worden afgeleverd door het reisagentschap waar je ook je TTB-vergunning hebt aangevraagd. Dat agentschap is je referentiepunt of je gaat naar een bijkantoor als het agentschap in China ligt. Dus:

- Wil je verder reizen naar Shigatse of Gyantse (enkel de steden, niet het omliggende platteland), dan heb je een vergunning van het agentschap nodig.

- Voor alle andere bestemmingen binnen het voor toeristen toegelaten gebied: Sakya, platteland rond Gyantse en Shigatse (voor een trektocht bijvoorbeeld), een expresreis van Lhasa naar de Nepalese grens, is een speciale vergunning nodig: de *alien travel permit* (reisvergunning voor buitenlanders). Deze vergunning wordt afgeleverd door het *Alien Bureau*. Maar in principe is het het eerste agentschap dat zich met al deze stappen bezighoudt.

- Voor de toegestane zones die verder van Lhasa af liggen (wegen naar het oosten: Nyangtri, Chamdo en het westen: Kailashberg) heb je bovenop de eerste twee vergunningen (TTB en *alien*) nog twee extra pasjes nodig: het eerste wordt afgeleverd door het ministerie van Defensie, het tweede door het *foreign office!* In totaal dus vier vergunningen! Een pak! Je bereidt je dus beter vooraf goed voor en laat een agentschap zich bezighouden met alle problemen voor je in Lhasa komt aanzetten (trek drie weken uit voor alle vergunningen).

- De andere regio's zijn gesloten voor het toerisme... tenzij je vloeiend Tibetaans spreekt! Word je toch gevat, dan is het terug naar af, je krijgt geen € 20.000. We hadden gezegd, de Chinese overheid houdt niet zo van de snipers van het toerisme.

Intussen kunnen al deze regels al veranderd zijn (net als voor de TTB-pas). China moet zich, door zijn aansluiting bij de Wereld Handelsorganisatie, namelijk houden aan het principe dat reizigers zich vrij in het land moeten kunnen bewegen. En Tibet... is nog steeds China. Maar deze langverwachte verandering wordt steeds weer op de lange baan geschoven. Op te volgen.

- Bijzondere gevallen: tijdens 'gespannen periodes' kan de toegang tot bepaalde regio's geweigerd worden, zelfs al heb je de nodige vergunningen. De Chinezen vrezen Tibetaans-nationalistische betogingen. Het risico hierop is het grootst tijdens februari (het Tibetaanse Nieuwjaar), maart (de herdenkingen van de opstand in 1959 en de grote betogingen van 1988 en 1989), mei (het akkoord van 1951 waardoor Tibet bij China werd gevoegd) en juli (de verjaardag van de dalai lama).

In de praktijk kun je bepaalde afgesloten regio's makkelijk zonder vergunning bezoeken (zoals Samye). Met wat geluk kun je de controles omzeilen. Het kleine risico blijft beperkt tot eventueel een boete, maar ook daarover valt te onderhandelen.

Voor meer informatie lees je de rubrieken bij de steden. Zie ook 'Lhasa verlaten'. Ook interessant zijn getuigenissen van andere reizigers of forums op het internet.

REISLITERATUUR

- **Een vrouw trekt door Tibet**, van Alexandra David-Néel. Geromantiseerd reisverslag van een Parijse dame die aan het begin van de 20ste eeuw door Tibet trok. Deze bekende avonturierster verkleedde zich als bedelares om zo Lhasa, de Verboden Stad, binnen te raken. Dit boeiende verslag leest heel vlot en licht! Het grootste deel gaat over haar ervaringen in het oosten van Tibet. Je kunt nog andere boeken van deze schrijfster over Tibet lezen, zoals onder andere **Mystiek en magie in Tibet**, een fascinerend boek waarin Alexandra ons vertelt over de occulte riten.

- **Zeven jaar in Tibet, mijn leven aan het hof van de dalai lama**, van Heinrich Harrer. Een mooi, avontuurlijk boek over het leven in Tibet voor de Chinese invasie. Inspiratie voor de bekende film van Jean-Jacques Annaud, 'Seven years in Tibet'.

- **Het vuur onder de sneeuw**, van Gyatso. Päldèn Gyatso, een Tibetaanse monnik die 32 jaar lang gevangen gehouden werd en in 1992 werd vrijgelaten, werd gemarteld, uitgehongerd en opnieuw opgevoed. Zijn getuigenis vertelt ons levendig de geschiedenis van Tibet sinds de Chinese invasie van 1949-1950. Hij vertelt ons ook over het Tibet voor de invasie en helpt ons begrijpen hoe de structuren en de tradities van een oude boeddhistische beschaving brutaal werden vernield.

- **Hij die de rivieren naar de zee leidt**, van Cosey. Het twaalfde stripalbum van Jonathan. Geeft ons een kijk op de complexe realiteit van het huidige Tibet. Eerst onder de voet gelopen door China met de grondige vernielingen die het land moest ondergaan. Gevolgd door de westerse invasie met alle gadgets. Ontkracht bepaalde clichés.

- **Kuifje in Tibet**, van Hergé. Zelfs al speelt het verhaal zich grotendeels af in Nepal, toch is dit voortreffelijke album van Hergé een van de belangrijkste werken in onze persoonlijke catalogus over het denkbeeldige Tibet. Wie kent niet die besneeuwde toppen, de drakenvliegers en de yeti, beschermer van de jonge Tchang? Misschien komt het omdat Hergé de strip heeft geschreven terwijl hij een persoonlijke crisis doormaakte, dat dit boek in de eerste plaats een ode aan de vriendschap is, die alle obstakels overwint. Een les over respect voor verschil en een zoeken naar zuiverheid, iets wat we zelden zien in een stripalbum. Wist je trouwens dat dit album werd vertaald in het... Tibetaans?

REISROUTES

We geven je een klein overzicht van de reisroutes die je in een, twee of drie weken kunt volgen. De afstanden zijn lang, de vervoermiddelen beperkt. Voor praktische tips lees je de rubriek 'Je reis ter plaatse organiseren'.

Een week
- Lhasa: 3 dagen
Bezoek aan de Potala. Bezoek aan de Jokhangtempel. Voeg je bij de bedevaarders op weg naar Barkhor, de bekendste bedevaart van Tibet. Wandeling in de moslimwijk.
- De omgeving van Lhasa: 3 dagen
Bezoek aan de kloosters van Drepung, Sera, Ganden en, als je voldoende tijd hebt, Tsurphu.
- Klooster van Samye: 1 dag
Ontdek het kloostercomplex. Maak een uitstap te voet naar Chimphu, een belangrijke meditatieplek.

Twee weken
Volg de voorgaande reisroute en ga dan verder als volgt:
- Gyantse: 1 dag
Neem de weg Yamdrok-Tso. Bezoek het klooster. Klim naar Dzong (vesting) en wandel door de stad.
De omgeving van Gyantse: 1 dag
Kloosters van Samding en Ralung.
- Sakya: 1 dag
Klooster van Sakya, wandeling over de walmuren. Dorp en ruïnes aan de andere kant van de rivier.
- Shigatse: 2 dagen
Bezoek aan het klooster van Tashilumpo. Kora (bedevaart) rond de binnenstad. Ga verder naar de vesting. Maak een ochtendwandeling. In de omgeving: bezoek aan het klooster van Shalu, uitstap naar het dorpje Ngor.
- Namtsomeer of basiskamp van de Everest: 2 dagen

Drie weken
Een week in de omgeving van Lhasa voor je erop uit trekt naar het westen van Tibet.
- De weg naar het noorden: minstens 14 dagen
Het Manasarovarmeer en de Kailashberg (hier ontspringen de drie grootste rivieren van de wereld). Toling en Tsaparang (voormalige politieke en religieuze centra van het koninkrijk Guge, met een schitterend uitzicht op de vesting van Tsaparang over de vallei van de Sutlej).

TAAL EN WOORDENSCHAT
Een paar handige uitdrukkingen

Goedendag	*tashi dile*
Bedankt	*tou dje tche*
Tot ziens (aan degene die vertrekt)	*kale pe*
Tot ziens (aan degene die blijft, antwoord)	*kale shou*
Het spijt me	*Gonda*
Ik wil	*nga la ... go*
Ik begrijp het (niet)	*ha ko (ma) song*

Hoeveel?	*ka tse ray?*
Dat is duur	*gong chenpo ray*
Vandaag	*Dering*
Morgen	*Sangnyin*
Gisteren	*kasang*
Ochtend	*shogay*
Namiddag	*nying gung gyab la*
Avond	*gonta*
Hotel	*dhönkhang*
Heeft u een kamer?	*kang mi yöpe?*
In het restaurant	*sakang la*
Eten	*kala*
In het klooster	*gompa la*
Tempel	*lhakhang*
Kasteel, klein fort	*dzong*
Witte zijden of tulen sjaal	*khata*
Mag ik een foto nemen?	*par gyap tchoggi rebe?*
Waar is het ziekenhuis?	*menkang kaba dou?*
Luchthaven	*namdrutang*
Ik ga naar Shigatse	*nga Shigatse la dro gyi yö*
Wanneer vertrekt deze bus?	*bus di kadu dro gyi re?*
Hoe heet je?	*kerang gi ming la karey zer gi yö?*
Ik heet	*ngai... ming la, ni kerang zer gi yö*
Dit is	*dou, re*
Deze, dit	*di*
Wat is dat?	*di kare re?*

Getallen

1	*chik*	5	*nga*
2	*nee*	10	*choo*
3	*soom*	100	*gya-t'ampa*
4	*shee*		

Uitspraak

De 'a', de 'i', de 'o' en de 'ü' spreek je uit zoals in het Nederlands.
De 'e' is altijd beklemtoond.
De 'ö' spreek je uit als 'eu', de 'ä' als 'ee'.
De 'u' spreek je uit als 'oe'.
De 'g' is altijd hard (zoals het Franse 'gu').
De 'ch' spreek je uit als 'tsj'.
De 'j' spreek je uit als 'dj'.
Wil je meer weten, dan vind je hierover gespecialiseerde boekjes bij onder andere het *Mandala Book Point* op Kanti Path in Kathmandu.

TELEFOON EN TELECOMMUNICATIE

- **België/Nederland-Tibet:** draai oo, gevolgd door 86, het netnummer van de stad (zonder de 'o') en het nummer van je correspondent.
- **Tibet-België:** draai oo, gevolgd door 32, het netnummer van de stad (zonder de 'o') en het nummer van je correspondent.
- **Tibet-Nederland:** draai oo, gevolgd door 31, het netnummer van de stad (zonder de 'o') en het nummer van je correspondent.
- In Lhasa, Shigatse en enkele andere belangrijke steden kun je in de kantoren van *China Telecom (Zhonguo Dianxin)* makkelijk internationaal telefoneren. Deze kantoren liggen meestal naast een postkantoor. Je kunt ook terecht in een van de internationale telefoonpunten met kaart (*ICKA*). Deze kaarten koop je in het postkantoor of in de kraampjes. Net als in China zie je ook hier steeds meer kleine telefooncentra van *China Unicom* (of *CNC*...) in de steden. Je betaalt voor een gesprek gemiddeld amper de helft van wat je bij *China Telecom* betaalt.

Er bestaan ook *prepaid* kaarten, zo mogelijk nog goedkoper. Minpuntje, deze kaarten kun je meestal enkel gebruiken in de regio waar je ze hebt aangekocht.

Het mobiele bereik is in de meeste bewoonde zones goed. Slimmeriken kopen een plaatselijke chip en een herlaadkaart, dit komt minder duur uit dan *roaming* met een nationale operator. Vraag een Tibetaan wat de interessantste aanbieding is. Nog een laatste oplossing voor je telefoontjes zijn de grote hotels. Het moet niet gezegd dat telefoneren hier duur is.

- **In Tibet:** voor een gesprek tussen twee steden draai je het netnummer van de stad, voorafgegaan door een 'o', en daarna het nummer van je correspondent. Binnen dezelfde stad draai je meteen het nummer van je correspondent. Verschillende mogelijkheden: *China Telecom*, telefooncel en kleine telefoonstalletjes.
- **Faxen:** ga naar de post of een agentschap van *China Telecom* in een van de grotere steden. Ook in de grote hotels kun je faxen... maar je betaalt meer.

Internet

Surfen en e-mails versturen is geen probleem in Lhasa, Shigatse, Gyantse, Nyalam en Zhangmu. Meestal kun je dit doen in de grotere hotels voor trekkers. Vraag naar het dichtstbijgelegen *cybercafé* (网吧, *wangba*). Die vind je overal. Heel goedkoop: ongeveer 5 ¥ (€ 0,50) per uur. Je moet vooraf inschrijven in een register (je naam en paspoortnummer). Dit is overal op Chinees grondgebied het geval. E-mails kunnen in principe gelezen en zelfs gecensureerd worden. In de praktijk komt het er vaak op neer dat de overheid de toegang tot bepaalde sites verbiedt. De Chinese censors hebben de achtervolging ingezet op de vele blogs. Vermijd zelf sites met grote foto's van de dalai lama als een hele troep geïntrigeerde Tibetanen over je schouder meekijkt. Maar afgezien daarvan ondervind je geen problemen...

TRANSPORT IN HET BINNENLAND

De achilleshiel van de trotter. Wees je bewust van de moeilijkheden die je te wachten staan. Het openbaar vervoer is nagenoeg onbestaand buiten Lhasa en omgeving. Er is weinig verkeer, dat vooral bestaat uit vrachtwagens en privéjeeps. De hoofdstad in- en uitkomen met behulp van een agentschap of een zelfstandige lukt vrij goed. Het land doorkruisen, dat is andere koek.

- **Vrachtwagens, liften:** liften is officieel verboden, maar wordt op bepaalde wegen, zoals de *Friendship Highway*, wel toegelaten. Word je gesnapt, dan kun je een boete krijgen. In ieder geval nemen de chauffeurs je mee op eigen risico. Hoewel je hiervoor veel betaalt, aarzelen de chauffeurs niet je een paar kilometer voor een checkpoint te dumpen.

Belangrijk: je gaat beter gericht op zoek naar chauffeurs die jouw richting uitrijden, zomaar ergens staan liften is geen goed idee. Met wat geduld (er is niet veel verkeer en de schrik voor de politie zit erin) kun je een vrachtwagen, een tractor of een paard met kar aanhouden. Je mag bijna nooit gratis mee. De weg is lang en vermoeiend, koud en stoffig. Een plaatsje in een jeep met wat meelevende medetoeristen is echte luxe, maar dan moet je al veel geluk hebben...

- **De fiets:** je ziet heel wat trotters op de mountainbike langs de Tibetaanse wegen. Veel toeristen fietsen van Lhasa naar Kathmandu. Dit mag van de Chinezen. Om problemen bij een controle van je *travel permit* te vermijden, zeg je beter niet dat je met de fiets bent. Indien nodig vind je in Lhasa en Shigatse heel goede fietsenhandelaren. Denk aan wisselstukken. Buiten de steden zijn er niet zoveel fietsenherstellers! Bovendien zijn heel wat wegen in slechte staat, hobbelig en vol putten, of fiets je over zandweggetjes. Een berg oprijden kan een echte hel zijn.

- **Te paard:** Tibet is het land van de paarden. Ieder jaar worden deze kleine paardjes, amper 1,30 m hoog, in grote groepen vanuit Mongolië ingevoerd. Onderweg kom je vaak Tibetanen tegen, trots zittend op hun rijdier. Je kunt bij de nomaden een paard huren voor enkele uren of enkele dagen. Vaak moet je lang en stevig onderhandelen, want de nomaden zijn trots en hooghartig. Voor een dag mag je uitgaan van 60 ¥ (€ 6). Toeristen mogen zich officieel niet te paard verplaatsen. Wees dus discreet en ga niet naar geïsoleerde streken.

- **Verhuur van auto of minibus:** de overgrote meerderheid van de reizigers (behalve verstokte lifters, bekeerde fietsers en overtuigde wandelaars) maken hiervan gebruik om het land te ontdekken. Ook handig voor bepaalde dagexcursies, zoals naar het klooster van Ganden. Je huurt altijd een wagen met chauffeur. Buitenlanders mogen niet zelf rijden als ze geen Chinees rijbewijs hebben.

TIJDSVERSCHIL

Lhasa heeft hetzelfde uur als Beijing, zoals alle gebieden die door China worden gecontroleerd trouwens, van Kashgat tot de Stille Oceaan! Je telt 's zomers 6 uur en 's winters 7 uur bij onze tijd op. Kom je uit Kathmandu, dan draai je je uurwerk 2 uur en 15 minuten verder.

's Zomers geniet je van aangenaam lange avonden. 's Ochtends daarentegen verwacht je beter niks voor 8.30 u. De plaatselijke gidsen richten zich naar Beijing. Als je er niet goed op let, dan komen ze je pas ophalen rond 10.00 u. Rond 11.30 u nemen ze dan nog eens een ontbijtpauze. 's Middags komen ze pas aan rond 15.00 u en om 17.00 u sta je alweer voor het hotel!

TREKTOCHTEN EN AVONTUURLIJKE SPORTEN

Tibet loopt nog ver achter op buurland Nepal voor wat betreft organisatie en agentschappen. Toch zijn er heel wat mogelijkheden, zelfs met de beperkingen door de hoogte en het klimaat. Er bestaan al wat aanbiedingen voor wandeltochten, rafting en canyoning. Verblijf je ook in Nepal, ga dan langs de agentschappen. In Lhasa is het agentschap *Tibet Wind Horse Adventure* (zie rubriek 'Nuttige adressen. Reisagentschappen.' in Lhasa) een pionier op dit vlak. Vandaag bieden meer agentschappen (zelfs het *FIT*) trektochten aan (licht je goed in). Sommige klassiekers, zoals de trektocht Ganden-Samye (5 dagen) zijn ook te doen als je alleen reist en ervaring hebt. We raden je toch aan met een gids te vertrekken. De tochten Tsurphu-Yangpachen (4 dagen), Shalu-Nartang (3 dagen) en de tochten in het gebied rond de Everest raken steeds meer in trek. Ook hier is een gids interessant.

In Lhasa duiken steeds meer winkels op om aan de groeiende Chinese bevlieging voor trektochten te voldoen. Je vindt er degelijk en voldoende materiaal (zie rubriek 'Vrije tijd' bij 'Nuttige adressen' in Lhasa).

VERZEKERINGEN

Als je bij een ziekenfonds of particuliere verzekeringsmaatschappij bent aangesloten, dan ben je verzekerd tegen ziekte en ongevallen. Ga na of je verzekeringsmaatschappij ook zorgt voor een repatriëring of een zoektocht in de bergen per helikopter als je op trektocht gaat. Het kan aangewezen zijn een bijkomende bijstands-, annulerings- of bagageverzekering af te sluiten.

MENS, MAATSCHAPPIJ, NATUUR EN CULTUUR

Tibet fascineert al eeuwen. De westerse verbeelding wordt al sinds mensenheugenis gevoed door dit verre en ontoegankelijke land. Reizigers op zoek naar wonderen, keerden met uitzonderlijke verhalen, groter dan de werkelijkheid, terug. Maar van hun verre, vaak onwaarschijnlijke, reizen brachten ze toch enkele zekerheden mee: voorbij die formidabele natuurlijke vestingen ligt er wel degelijk een land, een land van steppes en van wind, een land waar gigantische rivieren ontspringen.

Naast de religieuze architectuur (Potala, Jokhang, Tashilumpo) biedt Tibet de nieuwsgierige reiziger ook de ledigheid van zijn oneindige vlaktes: uitzonderlijke schoonheid op de hoogvlaktes, de kracht van de bergen, het licht op de hoogtes. Je ontdekt er een hartelijk volk, diepgeworteld in traditie en met een godsdienstig vuur zonder weerga. Een volk dat zich tussen de regels door verzet tegen de valse Chinese broeders. Je kunt het niet over Tibet en zijn inwoners hebben zonder de drama's die hen achtervolgden, te vermelden.

Sinds het begin van de vorige eeuw vervolgden de Chinezen de inwoners van dit land, probeerden ze het land van deze 'barbaren uit het Westen' stukje bij beetje af te snoepen, tot de radicale invasie in 1950. De 14de dalai lama, Tenzin Gyatso, verkiest ballingschap boven vernedering. Vredelievend als hij is, verschuilt hij zich in India waar hij aan een zo mogelijk nog triester lot in Tibet ontkomt.

Tibet werd omgedoopt tot Autonome Regio Tibet (TAR) en maakt nu deel uit van de Volksrepubliek China. De andere regio's in het oosten en het noordoosten, Kham en Amdo, die historisch tot Tibet behoorden en al onder Chinees bestuur stonden, worden nu definitief bij de provincies Qinghaï en Sichuan gevoegd. Het hele land zal ondergedompeld worden in de terreur van China: de volkscommunes en de vernielende woede van de Rode Gardisten, heropvoeding via werk, vernedering of collaboratie. Meer dan 1 miljoen Tibetanen werden door de soldaten van Mao vermoord, dat is 1/6 van de hele bevolking.

Aan het eind van de jaren 1970 staan er nog amper twaalf van de 5000 kloosters en tempels in Tibet vóór de annexatie overeind. Sinds 1981 werden meer dan 100 kloosters opnieuw opgebouwd en gerenoveerd, vaak op initiatief van de bevolking, zonder hulp van de overheid.

Vandaag zijn er nog steeds meer dan 120.000 Tibetaanse vluchtelingen, de overgrote meerderheid van hen leeft in India. Velen van hen hekelen het beeld van de *cute Tibetans*, dat in het westen leeft: 'Wij, de meest succesvolle vluchtelingen ter wereld, wiens honden zelfs, de bekende Lhasa Apso, door verenigingen worden beschermd, zijn onze grond verloren door onverschilligheid. Er wordt gesproken over de strijd om de onafhankelijkheid van Tibet, maar alle hulporganisaties verdwijnen en laten ons aan ons lot over!'.

De dalai lama heeft reizigers duidelijk altijd aangemoedigd naar Tibet te trekken, dat paradoxaal genoeg nog nooit zo toegankelijk was als nu. Denk maar aan Alexandra David-Néel die het lang voor de Chinese invasie al had over dit gesloten land. Zeker, was het te gemakkelijk geweest, dan zou het heldhaftige karakter van haar reizen verloren gegaan zijn. In afwachting biedt Tibet de reiziger iets om zijn honger te stillen: uitgestrekte vlaktes waar je te voet, met een mountainbike of te paard door kunt trekken, ontmoetingen met de laatste grote kuddes die hier nog grazen, dat zijn onvergetelijke momenten. Voeg daarbij de kloosters en hun stoet monniken en je hebt alles voor een prachtige reis.

AVONTURIERS EN ONTDEKKINGSREIZIGERS IN TIBET

Het 'dak van de wereld' heeft altijd de 'rest van de wereld' aangetrokken. Het blijft een mystiek land tot de 12de eeuw, de periode waarin een verslag gericht aan paus Eugenius III het 'mysterieuze koninkrijk van priester Jean, in een van de verste uithoeken van Azië' vermeldt. Deze vermeende en amper benoemde christelijke vorst wil de moraal van de kruisvaarders na hun nederlaag opnieuw herstellen.

De tijd van de missionarissen

Het zijn dus missionarissen die de aanzet geven. Eerst Jean Plan du Carpin, daarna broeder Willem. Beiden vertrekken ze op een lange en harde reis richting het onbekende, naar een mythisch Tibet waar misschien wel hondenmensen en kannibalen wonen! Niemand slaagt erin in Tibet door te dringen. Ze botsen telkens op Mongolen, met wie over vrede moet worden onderhandeld.

De eersten die geluk hebben, zijn Portugese jezuïeten. In de 16de eeuw starten Antonio de Andrade en zijn makkers een moeilijke dialoog (in het Perzisch) met de lama's. Het mag een wonder heten dat de koning van Guge, in het uiterste westen van Tibet, hen de toelating geeft in Tsaparang een missiepost op te zetten. Ze worden gevolgd door missionarissen van allerlei nationaliteiten, die andere vooruitgeschoven posten openen, met name in Shigatse. Voor Lhasa is het nog wachten tot 1661. De broeders Grueber en Dorville gaan de kapucijnen voor en openen een missiepost, maar de boeddhistische monniken hebben geen goed oog in deze bekeringsijver. Rond 1740 verlaten de missies Tibet.

Ervaren pioniers

De enigen die nog overblijven, zijn enkele Engelsen. Zij beklimmen vanuit hun bases in India de Himalaya. De bekendste, Thomas Manning, een manusje-van-alles, komt in 1811 als arts aan in de hoofdstad samen met een Chinese generaal. Hij slaagt erin vier maanden in Lhasa te verblijven.

Maar om de Tibetaanse cultuur te kunnen begrijpen, is het wachten op de Hongaar Alexandre Csoma de Körös, een ondoorgrondelijk persoon met een uitzonderlijke talenknobbel. Hij stelt een Tibetaans-Engels woordenboek samen en vertaalt de twee belangrijkste heilige boeken van de Tibetanen: de *Kangyur* en de *Tangyur*, die het onder-richt van Boeddha, dat na zijn dood werd genoteerd, en de commentaren die hierbij horen, bundelen. Hij sterft in 1842 in Darjeeling, aan de weg naar Lhasa, en laat een uitzonderlijk en doorslaggevend werk aan zijn opvolgers na. Vanaf dan blijkt het es-sentieel te zijn de taal te spreken en een degelijke kennis van de cultuur en de religie van het land te hebben om de vijandigheid van de lama's te overwinnen.

Ook Évariste Huc, een Franse lazarist (van de orde van Sint Vincentius a Paulo) heeft dat goed begrepen. Hij komt Lhasa binnen in januari 1846 samen met zijn metgezel broeder Gabet, na een reis van 5000 km. Ze worden bijna meteen terug buitengezet op verdenking van spionage! De krasse Huc slaagt erin zichzelf en zijn broeder met succes te verdedigen tegen de aantijgingen van de Kalon, de Tibetaanse eerste minis-ter, en de Amban, de Chinese ambassadeur. Deze twee mannen, die zich aan het an-dere eind van de wereld bevinden, schrijven hun ervaringen neer in het ongelofelijke epos, *Dwars door Mongolië*. Het boek wordt een groot succes en draagt bij tot de aantrek-kingskracht van Tibet, net als de verhalen van Alexandra David-Néel een eeuw later.

Bij het aanbreken van de 20ste eeuw hebben de Britten geen toelating meer nodig, ze nemen in 1904 Lhasa gewapenderhand in. Jammer genoeg maakt de instabiliteit van de nieuwe situatie het nog moeilijker in Tibet binnen te komen.

De omzwervingen van Alexandra David-Néel

Een onvermoeibare ontdekkingsreizigster

Alexandra David-Néel wilde tegen elke prijs Tibet bereiken en gebruikte daarvoor een slimme list: ze vermomde zich als bedelares, maakte haar gezicht zwart met cacao of wat zwartsel gemengd met houtskool. Daarna begaven de ontdekkings-reizigster en haar reisgezel lama Yongden zich op weg naar Lhasa, waar ze uitein-delijk ook zouden aankomen. Wie zei ook weer dat voorzichtige mensen dat enkel zijn omdat ze geen verbeelding hebben?

De bekendste reis naar Tibet is zonder twijfel die van Alexandra David-Néel in 1924. Ze wordt geboren in 1868 in een liberaal, republikeins midden. Als kind rijdt ze paardje op de knieën van Victor Hugo, een vriend van de familie. Het bloedbad van de Com-mune tekent haar. Al op heel jonge leeftijd is ze overtuigd feministe en wordt ze aan-getrokken door occulte wetenschappen, wat nog wordt versterkt tijdens haar studie aan een gnostische school. Alexandra David-Néel studeert oosterse talen en raakt ge-fascineerd door de tantrische leer. Over haar privéleven blijft ze heel terughoudend. Ze is zangeres en treedt op van Indochina tot Tunesië. Later trouwt ze, het is meer een verstandshuwelijk dan een passionele verbintenis. Al snel wordt haar echtgenoot 'ongewild mecenas' van haar expedities. Ze komt Tibet voor het eerst binnen via Sik-kim (India). Ze reist door naar Shigatse waar ze in het klooster van Tashilumpo wordt ontvangen door de panchen-lama. Later wordt ze door de Engelsen uit het land gezet. Een paar jaar later, van 1918 tot 1921, verblijft ze in het noordoosten van Tibet, in wat vandaag de provincie Qinghaï is. Ze woont er in het klooster van Kum-Bum, waar in 1357 Tsongkhapa, de stichter van de Gelugpaschool, werd geboren. Maar nog is ze niet tevreden. Samen met lama Yongden, die ze enkele jaren later zal adopteren, trekt ze naar centraal-Tibet, een reis van acht maanden. Op deze reis, tijdens een harde winter, doorkruisen ze het uitgestrekte oosten van Tibet (Kham en Amdo), een thuis voor bandieten, wilde dieren en een paar nomaden die het niet zo hebben voor *'philling'* (vreemdelingen). Als ingewijde, dankzij haar vermomming en soms ook met de hulp van een automatisch pistool bereikt dit vreemde koppel Lhasa, waar ze twee maanden lang incognito blijven.

Ze zal er nooit terugkeren, maar blijft verder studeren en boeken uitgeven tot ze in 1969 (ze is dan 101 jaar) in haar boeddhistische schuiloord in Digne overlijdt. Lichamelijk is ze uitgeput, maar niet geestelijk. Ze vraagt zelfs een nieuw paspoort aan! Door haar uitzonderlijke leven, haar buitengewoon sterke karakter, maar ook door de frustraties van een vrouw die dorst naar kennis, schrijft Alexandra David-Néel een van de meest fascinerende avonturiersverhalen van de 20ste eeuw.

De nieuwe ontdekkers

Pas in 1980 opent Tibet zijn deuren voor het toerisme. Het is een jammerlijke paradox dat het uiteindelijk de Chinezen zijn die reizigers de toelating geven dit prachtige land te ontdekken zonder zich te hoeven verbergen. Er was een grote ommezwaai nodig, maar de Chinezen hebben eindelijk ook het economische voordeel begrepen dat zij kunnen behalen als ze het land openstellen. Uit de trein die in Lhasa aankomt, stroomt dagelijks het quotum Chinese toeristen. Het landschap wordt voortaan doorkruist door ononderbroken rijen bussen. Ook hier worden de grote steden steeds meer bezocht door het massatoerisme, zoals elders in de wereld. Alles wat verkocht kan worden, wordt ook verkocht aan reizigers die op zoek zijn naar een 'stukje authenticiteit'.

Gelukkig zijn er nog altijd de vlaktes. Hoewel de tijd van de pioniers al lang voorbij is, hoef je je geen zorgen te maken. Zelfs in zijn engste afmeting is het land nog immens! Vergeleken met de buurlanden blijft Tibet een dunbevolkt en weinig bezocht land, waardoor de nieuwsgierige reiziger het land op heel wat manieren kan ontdekken.

BEDELARIJ

Het toerisme heeft ervoor gezorgd dat er heel wat meer bedelaars in de straten van Tibet te zien zijn en dat zij zich nu anders gedragen. In boeddhistische landen is bedelarij, religieus en cultureel gezien, niet vreemd. In de straten van Lhasa kun je worden klemgezet door een vasthoudende monnik die Engels spreekt of door een groepje kinderen. Geef liever geen geld, anders blijf je bezig. Geef een keer aan een ziekenhuis of een humanitaire organisatie die ter plaatse werkt. De armoede heeft sommige mensen ertoe gedreven voor de poorten van de tempels te gaan zitten en de vrome bedevaarder te spelen. Een winstgevende bezigheid te oordelen naar het aantal bankbriefjes die zij op heel korte tijd binnenrijven! Het is moeilijk echt van nep te onderscheiden. Ook hier weer is het beter niks rechtstreeks aan de mensen te geven.

BEVOLKING

De officiële Chinese statistieken over de bevolking in de Autonome Regio Tibet worden gemanipuleerd om het aanzienlijke percentage Chinese immigranten te verdoezelen. Op sommige officiële sites wordt beweerd dat Tibetanen 95 % van de bevolking uitmaken... met de jaks, en dan nog! Van de in 2000 getelde 2.640.000 inwoners weet niemand hoeveel er Chinees zijn. Volgens het bestuur in ballingschap zou de culturele en geografische bevolking van Tibet, als je de regio's Kham en Amdo die deel uitmaken van de naburige Chinese provincies, meerekent, 14 miljoen mensen bedragen, waarvan de helft Chinezen. De dichtheid wordt geschat op 2 inw./km², de dunstbevolkte streek van China dus en veel lager dan het nationale gemiddelde van 130. Dat verklaart de demografische druk op Tibet, vooral van het naburige dichtbevolkte Sichuan. De inwoners van die provincie zijn van nature landverhuizers.

Volgens een algemeen aanvaarde these stammen de Tibetanen af van nomadenstammen die ongeveer 3000 jaar geleden het land via het noordoosten zijn binnengekomen. Hun directe afstammelingen, de **Drogpa's** (wat 'mensen uit de woestenij' betekent) zijn herders die van de ene weide naar de andere trekken, seminomaden dus. In de winter leven ze in grote stammen op de lagergelegen delen van het plateau (ongeveer 4000 m), in de zomer zetten ze hun tenten wat hoger, op 5000 m. De tweede grote sociale groep is die van de dorpelingen-landbouwers, de **Rongpa's**. Het grootste deel leeft in het bekken van de Tsangpo (Brahmaputra). Monniken kunnen behoren tot een van beide gemeenschappen.

Voor 1950 waren er ongeveer evenveel herders als landbouwers. Ze waren van elkaar afhankelijk om te overleven: de herders voorzagen de landbouwers van vlees, boter, pelzen en wol, maar ook paarden. De landbouwers verkochten gerst voor de befaamde *tsampa*, groenten en enkele onontbeerlijke zelfgemaakte producten, zoals naalden en koperen potten. Sinds het begin van de invasie hebben de Chinezen de herders verplicht een vaste verblijfplaats te hebben en hebben ze de landbouwers gegroepeerd in volkscommunes. Gerst werd vervangen door wintertarwe. De ruilhandel tussen beide gemeenschappen viel weg. Het resultaat was katastrofaal: in 1963 kende Tibet de eerste hongersnood in zijn geschiedenis.

China, dat Tibet als een van zijn graanschuren beschouwt, plundert de regio regelmatig om het binnenland van voedsel te voorzien. Na schermutselingen met landbouwers, na de moesson, zijn al heel wat rellen ontstaan. In de jaren 1980 herverdeelde het regime, dat bepaalde fouten toegaf, het vee door het te contingenteren (37 stuks per persoon).

We willen niet in clichés vervallen, maar toch... Het Tibetaanse volk is even sterk als de jak, gewend aan een hard klimaat (niet zelden zie je herders met bloot bovenlichaam bij -20 °C). Het verzet tegen de indringers bewijst dat. Tibetanen zijn bovendien getalenteerde handelaren: voor de recente omwentelingen stuurde elk Tibetaans gezin traditioneel enkele maanden, soms zelfs jaren, een zoon met de karavaan mee om handel te drijven met China, India, Nepal. Vandaar hun hartelijke, spontane en vriendelijke ontvangst.

Tibetanen in ballingschap

Natuurlijk is het de Chinese politiek die de bevolking ertoe heeft bewogen te vluchten, maar dat is niet de enige oorzaak. Een tweede reden is de moeilijke economische toestand in het land. Volgens het bestuur in ballingschap zou het aantal gevluchte Tibetanen vandaag oplopen tot 160.000. Rond 135.000 van hen wonen in India en Nepal, vaak samen in Tibetaanse dorpen of gemeenschappen. Sinds 1984 zijn 8000 kinderen Tibet ontvlucht naar India en Nepal, 80 % van hen deed dat zonder ouders. In december 1997 stierven 6 kinderen van kou en honger toen ze de Himalaya probeerden over te steken. Ondanks de tussenkomst van het HCR heeft de Nepalese overheid in 2003 18 Tibetaanse vluchtelingen die al in Kathmandu raakten, de toegang geweigerd. In 2006 vluchtten 2445 Tibetanen. Op 30 september van datzelfde jaar herinnerde een schietpartij van het Chinese leger tegen vluchtelingen, aan de grens van Tibet met Nepal op de berg Nangpa La, op gruwelijke wijze aan de gevaren die vluchtelingen lopen. Bij dat vuurgevecht stierf een non en werden verschillende mensen, waaronder jonge kinderen, gearresteerd.

DRANK

Iedereen heeft al gehoord van de thee met jakboter (met boter van het wijfje van de jak, de *dri*), de *böcha*. Deze zware gezouten drank, af en toe zelfs wat ranzig, staat met de *tsampa* op het vaste menu van de Tibetaanse nomaden. Gelukkig is er nog wat anders te drinken in Tibet. Vooral in de restaurants annex theehuizen, drinken de Tibetanen *cha ngamo*, een thee met gesuikerde melk die vaak wordt verward met de dikke tegenhanger *böcha*. Onze westerse magen kunnen hier veel beter tegen. Wat je ook drinkt, je kopje wordt na elke slok weer bijgevuld door de gastheer of de ober. Stort je dus niet al te enthousiast op je volle glas. Voel je niet verplicht alles op te drinken.

In de kleinere kruidenierszaken vind je flessen water, wat vruchtensappen en neplimonades. Ga je op trektocht, neem dan voldoende water mee voor je je op de vlaktes en in de bergen, waar bijna geen mensen wonen, waagt.

Wat alcohol betreft, beste vrienden, wacht je in Tibet een leuke verrassing, *Chang* natuurlijk! Dit verfrissende artisanale gerstebier stijgt sneller naar je hoofd dan je denkt. Het smaakt een beetje naar jonge wijn, is vaak heel lekker. Het ietwat hippe bier is beschikbaar in de meeste restaurants in Lhasa. Echte drinkebroers wagen zich aan de *Qingke Jiu*, uit de verre uithoeken van de Amdo (noordoostelijk Tibet). Ook dit is een gerstebier (de naam zegt het al, qingke is een variëteit berggerst). Een echte alcohol, waarvan het gehalte het midden houdt tussen een wijn en een brandewijn, opletten dus!

De industriële bieren, die zowel hier als in China heel populair geworden zijn, kun je nagenoeg in het hele land drinken. Plaatselijke vedette is het *Lhasa Beer*, de versie op basis van gerst (logisch) kan wel eens het beste Chinese bier van allemaal worden.

ECONOMIE

De Tibetaanse economie is traditioneel een landbouweconomie en wordt bepaald door de aristocratie en de kloosters. Sinds 1951 en meer nog sinds het midden van de jaren 1990 is dit echter compleet omgedraaid. Beijing voert in Tibet met veel moeite een politiek van economische modernisering. Officieel is dit (natuurlijk...) een groot succes. De groei met twee cijfers van het bnp van de provincie is beter dan het nationale gemiddelde. Op gebied van infrastructuur werd heel wat geïnvesteerd, dit om het personen- en goederenverkeer te stimuleren. Er bestaat geen twijfel over, het land is economisch aan een opmars bezig. Maar toch moeten we ons vragen stellen over de aard en de verdeling van de winsten. De weinige beschikbare cijfers zijn vaak gekleurd door propaganda, wat een objectieve beoordeling van de situatie bemoeilijkt.

Sommige experts geloven dat de Chinese economische acties in Tibet eruit bestaan, de groei kunstmatig te steunen zonder dat er sprake is van echte productiviteit. Anderen herhalen nog eens dat de steden zich verrijken ten koste van het platteland dat verarmt. Dat fenomeen dat heel China beïnvloedt, baart ook de huidige regering zorgen. De Chinezen zijn de eersten om te profiteren van de lokale economische ontwikkeling. Volgens hen is een groot deel van dit onevenwicht te verklaren door een gebrek aan kwalificaties bij de Tibetanen. Ze vergeten natuurlijk graag de strategische politiek en de migratie die ze toch wel aanmoedigen. De Chinezen, die de meerderheid in Lhasa en misschien wel in het hele land uitmaken, monopoliseren een groot deel van de regionale economie en bezetten de belangrijkste sleutelposities.

Hoe kan de Chinese overheid Tibet een rol laten spelen in de opmars van haar keizerrijk? De grootste troef lijkt het toerisme te zijn, dat de belangrijkste bron van inkomsten van de provincie is geworden (57 % van het bnp). Dit is grotendeels toe te schrijven aan de boom van de tertiaire sector (een groei van bijna 39 % per jaar sinds de aankomst van de trein in Lhasa).

Nochtans werkt een groot deel van de bevolking in de primaire sector. De diversificatie van de culturen wordt aangemoedigd. Er moet worden afgestapt van de traditionele eenzijdige gerstcultuur. Rond Lhasa zie je tegenwoordig overal serres. In de stalletjes en op de markten van Lhasa vind je tegenwoordig producten die vroeger werden ingevoerd uit de andere provincies. Gevolg daarvan is dat de ruilhandel tussen nomaden (*Drokpa's*) en boeren (*Rongpa's*) wordt bedreigd.

Wat goed nieuws dan. Bosbouwondernemingen die vroeger vrij spel hadden, zijn nu aan strikte regels gebonden, voor het te laat is (zie verder in 'Milieu'). China ontbost tegenwoordig indirect zijn arme buren, corrupt en begerig naar geld uit Zuidoost-Azië (Laos, Birma). Vergeten we ook niet de ontginning van mijnen op de hoogvlakte, wat regelmatig wordt voorgesteld als de toekomstige hoorn des overvloeds. Deze mogelijkheid, samen met de inkomsten uit het toerisme, moet helpen de nieuwe en faraonische spoorweg die Lhasa via Golmud verbindt met Beijing rendabel te maken.

De mediatieke dalai lama, die zich nog steeds met hart en ziel inzet voor de bescherming van het milieu en een gelijke verdeling van de rijkdom, geeft China toch de verdienste Tibet te hebben gemoderniseerd. Het zou ideaal zijn, mocht het land de armoede en de achterstelling van bepaalde sociale lagen, die de goede man altijd verdriet hebben gedaan, wegnemen. Dan blijft nog de methode die de Chinezen gebruikten, in de meeste gevallen het hergroeperen van de veehouders in 'socialistische' dorpen, zonder rekening te houden met de typische eigenschappen van het nomadenleven. Daaruit volgt een groot cultuurverlies. Veel landbouwers, die alles verloren voor een dak boven hun hoofd en een armoedig loon, kiezen voor het ballingschap. Op hetzelfde moment blijft de prijs voor vastgoed duizelingwekkend snel stijgen. Lhasa kent een enorme immobiliëngroei. In het oosten van de stad schieten enorme woonprojecten uit de grond. Lhasa telt zo'n 1000 (ja hoor!) confectiewinkels. De winkelcentra doen het zowat overal in de stad goed. De grote internationale merken zijn vertegenwoordigd, met in hun kielzog mobiele telefoonzaken. Van monnikje tot herder in het hooggebergte, ze lopen graag allemaal te koop met dit dingetje dat hen met de rest van de wereld verbindt. Er wordt in het geheim, of dat probeert men toch, gecommuniceerd en geruild want, daar kun je van op aan, grote broer luistert mee. Dat weet iedereen.

FOTOGRAFEREN

In Tibet kun je prachtige landschappen en schilderachtige scènes uit het dagelijkse leven fotograferen. Het licht in Tibet is heel speciaal. Al is het moeilijk, probeer niet te veel apparatuur mee te nemen, vooral niet als je ook op trektocht wilt gaan. Let op met toestellen die niet tegen koude of hoogte kunnen, dat is vaak zo met digitale toestellen (vraag info bij je aankoop). Isoleer het toestel zo goed mogelijk, bedek je toestel altijd met je jas. Vergeet geen uv-filter. De meeste lenzen zijn behandeld, maar zorg toch voor deze extra bescherming. Ook een polarisatiefilter is geen overbodige luxe. Neem een telelens mee om de hoogste bergtoppen te fotograferen, en natuurlijk een flitslichtje voor foto's die je binnen of in de schaduw maakt. Fotografeer je nog steeds op de klassieke manier, koop dan films van 100 en 400 ISO. Neem ze mee in je handbagage. Vraag of het mogelijk is ze niet door de detector te halen, vraag een manuele inspectie.

Voor je iemand wilt fotograferen, vraag je beter de toelating, uit respect voor de bevolking. Als je een spontane foto wilt maken en discreet blijft, kan je dit soms achterwege laten. Geef geen geld als bedankje, vraag het adres van degene die je hebt gefotografeerd en stuur hem je foto op. Krijg je geen adres (nomaden bijvoorbeeld), dan kun je ook boeddhistische armbandjes geven of iets anders dat hen plezier zal doen. Succes gegarandeerd!

GEOGRAFIE

Naast het gedeelte dat onder controle van China staat, bestaat het geografische, culturele en etnische Tibet enerzijds uit Ladakh, Zanskar, Spiti en Lahoul (de streken aan de grens met India) en anderzijds uit de regio's Kham en Amdo. Deze laatste twee beslaan een gebied van de Birmaanse grens tot de Gobiwoestijn, van de Yangze tot Chengdu, en horen vandaag bij de aangrenzende provincies Yunnan, Sichuan en Gansu.

Het volledige gebied is immens, 3.500.000 km². De autonome regio Tibet is niet groter dan 1.228.000 km² (toch bijna 38 keer groter dan België en 30 keer groter dan Nederland).

Tibet is met een gemiddelde hoogte van 4000 m de hoogste hoogvlakte ter wereld en wordt in het zuiden begrensd door de Himalaya en in het noordoosten door de Karakoram en de Koun Lun. Het gebied kan in drie grote natuurlijke regio's worden onderverdeeld: *Hoog-Tibet* of *Changthang* in het noorden, *oostelijk Tibet* en *zuidelijk Tibet* rond Lhasa. Changtang — een plateau met bergtoppen van 6000 tot 7000 m en zoutmeren, waar de nomaden en hun immense jak-, schapen- en paardenkudden leven — beslaat het grootste deel van Tibet.

Geologie

Vandaag wordt Tibet beschouwd als het dak van de wereld. Dit was niet altijd zo en dat zal niet altijd zo blijven. Wetenschappers zeggen dat in de nabije toekomst, geologisch gezien dan (nog zo'n 50 miljoen jaar dus), Tibet een deel van zijn hoogtes zal verliezen. In afwachting van het ineenvallen geven we je in grote lijnen nog eens de manier waarop het land is ontstaan: alles begon zo'n 150 miljoen jaar geleden. De berg Kailash, het middelpunt van de wereld, bestond toen nog niet. Het heelal had dus geen middelpunt (om over na te denken). Een paar dinosauriërs vochten op aarde op het moment dat India (dat toen grensde aan het huidige Madagascar) zich van het Afrikaanse continent losmaakte en zich langzaam verplaatste en na 6000 km het Aziatische continent bereikte. Het eerste contact tussen de Indische plaat en Tibet vond ongeveer 50 miljoen jaar geleden plaats (de dinosauriërs waren toen allang verdwenen). Sindsdien is de verplaatsing ervan van 15 cm gedaald naar amper 5 cm per jaar. De enorme druk van de Indische plaat tilde de Tibetaanse plaat op, waardoor de Himalaya ontstond, die vandaag nog steeds groeit met een snelheid van 1 tot 10 mm per jaar. Deze keten tussen het Indiase en het Aziatische continent is dus heel jong, nog niet volledig af en zonder gelijke ter wereld. India, dat wordt voortgestuwd door de opening van de Indische oceaan, blijft verder duwen tegen Tibet. Maar ooit zal ook dat ophouden.

GESCHIEDENIS

De legendarische oorsprong

De zeer gelovige Tibetanen zijn heilig overtuigd van de fabel rond hun oorsprong. Een heerlijke mix van boeddhisme en hopeloos ouderwetse mythes met een animistische oorsprong. Ze gaan over een aap en een duivelin (waarom geen apin en een duivel?). Er bestaan verschillende versies, die meer of minder van elkaar afwijken. Deze versie lees je op een zuil die dateert uit de periode van de bouw van de Jokhang (7de eeuw).

In het begin nam Avalokiteshvara, bodhisattva van het mededogen, op aarde de vorm van een aap aan. Hij legde de kuisheidsbelofte af en mediteerde alleen op de Gongpo Ri, de berg ten westen van Samye. Een duivelin met de naam Senmo kon niet tegen de eenzaamheid en vestigde zich vlak bij de schuilplaats van de bodhisattva. Ze jammerde en huilde zo hard dat de aap tevoorschijn kwam om haar te troosten. Senmo smeekte hem met haar te trouwen. De aap had veel medelijden maar wilde zijn belofte toch niet breken en zijn afzondering opgeven. De duivelin drong aan, ze chanteerde de aap zelfs een beetje – ze dreigde ermee alle dieren van de schepping te doden als hij zou weigeren – dus vroeg hij raad op het hemelse paleis (Potala). Daar kreeg hij te horen dat het tijd was van zijn belofte af te zien en met Senmo te trouwen. Uit dit verbond werden zes apen geboren, de eerste Tibetanen: drie goede en drie slechte, de eeuwige tegenstelling tussen goed en kwaad. Er waren al snel teveel afstammelingen om nog te kunnen leven van de pluk. De aap keerde terug naar het paradijs van de Potala, daar kreeg hij zes soorten zaden: gerst, tarwe, sesam, rijst, erwten en mosterd. Ze vatten het werk aan, de apen werden mensen en bewerkten de eerste velden, die nu nog altijd (al 2200 jaar) in de vallei van de Yarlung liggen. Uit deze wieg van de Tibetaanse beschaving vertrokken de zes stammen, die hier te weinig ruimte hadden, om Tibet te gaan bevolken en families en clans te stichten.

Enkele historische data

- **Voor de 6de eeuw v.Chr.:** koninkrijk Shangshung, sjamanenritus bönpo, in de streek rond de berg Kailash.
- **Van de 6de eeuw v.Chr. tot de 6de eeuw n.Chr.:** mythische koninklijke dynastie in de vallei van de Yarlung (vesting van Yumbulakang, koninklijke vallei van Chongye). Langzaamaan wordt Tibet verenigd.
- **7de eeuw:** de eerste 'historische' koning Songtsen Gampo vestigt zich in Lhasa (Potalagrot). Hij is afkomstig uit de vallei van de Yarlung en begint, gesteund door een

sterke cavalerie, met een uitbreidingspolitiek die van Tibet een regionale mogendheid zal maken en China zal bedreigen. De eerste Tangkeizer moet hem heffing betalen, wil hij in alle rust verder kunnen regeren. Songtsen Gampo huwt een Nepalese en een Chinese prinses, die beiden het boeddhisme naar Tibet brengen (zie de tempels van Jokhang en Ramoche onder Lhasa). Het hof wordt bezocht door wijzen uit alle windstreken (China, Perzië, Mongolië en India). Een van de gezanten van het hof, die naar India werd gestuurd, stelt een Tibetaans alfabet samen om de boeddhistische teksten, die oorspronkelijk in het Sanskriet zijn geschreven, te vertalen.

- **8ste eeuw:** groot debat tussen het Chinese en het Indiase boeddhisme, onder leiding van koning Trisong Detsen, achterkleinzoon van Songtsen Gampo. Het Indiase boeddhisme haalt het en wordt de staatsreligie. Stichting van het klooster van Samye met behulp van een groot Indiaas wonderdoener, Padmasambhava (Guru Rinpoche voor de Tibetanen). Tibet blijft een dreiging voor zijn Chinese buur: wanneer de Chinese keizer in 763 moeilijkheden heeft zijn jaarlijkse heffing (rollen zijde) te betalen, rukken de Tibetanen de hoofdstad van het keizerrijk (het huidige Xian) binnen en zetten er de keizer af!

  9de eeuw: de koning wordt vermoord, wat het einde van de koninklijke dynastie in Tibet betekent. De Böntraditie duikt opnieuw op. Het kwetsbare Tibetaanse keizerrijk (weinig mensen voor een groot gebied) verliest voor altijd gebieden als Turkestan of de oase van Dunhuang (Zijderoute) en raakt verdeeld binnen zijn natuurlijke grenzen.
- **11de en 12de eeuw:** tweede verspreiding van het boeddhisme in Tibet na het bezoek van de Indiase meester Atisha aan het koninkrijk Guge (Purang, Töling, Tsaparang) in de westelijke uithoek van Tibet. Culturele en religieuze opleving dankzij de grote meesters Marpa (de 'Grote Vertaler'), Milarepa, dichter en mystiek musicus, en Sakya Pandita. Stichting van de kloosters van Sakya, Reting, Tsurphu, Shalu, Gyantse...
- **13de en 14de eeuw:** de Mongolen van Kubilaï Khan, de stichters van de Yuandynastie in China, geven de tijdelijke macht in Tibet over aan de patriarchen van Sakya. Tibet staat nu onder Mongoolse controle, maar Kubilaï Khan bekeert zich tot het lamaisme. Deze vereniging van rede en religie creëert het principe van loyauteit, waarop China zich zal beroepen om zijn tussenkomst in Tibet te rechtvaardigen. Na de neergang van de Mongolen in China herwint Tibet een bepaalde autonomie.
- **15de eeuw:** Tsongkhapa (1357-1419) sticht de gereformeerde school (Gelugpa). Alle grote kloosters van deze school worden in minder dan tien jaar tijd gebouwd: Ganden (1409), Drepung (1416), Sera (1419) en de oecumene Pelkor Chode (1418).
- **17de eeuw:** nieuwe Mongoolse interventie, de tijdelijke macht wordt overgedragen aan de vijfde dalai lama (1617-1682). Met hem begint het verhaal van de dalai lama's echt. De eerste twee hebben die titel trouwens nooit gedragen, hij was pas een eeuw later met terugwerkende kracht ingevoerd. De term, van oorsprong Mongools, betekent 'grote zee'.

Hij die de Tibetanen de 'grote vijfde' noemen, begint met de bouw van de Potala in Lhasa, op de plek waar de oude grot van de koninklijke periode lag. Aan de symboliek voegt hij de politiek toe en versterkt de eenheid van Tibet met een administratief systeem en een regeerwijze die zal blijven bestaan tot 1959.

- **18de eeuw:** Chinese invasie van Tibet. De Mongolen worden verdreven (1720), Lhasa wordt ingenomen, bepaalde gebieden van de Kham en de Amdo worden geannexeerd. De Chinezen installeren een soort amban, een keizerlijke commissaris van de Mantsjoe die de Chinese macht in Lhasa vertegenwoordigt. zijn aanwezigheid en die van de troepen hebben nooit echt invloed gehad, maar van 1720 tot 1911 zijn de Tibetanen in theorie vazallen van de keizer van China.

- **Einde van de 18de eeuw:** Tibetaans-Nepalese oorlog. De Nepalese Gorkha lopen het zuiden van het land tot Seghar onder de voet maar worden met de hulp van het Chinese leger teruggedrongen.

- **Einde van de 19de eeuw:** Thubten Gyatso, de 13de dalai lama (1876-1933) probeert de administratie te hervormen en de macht van de edelen in Lhasa te beperken. Hij schippert tussen de Engelsen, van wie hij steun wil krijgen, en de Chinezen, die hun druk blijven behouden.

- **1904:** Younghusband en de Engelsen van de Raj vrezen een Russische inval en dringen Tibet binnen via de vallei van de Chumbi. Na de inname van Gyantse onderhandelen ze hun terugtrekking uit Lhasa. In ruil daarvoor willen ze de oprichting van commerciële filialen, scholen en missies. De dalai lama verhuist eerst naar Mongolië en later naar China tot 1909.

- **1911:** de Qingdynastie (zie *The last emperor* van Bertolucci) stort ineen. De Chinezen, die in 1910 (de dalai lama verbleef al in ballingschap in India) naar Tibet waren teruggekeerd, worden verdreven. Tibet zal de volgende 30 jaar onafhankelijk zijn. Maar de behoudsgezinde religieuze ordes weigeren elke sociale verandering, verzetten zich tegen het moderniseren ondanks de pogingen van de dalai lama tot openstelling naar de buitenwereld toe. Tibet keert zich in zichzelf en mist zo de kans om internationaal de status van souvereine staat op te nemen. Hier ontstaat waarschijnlijk de tragedie die het land vandaag beleeft.

- **1914:** conferentie van Simla in India, met twee partijen, de Engelsen en de Tibetanen. De Chinezen weigeren hun deelname. Oprichting van een intern Tibet (of Centraal-Tibet) en een extern Tibet (met Kham en Amdo). Met dit verdrag erkennen de Engelsen de facto de onafhankelijkheid van Tibet. Het verslag bepaalt verder de 'Mac Mahonlijn' (naar een Brits officier) die de grens bepaalt tussen het Indiase Raj en Tibet. China ondertekent dit verdrag niet. Deze houding kent zware gevolgen en ligt aan de oorsprong van de problemen aan de grens, die ook vandaag nog de relatie tussen India en China vertroebelen.

- **1933:** na de dood van de 13de dalai lama, en ondanks zijn duidelijke waarschuwing tegen het isolement, verschrompelt Tibet opnieuw onder druk van de aristocratie en de religieuze macht. Zelfs ambassades in het buitenland openen wordt geweigerd.

- **1949-1950:** oprichting van de Volksrepubliek China en machtsovername door Mao Zedong. Een jaar later wordt Tibet bezet door het Volksbevrijdingsleger. De Tibetanen zijn maar met 8500, tegenover 80.000 Chinese soldaten. Het land vraagt de Verenigde Naties om hulp, maar enkel Salvador reageert. Nehru en de Indiërs, gevolgd door de Engelse, laten Tibet in de steek, dat nu weer alleen tegenover de Chinese invasie staat. De jonge dalai lama Tenzin Gyatso, 15 jaar, krijgt de volledige macht voor het bedwingen van de crisis, zoals het staatsorakel het wil.

- **1951:** het akkoord van 23 mei maakt van Tibet een deel van de Volksrepubliek China. Ondanks de bezetting belooft China respect te hebben voor de geloofsovertuiging en de kloosters. Dit compromis functioneert zo goed en zo kwaad als het gaat tot in 1956.

- **1956:** opstand van het leger van de Khampa in Kham en Amdo. Het Volksbevrijdingsleger siddert en beeft en moet een groot deel van het territorium prijsgeven. Maar ondanks een heldhaftig verzet tegenover 150.000 soldaten worden ze toch verder naar Centraal-Tibet teruggetrokken.
- **Maart 1959:** volksopstand in Lhasa. De dalai lama wordt uitgenodigd naar het Chinese militaire kamp, maar hij wordt verplicht zonder zijn escorte te komen. De geruchten rond de aangekondigde ontvoering zwellen aan in Lhasa. 30.000 mensen verzamelen rond de woning van de dalai lama om hem te verhinderen naar buiten te komen. De Chinezen gebruiken deze 'opstand' als voorwendsel voor een offensief: drie dagen van harde strijd met mitrailleurs en mortiervuur maken minstens 3000 doden aan Tibetaanse kant. Het Potala wordt gebombardeerd, de Jokhang wordt door gevechtswagens ingenomen, de dalai lama wordt door het volk in zijn paleis in Norbulingka gevangengezet, uit vrees dat hij door de Chinezen gevangengenomen zou worden. Het zijn uiteindelijk de Khampastrijders die hem in dit oproer voor de neus van de Chinezen 'wegkapen' en hem onder hun bescherming naar India brengen. Onder druk van de internationale opinie gaat dat land ermee akkoord hem op zijn grondgebied toe te laten. Mao die het nieuws van de vlucht van de spirituele leider van Tibet verneemt, zou zichzelf voor het hoofd hebben geslagen en geroepen hebben: 'We hebben gefaald, we hebben Tibet verloren!'.
- **1965:** op 9 september volgt de officiële inhuldiging van de autonome regio Tibet binnen de Volksrepubliek China.
- **1966-1976:** culturele revolutie in China. Een van de grootste drama's van deze tijd. Ook Tibet ontsnapt er niet aan wanneer Mao beslist er zijn Rode Garde los te laten. Nagenoeg alle kloosters worden vernield (in 1978 zijn maar acht van de 2700 kloosters die er in 1959 waren, nog intact), de monniken moeten uittreden en worden terug naar huis gestuurd, volkscommunes worden opgericht, mensen worden gedood, de eerste hongersnood in de geschiedenis van Tibet is een feit, via het werk worden de mensen heropgevoed. Duizenden kinderen worden voor een opleiding naar China gestuurd.
- **1981:** gedeeltelijke religieuze bevrijding waardoor de monniken kunnen terugkeren (volgens quota). Geleidelijk aan worden kloosters in de dorpen opnieuw opgebouwd. De overheid financiert de restauratie van de belangrijkste kloosters (Potala, Jokhang, Samye...).
- **1987-1989:** manifestaties in Lhasa in september 1987, bloedige repressie. Het standrecht wordt maart 1989 in de hoofdstad afgekondigd. Na een eerste openstelling voor het toerisme wordt het land opnieuw afgesloten. In oktober 1989 krijgt de dalai lama de Nobelprijs voor de Vrede, voor zijn vreedzame strijd voor de onafhankelijkheid van Tibet. Sindsdien wordt hij door alle grote mogendheden ter wereld uitgenodigd, maar geen enkel land erkent officieel de Tibetaanse overheid in ballingschap in Dharamsala. De Chinezen stellen hun eigen incarnatie van de panchen-lama aan, nadat zij het kind dat door de dalai lama werd voorgedragen, hebben afgekeurd. Het ene kind verdwijnt terwijl het andere wordt 'bewaard' in Beijing. Foto's van de dalai lama (op openbare en privéplaatsen) zijn verboden. Aan de monniken wordt gevraagd hem, op straf van gevangenneming, af te zweren. De vluchtelingen blijven India en Nepal binnenstromen (ongeveer 2000 tot 3000 per jaar). Wanneer Deng Xiaoping sterft, hopen sommigen op een nieuwe politiek... De bekende Chinese dissident Wei Jingsheng

probeert de Chinese overheid ervan te overtuigen met de dalai lama te onderhandelen en af te zien van het 'grote Hanrijk'.

- **1993:** de officiële contacten tussen de Tibetaanse overheid in ballingschap en Beijing worden verbroken. De officieuze contacten worden tot 1998 onderhouden.

- **1995:** de propaganda in Tibet wordt versterkt. De toevloed van kolonisten in de Tibetaanse hoofdstad wordt aangemoedigd.

- **1999:** de dalai lama, die er door Beijing van wordt beschuldigt een CIA-agent te zijn, verklaart bereid te zijn de Chinese souvereiniteit in Tibet te erkennen, op voorwaarde dat zijn land echte administratieve en culturele autonomie krijgt. Maar dit initiatief wordt door sommige van zijn medestanders, die meer voelen voor het opgeven van de vreedzame weg en kiezen voor een gewelddadige strijd tegen de Chinese bezetting, betwist.

- **2000:** in juli neemt het Europese Parlement een historische resolutie aan, die de landen van de Europese Unie in gebreke zal stellen als zij de Tibetaanse overheid in ballingschap niet erkennen wanneer de onderhandelingen tussen Beijing en de dalai lama, onder UNO-vlag, tegen 2003 niet zullen eindigen in de uitwerking van een nieuw statuut voor Tibet. Het is nog steeds wachten op het vervolg... Eind 2000 kondigt de dalai lama de herneming van de contacten met Beijing aan, op eigen initiatief. De Chinese overheid heeft hieraan nog geen gevolg gegeven.

- **2003:** start van geheime onderhandelingen tussen Beijing en de dalai lama, mits tussenkomst van nieuwe gezanten. In september wordt het Mount Everest Culture Festival in Tibet georganiseerd, met de duidelijke bedoeling meer toeristen naar het land te halen, vooral dan toeristen uit Kathmandu. In november verklaart de dalai lama dat het 'voor het welzijn van Tibet beter is China te helpen dan te bekritiseren'. Hij bevestigt zijn intentie om 'zijn volledige politieke macht terug te geven aan een lokale Tibetaanse overheid (...) met een duidelijke autonomie, zonder totale onafhankelijkheid'.

- **14 maart 2004:** scoop in een groot dagblad in Hongkong naar aanleiding van de publicatie van twee interviews met de dalai lama en de 'Chinese' panchen-lama, allebei even gelijk en even bijzonder. De dalai lama verklaart dat zijn land zich dankzij China economisch heeft ontwikkeld. Alleen zou dat moeilijk zijn geweest. De toekomstige trein is een goede zaak. Hij stelt ook vast dat heel wat Chinezen houden van de Tibetaanse cultuur en er interesse voor hebben. Hij gaat verder dan vroeger, stilzwijgend aangenomen dat hij enkel nog vasthoudt aan religieuze en culturele autonomie. Hij verduidelijkt dat zijn pogingen worden ingegeven door een open geest en niet door wanhoop. De 'Chinese' panchen-lama geeft een subtiele boodschap van harmonie en wederzijdse verdraagzaamheid, die zijn landgenoot in ballingschap niet zal afkeuren.

- **Midden september 2004:** een delegatie van vier onder leiding van de ambassadeur van de dalai lama in Washington gaat naar Beijing om er een mogelijke terugkeer te bespreken.

- **Februari 2006:** nieuwe gesprekken tussen de afgezanten van de dalai lama en de Chinese overheid.

- **10 maart 2006:** de verjaardag van de Tibetaanse opstand in maart 1959. De dalai lama verklaart een bedevaart naar China te willen ondernemen om de veranderingen zelf te bekijken.

- **2007:** pro-Tibetaanse militanten verbranden in het basiskamp van de Everest een Chinese vlag. China verstrengt de reglementering omtrent de bewegingsvrijheid van toeristen in het land. In oktober 2007 wordt de dalai lama door George W. Bush ontvangen, wat luid protest van de Chinese overheid veroorzaakt.

- **2008:** In maart ontstond onder leiding van monniken protest tegen het Chinese gezag en de Olympische spelen die China in de zomer van 2008 mag organiseren. De aanleiding was de herdenking van een mislukte opstand van de Tibetanen tegen China in 1959. De betogingen zijn de heftigste sinds 1989, toen een golf van demonstraties voor onafhankelijkheid hard optreden van de autoriteiten uitlokte. Deze protesten weekten heel wat reacties los in het Westen over de Chinese aanpak van de situatie.

GODSDIENST EN GELOOF
Het boeddhisme

Prins Siddharta Gautama (de Wijze, de Verlichte, de Boeddha) werd in de 6de eeuw v.Chr. in Nepal geboren. Hij leidde een ascetisch leven en was eerst boddhisattva, ofwel toekomstige boeddha. Hij bood het hoofd aan Mara, de duivel. Daarvoor zat hij vier dagen lang onder een vijgenboom, met gekruiste benen, de houding waarin we hem het beste kennen. Zo bereikte hij de Verlichting en kon hij zich van alle lijden be vrijden. Sindsdien trok hij het hele Aziatische contintent door en verkondigde overal de wet van de *kama*, een universele wet die zegt dat alle handelingen, goed of slecht, worden bestraft of beloond bij de reïncarnatie van de ziel.

Het boeddhisme is een reactie op het brahmanisme. Het houdt rekening met het kastesysteem, noch met de riten en steunt louter en alleen op individuele benaderingswijze, de weg naar bevrijding.

De leer

De gedachte van Boeddha wil de pijn verlichten (zie zijn eerste preek in Benares, 'Aan de oorsprong van de universele pijn ligt de honger naar het bestaan').

De vier nobele waarheden leggen de 'werking van het boeddhisme' heel goed uit:
- gehechtheid leidt tot lijden;
- de oorsprong van de gehechtheid ligt in verlangen;
- om zich van het lijden te bevrijden, moet je het verlangen beheersen;
- om het verlangen te beheersen, moet je een discipline volgen.

Niet gemakkelijk, maar Boeddha is nogal precies over de manier om het nirwana te bereiken: de boeddhist moet opeenvolgend de acht nobele stappen, die je vindt in het Edele Achtvoudige Pad, doorlopen. Dit is de enige manier om niet als rat of kikker herboren te worden.

Voor wie het wil proberen, zetten we de basisprincipes van het nirwana even op een rijtje: het beheersen van het woord, de wil, de handelingen, de levenswijze, de verlangens, de gedachte en de concentratie.

Let op, het nirwana is niet ons paradijs, maar eerder het geluk, het moment waarop de geest zich bevrijdt van verlangens en het einde van de incarnatiecyclus (*samsara*). Kortom, het boeddhisme is een pad naar spiritueel geluk.

Heiligheden en tantra

Links en rechts van de historische Boeddha, *Sakyamuni*, zitten de Boeddha van het verleden, *Dipamkara*, en de Boeddha van de toekomst, *Maitreya*. Deze drie boeddha's dragen kloostergewaden. De belangrijkste boeddha is in het nachtblauw gekleed en houdt een scepter (*dorje*) en een klok, symbolen voor medeleven en wijsheid, vast. Hij wordt voorgesteld met pracht en luister en is rijkelijk versierd.

Algemeen zijn er acht boddhisattva's. Ze staan recht en dragen verschillende versierselen, die hun specifieke eigenschappen tonen: Tchenrezig (Avalokiteshvara) staat voor Medeleven, Manjushri voor Wijsheid en Vajrapani voor Macht.

Algemeen herken je de incarnaties van Boeddha aan de kroon die staat voor de vijf wijsheden van de Verlichting. De heiligheden kun je in vier soorten *tantra* onderverdelen: de eenvoudigste heeft maar 1 heiligheid, de ingewikkeldste kan er honderden hebben. Dat zie je ook op de mandala's van de schilderingen van Gyantse of Shalu bijvoorbeeld.

Beschermers

De beschermende heiligheden worden over het algemeen voorgesteld als verbolgen. Enkele daarvan zijn incarnaties van Boeddha en dragen dus de kroon der Vijf Wijsheden (schedels). Anderen kunnen oude plaatselijke heiligheden zijn die werden overgenomen en boeddhistische beschermers geworden zijn. Die laatsten hebben in elk klooster hun eigen kapel, de *gönkhang*. Publiek is hier niet toegelaten. Soms mogen zelfs enkel vrouwen binnen. Het gezicht van deze heiligheden is vaak bedekt. Soms zien ze er zo vreselijk uit dat kinderen bang zouden kunnen worden of (volgens onze gids, die er duidelijk mee lacht) om de geur van look van sommige Chinese bezoekers niet te hoeven ruiken. Tibetanen weten heel goed dat je geen look mag eten voor je de tempel bezoekt. Jonge lezers, niet bang zijn voor deze schrikwekkende figuren op hun strijdros, ze zijn je beschermers!

Spirituele meesters

De meesters van de verschillende scholen zijn te zien op de muurschilderingen in de tempels, van de Indiase goeroes tot de hedendaagse wijzen. Je kunt ze herkennen aan hun kledij en attributen.

Padmasambhava (Guru Rinpoche), met zijn snorretje, vertoornde blik en vergulde gezicht, bekleedt een centrale plaats binnen alle kloosters van de Nyingmapaschool of de oecumenische gemeenschappen zoals Mindroling of Samye.

Bij de Gelugpa bekleedt de 'grote vijfde' dalai lama een bevoorrechte plaats naast de Bengaal Atisha en Tsongkhapa.

In Sakya zijn dat de eerste patriarchen, namelijk Kunga Nyingpo (zonder kledij, te herkennen aan zijn witte haar) en Sakya Pandita.

Bij de Kagyüpa zijn, naast de Indiërs Tilopas en Naropas, Marpas, met lang haar, lekenkledij en ringen met twee oren, en Milarepa, in witte katoenen jurk en de hand aan het oor, alomtegenwoordig.

Mandala's

Mandala's zijn symbolische weergaves van het hemelse paleis van een heiligheid. Sommige van deze mandala's zijn 3D-voorstellingen (in het Potala of in Gyantse) maar de meeste zijn gewoon geschilderd op *thangkha* of zijn muurschilderingen. Tenslotte zijn er ook nog die van gekleurd zand zijn gemaakt tijdens specifieke rituelen en aan het eind ervan worden vernietigd. De centrale god, die soms ook is te zien en soms wordt gesymboliseerd, geeft zijn naam aan de volledige mandala.

Aan de ingang van de tempels zie je vaak de mandala van het Heelal, met in het midden een centrale berg Meru omgeven door vier continenten, oceanen, de zon en de maan... Ook te zien is het levensrad dat de meester van de Dood in zijn klauwen houdt en die rond drie symbolische giffen draait, de haan, de slang en het varken. Het rad zelfs bestaat uit zes onderverdelingen, die staan voor de zes vormen van het zijn: de goden, de halfgoden, de mensen, de dieren, de geesten, de gulzigen en de hel.

De boeddhistische scholen

Het oude onderscheid 'Rode Mutsen, Gele Mutsen' betekent niet veel, je vergeet het beter. In Tibet bestaat er een oude school die dateert uit de tijd van de koninklijke dynastie en recentere scholen die tijdens de tweede verspreiding van het boeddhisme in Tibet, tijdens de 11de en de 12de eeuw, werden opgericht.

- **De School van de Ouden (Nyingmapa):** deze school werd gesticht door de Indiase meesters die tijdens de regeerperiode van koning Trisong Detsen (8ste eeuw) naar Tibet werden uitgenodigd. Deze eerste introductie van het boeddhisme ontwikkelde zich rond Samye, dat al snel een intellectueel centrum werd waar honderden Indiase en Tibetaanse vertalers onder bescherming van de koning de teksten in het Sanskriet overschreven. De Nyingmapaschool heeft lange tijd geen kloosters gebouwd, ze verkozen het informele kader van de kluizenaars of de predikanten in de dorpen. Pas tijdens de 17de en 18de eeuw werden de grote Nyingmapacentra opgericht. In Centraal-Tibet zijn Mindroling en Dorje Drag belangrijke kloosters. Maar ook in Kham bloeit de Nyingmapatraditie rond de grote centra van Sechen en vooral Dzokchen vlak bij Dergue. Deze school is net zo bekend om haar kennis in geneeskunde en briljante studies van de heilige geschriften als om haar vaardigheid in het oplossen van conflicten.

- **De Kadampaschool** werd gesticht door Atisha (982-1054), een groot Indiaas geleerde die naar West-Tibet werd uitgenodigd door de prinsen van het koninkrijk Guge. Hij stelde heel strikte kloosterregels op, met name het celibaat om de uitwassen van het primitieve tantrisme in de kloostergemeenschap in te dijken. Onder hem veranderen de kloosters van meditatiecentra in onderwijscentra, wat ze vandaag nog steeds zijn. Het eerste Kadampa-klooster is dat van Reting, ten noorden van Lhasa.

- **Tsongkhapa en de Gelugpaschool:** Tsongkhapa wordt in 1357 geboren in Amdo, vlak bij het klooster van Kumbum. Hij legt de nadruk op het strikt in acht nemen van de kloosterregels en richt in 1409 het klooster van Ganden, bij Lhasa, op waar hij, niet lang daarna, overlijdt. Hoewel hij niet echt een nieuwe religieuze orde oprichtte, is hij, gebaseerd op de Kadampaschool, de bezieler van wat later de Gelugpaschool zal worden, de 'traditie van de deugd'. Dit onderwijs raakt al snel overal verspreid, er worden 140 kloostercentra opgericht, waarvan Sera en Drepung de belangrijkste zijn. Een volgeling van Tsongkhapa verenigt de kloosterorganisatie van de orde. Hij wordt achteraf erkend als de eerste dalai lama. Ondanks wat algemeen wordt geloofd, was de dalai lama nooit de leider van de Gelugpaschool. Die plaats werd sinds Tsongkhapa ingenomen door de houders van de abdijtroon van Ganden. Het is pas met de vijfde dalai lama dat de Gelugpaschool definitief beslag legt op de politieke en geestelijke macht over Tibet, vaak ten koste van andere scholen die, na echte godsdienstoorlogen, verplicht werden zich te onderwerpen en aangehecht werden. Het is ook de Gelugpaschool die de panchen-lama (*panchen* is Sanskriet voor *pandit*, wat geleerde betekent) voortbracht, hij was die andere spirituele leider van Tibet die, in tegenstelling tot de dalai lama, geen tijdelijke macht heeft.

- **De Sakyapaschool:** deze school kreeg zijn titel door de plaats waar ze ontstond, Sakya in de provincie Tsang. Sakya Pandita (1187-1251) en zijn neef Phagpa, de vierde en de vijfde patriarch van Sakya, zijn bijzondere geleerden die de Mongolen Godan Khan en Kubilaï Khan in het midden van de 13de eeuw bekeerden. Gesteund door deze machtige keizers behielden de Sakyapa's een eeuw lang (14de eeuw) de tijdelijke en spirituele macht over heel Tibet. Deze orde, die wordt beschouwd als conservatief, is in heel wat opzichten de meeste intellectuele. Elke school heeft haar eigen curriculum met religieuze teksten of commentaren. Dat van Sakyapa is de Sakya-khabum, de 'Honderdduizend Woorden' van Sakya.

- **De Kagyüpascholen:** Marpa de vertaler (1012-1098) gaat drie keer naar India om er teksten en initiaties die hij vertaalt en onderricht in Tibet, op te halen. Zijn belangrijkste volgeling Milarepa brengt dit onderricht in de praktijk met een voorbeeldig leven van verzaken en teruggetrokken mediteren. Zijn volgelingen stichten de Kagyüpaschool van de 'mondelinge overdracht' (je kunt *Kagyüpa* vertalen door 'zij met de gefluisterde tradities'). De Kagyüpa liggen aan de basis van de rite van de reïncarnatie, die nadien werd overgenomen door alle boeddhistische scholen. Ze staan bekend als 'Zwarte Mutsen' sinds de tweede Karmapa een bezoek bracht aan Kubilaï Khan, stichter van de Chinese dynastie van de Yuan, en een onschatbaar relikwie meebracht, een zwarte muts, 'de lichamelijke vertegenwoordiging van een spirituele kroon die werd geweven met haar van 100.000 heiligen'. Er ontstaan opeenvolgend verschillende takken of bijscholen, die zich allen beroepen op de kluizenaarstraditie van Milarepa.

Düsum Kyenpa (1110-1193) is de eerste Karmapa. In de buurt van Lhasa sticht hij het klooster van *Tsurphu*, dat later de hoofdzetel zal worden. Phagmo Drupa sticht het klooster van *Densathil*, dat op zijn beurt de bezieler is van acht bijkomende takken, waarvan de bekendste de *Drukpa Kagyüschool* is. Deze school, die vandaag nog steeds de belangrijkste is in Bhutan, geeft haar naam, *Druk*, aan dit land.

In de zijlijn van deze voornaamste scholen zetten een aantal grote meesters, door hun spirituele uitstraling, gescheiden klooster- of meditatietradities op, denk aan de bekende traditie van Chöd, uit de 11de eeuw, opgericht door de yoginivrouw Machik Labdrön.

De Böntraditie

De sjamanistische Böntraditie gaat terug tot een mythische voorouder Shenrab Miwo die, met een hemels touw neergedaald uit de hemel, geland zou zijn op de Kailashberg. De bönpo's beschouwen deze berg als de geboorteplaats van hun traditie, het centrum van het Shangshungkoninkrijk. Historici denken eerder dat de Böntraditie oorspronkelijk uit Perzië stamt. Het klopt, de Bönannalen bevatten lijsten met koningen die elkaar opvolgden. De historische bewijzen hiervoor zijn echter mager.

Wanneer Songtsen Gampo Shangshung verovert en bij zijn koninkrijk voegt (9de eeuw), nodigt hij de Bönpriesters uit naar zijn hof. Hun invloed blijft belangrijk. Wanneer koning Langdarma (9de eeuw) op de troon komt, behoort de Bön opnieuw tot de adel en beleeft een renaissanceperiode. Later zal de hervormde Böntraditie tal van boeddhistische elementen overnemen, vooral het kloostersysteem en de discussie. Wanneer de dalai lama het vandaag heeft over de vijf tradities van Tibet, dan bedoelt hij de vier grote scholen en de Bön. Deze officiële erkenning, na eeuwen van verwerping, werd met opluchting onthaald door de Bönpobevolking.

Overal in Tibet zijn er Bönkloosters. De sterkste concentratie vind je in Kham en in de streek rond de Kailashberg. In Centraal-Tibet is de hoofdzetel van de Bön het klooster van *Yundrung Tashiling*, vlak bij Shigatse.

De hemelse begrafenis

Het begraven, dat dateert uit de periode voor het boeddhisme, is zonder twijfel een van de opmerkelijkste Tibetaanse gebruiken. Na het overlijden wordt het lichaam in stukken gesneden, de beenderen worden verbrijzeld. De stoffelijke resten worden aan de gieren gegeven, als de honden er al niet mee weggelopen zijn. Wie dit barbaars vindt, moet weten dat het kisten voor Tibetanen onderaan de ladder van de begrafenissen staat. Voor hen bestaan er vijf methodes: een graftombe in de vorm van een stoepa (het voorrecht van de hoogste lama's, ze worden gemummificeerd), verbranding en bijzetting in een kleine stoepa (het voorrecht van bepaalde nobelen), de hemelse begrafenis, het loslaten van het lichaam op een meer of in een rivier (kinderen jonger dan een jaar of mensen die geen hemelse begrafenis kunnen betalen) en tot slot de aardse begrafenis, die is voorbehouden voor dieven, 'onreinen' zoals onze gids hen noemt.

Alle grote kloosters hebben hun eigen begraafplaatsen. Die van Drigung Til (zie het hoofdstuk hierover) is een van de populairste rond Lhasa. Mensen komen van heel ver naar hier.

Maar opgelet, de Chinese overheid verbiedt toeristen formeel een hemelse begrafenis bij te wonen. Dat is vaak ook de wens van de ouders van de overledene. Toch kan het zijn dat sommige families reizigers uitnodigen, dit is vooral zo in de afgelegen uithoeken van Kham. Krijg je die gelegenheid, dan moet je weten dat dit voor ons westerlingen, heel moeilijk om zien is. Toch is deze ceremonie niet triest. In een bocht van een *kora* zie je soms bedevaarders die hun kinderen meenemen naar een begraafplaats en al lachend de ceremonie naspelen. De hemelse begrafenis is een echte *business* geworden, zoals bij ons de begrafenisplechtigheid. De prijzen beginnen bij 3000 ¥ (€ 300). Mensen met veel geld geven makkelijk tot 20.000 ¥ (€ 2000) uit.

Het leven in het klooster

De Tibetaanse kloosters, van de eenvoudigste tempel op het platteland tot de rijkste universiteiten in de streek rond Lhasa, vervullen al van bij het begin een onderwijsrol. Hier wordt kennis overgedragen. Doorheen de geschiedenis waren de kloosters de enige manier om op te klimmen op de sociale ladder in een sterk gelaagde en starre samenleving. Het gezegde 'Zelfs de houder van de troon van Ganden (leider van de Gelugpaorde) is niet zeker van zijn positie tegenover een schrandere jongen, zoon van eender welke vrouw' betekent dat het in theorie mogelijk is voor eender welk monnikje op te klimmen tot de top van de geestelijke hiërarchie, als hij daarvoor de kwaliteiten heeft. En mogelijke kandidaten zijn er genoeg. Tot 1950 werd het aantal monniken in Tibet geschat op 600.000, of een inwoner op tien! Wanneer de nieuweling aankomt in het klooster, wordt hij ingedeeld bij een college en krijgt volgens de streek van herkomst een kamer toegewezen. Een huisonderwijzer wordt belast met het religieuze onderricht, een andere monnik neemt de dagdagelijkse beslommeringen op zich. In alle grote Gelugpa-instellingen duurt de studie twaalf tot dertien jaar. Na afloop kan de aspirant deelnemen aan de *Gueshe*-examens, de allerlaatste graad binnen de kloosterhiërarchie. De leerlingen moeten duizenden pagina's vol teksten onthouden, de woorden van Boeddha (*sûtra*), ethische verhandelingen en filosofische systemen bestuderen. Ze nemen dagelijks deel aan twee tot drie rituelen, theologische discussies en mediteren om hun onderricht in de praktijk om te zetten. Toch volgen niet alle monniken dit curriculum: er zijn er die de gebouwen beheren, zich bezighouden met administratieve of huishoudelijke taken, zodat deze immense instituten goed kunnen functioneren. Naar schatting wordt slechts 30 % van de monniken 'lector' (of anders gezegd geletterde), zij hebben het hele curriculum gevolgd. De anderen, *Dobdob*, zijn vaak ongeletterd en beoefenen puur disciplinaire of politiefuncties binnen echte kloostermilities. Deze kaste van strijders-monniken, te herkennen aan hun haarlok die achter het oor wordt opgerold, volgt dagelijks een sessie lichaamsoefeningen. Hun groep maakt 15 % van de kloosterlingen uit en werd gevreesd door de hele bevolking.

De monniken krijgen doorgaans te eten in de kloosters. Elke maand krijgen ze een rantsoen *tsampa* en boter en wat thee. De rest moeten ze van hun familie of door offers bekomen. Om voor de invasie dergelijke grote gemeenschappen te kunnen onderhouden, beschikten de kloosters over immense domeinen en bijgebouwen overal in Tibet. De monniken, die vaak op hun privileges stonden, hebben dikwijls een conservatieve rol in de politiek gespeeld.

Vandaag de dag is het voor kinderen veel moeilijker geworden in de grote kloosters van Lhasa, Shigatse of Gyantse binnen te raken. De Chinezen hebben een numerus clausus opgelegd. Op het platteland is dit een stuk makkelijker.

Milarepa en de kluizenaarstraditie

Kloosters zijn niet echt oorden van meditatie en stilte, maar vooral plaatsen waar kennis wordt overgedragen en tradities worden bewaard. De monniken – en de leken – die zich graag aan meditatie willen wijden, kunnen een gemeenschappelijke retraite volgen onder leiding van een meester. Volgens de meest gangbare traditie duurt zo'n retraite drie jaar en drie dagen. De ervaren mediterenden kunnen zich ook in afzondering terugtrekken, zonder hun kluizenaarswoning te verlaten. Ze mogen dit enkel om in de dorpen of bij de predikanten in de dorpen de levensmiddelen die ze nodig hebben, bijeen te gaan bedelen. Ze volgen daarin het voorbeeld van Milarepa, dichter en grote yogi uit de 11de eeuw, die zijn leven in afzondering doorbracht in de grotten van de Himalaya. Er zijn zelfs mensen die zich tot hun dood opsluiten.

Hoewel de kloosters erg worden gerespecteerd, heeft de bevolking nog meer ontzag voor deze yogi-kluizenaars. Naar het voorbeeld van Milarepa verzaken zij aan de wereld en materiële goederen (wat niet altijd zo is in de kloosters en abdijen!) en beoefenen het ideaal van het afstand doen en het inzicht dat wordt gepredikt door Boeddha. Ondanks historische spanningen bestaat de grote kracht van het Tibetaanse boeddhisme erin het samenleven van de striktste kloostergemeenschappen en de kluizenaars die buiten het institutionele kader leven, te kunnen behouden. De grootste kloosters, die hun politiek-religieuze machten buiten beschouwing laten, zullen deze 'goddelijke gekken', deze 'eenlingen' van het spirituele tolereren, aanmoedigen en soms zelfs materieel steunen.

De dalai lama

Iedereen in het westen kent wel de eeuwig glimlachende 14de dalai lama. Tegen wil en dank is hij een echte mediapersoonlijkheid geworden.

De kleine Tenzin wordt in 1935 in een bescheiden boerengezin geboren. Wanneer hij tweeënhalf is, wordt hij erkend als de nieuwe incarnatie in de lijn van de dalai lama's. Zijn voorganger, de 13de in lijn, stierf in 1933. Hij wordt naar Lhasa gebracht, meer precies naar de Potala, en krijgt daar het onderwijs volgens de regels die van hem de 'meester wiens wijsheid groter is dan de oceaan' (de vertaling van dalai lama) maken. Bij de invasie van Tibet door de Chinezen in 1950 is hij in principe nog te jong om alle macht in handen te krijgen, maar het Staatsorakel spreekt en er wordt een uitzondering gemaakt. Hij wordt eerst in veiligheid gebracht in Yatung, in het westen van het land, in de vallei van de Chumbi en keert later naar Lhasa terug. De jaren 1950 zijn een moeilijke periode, maar de dalai lama verlaat Tibet pas in 1959 na de bloedige repressie na de volksopstand. In april 1960 verhuist hij naar het hooggelegen Dharamsala, een klein Indiaas dorp bij Pakistan, een busrit van 15 uur van New Delhi. Hij gaat er in op het aanbod van de Indiase overheid en richt er de hoofdzetel van de Tibetaanse overheid in ballingschap in, hij bouwt er ook de door de agressieve Chinezen vernietigde kloosters exact na.

De dalai lama brengt niet al zijn tijd door in Dharamsala. Hij heeft zich tot doel gesteld de wereld rond te trekken als ambassadeur van de Tibetaanse zaak. De Nobelprijs die hij in 1989 ontving, beloonde hem voor zijn gematigde instelling. Al jaren pleit hij voor het gezond verstand, hij vraagt niet de onafhankelijkheid maar een uitgebreide autonomie waardoor de Tibetanen hun cultuur kunnen behouden. Jammer genoeg hebben de Chinezen hier geen oren naar, ondanks de vele onderhandelingen die op regelmatige tijdstippen deze kwestie aankaarten (zie ook rubriek 'Geschiedenis'). Daar tegenover staan tal van Tibetanen (vooral jongeren, zelfs tot in Dharamsala) die zijn houding tegenover Beijing te inschikkelijk vinden. Zijn imago in het Westen, waar er een gebrek aan spiritualiteit is, is groot, daar wordt hij zowat aanzien als een newagegoeroe en hij geeft er tal van conferenties. Maar bij zijn eigen volk, voor wie hij de spirituele en tijdelijke leider is, taant zijn aura, hij behaalt niet voldoende concrete resultaten.

Hoe dan ook, begin 2001 zorgde de dalai lama voor een verrassing toen hij aankondigde dat hij voorstander is van een verkiezingssysteem voor het aanduiden van zijn opvolger. Dat was pas revolutionair, hij brak met een eeuwenlange traditie. Het doel? Na zijn overlijden vermijden dat er een machtsvacuüm en een complete scheiding tussen de gemeenschap in ballingschap en de verschillende scholen van het Tibetaanse boeddhisme ontstaan. Er zou een lijst met kandidaten uit zijn regering in ballingschap worden opgesteld, waaruit iemand zal worden verkozen. Deze persoon krijgt dan een statuut dat te vergelijken is met dat van een eerste minister. Moet er een manier voorzien worden om te vermijden dat de toekomstige spirituele leider de jonge Karmapa wordt, die in december 1999 Tibet ontvlucht is? Omwille van voorouderlijke rivaliteit heeft de dalai lama er inderdaad voor gezorgd dat de Karmapa niet op de lijst van opvolgers kan worden gezet.

De dalai lama verbaasde ook door de modernisering van Tibet door China (zie 'Geschiedenis') goed te keuren. Hij is ongetwijfeld een uitzonderlijk man, die ver boven de twisten van zijn tijd op aarde staat. Wil je meer weten over de spirituele opleiding van de dalai lama, dan kun je *Kundun* van Martin Scorsese bekijken. Deze film vertelt het leven van de dalai lama van 1937 tot 1959. *Kundun* wordt beschouwd als een getrouwe weergave van het leven van de Tibetaanse leider. Scorsese baseerde zich op de memoires van de dalai lama, *Mijn volk en mijn leven, de Tibetaanse tragedie*. De jonge dalai lama is ook te zien in *Seven years in Tibet*, een vrije aanpassing van Jean-Jacques Anneau van het ongewone avontuur van Heinrich Harrer (zie hoger in de rubriek 'Reisliteratuur'). De films hebben een punt gemeen: Tibet is niet te zien, de film werd opgenomen op verschillende plaatsen (de Andes voor Annaud, de Verenigde Staten, Canada en Marokko voor Scorsese).

JAKS

Je zult ongetwijfeld jak in allerlei sauzen eten, als je traditionele thee drinkt, kom je onder zijn vet te zitten, je kledij ruikt onvermijdelijk naar de geur van jakboter die wordt gebruikt om de kloosters te verlichten. We konden dus moeilijk aan dit schitterende dier voorbijgaan. De koning van de Tibetaanse bergen speelt een belangrijke rol in het dagelijkse leven. De mensen eten zijn vlees, drinken zijn melk, gebruiken zijn maag om yoghurt in te bewaren, gebruiken zijn vacht om garen te spinnen, kledij, tenten en laarzen te maken. 's Winters wordt gedroogde mest gebruikt om zich te verwarmen. Tot slot wordt het leer van de jak gebruikt voor tassen en allerlei specerijen. Zelfs lichte bootjes, stel je voor! Van de melk van het wijfje, de *dri*, wordt boter voor in de thee, kaas, yoghurt en lampolie gemaakt. Zelfs voor cosmetica is deze melk nodig.

De jak is van nature schichtig en kan dus gevaarlijk zijn. Aan het begin van de 20ste eeuw beschreef de Russische avonturier Roerich ons de jak als volgt: 'Deze zware dieren, met een dikke wollige vacht, hebben een zachte en zekere tred wanneer ze met rust worden gelaten. Worden ze opgejaagd, dan worden ze ontembaar en sleuren hun berijders mee langs bomen en rotsen. De Tibetanen, die niet houden van de Chinezen, gaven hen een troep niet-afgerichte jaks'.

Vandaag zijn de wilde jaks nagenoeg verdwenen, er blijven er nog slechts een tienduizendtal over. Binnen het gezichtsveld grazen enkel de *dzo*, een kruising met runderen. Het wilde mannetje leeft alleen, hij is onvoorspelbaar. Vroeger verstopte iedereen zich tijdens het paarseizoen, wanneer het mannetje op zoek ging naar vrouwtjes, in het dorp. Het gebeurde door grote hekken...

KEUKEN

Een reis naar Tibet is geen gastronomische uitstap. Wil je het naar je zin hebben in dit land, dan reis je op de manier van de Khampa, de barbaarse nomaden uit het oosten van Tibet: onder het zadel gedroogd jakvlees, een zak *tsampa* (gegrilde gerst) met wat kaas aan de riem, wat Tibetaanse thee, een keteltje om op wat drek van de jak (die lopen toch overal) een beetje water op te warmen en een kom in de buiktas van de pelsmantel. Altijd handig, je kunt maanden overleven, het is licht, praktisch, snel en je hebt geen vaat! Hoe dan ook, zorg altijd dat je je eigen kom bijhebt op je trektocht door de hoogvlakte. De Tibetanen lenen die absoluut niet graag uit. Alexandra David-Néel legt dit heel goed uit. Ze merkt op dat rijke Tibetanen zich van de anderen onderscheiden door hun houten kom niet in hun *ambag*, de zak op de buikzijde van het Tibetaanse bovenkleed, te dragen, maar in een doosje dat ze aan een bediende toevertrouwen.

Wij zijn niet zo categorisch. Er bestaat echt wel een traditionele Tibetaanse keuken waar wat werk van wordt gemaakt, ja echt. **Momo** zijn kleine ravioli's die met vlees of groente worden gevuld. Gestoomd of gefrituurd lijken ze een beetje op de Chinese *jiaozi*. Andere klassiekers zijn de **thukpa**, een soep op basis van noedels, groenten en vlees, en de vrij eenvoudige curry's. De ondernemende Chinese immigranten uit Sichuan hebben overal hun eigen restaurants geopend waar je gerechten uit hun provincie, die aan Tibet grenst, kunt eten. Die zijn naar westerse smaak vaak wat te vet en te pittig, maar je kikkert er wel van op.

In Lhasa kun je je tegoed doen aan allerlei lekkernijen in een van de talrijke restaurants die worden uitgebaat door Nepalezen die verschillende keukens uit de streek en westerse specialiteiten beheersen.

In de steden wonen al sinds jaar en dag moslimgemeenschappen uit Centraal-Azië die hun eigen vaak heerlijke keuken hebben meegebracht, eenvoudig en niet duur.

Je kunt dus eigenlijk niet missen: een eettent vol Tibetanen of geïmmigreerde Chinezen is een garantie voor lekker authentiek eten met een heel goede prijs-kwaliteitverhouding.

Conserven, snoep en gedroogd fruit zijn zowat overal in de grote steden te krijgen, op het platteland is dat iets minder.

MEDIA

In 1950, op het moment dat de troepen van het Rode Leger Tibet binnendringen, verschijnt nog geen enkele onafhankelijke krant in het land. Vijftig jaar later worden alle toegelaten media, zowel geschreven als audiovisueel, gecontroleerd door China. Slechts een twintigtal clandestiene publicaties, die sporadisch verschijnen, dagen het informatiemonopolie van de Chinese Communistische Partij uit. Dit totale gebrek aan vrijheid is niet anders dan in China, maar in Tibet gebeurt de repressie door de overheid van elke vorm van expressie van autonomistische of onafhankelijkheidstheorieën systematisch. Graffiti met een onafhankelijkheidsgezinde boodschap, een affiche ophangen of openlijk 'anti-Chinese' propaganda verkondigen, daarop staan hier zware straffen.

Radio

In 1960 stuurt de openbare omroep *Tibet Radio* zijn eerste programma de ether in. Maar pas in september 1973 wordt in het Tibetaans uitgezonden. De officiële radio is het belangrijkste station voor het verspreiden van propaganda door de PCC. Volgens Chakemo Tso, een Tibetaanse journalist die naar Dharamsala (India) is gevlucht, worden de radiojournalisten verplicht een Chinese variant van het Tibetaans te gebruiken, het Tibetaanse accent niet meer te gebruiken en een uitspraak te hanteren die het Mandarijn meer benadert. De media worden door de Chinezen gebruikt om 'de Tibetanen te vernederen en hun cultuur te vernietigen'.

Het is nog wachten tot mei 1996 op de eerste onafhankelijke Tibetaanse zender, *Voice of Tibet* (VOT, ● www.vot.org), die uitzendt vanuit Noorwegen.

Ook de Tibetaanse afdeling van *Voice of America (VOA)*, sinds maart 1991, en *Radio Free Asia*, sinds 1996, zijn informatiebronnen voor de Tibetanen in het binnenland. Maar de Chinese overheid verstoort de programma's van deze zenders, ze gebruiken daarvoor apparatuur die wordt verkocht door een Franse onderneming, Thalès (installatie van antennes en zenders). Het beluisteren van buitenlandse zenders in het Tibetaans is een misdaad tegen de 'staatsveiligheid' geworden.

Televisie

Pas in 1978 zendt de *CCTV*, de Chinese staatstelevisie, voor het eerst uit vanuit Tibet, nadat in deze provincie een zendmast werd geïnstalleerd. In 1985 starten de autoriteiten een Tibetaanse zender op, de programma's worden eerst uitgezonden in het Mandarijns. Vandaag zijn meerdere zenders te bekijken via de satelliet. De presentatoren moeten wel het *Lhassa Hua* (het dialect van Lhasa) gebruiken, dat op z'n Chinees wordt uitgesproken, alweer een bedreiging voor het Tibetaans.

Kranten

In Tibet, meer nog dan in China, controleert de PCC de geschreven media. Vandaag telt het land minstens 180 uitgaven, van het *Weekblad voor de Tibetaanse Jeugd*, een krant voor de communistische jeugd van Tibet, opgericht in 1955, tot *Televisie en Radio in Tibet*, een wekelijkse radio- en televisiegids voor de Tibetaanse radio en televisie, gelanceerd in 1989.

Het *Tibetaanse Dagblad (Xizang Ribao)*, in het Tibetaans en het Mandarijns, is het belangrijkste dagblad in Lhasa en het persorgaan van het Tibetaanse Comité van de PCC. Het dagblad, dat werd opgericht in 1956 en uitsluitend door Chinezen wordt beheerd, publiceert enkel vertaalde artikelen uit het zeer officiële *Dagblad van China*. Daarnaast geeft de krant ook lokale informatie, vooral over de verwezenlijkingen van de Chinese administratie. Dorjee Tsering, een Tibetaans journalist die zes jaar voor het *Tibetaanse Dagblad* heeft gewerkt en vandaag naar India is gevlucht, bevestigt dat '99 % van de informatie die in het dagblad verschijnt, vertalingen zijn van het agentschap *Xinhua*'. Niettemin kent deze krant, volgens de journalist, een redelijk succes bij het Tibetaanse publiek sinds de publicatie van gedichten en vervolgverhalen.

Sinds het eind van de jaren 1980 verschijnen zo'n twintig clandestiene dag- en weekbladen. Met de hand geschreven, gezeefdrukt op een honderdtal exemplaren... Deze *underground* pers is vooral het werk van militanten voor de Tibetaanse zaak of van monniken. Vaak worden artikelen van schrijvers of lama's in ballingschap overgenomen of publicaties die verboden zijn in Tibet. Wordt de identiteit van de schrijvers achterhaald, dan wacht hen een zware gevangenisstraf. Zo zitten vijf monniken van het klooster van Drakar Trezong een straf van twee tot drie jaar uit. Ze worden via werk heropgevoed nadat ze in januari 2005 werden aangehouden omdat ze een politiek getinte krant uitgaven. In deze ondergrondse uitgaven worden vaak, via gedichten, politieke boodschappen verspreid: de dalai lama is een heilige berg, de leeuw van de sneeuw die overal op de Tibetaanse vlag staat, symboliseert de onafhankelijkheid van Tibet. In het noorden van India ontstond in 1996 de *Tibet Times (Bod-kyi-dus-bab)*, een driemaandelijks onafhankelijk blad in het Tibetaans, waarvan meer dan 3000 exemplaren worden verspreid. Het blad wordt voornamelijk verdeeld onder Tibetaanse ballingen, maar toch vinden enkele exemplaren hun weg naar Tibet.

Iedereen die de Chinese filters kan omzeilen, kan de websites met informatie, zoals • www.phayul.com, die in het buitenland zijn gevestigd, lezen.

Persvrijheid

Tibet kent een harde censuur. De propagandaverantwoordelijke in de provincie heeft onlangs herhaald dat 'op ieder niveau van de administratie, de kranten van de Partij moeten worden gelezen en bestudeerd'. Het is duidelijk dat hierin geen plaats is voor het onafhankelijkheidsgevoel van de Tibetanen.

De buitenlandse journalisten kunnen vrijelijk naar Tibet reizen sinds in januari 2007 nieuwe regels zijn aangenomen rond internationale pers. Maar er zijn verslaggevers die werden gevolgd, bedreigd en wier bronnen werden opgejaagd door de politie van Lhasa.

In 2007 werden drie Tibetanen veroordeeld tot zeven en acht jaar opsluiting omdat zij beelden van een vredesbetoging, die werd neergeslagen, uit het land hebben gesmokkeld. In feite waren het toeristen die dit hadden gedaan, maar de Chinese politie deed er alles aan om de schuldige Tibetanen te vinden.

De overheid in Beijing sluit systematisch alle blogs van de Tibetaanse dichteres Woeser en verbood in 2007 de Tibetaanse site The Lamp, waar schrijvers en studenten elkaar konden ontmoeten.

Deze tekst werd opgesteld samen met Verslaggevers zonder Grenzen. Voor meer informatie over de inbreuken op de persvrijheid kun je hen contacteren:

■ **Verslaggevers zonder Grenzen:** Rue Geoffroy-Marie 5, 75009 Parijs, Frankrijk. ☏ 00 33 1 44 83 84 84. • www.rsf.org.

MENSENRECHTEN: EEN BEZET LAND

Al meer dan een halve eeuw slaagt China erin, door het gebruik van terreur, discriminerende administratieve maatregelen en een actieve kolonisatiepolitiek, de Chinese cultuur in Tibet te verspreiden, en dat terwijl de hele internationale gemeenschap ongeïnteresseerd toekijkt. Het ultraliberalisme op z'n Chinees doet het traditionele Tibet waarschijnlijk meer kwaad dan eender welke gewelddadige repressiecampagne, maar toch is dit niet helemaal verdwenen.

Meer dan 250 monniken en nonnen zitten vandaag gevangen, er wordt systematisch gemarteld, vooral bij mensen die verdacht worden van 'separatisme'. Volgens *Human Rights Watch* werden bovendien ongeveer 700.000 Tibetaanse predikanten sinds 2000 verplicht zich om ecologische redenen permanent te vestigen. Het rechtstreekse gevolg hiervan is dat hun voorouderlijke pastorale gebruiken op die manier verloren gaan.

Het beleiden van het boeddhisme is enorm aan regels gebonden. Wie in de kloosters binnen wil, moet hiervoor toelating krijgen, zo kan de overheid het aantal gelovigen regulariseren. Een recente wet verplicht kloosters, die in de omgeving *tulkus* (gereïncarneerde lama's) opmerken, dit aan het departement voor religieuze zaken van hun provincie te signaleren. Zo kan dit de oorzaak hiervan nagaan.

De Chinese overheid, die tegenwoordig op zoek is naar internationale erkenning, moet het bewijs van dialoog leveren, maar is niet bereid zomaar alles te accepteren. Het recente bezoek van de dalai lama aan de Verenigde Staten, waar hij de medaille van het Congres kreeg, viel in Beijing niet in goede aarde. De voor deze gelegenheid door de boeddhistische monniken georganiseerde betogingen werden in Lhasa heel hard onderdrukt.

Heel wat Tibetanen kiezen ook vandaag nog voor ballingschap. Elk jaar zouden dat er 2500 tot 3000 zijn die naar Nepal proberen te gaan.

Voor meer informatie neem je contact op met:

In België
■ **Amnesty International Vlaanderen:** Kerkstraat 156, 2060 Antwerpen. ☎ 03 271 16 16. Fax: 03 235 78 12. ● www.amnesty.be. ● amnesty@aivl.be.

In Nederland
■ **Amnesty International Nederland:** Postbus 1968, 1000 BZ Amsterdam. ☎ (020)626 44 36. Fax: (020)624 08 89. ● www.amnesty.nl.

Ook bij ons in West-Europa blijven de mensenrechtenorganisaties strijden tegen discriminatie en racisme en voor de integratie van de minstbedeelden.

Prostitutie en aids
In China werd prostitutie, die officieel verboden is, lange tijd zwaar bestraft. Vandaag wordt dit toegelaten en het aantal prostituees groeit sterk. Tibet is geen uitzondering. Prostitutie is hier zeker niet nieuw, maar het groeiende aantal Chinezen heeft het probleem alleen maar verergerd. In steden met een militaire kazerne (zowat overal dus) stijgt het aantal bordelen pijlsnel. Het indrukwekkendst is dit in Lhasa en Shigatse. Volgens sommige bronnen zou de hoofdstad van Tibet het grootste aantal prostituees ter wereld in verhouding tot de bevolking tellen, ongeveer 3 % voor een duizendtal etablissementen. De Tibetaanse *mola* (oma's) werpen zich tegenwoordig ter aarde voor de Potala, nadat ze 8 km van hun bedevaart langs bordelen hebben getrokken, waar de prostituees breien in afwachting van een klant, vooral Chinese soldaten.

De eerste gevallen van aids doken in 1993 op, toen er in Tibet en China nog geen voorbehoedsmiddelen werden gebruikt en men op school aan artsen onderwees dat aids werd meegebracht door de buitenlanders. Onder internationale druk erkent China nu toch het probleem en start het land een opleidingsprogramma op ter preventie van aids.

Inbreuken op de mensenrechten en de rechten van de vrouw
Wil je een idee krijgen van de walgelijke praktijken en de verbeelding die de Chinese autoriteiten aan de dag legden om elke vorm van verzet in Tibet te breken, dan lees je de talrijke rapporten van de Tibetaanse en internationale ngo's (zie *Tales of Horror: Torture in Tibet*, van het Tibetaanse centrum voor Mensenrechten en Democratie). Rond Lhasa liggen heel wat gevangenissen. De kannonen, die je kunt zien vanop de hoge bergen rond de stad, zijn altijd op Lhasa gericht. Hier, net als in de andere pro-

vincies van China, worden straffen in het openbaar uitgesproken. Zwaailichten, loeiende sirenes, de stoet vrachtwagens laat de gevangenen zien. Executies vinden plaats bij het buitengaan van Lhasa, op een omheind terrein aan de weg naar de luchthaven, twee bochten voor de in steen uitgehouwen boeddha op de heuvel.

Net als overal in China wordt ook in Tibet de prijs van de kogel voor de executie aan de familie aangerekend. Toeristen houden hier halt om een foto te nemen van de boeddha zonder zich bewust te zijn van wat zich wat verderop afspeelt.

Controleren van het geloof

Aan de ingang van de kloosters rond Lhasa, Shigatse en Gyantse herinnert een gedenkplaat eraan dat de kloosters werkeenheden zijn zoals alle andere. Op het dak wappert een rode vlag in de wind, de monniken knielen en denken er, net als ieder ander aan, dat ze de partij gehoorzaamheid verschuldigd zijn... Vandaag de dag zijn de meeste monniken geïndoctrineerde jongelingen zonder kennis of ouderlingen zonder kracht. Wie zich verzet, wordt gevangengezet en/of gemarteld. Anderen worden vermoord of naar India verbannen. Van de 4000 hooggeplaatste monniken die het land in 1949 telde, blijven er vandaag maar enkelen meer over. Lama's mogen niet meer onderwijzen, Tibetaanse kaderleden worden vaak gedwongen deel te nemen aan 'politieke heropvoeding' van de monniken. Overal waar je een klooster ziet, zie je ook een gelastigde van Religieuze Zaken die rapporteert aan de Chinese overheid.

De spirituele opvolger van de dalai lama

Sinds 1995 weet niemand wat er van Gendun Choevkyi Nyima, door de dalai lama aangeduid als de incarnatie van de panchen-lama, de spirituele evenknie van de dalai lama maar dan zonder tijdelijke macht, is geworden. Hij werd geboren in 1989 en is de jongste politieke gevangene ter wereld. Hij zou met zijn familie in een bewaakte woning leven, maar waar, dat weet niemand. De Chinezen hebben een nieuwe panchen-lama aangeduid die hem moet vervangen. Met alle macht proberen ze hem te laten erkennen door de Tibetaanse monniken.

Maar de Chinese overheid kan niet alles controleren: eind december 1999-begin januari 2000 veroorzaakte de vlucht van de karmapa, derde in rang in de Tibetaanse boeddhistische hiërarchie en zowel door de Chinezen als door de dalai lama erkend, een ware teleurstelling bij de regering in Beijing. Op zevenjarige leeftijd werd hij in 1992 in het klooster van Tsurphu ingehuldigd. Tot zijn vlucht volgde hij Beijing gedwee. De Chinezen, die het imago van de 'goede' gelovige onderworpen aan de communistische macht, wilden gebruiken, slaagden erin hem twee keer naar China te halen en hem zelfs hun vervang-panchen-lama te laten ontmoeten. In twee weken legde de jonge Orgyen Trinley Dorje, 15 jaar, niet minder dan 900 km af door het hooggebergte, naar McLeodganj, een klein Staatsstation van Himachal Pradesh, 9 km boven Dharamsala, de hoofdstad van de Tibetanen in ballingschap. India verleende hem het statuut van politiek vluchteling, al is zijn situatie lang niet zo comfortabel als die van de dalai lama.

Al heeft elke religieuze daad in deze context een politiek gevolg, toch bracht de omgeving van de jongeman religieuze redenen naar voren voor zijn vlucht. De karmapa kon zijn religieuze opleiding in Tibet niet afronden en klaagde over de afwezigheid van zijn spirituele gids, in ballingschap in India en met het verbod naar Tibet terug te keren. Officieus kent zijn nakomelingschap heel wat verdeeldheid, omwille van de rivaliteit met dat van de dalai lama. Een tweede reden die werd aangehaald, betreft de dierbare relikwie van de orde: 'de zwarte muts' (zie verder 'Godsdienst en geloof, de Kagyüpaschool') die wordt bewaard in Rumtek en die de karmapa graag terug wil krijgen. De Indiase magistraten hebben hem onlangs de toegang tot de regio ontzegd. De fout ligt bij zijn mentor, Situ Rinpoche, een duister persoon.

Een cultuur in gevaar

Op de basisscholen bestaat een dubbel onderwijssysteem, in het Tibetaans en het Chinees. Op de middelbare en hogeschool (waar trouwens weinig Tibetaanse studenten zitten) is het Chinees de enige onderwijstaal. De jonge scholieren weten maar al te goed dat hun toekomst in het Chinese Tibet afhangt van hun kennis van de taal van Mao. Het Tibetaans opent geen enkele deur naar werk. Iedereen heeft tegenwoordig trouwens ook een Chinese naam. De Chinezen verdedigen zich door te stellen dat voor 1949 amper 2 % (een cijfer dat waarschijnlijk is overdreven) van de Tibetanen toegang tot onderwijs had, terwijl dat vandaag 50 % is. Maar het marginaliseren van het Tibetaans is een feit dat voor een groot deel bijdraagt tot acculturatie van het Tibet van vandaag. De echte Tibetaanse opleiding blijft voorbehouden aan gezinnen die de middelen hebben hun kinderen naar India te sturen. Wie het zich niet kan permitteren naar school te gaan, wordt tweederangsburger in eigen land.

De grote toeloop van Hanchinezen, aangemoedigd door de overheidspremies, heeft het demografisch onevenwicht in de regio definitief bevestigd. In 2020 zal de streek nagenoeg 15 miljoen Chinezen tellen, wat de Tibetanen het statuut van minderheid bezorgt. In de grote steden is een groot deel van de historische centra, zoals dat van Lhasa, vernield. Er werd zelfs voor het bekende paleis van Potala een 37 m hoog monument opgericht ter nagedachtenis van de 'vreedzame bevrijding' van Tibet door de Chinese troepen in 1951. Een groot deel van de steden, waaronder ook Lhasa, zijn tegenwoordig Chinees. De Tibetaanse wijken (*tibetantown*) worden teruggedrongen tot hun oorspronkelijke straten.

De trein, eerste middel voor de 'economische ontwikkeling' van Chinees Tibet, en de ontdekking van nieuwe petroleumvindplaatsen in de streek zullen dit fenomeen ongetwijfeld nog versterken.

Geboortecontrole

Het spreekt voor zich dat ook in Tibet, zij het minder streng, de contraceptieve maatregelen bij vrouwen, net als de politiek rond geboortebeperking, ingevoerd werden. Op het platteland mogen vrouwen drie kinderen krijgen, in Lhasa twee. Als ze voor de overheid werken, is dat maar een kind. Overtreden ze deze regel, dan moeten ze een boete betalen. Bovendien worden de kinderen niet geregistreerd, gaan ze niet naar school en kunnen ze geen officieel ambt bekleden. In elk dorp controleert en bestraft een *Women Federation*. De organisaties voor de bescherming van de mensenrechten maken nog steeds melding van gevallen van gedwongen sterilisatie.

En Tibet morgen?

De onderhandelingen liggen stil. De 'weg van het midden', gepredikt door de dalai lama (een staat van verregaande autonomie) lijkt in een impasse te zitten. Tibet zal nooit meer zijn wat het was, dat valt niet te ontkennen. Het land wordt uitgerust: spoorwegen, nieuwe wegen, bruggen, tunnels. Het is echt heel jammer dat Tibet een groot deel van zijn identiteit verliest en bezwijkt onder het fatale juk van het Chinese 'ultraliberalisme'. Maar gelukkig geeft het boeddhisme de Tibetanen een sterk gevoel van territoriale eenheid.

Als je door Tibet reist, krijg je een beeld van deze pijnlijke context. Jonge Tibetanen uit Lhasa, die willen reageren, hebben niet liever dan dat je hun land bezoekt. Ze passen zich aan de nieuwe situatie aan om zo hun cultuur nieuw leven in te blazen en de levenswijzen van hun landgenoten, nomaden en kluizenaars, te bewaren. Op reis gaan naar Tibet is in zekere zin ook de Chinese overheid overtuigen van het belang van dit patrimonium, ondanks de folklore die hiermee gepaard gaat.

MILIEU

Tenzin P. Atisha vat de houding van de Tibetanen tegenover de natuur zo samen: 'Het verbod de natuur te ontginnen, is rechtstreeks verbonden met het geloof in de onderlinge afhankelijkheid tussen planten, dieren en levenloze elementen van de natuurlijke wereld, alsook van het feit dat zij deel uitmaken van ons dagelijkse leven'. Dit verbod, dat werd uitgesproken door de vijfde dalai lama was al sinds 1642 onderdeel van een soort 'decreet'! Sinds 1959 heeft de massale toestroom van Chinezen (militairen of burgers) bijgedragen tot een groeiende aantasting van de aardse bronnen en het broze Tibetaanse ecosysteem. Uit een studie (december 2003) blijkt dat vandaag 50 % van de 4000 meren van de Qinghai-Tibetvlakte verdwenen is en dat 70 % van de weiden verlaten zijn. Dit heeft de ruimte die nodig is voor de dieren, vooral de jaks, aanzienlijk verkleind, zeldzame diersoorten zijn tegenwoordig bedreigd. Hoe lang nog zullen de herders, een volk dat nagenoeg alleen jakvlees eet, hun kuddes in het malse gras van de bergweiden laten grazen, hoe lang nog zullen zij weerstaan aan aanvullende voeding. Dit kondigt het einde aan van de laatste veehoeders en dwingt hen tot financiële afhankelijkheid en het zoeken naar een vaste verblijfplaats.

Wat nog overblijft, is de omgeving. Het land, de grootste hoogvlakte ter wereld, beïnvloedt aanzienlijk de atmosferische en klimatologische toestand van het Aziatische continent. Daarnaast is het ook de watervoorraad van Azië. Hier ontspringen grote stromen als de Brahmaputra, de Indus, de Karnali, de Yangze, de Mekong en de Salween, die bijna de helft van de wereldbevolking van water voorzien! Nog een reden voor de interesse van de Chinezen in Tibet. Als een van deze rivieren vervuild zou raken, dan zouden de gevolgen voor het continent niet te overzien zijn.

Voor de Chinese invasie strekten de eeuwenoude Tibetaanse bossen zich uit over 221.000 km². Net als overal in China maakten ook deze bossen deel uit van de ontbossingspolitiek, waardoor ze meer dan gehalveerd werden. Gevolg daarvan is het verdwijnen van de humuslaag, vooral in de sterk hellende valleien. De rivieren raken vol modder, er zijn steeds meer overstromingen en modderstromen. Gelukkig heeft het hoogwater aan het eind van de jaren 1990 de Chinezen gedwongen dringende maatregelen te nemen om de natuur te beschermen.

RELATIE CHINA-TIBET

Waarom heeft China zoveel interesse voor Tibet?

Historische redenen

Tibet is voor de Chinezen een echte mythe. De schrik van de Han voor de barbaren uit het westen is zo oud als het land zelf. De Mongoolse troepen en Tibetaanse ruiters hebben China regelmatig aangevallen. In 641, de periode van het Tangkeizerrijk, huwde de Tibetaanse vorst Songtsen Gampo een Hanprinses nadat hij de Chinese hoofdstad had belegerd. Om zich tegen deze invasies te beschermen, bouwden de Chinezen de befaamde Chinese Muur. Deze angst bleef verankerd in het geheugen van de Han. In zijn eerste toespraak verkondigde Mao duidelijk zijn bedoelingen met Tibet: om de revolutie en het nieuwe China te beschermen, moest worden begonnen met het verdedigen van de grenzen in het westen. Enkele maanden later drong het Volksbevrijdingsleger Tibet binnen. Om deze interventie te rechtvaardigen, bevestigen officiële Chinese documenten (zoals op de websites van de ambassades van China) luid en duidelijk dat Tibet al eeuwen deel uitmaakt van het Chinese grondgebied... Een jammerlijke wending in de geschiedenis: de Tibetanen betalen vandaag nog steeds de prijs voor de roemrijke dromen uit een vorige eeuw. Want op het moment dat de Chinezen tot het offensief overgingen, was Tibet al lang op zichzelf aangewezen. Het land leefde geïsoleerd, in tegenstelling tot hun imperialisme van vroeger.

Economische redenen

Het overbevolkte China droomde van de verlaten vlaktes om er een deel van de 500 miljoen inwoners op dat moment te vestigen en om er de rijkdommen te ontginnen die de volksrepubliek rijk zouden maken. Jammer genoeg bleken de vlaktes te arm voor de colonnes Chinezen uit het laagland en de mineralen te diep in de grond om ze tegen een redelijke kostprijs te ontginnen. Maar de voorraden zijn er. Wetenschappers beweren dat mineralen als bauxiet, borax, koper, chroom, zilver en ijzer, die in de ondergrond van Tibet te vinden zijn, goed zijn voor 40 % van de voorraden van China. Bovendien zou Tibet de grootste lithiumafzetting ter wereld hebben (bijna 50 % van de wereldvoorraad). Wat uranium betreft, iedereen mag dromen...

Strategische redenen

Strategisch gezien kan Tibet, omwille van zijn hoogte, de meeste omliggende hoofdsteden domineren: New Delhi, Islamabad, Kabul, Dhaka, Bangkok of Moskou. In de ogen van de Chinese overheid is deze uitzonderlijke geografische ligging belangrijker dan de exorbitante som die het bezettingsleger kost, dan de politieke tegenslagen, de plaatselijke opstanden maar ook belangrijker dan de verontwaardiging van een deel van de internationale publieke opinie over de permanente schending van de mensenrechten in Tibet. En dat verklaart waarom de Chinezen Tibet nooit zullen verlaten, of het zou gedwongen en met geweld moeten zijn. Maar waarom? En door wie?

Als je rekening houdt met de inzet en met de schrik voor economische sancties, die met de mondialisering van vandaag enkele grote westerse ondernemingen in moeilijkheden zouden brengen, is geen enkele staats- of regeringsleider geneigd China aan te spreken over de lastige kwestie Tibet.

Demografisch onevenwicht

Vandaag bestaat 60 tot 70 % van de bevolking, en met name in Lhasa, uit Chinezen. De Tibetanen laten steeds meer werkjes over aan de ingeweken Chinezen, die natuurlijk niets liever willen. Ze sparen yuan na yuan, terwijl de welgestelde Tibetanen mahjong spelen voor grof geld. De armen vluchten liever in het geloof. En dan denk je aan het citaat van Regis Debray in *La critique de la raison politique*: 'Religie is niet langer opium voor het volk maar vitamine voor de zwakke'. Deze houding doet denken aan die van de aristocraten voor de inval van de Chinezen: tot het laatste moment zagen de rijke families die over Tibet heersten, het niet aankomen en kozen ze voor de struisvogelpolitiek...

Moeten we het door China bezette Tibet boycotten?

Deze vraag werd enkele jaren geleden aan de dalai lama gesteld. Hij gaf een nogal dubbelzinnig antwoord: 'Dat een deel van de dollars van de toeristen naar de Chinezen gaat, is voor mij geen probleem. Ik heb liever dat veel mensen naar Tibet reizen en met eigen ogen de onderdrukking door de Chinezen zien en hierover in hun eigen land vertellen'. Ook de Tibetanen in Tibet zelf bevestigen dit, voor hen wijst de aanwezigheid van toeristen erop dat de rest van de wereld hen niet vergeten is.

Maar het moet gezegd dat de toerist vandaag niet zoveel zal merken: bij een bezoek aan een tempel zie je geen onderworpen monniken: de orde op het Jokhangplein wordt bewaard door plaatselijke wachters die in het Tibetaans de verdwaalde volgelingen toespreken. Veel van de kloosters zijn weer even schitterend als voorheen. En de eersten die de toeristen te zien krijgen, behalve de taxichauffeurs, zijn de Tibetanen die de toeristen in de hotels ontvangen, hen rondleiden en overal heen brengen in hun terreinwagens.

Toch moet je weten dat, hoewel de façade Tibetaans is, de top van de piramide bestaat uit Chinezen, zij nemen de beslissingen. Maar ze bestaan, de Chinezen die door de Tibetanen in de armen worden gesloten. Het zou al te simplistisch zijn hen over dezelfde kam te scheren als de andere Chinezen. Je komt in Tibet ook echte Chinese trotters tegen, die net als alle andere toeristen vol zijn van hun ervaringen op het dak van de wereld. Gelukkig duidt een nationaliteit niet altijd op een politieke overtuiging!

China, gewapende arm van de vooruitgang

Reizen naar Tibet is het uitgelezen moment om eens na te denken over de voor- en nadelen van de moderne wereld. De Chinezen combineren de globalisatie met een traditionele en unieke samenleving. Minder dramatisch, en op veel kleinere schaal, zien we wat er in Bhutan gebeurt. In dit kleine koninkrijkje in de Himalaya waar maar met mondjesmaat toeristen zijn toegelaten, die dan nog eens een hoge toegangsprijs moeten betalen, worden de inwoners tegenwoordig verleid door de lokroep van de vooruitgang na jaren van strenge afzondering. Zoals overal zijn ook de jonge Tibetanen in de ban van het modernisme, zelfs als dat wordt ingevoerd door China en niet uit vrije wil wordt toegelaten. Daar tegenover staan dan weer mensen met een andere houding, die bijvoorbeeld uit liefde voor Tibet beweren dat het een schande is de hoofdas van Lhasa te asfalteren, omdat een aardeweg authentieker is. Dit getuigt van een enge denkwereld, ja zelfs van misplaatst egoïsme. Klemgezet door de anderen verklaren zij dat ze al deze modder en dat stof in hun land niet verdragen. Tot grote verbazing van de hele wereld moedigde de dalai lama ondubbelzinnig de economische ontwikkeling van zijn onderontwikkelde en achtergestelde land, onder impuls van de Chinezen, zelfs aan. Dit moet je natuurlijk zien in de juiste context (zie rubriek 'Geschiedenis'). Natuurlijk heeft dit niks te maken met de blanco volmacht die aan de groei wordt gegeven en die het milieu en de identiteit van het Tibetaanse volk opoffert.

Koetsjie koetsjie dalai-lamaplaatje!

'Geef me alsjeblieft een foto van de dalai lama', vragen ze, met de duimen in de lucht en de tong uit de mond, teken van respect en verwachting...

Tot 1995 hadden de toeristen officieel niet het recht foto's van de dalai lama uit de delen aan de Tibetanen op straat of in de kloosters. Maar dit gebeurde toch, het risico was niet zo groot. Sinds 1996 staan de zaken er anders voor. Na 40 jaar vreedzame bevrijding van Tibet wil China nergens ter wereld nog zien dat de rode loper voor de dalai lama wordt uitgerold. Sommige mensen houden er niet zo van dat het volk nog steeds een onwrikbaar geloof behoudt in de lama's, compleet met offers gaande van een boterlamp over vrijwilligerswerk in de kloosters tot geld. Vandaag zijn foto's van de dalai lama formeel verboden in de tempels, maar ook bij de mensen thuis. Deel ze dus niet meer uit. Ook niet in het geheim, je brengt de mensen in grote moeilijkheden. De Tibetanen vinden zelf wel manieren om dit verbod te omzeilen. Tijdens de culturele revolutie verborgen ze de plaatjes van de heilige man achter de officiële en verplichte foto van Mao... Vandaag verschijnen en verdwijnen affiches en prenten als bij toverslag. Bepaalde plaatselijke overheden tonen begrip en grijpen in voor er wordt gecontroleerd. In het gedeelte van de provincie Kham (Oost-Tibet) dat bij Sichuan hoort, worden foto's in de meeste kloosters oogluikend toegestaan. De meeste nomaden dragen trouwens een medaillon met de foto van de dalai lama.

Neem geen onnodige risico's

Zet je je in voor de zaak van de Tibetanen, je riskeert niet veel: een bekentenis in drie exemplaren, een boete, eventueel een nachtje op het politiecommissariaat. In het slechtste geval word je terug naar de grens gestuurd. De Tibetanen die je hebben geholpen, voor een aalmoes of uit politieke overtuiging, hangt daarentegen een zware straf boven het hoofd. Vooral de monniken zijn hier het slachtoffer van. 15 jaar dwangarbeid is in China geen uitzonderlijke straf voor iemand die wordt verdacht van handelingen tegen het regime.

De weg van de wijsheid

In 2007 werd in Dharamsala, in India, de zesde miss Tibet verkozen, de 21-jarige Tenzing Dolma. Ze verklaarde: 'Ik ben er trots op deze titel te mogen dragen. Dit is de gelegenheid om te zeggen dat Tibet niet bij China hoort, dat het land vrij moet zijn'. China protesteerde, net als de meest behoudsgezinde leden van de Tibetaanse geestelijkheid. Voor hen was deze verkiezing 'in strijd met de boeddhistische waarden en tradities'. De dalai lama, die zoals gewoonlijk de weg van het midden predikt, zou hebben toegevoegd dat 'er ook een mister Tibetverkiezing zou moeten worden gehouden'.

Nieuwe strategische samenwerking: de nieuwe spoorweg

Een spoorweg, de hoogste ter wereld, van Golmud naar Lhasa, een droom? Maar neen! Toch... en het is allemaal heel snel gegaan... ondanks de voorspelling van technische, ecologische en menselijke problemen. Misschien werd het essentieelste over het hoofd gezien, het talent van de Chinezen bij grote werken, en dat al duizenden jaren lang. De officiële opening vond plaats op 1 juli 2006. Sinds die dag stort de trein zijn dagelijkse aantal toeristen en bedevaarders uit.

Een paar cijfers: de weg is 1118 km lang. De helft is gebouwd op de permafrost, 70 % ligt hoger dan 4500 m. De spoorweg telt meer dan 2500 bruggen, 11 tunnels en 34 stations. Het totale kostenplaatje bedraagt 4 miljard euro, ofwel drie keer meer dan Beijing de voorbije 50 jaar voor het onderwijs en de gezondheid van de Tibetanen heeft uitgegeven.

Om de, extreem hoge, bouw- en beheerskosten te laten opbrengen, rekent de overheid op 900.000 toeristen extra per jaar. De spoorweg zou ook het vervoer van minerale grondstoffen, die worden gedolven in de bevroren en ruige ondergrond, moeten vergemakkelijken. Er zou al meer dan een miljoen ton koper en duizenden ton kobalt gevonden zijn.

En de negatieve effecten van de spoorweg? Ecologisch gezien moet worden gezegd dat de Chinezen een aanzienlijke inspanning hebben geleverd door op alle niveaus van het project rekening te houden met het milieu. Er werd geprobeerd de impact op fauna en flora (de spoorweg rijdt door enkele reservaten) van deze regio, die al wordt bedreigd door de opwarming van de aarde, te beperken.

Anderzijds wordt vaak het spookbeeld van een snellere kolonisatie door de Han aangehaald, naar het voorbeeld van wat in Xinjiang is gebeurd na het openstellen van de spoorwegen. Het gevaar bestaat. De deelname van de Tibetanen en het behoud van de culturele identiteit maakt de kern van het debat uit, de trein zelf is maar een bijkomstig hoofdstuk. De dalai lama, die de verbinding Golmud-Lhasa eerst veroordeelde, beschouwt de afwerking ervan nu als een extra manier voor Tibet om de armoede en de achterstelling achter zich te laten. Natuurlijk is dit gekleurd door een sterk pragmatisme, maar is deze houding geen typisch voorbeeld van het boeddhisme?

UNESCO WERELDERFGOED

Om op de Werelderfgoedlijst te raken, moeten de plaatsen een uitzonderlijke universele waarde hebben en voldoen aan minstens een van de tien selectiecriteria. De bescherming, het beheer, de authenticiteit en de integriteit zijn ook belangrijke overwegingen.

Het patrimonium is het erfgoed uit het verleden waar we vandaag van kunnen genieten en dat we doorgeven aan de generaties na ons. Ons culturele en natuurerfgoed zijn twee bronnen van leven en inspiratie die onmogelijk kunnen worden vervangen. Deze plekken behoren toe aan de hele wereld, zonder rekening te houden met de landen waar ze zich bevinden. Voor meer informatie kun je surfen naar ● http://whc.unesco.org.

Voor Tibet staat er 1 culturele plek op de lijst: de Potala in Lhasa, sinds 1994. Ook op de lijst staan de tempels van Jokhang en Norbulingka, die in 2000 en 2001 werden toegevoegd.

UNITAID

'De overheidssteun bij ontwikkeling is vandaag onvoldoende', zo zeggen de Verenigde Naties. De belangrijkste doelstellingen zijn het halveren van de extreme armoede in de wereld (1 miljard mensen moet vandaag rondkomen met minder dan 1 dollar per dag), het behandelen van iedereen met aids, malaria en tuberculose en basisonderwijs voor alle kinderen tegen 2020. De staten leveren maar de helft van de nodige middelen (80 miljard dollar).

Met dit in het achterhoofd werd in 2006 Unitaid opgericht, dat medicijnen tegen aids, tuberculose en malaria aankoopt.

Vandaag werken meer dan 30 landen aan een solidariteitsbijdrage op de vliegtickets, voornamelijk voor het financieren van Unitaid. Daarmee hebben ze de burgers ook betrokken bij de solidariteit, een wereldpremière, een internationale fiscaliteit om de mondialisering te regulariseren: via het vliegticket draagt eenieder bij tot het verminderen van de ongelijkheid die ontstaat door de mondialisering.

De werking van Unitaid is heel eenvoudig en transparant. Bureaucratie is er niet want Unitaid is ondergebracht bij de WGO, het beheer gebeurt door de begunstigde landen en de ngo-partners. Dankzij de 300 miljoen dollar die in 2007 werd ingezameld, kon Unitaid acties opstarten voor 100.000 seropositieve kinderen in Afrika en Azië, 65.000 aidspatiënten, 150.000 kinderen met tuberculose en zullen 12 miljoen malariakuren verspreid worden.

Wil je meer weten, surf naar ● www.unitaid.eu.

TIBET

LHASA

2.000.000 INWONERS | NETNUMMER 0891 | HOOGTE: 3658 M

VAN DE VERBODEN STAD...

Eeuwenlang was Lhasa binnenkomen nagenoeg onmogelijk en voor buitenlanders vaak verboden. Zo ontstonden de gekste verhalen, die de nieuwsgierigheid van avonturiers, missionarissen en spionnen van allerlei slag nog aanwakkerden. In de 16de eeuw slaagden Portugese priesters erin een missiepost op te richten, maar de missionarissen die na hen kwamen, werden al snel verbannen omwille van hun bekeringsijver. In de 18de eeuw waagden de priesters Huc en Gabbet hun kans om de Verboden Stad binnen te raken. Ze bleven er echter niet zo lang.

Terwijl de missionarissen niet meer konden doen dan volgen in het zog van het Chinese leger dat Tibet wilde binnendringen, stuurden de Engelsen in de 19de eeuw hun *pandit*-spionnen uit, Indiërs die vermomd als bedevaarders de kilometers op hun rozenkrans bijhielden en hun plaatsbeschrijvingen verstopten in hun gebedsmolens. Kipling liet zich door dit heldendicht inspireren voor zijn beroemde roman *Kim*.

Uiteindelijk was het de Engelse commandant Younghusband die zich niet hield aan zijn missie en naar Gyantse marcheerde. In 1904 kwam hij Lhasa binnen. Na deze expeditie richtten de Engelsen er filialen op. Velen van hen verhuisden naar Lhasa, waaronder de bekende H. Richardson, die van Tibet hield en verschillende monografieën en uitzonderlijke foto's op zijn naam heeft staan.

In 1924 komt de Franse Alexandra David-Néel na maanden ronddolen, verkleed als bedelares, in de Verboden Stad aan. Bij haar was haar aangenomen zoon lama Yongden. Ze vertelt over haar buitengewone avontuur in haar bekende werk *Een vrouw trekt door Tibet*.

In 1943 ontsnappen de Oostenrijkse alpinisten Heinrich Harrer en zijn makker Aufschnaiter uit een gevangenenkamp in de Indiase Himalaya, ze vluchten naar Tibet. Daar blijven ze zeven jaar, bereiken er Lhasa en raken er zelfs bevriend met Tenzin Gyatso, de huidige dalai lama die op dat moment zo'n tien jaar oud was. Ze wijden hem in de geheimen van de mechanica en de filmkunst in. In 1950 vertrekken ze uit Tibet, op aanraden van de jonge dalai lama. Op dat moment dringen de Chinezen Tibet in het oosten binnen. Harrer zelf vertelt over zijn avontuur (zie 'Reisliteratuur'), dat later wordt verfilmd door Jean-Jacques Annaud.

In 1951 wordt Tibet opnieuw verboden terrein voor buitenlanders, op enkele met zorg uitgekozen journalisten, zoals de pro-Chinese Han Suyin, na. Pas in 1980, wanneer een meer liberale koers wordt gevaren, staat het land officieel opnieuw open voor het toerisme.

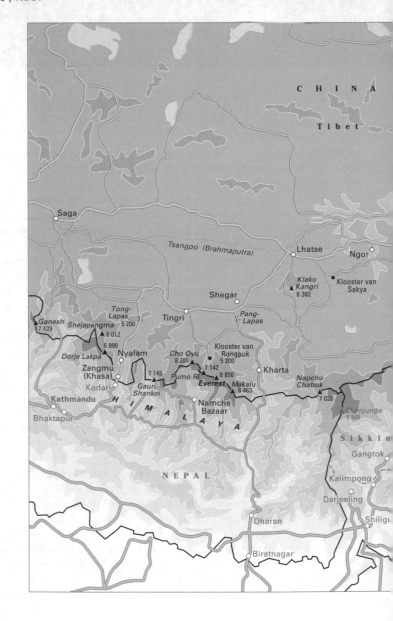

CHINA

Tibet

Saga

Tsangpo (Brahmaputra)

Lhatse

Ngor

Klako
Kangri
6 392

Klooster van
Sakya

Shegar

Tong-
Lapas
5 200

Tingri

Pang-
Lapas

Ganesh
7 429

Shejapangma
8 012

6 990

Nyalam

Cho Oyu
8 201

Klooster van
Rongpuk
5 200

Dorje Lakpa

7 142

Kharta

Zangmu
(Khasa)

7 145

Pumo Ri

8 850

Napchu
Chabuk

Kodari

Gauri
Shankei

Everest

Makalu
8 463

7 028

Kathmandu

H
I

M

Namche
Bazaar

Chenjunga
8 586

Bhaktapur

A

L

Sikkim

A

Y

A

Gangtok

NEPAL

Kalimpong

Darjeeling

Dharan

Shiligu

Biratnagar

TIBET – DE STREEK ROND LHASA

... TOT HET LHASA VAN VANDAAG

Door de oude straatjes van Lhasa dwalen, rondsnuffelen op het Barkhor, de lanen naar de Potala en andere belangrijke plekken ontdekken, kuieren door de buitenwijken die zich steeds verder uitstrekken... Je stelt je vragen bij de toekomst van deze stad die zo snel verandert. Volgens de optimist zal de haast die hier tegenwoordig heerst, de tradities niet verdringen. De Tromsikhang, letterlijk 'de markt van het huis', ruikt nog steeds naar ranzige boter en gefermenteerde knollen. Pakjes waspoeder, hopen gedroogde kaas en Chinese prulletjes stapelen zich op, net als op elke andere markt in elk ander ontwikkelingsland.

Maar buiten dit afgeleefde centrum breidt de Chinese stad zich ongebreideld uit: een allegaartje van gloednieuwe neonlampen en kleurrijke winkelramen, reuzengrote borden hangen boven de voorbijgangers. Iedereen hier in de brede, lijnrechte lanen heeft een telefoon tegen het oor geklemd, zelfs de monniken, zelfs de nonnen. Hier zie je alleen nog grote supermarkten en *fashionwinkels*, mannequins gaan gretig in de houding staan voor de stomverbaasde bedevaartgangers. Zowat overal zijn er hippe bars, de hotels werden in een nieuw jasje gestoken, in de kraampjes bij de religieuze bezienswaardigheden kun je enkel nog nepwaar, geïmporteerd uit India, kopen.

Dit is de realiteit. Lhasa is nagenoeg een Chinese stad, zoals alle andere.

In maar weinig steden ter wereld zie je zo'n tegenstellingen. Denk aan Benares, in de bergen, minder plakkerig en met meer lucht. Treur niet over alles wat verloren is gegaan, maar lach om de roltrap in de oude stad, walg van de Dicos (Amerikaanse fastfoodketen) op het Barkhor, dompel je onder in de massa bedevaarders. Op hen, burgerij uit de stad of nomaden van de hoogvlakte, lijken al deze veranderingen geen vat te hebben. Als je voor het eerst in Lhasa bent, krijg je het gevoel een speciaal voorrecht te genieten: in de Verboden Stad rondwandelen... Maar voor hoe lang nog?

AANKOMST OP DE LUCHTHAVEN

🔲 **Gongkar Airport:** 60 km ten zuidwesten van Lhasa (rit van een uur), aan de twee bruggen en de tunnel onder de rivieren de Kyichu en de Brahmaputra. ☎ 62 46 315. De luchthaven is vrij modern en gebruiksvriendelijk. Om te wisselen ga je naar buiten naar de hoofdweg, daar ligt een kantoor van de *Bank of China*.

🔲 **Busdienst van de CAAC:** bij de aankomst wachten ze de passagiers van elke vlucht op de parking op, ze brengen je tot bij de Potala.

🔲 **Taxi's:** op de parking van de luchthaven. Je betaalt minstens 150 ¥ (€ 15).

JE ORIËNTEREN

Lhasa strekt zich van oost naar west uit over zo'n 10 kilometer, parallel met de Kyichu in het zuiden, voor die zo'n 50 km ten zuidwesten van de hoofdstad uitmondt in de Tsangpo (Brahmaputra).

De Tibetaanse oude stad ligt in het zuidoosten van de agglomeratie, de grote lanen van de nieuwe Chinese wijken in het westen en het noorden.

De straat Dekyi Lam in het Tibetaans (of Beijing Lu 北京路 in het Chinees) vormt de hoofdas van de stad. Ter hoogte van de oude stad heet deze straat Dekyi Shar Lam (of Beijing Donglu). *Shar* en *Dong* betekenen 'oosten' in beide talen. In het noorden loopt de straat langs de Jokhang, de heiligste tempel van het land. Hier komen nog heel wat straatjes en steegjes uit de oude Tibetaanse wijk op uit. Een echt doolhof waarin je al snel het noorden kwijtraakt. Het historische centrum wordt afgebakend door weg van de *Barkhor*, een traject dat met de wijzers van de klok mee loopt en dat de bedevaarders rond de Jokhang volgen.

Voorbij de esplanade tegenover de Potala verandert de naam van Dekyi Lam in Dekyi Nub Lam of Beijing Xilu (*Nub* en *Xi* betekenen 'westen') en loopt naar het klooster van Drepung. Onderweg kom je langs het Norbulingkapark, het museum en het busstation. Het treinstation ligt bij Drepung, aan de andere kant van de rivier. Een taxirit van het stadscentrum naar hier duurt zo'n 25 minuten.

TRANSPORT IN DE STAD EN DE OMGEVING

Taxi: er zijn er veel, een handig vervoermiddel naar de Potala of het Seraklooster bijvoorbeeld. Enig minpuntje, de chauffeurs zijn meestal Chinese immigranten die niet of nauwelijks Engels of Tibetaans spreken. Norbulingka en Sera zijn dus... Chinees voor hen. Houd een stadsplattegrond bij de hand, daar staat alles ook in Chinese tekens op. Toon de vertaling die je in deze gids vindt, aan de chauffeur. Geen teller, je betaalt altijd 10 ¥ (€ 1), waar je ook heen gaat binnen de stad. Voor langere afstanden onderhandel je.

Ministadsbussen: volgen een vast parcours, voor de bescheiden som van 2 ¥ (€ 0,20). Goed om te weten: lijn 301 rijdt tussen Barkhor en Drepung (via de Potala), bussen 502 en 503 rijden naar Sera. Op de andere bussen staat geen bestemming. Probeer het eens uit, roep je bestemming wanneer ze aan de halte aankomen.

Riksja's: 5 tot 10 ¥ (€ 0,50 tot 1) per rit tussen de Potala en het stadscentrum, onderhandel over de prijs.

Verhuur van fietsen: in verschillende pensions kun je een degelijke fiets huren (zie 'Slapen'). Je betaalt ongeveer 20 ¥ (€ 2) per dag. Ben je op zoek naar een specialist, dan vind je die in de grote fietsenzaak *(detailplattegrond D2, 1)* tussen de jeugdherberg *Dongcuo* en *Banakshöl*. Redelijke keuze en doorgaans goede staat. Afnemende prijzen. Je betaalt een waarborg van 300 ¥ (€ 30) of je geeft je identiteitskaart af. Leuk want de stad is vlak en op de grote wegen is een fietspad voorzien. In de oude stad mag je echter niet met een fiets binnen. Enkel interessant dus voor tochtjes naar het westen (Potala, Norbulingka, zelfs Drepung maar de weg is vrij steil naar het eind toe) of het noorden (Sera). Bekijk je fiets goed, vraag een veiligheidsslot. Wacht bovendien ook tot je aan de hoogte bent aangepast voor je op de fiets springt. De kleine agentschappen bieden mountainbiketochten aan. Speur de affiches van de pensions af.

Wandelen: heel leuk en in ieder geval een verplichting voor Barkhor. De Potala ligt maar 10 tot 20 minuten van de Jokhang.

Verhuur van auto's: nutteloos in de stad, maar aangezien het openbaar vervoer hier quasi onbestaand is, heb je echt wel een wagen nodig voor uitstapjes buiten de hoofdstad (lees hierover rubriek 'Transport binnenland' in het hoofdstuk 'Tibet praktisch').

NUTTIGE ADRESSEN EN INFORMATIE
Diensten

Hoofdpostkantoor (algemene plattegrond C1-2): Beijing Donglu, net voor je aan de Potala aankomt. Dagelijks geopend van 9.00 tot 12.00 u en van 15.30 tot 17.30 u.

Bijkomende diensten, internationale postdienst (snel of traag, EMS), van 9.00 tot 20.00 u. Een bijkantoor op de Jokhangesplanade (tegenover restaurant *Himalaya*). Het 'internationale' loket, 国际邮局, is de enige mogelijkheid om pakjes naar het buitenland te versturen. Je kunt hier ook terecht als je *Western Union* nodig hebt. Dozen, touw en plaklint kun je daar krijgen. Alles wat je verstuurt, wordt minutieus gecontroleerd, om ervoor te zorgen dat alles voldoet aan de Chinese en internationale regels. Poste restante aan het loket 'International Business Post'. Geef dit adres door aan je correspondenten: 'Poste Restante, Main Post Office, Lhasa, Tibet, China'.

☎**Telefoon en fax:** de meeste telefooncellen van *China Telecom* in Lhasa hebben een internationale verbinding. De IC-chipkaart kun je in het postkantoor of een van de kiosken op straat kopen. Heb je geen zin om zo veel te betalen, ga dan naar een van de stalletjes met *CNC* of *China Tietong* op het uithangbord, daar betaal je maar de helft. Vooraf betaalde kaarten zijn het interessantst als je van een vast toestel belt. Je kunt hiervoor terecht in het cybercafé van het *Snowland*, het postkantoor of een van de kiosken. In de grote hotels kun je natuurlijk ook internationaal telefoneren, maar je betaalt 30 % extra. Wil je faxen, ga dan naar de receptie van de hotels of pensions of naar een cybercafé.

@**Internet:** in het *Yak Hotel* (*detailplattegrond C1, 13*) en het *Snowland Hotel* (het restaurant is aangeduid, *detailplattegrond C2, 16*). Elke dag open van 9.00 tot 22.00 u. In de hotels worden verschillende andere diensten aangeboden zoals overdracht van gegevens (ponskaartlezers), cd's schrijven (in het *Snowland*) of faxen versturen (*Yak Hotel*). Het beste lijkt dat boven het restaurant Shangri-La te zijn, in de gang van het hotel *Kirey* (*detailplattegrond D2, 23*). Heel makkelijke verbinding met het internet. Net als in de meeste Chinese grootsteden zorgen ook hier duizenden onlinespelers voor het succes van dit medium. Dat verklaart de vele vertragingen, te wijten aan het succes eerder dan aan het fenomeen 'Big brother is watching you'.

Geld, wisselen

Alle bijkantoren van de Bank of China hebben een geldautomaat waar je met internationale betaalkaarten terechtkunt (ATM).

- **Bank of China** (**hoofdkantoor** 中国银行, **algemene plattegrond B1, 2**): op Linkuo Beijiu, de eerste grote laan naar rechts voorbij de Potala als je van de oude stad komt. Op weekdagen open van 9.00 tot 18.30 u, tijdens het weekend van 10.00 tot 17.00 u. Wisselen, geldautomaat 24/24 buiten.
- **Bank of China** (**bijkantoor Beijing Donglu, detailplattegrond D2, 3**): tussen Banakshöl en het hotel *Kirey*. Op weekdagen open van 9.00 tot 18.00 u, tijdens het weekend van 10.00 tot 17.00 u. Alle diensten, geldautomaat. Handiger ligging dan het hoofdkantoor, maar let op voor de openingsuren, tijdens het weekend kan dat nogal eens variëren.
- **Bank of China** (**bijkantoor Kang'an East Avenue, algemene plattegrond C2, 4**): aan het kruispunt met Yutuo Avenue (Mi Mang Lam). Open van maandag tot vrijdag van 9.00 tot 18.00 u, tijdens het weekend van 10.00 tot 17.00 u. Alle diensten, geldautomaat.
- **Bank of China** (**bijkantoor Duosenge Section, detailplattegrond C1, 5**): vrij centraal, op een steenworp van de hotels *Kirey* en *Kailash*. ATM-geldautomaat buiten.

- **Western Union:** internationale expresoverschrijving, aan het internationale loket van het hoofdpostkantoor (zie hoger).

Diplomatieke vertegenwoordiging, immigratie

- **Consulaat van Nepal (algemene plattegrond A1, 6):** Lingkha Beilu, rechts als je van het *Lhassa Hotel* naar de Norbulingka gaat. ☎ 68 30 609. Fax: 68 36 609. Het kleine hokje op straat is open op weekdagen van 10.00 tot 12.30 u voor afgifte van paspoorten, en van 16.30 tot 17 30 u voor afhalen ervan, vanaf de volgende ochtend. Je kunt natuurlijk ook je visum rechtstreeks aan de Nepalese grens, in Kodari, laten opmaken. Opgelet! Je moet echt inlichtingen vragen over de situatie in Nepal en de voorwaarden en duurtijd van je reis naar Kathmandu (heel wat checkpoints...). Het consulaat kan bijkomende voorwaarden stellen voor het uitgeven van visums (zoals een bewijs van de financiële middelen of een hotelreservatie).
- **PSB (Public Security Bureau, algemene plattegrond D2, 7):** twee kantoren in Lhasa, waarvan een op Dhodhi Lam. Van maandag tot zaterdag van 9.00 tot 13.00 u en van 15.00 tot 17.30 u. Deze organisatie levert reisvergunningen (travel permits) af en kan je visum verlengen. Maar in tegenstelling tot Shigatse is het in Lhasa de gewoonte, zelfs de verplichting, om voor deze twee zaken langs te gaan bij een reisagentschap dat handelt als tussenpersoon.
- **Hoofdkwartier van de politie (algemene plattegrond B2, 8).**

Gezondheid

- **People's Hospital (algemene plattegrond C1, 9):** op Dzuk Trun Lam, niet ver van de *China Construction Bank*. De hygiëne is er niet denderend, maar het personeel is wel bekwaam. Buitenlanders betalen wel een stuk meer. Onderhandel.
- Alle grote hotels verkopen kleine zuurstofflesjes voor wie last heeft van hoogteziekte. Je kunt ze opnieuw vullen in de *regionale ziekenhuizen*. Zowat overal in de grote supermarkten vind je ook wegwerpzuurstofflessen. Handiger. Opgelet, dit kan helpen maar geneest hoogteziekte niet. De enige oplossing is rustig minstens weer 500 m af te dalen.

Vrije tijd

- **Wandel- en kampeermateriaal:** je hoeft dit niet in te pakken voor je vertrek, ter plaatse vind je alles wat je nodig hebt voor je trektocht: schoenen, waterdichte kledij (de meeste 'technische' vezels en schoenen worden in China gemaakt), maar ook veldflessen, thermosflessen, rugzakken, karabijnhaken, touwen, ijshouwelen, stijgijzers... Een paar interessante winkels: *Outlook Outdoor Equipment*: Beijing Middle Road 11, ☎ 63 38 990. *Toread (algemene plattegrond B1, 10)*, Beijing Zhong Lu 182 en *Third Pole Outdoor (algemene plattegrond B1-2, 11)*, Luobulinka Road 6, ☎ 68 20 549. Ruime keuze, interessantere prijzen dan in de kleine winkels richting Barkhor. *Changtang Adventure*, naast hotel-restaurant *Snowland (detailplattegrond C2, 23)*, verhuurt tenten, slaapzakken, jassen en fornuisjes. Waarborg.
- **Fotowinkels:** alle supermarkten in Lhasa hebben een fotoafdeling waar je alles vindt (vooral digitaal).
- **Boekhandels:** niet zo bijzonder. Kom je uit Nepal, doe dan je inkopen in Kathmandu. Daar zijn heel wat leuke boekenwinkels met een ruime waaier aan werken

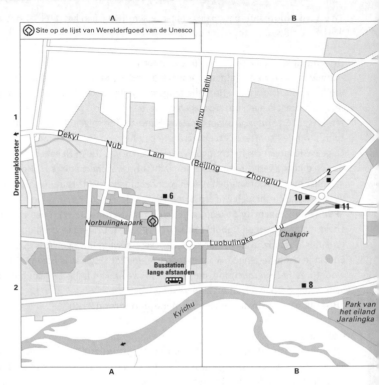

	Nuttige adressen	8	Hoofdkwartier politie
	Hoofdpostkantoor	9	People Hospital
	Busstations	10	Toread
2	Bank of China (hoofdkantoor)	11	Third Pole Outdoor
4	Bank of China (bijkantoor)	14	Tibet Wind Horse Adventure
6	Nepalees consulaat	19	CAAC
7	PSB (Public Security Bureau)		

over Tibet. Kom je uit China, snuister dan in de *duty-free* op de luchthavens van Beijing of Chengdu. Enkele Engelstalige reisgidsen en plattegronden. Het miniboekhandeltje **Gu Xu Na Bookshop** (**detailplattegrond C2, 12**), Mentzikang Lu, open van 10.00 tot 20.00 u, redt de eer met een bescheiden aanbod aan plattegronden, kalenders, Tibetaanse leerboeken, toeristische gidsen en Chinese werken – zelfs tussen de lijntjes door valt er nog iets te leren... Ook boeken in het Frans. Het kan ook interessant zijn eens langs te lopen bij boekhandel **Xinhua**, ten zuidoosten van de esplanade van de Potala *(algemene plattegrond C2)*, minder keuze dan die in Chengdu of Kunming.

- **Massages:** op de derde verdieping van een gebouw bij het *Kyichu Hotel (detailplattegrond C2, 27)*. Vraag de weg aan het personeel van het hotel, dat is het makkelijkst. ☎ 63 20 870. De blinde masseurs hebben een opleiding gekregen van Braille Zonder Grenzen, ze spreken Engels en hebben een diploma acupressuur, Chinese stretching of oliemassage.

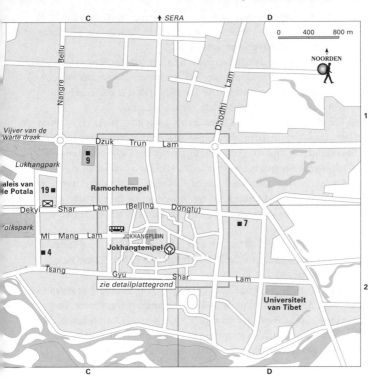

LHASA – ALGEMENE PLATTEGROND

Reisagentschappen

WAARSCHUWING: de dienstverlening in de gewone plaatselijke reisagentschappen kun je absoluut niet vergelijken met die van bij ons, zowel de kwaliteit als de geest niet. Twee redenen daarvoor: enerzijds ligt het accent van het 'Chinese' toeristische model op folklore en grote groepen; anderzijds hangen veel agentschappen (waaronder de FIT's) af van het TTB *(Tibet Tourism Bureau)*. Het monopolie van dit kantoor zorgt niet voor een gezonde wedijver en beperkt zich tot het officiële aanbod. De agentschappen die wij bespreken, hebben we gekozen omdat zij eruit springen en een antwoord geven op specifieke vragen van de reiziger (binnen de mogelijkheden die de regelgeving hen oplegt) of omdat ze een verplichte tussenpersoon zijn (FIT). Zie ook hoofdstuk 'Je reis ter plaatse organiseren' in 'Tibet praktisch'.

Dit wil echter niet zeggen dat je geen mooie reis kunt organiseren via een tussenkantoor dat wij hier niet bespreken. Er komen er trouwens steeds weer nieuwe bij. Onthoud echter wel dat na afloop heel wat toeristen klagen over problemen onderweg (en dan is het al te laat).

- **Shigatse Travel (detailplattegrond C1, 13)**: binnen het *Yak Hotel*, op de eerste verdieping. ☎ 63 30 489. ● www.shigatsetravels.com. De uitbaters zijn de Tibetaan Genden en de Nederlandse zeebonk René, die als een van de eersten op deze hoogvlakte voor anker is gegaan. Door de jaren heen is hij een echte Tibetspecialist geworden. Niet meteen het goedkoopste kantoor van de stad, maar je krijgt waar voor je geld. ervaren gidsen, tussenpersonen die begrijpen wat je wilt.

- **Tibet Wind Horse Adventure (detailplattegrond C2, 15):** In Mentzikhang Lam, pal in de Tibetaanse wijk. ☎68 33 009 of 136 389 00 332. ● www.windhorsetibet.com. Degelijk agentschap met vrij competitieve prijzen. Het Wind Horse is gespecialiseerd in raften, je kunt een halve of een hele dag boeken, vertrek in Lhasa.
- **Tibet Lhasa Travel Agency:** Xun Light Hotel nr. 27. Linju Rd. ☎69 12 377. ● teenthar@yahoo.com. Ernstig agentschap met ervaren gidsen en voorzichtige chauffeurs.
- **FIT Travel Snowland (detailplattegrond C2, 16):** in het *Snowland Hotel*, op de eerste verdieping. ☎63 49 239. ● migtse21@hotmail.com. Elke dag van 9.30 tot 12.30 u en van 15.30 tot 18.30 u. Tibetaans personeel. Goede ontvangst, de mensen zijn er meer betrokken dan in de andere *FIT*-kantoren. De dienstverlening is door de band eerlijk als je rekening houdt met de context (zie hoofdstuk 'Je reis ter plaatse organiseren' in 'Tibet praktisch').
- **FIT Banakshöl (detailplattegrond D2, 17):** op het binnenplein van *hotel Banakshöl*. ☎en fax: 63 33 871. Zelfde openingsuren en opmerkingen als bij het *FIT Travel Snowland*. Iets minder efficiënt echter.
- **Tibet Tourism Bureau:** Norbulingka Road. ☎68 29 833. Organisatie die toegangsvergunningen voor Tibet aflevert via plaatselijke reisagentschappen. Contacteer hen wanneer je een probleem hebt met een kantoor (dat kan gebeuren). Als je bewijs hebt natuurlijk (het niet-naleven van een ondertekend contract bijvoorbeeld). Je kunt er met moeite in het Engels terecht, zoek een tolk die je reisweg kan vertalen.

■ Nuttige adressen		▨ Eten	
▣	Busstation Lugu (Lugu Qichezhan)	13	Dunya Restaurant
1	Fietsenverhuur	16	Snowland Restaurant
3	Bank of China (bijkantoor)	17	Namtso Restaurant
5	Bank of China (bijkantoor)	23	Tashi II en Shangri-La
12	Gu Xu Na Bookshop	26	Mandala Restaurant
13	Shigatse Travels	40	Tashi I
15	Tibet Wind Horse Adventure	41	Gankhi Restaurant
16	FIT Travel Snowland	42	Norzing Selchung Tashi Yarphel
17	FIT Banakshöl		Restaurant
18	Supermarkt Xifang Chaoshi	43	Himalaya Restaurant
		44	Naga Restaurant
		45	New Mandala Restaurant
▨ Slapen		46	Ganglamedo Restaurant
13	Yak Hotel		
17	Banakshöl	▣ Boterthee drinken, ontbijten	
20	Oh Dan Guesthouse	50	Kamchung
21	Pilgrimages Inn		
22	Dongcuo International Youth Hostel	▣ Iets drinken, uitgaan	
23	Kirey Hotel	60	Makye Ame Restaurant
24	Flora Hotel	13	Dunya Bar
25	Tibet Gorkha Hotel	61	Folk Music Bar
26	Mandala Hotel	62	Lowhouse Music Bar
27	Hotel Kyichu		
28	Gang-Gyan Hotel	▢ Inkopen doen	
29	Dhood Gu Hotel	70	Dropenling
30	Kailash Hotel	71	Snow Leopard Carpet Industries
31	Ramoche Grand Hotel	72	Thangka-atelier
32	House of Shambhala		

Tibetaans studeren in Lhasa

- **Universiteit van Tibet (Xizang Daxue, algemene plattegrond D2):** ☎ 63 31 024.
● www.utibet.edu.cn. Wil je Tibetaans studeren in Lhasa? Dat kun je hier intensief doen. Je betaalt ongeveer € 1000 voor een semester (voor overnachting in een tweepersoonskamer met badkamer en keuken betaal je bij). Je start aan het begin van het semester, dat loopt van midden september tot de eerste week van januari. De inschrijvingsprocedure is vrij lang, begin al in mei.

Varia

- **Wasserij:** je kunt hiervoor terecht in de meeste hotels, soms zelfs gratis. Is dit niet het geval, ga dan naar een van de wasserijen in de stad zoals in Mentsikhang Lam, naast hotel-restaurant *Snowland*.
- **Supermarkt Xifang Chaoshi (detailplattegrond C1-2, 18):** Beijing Donglu, op de hoek met Zhisenge Lu, 150 m ten westen van het *Yak Hotel*. Of **Baiyi** (tegenover het postkantoor, *algemene plattegrond C1-2*). Betaalkaarten aanvaard. Twee van de vele winkelcentra die Lhasa rijk is. Je vindt er werkelijk alles: van kledij tot elektrische huishoudapparaten, van hifiapparatuur over foto's en inleggerij (waaronder plaatselijke

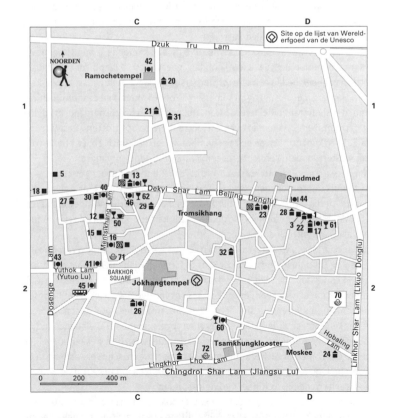

LHASA – DETAILPLATTEGROND

specialiteiten zoals gedroogde pad, gedroogde en opgerolde slangetjes of braakballen van roofvogels) tot etenswaren, ook zwaluwnestjes en haaienvinnen, de soep moet je echt eens geproefd hebben! Hier wordt over alles onderhandeld.

- **Tibetaanse en Indiase voedingswaren** (detailplattegrond C2): neus rond op de Tromsikhangmarkt (zie onder 'Wat is er te zien?').

SLAPEN

Laat het zeker niet een korting te vragen, zelfs tijdens het hoogseizoen (mei-oktober). Die hangt af van hoelang je blijft, hoe druk het in het hotel is en het humeur van het moment. Proberen kan geen kwaad.

Normaal gezien spreekt iedereen in de grote hotels in Lhasa behoorlijk Engels, of toch voldoende voor de gangbare zaken. Je wordt overal hartelijk, zoniet hoffelijk, ontvangen.

GOEDKOOP TOT DOORSNEEPRIJS

De volgende hotels bieden verschillende overnachtingsmogelijkheden, van slaapzalen over kamers met of zonder badkamer tot standaardkamers. Sommige hotels (zoal *Kirey, Banakshöl*) zijn nog steeds even pittoresk als de karavanserais van vroeger rond een grote binnentuin, met open galerijen naar de kamers. Ze bieden ook bijkomende diensten aan, zoals fietsenverhuur, internet, een kruidenierszaakje, een souvenirwinkel, soms een wasserij.

📧 OH DAN GUESTHOUSE (DETAILPLATTEGROND C1, 20): Ramoche Road 38 (tegenover de Ramochetempel). ☎ 63 38 104. ● ohdan_guesthouse@yahoo.com. Je betaalt 30 ¥ (€ 3) voor een bed in een drie- of vierpersoonskamer. Gemeenschappelijk sanitair. Herberg met een dertigtal kamers in de oude kamers van de monniken van Ramoche. Blauw tapijt, heldere kleuren. Het bed is een beetje hard (normaal, het waren monniken!). Aangenaam en correct, echt iets voor trotters. Restaurantje waar je soep kunt drinken en pizza of hamburger van jak kunt eten. Tv-hoekje voor lange winteravonden. Verdient echt een ommetje. Goede ontvangst.

📧 PILGRIMAGES INN (DETAILPLATTEGROND C1, 21): Ramoche Road. ☎ 63 41 999. ● www.mjixang.com. Tweepersoonskamer voor 80-160 ¥ (€ 8-16), naargelang het comfort. Dertig kamers in een galerij rond een atrium. Vrij net, hoewel het wat muf ruikt in sommige kamers. Bekijk een paar kamers. Kleine meditatieruimte, zaal waar je ontbijt. Goede ontvangst.

📧 DONGCUO INTERNATIONAL YOUTH HOSTEL 东措青年旅馆 (DETAILPLATTEGROND D2, 22): Beijing Zhonglu 10. Ingang naast Bank of China. ☎ 62 73 388. ● tibetyouthhostel@163.com. Stapelbedden in slaapzaal (tot 12 bedden) voor ongeveer 30 ¥ (€ 3), kamer voor twee met of zonder badkamer voor 100-150 ¥ (€ 10-15) in het hoogseizoen. Korting als je een jeugdherbergkaart hebt. Het ruime hotel doet nog steeds wat denken aan een kille kazerne. Parket en tegels, grenen stapelbedden (uit de Landes?), lekkere douche, grote gangen die de indruk van luxe wekken. Degelijke matras. Geen airco of verwarming, maar een soort elektrische verwarming in de winter. De klok rond warm water, wasmachine, keuken vrij te gebruiken. De uitbater is een vriendelijke Chinees die Engels spreekt.

📧 BANAKSHÖL 八郎学旅馆 (OF BALANGXUE LÜGUAN, DETAILPLATTEGROND D2, 17): Beijing Middle Road 8. ☎ 63 23 829. Verschillende overnachtingsmogelijkheden:

slaapzaal 30 ¥ (€ 3), tweepersoonskamer met of zonder badkamer 60-160 ¥ (€ 6-16). Verwarming in de kamers met badkamer. Korting in het laagseizoen. Alweer een lievelingetje van de trotter, maar ook van de Tibetaanse chauffeurs van de 4x4's die hier weer wat op adem komen voor ze opnieuw de weg opgaan. Rustieke, ouderwetse slaapzalen en kamers. Correct onderhouden. Dag en nacht warm water, degelijke gemeenschappelijke douches, de wc's stellen niet zoveel voor... Bijkantoor van het *FIT* (zie 'Nuttige adressen'). Goed gevuld mededelingenbord. In de vleugel achteraan het binnenplein een van de oudste adressen van Lhasa, het *Namtso Restaurant* (zie 'Eten').

KIREY HOTEL (吉日宾馆 OF JIRI BINGUAN, DETAILPLATTEGROND D2, 23): 105, Dekyi Shar Lam (Beijing East Road). ☎ 63 23 462. Bedden vanaf 20 ¥ (€ 2), tweepersoonsslaapkamer met of zonder badkamer tussen 70-150 ¥ (€ 7-15) tijdens het hoogseizoen. Geen verwarming.

Het gebrekkige onthaal (minimale kennis van het Engels) en de Tibetaanse inrichting 'op grootmoeders wijze' maken dit tot een van de 'ruwere' hostels in deze kosmopolitische stad. Desalniettemin heeft dit hotel veel succes, te beoordelen naar het aantal trotters die hier overnachten. De bedden zijn ietwat te kort en nogal oncomfortabel, net als het wc op de eerste verdieping. Grote individuele douches, heel aangenaam. Dag en nacht warm water. De binnenplaats herbergt twee heel verschillende restaurants: Tashi II en Shangri-La (zie 'Eten'). Cybercafé boven het tweede restaurant.

FLORA HOTEL (DETAILPLATTEGROND D2, 24): Hobaling Lam (op wandelafstand van de moskee). ☎ 62 73 177 of 65 50 177. ● www.florahtl.piczo.com. In het uiterste zuidoosten van de oude stad, pal in de moslimwijk. Reken op 40 ¥ (€ 4) voor een slaapplaats in de slaapzaal en 200 ¥ (€ 20) voor een tweepersoonskamer met badkamer in het hoogseizoen. Geen verwarming maar... warme ontvangst door Youssouf, de dynamische uitbater van het etablissement. Tegelvloer, tapijt, algemeen goed onderhouden maar hier en daar hapert het wat. Bekijk enkele kamers. Een goede keuze voor wie geen zin heeft in de typische trekkersadresjes en toch in een levendige wijk niet ver van het Jokhang wil logeren.

DOORSNEEPRIJS TOT LUXUEUS

TIBET GORKHA HOTEL (DETAILPLATTEGROND C2, 25): Lingkor Road 45. ☎ 62 72 222. ● tibetgorkha7@hotmail.com. Reservatie aangeraden. Voor een tweepersoonskamer met badkamer tel je 350 ¥ (€ 35) neer, ontbijt is inbegrepen. In het voormalige Nepalese consulaat. Hotel met een authentieke charme. Tibetaanse inrichting, dat spreekt voor zich. Kamers rond een binnenhof. Aan de muur hangen Chinese inkttekeningen van de kloosters uit de omgeving. Voor elke ingang een klein hoekje waar je wat aan boterthee kunt nippen. Goed onderhouden, hartelijke Nepalese bediening. Op de eerste verdieping een restaurant met grote ramen, Tibetaans-Nepalese keuken. Internet op het terras (wel duur). Een mooie plek om te verblijven. Deze wijk is heel rustig gelegen.

YAK HOTEL 亚宾馆 (OF YA BINGUAN, DETAILPLATTEGROND C1, 13): Dekyi Shar Lam 100. ☎ 63 23 496. ● yakhotel@shigatsetravels.com. Ga uit van 30 ¥ (€ 3) voor een bed in een slaapzaal. Een tweepersoonskamer met of zonder badkamer heb je voor 100-350 ¥ (€ 10-35). Een referentie in Lhasa. De beste kamers zijn twee sterren waard. Er is verwarming in alle kamers met badkamer, ontbijtbuffet in het *Dunya Restaurant* is inbegrepen (niet buiten het seizoen). Op de tweede verdieping ligt het agentschap *Shigatse Travels* (zie 'Nuttige adressen'). Je kunt niet om het mededelingenbord van het *Yak Hotel* heen als je je reis wilt organiseren. Goede ontvangst.

🏨 MANDALA HOTEL (DETAILPLATTEGROND C2, 26): South Barkhor 31. ☎ 63 38 940. Daar waar alles te doen is, langs de bedevaartsweg, tegenover de zuidwestelijke hoek van het Jokhang. Tweepersoonskamer rond 300 ¥ (€ 30). Vrij onpersoonlijke lobby. Het beheer en onderhoud van de kamers met houten parket en Tibetaanse inrichting hebben wat te lijden onder de nonchalance. Maar het uitzicht op de onophoudelijke stroom bedevaarders... Ga toch maar eens kijken in de kamer die je wordt voorgesteld! Een hotel dat heel wat heeft meegemaakt. Degelijke ontvangst.

🏨 KYICHU HOTEL (DETAILPLATTEGROND C2, 27): Dekyi Shar Lam 149. ☎ 63 31 344. ●www.kyichuhotel.com. De officiële prijs voor een kamer voor twee is 500 ¥ (€ 50), maar je kunt makkelijk een korting afdingen. Ontbijt is bij te betalen. Hotel met zo'n 50 gezellige en lichte kamers, mooi parket, tapijt en Tibetaanse dekens. Bovendien verwarmd in de winter. Vraag een kamer met uitzicht op het binnenplein, de straatzijde is echt niet te doen. Attente bediening. Internet.

🏨 LHASA GANG-GYAN HOTEL TIBET (DETAILPLATTEGROND D2, 28): East Beijing Road 83. Op het binnenhof tegenover het Naga Restaurant. ☎ 63 05 555. ● yzhen0207@yahoo.com. Kamer voor twee voor 450 ¥ (€ 45), ontbijt inbegrepen. Een oud adres dat volledig in ere is hersteld, wat van de straat weg. De kamers zijn licht, de inrichting sober: vast tapijt, nep-Chippendalemeubilair, tv, thee, koffie (en niet al te gepeperde rekening). Voor dezelfde prijs kun je een kamer met uitzicht op de Potala vragen. Aangenaam restaurant. Goede ontvangst.

🏨 DHOOD GU HOTEL (DETAILPLATTEGROND C2, 29): Shasarsu Road 19, Tromsikhang. ☎ en fax: 63 22 555. ● dhoodgu@public.ls.xz.cn. Gesloten buiten het seizoen. Voor een tweepersoonskamer betaal je ongeveer 500 ¥ (€ 50), maar je kunt tot 50 % korting afdingen. Op wandelafstand van de voetgangersstraat naar het Jokhang. Groot hek naar een binnenhof, van buitenaf een vrij onbeduidend gebouw. Binnen is het heel wat anders: Tibetaanse kwaliteitsinrichting, bijna psychedelisch. Kamerbreed tapijt in de kamers. Uitgebaat door een team Nepalezen, dat weet hoe het gasten moet ontvangen.

LUXUEUS

🏨 TIBET KAILASH HOTEL (DETAILPLATTEGROND C2, 30): East Beijing Road 143. ☎ 63 06 999. ● www.kailash.com.cn. Kamer voor twee met ontbijt voor ongeveer 700 ¥ (€ 70), maar ook hier weer een lagere prijs mogelijk buiten het seizoen. Aangenaam hotel als je tenminste een kamer op het binnenhof en niet op de straat neemt. Nette kamers, zacht beddengoed, attentvol personeel. Wel jammer dat het soms drummen is voor het ontbijt. Mini *business center* met snelle internetverbinding. De ontvangst is goed.

🏨 RAMOCHE GRAND HOTEL TIBET (DETAILPLATTEGROND C1, 31): Ramoche Road. ☎ 67 65 999. ● www.rmq.xzbnet.com. Voor een tweepersoonskamer met ontbijt tel je rond 700 ¥ (€ 70) neer, korting buiten juli en augustus (omwille van de concurrentie). Volledig gerenoveerd gebouw midden in de Tibetaanse wijk. Tibetaans-kitscherige inrichting, maar de kamers zijn mooi, ruim en bovendien ook net. Het personeel is een beetje bedeesd, misschien omdat het wat ervaring mist? Restaurant naast het hotel, heerlijke jak stroganoff, pizza of uiensoep.

📷 HOUSE OF SHAMBALA (DETAILPLATTEGROND C2, 32): Jiri Erxiang 7. Vlak bij de Jokhang. 📷 63 26 533. ● www.houseofshambala.com. Tweepersoonskamer voor 550-700 ¥ (€ 55-70). Etnochic, opzichtig etablissement met prijzen in dollars! Een voorproefje van het Tibet van morgen misschien? Tien kamers in rustiek-massieve stijl, voor wie op zoek is naar exotisme. Heel aangenaam terras, een van de mooiste panorama's over Lhasa. Kies een goede kamer. De Chinezen mogen dan wel het kompas en het roer uitgevonden hebben, de afvoer hebben ze overgeslagen.

HEEL (HEEL) LUXUEUS

De geografische ligging van Lhasa heeft een paar megalomane investeerders op ideeën gebracht.

📷 BRAHMAPUTRA GRAND HOTEL (BUITEN ALGEMENE PLATTEGROND VIA D2): Yangcheng Plaza, Gongbutang Road. 📷 63 09 999. ● www.tibethotel.cn. Voor een tweepersoonskamer tel je minstens 1800 ¥ (€ 180) neer, daarvoor krijg je wel ontbijt. Verguld luxehotel in Hollywoodstijl. Luxe op z'n Chinees, een soort hotelmuseum, allerlei curiosa in een uitstalraam. Al wat je hier ziet, is te koop. Nochtans zijn de kamers vrij doorsnee, de badkamer is piepklein (maar werkt, toch ook niet slecht!). Toch enkele inspanningen: bureau met computer, zuurstof op het nachtkastje (!). De inrichting van het Chinese restaurant is op het randje af smakeloos te noemen: (gemiste) mix van traditioneel en modern, maar je kunt er wel lekker eten. In de winter tuimelen de prijzen naar beneden, misschien een goede gelegenheid om een verwarmde kamer uit te proberen (al bij al vrij zeldzaam in Lhasa).

📷 LHASA MANASAROVAR HOTEL (BUITEN ALGEMENE PLATTEGROND VIA D2): Yangcheng Plaza, Gongbutang Road. Net naast het *Brahmaputra Grand Hotel*. 📷 63 01 111. Tweepersoonskamer vanaf 2000 ¥ (€ 200), ontbijt inbegrepen. Dit viersterrenhotel is minder opzichtig dan het *Brahmaputra*, maar even luxueus. Laat je niet misleiden door de prijzen die uithangen. Buiten de zomer duikelen ze echt naar beneden en is het hier even duur als een hotel in het centrum. Geldautomaat in de hal.

ETEN

Tijdens het hoogseizoen zijn de restaurants doorgaans open van 7.30 tot 22.30 u. Sommige etablissementen houden de deuren wat langer open, vooral tijdens het weekend en zolang er klanten zijn. Meestal eet de plaatselijke bevolking rond 19.30 u. In de winter kun je na 21.30 u niet meer bestellen, rond dat tijdstip sluiten ook veel restaurants de deuren (dat vermelden we er dan bij).

GOEDKOOP (MINDER DAN 25 ¥, € 2,50)

Veel goedkope restaurantjes (uit Sichuan) op East Beijing Road *(detailplattegrond D2)* en in de omgeving van het *Yak Hotel (detailplattegrond C1, 13)*. De inrichting is er beperkt tot het noodzakelijke: drie muren, uitzicht op straat, keukentafels- en stoelen, gasfornuis. Noedels en gebakken of gekookte rijst *(shaguo)* en *momo*. Vaak ook overheerlijke *hongchao* (stoofpotje dat warm wordt gehouden in een grote stoofpan). Enkele klassiekers uit de Sichuankeuken, waar wat meer werk van wordt gemaakt:

varkensribbetjes, kippenblokjes 'gongbao jiding',.. Chinees, Tibetaans en trekkers-clientèle. Soms Engelse kaart. Is die er niet, duid dan gewoon aan wat je graag wilt eten. Ook in de buurt van de winkelcentra kun je goedkoop eten.

🗙 TASHI II (DETAILPLATTEGROND D2, 23): op het binnenhof van het hotel *Kirey*. De inrichting is wat verouderd, dat klopt, maar de sfeer in dit restaurantje is nog steeds hartelijk. Vaak vind je hier moeilijk nog een tafeltje vrij op de drukste momenten. De voornamelijk Tibetaanse familiekeuken is lekker. Probeer de huis-specialiteit: *bobbis*, een soort pannenkoekje met een saus en gevuld met vlees of groente. Ruime porties, ontspannen sfeer. In de keuken maakt papa ongelofelijk knapperige frietjes. We houden ervan!

🗙 TASHI I (DETAILPLATTEGROND C1-2, 40): Mentzikhang Lam, op de eerste verdieping van een gebouw dat zo goed als aan het kruispunt met Dekyi Shar Lam ligt. Nog steeds een van de betere adresjes in de goedkope categorie, hoewel de inrichting en de Tibetaanse trekkerskeuken stilaan wat verouderen in vergelijking met de concurrentie. Gebakken rijst, jaksteak, friet, rijstyoghurt met rozijnen en suiker en de befaamde *cheese cakes*. Boterthee en *Changbier* aan een vriendenprijsje. Vraag naar het *guestbook*, de schriftjes waarin trotters over hun reis vertellen en een pak tips geven.

🗙 NAMTSO RESTAURANT (DETAILPLATTEGROND D2, 17): op het dak van de achter-vleugel van hotel *Banakshöl* (zie 'Slapen'). Gesloten van december tot maart. Een van de 'historische' restaurants van het toeristische Lhasa. Gezellig terras achter een grote, eenvoudig ingerichte zaal. Tibetaanse, Nepalese, Indiase, Chinese en Japanse gerechten doorspekt met wat zuiderse invloeden (pizza, pasta). Voor vleesliefhebbers is er de jak tegen bodemprijzen (hamburger of steak) met *mashed potatoes*. Ook vegetariërs moeten zich niet uitgesloten voelen, er staat vanalles op het menu. Goede prijs-kwaliteitverhouding. Vriendelijk team Nepalezen en Ti-betanen. 's Zomers is er op vrijdag en zaterdag live feest, een plaatselijk groepje komt er de boel opluisteren.

🗙 GANKHI RESTAURANT (DETAILPLATTEGROND C2, 41): tegenover de Jokhang. Ge-zellige wanorde. Typische Tibetaanse stadskroeg. Stamgasten, monniken en toe-risten die bier of boterthee drinken. Voedzame rechttoe-rechtaankeuken. En-gelstalige menukaart. Mooi uitzicht op het overdekte terras. De omgeving is wat minder.

🗙 NORZING SELCHUNG TASHI YARPHEL RESTAURANT (DETAILPLATTEGROND C1, 42): Ramoche Lam, op de hoek van de kleine esplanade naar de Ramoche. Op de eerste verdieping, neem de trap buiten. Grote, nieuwe zaal, ingericht zoals vroeger. Po-pulaire plek, nomadenbedevaartgangers zitten naast stedelingen. Zelfs de wijk-agent komt hier een kaartje leggen met de stamgasten. Menu met foto's. Ruime keuze waaronder de typische *momo* (heerlijk), *thugpa* en *potato beef curry*. Meteen ook de gelegenheid om eens te proeven van de minder gekende Tibetaanse speciali-teiten zoals aardappelkoekjes gevuld met vlees. Ontdek een typisch Tibetaans res-taurant.

DOORSNEEPRIJS (25-50 ¥, € 2,50-5)

🗙 HIMALAYA RESTAURANT (DETAILPLATTEGROND C2, 43): Angle South Duosenge Road & Yutuo Av. Op wandelafstand van de Jokhang. ☎ 63 48 028. De Tibetaanse eigenaar Migma staat erom bekend ernstig te zijn. Hij wordt bijgestaan door Nepalese en Tibetaanse keukenhulpjes. Zijn buffetformule bestaat uit een tiental schotels, Tibetaans, Nepalees en Chinees geïnspireerd. Lekkere *momo*. Overheerlijke zelfgemaakte yoghurt. Net. Bediening met de glimlach. Gezellig terras voor mooie dagen. Let op, drink niet te veel bier. De trap naar beneden is steil!

🍽 SNOWLAND RESTAURANT (DETAILPLATTEGROND C2, 16): Danjelin Road, op de benedenverdieping van het gelijknamige hotel (dat je intussen wel al weet zijn). 📞 63 37 323. Indiase, Tibetaanse en Chinese keuken, geen onaangename verrassingen. Mooie Nepalese *thali*. Ook theesalon: lekkere kleine broodjes, taart en warme dranken (je krijgt een grote pot). Wat ouderwetse sfeer. Ontspannen, groot genoeg (drie zalen naast elkaar) voor intieme hoekjes. 's Winters is het hier lekker warm. Heel wat concurrenten in de buurt hebben de deuren gesloten. Dit is dus een van dé ontmoetingsplaatsen van de stad. Jammer dat de ontvangst en de bediening niet altijd even hartelijk zijn.

🍽 NAGA RESTAURANT (DETAILPLATTEGROND D2, 44): Mentzikhang Lam. 📞 63 27 509. Tibetaans-Frans? Ja hoor, dat droom je niet. En het is nog lekker ook! Bedankt aan de kok die hier elke zomer achter het fornuis staat. De ster op het menu is jak, *bourguignon*, ragout, stoofpotje, pot-au-feu, steak of curry, kies maar uit! Waarom probeer je als voorgerecht niet eens een bordje paté of een luchtige *Naga Treasure*, een assortiment koude salades en puree. Buiten het seizoen is hier 's avonds soms weinig volk.

🍽 MANDALA RESTAURANT (DETAILPLATTEGROND C2, 26): op de benedenverdieping van het hotel met dezelfde naam. Elke dag van 7.00 tot 23.00 u. Specialiteiten uit zes landen: de vier uit de streek, India, Nepal, Tibet en China, en daarnaast ook Italië en Amerikaanse hamburgers. De koks en het personeel in de zaal laten zich niet afleiden, ze houden hun hoofd goed bij hun werk, je een aangename avond bezorgen. Dakterras.

🍽 NEW MANDALA RESTAURANT (DETAILPLATTEGROND C2, 45): aan het westelijke uiteinde van het Barkhor Square. 📞 63 42 235. Vrij uitzicht op de esplanade van de Barkhor op het dakterras. Specialiteit is curry, fijn en mooi opgediend. De *chicken butter massala* is warm aanbevolen. Is het wat frisjes (dat kan rond etenstijd), dan kun je in een ruime zaal op de eerste verdieping gaan zitten (Tibetaans decor, groene planten). Alleen jammer dat het bier er zo duur is.

LUXUEUS (MEER DAN 50 ¥, € 5)

Sinds er een trein naar Lhasa rijdt, schieten de etablissementen hier uit de grond. Velen houden het niet langer dan een jaar uit, ze hebben te weinig ervaring. Vaak zijn ze tijdens het laagseizoen (november-maart) gesloten. Enkele restaurants hebben zich gespecialiseerd in bedroevende voorstellingen. Als je gids je een diner met voorstelling om 18.30 u aanbiedt, dan moet je je al vragen beginnen stellen. Hoogstwaarschijnlijk krijg je een gemeenschappelijk menu voorgeschoteld en kijk je intussen naar een slechte Tibetaanse cancan door teneergeslagen danseressen.

🍽 DUNYA RESTAURANT (DETAILPLATTEGROND C10, 13): behoort tot het *Yak Hotel*.

📞 63 33 374. Gesloten buiten het seizoen. Reserveer als je hier 's avonds wilt eten. De voorgevel met grote ramen geeft uit op de straat. Uitgebaat door een team 'vliegende Hollanders'. Hier komen nagenoeg alleen westerlingen. Licht hout, grote ruimtes, sfeer van een wintersportstadion maar dan zonder de hotdogs. Overheerlijke gebakken noedels met jaksteak of *Italian pasta*. Duurder dan de concurrent. Veel producten worden geïmporteerd uit de betere streken. Op zaterdag (11.00-14.00 u) lekkere brunch. Het ontbijt is fantastisch. Nieuwsgierige hoge monniken komen hier soms *momo* eten...

GANGLAMEDO RESTAURANT (DETAILPLATTEGROND C2, 46): Beijing Donglu 127. Bijna tegenover het *Yak Hotel*. ☎ 63 33 657. • www.ganglamedo.com. De baas is een hippe Chinees. Etnochique inrichting. Pseudoreisbibliotheek met beduimelde tijdschriften. Geeft dit restaurant een intellectueel tintje. Al bij al geslaagde mix, net als de keuken. Regionale specialiteiten zoals *Tibetan fried mutton* en Chinese klassiekers (*fried chicken and pineapple*). Verfrissende *chang* (Tibetaans artisanaal gerstbier). Twee verdiepingen en een zonnig terras. Vriendelijk personeel, misschien wat overdreven.

SHANGRI-LA (DETAILPLATTEGROND D2, 23): op het binnenplein van het *Kirey Hotel*. ☎ 63 63 880. • www.tibetshangrila.com. Vanaf 19.30 u zit de sfeer er in het Paradijs (de naam zegt het zelf) er goed in. Geniet van een Tibetaanse opera (sic!) waarbij *Club Med* helemaal verbleekt. Mis niks van dit heerlijke spektakel en ga aan een van de tafeltjes bij de bühne zitten. Je kunt je samen met de dansers laten fotograferen. Waarom eet je niet meteen ook iets? De minst oubollige voorstelling van de hele stad. Tibetaans buffet, gevarieerde kaart in de vorm van een fotoalbum, vis en warme of koude jak (ook de tong!). Verveelt de show je, na 21.00 u wordt het hier rustiger. Of ga wat surfen op de eerste verdieping.

BOTERTHEE DRINKEN, ONTBIJTEN

In Lhasa weet je altijd wanneer je vertrekt, maar nooit wanneer je terugkomt. Je blijft altijd wel ergens hangen op een mooie plek, je ontmoet iemand of je bent verwonderd over het mooie licht. Goed ontbijten is dus de boodschap. Maar wat? Een kom *tsampa* met wat gedroogd fruit bijvoorbeeld. Kost nagenoeg niks, is heerlijk en vult je maag voor minstens een halve dag! Voor wie wat meer geld uit te geven heeft, dit is onze top drie: *Dunya Restaurant* met zelfgemaakt bruin brood en ingevoerde Hollandse kaas, net als in Amsterdam dus. Het *Snowland* en het *Namtso*. Je bent dan ongeveer 20-40 ¥ (€ 2-4) armer.

- Tijdens je omzwervingen kom je gegarandeerd plaatselijke **bakkerijen** tegen waar je reuzengroot chocoladebrood en ander origineel en heerlijk gebak kunt kopen.
- **Tibetaanse theehuizen:** verschillende in de stad. Eentje is echter wel een ommetje waard. De *Kamchung (detailplattegrond C2, 50)*, voor hotel-restaurant *Snowland*. Er hangt niet echt een uithangbord maar je kunt het niet missen. Naast de ingang staan tal van verkopers. Ga binnen en maak een reis door de tijd. Het halfduister, het lage plafond gestut door rijen antieke pilaren... Hier komen zowel gegoede stadsbewoners als bedevaarders die tussen twee gebeden door wat komen dominoën. Van 's morgens vroeg tot 's avonds laat is het hier druk. Ga gewoon ergens zitten, koketteren doe je hier niet. Leg wat bankjes op tafel of bestel aan de toog aan de ingang (de prijzen hangen uit). Voor twee keer niks zetten de diensters een

glas *cha'ngamo* (gesuikerde boterthee, lekkerder dan de gezouten variant) op tafel en vullen telkens opnieuw bij.

IETS DRINKEN, UITGAAN

Tijdens het hoogseizoen komen er steeds meer Chinese en buitenlandse toeristen naar Lhasa. Het nachtleven krijgt er dus ook meer vorm. Niet echt carnaval van Rio elke avond maar toch... Amper 400 m onder de 4000 is dat misschien maar beter ook! Ook hier vooral feest tijdens het weekend. In principe sluiten de zaken om 1.00 u, maar er wordt verder gefeest zolang er klanten zijn. Een negatief puntje is dat het 's winters gesloten is. Je zult je dus elders moeten opwarmen.

⊠❚ Makye Ame Restaurant (detailplattegrond C2, 60): op de zuidoostelijke hoek van het Barkhor, achter de Jokhang. Dit mooie, gele huis, ideaal gelegen, was vroeger de woning van een legendarische schone, volgens sommigen de minnares van de zesde dalai lama. Op het dakterras, onder een Tibetaans doek, kun je de stroom bedevaarders beneden gadeslaan, een fascinerend schouwspel dat voortdurend in beweging is. Drink hier je aperitief in de vooravond. Op andere tijdstippen (of afhankelijk van het weer) stop je al op de eerste verdieping voor een tussendoortje in een piepklein zaaltje.

❚ Dunya Bar (detailplattegrond C1, 13): op de eerste verdieping, boven het *Dunya Restaurant*. Cocktails en whisky, ruime keuze bier waaronder het gerstebier *Lhassa Barley* (het is eens wat anders dan altijd rijst). De behaarde Nederlander Fred, in *seventiesstijl*, zorgt voor leven in de brouwerij. Soms trillen de muren aan het eind van de avond, wanneer Fred zich laat gaan en dj voor een avond wordt. Hij snuistert in de bakken met cd's, *oldies but goldies*, zet het geluid nog wat harder en vergeet wie vlakbij ligt te slapen. Neem het hem niet kwalijk, hij maakt alleen zijn jongensdroom waar, in een land en een stad waarvan hij nooit had kunnen dromen. Het Westen in Lhasa.

❚⊠ Folk Music Bar (detailplattegrond D2, 61): naast het *Bunakshöl Hotel*. Wang Xiao is een Mongools muzikant die houdt van tweestemmige gezangen. Avonturier in zijn tijd, te voet, met de fiets of de kano. Deze plaatselijke bard spreekt geen Engels, zijn vriendin wel. Elke avond om 23.00 u neemt hij zijn gitaar en geeft een solo ten beste... en plots waait de steppewind. De sfeer kun je het best omschrijven als rebels, punk en hippieachtig, typisch voor sommige Chinese stadskroegen. De inrichting dan. Je waant je bijna in een chalet in het zuiden van Frankrijk: rustiek meubilair, ruw gezaagde houten vloer. Enkel het kleurrijke plafond valt wat uit de toon. Hier kom je alvast niet de Chinese kolonist tegen. Drink een tequila of een whisky. Ook een kleine snack voor geen geld. Sluit wanneer de laatste klant vertrekt.

❚ Danbala Bar: East Beijing Road 59, naast de *fietsenverhuurder (detailplattegrond D2, 1)*. Elke dag open van 12.00 tot 4.00 u. Rustiek ingericht, als een zuiderse kroeg, maar dan geen *jamon* aan de muur maar *thangka*. Bar met ligzetels, zak onderuit met een biertje in de hand. Geniet van de latino-jazzmuziek. Ook hier een bibliotheek om 'in' te zijn. Tijdschriften hier achtergelaten door trekkers die genoeg hadden van Lhasa. Specialiteiten van het huis: jaktong en *mutton ribs of lamb*. De lijst met drank is lang, het bier is goedkoop. Veel volk in juli en augustus. Rustiger tijdens de rest van het jaar.

🔲 Lowhouse Music Bar (detailplattegrond C2, 62): tegenover het *Yak Hotel*. Dagelijks van 14.00 tot 2.00 u. Achteraan een drumstel en een gitaar. Aan de bar hippe jongeren die nog twijfelen tussen Tibetaanse klederdracht of trui met kap. Bier en andere alcoholische dranken tegen democratische prijzen. Druk in het seizoen, verlaten in de winter.

INKOPEN DOEN

Door de grote stroom bezoekers stijgt ook het aanbod aan souvenirs. Naast de oude winkeltjes van de stad, die de bedevaarder in de stoffelijkheid wilden helpen op zijn spirituele reis naar Lhasa, vind je hier nu ook tal van boetiekjes, teveel om op te noemen. Er bestaat zelfs een supermarkt met Tibetaans antiek, niet ver van de Jokhang. Je vindt er echt alles wat de Chinese handelaars kunnen maken, antiek, oud, overjarig: echt in houtvuur, zuur en afgewerkte olie gepatineerd nep. Deze meesters in het deuken, looien, verslijten en vroegtijdig verouderen weten wel waar ze mee bezig zijn. Toch enkele kraampjes die er voor ons uitsprongen:

- **De souvenirverkopers:** een hele rist op de esplanade voor de Jokhang en in de richting van het *Lhassa Hotel*. Heel wat van de stenen zijn natuurlijk nep of van erbarmelijke kwaliteit. De waarmerken van het zilver, zogezegd sterling, is natuurlijk vals. Wil je echte garanties, dan ga je beter naar een winkel (zie verder). De Tibetanen zijn gewiekste onderhandelaars, ze gooien alle wapens in de strijd om je toch iets te laten kopen.

- **De markt van Barkhor:** langs de heilige weg. Deze markt was eigenlijk bedoeld voor de Tibetaanse bedevaarders. Vandaag is dit niet meer dan een lange reeks kraampjes met uit India, Indonesië of Thailand ingevoerde rommel. De tijd dat turkoois en andere fossiele koralen, waarom Tibet zo bekend stond, werden opgekocht door Chinese handelaren, is al lang voorbij. Tegenwoordig wordt enkel nog namaak (maar wel goed) aangeboden. Het synthetische turkoois ziet er mooier uit dan het echte, de goedkoopste koralen zijn geanodiseerd en chemisch rood geverfd. Echte turkooizen en koralen zijn gewoonweg niet meer te betalen. Fossiel koraal, dat die naam waardig is, krijg je op de markt vanaf ongeveer € 50 per parel! Voor turkoois betaal je evenveel als voor goud.

Op de Barkhor zijn echter wel nog souvenirs voor bedevaartgangers te vinden: foto's van de panchen-lama, wierook dat sneller brandt, margarine voor de boterlampen, gebedsmolens, *sutra's* om aan de bergen te hangen, rozenkransen met magische kraaltjes maar ook touwtjes, zadels, stijgbeugels, halsters en hoeden van de *yak-boys*. Er zijn ook traditionele schorten van verschillende kwaliteit te koop, een aanwijzing voor de sociale status van hun eigenaar. In de winkeltjes achter de kraampjes vind je doorgaans producten van betere kwaliteit, maar ook hier voelden de Chinese handelaren de verandering. Hier betaal je contant. De goddeloze handelaar verrijkt zich ten koste van de gelovige. Hij dankt Boeddha elke ochtend voor het manna dat de Jokhang voor hem is.

🔲 **Dropenling (Handicraft Development Center, detailplattegrond D2, 70):** Chaksal Gang Road 7. ☎ 63 60 558. • www.tibetcraft.com. Elke dag open van 10.00 tot 20.00 u, behalve tijdens de winter. Wandel een klein steegje in dat van de moskee in noordelijke richting loopt (blauw uithangbord in de hoogte). Bankkaarten aanvaard.

Dit is een liefdadigheidsinstelling die Tibetaanse kunst en cultuur wil behouden. Een heel mooi initiatief als je weet dat die, naast al het andere kwaad dat de Chinezen met zich meebrachten, vaak moeten onderdoen voor producten uit India en Nepal. Er wordt niks over het hoofd gezien. De ambachtslieden leren onderhandelen met de geduchte Chinese handelaren. Alles wat je koopt, komt ten goede aan de Tibetaanse cultuur. Tentoonstelling en verkoop van met een giftige wortel op papier geschilderde *thangka*, zo zouden ze niet kapot gaan. Het geheim van het maken ervan werd op het nippertje gered. Tapijten uit het dorp Wangden (bij Shigatse), hier werden ook die van de Potala gemaakt. Ook hoogpolige tapijten uit Centraal-Tibet, bijna uitsluitend versierd met geometrische motieven: vierkanten, ruiten, driehoeken, visgraten... maar geen religieuze tekenen. Zilveren juwelen, stempels, traditionele kledij, weefsels en grote riemen en natuurlijk nog tal van andere dingen, altijd voor een eerlijke prijs. Je kunt de ateliers bezoeken. Tijdelijke fototentoonstellingen.

☐ **Snow Leopard Carpet Industries (detailplattegrond C2, 71):** Mentzikhang Lam 2. ☎ 63 21 481. ● everestrugs@hotmail.com. Bijna op de hoek van de esplanade van de Barkhor. Gesloten buiten het seizoen. Winkel van een befaamde tapijtenfabriek. Ook mooie Indiase juwelen geïnspireerd op Tibet.

☐ **Thangka-atelier (detailplattegrond C2, 72):** op wandelafstand van het *Tsamkhung-klooster* (zie hoofdstuk 'Wat is er te zien?'). In een kleine zaal met glazen deuren die op straat uitkomen. Ambachtslieden maken er mooie *thangka*. Meteen de gelegenheid om ze aan het werk te zien en, waarom niet, er eentje te kopen.

☐ **Ramochestraat (detailplattegrond C1):** heel levendig. Het krioelt er van de winkeltjes en kleine fabriekjes, vooral dan van tentdoek versierd met gekleurde opgezette stukjes, ideaal om voor een deuringang te hangen.

WAT IS ER TE ZIEN?
IN HET CENTRUM VAN DE STAD

🦌🦌🦌◉ **De Potala** 布达拉宫 **(of Budala Gong, plattegrond C1):** elke dag open van 8.30 tot 16.00 u (in de winter tot 15.00 u). Toegangsprijs: 100 ¥ (€ 10) + 10 ¥ (€ 1) voor de 'schat' (interessante stukken: kledij, wandbekleding, edelsmeedkunst, maskers). Paspoort verplicht. Let op, tijdens het hoogseizoen moet je je ticket twee tot drie dagen vooraf kopen! Geen korting. Trek minstens drie uur uit voor het bezoek als je dat alleen doet. De rondleidingen voor groepen tijdens het hoogseizoen (juli-augustus) zijn beperkt tot een uur. De rondleiding gaat razendsnel. Gelukkig staan er bij de oostelijke ingang zuurstofflessen, voorbehouden voor groepen. Wil je alleen door de Potala dwalen, ga dan als volgt te werk:

- Reserveer minstens de avond voordien aan het reservatieloket, aan de westelijke poort. Tegen betaling krijg je een voucher waarop dag en uur van het bezoek vermeld staan. Let wel op, als je er niet op tijd bent, kom je er niet meer in. Je komt binnen via de hoofdingang. Je identiteit wordt gecontroleerd en je wordt gefouilleerd. Eindelijk dan, aan het loket achter de trap kun je je voucher inruilen voor een ticket!

Misschien zal het bezoek je ontgoochelen, vooral dan tijdens het hoogseizoen wanneer er een massa toeristen in de Potala is. Je voelt de magie alleen maar als je openstaat voor de symbolische en spirituele waarde van deze plek, als je je onderdompelt in de geschiedenis die je hier nog duidelijk voelt: de afgesleten stoepen, het patina op de muren, het koper en het hout, de kapellen waar de doordringende geur van boterlampen (of margarine...) hangt of het subtiele samenspel van balken, raveelbalken en kraagstenen, de ene al kleurrijker dan de andere. Het lijkt allemaal nogal vaag: het evenwicht, de verdiepingen, het kleur en het goud. Maar toch, deze aarzelende artistieke pogingen geven de Potala een heel eigen sfeer. Het gevoel van tijdloosheid is overweldigend als je door de kelders en kapellen wandelt, langs de altaren en grafmonumenten komt. Dit is ongetwijfeld het huis van Avalokiteshvara, de boddhisatva van het mededogen. Een lofzang aan de kleur.

Verhaal over een paleis dat iedereen kent

De Potala, die op de Werelderfgoedlijst van de Unesco staat, is het monumentaalste van alle Tibetaanse bouwwerken. Hij symboliseert de macht van het volk in de 17de eeuw. De *Tse Potang (Peak Palace)*, zoals de plaatselijke bevolking de Potala noemen, ligt verscholen boven op de Marporiheuvel (de rode berg, de naam van de rode bergketen van zandsteen), 300 m boven de vallei. Het bouwwerk zelf is 13 verdiepingen hoog, de voorgevel 118 m. 7000 werklieden en 1500 Tibetaanse artiesten en Nepalese en Chinese bouwmeesters werkten tussen 1645 en 1694 aan de Potala. In totaal werd 300.000 ton in de funderingen gegoten zodat het bouwwerk bestand zou zijn tegen aardbevingen. Op het fresco in de galerij boven de troonzaal van Gyelwa Ngapa zie je welke gigantische middelen bij de werken werden ingezet.

Lang voor hier de Potala werd gebouwd, koos keizer Songtsen Gampo, in de 7de eeuw, al deze plek uit om zijn paleis te bouwen. In het midden van de 17de eeuw, toen de vijfde dalai lama in Drepung woonde en hij besloot een grotere zetel te bouwen voor zijn Gelugpa's ('de gele mutsen'), werd met de bouw van de Potala begonnen. De dood van de opperpriester, voor het eind van de werken, werd 12 jaar lang verzwegen. De regent beweerde dat hij een retraite hield, zodat de werklieden de bouwwerken zouden afronden. De Potala draagt de naam van het paradijs van de goddelijkheid Avalokiteshvara (*Tchenrezig* in het Tibetaans), die het mededogen belichaamt, alle dalai lama's zijn trouwens incarnaties van deze god. De Potala is nooit een echt klooster geweest, hij had eerder gevarieerde functies. De dalai lama en zijn hele hofhouding woonden hier, met een grote kloostergemeenschap in dienst van de opperherder en het onderhoud van de tempels. De meeste ceremoniën werden hier gehouden, dit was dus meteen ook de hoofdzetel van de Tibetaanse regering. De toekomst van het land werd hier, binnen de muren van de Potala, bepaald, door dikke muren beschermd tegen vijandelijke aanvallen. De aanwezigheid van de dalai lama's maakte van deze plek een belangrijk bedevaartsoord. De rijkdom van de zalen, de vele tempels en graftomben van de dalai lama's fascineren ook vandaag nog de bezoeker. In sommige zalen mag je niet binnen, zoals de vergeetputten waar de vele gezanten uit de omliggende streken hun laatste dagen doorbrachten...

Hoewel de Potala zijn aanzien heeft weten te bewaren, heeft hij sinds het vertrek van zijn illustere bewoner toch wat van zijn heilige en mythische karakter en levendigheid verloren. De enkele monniken die nog overblijven, zijn de bewaarders van een gigantisch museum. Enkel de bedevaarders, die voor het grootste deel uit de hoogvlakte komen, verlenen deze plek een sfeer van gebed. Buiten is het al niet veel beter. De hele oude stad aan de voet van de Potala is met de grond gelijkgemaakt. De grote laan en de esplanade werden opnieuw opgebouwd naar het voorbeeld van het Tian'anmen. Er blijft binnen de muren, voor de voorgevel, enkel nog een klein dorpje over waar de mensen nog leven zoals op het platteland.

Het bezoek

Je hebt het rode paleis, het religieuze gedeelte van het gebouw, en de tempels, 35 kapellen en de mausolea van de 7 dalai lama's. Het witte paleis was de opslagplaats, het wapenhuis en het woonvertrek van het personeel. Voor 1959 lagen in het witte paleis ook de kantoren van de regering en de school waar monniken-functionarissen werden opgeleid.

Van de verblijven van de dalai lama's, die nog steeds in de oude staat verkeren, kom je in een labyrint van galerijen, gangen, trappen en tempels waar meesterwerken van de Tibetaanse boeddhistische kunst, die zijn ontsnapt aan vernieling, op persoonlijke opdracht, zo zegt men toch, van Zhou Enlai (Chinees eerste minister in het midden van de 20ste eeuw) zijn ondergebracht. Deze overdaad aan beeldjes, *thangka*, mandala's, schilderingen, bundels van Tangyur en Kangyur (de twee belangrijkste Tibetaanse heilige boeken), miniaturen, meubels en verbluffende 'graftombes-stoepa's' van de dalai lama's geven je een goed idee van de vroegere artistieke rijkdom van Tibet. En toch blijft er niet veel meer over van de schatten die door de eeuwen heen zijn verzameld. Naar verluidt zouden zo'n 7000 stukken (sommige tot 40 kg zwaar) door de Chinezen naar een onbekende bestemming zijn gebracht.

Binnen is het traject vrij goed aangegeven. De kapellen (*lakhang*) zijn genummerd, op de meeste borden staat uitleg in het Engels. Je ontdekt het volgende:

- De **Lolang Lakhang** met drie driedimensionale verbluffende mandala's, in 1749 besteld door de zevende dalai lama. Heilige 'schaalmodellen' met daar bovenop pagodes ingelegd met koraal, turkoois...

- Het **mausoleum van de zevende dalai lama**, in 1757 gebouwd met ongeveer 500 kilo goud en duizenden edelstenen.

- De heiligste kapel, de **Phagpa Lhakang**, waar onder glas temidden van honderden beeldjes een sandelhouten beeltenis van Avalokiteshvara staat die dateert uit de periode van zijn reïncarnatie, de keizer Songtsen Gampo (7de eeuw).

Terug naar de tweede verdieping:

- De **Dukhor Lakhang** en de driedimensionale mandala van Kalachakra, een verguld koperen paleis met verschillende verdiepingen en een diameter van 6 meter.

- **Chogyal Drupuk**, de meditatiegrot van Songtsen Gampo en de eerste religieuze koningen, achteraan een nauwe doodlopende straat. Raar is dat naast zijn Tibetaanse en Chinese vrouwen een beeld staat van zijn Tibetaanse echtgenote Mongsa Tricham. Zij was de enige die hem een zoon schonk en wordt zelden afgebeeld.

Daal nog twee verdiepingen af naar de benedenverdieping, het oudste gedeelte van de Potala.

- **Lamrin** en **Rigdzin Lakhang** zijn gewijd aan de eerste Indiase en Tibetaanse meesters waaronder die van de Nyingmapaschool. Heel expressieve beelden.

- In de **Serdung Lakhang** ten slotte staat het indrukwekkendste mausoleum, dat van de vijfde dalai lama: 12,6 m hoog, 3721 kg goud en 10.000 edelstenen, waaronder een parel die zou zijn gevonden in de hersenen van een olifant (echt waar!). Wat verder kom je terug buiten via de **Thungrub Lhakang**.

👁🏃🐕◎ **De Jokhang** 大昭寺 **(of Dazhao Si, detailplattegrond C2):** elke dag open van 7.00 tot 21.00 u. Eerst mogen de toeristen binnen. Bedevaarders kunnen enkel tussen 12.30 en 17.30 u naar binnen. Maar deze openingstijden kunnen veranderen. Toegangsprijs: 70 ¥ (€ 7). Houd je ticket bij, dan kun je in principe dezelfde dag nog 's binnen als je de avonddienst, de *Tsok*, om 18.00 u wilt bijwonen. De ochtenddienst wordt goedgemaakt door het spektakel van de bedevaarders.

Rokerszone

Elke ochtend kringelt op het dak van de wereld wierook naar de hemel. De hoofdstad ligt onder een baldakijn van bittere rook dat zorgt voor de mooiste effecten. Bij het ochtendgloren bestormen de bedevaartgangers de Jokhang met hun grote wierookvaten en verbranden er takjes van de jeneverstruik. De massa bedevaarders komt in een eindeloze stroom voorbij, ieder draait met zijn eigen gebedsmolen of bidt een rozenkrans. Onder de gelovigen die op de granieten tegels knielen en met hun plankjes klepperen, mengen zich groepjes stadsbedienden in fluo hesjes die proberen de vuurzee in goede banen te leiden. Mensen duwen elkaar opzij, iedereen loopt druk heen en weer, er wordt wat olie op de kooltjes gegoten... Een betoverend spektakel!

De Jokhang is niet alleen de oudste tempel van Tibet maar ook het heiligste bouwwerk van het land. In dit bouwwerk dat dateert van 650, staat het bekende standbeeld van Boeddha, de *Jowo*. Het beeld werd meegebracht door de Chinese prinses, de echtgenote van koning Songtsen Gampo. Deze beeltenis van Boeddha zou in India gemaakt zijn. Volgens Alexandra David-Néel zijn sommige Tibetanen ervan overtuigd dat het standbeeld 'zichzelf zou hebben gemaakt', zonder hulp van een artiest, en dat het kan praten!

In 1959, na de opstand in Lhasa, vernielden de Chinese tanks de voorgevel van de Jokhang. Tijdens de Culturele Revolutie werd het gebouw zelfs een varkensstal. De hoofdtempel dateert waarschijnlijk uit de 15de eeuw, de enorme pilaren rond de kapel van de *Jowo* zouden origineel zijn maar de meeste standbeelden dateren uit de jaren 1980.

Tijdens het Wensenfestival, dat volgt op het nieuwjaarsfeest, worden grote religieuze debatten gehouden op het binnenhof, hierbij zijn monniken van de vier grote monastieke universiteiten van Lhasa, Sera, Drepung en Ganden aanwezig. Tijdens een van deze debatten vernam de jonge dalai lama, toen vijftien, hij bereidde zich voor op de examens, de Chinese invasie. En ook hier weigerde de panchen-lama, na een terugkeer van 18 jaar ballingschap (en hersenspoeling), tijdens de nieuwjaarsceremonie in 1987 uit respect plaats te nemen op de troon van de dalai lama. De autoriteiten waren razend.

In de grote tempel staan een indrukwekkend officieel standbeeld van goeroe Rinpoche (Padmasambhava, links) en een van Maitreya, de Boeddha van de toekomst, rond Tchenrezig (Avalokiteshvara), de bodhissatva van het mededogen met 1000 armen, 1000 ogen en 8 hoofden. De kapelletjes rondom zijn gewijd aan verschillende goddelijkheden, waaronder Wöpame (Amithaba, de bodhissatva van het oneindige licht). De panchen-lama zou de incarnatie van deze godheid zijn. Op de binnenmuur van een van de kapellen, rechts als je binnenkomt, staat een geit. De koster laat je hem met een spiegel zien. Het verhaal gaat dat de geit spontaan zou zijn verschenen toen de Chinese koningin het standbeeld van Jowo meebracht. Er werd een meer gekozen om een tempel te bouwen waar het standbeeld zou worden bewaard. De geiten die werden gebruikt om de aarde aan te voeren om het meer te vullen, liggen aan de basis van de oude naam van de stad, Rassa, de 'aarde van de geiten'. Dit verhaal is te lezen op een muurschildering rechts van de ingang.

De Jowo, een standbeeld van Boeddha Sakyamuni (de historische boeddha, die van het heden) in al zijn glorie, staat in de hoofdkapel achterin. Het is de diepste wens van alle Tibetanen eens in hun leven dit standbeeld te kunnen aanschouwen en zich zo te verzekeren van een goede incarnatie. Te zijner ere hebben al die bedevaarders in pelsjassen, die vrouwen met 108 haarvlechten, de ziekelijk arrogante nomaden of zwakke ouderlingen de bedevaart naar de hoofdstad aangevat. De Chinezen hebben de voorbije jaren tevergeefs geprobeerd deze daad van intens geloof uit te vlakken.

Mis het terras niet. Elke dag, aan het eind van de middag, behalve op zondag, 'discuteren' de monniken hier, zoals de studenten van de retorica aan de Sorbonne dat in de middeleeuwen al deden. Ze klappen in de handen bij het zien van alle toehoorders, ze zetten hun discussies kracht bij. De ene brengt argumenten aan, de andere weerlegt die, met alle bijbehorende gebaren. Het theologische niveau valt absoluut niet meer te vergelijken met vroeger, maar de gebaren zijn gebleven. Op de eerste verdieping staat alweer een prachtige kapel, onvermijdelijk een halte voor de bedevaarder: gewijd aan Palden Lhamo (de vertoornde versie van Tara), de beschermheilige van Tibet. Je eindigt je bezoek aan de Jokhang meestal op het terras, vanwaar je een prachtig uitzicht over de stad hebt, vooral als de bergen rond Lhasa bedekt zijn met sneeuw.

🔪🔪🔪 **De Barkhor** 八廓 (of Bakuo, detailplattegrond C2): rond de Jokhang in Lhasa liggen drie concentrische bedevaartcirkels. De Lingkhor, de buitenste cirkel, is 8 km lang en ligt rond de Potala, de Ramoche, de Jokhang en de oevers van de Kyiche. De middelste cirkel, de Barkhor, ligt rond de Jokhang. De Nangkhor, de binnenste cirkel in de tempel zelf, is hetzelfde als de kooromgang bij ons.

Binnen de Barkhor liggen de levendigste plekjes van Tibetaans Lhasa. Bedevaarders, handelaren, militairen en de kleine man verdringen er zich, ze vormen er de duizendjarige leidraad voor de reizigers, die hierheen gekomen zijn en ronddwalen. De nomadengezinnen, die zich volledig overgeven aan hun geloof, onhandig in hun *chuba* (traditionele lange jurk) en stoffen in felle kleuren waaraan kinderen met blozende wangen hangen, zorgen voor kleur in deze onophoudelijke stroom. Mensen op de knieën klepperen met hun houten plankjes op de grond.

Voor de Jokhang branden offergaven (jeneverstruiken, wierook) in grote rookovens. De stenen pilaar waarop Chinese en Tibetaanse inscripties staan, bezegelt het wederzijdse niet-aanvalspact tussen China en Tibet, getekend in 821. De kleinste pilaar beschrijft welke voorzorgen moesten worden genomen tegen de pokken. Hele generaties ongeletterde bedevaarders, die ongetwijfeld hadden gehoord over de deugden van deze pilaar, hebben fragmenten losgescheurd en meegenomen naar hun dorpen als een waardevol tegengif.

Hier is, net als elders, veel te beleven: jongeren met een gsm tegen het oor zijn ongetwijfeld minder bezeten door de bedevaart dan de ouderlingen. Zij vragen bijna elke toeristische gids die hier komt knielen, voor welke bodhissatva hij nu precies bidt.

Alleen besef je hoe intens dit spektakel wel is, ondergedompeld in de omringende tohu-bohu. Maak je dus gerust los van je groep (soms is dat wel eens moeilijk), zonder je af en probeer het vlammetje te vatten, dat met zoveel mystieke intensiteit brandt in het hart van elke gelovige. Volg de bedevaartgangers naar de ingang van de Jokhang en ontdek de *Mani Lakhang*, een vierkante kapel met een enorme gebedsmolen. Wandel verder door het nauwe wegje langs de kapel (loodrecht), wandel onder de poort door en kom uit bij de *Jampa Lakhang*, rechts van de *Temple Meru* op een schitterend klein binnenplein.

🎬🎬 **De Tromsikhangmarkt (detailplattegrond C2):** letterlijk de *markt van het huis*. Dit is de markt met verse producten. Heel pittoresk, met alles wat de Tibetanen nodig hebben. Aan de ingang ligt de *gui*, gestolde plantaardige olie voor de boterlampen (vroeger werd *diboter* gebruikt, van de vrouwtjesjak) die in gele plastic zakjes wordt verkocht. Wat verder stallen de handelaren hun kluitboter uit, een van de bekendste producten van Tibet, naast de *tsampa*, gegrilde gerstbloem. Wat de rauwkost betreft, vermelden we vooral kool en gefermenteerde knollen. Let ook op de manier waarop de verkopers hun geschilde groente en roodgekleurde grote witte radijzen uitstallen. Op straat liggen magen, gist voor gerstbier, tabakbladeren en een stapel geitenkaas, even droog als de hoorn van een bok. Ook gedroogde vruchten, noten en gedroogd jakvlees.

Bekijk je alles liever, dan is dit waarschijnlijk de enige plek in Lhasa waar je echte halssnoeren met parels van fossiel koraal zult zien, bij de mannen volledig in het zwart. Zij komen uit de meest afgelegen streken van het land en zijn naar hier gekomen om met de Chinese handelaren te onderhandelen. Veel zul je echter niet zien, deze gesprekken gebeuren in het geheim, rekenmachine en bundeltje bankbriefjes in een geheime zak. De laatste transactie gebeurt in het theesalon op de hoek, weg van opdringerige blikken. Op straat zijn ook familiejuwelen te koop. Duur als goud, maar meestal zijn het gewoon oude prullen die als antiek of zelfgemaakt worden aangeprezen. Veel mooie imitaties ook. De mooiste stukken echter zijn al lang geleden opgekocht door Chinese antiquairs die ze over de grens meenamen en daar verkochten aan verzamelaars.

Natuurlijk vind je er ook overal Indisch-Nepalese producten, van exotische cosmetica (heel wat henna) tot kruidenmengelingen in doosjes. De 'etnokoper' maar vooral de liefhebber haalt zijn hartje op aan de heerlijke maar gevaarlijke pickles en chili in bokaaltjes van het Bhutanese merk Druk (wat komt van Drukpa, de belangrijkste boeddhistische sekte ginds). Oogsten wordt moeilijker, de Chinese *lajiao* (pepertjes) winnen steeds meer terrein. Vergeet niet af te dingen, voor kleine aankopen een beetje, koop je veel, ding dan maar stevig af!

🎬 **De moslimwijk (detailplattegrond D2):** achter de Barkhor, rond de moskee. De straat die het begin van de wijk aanduidt, vertrekt aan het restaurant *Makye Ame*. De vijfde dalai lama wees in de 17de eeuw deze wijk van Lhasa toe aan de moslims. Sinds 1959 is het aantal bewoners gegroeid, vooral door de toestroom van Hui- en Ouigour-migranten uit Kashgar en Xining. Zoals vaak het geval is in de moslimwijken van de Aziatische steden, zijn de inwoners ook hier vooral handelaars (groene thee), slagers en handelaars in oud ijzer. Voor de grote moskee is het een eeuwigdurend spel van onderhandelen in traditionele medicijnen. Zie je de mannen gekleed als prinsen, een gsm in de borstzak, een klein weegschaaltje in hun zakken en vreemde wortels, gra- nen en gedroogde kruiden in de hand. Zij zijn de tussenpersonen tussen boeren en Chinese onderhandelaars die naar Lhasa komen om geneeskrachtige kruiden in te slaan en uit te voeren. Tibetaanse medicijnen zijn erg gewild in het Westen. In de re- latief kleine wijk, die niet werd heropgebouwd, kun je heerlijke, interessante wande- lingen maken.

༄༄ De Ramochetempel (algemene plattegrond C1): in de oude Tibetaanse wijk (achter het *Yak Hotel*), de tegenhanger van de Jokhang. Elke dag open van 7.00 tot 21.00 u. Toegangsprijs: 25 ¥ (€ 2,50). Om foto's te mogen maken, betaal je 50 ¥ (€ 5). An- ders dan bij de Jokhang, waarvan de ingang naar het westen is gericht ter ere van de Nepalese prinses Tristun, de vrouw van Songtsen Gampo, is de toegangspoort van de Ramoche naar het oosten gericht, naar China dus, ter ere van de tweede echtgenote van de koning, prinses Wencheng. Geen jaloezie dus! Oorspronkelijk stond in de Ra- moche de Jowo Sakyamuni (een beeltenis van de twaalfjarige Boeddha), een geschenk van Wencheng voor haar echtgenoot. In de Jokhang stond de Mikyo Dorje. Maar toen de koning stierf en China Tibet dreigde binnen te vallen, werd het standbeeld verbor- gen in een geheime kamer van de Jokhang en werd vergeten. Pas aan het begin van de 8ste eeuw huwde een nieuwe Chinese prinses, Jincheng, met de Tibetaanse koning Tride Tsugtsen (de vader van Trisong Detsen). Zij haalde de Jowo uit zijn schuilplaats en gaf hem een mooie plaats in de Jokhang, op de plek van de Mikyo Dorje. De Ramo- che kreeg het geschenk van de Nepalese prinses. Tijdens de Culturele Revolutie werd de Mikyo Dorje onthoofd, zijn hoofd werd naar Beijing gestuurd. Pas in 1983 keerde het naar Tibet terug. Vandaag is het standbeeld gerestaureerd en staat de Mikyo Dorje (een beeltenis van de achtjarige Boeddha) op een mooie plek in de hoofdkapel van de Ra- moche. Voor de Tibetanen is de Mikyo Dorje een van de drie oudste beeltenissen van Boeddha Sakyamuni, naast de Jowo en een ander standbeeld dat de 35-jarige Boeddha voorstelt en in India staat. Tijdens de Culturele Revolutie, de Mikyo Dorje was toen ge- deeltelijk vernield, was de tempel een stal. Ondanks zijn roemrijke verleden en deze herstelde afbeelding in de Tsangkhangkapel achterin de tempel, is de Ramoche veel minder indrukwekkend en bezocht dan zijn illustere tegenhanger de Jokhang. De ver- gaderzaal van de monniken hier is groter en ook somberder, vrij geraffineerd ook. Toch geniet je van de kooromgang, afgezoomd met gebedsmolens. Hier wordt intens gebeden, net als in de Jokhang trouwens. Een levendig deel van de wijk.

༄ De Chakpori (de ijzeren heuvel, algemene plattegrond B2): een kale koepelberg vol antennes, aan de overkant van de Potala, naar het zuidwesten. Toegangsprijs: 20 ¥ (€ 2). In deze berg van leisteen tegenover de Potala zitten grotten, waar vroeger de school voor Tibetaanse geneeskunde in was ondergebracht. Tijdens de Culturele Re- volutie werd de grot vernield. De heropgebouwde stoepa langs de weg is de vroegere westelijke poort. Mooi uitzicht op het paleis. De amateurfotograaf moet echter wel 20 ¥ (€ 2) betalen om een foto te mogen maken. Aan de voet van de heuvel leidt een geplaveide weg naar de **Drala Lupuk**, een klein kluizenaars- en tempelcomplex uit- gehouwen in de rotsen. Vrij interessant bezoek. Je merkt er hoe belangrijk het reli- gieuze aspect is in Lhasa. De bedevaarders geloven dat de beelden zelf door de rotsen heen zijn verschenen. Voor je naar boven klimt, ga je even kijken naar de 1000 bran- dende kaarsen in de kapel onder de gebedsmolens... om een eventuele brand te voorkomen! Ja, echt waar. In de verschillende grotten in de rots zelf zijn relieken uit de geschiedenis ondergebracht. Het eerste is een afbeelding van Tristun, de Nepalese prinses. Een kleurrijke tempel. Op de verdieping eronder zou Sakyamuni spontaan uit de rots zijn verschenen, in een grot uit de 7de eeuw. Hetzelfde verhaal voor de afbeeldingen die hem omringen. Een rustig bezoek, er zijn geen groepen. Je verrast er wel enkele monniken.

Mis op de terugweg het charmante kleine nonnenklooster niet (ingang via de trap rechts net voorbij de souvenirwinkel). Boven een groot standbeeld van Thangtho Gyalpo, de stichter van het klooster, met aan zijn zijde duizend plastic replica's en daarvoor twee nonnen die psalmen zingen begeleid met een *nga* (een soort grote platte trom). Een vreemde sfeer, surrealistisch zelfs. Ze glimlachen altijd, probeer gerust een gesprek in gebarentaal aan te knopen. Na afloop van je bezoek kun je, op de weg naar de Potala, de steengraveerders aan het werk zien. Bewonder de handigheid waarmee deze meesters met hun holbeitel zinnen in de stenen kappen en hun slagpinnen laten zingen.

🪷🪷 **De Mentzikhang (Traditional Tibetan Hospital of TAR, detailplattegrond C2):** Bakuo Lu (as in het verlengde van de Barkhoresplanade), niet ver van Mentzikhang Lam. Open op weekdagen van 9.30 tot 12.30 u en van 13.30 tot 18.30 u. Toegangsprijs: 10 ¥ (€ 1). In een neo-Tibetaans huis met twee verdiepingen (groot blauw uithangbord). Je kunt in dit ziekenhuis, dat traditionele Tibetaanse geneeskunde bedrijft, op consultatie komen en de zaal op de bovenste verdieping bezoeken, waar medicinale *thangka*, canonieke teksten en een indrukwekkende verzameling chirurgische en acupunctuurinstrumenten staan. De rondleiding met gids gebeurt in principe door een oude monnik (die bovendien goed Engels spreekt) die door de Culturele Revolutie in de pan is gehakt... Trek een beetje tijd voor hem uit. Je komt heel wat te weten over de Tibetaanse geneeskunde. Een zachte, zelfs zalvende geneeskunde.

Hij begint bij het begin. Een klein lesje: hij leert je het fijne onderscheid tussen Chinese acupunctuur en Tibetaanse acupressuur. Daarbij benadrukt hij dat Tibetaanse geneeskunde heel goed is bij het verhelpen van verkeerde houdingen. Daarna toont hij je de drie basiskleuren die samenhangen met de drie lichamelijke energieën (*nyepa*): blauw (zenuwstelsel), geel (infectie) en wit (spijsvertering), die voor een evenwicht zorgen. Hij gaat dan verder met de typische kenmerken van de methode, de Chinese yin en yang en de Indiase ayurvedische geneeskunde. De Tibetaanse geneeskunde is gebaseerd op het behouden van een evenwicht van de *nyepa*, dat op termijn ontregeld kan raken door drie psychische toxines: gulzigheid, haat en onwetendheid. Deze geneeskunde houdt dus, naast het vitale aspect, ook rekening met de grote boeddhistische principes, karma, onbaatzuchtigheid en ethiek.

Hij benadrukt het belang van de diagnostiek en verduidelijkt dat dit rust op de combinatie van drie onderzoeken: de patiënt ondervragen (woord), de symptomen observeren (zicht) en palperen (aanraking). Er wordt nog even uitgeweid over het belang van het nemen van de polsslag.

Als hij zijn diagnose heeft gesteld, stelt de monnik-arts vier mogelijke pistes voor om het evenwicht van de *nyepa* te herstellen: een eerste bestaat uit twee handelingen: het voorkomen (voedingsevenwicht) en het aanpassen van de levensstijl (ook het seksuele leven, heel belangrijk voor het evenwicht). Een tweede deel bestaat uit de eigenlijke behandeling, de eigenlijke therapie met medicijnen van planten (inwendige tussenkomst) en massage of acupressuur (uitwendige tussenkomst).

De cursus (boeiend maar in het Engels) vestigt vervolgens de aandacht op de opvatting van de Tibetanen over het intra-uteriene leven. De leraar legt de verschillende fases in de ontwikkeling van de foetus uit. De 38 weken van bevruchting tot geboorte van het kind worden gezien als een metafoor voor een gevangenis, waarin de toekomstige mens de opeenvolgende fases van een bepaald dier doorloopt. Vanaf de zesde week breekt het stadium van de vis aan (enkel het lichaam verplaatst zich, visvormig stadium). Vanaf de tiende week, wanneer de lichaamsvorm en vooral dan de ledematen een duidelijke ontwikkeling doormaken, gaat de foetus over naar de schildpadachtige fase en blijft daar tot de vijftiende week, wanneer de fase van het varken begint. Die fase eindigt pas wanneer het kind zich te benauwd voelt in zijn gevangenis en er alles aan zal doen om zich daaruit te bevrijden.

Het bezoek wordt afgerond met een (snelle) uitleg over de medicinale *thangka*.

- Andere tempels en kapellen van de oude stad: soms zijn er geheime plekjes, verborgen deuren achterin een steegje die uitgeven op een klein paradijs, adresjes die in het geheim worden uitgewisseld. Lhasa kan het zich veroorloven zich te laten dragen door de magie van het ogenblik en, waarom niet, er een eeuwigdurend moment van te maken.

🏃🏃 **Het nonnenklooster Tsamkhung (detailplattegrond C2):** Lingkhor Lho Lam 29. Ten zuidoosten van de Jokhang, in een straat die leidt naar de moslimwijk. Elke dag open van 7.00 tot 20.00 u. Toegangsprijs: 30 ¥ (€ 3). Tsamkhung betekent 'meditatie', wat koning Songtsen Gampo deed in wat oorspronkelijk een natuurlijke grot was, om de overstroming door de rivier de Kyichu af te wenden. Acht eeuwen later, in de 15de eeuw, stichtte een volgeling hier het nonnenklooster dat werd uitgebreid door verschillende abten van de grootste Gelugpakloosters. Vandaag is dit het grootste klooster van de stad. Er wonen hier meer dan 100 nonnen, de meesten van hen werken in de polikliniek die ze zelf hebben opgericht. Wanneer het mooi weer is, bloeien hier en in de bijgebouwen fleurige bloemen. Kom 's ochtends vroeg, tussen 6.00 en 8.00 u, wanneer de religieuzen volgens een beurtrol bliksemsnel ontbijten (je kunt mee-eten). Sober maar stevig: thee met gezouten boter en een kom *tsampa*. Op hetzelfde moment kun je de verzameling bijwonen in de grote zaal van de tempel. De verlichting zorgt voor een gedempt rood licht. Je blik wordt naar de vlam van een boterlamp, een molentje dat hier rondhangt of de mysterieuze aanwezigheid van een boeddhabeeld getrokken. Elke ochtend krijgen Palden Lhamo (Shri Devi, het vrouwelijke orakel, beschermster van de dalai lama) en Yamataka (de heiligheid met een buffelkop, beschermer van de gele mutsen) een offergave van wijn en bier. Wat verder buiten de tempel ligt een kleine kelder (bij de hoop hout) waar je de put die koning Songtsen Gampo heeft gegraven, kunt vereren. Bekijk bij je vertrek ook eens het atelier waar jonge meisjes kleine papieren relieken maken waarmee de beeldjes van de beschermheiligen worden opgevuld.

🏃 **Gyudmed Tantric University (detailplattegrond D1):** tegenover het *Kirey Hotel*. Een eenvoudige doorgang onder een woonvleugel die uitkomt op een door een witte tempel een afgesloten binnenplein. Aan dit tantrische college studeerden vroeger de beste leerlingen van de drie grote Gelugpascholen (Ganden, Sera en Drepung). Ze leerden hier onder streng toeziend oog. Volledig vernield tijdens de volksopstand, maar staat nu langzaam op uit zijn as. Niet zo bijzonder, behalve dan de twee gigantische gebedsmolens op de binnenhof. De vergaderzaal met laag plafond is heel sober ingericht, op enkele standbeelden na. Er hangt een vreemde, meditatieve sfeer. De monniken ontvangen je wel hartelijk. Je kunt naar het terras klimmen. Weinig toeristen.

🚶🚶 **Tsome Ling (detailplattegrond C1-2):** aan Dekyi Shar Lam, ongeveer 100 m ten westen van het *Yak Hotel*, neem je het steegje San Xiang en volg je de bewegwijzering. Daar wacht je een verrassing. Het kleine poortje geeft uit op een grote binnentuin die wordt afgesloten door een tempel met twee vleugels. Ze werden gebouwd in de 18de en 19de eeuw door een familie regenten als hun paleis. Vandaag zijn nog relieken van de familie te bekijken.

Tsome Ling is wat afgelegen en er komen weinig toeristen. Nochtans weten de bedevaarders de weg naar hier wel te vinden, wat zorgt voor een gelovige sfeer... Een goed moment om een lawaaierige en welriekende dienst bij te wonen! Als je langs links binnenkomt, kom je uit bij een mooie collectie bodhissatva's, maar ook Dipamkara (de boeddha van het verleden, drager van het licht). Interessante *torma* (beeldhouwwerk in boter en bloem en daarna gekleurd). Ga binnen in de kapel van de beschermer en bewonder de schilderingen op de zwarte muren (beschermers waren altijd wezens uit het duister, in tegenstelling tot het licht van Boeddha, het ontwaken van de kennis). Het ruikt hier ook overheersend naar alcohol! (Er ligt een grote voorraad bierflesjes om te offeren). In het aanpalende zaaltje neemt Avalokiteshvara de gedaante van een beschermer aan (om de vijand op het verkeerde spoor te brengen, maar jij raakt er bijna niet wijs meer uit!) en heeft zes armen! Ook Shri Devi (Palden Lhamo) en Yamataka, de twee beschermers van Tibet, staan hier.

Achterin het atrium zie je van links naar rechts Atisha (die aan het begin van de 11de eeuw leefde en die een grote invloed had op het verspreiden van het boeddhisme in Tibet), Tsongkhapa (de stichter van de sekte van de gele mutsen) en zijn volgelingen en de achtste dalai lama. Aan de andere kant van de ruimte bestaat de triade, ook wel Tselanamsum genoemd door de Tibetanen, uit Vijaya, Drölkar (de witte Tara) en Avalokiteshvara (of Tsherenzig, de bodhisatva van het mededogen). In de kamer achteraan rechts heel mooie Tara (die je gemakkelijk herkent aan de zeven ogen). Ook een prachtig standbeeld achter glas van Sakyamuni (de boeddha van het heden), in kleermakerszit met zijn kom en voor de borst koralen en turkooizen. Gouden brander. Amitayus (of Tsepame, de boeddha van het lange leven) blijft niet achter, net als Maitreya (de boeddha van de toekomst die, anders dan zijn collega's, nooit in kleermakerszit wordt afgebeeld).

Bij het buitengaan merk je dat een groot deel van de gebouwen niet te lijden hebben gehad onder de Culturele Revolutie. De rechtervleugel dateert uit de 15de eeuw. Bemerk de mooie leistenen kraagstenen boven de openingen (om de warmte 's winters binnen te houden).

Voor 1959 woonden in de vertrekken die uitgeven op de galerijen, monniken. Vandaag wonen hier mensen uit de wijk, de monniken zijn verhuisd naar de bijgebouwen (ze zijn met te weinig!). Buiten de muren kun je zien hoe de breukstenen zijn bevestigd (met kleine stukjes graniet in de voegen), deze constructie is tegenwoordig jammer genoeg vervangen door bindstenen.

🎥🎭 **Art Gallery Gedunchoepel (detailplattegrond C2):** in de noordoostelijke hoek van de Barkhor. ● www.asianart.com/exhibitions/gendun. Zeldzaam en dus waardevol. Deze galerij groepeert een aantal jonge artiesten die hedendaagse werken maken. In hun doeken geven ze blijk van de tegenstellingen in hun land, waar traditie en modernisme elkaar afstoten en weer aantrekken.

🎥🎭 **Het Tibetmuseum (algemene plattegrond A2):** tegenover de ingang van Norbulingka. Tijdens het hoogseizoen dagelijks open van 9.00 tot 18.00 u, gesloten op maandag. De rest van het jaar van 11.00 tot 17.00 u. Toegangsprijs: 30 ¥. De 'gerichte' uitleg en voorstellingen zijn vaak een poging om de Chinese invasie, sinds de komst in de 7de eeuw van prinses Wencheng, te vergoelijken. Was het niet zo triest, je zou het grappig kunnen noemen, temeer omdat het museum toch goed is opgevat (Engelstalige borden, audiogidsen). Er zijn veel interessante dingen te zien over de geschiedenis, kunst en tradities in Tibet, van het paleolithicum tot vandaag. Je merkt ook op er van het neolithicum meteen wordt overgestapt naar het boeddhisme, alsof daartussen niks bestond. En dan een grote stap naar de 11de eeuw en een oneindige tentoonstelling zegels. Heel mooie jade Sakyamuni uit de 18de eeuw en de vaas die Mao aan de dalai lama schonk. Het tweede deel van het museum is gewijd aan kalligrafie (de geschiedenis van het Tibetaanse schrift), prachtige *thangka*, standbeelden (een mooi van Sakyamuni uit de 8ste eeuw), opmerkelijke maskers van de beschermgoden, ongelofelijke kappen van de nomaden, rituele voorwerpen van mensenbeenderen, lederen vaatwerk, voorbeelden van woningen, geneeskunde, astronomie (waaronder een astronomische kaart uit de 17de eeuw). Ook interessant en leerzaam is de grafiek met een gedetailleerde uitleg over de menselijke voortplanting. Iets verder een geneeskundige verhandeling over de meridiane zones en energiestromen (bemerk hoe weinig belang er aan de gewrichten wordt gehecht).

In de zaal met schilderijen valt niet echt iets te zien. Enkele mooie thangka uit de 17de eeuw. Misschien wel het interessantst voor groentjes is de zaal rond de Tibetaanse manier van leven. Op de bovenste verdieping indrukwekkende tentoonstelling Ming- en Qingkeramiek (niets te maken met Tibet). Mooie hoekige vaas uit de Qianlongperiode (1736-1796).

🎥🎭📷 **Norbulingka** 罗布林卡 **(of Luobulinka, algemene plattegrond A2):** 2 km ten westen van de Potala. Toegangsprijs: 60 ¥ (€ 6). Het Norbulingkapark (letterlijk 'het park van de juwelen') werd in 1755 op initiatief van de 7de dalai lama aangelegd. Hij had gezondheidsproblemen en kwam elk jaar baden in de geneeskrachtige bron. Vandaag zijn enkel de paviljoens van de 7de en de 14de dalai lama (huidige dalai lama) open voor het publiek.

In het eerste paviljoen, dat volledig werd vernield tijdens de Culturele Revolutie, zijn mooie oude zijden *thangka* uitgestald. Enkele zijn meer dan 300 jaar oud. Ze beelden de verschillende openbaringen van Tara uit. De audiëntiezaal van de dalai lama baadt in een aangenaam licht (*nyiwö*) dat de solaire aard van het boeddhisme moet voorstellen. De grond (*arka*) bestaat uit een soort beton van verbrijzelde keien, traditioneel voor Tibet, terug te vinden in bijna alle heilige plaatsen. Achterin de troon tussen twee Chinese kruiken. Achter de troon standbeelden van de boeddha van de geneeskunde maar ook Sakyamuni (de boeddha van het heden) met zijn 16 *arhats*, de eerste monniken die de staat van Boeddha hebben bereikt.

Je bezoek gaat verder langs de verblijfplaats van de huidige dalai lama (in ballingschap in India, weet je nog) waar hij drie jaar heeft gewoond. Audiëntiezaal en troon op de eerste verdieping. Een muurschildering vertelt het verhaal van Tibet, van het smakelijke verhaal van de menseneetster en de aap tot vandaag. Het verhaal eindigt met Mao die de 14de dalai lama uitnodigt naar Beijing. Alle schilderijen zijn van de hand van de bekende Amdo Chamba. Iets verder liggen de verzorgingszaal en de vrij sombere meditatieruimte met een oude radio en een paar meubelen, geschonken door westerse bezoekers. In de kamer een immense radio geschonken door Neru. Bewonder het fijnbeschilderde meubel tegenover het bed. Op het altaar staat Sakyamuni afgebeeld (in goud en zilver). De ruimte waar de dalai lama zijn moeder ontving, heeft een prachtig uitstalraam in bewerkt sandelhout vol beeltenissen van Sakyamuni en zijn 16 *arhats*. Een schilderij in Indiase stijl van Avalokiteshvara en (boven de deur) een verrassende weergave van de Potala (die wel erg lijkt op het schilderij van douanier Rousseau!) in de ontvangstruimte.

Wie houdt van parken en Tibetaanse thee, neemt zijn kopje mee en maakt een wandeling in de buurt van de woning van de 8ste dalai lama (die vandaag een bibliotheek is). In de inkomhal van de woning een mooie opgezette tijger, prachtige collectie heilige teksten. De dienstdoende monnik zet twee keer per dag, bij wijze van offer aan Boeddha, zeven kommen helder water op een rij. De slechte beschermers hebben dan weer recht op een scheutje wijn, thee, bier of melk.

Je eindigt je bezoek bij Shamten Lhakhang, een kapelletje dat je absoluut moet gezien hebben. Ontdek er de befaamde beschermende triade van de Tibetanen (*Tselanamsum*): Vijaya, de bodhissatva van het mededogen, de witte Tara en de befaamde Tsongkhapa. Hier kom je bidden voor een lang leven. De huidige dalai lama hield van dit park, nog meer dan van de Potala. Hier begon hij trouwens zijn ontsnapping op 17 maart 1959.

❧ **Lukhang (tempel van de beschermende slang, algemene plattegrond C1):** in het park achter de Potala. De tempel staat op het eilandje in het meer. Ongetwijfeld gebouwd door de 5de dalai lama om even te ontkomen aan de pompeuze Potala en in alle rust te mediteren. Bewonder de uitzonderlijke fresco's en geniet van het mooie uitzicht met de Potala op de achtergrond.

IN DE OMGEVING VAN LHASA

❧❧❧ **Het klooster van Drepung** 哲蚌寺 **(of Zhebang Si, buiten algemene plattegrond via A1):** tegen de berg aan de rand van de stad, 8 km ten westen van het centrum van Lhasa. Elke dag van 9.00 tot 17.00 u. Een halfuur fietsen van de Tibetaanse wijk. Toegangsprijs: 55 ¥ (€ 5,50). Opgelet, je moet tijdens het bezoek vaak klimmen. Minder druk aan het eind van de middag.

Drepung, het grootste kloostercomplex van Tibet, was de zetel van de Gelugpa tot de vijfde dalai lama en werd in 1416 gesticht door Jamyang Chöje, een van de belangrijkste volgelingen van Tsongkhapa. Al snel ontwikkelde het klooster zich, met de hulp van rijke families uit die tijd en werd het politieke centrum van Tibet tot de 16de eeuw. Op dat moment werd de abt van het klooster tot tweede dalai lama benoemd en hij besliste zijn eigen klooster te bouwen, Ganden Potrang. Pas in 1655 kwamen de dalai lama's naar de Potala.

In Drepung concentreerden zich de spirituele en tijdelijke macht, het klooster was dus het toneel van politieke intriges, waarvan het vaak ook de gevolgen droeg. Van de originele gebouwen, die in minder dan een eeuw tijd drie keer werden vernield en heropgebouwd, blijft bijna niks meer over. Koning Tsang maakte het klooster in 1618 met de grond gelijk en vermoordde duizenden monniken tijdens zijn anti-Gelugpa-campagne. In 1635 staken de Mongolen het klooster in brand. In 1706 ten slotte onderdrukten de Dzungar bloederig de steun van het klooster aan regent Sangye Gyatso. In de 17de eeuw, onder de vijfde dalai lama, werd Drepung een belangrijk kenniscentrum. De kloosteruniversiteit trok tal van intellectuelen en religieuzen aan en werd een echte stad met meer dan 10.000 inwoners, colleges, huizen, tempels, winkels en grote landerijen.

In de 20ste eeuw waren de posities van de leiders van Drepung op z'n minst bijzonder te noemen en misschien wel nefast voor de toekomst van Tibet. Door hun banden met de behoudsgezinde en pro-Chinese afdeling van de Gele Mutsen verzetten ze zich tegen elke hervormingspoging van de 13de dalai lama en betwistten ze de regent die na zijn dood werd benoemd. De Chinezen maakten handig gebruik van deze politieke twisten. Na hun tussenkomst in 1959 versnipperden de monniken. Er bleven enkel nog wat oude monniken over, die de plaatsen moesten bewaken.

Drepung heeft niet zwaar te lijden gehad onder de Culturele Revolutie en heeft bijgevolg een indrukwekkend aantal waardevolle standbeelden, *thangka* en schatten kunnen behouden die je een goed beeld geven van de pracht van het verleden en de schitterende rijkdommen die meer dan vijf eeuwen lang werden verzameld. Na de 'verlichting' van de jaren 1980 en na een aanzienlijke reconstructie is het klooster weer even adembenemend als voorheen. Bovendien wordt de voorgevel jaarlijks, na het regenseizoen, schoongemaakt. Van de daken druppelt okergele verf in de voegen. De 500 monniken, die op dat moment op vakantie zijn, krijgen de toelating het klooster een tweetal weken te verlaten en zo te ontsnappen aan de Chinese functionarissen en hun 'heropvoeding'. Het complex is onderverdeeld in vier grote colleges of *tratsang*, daarnaast is er nog de *Tsomchen* en het oude paleis van de dalai lama's, de *Ganden Potrang*.

- **De Tsomchen (of 'grote tempel van de vergadering'):** midden in het complex. Deze immense tempel (2000 m²), versierd met iets minder dan 200 standbeelden, is het grootste bouwwerk. Elke dag komen de monniken hier iets voor 10.00 u samen en voeren een aantal rituelen uit voor het grote standbeeld van Manjushri (de bodhisatva van de wijsheid) en de kleinere beeltenissen van de dalai lama's en de meesters uit het verleden. Je kunt om 12.00 en 16.00 u een ceremonie bijwonen. Bewonder op dat moment ook de trek van de jonge monniken, van de tempel naar de keukens voor het theerituaal. De bedevaartgangers ontvangen hier de zegening door de scepter van de stichter, Jamyang Chöje, in een kleine tempel achter de Tsomchen, niet ver van de meditatiegrot. Het monumentale standbeeld van Maitreya (de boeddha van de toekomst) wordt ook *Tongdrol* genoemd, de 'bevrijding door het zicht'. Dit standbeeld aanbidden maakt je los uit de cyclus van het bestaan. 's Namiddags komt iedereen samen op het grote terras aan de voet van de tempel, voor een filosofisch debat en om onderwezen te worden. Dit is redelijk spectaculair, bovendien is het uitzicht op Lhasa prachtig. Op de eerste verdieping een mooie verzameling standbeelden van de oude koningen van Tibet die broederlijk naast de dalai lama's in de uitstalramen staan.

- **De keukens:** niet te missen. De middeleeuwse keukens zijn nog precies zoals ze waren in de tijd van Tsongkhapa. Je zou denken dat er binnen de muren een veelvraat verborgen zit, klaar om de jonge monniken die op de toppen van hun tenen boven de kookketels sluipen om de gigantische trom te luiden met reuzegroot gerei, op te eten als hij niet genoeg heeft gehad. Maar de enigen die hier te eten krijgen, zijn de monniken. Hier worden liters thee gezet zodat ze aandachtig zouden blijven tijdens de lange rituelen en de kilte.

Na het regenseizoen (juli-augustus) worden de gevels van het kloosters ingesmeerd met okergeel dat van de daken loopt, dit dient om de voegen te vullen. De monniken die hier twee maanden opgesloten leven, mogen het klooster een tweetal weken verlaten. Deze verplichte afzondering tijdens de regens had in feite een profylactische oorsprong, namelijk het vermijden van contact met eventuele insecten die ziektes overdragen.

🚶🚶 **Nechung:** onder de Drepung. Toegangsprijs: 10 ¥ (€ 1). Voormalige residentie van het staatsorakel. Vandaag de dag woont hij in Dharamsala bij de dalai lama. Die consulteert hem nog steeds (het orakel is dan in trance) bij grote politieke en religieuze beslissingen. In 1980 hebben de monniken van Nechung de ruïne helemaal opnieuw opgebouwd. Een vreemde plek, klein en veel minder bezocht dan de Drepung. Aan de ingang al wordt de bedevaarder opgewacht door tekeningen van lachende mensenschedels! Verder kom je voorbij een kleine kruidenierszaak tegenover een immense gebedsmolen, waar je wat alcohol kunt kopen. Je kunt kiezen: 22° of 48°. Hoe sterker, hoe beter het effect van de gekroonde heiligheid van Pehar, de beschermgeest die zich uit door het lichaam van het orakel. Eens je over de drempel van de kapel bent gestapt, voel je dat het ernst is! Met het orakel van Pehar lach je niet. In de linkerkamer hangt een doordringende alcoholgeur. Onder het standbeeld van de beschermer hangt een foto van het orakel in trance. De rechterkamer staat in het teken van Palden Lhamo (Sri Devi), de vrouwelijke beschermers zijn uitzonderlijk lelijk en afzichtelijk. Vreemd.

📱**Wandeling via Nechung naar Drepung:** vertrek 's ochtends vroeg, zo geniet je volop van Drepung. In principe stopt de bus beneden aan het kleine straatje naar Drepung (is dit niet zo, zeg dan tegen de chauffeur dat je naar Nechung wilt). Volg dit weggetje en sla dan rechts af, de weg naar het dorp in. Vraag onderweg nog eens of je wel degelijk op de juiste weg bent. Nadat je Nechung hebt bezocht, ga je naar de achterkant van het klooster en maak je de klim naar boven, ga wat naar links, naar Drepung toe. Midden in het populierenbos steek je enkele kleine ravijntjes over. Onderweg heel wat kleurrijke 'mani'-beeldhouwers, hun werkjes eindigen op een grote hoop niet ver daarvandaan. Zittende kluizenaars, gehypnotiseerd door het onvermoeibare draaien van hun gebedsmolens. Boven ligt een muur met doorgangen. Je kunt er binnen zonder langs de hoofdingang te passeren. Zo bespaar je ongewild een fikse som... die je straks in het offerblok kunt stoppen. Je kunt in het restaurantje iets eten.

🚶🚶🚶 **Het Seraklooster** 色拉寺 **(of Sela Si, buiten algemene plattegrond via C1):** 5 km ten noorden van de Jokhang, aan de voet van de berg Phurpa Chok Ri. Bus 503 en 502. Een rit van een kwartier. Ga naar het militair ziekenhuis en neem de laan rechts. Je bent er. Een leuke rit met de fiets. Elke dag tussen 9.30 en 18.00 u. Toegangsprijs: 55 ¥ (€ 5,50).

Sera is een van de vier grote kloosters van de Gele Mutsen (de Gelugpa), naast Drepung, Ganden en Tashilumpo. Gebouwd door een volgeling van Tsongkhapa, in dezelfde periode als Drepung, in 1914. De beide kloosters waren steeds rivalen. Sera betekent 'de hagelbui'. Er werd gezegd dat 'de hagel de rijst vernielde', Drepung dus.

Met zijn 6000 monniken was Sera bekend om zijn tantrische onderricht. In de loop van de geschiedenis was dit klooster politiek minder belangrijk dan Drepung hoewel de monniken, die met wapens hadden leren omgaan (de *Dobdob*) er niet voor terugschrokken om de straten van Lhasa in te trekken en te vechten voor hun belangen. Vandaag nog ligt het klooster vaak aan de basis van anti-Chinese manifestaties. De 200 monniken die er vandaag nog wonen, leven van bijdragen van buitenaf. De overheid weigert zelfs de weg naar het klooster te onderhouden. Grotendeels vernield tijdens de Culturele Revolutie, nu nagenoeg helemaal opnieuw opgebouwd.

Bij dageraad openen de winkeliers aan beide zijden van de geplaveide weg naar Sera hun kraampjes. Onder de groene bomen naar het klooster beginnen de bedevaarders aan hun processie. Sommigen lopen graag eens rond Ranchung, een klein kapelletje waar Tara op de rots zou zijn verschenen. In de eerste kleine kapel hebben monniken een uitzonderlijke mandala uit zand gemaakt. Daar net achter ligt een van de belangrijkste drukkerijen van oude teksten in Lhasa.

Sera bestaat uit drie colleges. Vroeger telde het klooster meer dan 5000 monniken. Vandaag zijn dat er maar 500 meer. In de deuropening van de grote vergaderzaal zie je hoe versleten de vloer wel is, daar waar de bedevaarders knielen. Een van de drukstbezochte kapelletjes op bedevaart naar Lhasa. Wie zijn 'hoofd geeft' (zie verder) aan de beschermheer Tamdrin (Hayagriva), de gekroonde heiligheid met een paardenkop, zorgt voor een goede gezondheid voor zijn kinderen en kleinkinderen.

De bedevaarders komen langs links binnen en kopen een *khata* (witte sjaal) die ze aan de voet van de beschermer leggen (na een kwartiertje in de rij staan), de sfeer is gemoedelijk. Onderweg groeten ze de drie afbeeldingen van Boeddha (verleden, heden, toekomst). Merk ook de opgezette dierenkoppen boven de deur en de verzameling wapens meegebracht door jagers, het bewijs van het animistische karakter van dit ritueel. Er is altijd veel volk voor Tamdrin, Boeddha is hier minder nadrukkelijk aanwezig.

Als de bedevaarder voor het beest komt te staan, nodigt een monnik hem uit zijn hoofd in het altaar van de beschermheer te steken en zo zijn zegening te ontvangen. Kinderen krijgen wat roet op het puntje van hun neus (zou ook helpen bij hondsdolheid bij volwassenen!). Na de zegening trakteren de bedevaarders zichzelf op een *tuma*, een soort amulet dat rond de hals of op de borst wordt gedragen. Links gaat het naar buiten. Zie hoe de bedevaarders zich op hun knieën werpen voor Boeddha.

Je wandelt verder door een mooie kapel ter ere van Tsongkhapa, waar Wöpame (of Amithaba, de bodhissatva van het oneindige licht) staat. Daarna komt de kapel van Manjusri (de bodhissatva van de wijsheid), heel fel verlicht en met afbeeldingen van Tara. In de grote hal een beeltenis van de 13de dalai lama, rijkelijk versierd met biljetten. Niks bovenzinnelijks hier, behalve wanneer de monniken verzamelen. Eindig je bezoek in de kleine kapel van Avalokiteshvara. Een monnik raakt met een kleine stok het voorhoofd van de bedevaarder aan met het hart van de bodhissatva. Je mag natuurlijk altijd een kleinigheid schenken. Je komt niet elke dag in contact met Boeddha! Terug buiten zie je een kluizenaarsgrot op de flank van de berg. De monniken trekken hier per tien heen voor een retraite van drie maanden, om er te mediteren. Sera (net als Drepung) heeft een eigen terrein voor de hemelse begrafenis, een ceremonie waarbij de doden in stukken worden gehakt en hun beenderen worden verbrijzeld. De Tibetanen leggen soms honderden kilometers af om dit ritueel hier te kunnen uitvoeren. Toeristen mogen officieel dit indrukwekkende ritueel niet bijwonen, dixit de Chinese overheid (zie 'Godsdienst en geloof' in het hoofdstuk 'Mens, maatschappij, natuur en cultuur' bij Tibet).

Wandeling van Pabonka naar Sera: deze boogvormige wandeling begint aan het militair ziekenhuis, aan de halte van bus 503 naar Sera. De weg klimt licht, wacht dus even tot je lichaam aangepast is. Verder geen echte problemen voor de doorsneewandelaar. Vertrek vroeg, neem water mee. Aan het kruispunt, voor de controlepost van het ziekenhuis, neem je de hobbelige weg naar links, op de hoek van de bazaars. Ga naar rechts, volg de weg voor je de brug oversteekt, wandel langs de rivier en loop het dorpje Duojiacun in. Daar zie je een bergketen met links het *Pabonkaklooster*, boven op de top, de kluizenaarswoning *Tashi Choling* en, onderaan de flank rechts, het nonnenklooster *Chupsang*, net boven Sera.

We stellen je deze tocht voor. In het dorp wandel je ongeveer 200 m en sla je links af op het kruispunt. Je kunt het niet missen. Loop snel voorbij de laatste huisjes en begin aan je klim naar *Pabonka*.

Je ziet de plek voor de hemelse begrafenissen (zie hoger), er hangt een bord waarop staat dat dit verboden terrein is, maar maak je geen zorgen om *'off limit'*. Je volgt het pad van de baan weg naar rechts, dit is een kortere weg naar het klooster, je komt voorbij een paar ravijntjes. De klim duurt ongeveer 20 min. Fascinerend bezoek aan *Pabonka*, een heel oud klooster waar het Tibetaanse alfabet zou zijn uitgevonden. Het is er verlaten, de architectuur van de gebouwen, zoals de middeleeuws uitziende toren boven op een rots, is bijzonder. De plaatselijke monniken zijn heel vriendelijk. Achter de 108 stoepa's en het gele paleis van prinses Wencheng zie je een grote rots waarop gebedsvlaggen staan. Het pad voert je naar de kluizenaarswoning *Tashi Choling*, loopt eromheen naar rechts en brengt je naar de top van de berg (30 tot 45 min. wandelen). *Tashi Choling* is bijna volledig een ruïne geworden, maar de ligging en het uitzicht zijn schitterend. De kleine esplanade er net voor, met enkel een wierookbrander en twee struikjes, lijkt op een springplank in het ijle en naar de vallei beneden. Er woont een gezin, de monniken gaan en komen. Als je wat eten bijhebt, dan is dit het moment om het uit te halen. Daal af naar het nonnenklooster *Chupsang*, neem het nauwe paadje (keitjes, let op waar je stapt) langs een steile rand langs de ravijn. Loop niet te hoog, maar ga in de richting van het platform wat lager, daar ligt de juiste weg. Je ziet al snel de stoepa's en muren van *Chupsang*. Rondom ligt een wirwar van huisjes. Nog wat verder naar beneden ga je aan de voet van de berg naar links, volg de paadjes naar de westelijke flank van Sera.

LHASA VERLATEN

Met het vliegtuig

Wil je naar China of Nepal, lees dan aan het begin van de gids het hoofdstuk 'Nepal en Tibet verlaten'. 3-4 afreizen/dag naar de luchthaven, 6.30-17.00 u aan de lokalen van de *CAAC (algemene plattegrond C1, 19)*: Nangre Beilu 88, ongeveer 400 m ten noorden van het hoofdpostkantoor. ☎ 63 33 31. Reken op 25 ¥ (€ 2,50) en een rit van een uur. In het hotel kun je ook een taxi reserveren, of spreek af met een chauffeur. Ga uit van 150 ¥ (€ 15).

Met de trein

Treinstation: aan het Drepungklooster. 25 minuten met de wagen van het stadscentrum.

De architecten hebben hier geen half werk verricht. Het station is faraonisch... en meestal leeg. Alsof er een nucleaire ramp is gebeurd... Bovendien is het er niet eenvoudig om wat informatie te krijgen, alles is in het Chinees of Tibetaans, het personeel is niet vriendelijk. Een paar nuttige tips:

- Reserveer lang op voorhand (vooral tijdens het hoogseizoen), de trein wordt bestormd door Chinezen.
- Drie types plaatsen op de trein: *hard seat*, *hard sleeper* en *soft sleeper*. De reis naar Beijing duurt drie dagen, denk dus goed na voor je je ticket reserveert. Zelfs als je voor *soft sleeper* gaat, betaal je nog vier keer minder dan met het vliegtuig.
- **Lhasa-China:** dagelijks naar Beijing, om de twee dagen naar Guanzhou, Shanghai, Chengdu, Chongqing, Xining, Lanzhou.

Met de bus

Nog niet zo lang geleden reden er in Tibet zo goed als geen bussen, dit was vooral te wijten aan de staat van de wegen, die zelfs moeilijk te berijden waren door jeeps en vrachtwagens. Maar sinds het wegennet zo goed is verbeterd, zijn er regelmatige verbindingen. Officieel mogen buitenlanders enkel op de bussen naar de regio rond Lhasa, op de Friendship Highway, naar Tsetang en op de bussen die de weg naar Golmud en verder (Xining, Lanzhou) nemen. In alle andere gevallen bemachtig je een plaatsje op de bus op een van de parkings of in de buurt van het station. Probeer dit niet aan het loket...

Lhasa telt vier busstations, het hoofdstation (station lange afstanden) ligt ten zuiden van de Norbulingka (algemene plattegrond A2). Vuistregel in verband met de prijzen: een gewone bus kost 50 ¥ (€ 5), een minibus 80 ¥ (€ 8) en een 4x4 100 ¥. Dit is voor de klasse 'confort'. Goed om weten is ook dat de terreinwagens en de minibussen geen vaste vertrektijden hebben, ze vertrekken pas wanneer alle plaatsen bezet zijn.

Vertrek naar:
- **Shigatse:** om het halfuur, 8.30-13.30 u.
- **Gyantse, Sakya, Lhatse (430 km):** weinig rechtstreekse bussen (met uitzondering van Gyantse), nog steeds niet echt bedoeld voor buitenlanders. Je reist best via Shigatse: vraag een vergunning aan, neem een bus of probeer een plaatsje in een terreinwagen te pakken te krijgen.
- **Ali (Mount Kailash, Manasarovar):** privébussen nemen geen buitenlanders mee in Lhasa, maar wel voorbij het checkpoint van Lhatse (zie verder 'Individueel' en 'De weg van Kathmandu naar Lhasa'). Loop de berichten af voor het laatste nieuws.
- Voor een verbinding naar China en Nepal verwijzen we naar het begin van de gids, hoofdstuk 'Nepal en Tibet verlaten'.

Bedevaardersbussen: een eerste halte *(algemene plattegrond C2)* pal voor het hotelrestaurant *Snowland*. Koop je kaartje de avond voordien in het huisje met golfplaten dak. Dagelijks vertrek vroeg in de ochtend naar **Samye**, waar de bus een lus maakt naar **Yumbulakang**, **Trandruk** en een paar kleine kloosters voor hij terugrijdt naar Lhasa. Nog steeds in Mentzikhang Lu, ter hoogte van de esplanade van de Jokhang en meer naar het zuiden, vertrekken 's ochtends (vroeg) 'bedevaardersbussen' naar de kloosters van **Tsurphu** en **Ganden**.

Met de huurwagen

Zie rubriek 'Je reis ter plaatse organiseren' in het hoofdstuk 'Tibet praktisch'.

Individueel - de travel permits

Met uitzondering van de regio rond Lhasa (inclusief het Namtsomeer), de steden Tsetang, Shigatse, Gyantse en de Friendship Highway (als je niet stopt buiten de open zones) heb je als buitenlander een reisvergunning nodig, die wordt afgeleverd door de PSB (*Public Security Bureau*, de politie). Zie rubriek 'PSB' in het hoofdstuk 'Tibet praktisch'.

- Sinds kort is een vergunning aanvragen in Shigatse gemakkelijker en dit voor alle plekken tussen Shigatse en Zhangmu (Sakya, Everest...).
- Om het land alleen te verlaten, verwijzen we je naar het begin van de gids, hoofdstuk 'Nepal en Tibet verlaten'.

DE VALLEIEN VAN CENTRAAL-TIBET

Deze valleien, in een straal van 150 km rond Lhasa, vormen de Ü-provincie. Dit is het hart van Tibet. Al in de 6de eeuw v.Chr. vestigden de eerste koningen zich hier, in de vallei van de Yarlung. In de 7de eeuw n.Chr. slaagde koning Songtsen Gampo, die een aanzienlijke politieke macht had in de Yarlung, erin de twaalf kleine koninkrijken die samen Tibet vormen, te verenigen. Sinds dat moment regeerden de koningen van de Yarlungdynastie drie eeuwen lang vanuit Lhasa. Hierna volgde een woelige periode met burgeroorlogen. De politieke macht raakte opnieuw versnipperd en kwam terug naar Sakya, Shigatse en de lokale feodale heren. In de 15de eeuw benoemde Tsongkhapa, stichter van de Gelugpasekte, Lhasa opnieuw tot religieus centrum en stichtte het Festival van Monlam Chenmo. In Ganden richtte hij het grootste klooster van de Gele Mutsen op. De politieke macht keerde in 1642 terug naar de Ü-provincie, dankzij de vijfde dalai lama die met de hulp van de Mongolen de koning van de Tsang en zijn Karmapabondgenoten versloeg. De dalai lama, met een grote tijdelijke en spirituele macht, verenigde het gebied en bracht het onder voogdij van de Gelugpa. Dit betekende de echte macht over Tibet. Er zijn veel mooie plaatsen te bezichtigen in de Ü-provincie. Tot de belangrijkste behoren de kloosters van Ganden, Drigung, Terdrom, Samye en Tsurphu. Het Namtsomeer, op meer dan 5000 m hoogte, is ook een fascinerende bestemming. Opgelet, al lijkt de afstand in vogelvlucht kort, de weg blijft lang. Zodra je de hoofdwegen verlaat, blijken de wegen vaak niet meer dan paden te zijn. Er is ook vrij weinig openbaar vervoer. Je huurt best een jeep of een minibus. Er zijn enkele regelmatige verbindingen naar Gantsen, Tsurphu, Tsetang en Samye.

DE VALLEI VAN HOOG-KYICHU

We stellen je een complete reisweg van drie dagen voor, waarmee je alle prachtige kloosters in deze omgeving kunt bezoeken. Als je nog tijd genoeg hebt, kun je ook altijd een omweggetje langs het Namtsomeer maken. Je begint je tocht in het oosten bij Ganden, dan maak je de klim en wandel je langs de rivier de Kyichu, je komt voorbij Medro-Gongkar, maakt een uitstapje naar de kloosters van Drigung Til en Terdrom. In

het dorpje Drigung Qu volg je de splitsing in noordwestelijke richting naar Phongdo,
je volgt nog steeds de rivier. In dit dorpje op het kruispunt kun je naar Reting in het
oosten, het Namtsomeer in het noorden en het Taklungklooster in het westen. Je
kunt ook terug naar Lhasa door de mooie vallei van Yangpachen, bekend om de warmwaterbron (waar je kunt zwemmen!). Eindig bij het klooster van Tsurphu (zie verder
bij de vallei van de Tölung). Natuurlijk kun je deze tocht ook in omgekeerde richting
maken. We herhalen nog maar eens dat de makkelijkste manier om te reizen, met een
paar andere reizigers samen een jeep huren is. Er is weinig openbaar vervoer.

HET KLOOSTER VAN GANDEN

Het klooster van Ganden 甘丹寺 (Gandan Si) is magnifiek gelegen in een groot, natuurlijk amfitheater op 4700 m hoogte, vlak bij de heilige berg Wangku Ri met een
prachtig uitzicht op de vallei van Kyichu. Terecht een populaire tocht die makkelijk te
organiseren is. Ervaar zelf het broze evenwicht tussen de vallei en de bergen. Laat je
overdonderen door het erosiesysteem dat typisch is voor het gebergte in Tibet. In de

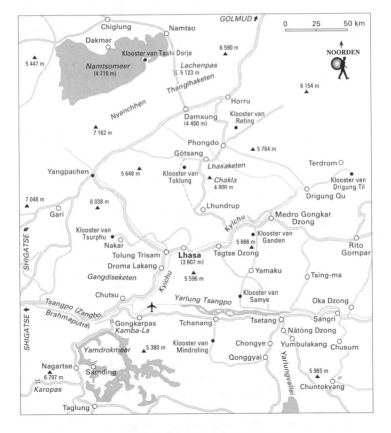

DE VALLEIEN VAN CENTRAAL-TIBET

herfst zetten de populieren de bergflanken in een warme goudbruine gloed. Hoger dwalen kleine groepjes jaks rond op de rotswanden, het paadje slingert boven stenen gehuchtjes.

AANKOMST EN VERTREK

- In Lhasa volg je een dertigtal kilometer de weg Medro-Gongkar langs de rivier de Kyichu, aan het kruispunt sla je rechts af, het bochtige wegje in dat steil naar het klooster loopt.

Het eenvoudigst is een **taxi** huren voor een halve dag. Vraag inlichtingen in het hotel of in een reisagentschap. Een pak minder duur maar zoveel mooier is de **bedevaardersbus** die elke ochtend vanaf 7.00 u aan de esplanade bij de Barkhor (zie 'Lhasa verlaten') vertrekt. Wees op tijd (om 6.30 u). Reken op goed drie uren reizen.

ETEN, SLAPEN

Al ligt Ganden niet zo ver van Lhasa, toch is het idee om samen met de bedevaarders het klooster bij zonsopgang te ontdekken en samen met hen de kora te beklimmen, heel verleidelijk.

GANDEN MONASTERY GUESTHOUSE: links op de parking. Ga uit van 30-50 ¥ (€ 3-5) per bed. De duurdere kamers zijn knusse tweepersoonskamers met skai meubilair.

- Bij het guesthouse en wat meer in de richting van de ingang van het kloosters zijn er enkele winkeltjes waar je wat eten en nuttige voorraad kunt kopen.

WAT IS ER TE ZIEN EN TE DOEN?

Het klooster van Ganden 甘丹寺 **(of Gandan Si):** op 4700 m hoogte. Laat je lichaam eerst aan de hoogte wennen voor je naar het klooster komt. Beperk je inspanningen. Toegangsprijs: 45 ¥ (€ 4,50). Dit is het eerste Gelugpaklooster, gebouwd in 1409 door Tsongkhapa, de stichter van de sekte zelf. Hij was meteen ook de eerste abt. De geschiedenis van Ganden is een treffend voorbeeld van de recente kwellingen die Tibet heeft moeten doorstaan. In 1966 omsingelden de kanonnen van Mao Ganden en de 2000 monniken. Tanks blokkeerden de wegen, kanonnen en vliegtuigen bombardeerden het klooster verschillende dagen. De monniken die probeerden te ontsnappen, werden doodgeschoten. Van de honderden gebouwen van het oude klooster bleef lang niets meer overeind dan enkele muren. Pas in 1986 werd met de wederopbouw begonnen door de inwoners, ondanks verzet van de Chinezen.

In mei 1996 opnieuw drama: de Chinezen, die een nationalisatiecampagne voerden, drongen Ganden binnen en trokken met geweld de foto's van de dalai lama van de muren. De monniken protesteerden, twee van hen werden ter plekke vermoord. Anderen werden gewond en probeerden te vluchten. Het lukte sommigen, maar de meesten werden gevangengenomen. Wie mocht blijven, moest zich onderwerpen aan intensieve lessen 'patriottische heropvoeding'. Maandenlang mochten bezoekers het klooster niet in. De religieuze universiteit is nog steeds gesloten.

In tegenstelling tot de manier van werken in sommige kloosters wordt hier in Ganden de titel van abt niet door incarnatie doorgegeven. Er wordt een keuze gemaakt uit de meest verlichte monniken zonder onderscheid van klasse. De verkozene draagt de titel Tri Rinpoche of Tripa. Hij blijft minstens 7 jaar aan. Deze abten zijn heel invloedrijke personen en waren soms regent tot de dalai lama meerderjarig werd. Ze bleven allemaal in Ganden wonen tot de repressie de laatste monnik in ballingschap naar India dwong.

Er wonen ongeveer 300 monniken in Ganden (meer dan 3000 tijdens de gloriedagen). De regering, die het symbolische en toeristische belang van Ganden eindelijk inzag, voorzag het klooster van voldoende geld. De heropbouw is bijna af, hoewel hier en daar nog wat ruïnes te zien zijn. De gebouwen zien er een beetje te nieuw uit, maar toch is het bezoek interessant en aangenaam. Probeer aan te sluiten bij een groep bedevaarders

Een wereld die eindeloos doorgaat

In een van de kloostercolleges van Ganden zul je dit schilderij zien: het leven volgens de Tibetaanse boeddhisten, concentrische cirkels met in het midden drie dieren die elkaar opeten: het varken staat voor onwetendheid, hij eet de slang op, die woede uitbeeldt. Die zet zijn tanden dan weer in een haan, die het verlangen voorstelt, en op zijn beurt in het varken bijt. De cirkel is rond. Bestrijd de onwetendheid en je kent geen woede, ja zelfs geen verlangen meer! Om de onwetendheid en het obscurantisme te bezweren, worden zowat overal in het klooster lampen aangestoken.

Het eerste gebouw aan de rechterkant van de toegangsweg is een kapel op de plek waar de eerste tempel werd gebouwd door Tsongkhapa. Voorbij de witte *chörten* zie je ongetwijfeld het massieve rode gebouw dat de hele site domineert. De benedenverdieping is een drukkerij. Je kunt er bekijken hoe de jonge ambachtslieden werken. De kapel van de beschermheilige rechts is verboden voor vrouwen. Luister naar de monnik die difone psalmen zingt. Ga terug naar buiten en beklim de ijzeren trap naar de zaal 'Tsongkhapa Golden Stupa'. In deze gouden stoepa liggen stukjes van het skelet van de meester die zijn gered nadat zijn originele graftombe werd vernield door de Rode Garde.

Naar het oosten toe ligt de vergadertempel. Die is recenter, er staat een indrukwekkend standbeeld van Tsongkhapa, zijn hoofd is te zien op de eerste verdieping. De tientallen rijen banken op een mooie tegelvloer bieden plaats aan 400 monniken. Als je de kans krijgt, moet je een vergadering bijwonen. Het zachte geroezemoes... Het monnikenkoor op het ritme van de cimbalen. Soms maakt de grafstem van de meester zich los uit de monotone litanie van de groep, verlevendigd met een klokje. Aan het eind van de dienst wordt het ontbijt opgediend: de monniken delen een kegel *tsampa*, de theeverantwoordelijken fladderen door de rijen monniken heen met een waterkan in de hand. Het lijkt er allemaal vrolijk aan toe te gaan, voor de bezoeker een moment van puur geluk. In de kapel achterin staat de gouden troon van Tsongkhapa en enkele relieken, waaronder de kom van de meester, de schoenen van de 13de dalai lama en zijn kap.

Voorbij de tempel draait de weg naar links (westen) voorbij enkele gerestaureerde colleges. Het noordelijke is misschien wel het interessantste. Hier staat het levensrad dat de nadruk legt op de boeddhistische filosofie.

🏃🏃 De kora van Ganden: een cirkelvormige bedevaart rond de berg waarop het kloostercomplex staat. Een warm aanbevolen wandeling. Ook geschikt voor gelegenheidswandelaars, op voorwaarde dat je lichaam aan de hoogte is aangepast. Eerst betaal je de tol en dan kun je langs links naar boven klimmen, achter het restaurant. Je raakt de weg onmogelijk kwijt, volg de richting van de wijzers van de klok. Nadien daal je af naar de noordoostelijke kant van het klooster. Probeer de weg te volgen die ook de Tibetaanse bedevaarders nemen. 's Ochtends zie je hele gezinnen. Elke rots heeft zijn eigen geschiedenis, bij elk hoort een rite. Zo is er een steen met een gat, waarin de bedevaartganger zijn vinger moet proberen te stoppen, je begint 3 m voor de steen te stappen met de ogen dicht. Zo kom je te weten of je evenveel mededogen hebt als je moeder voor jou sinds je conceptie. Het lukt niemand natuurlijk...

🥾 Trektocht Ganden-Samye: deze tocht tussen twee kloosters is een van de mooiste in de omgeving van de Ü. Je bent vier tot vijf dagen onderweg, afhankelijk van hoe snel je stapt. Een leuke en afwisselende wandeling, zonder al te veel moeilijkheden, zelfs al moet je twee toppen beklimmen. Neem toch een gids mee. De agentschappen in Lhasa organiseren de hele trip. In het hoogseizoen tref je in Ganden heel vaak jonge Tibetanen aan die hun diensten aanbieden. Een tent en voedsel is absoluut noodzakelijk, zelfs al kom je onderweg langs enkele dorpjes en nomadenkampen. In Hebu kun je een jak of een paard huren.

DRIGUNG TIL EN TERDROM

AANKOMST EN VERTREK

Het klooster van Drigung en het nonnenklooster van Terdrom liggen ongeveer 150 km ten noordoosten van de hoofdstad.

- **Met de bus:** tussen Lhasa en Medro-Gongkar of beter nog naar het dorpje Drigung Qu. Vraag aan de receptie van je hotel waar de bus vertrekt (normaal aan het oostelijk station). Van daar is het nog een dertigtal kilometer naar de kloosters. Dit kan moeilijk worden (er is weinig openbaar vervoer). Er zijn wel enkele *bedevaardersbussen* die naar de kloosters rijden. Vraag inlichtingen bij je hotel of de chauffeurs van de bussen op Mentzikhang Lu (in Lhasa).

- **Met de wagen:** amper 4 uur rijden van Lhasa, de beide kloosters liggen een halfuur van elkaar. Ongeveer 25 km voorbij de stad Medro-Gongkar, niet ver van het gehucht Drigung Qu. De rivier de Kyichu buigt af naar het westen. Volg de diepe groef die uitgesleten werd door een bijrivier. Kijk eens naar het mooie klooster op de klif. De weg wordt steeds nauwer maar is wel verhard.

SLAPEN EN ETEN IN DE OMGEVING

Je kunt de uitstap in een dag maken, maar het zou jammer zijn hier niet te overnachten om de omgeving en de andere kloosters te ontdekken.

⛺ CAMPING: tussen Drigung Qu en Drigung Til. Een groot aantal plaatsen richting rivier, vrij dicht bij de nomaden.

🍴 DRIGUNG MONASTERY GUESTHOUSE & RESTAURANT: op de esplanade van het klooster. Reken op 20-40 ¥ (€ 2-4) voor een bed naar gelang van het comfort en de verdieping. Dit pension is recenter en beter onderhouden dan dat in Terdrom. De beste keuze in de omgeving.

- Naast de ingang van het guesthouse kun je in het restaurantje lekkere curry en *thukpa* eten. Een paar stappen verder kun je in de bescheiden kruidenierszaak wat eten kopen.

▣ PENSION: in Medro Gongkar, groot dorp ongeveer 80 km van Drigung Til. Aan de uitgang van het dorp als je van Lhasa komt, boven een bazaar naast een tank-station. Niet slecht.

▣▣ TERDROM MONASTERY GUESTHOUSE & RESTAURANT: in een houten hut met en-kele verdiepingen, naast de warmwaterbronnen. Ga uit van 50 ¥ (€ 5) voor een bed. Niet goed onderhouden, niet gezellig, vrij vochtig en iets te duur, zelfs al heeft de plek toch enige charme. Niet ver van het guesthouse, in de richting van het non-nenklooster, een restaurant op de bovenverdieping van een groot huis. Vriende-lijk personeel, ruime porties noedels en curry.

WAT IS ER TE ZIEN EN TE DOEN?

🐾🐾 **Het klooster van Drigung Til:** hoog op een bergkam. Je bereikt dit adelaars-nest langs een pad of een enge, steile maar berijdbare weg. Deze hoofdzetel van de Drigung Kagyüpaschool, een sekte die in Ladakh ontstond, werd in 1179 gesticht door Jikten Gonpo. De Mongolen, die samenspanden met de Sakya, vernielden het kloos-ter in 1290. Drigung werd opnieuw opgebouwd en werd een bloeiend meditatiecen-trum waar meer dan 600 monniken leefden, waarvan een zestigtal in volledige afzon-dering, helemaal afgesneden van de wereld.

Aan het uiteinde van de nieuwe esplanade, voor een gedeelte ondersteund door in-drukwekkende metalen pijlers, leidt een steile trap naar het hoofdgebouw met drie tempels, keukens en enkele kamers. In de vergaderzaal: standbeelden van de Jikten Gonpo, de stichter, geflankeerd door Padmasambhava, Sakyamuni, Marpa en Mila-repa. Ga terug naar buiten en neem de trap naar het terras, dat uitkomt op een open galerij met toegang tot twee ruimtes. Hier liggen relikwieën van de lama's van Dri-gung en hun standbeelden. Bemerk de uitzonderlijke vorm van hun rode mutsen.

Boven deze drie hoofdzalen is Drigung eerder een kluizenaarswoning dan een kloos-ter. De meeste van de 200 monniken wonen in kleine kamertjes die wat hoger tegen de bergen zijn aangebouwd. Ze leven in halve afzondering en komen slechts af en toe samen voor bepaalde rituelen.

De vreemde sfeer die hier hangt, is misschien ook wel te verklaren door de specialiteit van de plaatselijke lama's: de overdracht van het bewustzijn van de doden. Dit klooster is een van de meest gegeerde plaatsen voor een hemelse begrafenis in Centraal-Tibet.

Het zal je niet verbazen dat deze hemelse begrafenissen (zie 'Maatschappij, cultuur en natuur' bij Tibet) officieel verboden zijn voor bezoekers. Er staat een Engelstalig bord dat je daar nog eens duidelijk op wijst. Houd je je er niet aan, dan wordt je geheugen-kaart of je filmrolletje in beslag genomen en krijg je er een fikse uitbrander bovenop. Dit klooster ligt op de weg naar de kora, waar bezoekers wel welkom zijn. Blijf niet te lang hangen als er een begrafenis aan de gang is.

Onderweg, voor je terugkeert naar het klooster, kun je de kapel voor Abchi bezoeken, de vrouwelijke heiligheid die Drigung beschermt.

🐾🐾 **Het nonnenklooster van Terdrom:** als je van Drigung Til komt, sla je op het kruispunt na een tiental kilometer rechts af, aan een klein dorpje. Na heel wat draaien en keren in een nauwe canyon kom je uit in een dorpje, dat bezaaid is met gebedsvlag-gen en waar de weg doodloopt. Terdrom torent boven alles uit. De bijgebouwen en de woningen van de nonnen zijn tegen de heuvels opgebouwd. De warmwaterbron ontspringt beneden.

Terdrom werd gesticht in de 8ste eeuw. Het was de belangrijkste religieuze plek in de vallei van de Zoto en is niet ver van de grot met een legendarische geschiedenis gebouwd. In 772 bood koning Trisong Detsen, tegen het advies van zijn entourage in, een van zijn vrouwen, Yeshe Tsogyal, aan goeroe Rinpoche aan, de Indiase tantrische meester die het boeddhisme naar Tibet bracht. Om de woede van zijn hof te ontvluchten, verborgen de tortelduifjes zich in deze grot in Terdrom. Tsogyal werd in het boeddhisme en de regels van de grote meester ingewijd. Ze ging alleen naar Nepal, kreeg initiatie in Samye en keerde naar Terdrom terug waar zij na het vertrek van goeroe Rinpoche haar afzondering afrondde. Vandaag wonen in dit klooster meer dan 100 nonnen. Je ziet ze vrij zelden in Tibet. Maak van de gelegenheid gebruik om kennis te maken met hun godsdienstige geestdrift. Ze zijn vaak diepgeloviger dan de monniken, guitiger en meer ontspannen. Ook hun politieke vastberadenheid valt op. De nonnen van Terdrom staan bekend om hun vaderlandsliefde. Vaak waren ze bij de eersten om tijdens een opstand naar Lhasa te trekken. Het ging zelfs zo ver dat in 1997 200 nonnen uit het klooster werden gezet of werden aangehouden door de Chinezen. De nonnen waren vaak wezen of kinderen van arme gezinnen. Ze kregen geen steun van de overheid en leefden in armoede. Ze konden enkel overleven door giften van bedevaarders. Doe zelf ook een schenking, die zal goed gebruikt worden.

De sfeer in de bescheiden maar elegante hoofdtempel, die ook dienst doet als vergaderruimte, is hartelijk en vroom. Oud houten parket, talloze mooie afbeeldingen van goeroe Rinpoche en Sakyamuni. Een Drigung Kagyüpatroon herinnert eraan waartoe dit klooster behoort.

In september worden hier standbeeldjes van Tara gemaakt. De leem komt uit Terdrom en wordt naar de woning van de abdis gebracht (zie verder). Daar worden afgietsels gemaakt. Daarna keren de beeldjes terug naar het klooster om er gezegend te worden. De bedevaarders komen in groten getale een beeldje halen in ruil voor een gift.

🌿 **De warmwaterbronnen van Terdrom:** twee waterbekkens waarvan de heilzame werking al vijftien eeuwen bekend is. Je kunt er samen met de bedevaarders baden (te betalen). Mannen gaan in het eerste bekken, waar ook de koning regelmatig kwam baden, zittend op zijn troon. De vrouwen, die minder bevoordeligd zijn, mogen in het tweede bekken, dat water krijgt uit het bekken van de mannen. De hygiëne is er niet zo goed, vooral dan als het er druk is. Aan jou de keuze.

🌿🌿 **Wandeling rond het klooster:** de eerste, lichtere wandeling duurt twee uur en brengt je recht naar de kluizenaarswoning op 4300 m hoogte. Hier woont nog altijd Khandro-la, de abdis van Terdrom die wordt beschouwd als de incarnatie van Yeshe Tsogyal en dus een grote heilige is in Tibet. Ze ontvangt je en schotelt je wat traditionele boterthee voor, als ze niet aan het mediteren is. Achter haar woning liggen meditatiegrotten, waaronder ook die van goeroe Rinpoche.

De tweede wandeling duurt wat langer, trek ongeveer vier uren uit heen en terug. Vraag aan een non of ze met je mee wil. Je vertrekt aan de warmwaterbronnen, steek de rivier over en klim naar de bergkam tegenover het klooster. Eens boven kom je eerst wat op adem van de zware klim. Daal traag terug af naar de vallei in de richting van de woning van de abdis. Prachtig uitzicht, met een beetje geluk zie je een adelaar overvliegen.

RETING EN TAKLUNG

AANKOMST EN VERTREK

Ongeveer 160 km ten noorden van Lhasa.

- **Met de bus:** rechtstreekse verbinding Lhasa-Reting, 4 keer/week, terugkeer de volgende dag.

- **Met de wagen:** in Drigung Qu (busverbinding met Lhasa) volg je de Kyichu in de richting van Phongdo. Sla rechts af naar Reting. Andere mogelijkheid: naar Lhundrup, ten noorden van Lhasa, daarna over de berg de Chakla, 4800 m hoogte.

Om via de vallei van de Yangpachen (weg naar Golmud) naar Lhasa terug te keren: een mooie weg naar het westen langs een charmante rivier, voorbij de verbluffende kluizenaarswoning van Götsang en Taklung. In Yangpachen kun je naar Shigatse (mooie weg) of terug naar Lhasa na een eventuele omweg via het klooster van Tsurphu.

ETEN, SLAPEN

▨▨ RETING MONASTERY GUESTHOUSE & RESTAURANT: op een klein binnenhof voor de ingang van het klooster. Ga uit van 40-50 ¥ (€ 4-5) voor een hard en kort bed op een vloer van aangestampte aarde. Geen paniek. Dit is een van de gezelligste kloosters van Tibet, niet in het minst door de fantastische ontvangst door de guitige monniken en de leuke inrichting (nette lakens, er wordt geveegd). Het authentieke en warme restaurant biedt een aantal lekkere schotels (*thugpa*, gebakken rijst) en is tegelijk een winkeltje (instantnoedels, ook bier!).

▨▨ ANDERE OVERNACHTINGSMOGELIJKHEDEN: in het klooster van Taklung maar het bijbehorende guesthouse is rustiker. Ook mogelijkheden in het dorp Lhundrup.

WAT IS ER TE ZIEN?

❧❧❧ **Het klooster van Reting:** een uurtje rijden met een terreinwagen, voorbij Phongdo. Toegangsprijs: 40 ¥ (€ 4). Reting is idyllisch gelegen in een woud, midden tussen eeuwenoude, verwrongen jeneverstruiken. Het klooster torent uit boven de vallei van de Kyichu, waar nomaden hun tenten hebben opgeslagen en hun jaks laten grazen. Je bent niet de enige die van al dat moois komt genieten. De dalai lama zou gezegd hebben dat hij liever dan in Lhasa zou wonen, als hij op een dag naar Tibet terug kan keren.

Het complot van Reting en de zaak van de zevende Rinpoche

Het klooster beleefde zijn gouden periode aan het begin van de 20ste eeuw. Zoals soms het geval was, werd de abt regent van Tibet toen de 13de dalai lama overleed (1933). Hij speelde een belangrijke rol bij het aanduiden van de gereïncarneerde en werd de leraar van de nieuwe dalai lama. Daarna verging het hem heel wat minder goed. Hij werd ervan verdacht samen te werken met de Chinezen om zijn regentschap terug te krijgen en werd in 1947 aangehouden. Hij stierf in gevangenschap. Het klooster raakte in diskrediet en lag aan de oorsprong van een echte burgeroorlog.

Reting keerde onlangs terug op het politiek-religieuze toneel. Volgens de Tibetaanse boeddhistische hiërarchie staat de Rinpoche van Reting boven de abten van Drepung en Ganden. De zesde overleed in 1997. Zijn opvolger, op dat moment een jongen van drie, werd in 2001 toevallig ontdekt door de Chinezen, net na de vlucht van de Karmapa naar India (zie verder 'Het klooster van Tsurphu'). De wil om een bepaalde invloed op de basis van de Tibetaanse geestelijkheid te houden, was overduidelijk. De dalai lama erkent deze kandidaat niet. Je krijgt het kind niet te zien, hij woont in het lagergelegen dorp, weg van nieuwsgierige blikken.

Het bezoek

Reting werd in 1056 gebouwd door Dromtonpa als hoofdzetel van de Kadampasekte, twee jaar na de dood van Atisha, de spirituele meester. Deze was afkomstig uit India en bracht, na het jaar 1000, het boeddhisme naar Tibet. Hij stichtte tijdens zijn leven geen klooster of sekte. Net als de meeste kloosters in deze streek werd ook Reting in 1240 door de Mongolen, opgestookt door hun spirituele vrienden de Sakyapa, met de grond gelijk gemaakt. Meer dan 500 mensen, monniken en leken, verloren het leven. Toen later het onderricht van de Kadampaschool Tsongkhapa sterk had beïnvloed, was de overstap van Reting naar de Gelugpa een logisch gevolg.

De ellendelingen van de culturele revolutie hadden het vooral gemunt op deze plaatsen. Het klooster werd helemaal vernield. De 100 monniken die hier wonen, een vijfde van de bevolking van toen, zetten zich in voor de wederopbouw. Vandaag zijn slechts een gedeelte van de hoofdvergaderruimte en de kapellen opnieuw te zien. Giften zijn welkom, vooral ook omdat er van de kant van de overheid niks te verwachten valt.

Klim de trap op en steek de esplanade over naar de tempel. Achterin hangt een zwartwitfoto die je een beeld geeft van de pracht en uitgestrektheid van het vroegere klooster. Naast de gebruikelijke beelden van de lama's, hun tronen of overblijfselen is de echte schat van Reting een klein gouden beeldje in een schrijn. Deze heilige werd door Atisha gebruikt tijdens zijn meditaties. Wandel langs links rond de tempel en ontdek de andere kapelletjes tijdens je klim. Dromtonpa, de stichter, is nog steeds rechts van een reeks van drie beelden, waaronder Atisha, Maitreya en enkele volgelingen, te zien. Een paadje langs de kluizenaarswoningen leidt naar het hogergelegen nonnenklooster, op de flank van een berg (te zien vanuit het klooster). Trek een goed uur uit voor de wandeling.

🔏 **Het klooster van Taklung:** in een uitgestrekte vallei, aan de voet van een bos met jeneverstruiken. Taklung, dat rond 1180 werd gebouwd, was de hoofdzetel van de Taklung Kagyüpaschool. Heel wat monniken kwamen hierheen, waar strikt volgens de regels werd geleefd, voor een retraite van drie jaar. Anderen zonderden zich lange tijd af in de omliggende grotten. In deze geest richtte Götsangpa in de 13de eeuw het bekende kluizenaarscentrum op, dat Götsang werd genoemd, enkele kilometers stroomafwaarts.

DE VALLEI VAN DE YARLUNG

De Yarlung is de Tibetaanse naam voor de Brahmaputra die rond de Namcha Parwa (7756 m) stroomt, het land verlaat en uitmondt in de Ganges. In deze vallei ligt het oudste Tibetaanse dorp (beneden Yumbulakang), het paleis van de eerste koning van Tibet en het eerste Tibetaanse klooster (Samye!). De inwoners van deze streek staan bekend om hun commerciële talent. In de vallei van de Yarlung worden stoffen geweven, die zowel sterk als mooi zijn.

AANKOMST EN VERTREK

Naast de vele uitstappen die door agentschappen worden georganiseerd, zijn er ook heel wat toeristen die alleen door Samye en de vallei van de Yarlung trekken. De beste manier om de allerlaatste informatie bijeen te sprokkelen, vooral over problemen met vergunningen en vervoer, is de borden te lezen die in de hotels in Lhasa hangen.
- **Met de bus:** in Lhasa vertrekt aan het busstation lange afstanden om het halfuur een bus naar Tsetang. Onderweg kun je afstappen: overstappen naar Mindroling, veerpont naar Dorje Drak en dan naar Samye. In Mentzikhang Lu, tegenover het hotel-restaurant Snowland in Lhasa, vertrekken *bedevaardersbussen* (heel vroeg in de ochtend) naar Samye, Trandruk, Yumbulakang en andere kleine kloosters in de omgeving. In omgekeerde richting ga je naar het busstation van Tsetang (regelmatige verbindingen met Lhasa) of aan het klooster van Samye stap je op een van de twee bussen (een 's ochtends en een in de namiddag).
- **Met de wagen:** huur een wagen, dit is en blijft de ideale manier om de streek te ontdekken.

Vergunningen

De *travel permits* voor Samye en de vallei van de Yarlung worden normaal gezien probleemloos afgeleverd aan individuele reizigers. Te krijgen in Lhasa of eventueel bij het *PSB* in Tsetang (tegenover het *Tsedang Hotel*). Vraag vooraf inlichtingen in Lhasa. Twee checkpoints van het *PSB*, een aan de kade van Samye (18 km voor Tsetang) en een voor het klooster. Veel reizigers vragen geen vergunning aan en proberen de sites in de vallei met het openbaar vervoer te bezoeken. Word je gevat, dan betaal je een boete van 50 tot 500 ¥ (€ 5 tot 50), afhankelijk van het humeur van het moment.

SAMYE

Het dorpje Samye is al bij al schilderachtig en vrij rustig, hoewel veel toeristen de weg naar hier al hebben gevonden. Het **festival van de gemaskerde dans** vindt plaats op de 9de en 10de dag van de eerste maan na het Tibetaanse Nieuwjaar.

AANKOMST EN VERTREK

Je kunt het dorp op twee manieren bereiken:
- Het meest in trek en het aangenaamst is de oversteek met de **veerpont** (ongeveer een uur) aan de weg naar Tsetang. Je betaalt per persoon of, als je niet wilt wachten, voor de hele pont. Aan de overkant wachten vrachtwagens je op voor de laatste 8 km. Ook hier kun je het hele voertuig huren.
- **De bus** neemt de brug aan de uitgang van Tsetang en rijdt nadien over een stoffige maar degelijke weg langs de andere kant van de rivier. Een rit van ongeveer een uur vanuit Tsetang.

⊡ ⊠ SAMYE MONASTERY GUESTHOUSE & RESTAURANT: tegenover de ingang van het klooster. Ga uit van 15-50 ¥ (€ 1,50-5) per bed naar gelang van de grootte van de slaapzaal (3 tot 5 bedden) en de verdieping. Het slaapgedeelte ligt rond een binnenhof. De kamers op de derde verdieping zijn de beste, je hebt uitzicht op het klooster. Een must! Comfort en netheid gaan van matig beneden tot niet slecht boven, waar je standaard een waskom, handdoeken en wat zeep op de kamer hebt. Verwacht niet teveel van het gemeenschappelijke sanitair. Het restaurant is leuk. Heel wat bedevaarders en aangepaste Tibetaanse keuken, optie koffie en limonade inbegrepen voor wie genoeg heeft van die eeuwige boterthee. Doorsneeprijzen.

⊠ SNOWLAND DAWA RESTAURANT: de gezelligste taverne in het dorp. In een kleine parallelle straat die uitgeeft op de oostelijke muur, ten zuiden van de hoofdweg. Rustiek, zeker. Kleine vertaalde kaart met Tibetaanse gerechten: jak, curry, *momo*. Goedkoop.

WAT IS ER TE ZIEN EN TE DOEN?

🏃 🏃 🏃 **Het klooster van Samye:** oase temidden van zandbergen. Gebouwd in de 8ste eeuw door koning Trisong Detsen, met de hulp van Santaraksita, een heilige Bengaalse prins, en Padmasambhava (alias goeroe Rinpoche). Naar het model van Indiase tempels. De plattegrond symboliseert een mandala en bijgevolg de nieuwe kosmische orde gesticht door de koning en het boeddhisme in Tibet. Ga je naar het restaurant van het klooster, kijk dan zeker eens op de achterkant van het Engelstalige menu. Op een paar pagina's staat een interessante beschrijving over de geschiedenis van Samye en over de blijkbaar exclusieve afhankelijkheid van (welkome) giften van bezoekers en gelovigen.

Binnen de cirkelvormige muren ligt de hoofdtempel, het centrum van het universum, de berg Meru, het hemelse verblijf van de goden. Vier tempels in de vier windrichtingen staan voor vier continenten, elk met twee subcontinenten. De twee tegenoverliggende tempels staan voor de zon en de maan. Vier stoepa's in verschillende kleuren op de hoeken van de hoofdtempel, geschonken door de vier ministers van de koning, maken de hemelse geometrie van het geheel, dat vroeger uit 108 tempels en heiligdommen bestond, compleet. En dan vergeten we nog de 1028 kleine stoepa's die de binnenmuren tooien.

Voor een volledig zicht op de mandala klim je de Heporiheuvel op, die boven het klooster uittorent (zie verder).

Net als de meeste kloosters werd ook Samye vernield. De buitentempels werden omgevormd tot stallen, de fresco's met kogels doorzeefd, de balken, deuren en kozijnen werden met rust gelaten. De dorpsbewoners verzamelden die voor hun eigen huizen. Gelukkig had een oude dorpeling nog foto's van het houtwerk, zo kon het dak worden hersteld. Vandaag wonen hier 86 monniken.

- **De Utsetempel:** pal in het midden van de mandala, volledig gerestaureerd. Veruit de belangrijkste tempel van Samye. Elke verdieping is in een andere stijl gebouwd: de benedenverdieping en de eerste verdieping zijn Tibetaans, de tweede Chinees, de derde Indiaas. De tekst op de pilaar links van de ingang, naar het oosten toe, vertelt over de bouw van Samye. De inscripties op de monumentale klok onder de poort zijn een lofrede aan koning

Trisong Detsen. Volgens Tibetexpert Tucci zouden de klok en de pilaar de enige twee resten zijn die dateren uit de periode van de stichting van de tempel.

Als je binnen bent gekomen, zie je voor je de *vergaderzaal*. Hier komen de monniken een of twee keer per week samen. Elke dag treffen de oudsten of de wijzen (die twee gaan meestal samen) elkaar hier. Binnen zijn alle sektes en hun spirituele meesters (Kedampa, Gelugpa, Sakyapa en Nyingmapa) afgebeeld, een oecumenische geest die zo typisch is voor Samye. De Yarlungkoningen zijn ook prominent aanwezig.

De kapel achteraan, de *Jowo Khang*, die je binnenkomt na een reeks van drie deuren, is de heiligste van de hele tempel: miraculeuze beeltenis van Sakyamuni 'gevonden' op de berg (4 m hoog), acht bodhissatva's en twee beschermers op de zijkanten en een schitterende mandala op het plafond.

Ook een bezoek waard is de opvallende *zijkapel* van de beschermer (rechts) en die met de mooie en heel oude beeltenis van Avalokitesvara met duizend armen... en elf hoofden, uitgehouwen in bas-reliëf in de wand (links, toegang langs buiten).

Eens terug buiten moet je zeker de mooie schilderingen in de kooromgang bewonderen voor je naar de volgende verdieping klimt. Je ziet er door fanatieke gelovigen weggeveegde stukken. In een hoekje achterin een mooie witte kip, de mascotte van de tempel sinds hanengekraai Samye van een brand heeft gered.

Op de *eerste verdieping* een grote open galerij met beschilderde muren, ongeveer 100 m prachtige fresco's: educatief (achter je als je binnenkomt), herinnert je aan wat je niet mag doen (schoenen met krammen dragen, zich uitkleden en kledij in de bomen hangen!), historisch (achterin links), verhalend over de weg van goeroe Rinpoche (die je herkent aan zijn vergulde gezicht) van India naar Samye, de tussenkomst van de Mongolen en de komst van de dalai lama's. Begin maar te lezen!

Rechts van het binnenhof enkele kapellen, links de vertrekken van de dalai lama en voor je de vergadertempel met enkele vergulde standbeelden.

De *derde verdieping* (recente schilderijen en inrichting, net als de tweede verdieping), Indiase stijl, lijkt op een grote kapel. Modern gebinte dat voldoet aan de Tibetaanse religieuze meetkunde. Drie reeksen concentrische metalen pilaren rond een centrale houten as: 21 buiten (geel geverfde balken) voor 21 tara's, 16 in het midden voor evenveel *arhats* (*luohan*) en 4 binnenin voor de vier koninklijke bewakers.

Wandel via de overdekte galerij naar buiten, let op het gezicht in de fresco's, links ter hoogte van de trap. Dat is Tendzin Gyamtso, de 14de dalai lama in ballingschap...

🚶 **De beklimming van de Heporiheuvel:** trek een uur uit. Ideaal bij zonsopgang (maar ook niet mis aan het eind van de middag). Ga naar de uitgang van het dorp en begin je klim voor de eerste witte stoepa. Al snel kom je een eerste hut tegen, geniet even van het mooie uitzicht op het klooster. Pauzeer even om op adem te komen en trek dan verder naar de bergkam tot de bovenste rand, waar een kapelletje staat (hier woont overdag een monnik). Boven een schitterend panoramisch zicht op de hele streek. Onderweg naar beneden kun je even halt houden bij een witte stoepa die is opgetrokken uit zand, voor je rond de heuvel trekt en weer bij het klooster uitkomt.

IN DE OMGEVING VAN SAMYE

🏃🏃 **Het klooster van Mindroling:** op de rechteroever van de rivier. Aan te raden halte op weg naar Samye. Een mooie weg van 15 km die de weg van Tsetang verlaat en naar de ferryhaven van Samye leidt. Door een vruchtbare vallei waar vandaag, dankzij een irrigatieprogramma druk wordt geteeld, er liggen leuke dorpjes met stenen huisjes. De weg wordt een straat en klimt naar het gezellige dorp Mindroling en het klooster. Toegangsprijs: 25 ¥ (€ 2,50).

Dit klooster werd gesticht in 1677, op de ruïnes van een ander klooster, het grootste Nyingmapacentrum van Centraal-Tibet. Aan het begin van de 18de eeuw vernield door de Mongolen en nadien, het trieste vervolg van de geschiedenis, tijdens de Culturele Revolutie. Vandaag is de restauratie voltooid en wonen hier zo'n 80 monniken. De metselaars hebben de traditie van muren in breuksteen en heel precieze voegen gerespecteerd. De voorgevel van de hoofdtempel, de *Tsukalhang*, vormt samen met het plaveisel van de hof een majestueus geheel.

Naast de *vergaderzaal* binnen (heel mooi gebinte en pilaren, prachtige *thangka*) liggen drie kapellen, waaronder rechts die van de beschermer en achteraan die van Boeddha Sakyamuni en zijn acht bodhissatva's, bewaakt door twee beschermers die hem aankijken.

Op de twee bovenste verdiepingen mooie zalen met de allermooiste beelden en schatten van het klooster (relieken, *thangka*, mandala's, heilige teksten). Een daarvan is een spiegel waarin je jezelf mooi of lelijk ziet, afhankelijk van de goedheid van je ziel en een beeltenis van de tantrische eenheid *Yabyum* – enkel de Nyingmapa- en Kagyüpasekte laten dit toe in hun tempels.

Zeker ook de moeite om eens te bekijken, is een heel oude en gewijde *thangka* van Padmasambhava (goeroe Rinpoche) die spreekt. Te zien in de buitengalerij van de Tsukalhang, via rechts te bereiken, opgehangen aan de linkermuur.

De wierook die in Mindroling wordt gemaakt, een kunst waarin de Nyingmapaschool uitblinkt, is befaamd in heel Tibet voor zijn geneeskrachtige eigenschappen. Ter plaatse te koop of in Mani Lakhang (zie 'Barkhor' in Lhasa).

🔒✖ Wie zijn ervaring nog wat wil verlengen, kan dit in de voedingsbazaar voor de ingang. Overnachten doe je in dat geval in het pension van het klooster, je betaalt niet veel.

🔌🔌**Klooster van Dorje Drak:** aan de weg naar Tsetang, ongeveer 18 km voorbij de luchthaven al te zien. Aan de voet van een kaap op de andere oever. Behoort ook tot de Nyingmapaschool, maar is minder mooi gerestaureerd dan Mindroling. Neem een van de grote boten die 's ochtends of 's avonds afvaren (voor een redelijke prijs kun je er al eentje afhuren). Overnachten is er mogelijk. Er loopt een bedevaartswandeling (*kora*) langs de kluizenaarswoning op de top van de rots. Adembenemend uitzicht. Het steile pad is niet altijd makkelijk te vinden. Twijfel je, ga dan in tegen de tradities en keer langs dezelfde weg terug.

🔌**Chimphu:** 3 uur wandelen van Samye, op de flanken van de berg boven het klooster. Chimphu is een belangrijk meditatieoord waar een tiental kluizenaars wonen.

▮In Ganden vertrekt een prachtige **trektocht** naar Samye, vier tot vijf dagen. Zie hoger bij Ganden.

TSETANG

| 40.000 INWONERS | KENGETAL: 0893 | HOOGTE: 3500 M |

Modern, toeristisch gezien niet belangrijk. Het enige pluspunt van de hoofdstad van de streek is dat hier alles te vinden is wat in de rest van de vallei ontbreekt: administratie, banken, hotel, kwaliteitsrestaurants. Tsetang kan dus een goed vertrekpunt zijn voor je trektocht door de omgeving.

NUTTIGE ADRESSEN

Alles ligt in de hoofdstraat, Nedong lu.

🚌 **Busstation:** in het noordwesten van de stad. Aan de grote rotonde van Nedong Lu wandel je ongeveer 500 m en steek je de rivier over. Bussen naar Lhasa.

■ **PSB:** tegenover het *Tsedang Hotel*. Zoveel mogelijk te vermijden, niet vriendelijk.

■ **Bank of China:** naast de parking van het *Tsedang Hotel*. Op weekdagen van 9.00 tot 18.00 u. Wisselen van contanten.

@ **Cybercafé:** op de eerste verdieping van een gebouw tegenover de *Construction Bank* (naast de post). Groot modern cybercafé.

- Zich verplaatsen: openbare bussen of taxi's.

SLAPEN, ETEN, IETS DRINKEN

Om goedkoop te overnachten, vraag je voor je vertrek inlichtingen in Lhasa of spreek eens met een gids. In de meeste goedkope hotels mogen geen buitenlanders overnachten. Wie het toch doet, rekent veel te veel aan. Er is natuurlijk nog altijd het klooster van Samye.

🛏 **Tsedang Hotel** 泽当饭店: Nedong Lu 21. ☎78 25 555. Tweepersoonskamer voor 700 ¥ (€ 70). Het hele jaar door is een korting van 20 % mogelijk, behalve tijdens grote drukte. Het beste in de streek. Onlangs gerenoveerd, wat het hotel vier sterren opleverde. Grote, comfortabele en goed uitgeruste kamers (verwarming, kluis...).

🍴 **Nijia Fandian** 你家饭店: Nedong Lu, tegenover het *PSB*. Bereide gerechten die warm worden gehouden. Engelstalig menu. Lekker, veel en niet duur. Vriendelijke ontvangst, je wordt er niet afgezet.

🍴 **Tibetaans restaurant:** Nedong Lu, tegenover het *Tsedang Hotel*. Op de benedenverdieping van een modern gebouw. Twee restaurants naast elkaar. Kies voor het traditioneel ingerichte. Heerlijke *momo* van rund, belachelijk lage prijzen, lekkere Tibetaanse curry. Behalve voor specialiteiten zoals gegrilde jak kun je er voor een paar *kuai* eten. Uitgebaat door een jong en vriendelijk team.

🍴 **Jiangcheng Fandian** 江城饭店: Nedong Lu. Links als je uit het *Tsedang Hotel* komt, op de hoek van het eerste kruispunt. Zaal op de benedenverdieping of afgesloten ruimte op de eerste verdieping. Menukaart met foto's. Chinese keuken om duimen en vingers af te likken. Rijkelijk opgediend. Ongelofelijk lage prijs voor Tibet. Onberispelijke bediening, net.

🍺 **Suntribe Bar** 太阳部落吧: Nedong Lu. Ingang via een binnenhof dat uitgeeft op de zijkant van het restaurant Jiangcheng. Volg de graffiti naar de eerste verdieping. Verrassing! Zo'n ruime en gezellige, ja zelfs hippe bar had je hier vast niet verwacht! De naam en de warme inrichting ademen etno-chic uit, erg in trek bij de burgerij in de grote steden. Tibetanen en Chinezen zitten broederlijk naast westerlingen die hier even halt houden.

IN DE OMGEVING VAN TSETANG

🔌🔌 **Het klooster van Trandruk:** 7 km ten zuiden van Tsetang, langs een geasfalteerde weg. Er rijden regelmatig openbare bussen naar het klooster (richting Changzhu 唱珠). Toegangsprijs: 35 ¥ (€ 3,50). Trandruk, een van de oudste kloosters van het land, wordt toegeschreven aan Songtsen Gampo (7de eeuw). Het maakt deel uit van een geomantisch net van 12 tempels die de duivelin, die voor de komst van het boeddhisme languit op de grond van Tibet leefde, te neutraliseren. Volgens de overtuiging doorboort de Jokhang het hart van de duivelin, Trandruk prikt in haar linkerschouder. Het is een stuk waarschijnlijker dat de koningen hier de winter doorbrachten, in de zomer verbleven ze in de Yumbulakang. Zoals de meeste andere kloosters in de stad, deed ook dit dienst als stal, de fresco's als schoolbord voor de kinderen. Er werd met de wederopbouw begonnen in 1982, de belangrijkste zalen zijn al klaar, het heiligdom heeft wonderwel het gewijde karakter kunnen behouden.

Het gedeelte binnen de tweede ring doet denken aan de Jokhang, die uit dezelfde periode dateert. Rondom ligt een halfopen kooromgang, aan de buitenzijde vind je een reeks kapellen. De grot van de beschermer, in de linkerhoek, is verboden voor vrouwen. Achteraan drie kapellen, van links naar rechts: die van Songtsen Gampo tussen zijn Nepalese en Tibetaanse echtgenotes, die van de 'sprekende Tara' versierd met mooi houtwerk, en als laatste een sfeervol plekje van de drie-eenheid met een kachel die van prinses Wencheng zou zijn geweest. Rechts van de galerij nog eens twee beschermers, een voor de vrouwen (heren, uit beleefdheid gaan jullie hier niet binnen, als is het niet verboden!) en een voor de kinderen (op een paard).

Ondanks alle rijkdommen ligt de echte schat op het terras van de eerste verdieping, in de tempel van het mededogen (*Thugje Lhakhang*). Achter een hek zie je een schitterende Indiase mandala met 29.027 parels, 1997 koralen en 185 turkooizen! Deze verbazingwekkende som is het resultaat van een gift van een rijke edelman aan de godin Tara. De mandala stelt inderdaad Tara voor. Ze kijkt je steeds in de ogen, waar je ook staat. Links van Tara nog een schat, een *thangka* die 1300 jaar geleden door prinses Wencheng zelf zou zijn geborduurd. Haar geliefde, koning Songtsen Gampo vertrok voor twee jaar naar verre oorden, de mooie prinses verveelde zich zo dat ze een vogel met drie poten borduurde. Zoek maar!

🔌🔌 **Yumbulakang:** ongeveer 15 km van Tsetang, verder naar het zuiden vanuit Trandruk. Stadsbussen (rit van 20 min.). Toegangsprijs: 15 ¥ (€ 1,50). Kleine klim naar de deur, soms op de rug van een jak. Dit kasteeltje ligt boven op een heuvel. De naam betekent 'paleis van moeder en zoon' of soms 'paleis van het hert' en het zou het oudste fort van Tibet zijn. De geschiedenis ervan gaat terug tot de mythische koning Nyari Tsenpo (4de eeuw ongeveer) die met boeddhistische teksten in het Sanskriet uit India zou zijn gekomen. Dit verhaal kun je volgen op het fresco op de tweede verdieping, jammer genoeg overschilderd met acrylverf...

Naar alle waarschijnlijkheid staat dit gebouw op de resten van het historische fort. Het zou zijn heropgebouwd onder Songtsen Gampo, maar zekerder is dat de wederopbouw dateert uit de periode van de vijfde dalai lama, te merken aan de stijl van de centrale toren en het vergulde dak.

Hier wonen vandaag nog zes monniken.

Op de benedenverdieping, in de kleine maar mooie vergaderruimte vol *thangka* omringen alle groten, die de geschiedenis van Tibet tijdens de Yarlungdynastie hebben geschreven, Boeddha Sakyamuni: de halflegendarische koningen, neergedaald uit de hemel met mooie geschenken; de drie belangrijkste monarchen, Songtsen Gampo, Trisong Detsen en Ralpache, minister Gar met zijn witte baard en Tonmi Sambota, de taalkundige die het geschrift in Tibet heeft geïntroduceerd. Vanaf hier zie je de eerste verdieping, een galerij met muren versierd met mooie fresco's. In een van deze zalen kruipen de bedevaarders onder een verzameling manuscripten door. Het volkse geloof beweert dat je zo alle wijsheid van de teksten in een moeite door verwerft! Jammer dat je niet in de donjon kunt. Het uitzicht vanaf de bewaakte weg op de vallei met velden, bezaaid met huizen met platte daken, is prachtig. Aan het eind van de weg vertrekt een kleine *kora* naar de bergkam, geen goed idee als je hoogtevrees hebt.

❧ **Chongye, de vallei van de koningen:** gedomineerd door de ruïnes van de oude vesting en het klooster van Riwodechen. In de vallei van Chongye liggen de grafheuvels van de eerste koningen van Tibet. Je gids zal je misschien zeggen dat je niet in het klooster mag, geloof hem niet. Volgens de bewoners komen hier veel bezoekers, zonder problemen. Maak gebruik van de gelegenheid om een mooie wandeling te maken in het oude Chongye. Dit mooie Tibetaanse dorp strekt zich uit op de heuvels aan de voet van het klooster, aan de uitgang van het nieuwe dorp. In Chongye werden de vijfde dalai lama en de favoriete geliefde van de zesde dalai lama geboren, de dichter en levensgenieter waarvan niemand weet waar hij begraven is.

De uitdrukking 'vallei van de koningen' doet je ongetwijfeld denken aan het Egyptische Luxor. Deze benaming is misschien wel wat teveel eer voor deze bescheiden plek met 16 zichtbare tumuli, waarvan je maar eentje kunt bezoeken.

- **De tumulus van koning Songtsen Gampo en zijn twee vrouwen:** toegangsprijs: 30 ¥ (€ 3). In de Tibetaanse kronieken staat te lezen dat de koningen in een kapel in de vorm van een mandala werden gelegd. De zilveren graftombe met het lichaam stond in het midden, de schatten van de koning in de acht omliggende kapellen. Op de pilaar op de tombe werd de naam van de koning geschreven. Hij werd ook meestal samen met zijn wapens, bedienden en paarden begraven, zij werden samen met hem geofferd. Deze begraving zou zijn bedacht door de bönmonniken, volgens hun gebruiken en geloof, voor de stoepa en de hemelse begravingen de norm werden.

Deze imposante tumulus is 14 m hoog en 130 m lang. Enkele treden leiden naar een kleine Nyingmapatempel op de top, schitterend panorama. In de hoofdzaal zie je de koning met zijn twee koninginnen. In de kapel achteraan de standbeelden van Avalokiteshvara en goeroe Rinpoche rond de beelden van de drie boeddha's, hier in een ongewone volgorde: verleden, toekomst, heden (in plaats van verleden, heden, toekomst).

DE VALLEI VAN DE TÖLUNG EN HET NAMTSOMEER

HET KLOOSTER VAN TSURPHU

Tsurphu is in het bijzonder een bezoek waard voor de unieke inrichting en versiering (schilderijen en standbeelden). Let wel op, het klooster ligt op een hoogte van 4500 m, je laat je lichaam dus beter eerst een paar dagen wennen aan de hoogte in Lhasa. Neem warme kledij mee.

EEN BEETJE GESCHIEDENIS

Tsurphu werd gesticht in 1187 als hoofdzetel van de Karmapalama's, een belangrijke tak van de Kagyüpaschool, waarvan zij trouwens de spirituele leiders zijn (zie hoofdstuk 'Godsdienst en geloof' bij 'Mens, maatschappij, natuur en cultuur').

De karmapa, goeroes van de Mongoolse prinsen en keizers van China, verspreiden het boeddhisme en hun spirituele autoriteit ver buiten de grenzen van Tibet. Intussen stapelen ze in Tsurphu waardevolle schatten op. Als handlangers van de Tsangkoning stoppen ze de macht van de Gelugpa in Centraal-Tibet, tot hun alliantie omver wordt geworpen en het klooster door de vijfde dalai lama en zijn Mongoolse vrienden (17de eeuw) wordt geplunderd. Ook de politieke ambities van de sekte tanen.

In 1959 verlaat de 16de karmapa het klooster en maakt van Rumtek zijn hoofdzetel. Hij neemt zijn symbolische zwarte kap en een verzameling zeldzame manuscripten mee. Hij sterft in 1981 in ballingschap, het is wachten tot 1992 op de 17de incarnatie van de karmapa, Orgyen Trinley Dorje. Hij komt dan officieel op de troon en maakt een einde aan 33 jaar vacuüm. Hij wordt erkend door de 14de dalai lama, wat van hem de enige incarnatie maakt die zowel door de Chinezen als door de regering in ballingschap wordt erkend. Zowel om religieuze, politieke als symbolische redenen vlucht hij eind 1999 naar India en brengt de Chinezen daarmee een zware klap toe.

Er heerst een vredige sfeer in het klooster, te vredig zelfs volgens de monniken. Sinds de karmapa hier niet meer woont, komen hier minder toeristen en bedevaarders. Je kunt de vertrekken van de Karmapa binnen, zijn foto's hangen er nog steeds.

AANKOMST EN VERTREK

De meeste bezoekers komen met een huurwagen naar Tsurphu. Ze houden hier even halt op een rondrit rond Lhasa, gecombineerd met een bezoek aan het Namtsomeer en soms met de sites van hoog-Kyichu (zie hoger).

Tsurphu behoort tot de prefectuur Lhasa, je hebt geen vergunning nodig.

- **Met de wagen:** 70 km ten noordwesten van Lhasa, langs de weg naar Golmud. Na een rit van 45 min. sla je links af onder de spoorweg door. Volg de kiezelweg naar de vallei, 30 km (een uur rijden). Onderweg mooie dorpen en jaks op de heuvels.
- **Met de bus:** vertrek 's ochtends vroeg in Lhasa. Terugkeer dezelfde avond nog. Vraag in het hotel aan welk station de bus vertrekt.

SLAPEN, ETEN

Monastery Guesthouse: aan de ingang van het klooster. De kamers geven uit naar buiten. Reken op 25 ¥ (€ 2,50) voor een bed. Minimaal comfort, kloostersfeer... Klein restaurant, winkeltjes waar je iets te drinken, koekjes, zaklantaarns, batterijen.... kunt kopen.

HET BEZOEK

Het klooster van Tsurphu: toegangsprijs: 40 ¥ (€ 4). Zoals tal van andere kloosters was ook Tsurphu een van de machtigste en rijkste van Tibet, maar na de culturele revolutie bleef er niet veel meer over dan ruïnes. Vanaf 1985 hebben de monniken, met de hulp van de dorpelingen en nomaden, de hoofdtempel, de vertrekken van de karmapa en een gastenverblijf opnieuw opgebouwd.

Een stenen trap brengt je naar de vergadertempel. De sfeer is sterker wanneer er dienst is. De karmapa's zeggen hun heilige teksten niet op, ze zingen ze systematisch. Op de zijmuren schilderingen van de 16 arhats. Achterin de grafstoepa's, een heel realistisch beeld van de 8ste karmapa – met zijn zwarte muts – en drie standbeelden van boeddha's. De hogere verdiepingen zijn de vertrekken van de karmapa. Op de eerste de ruimte waar hij in de namiddag zijn zegeningen uitsprak. Op de tweede, langs een ijzeren trap, de persoonlijke vertrekken, amusant en leerrijk bezoek. Bekijk het hoekje waar hij met zijn leraar zat, boeken waarvan een over dino's, geïllustreerde encyclopedieën en enkele speeltjes (zelfs een plastic mercedes). Vergeet niet dat hij pas 8 was toen hij naar het klooster ging. Hij mag dan wel de reïncarnatie zijn, hij was ook een kleine jongen!

Wandel langs links rond de tempel en zet je bezoek verder met vijf kapellen ter ere van de beschermheiligen, op een rij langs een veranda. Zwart (Mahakala, beschermt Tsurphu), oranje, rood (gevleugelde beschermer van de Kagyusekte), blauw en opnieuw rood. De monniken zingen onophoudelijk om meer kracht voor hun betoveringen. Meteen ook de reden waarom hier zoveel maliënkolders, trofeeën van antilopen en opgezette tijgers te zien zijn.

Ga naar buiten en wandel verder met de wijzers van de klok mee. Je komt opnieuw uit bij een aantal tempels die dateren uit het eind van de jaren 1990. Onder hen de Lhakang Chenmo met een reuzegrote afbeelding van Sakyamuni (17 m hoog), in koper en nadien verzilverd en verguld. Het weinig gracieuze beeld getuigt jammerlijk genoeg van de vernieling in de jaren 1960. Het originele beeld dateerde uit de 13de eeuw.

HET NAMTSOMEER

Het Namtso, of het hemelse meer, is meer dan 70 km lang en 30 km breed. Het ligt op 4591 m hoogte en is omgeven door hoge bergen. Breng dus eerst enkele dagen in Lhasa door voor je naar hier komt, anders krijg je geheid last van hoogteziekte. In de winter is het meer niet bereikbaar. Boven het zuidelijke deel torenen de Tangulabergen uit (Nyanchen Tanglha in het Tibetaans). Enkele van de toppen zijn hoger dan 7000 m! Een paar bergen hebben uitlopers tot in de Qinghaiprovincie. Op deze besneeuwde bergtoppen ginds ontspringen de eerste stromen die de Salween en... de Mekong van water voorzien.

AANKOMST EN VERTREK

240 km ten noorden van Lhasa. Een halve dag.

■ Je begint bij de weg naar Nakqu en Golmud, langs de spoorweg. Tot in Yangbachen een landschap van woeste, ruwe bergen, ravijnen. Aan de voet telen de boeren gerst. Wat verder wordt de natuur wilder, dit is het koninkrijk van de jaks, het land van de nomaden. De jaden rivieren doorkruisen de vallei, hier en daar spuit een geiser stoom naar omhoog. Geen bomen meer, enkele dappere struikjes groeien hier en daar nog langs het water bij de dorpen. De rest van de begroeiing is door de wind weggeblazen. Desolaat gebied, woestijnachtig, enkel de spoorlijn doorkruist deze woestenij. De weg door de toendra stijgt lichtjes naar de Nyanchen Tanghla (5000 m). Bij helder weer zie je de hoogste top van de bergketen, de Nyainqentanglha (7162 m). Boven biljarten een paar nomaden in de openlucht, toeristen kunnen wat sieraden kopen. In Damxung, een granieten bergdorpje, splitst de weg naar de bergen.

Ingang in het park: toegangsprijs 180 ¥ (€ 8). Een oude gletsjervallei. De berg sluit langzaam de weg in. De lagen leisteen zijn duidelijk te zien. De laatste bergtop die je moet beklimmen, is de Largen-La (5190 m). Adembenemend panoramisch uitzicht over het meer. Daal weer af en steek de uitgestrekte weiden over naar het schiereiland Tashi Dorje.

Opgelet: geen openbaar vervoer naar het meer. Neem aan het hoofdbusstation een **bus** naar Golmud. Stap af in Damxung. De overige 60 km leg je te voet af (zie verder 'Wandelingen en trektochten'), maar je kunt ook voor twee of drie dagen heen en terug een **jeep** huren in Lhasa. Op die manier combineer je deze uitstap met een bezoek aan het klooster van Tsurphu (ten noordwesten van Lhasa) en eventueel de warmwaterbronnen van Yangpachen. Het Namtsomeer is een van de populairste bestemmingen geworden. Niet moeilijk om de concurrentie tussen de verschillende agentschappen uit te spelen.

SLAPEN, ETEN

Van de honderden toeristen die hier dagelijks langskomen, blijven er maar een paar hier ook overnachten. Begrijpelijk. De weg die hier langs het meer is aangelegd voor de toeristen, lijkt veeleer op een vluchtelingenkamp: onbewoonbare barakken, gescheurde tentzeilen, verstopt sanitair, en de geur... Bovendien kun je het meer niet zien, de hutten en het opgestapelde vuil belemmeren het zicht. Dilemma, je moet dit wel doorstaan als je de sublieme zonsopgang wilt beleven.

Wie zich goed uit de slag kan trekken, zal wel ergens een slaapplaats vinden in de omgeving, weg van de grote massa.

Ter info: een nacht in een lekkende tent kost al gauw rond 60 ¥ (€ 6), voor een erbarmelijke hut is dat 80 ¥ (€ 8). Een tiental restaurants ter plaatse, de hygiëne is twijfelachtig.

WAT IS ER TE ZIEN EN TE DOEN?

¶¶¶**Het Namtsomeer:** het op een na grootste zoutmeer van Tibet en China, na het Kokonormeer in de provincie Amdo. Tevens ook een van de hoogste ter wereld (4718 m). Hoewel het hier zeer afgelegen is, vinden de bedevaarders toch de weg naar het 'hemelse meer'. Een paar durvers leggen de hele *kora* af (bedevaart van 18 dagen rond het meer).

Het water is schitterend turkooisblauw, het uitzicht op de besneeuwde bergen gewoonweg adembenemend. De meeste nomaden komen begin mei naar het meer om hun kudden te laten grazen. Sommigen van hen hebben hier lemen huisjes gebouwd en brengen een deel van de winter hier door. De immense rots Tashi Dorje ('geluksrots') aan de oostelijke rand ligt op een schiereiland en lijkt op een gigantische magneet die de mens steeds heeft aangetrokken. Het kapelletje Tashi Dorje ligt verscholen aan de voet van de berg. Veel grotten waarin enkele kluizenaars tijdens de winter een paar maanden in afzondering komen doorbrengen. Dit was voor de karmapa's van Tsurphu vroeger traditie. De omgeving van deze kluizenaarsgrotten is ongetwijfeld het mooiste deel van het meer, dat daarnaast ook een vogelparadijs is. Tal van trekvogels komen hier van april tot oktober samen.

In de zomer is dit de plaats van afspraak voor gezinnen. Het gras aan het oosten van het meer, dat de sneeuw van de winter heeft verdrongen, is lekker voedsel voor de dieren. Bij de eerste tekenen van de winter, rond oktober, verzamelt iedereen op de vlakte rond Tashi Dorje om naar hun stenen huizen aan de noordelijke oever van het meer terug te keren. Sommige gezinnen hebben meer dan 500 jaks en meer dan 1000 schapen. Het aantal dieren wordt gecontroleerd door de overheid, die de veehouders taksen oplegt op weiden en gebruikt water. Het 'liberale' model van China vandaag versterkt de kloof tussen rijk en arm. Omdat er te weinig weiden zijn, zijn de nomaden verplicht het voedsel van de dieren aan te vullen. De rijkeren verdienen fors aan hun kudden, de armsten hebben niet eens de middelen om hun kinderen naar school te sturen en zijn verplicht voor een leven als nomade te kiezen.

WANDELINGEN EN TREKTOCHTEN

🏃 **De Nekhor:** een populaire bedevaartstocht rond het voorgebergte, vertrek aan de kluizenaarswoning van Tashi Dorje. Deze tocht duurt twee uur, maar je kunt je plezier nog wat rekken. Onderweg grotten waar bedevaarders gewijde voorwerpen hebben achtergelaten, die soms zelfs enkele eeuwen oud zijn. Aan de oever van het meer voeren bedevaarders zegeningen uit, ze besprenkelen elkaar met water. Het keienstrand, het kristalheldere water, het prachtige meer en de sereniteit van de uitgestrekte vlaktes, wat heb je nog meer nodig om hier een duik te wagen, in dit koude maar mystieke water. Het Namtsomeer is zonder twijfel een van de uitzonderlijkste oorden in Tibet. Het water verandert voortdurend van kleur. De vorm van het uiteinde van het schiereiland doet, door de erosie van het karstreliëf, denken aan gevouwen handen. Meer hebben bedevaarders niet nodig om hier de handen van Boeddha in te zien.

Het meer van de voortekenen

Met de gewijde plaatsen van Tibet wordt niet gelachen. En juist! De Tibetanen geloven dat het meer een afspiegeling is van de beschermheilige Dortishan. Enkele jaren geleden probeerden de Chinezen hier de industriële visvangst uit. Dit duurde een jaar, tot een van de boten op mysterieuze wijze zonk. Een voorteken? De visvangst werd meteen stopgezet. De vogels die vandaag op het eilandje tegenover Tashi Dorje hun nest maken, hebben opnieuw rust gevonden.

◼ **Rond het meer:** een vijftiental dagen. Volg het pad tegen de richting van de wijzers van de klok in. Keer in Shigatse terug naar de vallei van de Shang.

◼ **Van Damxung naar Tashi Dorje:** 50 km (twee dagen) als je de berijdbare weg volgt. Je kunt de rit ook met 10 km inkorten als je de avontuurlijkere weg langs het zuidwesten neemt, via de pas van Kong-La (5250 m). Technisch gezien niet zo moeilijk, maar neem het toch maar niet te licht op. Je vertrekt beter met een plaatselijke gids. Je komt langs nomadenkampen. Zet je tent net voor de pas op. Op de bergtop een grandioos landschap. Aan de oevers van het meer grazen kudden jaks en schapen tot de einder rond de zwarte nomadententen.

- **Het dorp Namtso Qu:** het belangrijkste dorp. Onder de pas die je via de berijdbare weg hebt genomen. Rijd rechtdoor in plaats van links af te slaan naar Tashi Dorje.

Naar verluidt zou het leger van Songtsen Gampo (7de eeuw) de koninkrijken in het westen bij de dynastie van Tibet hebben gevoegd. Het spirituele centrum van deze streek, die ook Ngari Korsum wordt genoemd door de Tibetanen, is Mount Kailash, voor de hindoes, de boeddhisten en de Bön een heilige berg.

AANKOMST EN VERTREK

Behalve een **privébus** die je voorbij het checkpoint van Lhatse tot de stad Ali (zie 'Lhasa verlaten') kunt nemen, is er geen openbaar vervoer in dit deel van Tibet. Ga dus langs bij een agentschap, huur een wagen en heb geduld... Ideaal is een tijdsbestek van 20 dagen als je heen en terug wilt of Tibet aan het eind van je reis via Zhangmu verlaten.

DE NOORDELIJKE WEG

Steek de Brahmaputra (Tsangpo) een paar kilometer voorbij Lhatse over. De noordelijke weg volgt de rivier tot Saga en draait dan naar rechts diep in het hart van de Changthang. De route loopt langs verschillende zoutmeren. Hier komen karavanen zout inslaan, dat ze op hun schapen of jaks naar India en Nepal voeren. Nagenoeg geen dorpen onderweg naar Ali, op enkele militaire posten als Guerze, aftreksels van een zwaarmoedig kolonialisme, na: vuilnisbelten, lege flessen, uitgehongerde honden, soldaten zonder werk, mensen met een lege blik...

❧ **Sengue Zangpo** voor de Tibetanen, **Ali** voor de Chinezen. Administratieve hoofdstad van westelijk Tibet. Temidden van een grote leegte. Het onvermijdelijke Chinese hotel is ook het centrum waar je reisvergunning wordt gecontroleerd. De militair van dienst zal je vertellen dat Töling en Tsaparang open zijn voor toeristen maar dat je enkel in Lhasa een vergunning kunt aanvragen!

In Ali steek je de Indus over, op het kruispunt ga je naar het zuidoosten, langs de weg naar Kailash en de zuidelijke weg. In noordwestelijke richting kom je op de weg naar Kashgar, een beroemde stopplaats op de Zijderoute. Geen verkeer, geen dorpen (en dus geen eten). Verboden voor buitenlanders die geen speciale vergunning hebben. Vrachtwagens doen er minstens vier dagen over om naar Kashgar te gaan.

TÖLING EN TSAPARANG

Opgelet: een speciale vergunning is verplicht! Aan te vragen in Lhasa via een agentschap of, soms (volgens sommige trotters), bij het *PSB* in Ali (zie 'Lhasa verlaten').

Töling en Tsaparang, voormalige religieuze en politieke centra van het koninkrijk Guge en gesponsord door vertaler en schilder Rinchen Zangpo, werden in de 11de eeuw gesticht. Het klooster van Töling groeide uit tot een van de grote universiteitscentra van Centraal-Azië. Volgens de missionaris de Andrade, die hier rond 1600 verbleef, studeerden en mediteerden in het klooster meer dan 2000 monniken. Voor kunstliefhebbers zijn Töling en vooral Tsaparang twee parels van de artistieke traditie uit de 11de eeuw. Zeker een bezoek waard, hoewel er veel vernield en gerestaureerd is.

◀◀◀ **Tsaparang:** een van de boeiendste plekken die je in Tibet kunt bezoeken. Loop het labyrint dat is uitgehouwen in de heuvelflank, in en kom zo de vesting binnen, waar je een ongelofelijk mooi uitzicht hebt op de vallei van de Sutlej. Het kloostergedeelte van Tsaparang werd rond twee hoofdtempels gebouwd, de rode tempel en de witte tempel. Deze twee tempels werden met de grond gelijkgemaakt en nadien opnieuw opgebouwd. In de duizenden grotten rondom zouden soldaten van het leger van Guge zich hebben schuilgehouden.

IN DE OMGEVING VAN TÖLING EN TSAPARANG

◀◀◀ **Het Manasarovarmeer:** voor ze naar Mount Kailash gaan, moeten de bedevaarders zich reinigen in het ijskoude water van het Manasarovarmeer, de thuishaven van de vredelievende heiligen, dit in tegenstelling tot het Rakshastalmeer, waar de verbolgen goden wonen. Het meer is heilig, je mag er niet vissen, zoals elders in de streek rond Mount Kailash dat al natuurerfgoed vóór de tijd was! Wil je je Tibetaanse vrienden in Kathmandu of ergens anders een mooi geschenk geven, neem dan een fles met water uit het meer mee. De heilzame krachten zijn even gevarieerd als doeltreffend.

◀◀◀ **De kora rond het Manasarovarmeer:** pad rond het meer langs acht kloosters op de oevers. Vier dagen, neem voedsel mee. Onderweg is geen eten te krijgen, behalve wat *tsampa* in de kloosters als die bewoond zijn (niet altijd het geval).

◀ **Thirtapuri:** het basiskamp van Mount Kailash, aan de weg van Ali naar Darchen. Stop hier om in de warmwaterbron, die de natuurlijke bekkens van water voorzien, te baden. Bekijk de bedevaarders en karavanen jaks. Niet mis!

MOUNT KAILASH

Rond Mount Kailash ontspringen de drie grootste rivieren ter wereld: de Indus, de Sutlej en de Brahmaputra (Yarlung Tsangpo). Lange tijd dacht men dat ook de Ganges hier ontsprong, op de noordelijke zijde van de Himalaya. Maar intussen is bewezen dat dit aan de Indiase kant is. De Karnali, een van de zijrivieren, ontspringt wel in het gebied van de Kailash.

SLAPEN, ETEN

Neem een tent en voldoende voorraad mee voor je bedevaart (3 dagen). Onderweg is niks te krijgen. Bedelen om wat *tsampa* bij de bedevaarders raden we je niet aan.

▣ In Darchen wordt een GUESTHOUSE uitgebaat door een Tibetaan. Goed als je geld hebt! Jaks en een gids.

☐ Naast het guesthouse een **winkel** waar je koekjes, een elektrische zaklantaarn, toiletpapier en de befaamde *fangmian mian* (Chinese noedels die je in warm water gaart) kunt kopen. Niet lekker maar wel voedzaam.

WAT IS ER TE DOEN?

◀◀◀ Kailash is voor de Tibetanen symbolisch Mount Neru, het centrum van het universum, waar Chakrasamvra op de top woont, omringd door zijn mandala van de 64 heiligheden. Voor de hindoes is de berg de verblijfplaats van weldadige Shiva, meester van de wedergeboorte.

- Om de kora rond het gebergte af te ronden, vertrekken de bedevaarders bij het krieken van de dag uit **Darchen**, overdag leggen ze 50 km af (een hoogteverschil van 1000 m tussen Darchen en de top van Tara of Dolma-La). Het hoogste punt van het traject ligt op een hoogte van 5700 m, het is er vaak bevroren of besneeuwd. Voor een volledige bedevaart moet je in 26 dagen 13 keer rondgaan. Sommigen doen dit zelfs op hun knieën.

- Ben je in goede doen, dan kun je de kora in 14 uur afleggen, maar wie een tent en wat eten meeheeft, doet er al gauw drie dagen en twee nachten over. Onderweg een paar tempels en kloosters, met name de grot van Milarepa (Dzutrul Puk), aan de oostelijke zijde, waar je eventueel kunt overnachten.

VAN PURANG NAAR SIMIKHOT

Purang, aan de grens met Nepal, ligt 4 uur rijden van Darchen. Volg de weg langs de gletsjer van de Gurla Mandhata, ten zuiden van Mount Kailash en Manasarovar. Purang heeft veel weg van het dorp Ladakh, met zijn grote stenen en lemen huizen, zijn gerstvelden met muurtjes in breuksteen. De naam van de stad is dezelfde als die van het prinsdom dat, net als Guge, een tijdje onafhankelijk was voor het in 1650 definitief bij Lhasa werd gevoegd.

Purang is een grote handelsstad, de enige in een straal van 300 km. Voor de grenzen gesloten werden, was dit een bloeiende markt, vooral voor de handel in Tibetaans zout. Je kunt er iets eten, overnachten en wat basisvoedsel inslaan. Je kunt in theorie Nepal binnen via Purang, als je een visum met meerdere toegangen hebt, als je een Nepalese verbindingsofficier bijhebt en een speciale vergunning voor de streek (niet goedkoop). In dat geval is het misschien mogelijk, maar garantie krijg je niet. Het kan ook duur uitvallen.

Je hebt vijf dagen nodig om naar Simikhot te raken. Weinig dorpen, weinig mogelijkheid om te eten onderweg. In Simikhot kun je met de wagen of het vliegtuig naar Nepalganj en Kathmandu.

DE ZUIDELIJKE WEG

De kortste weg om van de streek van Kailash naar Lhasa of Nepal te raken, is de zuidelijke weg langs de noordzijde van de Himalaya en de Yarlung Tsangpo. In tegenstelling tot de noordelijke weg, die vrij verlaten is, kom je hier tal van nomadenkampen tegen. De natuur is er weelderig: gazellen, antilopen, *kyangs* (wilde ezels of halfezels) en zelfs een paar wolven.

De enige moeilijkheid onderweg is dat je rivieren en wedden over moet. Voor juni is dit bijna niet mogelijk, dan is het hier bevroren. Na 20 juli zijn de rivieren sterk gezwollen door de smeltende sneeuw. Slechts hier en daar kun je oversteken.

Om de Nepalese grens te bereiken, ga je voorbij Saga in zuidelijke richting, naar de oude route van Kyirong, langs het Pegutsomeer, het basiskamp van Shejapangma en dan naar Nyalam. Moeilijk en vaak dichtgesneeuwd. Wanneer de weg gesloten is, ga je door naar Lhatse en volg je de *Friendship Highway*.

DE WEG VAN KATHMANDU NAAR LHASA

De weg die Kathmandu met Lhasa verbindt, is fabelachtig. 948 km lang geniet de reiziger van een schitterend uitzicht over het land van de sneeuw. Het contrast tussen de overweldigende reliëfs, de moeilijke wegen en de heerlijke rust van de boeren is spectaculair. Himalaya, Mount Everest, duizend jaar oude steden en dorpen en prachtige kloosters... alles ligt binnen handbereik. De *Friendship Highway* werd al snel de toeristische as van Tibet, het plaatselijke leven heeft er niet zoveel onder te lijden. De Chinese agenten en militairen doen vandaag echt een inspanning om op de achtergrond te blijven. Je reist makkelijk door het land, zelfs al heb je nog steeds allerlei vergunningen nodig (zie 'Lhasa verlaten'). Heel af en toe, en nooit voor lang, is de weg afgesloten tijdens de strenge winter (januari en februari), omwille van hevige sneeuwval, of tijdens de zomer als er teveel regen valt.

DE GRENS

Je avontuur op de *Friendship Highway* begint al tijdens de laatste kilometers voor Kodari (hoogte: 1870 m), de Nepalese grenspost. Je rijdt 8 km verder door *no man's land* en klimt langs duizelingwekkende haarspeldbochten naar Zangmu, de Chinese grenspost. Het hoogtepunt is echter, zonder twijfel, de weg zelf, die een natuur trotseert die zich lijkt te verzetten tegen deze *highway* die zich door een van de geduchtste ketens slingert, de Himalaya.

Bij mooi weer is het hier betoverend, wanneer de weg is afgesloten (voor of voorbij de Nepalese grenspost, of allebei!) tijdens het regenseizoen, kan het hier een ware nachtmerrie worden. Maak van deze gelegenheid gebruik om enkele niet-geplande uitstapjes te maken tussen de berijdbare stukjes weg, waartussen een pendeldienst rijdt. Voor een handvol roepies (houd je ogen toch goed open, er zijn toeristen die hun bagage nooit meer terug hebben gezien) vind je altijd wel een drager die je wil helpen. De Nepalezen beklagen zich vaak over de staat van deze sector. De Chinezen zouden toch, met alle belastingen die ze innen op ingevoerde goederen, een inspanning kunnen doen!

In werkelijkheid wordt deze weg, die zich door een nauwe engte slingert (net als de laatste kilometers op Nepalees grondgebied), tijdens het regenseizoen door de hevige regenval toegetakeld. Ieder jaar beuken de stormen op het werk van het voorgaande jaar in.

Als alles goed gaat, zorgen *mianbao* (minibusjes) of vrachtwagens voor de 8 km lange route, ze verhuren hun vrije zitjes voor ongeveer 30 ¥ (€ 3) per passagier. Zeul je minder bagage mee en ben je in goede vorm, dan kun je ook via een kortere weg naar boven klimmen.

- **De grens oversteken:** tegenwoordig vrij snel. Aan de Chinese kant is de grens geopend van 9.30 tot 12.00 u en van 15.30 tot 17.00 u. Trek 2 uur en 15 minuten af voor het tijdsverschil met Nepal. Meteen voorbij de Nepalese grenspost wordt je paspoort gecontroleerd, als je de brug over bent. De eigenlijke immigratieformaliteiten gebeuren 8 km verder, in Zangmu. De Chinese grenspost werd gemoderniseerd, de sfeer is er over het algemeen vrij ontspannen. Vul je toegangskaart (*Entry Card*) voor je naar de officier gaat voor de controle van je paspoort.

ZANGMU

TIBETAANS: DRAM, NEPALEES: KHASA   HOOGTE: 2300 M

Zangmu, dat is een beetje de Far West: overal louche hotelletjes, Tibetaanse zaken-
mannen die hun koopwaren proberen in te klaren, corrupte administratie, hoertjes
voor de deur, Nepalese dragers op blote voeten, gekleed in een losse *longui*, arrogante
kampa in pelsjassen van jakwol, aftandse jeeps van het Chinese leger en splinternieuwe 4x4 Pajero's met getinte glazen en airco.

Doro de band stoppen groepen niet in dit trapvormige dorp. Ondanks het unieke karakter is dit niet echt wat je van Tibet verwacht. Deze etappe halverwege verzacht echter wel je klim tussen Kathmandu (hoogte: 1300 m) en Nyalam.

AANKOMST EN VERTREK

- **Naar Lhasa:** op dit moment en met de huidige stand van zaken moet iedereen tot
een groep behoren. Er vertrekt om de andere dag een bus, als de weg berijdbaar is.

- **Naar Nepal:** na de Chinese formaliteiten begin je aan een afdaling van 8 km door *no
man's land* naar Kodari. Je paspoort wordt nog een laatste keer gecontroleerd voor de
brug over de rivier. Aan de Nepalese kant kun je een visum aanvragen aan de grens. Vrij
vriendelijke ontvangst, je wordt er wel wat geld afhandig gemaakt (ongeveer € 5) wanneer je een groepsvisum hebt. Twee keer per dag vertrekt een bus naar Kathmandu
('s ochtends en 's avonds). Of je huurt een taxi. Reken op een reis van 4 uur naargelang
het aantal checkpoints.

NUTTIG ADRES

- **Geld wisselen:** de *Bank of China* wisselt alle munten in Chinees geld. De bank ligt in
het hogergelegen gedeelte van de stad, maar is vaak gesloten op het moment dat je de
grens oversteekt. Er zijn bijgevolg heel wat reizigers die zich laten verleiden door de
zwarte markt die hier open en bloot woekert, net voorbij de grens. In principe geen
valse biljetten. Geen andere mogelijkheid om geld te wisselen voor Shigatse.

SLAPEN, ETEN

📠 🍴 Geen tekort: hotelletjes, restaurants en pensions net voorbij de immigratiedienst. Het ZANGMU HOTEL is niet slecht maar vrij duur. Probeer eerder de SHERPA
GH, een kilometer klimmen voorbij de grens, 60 ¥ (€ 6) per bed.

NYALAM

HOOGTE: 3750 M | NETNUMMER 08027

Nyalam is duidelijk de toegangspoort tot Tibet. Gedaan met de weelderige Nepalese
plantengroei, de laatste boompjes groeien enkele meters lager. Vanaf hier gaat het
bergopwaarts naar het woeste, dorre Tibetaanse plateau. Als je uit Lhasa komt, heb
je ongetwijfeld kunnen genieten van een onvergetelijk uitzicht vanop de passen van
Tong-La en Tsang-La. Tussen deze twee ligt een zachte kronkel die zorgt voor een verrassende blik op de toppen van de Himalaya. Langs welke weg moet je nu verder? Nyalam is niet bijzonder aantrekkelijk. Ondanks de hoogte is er in dit gebied, zoals overigens in het hele grensgebied van China, een tekort aan wandelpaden. Toch is de stad
aangenamer dan Zangmu, voor wie op zoek is naar een beetje rust. Door de geografi-

sche ligging is Nyalam vaak de eerste plek waar je overnacht als je in Tibet aankomt. Maar opgelet, tussen Kathmandu en Nyalam bedraagt het hoogteverschil 2500 m. Net als voor wie in Lhasa aankomt, kun je ook hier last hebben van misselijkheid, weinig eetlust en moeilijk inslapen. Neem preventief een medicijn in (zie rubriek 'Gezondheid, hoogteziekte' in 'Tibet praktisch').

NUTTIG ADRES

📞@**Telecommunicatie:** een klein postkantoor en een antenne van China Telecom. Mogelijkheid tot telefoneren in een van de vele kraampjes. Internet op de benedenverdieping van het *Snowland Hotel*, het laatste voor Shigatse.

SLAPEN

Al onze adressen liggen in de hoofdstraat, het deeltje van de Friendship Highway die door het dorp loopt.

🏠 SNOWLAND HOTEL: pal in het centrum. ☎ 21 11. Het beste hotel van de stad. Slaapzalen met 4 of 5 bedden (40 ¥ of € 4 per persoon). Tweepersoonskamer voor 80 ¥ (€ 8). Gemeenschappelijk sanitair. De kamers zijn niet bijzonder comfortabel maar wel charmant. De bedden zijn goed. Het hotel is net, het personeel spreekt er Engels.

🏠 NYALAM NGA-DHON GUESTHOUSE: op wandelafstand van *Snowland Hotel*, in dezelfde richting als je van Zangmu komt. ☎ 21 13. Bed in slaapzaal voor 40 ¥ (€ 4), tweepersoonskamer voor 80 ¥ (€ 8). Iets minder goed dan *Snowland Hotel*, maar het kan ermee door. Kies een kamer met uitzicht op de rivier. Het guesthouse heeft ook recentere vleugel in Tibetaanse stijl. Vriendelijke uitbater.

ETEN

🍽 SNOWLAND RESTAURANT: tegenover het gelijknamige hotel. Dé referentie van Nyalam. Alle groepen toeristen strijken hier neer. Gezellig, lekkere keuken.

🍽 EVEREST RESTAURANT: rode voorgevel, vlak bij het *Snowland Restaurant*. Engelstalige menukaart achteraan in de zaal. Eenvoudig en goedkoop eten.

🍽 NGA-DHON: in het hotel met dezelfde naam. Uitgebreid menu met lekkere schotels voor betaalbare prijzen. Vrij ruime porties.

🍽 LANZHOU LAMIAN: naast het *Nga-Dhon*. Dé plek voor handgemaakte noedels (*lamian*) die daarna worden gekookt in een runderbouillon, à la Lanzhou (tussenstop op de Zijderoute). Bijna even befaamd als Belgische friet, en dat op een grondgebied dat reikt van de oostkust van China tot ver in Tibet.

IN DE OMGEVING VAN NYALAM

🎋 **De Milarepagrot:** beneden in het dorp, aan de weg, 10 km in de richting van Tingri. Toegangsprijs: 20 ¥ (€ 2). In de grot ligt een klein klooster waar Milarepa, de dichterasceet uit de 11de eeuw, de laatste negen jaar van zijn leven mediteerde. De legende wil dat de grote rots ineenzakte terwijl Milarepa hier mediteerde. De krachtige meester stond op en liet zijn handafdrukken achter in de rots. Beneden ligt een schitterend, authentiek dorpje.

🔫 Voorbij Nyalam stijgt de weg snel naar de eerste bergtop, de **Tong-La** (5200 m, *la* in het Tibetaans betekent top). Deze berg domineert in het westen de Shejapangma (Gosaikunda, 8000 m).

🔫 In **Gurdzö**, als je de vallei van Tingri binnenkomt, heb je een prachtig uitzicht op de Everest en de Himalaya. De ideale plek om een foto te maken, om bij je vrienden thuis mee uit te pakken.

TINGRI

HOOGTE: 4400 M

Tingri is een leuk dorpje in de schaduw van de Cho Oyu en de Everest. Historische overnachtingsstad voor handelaars en nomaden. Vandaag houden hier nog steeds Tibetaanse vrachtwagenchauffeurs en trekkers halt. Voor deze weg werd geopend, staken de Sherpa uit Kumbu de Nangpa-La (5700 m) over om rijst, vlees en soms vrouwen te verhandelen met de inwoners van Tingri.

Boven het dorp zie je nog overblijfselen van een oude vesting, de *Tingri Dzong*, die in de 18de eeuw tijdens de Nepalese invasie werd vernield. De talrijke interessante ruïnes aan de weg tussen Nyalam en Tingri geven het omliggende landschap iets gewijds. De oude vestingen aan de Zout- en Wolroute deden dienst als etappeplaatsen voor de handelaars.

AANKOMST EN VERTREK

- **Naar Zangmu (Nepalese grens):** heel wat vrachtwagens en terreinwagens. Je kunt er liften. Te gekke checkpoint van Nyalam in noord-zuidrichting.
- **Naar Shegar en Lhatse:** opgelet, ga niet al liftend voorbij het checkpoint, zelfs met een pasje. Stap wat vroeger uit en steek het checkpoint alleen over. In dat geval geen probleem.

SLAPEN, ETEN

📷❌ AMDO GUESTHOUSE: in het centrum van het dorp, links als je van Nepal komt. Ga uit van 40-60 ¥ (€ 4-6) voor een bed, naar gelang van het comfort (wat veel gezegd is!). De populairste herberg van het dorp. Tweepersoonskamers in hun eenvoudigste vorm, op de benedenverdieping rond een binnentuin in de sfeer van een karavanserai. De meeste terreinwagens, bussen en vrachtwagens stoppen hier. Vaak is dat geen goed teken voor de netheid en het comfort, maar in dit geval is dat niet zo. Douches (te betalen) achteraan de binnentuin. Typisch restaurant, een kachel in het midden met bankjes rondom. Omwille van de buitenlandse toeristen heeft het restaurant een Engelstalige menukaart opgesteld. Lekkere en goedkope gerechten. Vriendelijk personeel. Je kunt er telefoneren naar het buitenland.

📷❌ LAO DHENGRE HAHO: een tweede karavanserai aan de hoofdweg, 100 m voorbij het *Amdo Guesthouse*. Reken op 20 ¥ (€ 2) per bed in een slaapzaal, voor een twee- of driepersoonskamer tel je 30 ¥ (€ 3) neer. Gelijkaardig maar wat rustieker, pittoresker en minder duur. Het gezin dat dit hotelletje uitbaat, is heel vriendelijk, zelfs al spreekt niemand er echt goed Engels. Restaurant met Engelstalig menu.

📷❌ EVEREST SNOW LEOPARD GUESTHOUSE: steek de brug over wanneer je Tingri verlaat. Het guesthouse ligt links, waar je de Everest kunt zien. Ga uit van 60-130 ¥

(€ 6-13) naar gelang van het comfort. Gelijkaardige inrichting als in de voorgaande hotelletjes, maar met meer zorg ingericht. De gezelligste kamers in deze regio, maar maak je geen illusies, douche en wc blijven gemeenschappelijk. Restaurant binnen, vaak verlaten als er geen groepen zijn.

❌ NAAMLOOS RESTAURANT: gemakkelijk te vinden. Als je het dorp binnenkomt, aan de linkerkant als je van Nepal komt, in een 'modern' gebouw met een uitstalraam, wat hier zelden voorkomt. Plaatselijke specialist in onder andere *yangrou chaomian*, *lamian*. Ruime keuze versterkende gerechten als met lamsvlees gevulde noedels opgediend in een kom of op een bord. Je warmt er gegarandeerd van op!

WAT IS ER TE DOEN?

🔲 **De trektocht van Rongbuk:** in Tingri kun je een vierdaagse wandeltocht maken naar het *klooster van Rongbuk* (4900 m), amper 2 uur van het *basiskamp van de Everest*. Zie verder in de rubriek hierover.

Je lift terug naar Tingri of klimt aan boord van een toeristenjeep. Let op, onderhandel duchtig.

SHEGAR

NEW TINGRI   HOOGTE: 4000 M

Shegar, ook wel 'New Tingri' genoemd, is een troosteloze agglomeratie, waarop zand en wind inbeuken. Het enige voordeel is dat het dorp aan de *Friendship Highway* ligt. De oorspronkelijke stad, **Shegar Dzong**, ligt ongeveer 6 km meer naar het westen. Steek ter hoogte van het kruispunt de brug over. Buiten een ochtendlijke klim naar het plaatselijke klooster *Shegar Chode*, waar je de monniken kunt zien die hun rituelen afwerken, is hier niet zoveel te beleven. Het klooster werd in 1266 gesticht door een monnik uit de Gelugpaorde. In Shegar Chode woonden tot 300 monniken (in 1959) tot het in 1965 met de grond gelijk werd gemaakt en vanaf 1985 weer werd opgebouwd. Vandaag leven hier maar 30 monniken meer, die afhangen van de autoriteit van het klooster van Sera.

AANKOMST EN VERTREK

Heel wat terreinwagens op weg van of naar de Everest. Al liftend heb je hier niet veel moeite een rit naar Shigatse, het basiskamp van de Everest of de Nepalese grens te versieren.

- **Naar het basiskamp van de Everest:** de beste weg, in vrij goede staat, vertrekt aan de *Friendship Highway*, 5 km voorbij het checkpoint (ten westen van Shegan). Vanaf hier heb je een rit van 4 tot 5 uur voor de boeg naar het klooster van **Rongbuk** en nog een halfuurtje naar het basiskamp. Voor meer informatie, zie verder.

ETEN, SLAPEN

Na 18.30 u is er geen elektriciteit meer.

🔲❌ KHANGJONG HOTEL (SNOWLAND HOTEL): aan de hoofdweg (*Friendship Highway*), links als je van Tingri komt, net voor de splitsing aan de brug naar het dorp Shegan Dzong. 40 ¥ (€ 4) voor een kamer voor twee. De kamers liggen rond de typische binnentuin. Doorsnee standaardcomfort met een regionaal tintje. Wat in deze streek het belangrijkst is, is een dak boven je hoofd, zodat je kunt rusten en beschut bent tegen koude en stof. Als je zo bekijkt, valt het hier best mee. Het restaurant geeft uit op de straat. Familiale sfeer, eenvoudige gerechten: curry, jakvlees en noedels. Hier treffen reizigers elkaar.

🛏 Shegar Tsedong Hotel: net voorbij de splitsing naar Shegar. Een grote groene poort geeft de ingang van het guesthouse aan, de naam zie je niet. Tibetaans ingericht, uitgebaat door een vriendelijke familie. Je krijgt spontaan thee of bier aangeboden, er is warm water om je te wassen. Een goed adres... zelfs de honden zijn er aanhankelijk. Goedkoop.

🛏 Nature Reserve of the Zhumulangma Peak: aan de weg naar Shegar Dzong, links voorbij de brug. Je betaalt 100 ¥ (€ 10) voor een bed, 350 ¥ (€ 35) voor een standaard tweepersoonskamer. Het luxehotel van deze streek. Niet zo slecht, zelfs al ruikt het hier wat muf. Gelukkig overleven kakkerlakken niet op deze hoogte. In principe is er de klok rond warm water. Grote, niet onderhouden tuin.

🍴 De restaurants van 'Chengdu': in de hoofdstraat, tegenover het *Snowland*. Verschillende Chinese restaurants met dezelfde naam, de hoofdstad van Sichuan. Gevarieerder aanbod dan in het *Snowland*, maar wel duurder. *Chengdu Mingchi* heeft net dat tikkeltje meer. Engelstalige menukaart beschikbaar, wat eigenlijk gewoon wil zeggen 'wat duurder voor toeristen'. Onderhandel over je schotel. Wees gerust, de inwoners doen dat ook.

WAT IS ER TE ZIEN?

🔭🔭 **Shegar Dzong**, dat zich uitstrekt over meerdere terrassen op een steile berg, was vroeger een machtige vesting (dzong) waar de prinsen van de streek woonden. Vernield tijdens de Culturele Revolutie, de ruïnes hebben niettemin de pracht en luister uit die tijd behouden. Je kunt hier inderdaad de Everest zien, of dat wil men je graag laten geloven. Je kunt te voet naar het prachtige dorpje, uitzonderlijk mooi bij zonsopgang.

BASISKAMP VAN DE EVEREST

De toegangsprijs tot deze beschermde zone bedraagt 405 ¥ (€ 40,50) per voertuig, bijkomend betaal je 65 ¥ (€ 6,50) per bezoeker. Deze prijzen (met inbegrip van voertuigbelasting) zijn niet inbegrepen in de prijs van de rondreis.

HOE KOM JE ER?

Er zijn twee wegen naar het basiskamp. Aan het eind komen deze samen.

🚩 **Vanuit Tingri:**

- **Met de terreinwagen:** er is een weggetje, maar vaak ook niet meer dan dat, dat een lus maakt met de weg uit Shegar. Het pad is heel hobbelig, na hevige sneeuwval is het zelfs helemaal verdwenen, terug naar af dan maar.

- **Met een trektocht:** iedereen kan dit doet, bijgevolg heel populair in Tibet. Je wandelt door kleine authentieke dorpjes en prachtige landschappen. Leg je het hele traject te voet af, dan trek je best vier dagen uit om naar Rongbuk, het dorp aan de voet van het kamp, te gaan. Guesthouses en kamers bij de dorpsbewoners vind je onderweg overal. Tibetanen zijn nog steeds verrast en blij mensen te zien die de reus willen beklimmen.

■**Vanuit Shegar:** splitsing ter hoogte van kilometerpaal 494 van de *Friendship High-way* (5 km van het checkpoint). Veel betere weg. De verschillende toegangsprijzen betaal je aan de controlepost van het dorpje **Tse**. Vanaf hier is het landschap adembenemend. Op de top van de *Pang-La* (5200 m) geniet je van een schitterend uitzicht op de Himalaya. Op de panoramawijzer staan drie van de vijf hoogste toppen ter wereld: de Everest (8850 m volgens de laatste metingen), de Lhotse (8516 m) en de Makalu (8463 m). Bij mooi weer is deze wandeling echt prachtig. Trek drie tot vier uur uit, onderweg kruis je nomaden, kom je langs enkele primitieve dorpjes, oude ruïnes en landschappen in vlammende kleuren. Ondanks de vele toeristen die de Everest aantrekt, is hier nog steeds bitter weinig verkeer.

ETEN, SLAPEN

GOEDKOOP

🛏✗ HERBERG VAN HET KLOOSTER VAN RONGBUK: in een barakkenkamp tegenover het klooster. Een tiental slaapzalen met telkens vier bedden, je betaalt 50 ¥ (€ 5) per persoon. Matras in schuim of een houten kist, maar de hoogte is hier wel een goed excuus. Het restaurant met lemen vloer is al bij al gezellig, rond de grote kachel in het midden kun je je lekker opwarmen. Je stikt haast tot iemand de moed heeft het venster te openen en wat verse lucht binnen te laten. Kleine gerechten, Engelstalige menukaart. Je moet hier langskomen, dat doet iedereen die tot de Everest is aangetrokken, van de groep avonturiers tot de verbeten wandelaar. Niet al te vriendelijke ontvangst.

🛏✗ BASISKAMP: je kunt hier overnachten in een verschrikkelijke, lagergelegen bunker met elementaire keuken. Dit is het hoogste plekje ter wereld waar je televisie kunt kijken of een postkaartje naar huis kunt sturen... Minder gezellig dan de *herberg van Rongbuk*. Kom hier vooral wanneer het mooi weer is.

🛏✗ BENBA GUESTHOUSE: tussen de Pang-La en de Everest, in het dorpje Zhaxi. Voor een bed betaal je 40 ¥ (€ 4), je eet er goedkoop. Leuke, typische herberg.

LUXUEUS

🛏✗ VIEW STATION OF MOUNT EVEREST: op een kleine heuvel boven de herberg, tegenover de Everest. Ga uit van ongeveer 400 ¥ (€ 40) voor twee. Lelijk gebouw dat uit de toon valt, echt storend in deze omgeving. Comfortabele bedden, in theorie werken de wc's. Matige service en onderhoud, zeker voor deze prijs.

WAT IS ER TE ZIEN EN TE DOEN?

🚶🚶🚶 **Het klooster van Rongbuk:** de laatste halte voor het basiskamp (*zhufeng* in het Chinees). Hetzelfde verhaaltje in deze hele regio. Door de hoge ligging (4980 m) is dit klooster het hoogste ter wereld. Het werd gesticht aan het begin van de 20ste eeuw en is meteen ook het grootste klooster in dit gebied, zelfs al wonen hier op dit moment maar een tiental monniken en evenveel nonnen. Belachelijk laag als je bedenkt dat hier ook onderdak werd geboden aan meer dan 500 religieuzen. Architecturaal niet veel te bieden van buitenaf, maar Rongbuk kan bogen op een uitzonderlijke ligging, met op de achtergrond de Everest.

🚶🚶🚶 **Het basiskamp** ligt 8 km voorbij het klooster, wandel verder langs dezelfde weg, 20 minuten met de jeep of twee uur wandelen voor 150 m (5150 m hoogteverschil). Chauffeurs halen hier wat gewijd water op uit een zuivere bron in de berm van de weg. Het uitzicht op de Everest is bekoorlijk wanneer de lucht niet bewolkt is. En dat kan hier soms een probleem zijn, vooral tijdens de zomer kan het hier nogal bewolkt zijn. Bij dikke mist moet je de klim echt niet doen. Even op de rem trappen ter hoogte van het klooster is voor fans van het dak van de wereld al helemaal te moeilijk. 🚶 Wil je je benen even strekken, dan kun je op vier of vijf uur tijd de eerste sneeuw al bereiken, voor een tocht naar het basiskamp trek je best een dag uit. Deze twee tochten zijn gemakkelijk, je hebt geen specifieke uitrusting nodig, een bundeltje dollars daarentegen kan wel handig zijn. Je moet betalen zodra je het basiskamp achter je laat. Laat ons hopen dat ze het geld gebruiken om het afval dat door respectloze toeristen op de eeuwige sneeuw wordt achtergelaten, op te ruimen.

SAKYA

HOOGTE: 4280 M | NETNUMMER 0892

Om Sakya te bereiken, moet je ter hoogte van Renda, een klein dorpje voorbij Lhatse als je van Tingri komt, van de *Friendship Highway* af. Neem de 23 km lange weg. We raden je deze omweg heel hard aan. Het klooster van Sakya, dat dateert uit de 11de eeuw, valt enorm op door de architectuur en de bijzondere kleuren. In het dorpje ben je snel rond. Het beste moment voor aankomst is 's avonds, je overnacht dan ter plaatse. Bij zonsondergang maak je een prachtige wandeling door het dorp en op de walmuren.

AANKOMST EN VERTREK

- **Van Shigatse naar Sakya:** 2 uur met een privévoertuig, 3 uur met het openbaar vervoer. Je vertrekt in Shigatse en volgt de recent aangelegde weg. Putten zijn er nagenoeg niet. De boeren kunnen enkel op de korte moessonregens rekenen om hun gronden wat te bewateren. Komt de winter te vroeg, dan is de hele oogst verloren. Hier worden gerst en aardappelen geteeld. Geen jaks hier, de koe is de baas. Ook hier wordt het gebergte aangetast door watererosie. Steenslag en grondverzakkingen vieren hoogtij, de boeren proberen dit met man en macht onder controle te houden. Voorbij het dorpje Giding volgt een hele rist kleine dorpjes, aan de voet van uitlopers met diepe ravijnen. De architectuur is hier typisch voor valleien op deze hoogte. Mens en dieren leven er onder hetzelfde dak, ieder op zijn eigen verdieping. Mooi uitzicht op de Tsuo-La (4500 m), een paar kilometer voor de splitsing naar Sakya.

SLAPEN

Er zijn weinig overnachtingsmogelijkheden in Sakya. Er is maar een hotel dat de moeite loont er te overnachten.

🛏️🚶 MANASAROVAR SAKYA HOTEL: in de straat van het klooster. ☎ 82 42 222. Tweepersoonskamer voor ongeveer 300 ¥ (€ 30), enkel bed voor 30-50 ¥ (€ 3-5) in een slaapzaal met of zonder sanitair. Het hotel met een dertigtal kamers is ideaal gelegen, alle toeristen die in Sakya verzeild raken, komen hier terecht. Vrij net. De kamers zijn ruim, de badkamer is in orde (maar er zijn altijd problemen met de zwanenhals!). De ontvangst is goed. Tevens een Chinees restaurant met kleine zaaltjes waar groepen apart kunnen zitten.

Enkel voor noodgevallen

📧 MONASTERY GUESTHOUSE: wandel de straat van het klooster uit. Je betaalt 30 ¥ (€ 3) voor een bed, maar onderhandel! Zoveel is het niet waard. Ruime slaapzalen op twee verdiepingen rond een binnentuin. Schilderachtige en heel rustieke omkadering. Dagdagelijkse omgeving voor de Tibetaanse bedevaarders, vaak kom je slechter tegen. Alweer een hoofdstuk in het boek 'Hoe handig is een slaapzak', de dekens zijn hier niks waard. Worden ze ooit wel eens gewassen? Vraag dit toch maar eens, en vraag meteen ook of er eens kan worden geveegd, de kamers kunnen dit goed gebruiken.

📧 SAN JIU HOTEL: loop de straat uit die voorbij *Manasarovar Sakya Hotel* loopt, sla links af richting rivier. 100 m verder aan de rechterkant. Ga uit van 30 ¥ (€ 3) voor een bed. Bedevaardershotel. Eenvoudige kamers, meestal met drie of vier bedden, lakens en dekens zijn voorhanden. Kleine keteltjes om je te wassen. Gemeenschappelijk toilet (gezellig zelfs!) aan het eind van de gang.

ETEN

🍴 TENZIN FAMILY RESTAURANT: nagenoeg tegenover het *Manasarovar Sakya Hotel*.
📞 89 11 777. Rijkelijk zelfgemaakt ontbijt voor 30 ¥ (€ 3). Typisch Tibetaans restaurant, uitgebaat door een hartelijke *patron*-kok. Het interieur is typisch voor de streek, bankjes met nepsneeuwluipaardvel en wasdoek. Tibetaanse specialiteiten. Maar Tenzin waagt zich af en toe ook aan de internationale keuken. Goedkope soep en rijst. Een aangename plek.

🍴 RESTAURANT CHENGDU: tegenover het *Post Hotel*. Beter dan de buren. Grote portie gebakken rijst, specialiteiten zijn varkensribbetjes (*paigu*), kip met pinda's (*gong bao jiding*). Iets duurder, maar dat komt omdat de ingrediënten moeilijk te krijgen zijn... dat zeggen ze ten minste. Goede ontvangst maar geen Engelse kaart. Je trekt je uit de slag, tenzij je de namen van enkele Chinese gerechten kent.

🍴 SNOWLAND: er zijn twee etablissementen met deze naam. Het ene ligt tegenover de noordelijke muur van het klooster, het andere in dezelfde straat maar iets meer naar het oosten. Tibetaanse specialiteiten zoals de onvermijdelijke *thugpa* en *momo*.

🍴 SAKYA MONASTERY RESTAURANT: rechts naast de ingang van het klooster. Hier eet je zoals de echte Tibetanen, op tafel staat een grote schotel *momo*, je drinkt Tibetaanse thee, je glimlacht tegen de monniken die bij je aan tafel zitten.

WAT IS ER TE ZIEN?

🎯🎯🎯 **Het klooster van Sakya:** dagelijks geopend van 8.00 tot 17.00 u. De kapellen gaan pas open om 10.00 u. Toegangsprijs: 45 ¥ (€ 4,50).

Hoe zit het nu met de witte mutsen?

De troonopvolging gebeurt bij de lama's volgens de sekte waartoe ze behoren. In Sakya dragen de beelden van de lama's een rode muts. De machtsoverdracht bij de rode mutsen verloopt bijna zoals bij een monarchie. De lama wordt opgevolgd door zijn zoon. Bij de gele mutsen van de Gelugpasekte, een kloostergemeenschap die werd gesticht door Tsongkhapa en vandaag de meerderheid uitmaakt in Tibet, hangt de overdracht van de macht af van de graad van geletterdheid. Het vaakst wordt de troon overgedragen aan de oudste, die zijn hele leven heeft gestudeerd. Bij de zwarte mutsen daarentegen een heel ander verhaal. Bij hen draait alles om reïncarnatie.

De rijkdom van het klooster van Sakya, gesticht in 1073, dateert uit de 14de eeuw, toen Sakya Pandita en zijn neef Phagpa uitgenodigd werden aan het hof van Gengis Khan. Zijn kleinzoon, Kubilai, bekeerde zich tot het boeddhisme en bood aan Sakya de tijdelijke en spirituele macht over Tibet aan, in ruil voor een gelofte van trouw. De Mongoolse architectuur herinnert meer aan het seculiere en oorlogsverleden van Sakya dan aan de spirituele en monastieke roeping. Getuigen daarvan zijn de patrouillepaden en de hoge wachttorens op de vier hoeken van de omwalling. De muren zijn versierd met drie verticale stroken: blauwgrijs, de typische kleur van deze streek (*Sa kya* betekent 'grijze aarde'), wit en rood, wat betekent dat het klooster behoort tot de traditie van Sakya. De stad heeft altijd een bijzonder statuut genoten in Tibet. In de 14de eeuw werd deze regio onafhankelijk verklaard en kon zo ontsnappen aan de macht van de dalai lama. Vandaag nog laten de Chinezen deze streek vrij autonoom bestaan. Dit komt zo zelden voor dat het echt vermeld moet worden. De opvolging van Sakya was destijds in handen van twee families die in de twee paleizen binnen de omwalling woonden, het *paleis van Phuntsok* en het *paleis van Dolma*. De oudste van elke generatie werd de nieuwe bezitter van de troon van Sakya en alle rijkdom en privileges die hierbij hoorden. Dit was meteen de reden van de grote rivaliteit tussen beide clans, die de geschiedenis van deze streek kleurde.

Van het grote klooster blijft vandaag enkele het zuidelijke deel over. Het noordelijke deel, aan de andere kant van de rivier, werd tijdens de Culturele Revolutie volledig met de grond gelijk gemaakt. Een bezoek aan het klooster, vooral dan aan de grote kapel, is een beetje vreemd. De gigantische muurschilderingen en de verlichting vanaf het dak doen de mysterieuze silhouetten van de stoepa's extra goed uitkomen. Niet te missen ook is het gedeelte met de beschermers, aan de noordoostelijke hoek van het patrouillepad. Afgehakte handen en voeten, een paar ondefinieerbare organen, een jak, een tijger, een paar personages, de ene nog afschuwelijker dan de andere en een sterke geur van ranzige boter doen het kapelletje lijken op een spooktrein. De bekende bibliotheek van het klooster huist in een gebouw achter het altaar van de hoofdtempel. De gigantische omvang is het geheugen van Tibet. Je kunt er onder andere de correspondentie tussen de Chinese keizers en de dalai lama's lezen door de eeuwen heen. Een bezoek is moeilijk, want de Chinezen verbieden vaak de toegang. Er zijn documenten die bewijzen dat Tibet op bepaalde momenten in de geschiedenis de suzerein van China was en niet omgekeerd.

Sakya bouwde zijn schat door de jaren heen op. Regelmatig brachten Mongoolse keizers geschenken mee naar het klooster. Al die rijkdom was het voorwerp van een door de Chinese overheid georganiseerde zwendel: 2000 keramische voorwerpen werden zo naar een onbekende plek gebracht. Vandaag zijn de uitstalramen van het klooster, waar de schatten van vroeger werden tentoongesteld, leeg. Vraag toch maar of je de mandala's die op de kooromgang op de eerste verdieping zijn geschilderd, mag zien. Aan het eind van je bezoek kun je in de hoofdtempel kleine witte lemen vaasjes kopen met daarin pilletjes die je onsterfelijk maken, normaal zijn die voor de boeren bestemd. De monniken maken deze pilletjes in juni, op basis van tal van kruiden. De rest van het jaar worden ze verkocht. Een origineel cadeau als je erin slaagt de vaas ongeschonden mee naar huis te nemen.

IN DE OMGEVING VAN SAKYA

🏮 Verplichte doorgang via de hoofdweg. **Lhatse** is een typisch doorgangsdorp, te vermijden dus. Voor wie hier toch vast komt te zitten:

> 🏨🍴 Farmer Hotel: je slaapt in een zaal op de benedenverdieping (prijs te onderhandelen vanaf 30 ¥ of € 3 per bed) of in een kamer voor twee vanaf 80 ¥ (€ 8). Traditioneel, het kan er aangenaam zijn. Het restaurant is lekker maar duur. Mopper een beetje over de 'toeristenprijs' op het Engelstalige menu, zo betaal je uiteindelijk de normale prijs. Het personeel spreekt Engels.
>
> 🍴 Ook het vermelden waard in de stad is een eerlijk Tibetaans restaurant ter hoogte van het benzinestation en tal van kruidenierszaken waar je een grote voorraad kunt inslaan.

🏮🏮 **Lhatse 'oude stad':** 5 km ten noorden in de bergen. Mooie plek maar zonder voertuig ben je er niks. Probeer om dit op je traject, dat je in een reisagentschap regelt, te laten zetten.

SHIGATSE

HOOGTE: 3836 M | NETNUMMER 0892

De tweede grootste stad van Tibet. In Shigatse wonen naar schatting 80.000 mensen, de meerderheid is Chinees. De stad is de zetel van een belangrijk militair garnizoen. Anders dan Lhasa is dit een doorgangsstad. 's Zomers krioelt het hier van de mensen, 's winters is hier geen kat te zien. Shigatse heeft een rijk cultureel en religieus patrimonium, aangezien de panchen-lama hier altijd heeft gewoond. Van hieruit vertrokken ook tal van bedevaarten. Sinds de grote toestroom van Chinese migranten is de stad enorm veranderd en uitgebreid. Deze migranten openden heel wat restaurants en winkeltjes, ten koste van de Tibetaanse. De wegen zijn verbreed, de betonnen woningen schieten uit de grond, wat voor voorsteden zonder ziel zorgt die zich over verschillende kilometers uitstrekken. De grote troef van de stad ligt in het noordoosten, met de Tashilumpo en de overblijfselen van de oude wijken aan de voet van de oude gerestaureerde vesting (*dzong*). Recent toegevoegd en niet onaangenaam: de volledig 'gerestylede', Tibetaans-moderne verkeersvrije straat die helemaal tot aan het klooster loopt.

AANKOMST EN VERTREK

Met de bus, al liftend

Geduld is een mooie deugd wanneer je in Shigatse een kaartje koopt. De verkopers spreken er geen Engels. Liften is toegestaan, zeker als je een vergunning hebt (te kopen bij het *PSB*, zie verder bij 'Nuttige adressen').

 Busstation (plattegrond B2): 500 m van het *Post Hotel*, ter hoogte van het eerste kruispunt. Verbindingen met:
- **Lhasa:** meerdere bussen en minibussen per dag vanaf 8.00 u, in beide richtingen. Ga uit van 4 uur voor een traject van 240 km over een weg in goede staat. Er wordt ook een busdienst verzekerd door de CAAC tussen Shigatse en Gongkar Airport (Lhasa). (0891) 66 50 206 of (0)133 08 91 58 77. Je reserveert best. De bus vertrekt 's ochtends aan de luchthaven. In Shigatse vertrek je 's middags. Je stopt voor een kantoor van de *Bank of China (plattegrond A1)*. Interessante prijs.
- **Gyantse:** vertrek wanneer de bus vol is. Ongeveer anderhalf uur voor 100 km.
- **Lhatse en Shegar:** openbare bussen, maar nog niet zo veel (er is verandering op komst). Een kaartje kopen is niet zo eenvoudig. Probeer in het voorbijrijden de bus Lhasa-Kathmandu te halen (zie 'Lhasa verlaten').
- **Sakya:** mooie verharde weg.
- **Naar de streek Kailash:** ga eerst naar Lhatse en passeer dan te voet langs het checkpoint aan de uitgang van het dorp. Daar vind je makkelijker een chauffeur die je meeneemt. Trek drie dragen uit naar Ali.

Met de wagen
Bij het *FIT* in Shigatse (zie 'Nuttige adressen') kun je een jeep huren. Er zijn reizigers die liever rechtstreeks met de chauffeurs of andere trekkers onderhandelen. Het *Hotel Tenzin* is een goeie plek om je kans te wagen.
Er zijn drie mogelijke routes tussen Shigatse en Lhasa:
- **De route naar het noorden:** de langste. Deze weg loopt door de Tsangpo naar Tadruka, niet ver van het Bönpoklooster van Tashi Yungdrung, het enige klooster van deze fascinerende sekte in Centraal-Tibet dat gemakkelijk toegankelijk is. In Yangpachen (Yangbajing) kruist de weg met die naar Golmud (splitsing aan het Namtsomeer).
- **De route naar het zuiden via Gyantse:** reken op twee uur naar Gyantse en 6 tot 7 uur in totaal. Onderweg kom je langs de Karo-La (5200 m), de hoogste bergtop van Centraal-Tibet, het Yamdrokmeer (prachtig turkoois) en de Kamba-La (4900 m). De mooiste route door deze streek.
 De weg door het centrum: weinig interessant. De rit duurt ongeveer drieënhalf uur en volgt de alluviale vlakte van de Yarlung Zangbo (de Brahmaputra). Het landschap doet wat vreemd aan. Het zand, dat hier door de wind, die tegen de bergen slaat, naartoe wordt gevoerd, getuigt van het krachtige erosiesysteem dat hier vroeger inwerkte. Vandaag is de Yarlung Zangbo in vergelijking met tienduizend jaar geleden rustiger geworden. Toch blijft het een krachtige stroom die het gebergte blijft onderspoelen.

Bewierookt hout
Wierook wordt gemaakt op basis van sandelhout. Via een systeem van schoepen en ronde stangen maalt de hydraulische energie het hout tot poeder. Dat wordt nadien gedroogd en dan tot fijne staafjes gerold en verkocht aan de bedevaartgangers. Verouderd maar vernuftig!

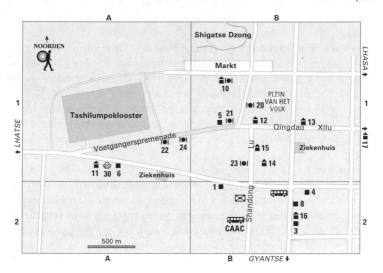

SHIGATSE

Aangekomen in het dorpje Takchuk zie je het grootste Bönklooster van Tibet. De boeren in deze uitgestrekte vallei maken dankbaar gebruik van het slib om gerst en enkele fruitbomen te kweken. Stop onderweg zeker ook even in het kleine dorpje **Nyemo Thon**, dat gespecialiseerd is in de productie van wierook op basis van sandelhout.

NUTTIGE ADRESSEN EN INFO

Post (plattegrond B2): internationale dienst voor brieven, niet voor pakjes.

Telefoon: *China Telecom (plattegrond B2, 1)*, 100 m van het postkantoor. Dagelijks geopend van 10.00 tot 18.00 u. Internationale fax- en telefoonverbinding tegen de gangbare prijzen, een paar telefooncellen met kaart. We blijven het herhalen, beter en minder duur is telefoneren via internet, of dit nu bij China Unicom, Telcom of iemand anders is. Verschillende kraampjes op Zhufeng Lu aan beide kanten van het kruispunt met Shandong Lu *(plattegrond B1-2)*. Dagelijks geopend van 9.00 tot 23.00 u.

@**Internet:** tal van *cybercafés* in de stad. De sfeer en de dienstverlening kunnen verschillen.

■**Bank of China (hoofdkantoor, plattegrond B2, 3):** Jiefang Zhonglu 10. Op de hoek van de straat voorbij *Shigatse Hotel*. Op weekdagen geopend van 9.00 tot 18.30 u, tijdens het weekend van 10.00 tot 17.00 u. Je kunt er terecht voor het wisselen van contant geld en reischeques en een voorschot op je betaalkaart. Geldautomaat buiten. Internationale kredietkaarten worden aanvaard. Een *tweede agentschap (Nianhe Office, plattegrond B2, 4):* Zhufeng Lu 43, 100 m voorbij het kruispunt met Shanghai Lu. Zelfde openingstijden en diensten als het voorgaande, maar gesloten tijdens het weekeinde.

■**PSB (plattegrond B1, 5):** Xigezibuxing Jie 24 (Walking Street). Ongeveer 500 m voor de hoofdingang van de Tashilumpo. Op weekdagen geopend van 9.00 tot 13.00 u en van 14.00 tot 19.00 u. Het bureau dat zich bezighoudt met vergunningen (sections of aliens...) bevindt zich rechts van de ingang en geeft uit op de straat (Engelstalig uithangbord). Sinds kort is de *PSB* van Shigatse de veiligste bondgenoot geworden voor wie alleen in de streek rond Tsang (van Shigatse naar Zangmu) reist. In tegenstelling tot in Lhasa kun je in dit kantoor meteen je nodige vergunningen meekrijgen, voor de bescheiden som van 50 ¥ (€ 5), je hoeft geen transport te regelen.

■**Tibet FIT Shigatse Branch (plattegrond A1, 6):** Zhufeng lu. Naast de tapijtenfabriek. ☎ 89 91 199 Fax: 88 38 065. Je komt hier terecht als je een wagen wilt huren, een gids wilt vinden en de nodige pasjes wilt bekomen voor de Friendship Highway. Volgens de laatste berichten kun je voor een vergunning ook terecht bij het *PSB* (zie hoger), het *FIT* is handig tijdens het weekend wanneer het *PSB* officieel gesloten is.

■**Toread Outdoor Sport (plattegrond B2, 8):** 100 m ten noorden van het *Shigatse Hotel*. Goede selectie wandelmateriaal. Vergeet de plaatselijke merken niet.

■**Transport:** heel wat taxi's, 5 ¥ (€ 0,50) voor een rit overdag, het dubbele 's nachts. Ook gemeentelijke bussen en riksja's.

SLAPEN

GOEDKOOP TOT DOORSNEEPRIJS

☖Tenzin Hotel (plattegrond B1, 10): ideaal gelegen, tegenover de markt. ☎ 88 22 018. Ga uit van 50 ¥ (€ 5) voor een bed in een slaapzaal of in een twee- of driepersoonskamer, die hier minder troosteloos zijn dan gewoonlijk. Voor een tweepersoonskamer met douche betaal je 180 ¥ (€ 18). Te onderhandelen in de winter. In een gebouw met twee verdiepingen rond een kleine binnenplaats. De eerste keuze voor trotters. Je voelt je er echt thuis. De Tibetaanse familie baat dit hotel energiek en efficiënt uit. Verwarming, warm water, internationale telefoon met kaart, internet en natuurlijk een restaurant met veranda.

☖Gang Gyan Orchard Hotel (plattegrond A1, 11): Qomolongma Lu. ☎ 88 20 777. Je telt 30 ¥ (€ 3) neer voor een twee- of vierpersoonskamer zonder toilet. Standaard tweepersoonskamer met douche en verwarming heb je vanaf 200 ¥ (€ 20). Ontbijt inbegrepen. Korting mogelijk. Zeer goed gelegen, op wandelafstand van de Tashilumpo, in een langwerpig gebouw van een verdieping in neo-Tibetaanse stijl. De slaapzalen en standaardkamers zijn degelijk, de muren zijn wit, het geheel is goed onderhouden. Warm water is er de klok rond. De lobby en de gang doen wat onpersoonlijk aan, maar de ontvangst en het algemene comfort maken de mindere eerste indruk goed.

SAMDRUTSE HOTEL (PLATTEGROND B1, 12): 88 22 280. Tweepersoonskamer met badkamer rond 200 ¥ (€20). Voor een bed in een driepersoonskamer tel je 40 ¥ (€4) neer, de badkamer is er buiten. Korting tijdens het laagseizoen. Goed gelegen hotel met kleine maar nette kamers. Aan de badkamer daarentegen is nog wat werk. Warm water maar geen verwarming. Het geheel verdient wel een eervolle vermelding, net als het personeel dat een inspanning doet.

MING ZHU HOTEL (PLATTEGROND B1, 13): vlak bij het kruispunt van Qingdao Xilu en Shandong Lu. 88 34 333. Tweepersoonskamer voor ongeveer 200 ¥ (€20). Er zijn ook suites. Een hotel voor Chinezen maar ook buitenlanders kunnen hier overnachten. Mooie, nette kamers, met vast tapijt en Chinese inrichting. Badkamer met warme douche (goed voor de nek). Hartvormige spiegels om je verblijf hier wat aangenamer te maken. In de suite kun je een kaartje leggen of wat (Chinese) televisie kijken op een flatscreen. Goede prijs-kwaliteitverhouding.

VRIJ LUXUEUS TOT LUXUEUS

SHIGATSE SHANDONG HOTEL (PLATTEGROND B1, 25): Shandong Road 102. 88 26 135. Voor een kamer voor twee betaal je ongeveer 500 ¥ (€50), ontbijt inbegrepen. Korting is mogelijk buiten het seizoen. Het hotel ligt pal in het centrum, in een van de levendigste straatjes, maar toch ietwat van de drukte weg. Er staan je in dit Chinese hotel, dat jammer genoeg wat verouderd is, geen onaangename verrassingen te wachten. Het ziet er wat ouderwets uit, maar de kamers vallen al bij al mee. In de badkamer staat een weegschaal, zo kun je meteen zien of de honderden trappen je deugd hebben gedaan.

HOLYLAND HOTEL (PLATTEGROND B1, 15): Shandong Road 106. In het stadscentrum. 88 22 922. Tweepersoonskamer vanaf 700 ¥ (€70), ontbijt inbegrepen. Aanzienlijke korting buiten het seizoen. Betegelde lobby, een beetje kil, in de gangen ligt vast tapijt, dat verwarmt het geheel alvast een beetje. Sobere zwart-witte inrichting met beige achtergrond in de kamers. De badkamer ademt de sfeer van de zee uit. Kies voor een kamer met uitzicht op de binnenplaats, al is het niet zo druk in de straat 's nachts.

SHIGATSE HOTEL (PLATTEGROND B2, 16): Shanghai Zhong Lu 13. Een halfuurtje wandelen van het klooster. 88 22 525. Voor een tweepersoonskamer tel je ongeveer 560 ¥ (€56) neer, het ontbijt is in de prijs inbegrepen. Korting buiten het seizoen. In dit gebouw heerst nog steeds de luxesfeer van vroeger in Shigatse. In dit schitterende, Tibetaans-barokke kitscherige paleis logeren onder andere aangeschoten officials en groepen buitenlanders. Soms kan het er hier luidruchtig aan toe gaan, wanneer in de grote inkomhal traditionele voorstellingen worden opgevoerd en het hele hotel tot leven komt. De kamers zijn licht, maar meer dan dat is er niet te vermelden. Het eten in het restaurant is smakeloos, niet doen dus.

MANASAROVAR HOTEL (BUITEN PLATTEGROND VIA B1, 17): Qingdao Xilu 20. Aan de uitgang van het dorp, aan de weg naar Lhasa (1 km van het centrum). Ga uit van 700 ¥ (€70) voor een kamer voor twee met ontbijt. Korting buiten het seizoen. Hier komen vooral groepen. Een beetje afgelegen. De kamers van gebouw B geven uit op de straat (rustig 's nachts). Binnen versleten chippendalemeubilair, maar het geheel is net. Vermijd hoe dan ook het restaurant. De onverschilligheid die er heerst, is niet te omschrijven.

ETEN

Zoals in alle (Chinese) steden kun je ook hier goedkoop eten in de grote winkel-centra.

GOEDKOOP (MINDER DAN 25 ¥ OF € 2,50)

Zhengxin Fandian (Greazy Joe, plattegrond B1, 20): Xueqiang Lu. Opgelet, er zijn verschillende Sichuanese eetkraampjes die de grappige bijnaam 'Vettige Joe' gebruiken, die verwijst naar de olieachtige keuken en niet naar het uitzicht van de kok! Het vriendelijke koppel hier rekent de *laowai* (vreemdelingen) niet méér aan. Meneer hanteert handig de wok en bereidt de heerlijkste gerechtjes (gebakken rijst en noedels) en specialiteiten (gebakken champignons, bamboescheuten of varkensribbetjes). *Pancakes* en koffie bij het ontbijt. Engelstalige menukaart. Ook met de hygiëne wordt rekening gehouden. Beter dan *Greazy Joes*, wat noordelijker.

Tashi Restaurant (plattegrond B1, 21): aan de rechterkant, aan het begin van de wandelstraat naar het klooster. Uitgebaat door Nepalezen. Uiterst minimalis-tisch ingericht, uiterst versleten ook en wat dof. Maar het Indiaas-Nepalese eten is overheerlijk. 's Middags enkele groepen.

Yak Head Tibet Restaurant (plattegrond A1, 22): in de wandelstraat. Een ty-pisch Tibetaans restaurant waar normaal geen buitenlanders komen (behalve Chinezen). Je kunt het toch proberen, het is er echt de moeite. Op de eerste ver-dieping het summum van kitsch. Afgezonderde kamertjes met een overheersende geur van tabak en ranzige boter. De menukaart is in feite een fotoalbum (jammer genoeg zie je er niet veel op). Heerlijke *momo* voor een zacht prijsje.

Ali Cake (plattegrond B1, 23): Shandong Xilu, tussen *Holyland Hotel* en *Shandong Hotel*. Een Chinese banketbakker met een ruime keuze roomtaart en zoet gebak. Ook oploskoffie. Goed om te ontbijten. Er is ook een Pastry House aan de over-kant, tegenover het *Ming Zhu Hotel (plattegrond B1, 13)*.

DOORSNEEPRIJS (25-50 ¥, € 2,50-5)

Songtsen Restaurant (plattegrond A1, 24): Xigezibuxing Jie 24 (Walking Street). Nepalees beheer. Mooi ingericht eethuis. Op het menu staan de gebrui-kelijke *nepali sets* en *lassi* naast de lokale specialiteit, *yack sizzler* (steak geserveerd op een warme schotel met groentjes en friet). De gezelligheid en de hartelijke sfeer doen je vergeten dat de menukaart er aanlokkelijker uitziet dan de werkelijkheid.

Tenzin Hotel Restaurant (plattegrond B1, 10): voor de ligging zie hoger bij 'Slapen'. Een klein, aangenaam restaurant met Nepalese gerechten op het menu. De specialiteit is *malaï kofta* (aardappelbolletjes in saus met cashewnoten en kokos). Je kunt er ook gegrilde kip eten. Op het terras heb je een mooi uitzicht op de oude stad en het kasteel. Goede ontvangst.

WAT IS ER TE ZIEN?

Het Tashilumpoklooster (plattegrond A1): dagelijks geopend van 9.30 tot 12.30 u en van 14.30 tot 18.30 u. Toegangsprijs: 55 ¥ (€ 5,50). Om een foto te trekken, moet je een astronomisch bedrag neertellen. Wat zeg je hiervan: in bepaalde kapelletjes kost een foto amper € 7,50, voor een video-opname kan dit oplopen tot, hou je vast, € 180! Verzaken aan materiële zaken is ver te zoeken in Tashilumpo.

De Tashilumpo, 'De plek die goede dingen belooft', werd in 1447 gesticht door Genden Drup. De jongste volgeling van Tsongkhapa werd met terugwerkende kracht tot eerste dalai lama benoemd. In 1642 verleende de jonge vijfde dalai lama aan zijn mentor en abt van Tashilumpo, Lobsang Chogyi Gyaltsen, de titel van reïncarnatie van Boeddha Amitabha. Daarmee stichtte hij de lijn van de panchen-lama's (grote *pandit* of erudiet meester). Sindsdien is de Tashilumpo de zetel van de panchen-lama's die, van de vierde tot de tiende, hier allemaal hebben gewoond en begraven zijn. De Tashilumpo is een echte stad, hier woonden tot 5000 monniken. Vandaag is dat gedaald tot amper 700. Er werd voor de ingang van de Tashilumpo een grote esplanade aangelegd, zo eentje waar de Chinezen dol op zijn. Zelfs het reuzenscherm en de realistische standbeelden, waaronder een van een westerling op een mountainbike, heel populair bij de Tibetaanse nomaden, mogen niet ontbreken. Lachen geblazen!

Tibetaanse rivaliteit en Chinese manipulaties

De politieke macht en de rijkdom van de panchen-lama's heeft lange tijd kunnen groeien. Ze bezaten immense domeinen waar duizenden nomaden leefden. Onvermijdelijk kwam deze rijkdom in botsing met die van de dalai lama's. De Chinezen haalden handig voordeel uit dit Tibetaanse steekspel.

De 9de panchen-lama aarzelde niet, omwille van belastingen en privileges, beroep te doen op de Chinezen. Zijn opvolger speelde een controversiële rol. Van medewerker van de communisten groeide hij uit tot martelaar voor de Tibetaanse zaak toen hij in 1989 kritiek leverde op de fouten die werden begaan door de Chinezen. Wat laat, maar toch moedig. Hij stierf zes dagen later in verdachte omstandigheden, meteen daarna barstten opstanden los. In 1995 werd de 11de panchen-lama door de dalai lama erkend. Hij werd meteen door de Chinezen onder huisarrest geplaatst met zijn gezin. Zij zetten een schijnvertoning in de Jokhang op om hun eigen kandidaat voor te dragen. Vandaag de dag bestaat hier nog steeds verwarring rond. De abt van het klooster zit gevangen, de Chinezen hebben de grenzen van hun religieuze macht afgetast en hebben moeten vaststellen dat de Tibetanen nooit de incarnatie van de 'Chinese' panchen-lama zullen aanvaarden. Na geruchten over zijn dood in 1999 maakte een militante vereniging in 2001 een foto van de 'echte' panchen-lama. De jongen lijkt springlevend. Een groot nieuws voor de Tibetanen die in het land of in ballingschap leven, al blijft de plek waar hij verblijft geheim. In maart 2004 gaf de 'Chinese' panchen-lama, die het stilzwijgen was opgelegd, een opmerkelijk interview aan een krant uit Hongkong. De jongeman, die niks met deze hele geschiedenis te maken heeft, verblijft niet in de Tashilumpo maar in een nieuw paleis, geen toegang voor het grote publiek. Een bezoek aan het klooster, zoals bijvoorbeeld in december 2005 het geval was, wordt georganiseerd onder zware bewaking (groepjes patriottische jongeren, auto's met getinte ramen...).

Het bezoek

De architectuur van de Tashilumpo is schitterend, maar om het met de woorden van Tibetkenner Tucci te zeggen: 'de gezwollen en niets-verhelende barok' doet afbreuk aan de schoonheid en spirituele intimiteit. Hoewel het hele bouwwerk werd gespaard tijdens de Culturele Revolutie (dankzij tussenkomst van de panchen-lama), werden heel wat schatten geroofd. Een tweede Tibetkenner bevestigt: 'De Tashilumpo, het klooster van de panchen-lama, heeft vandaag geen betekenis meer'. Dat klopt, er hangt een vreemde sfeer in het klooster. Sommige monniken betwisten de volkse spreekwijze die zegt dat 'de kap de monnik niet maakt'. Als echte functionarissen worden zij door de Chinese overheid vergoed. Misschien de reden van hun hebzuchtige houding die we hierboven al vermeldden.

Ondanks alles moet je dit klooster echt wel ontdekken op je reis door Tibet. Voorbij het hek klim je links drie trapdelen naar omhoog en begin je bij de spectaculairste tempel, de *Maitreyatempel* (de centrale trap was voorbehouden voor de panchen-lama). Bekijk de turkooizen *svastika* in de dorpel van de ingang. Het enorme standbeeld van Boeddha van de toekomst binnen wordt beschouwd als de grootste koperen afbeelding ter wereld: 26 m hoog, 11 m van schouder tot schouder, de kleinste vinger is anderhalve meter lang, in het neusgat kan een kind zich verstoppen! De 115 ton koper en 285 kg goud werden in 1914 gegoten, misschien wel om de Britse invasie af te wenden.

Bij het buitengaan luid je de klokken (bij het binnenkomen mag ook), verlaat de tempel via de linkerkant (oosten), wandel langs de verschillende mausolea van de panchen-lama's. Allemaal hebben ze een symbolische trap naar de nis waar hun lichaam zittend is ingezet. Dat van de tiende van deze edelen bestaat uit 547 kg goud en 1000 verschillende edelstenen en is meteen het indrukwekkendste, ondanks de Tibetaanse traditie volgens dewelke enkel de grafstoepa's van de dalai lama uit goud mogen worden gemaakt. De Chinezen voerden een massa van dit edelmetaal in. Bekijk de grote verzameling pennen, een grappig gebruik dat de eigenaars ervan een goed examen verzekert.

Wat verder gaat van de tempel, waar het mausoleum van de vierde dalai lama is ondergebracht, een gewijde sfeer uit: de toegangstrap is steil, het geraamte oud, de muren zwart. Zhou Enlai zou dit gered hebben van vernieling. Boven geeft een tunnel toegang tot een befaamde en grote binnenplaats met galerijen en achteraan een immense bidpaal. Onder het waakzaam oog van vier wachten kun je via dit pleintje naar de *vergadertempel (Tsokhang)* die al bijna even oud is als de Tashilumpo zelf. De tempel is ruim en heeft een laag plafond. Er hangt een bijzondere sfeer, intiem bijna. Een overdaad aan geborduurde *thangka* (een van de specialiteiten van Shigatse), de rijen banken zijn hoger en meer versierd dan gewoonlijk, de boterlampen hebben de fresco's helemaal zwart gemaakt. Centraal staat de troon van de panchen-lama, rechts twee kapellen waarvan een gewijd aan Sakyamuni (prachtig standbeeld) en zijn volgelingen.

Bij het verlaten van de tempel kun je nog het *college van de logica*, waar de monniken hun filosofische debatten oefenen, en het *tantrische college (Ngagpa Traktsang)* bezoeken. Bekijk de architectuur. De zalen en woningen van de monniken zijn gekalkt, anders dan de kapellen dus. Het bovenste gedeelte van de muren bestaat uit houten rondjes die in elkaar zijn gepast. Deze techniek vermijdt dat de constructie overbelast wordt. Let ook op de zwarte omranding rond de openingen, om de warmte 's winters binnen te houden, en de doeken van jakwol voor de ramen om de schilderingen te beschermen tegen het zonlicht. Het hoofdcollege is nog nagenoeg intact.

🦌🦌 **De kora:** sta vroeg op om deze wandeling te doen voor het klooster opent of ga bij valavond. De wandeling loopt langs de muren van het klooster. Begin links bij de ingang. Midden tussen bedevaarders van alle leeftijden, in alle rust en sereniteit, word je je bewust van het religieuze vuur dat brandt in de harten van de Tibetanen.

Je kunt deze mooie wandeling volgen tot de vesting, voorbij het hoge rechthoekige gebouw waar de *thangka* worden afgewikkeld.

🦌 **De vesting (Dzong, plattegrond B1)** werd opnieuw opgebouwd, maar toen wij hier langskwamen, was zij nog leeg. Reken op een klim van 20 tot 30 minuten naar de top. Daar heb je een prachtig uitzicht over Shigatse.

🦌🦌 **De markt (plattegrond B1):** hier vind je alles, van namaak voor de toeristen over voorwerpen uit het dagelijkse leven van de Tibetanen tot kledij en hoeden. 's Ochtends valt hier meer te beleven, maar in het gedeelte voor de toeristen blijft het feest ook tot het eind van de namiddag voortduren. Het is er wel wat onaangenamer, je treft er dezelfde verkoopsters als in Barkhor of Lhasa. Ga naar het gedeelte waar vlees en kledij wordt verkocht en bekijk de nomaden en boeren uit de bergen die hier hun waren komen kopen en verkopen. Heerlijke dagdagelijkse taferelen.

FESTIVALS

- Ieder jaar, op de 14de, 15de en 16de dag van de vijfde maanmaand (juni, juli) wordt de monumentale *thangka* voor dageraad afgewikkeld.
- **Festival van de gemaskerde dans (Shimo Chenmo):** de 3de, 4de, 5de en 6de dag van de achtste maanmaand (eind september, begin oktober). Het feest luidt het begin van de herfst in. De gelegenheid voor de families om nog eens samen te komen. De vlakte voor het klooster wordt de plaats van schilderachtige scènes. Je kunt er picknicken, een kaartje leggen, elke avond troept iedereen samen voor de tribune waar de keur onder de monniken samenkomt, om de dansen voor de beschermers mee te maken. Wanneer het donker wordt, steken de monniken grote houtblokken aan waarin de bedevaarders hun standbeeldjes uit boter in gooien.

INKOPEN DOEN

🏠**Fabriek van Tibetaanse tapijten (Tibet Gang-Gyen Carpet Factory, plattegrond A1, 30):** Mount Everest Road 9. Tegenover de Tashilumpo, aan de andere kant van de esplanade. ☎ 83 26 192. Dagelijks geopend van 9.00 tot 13.00 u en van 15.00 tot 19.00 u. Gesloten op zondag. Wandel onder het portaal door en steek het terrein met barakken over. Aan het eind links ligt de winkel tegenover een groot atelier. De fabriek, die in 1988 werd opgericht, stelt bijna 180 wevers tewerk (allemaal ouder dan 18 jaar, zegt de directeur). De hoogpolige tapijten die hier worden gemaakt, zijn prachtig. De waarde ervan wordt bepaald aan de hand van het aantal knopen per vierkante voet (ongeveer 760 knopen per dm²). Nagenoeg de helft van de winst gaat naar het klooster, een derde is voor het personeel, de rest is voor het aankopen en het ontwikkelen van de fabriek. De wevers wonen in de omliggende dorpen. Vier vrouwen hebben goed twee weken nodig om een tapijt van 250 bij 200 cm te weven. Voor de kleinere tapijten, 185 bij 90 cm, zijn tien dagen voldoende voor twee personen. De tapijten kunnen in 70 verschillende kleuren geweven worden. Je bent niet verplicht iets te kopen, maar alles is wel voorzien, zelfs het vervoer. Je krijgt thee aangeboden, de manager vergast je op een rondleiding. De kwaliteit van deze tapijten haalt het zeker niet van tabriz, shiraz of andere Iraanse of Pakistaanse stukken maar omdat ze uit zuivere scheerwol worden gemaakt, behouden ze wel hun echtheid.

IN DE OMGEVING VAN SHIGATSE

✹✹ **Shalu (of Zhalu):** 10 km van Shigatse, aan de weg naar Gyantse. Midden in een landelijk dorpje begint een berijdbare (aangeduide) weg die over 4 km naar het zuiden loopt. Geen hotels, geen restaurants. Shalu dateert al uit de 11de eeuw en wordt gelinkt aan Büton Rimpoche (1290-1364). Deze grote geleerde stichtte de gelijknamige Bütonsekte (ook wel Zhalupa genoemd) waarvan de spirituele uitstraling veel verder reikte dan de geografische ligging. Hier in Shalu schreef Büton, een van de grootste Tibetaanse historici, de 227 delen van de Tangyur (de Tibetaanse boeddhistische canon) en beoefende hij de exegese van de *tantra*. Het klooster zoals het vandaag is, werd gebouwd in de 14de eeuw door Dragpo Gyaltsen, bekend om zijn beheersing van de cyclus van de *kalachakra tantra*. Al snel werd het klooster het centrum voor esoterische yogileer. Tot het onderricht behoorden onder andere de *lungom* (reis over lange afstanden in trance) die door Alexandra David-Néel werd beschreven in het hoofdstuk over de vliegende monniken, en de *thumo*, het genereren van interne warmte. Het Chinese deel van Shalu, de Serkhang, had relatief weinig te lijden onder de Culturele Revolutie, wat zeker niet kan gezegd worden van het Tibetaanse deel achteraan, dat nog altijd vervallen is. In het klooster wonen vandaag 75 monniken. Op het hoogtepunt woonden er hier 4000. De Serkhang, die naar het oosten is gericht, ligt op een prachtig geplaveid binnenplein omzoomd met een mooie kooromgang. Dit gedeelte dateert uit de periode van de Mongoolse Yuandynastie. Het geverniste pannendak is uniek in Tibet. Rondom de vergaderzaal, gebouwd op eeuwenoude pijlers, liggen kapelletjes. Het geheel verdient echt een bezoek: fresco's en kleine stoepa's in Newaristijl, mandala's, muren bedekt met honderden *tsa-tsa's* (votiefplaatjes in klei) en een standbeeld van Sakyamuni dat zou dateren uit de 11de eeuw. In de achterste kapel duizenden boeddha's in bas-reliëf en een wonderbaarlijke waterschaal die om de 12 jaar wordt verwisseld. Het water raakt nooit vervuild en geneest 108 ziektes.

Het bijzondere van deze plek zijn de gangen die erg middeleeuws aandoen, ze zijn smal, hebben een hoog plafond en liggen rond de Serkhang, zowel op de benedenals op de eerste verdieping. De muren van deze bedevaartsgang (*khorlam*) zijn beschilderd met fresco's uit de 14de en 15de eeuw en beelden het hof van de grote Mongolen uit. De stijl is een mengeling van Chinese, Mongoolse en Newari-invloeden. Vergeet je zaklamp niet, de gangen zijn enkel verlicht met een paar kijkgaten. Zelfs al kun je niet alles onderscheiden, je ziet toch genoeg om te begrijpen waarom deze meesterwerken de wisselvalligheden van de geschiedenis hebben doorstaan en tal van generaties Tibetaanse artiesten hebben geïnspireerd.

In de kapellen op de eerste verdieping bewonder je de betoverend mooie mandala's gewijd aan Büton en de uitzonderlijke collectie koperen standbeelden uit de 17de en 18de eeuw. In het midden, op de verdieping erboven, een stoepagrafzaal van de lama's van de Bütonsekte.

Voor je Shalu verlaat, ga je nog eens langs de Serkhang, via de kleine zijdeurtjes. In de vervallen oude 'Tibetaanse' tempels ligt een klein dorpje waar het wemelt van vrolijke kindjes en guitige grootmoedertjes. Na al het rood en de diepten van de Serkhang kun je hier een verfrissende wandeling maken in de openlucht, in het wit...

✹ Ngor: moeilijk te vinden als je chauffeur het hier niet kent. Volg de weg naar Lhatse tot het klooster van Narthang. Hier vertrekt een aardewegje naar het zuiden. Volg dit een aantal kilometer tot de bedding van een uitgedroogde rivier. Te voet ben je een halve dag onderweg. Het dorpje Ngor ligt wat verloren, verscholen op een bergflank. De inwoners zien hier maar weinig vreemdelingen. Je kunt overnachten aan de rand van het dorp of je kiest voor en warme ontvangst door de monniken van het klooster van Ngor, dat 500 m boven het dorp ligt. Je kunt er overnachten, een magische ervaring. Boven heb je een adembenemend zicht op de vallei.

Ngor, dat werd gesticht in 1492, werd al snel beschouwd als een belangrijk Sakyapak-looster. De (vernielde) muurschilderingen en verluchte manuscripten behoren tot de grootste artistieke schatten van Tibet. Maar de Rode Garde van de Culturele Revolutie lieten niets van Ngor heel. Vandaag is een klein deel van het klooster wederopgebouwd, het geheel heeft wat van zijn authenticiteit teruggevonden. De vier stoepa's aan de ingang werden opgericht ter ere van de vier grote meesters van het lamakloos-ter. Elk van hen heeft zijn eigen tempel binnen. Twee van deze lama's werden verbannen naar de Verenigde Staten. Ze laten zich tijdens hun meditatie niet storen. Pas na de ceremonie haasten ze zich naar je toe en overdonderen je met hun vragen. Een bezoek aan het klooster is met name interessant voor de macabere rituelen die er plaatsvinden. 's Ochtends woon je het filosofische debat bij op de patio.

VAN SHIGATSE NAAR GYANTSE

De weg loopt door de slibrijke en zonnige vallei. Hier wordt niet alleen gerst geteeld. De boeren hebben er ook groenteteelt opgestart, wat van dit gebied een van de vruchtbaarste van Tibet maakt. Let op de grootte van de huizen! Een paar kilometer voorbij Panam', aan de linkerkant van de weg, staat een *tchou-kor*, een gerstmolen met een schoepenrad. Bekijk het ingenieuze toestel waarmee het graan via een wollen trechter naar de steen wordt gevoerd. Je kunt hier dan wel geen *tsampa* dansen, maar er des te meer van proeven.

GYANTSE

HOOGTE: 4040 M | NETNUMMER 0892

De oude stad van Gyantse is zonder twijfel de mooiste van Centraal-Tibet. Zij heeft haar bloei te danken aan de strategische ligging, aan de kruising van de karavaanroutes tussen Lhasa, Sikkim en Nepal. Vroeger ontvingen het klooster en de stad een bijdrage op de handelswaar. De stad verloor in 1950 aan belang door de sluiting van de grens met India. Na een overstroming in 1954 werd Gyantse opnieuw opgebouwd. Niet te missen zijn het kloostercomplex, de *Pelkor Chode* waar de *Kumbum* staat, en de *dzong*, de vesting die de stad domineert. Dit kleine karaktervolle stadje staat ook bekend om de paardenrennen, het 'Horse Race Festival' dat elk jaar in augustus plaatsvindt.

Wandel door de oude stad, in het noordelijke deel van Gyantse. Hier geen lawaaierige hotels of karaokebars. Gyantse verzet zich tegen de Chinese invloed. In het moderne en (vrij) levendige centrum van Gyantse, aan de overkant, is de markt in volle gang. 's Avonds is iedereen er van de partij voor een Chinese kungfufilm of een karaokesessie zonder eind, te horen in alle straten. Stap een van de rustieke tavernes binnen, ge-garandeerd een unieke ervaring aangezien hier vooral Tibetanen komen. Je wordt er warm ontvangen, het bier kost niet veel. Het publiek, waaronder vaak ook de monnik die je die middag nog in het klooster bent tegengekomen, moedigt je aan te zingen. Ga je gang!

AANKOMST EN VERTREK

Je hoeft niet naar het busstation in het zuiden van de stad te gaan, de bussen vatten 's ochtends vanaf 8.00 u post aan het hoofdkruispunt.
- Waar je ook vandaan komt of heengaat, je gaat best via Shigatse, alle wegen voor de hele regio lopen hier langs.

JE ORIËNTEREN

De centrale as door de moderne stad heet Yingxiong Lu. Loodrecht op deze straat, waar het meeste gebeurt, twee assen: de eerste (Weiguo Lu) leidt naar het klooster, de tweede (Shanghai Donglu) naar het ziekenhuis!

NUTTIGE ADRESSEN

@ **Internet:** een ruimte tegenover het *Gyantse Hotel* (Damuzhi Internet Bar), een tweede tegenover het *Gyantse County Hotel* (grote hal waar internetters kettingrokend voor hun videospelletjes zitten). De beste plek is het *Business Center* van het *Gyantse Zongri Hotel*. Er is overal veel volk.

☎ **Telefoon:** zoals elders ook hier internettelefonie aan lage prijzen (zie 'Tibet prak-tisch'). Een kraampje tussen het *Gyantse Hotel* en de hoofdstraat, een tweede in de hoofdstraat zelf, tussen de hotels *Jianzang* en *Wutse*. Gesloten rond 21.00 u.

◼ **Kruidenierszaken:** niet ver van de rotonde, in Weiguo Lu. Een aantal goed be-klante zaken.

◼ **Outside Outdoor Sport:** tegenover het *Jiangzang Hotel* (zie 'Slapen'). Vrij veel wan-delmateriaal.

SLAPEN

GOEDKOOP TOT DOORSNEEPRIJS

▦ JIANZANG HOTEL: Yingxiong Zhonglu 14. ☎ 81 73 720. • jzjzhotel@163.com. Groot, vertikaal, blauw uithangbord. Ga uit van 40 ¥ (€ 4) voor een bed in een slaapzaal, sanitair buiten. Tweepersoonskamer met badkamer vanaf 200 ¥ (€ 20). Minder duur in het laagseizoen. Kies een kamer in de vleugel met uitzicht op de straat (recenter, parket...), liever dan een kamer die uitkijkt op de binnenplaats. Vermijd de slaapzaal op de benedenverdieping. De klok rond warm water. Geen verwarming, vraag een elektrisch vuurtje als het nodig is. De gemeenschappelijke ruimtes en de betegelde gangen zijn goed onderhouden. Familiale ontvangst, me-neer spreekt Engels.

▦ WUTSE HOTEL: Yingxiong Zhonglu. ☎ 81 72 909. 150 m noordelijk van het *Jian-zang Hotel*. Verticaal uithangbord met gele Chinese tekens, afbeeldingen van tijgers en olifanten in de ingang. Reken op 40 ¥ (€ 4) voor een bed in een slaapzaal, min-der goed dan in het *Jiangzang Hotel*. Voor een tweepersoonskamer met douche en toilet betaal je 200 ¥ (€ 20). Korting buiten het seizoen. Eerlijk hotel. De klok rond warm water. In de badkamer kan het onfris ruiken (zoals vaak het geval is). Restaurant, duur en niet goed.

Gyantse Zongri Hotel: Weiguo Lu. Op wandelafstand van het kruispunt met de hoofdstraat. ☎ 81 75 555. • jngawangrangchuan_n@hotmail.com. De officiële prijs voor een tweepersoonskamer met ontbijt is 180 ¥ (€ 18), maar buiten het seizoen is dit bespreekbaar. Wat verouderd hotel, maar twee verdiepingen doen modern aan. Boven de lobby een groenige glazen gevel. Chinees hotel, voor noodgevallen. Zoals de meeste communistische hotels, maar de kamers zijn correct. Geen verwarming. Vriendelijke ontvangst. Je kunt hier internetten.

Gyantse County Chugu Hotel: Yingxiong Zhonglu. ☎ 81 73 165. Tweepersoonskamer voor 280 ¥ (€ 28), met sanitair. Korting buiten het seizoen. Chinees hotel waar de door het moederland opgelegde orde heerst.

LUXUEUS

Gyantse Hotel: Shanghai Donglu 2. ☎ 81 72 222. Tweepersoonskamer met ontbijt voor 460 ¥ (€ 46). Korting tijdens het laagseizoen. De overheidshotels zijn doorgaans deprimerend, maar dit hier heeft ons met zijn immense lobby helemaal verbluft. Aandoenlijke constructie uit een ander tijdperk (de tijd vóór de witte tegeltjes), de strengheid en de afmetingen van de ruimtes zullen de liefhebbers van de stalinistische architectuur plezieren. De ontvangst houdt het midden tussen onverschilligheid (gouvernementeel zou je kunnen zeggen) en de overblijfselen van de voortdurende opleiding rond nieuwe normen binnen het Chinese hotelwezen. Luxe neergedaald in Gyantse... enkele jaren geleden. Warm water, airco en verwarming. Vraag een kamer in de Tibetaanse vleugel, die zijn beter. Vermijd het restaurant, het eten is er slecht. Je kunt er een fiets huren.

ETEN

Opgelet, in sommige restaurants (zoals het Zhuang Yuan tegenover het Wutse Hotel) is de prijs op de Engelstalige menukaart veel hoger dan normaal. Ben je platzak, dan kun je altijd onderhandelen over de rekening! Dat helpt soms. In principe rekenen de meeste hotels buitenlanders niet meer aan.

DOORSNEEPRIJS (25-50 ¥, € 2,50-5)

Yak Restaurant and Bar: Yingxiong Nanlu, tegenover het *Jianzang Hotel*. Dagelijks geopend van 7.00 tot 23.00 u. In januari en februari gesloten. Een gezellig restaurant op de eerste verdieping, verschillende afzonderlijke ruimtes. Er is ook een grote tafel. Kleine bar. Nudry, de eigenares die ook achter de potten staat, maakt graag een praatje met de buitenlanders. Ze is gespecialiseerd in westerse gerechten, en dat doet ze behoorlijk!

Gyantse Kitchen: Shanghai Donglu, zo goed als recht tegenover het *Gyantse Hotel*. Gesloten in januari en februari. 's Middags en 's avonds buffet of à la carte. Net restaurant, schitterende Tibetaanse inrichting. Grote tafels voor kleine groepjes. Digy de kok maakt lekkere curry's maar ook noedels en pizza. Proef de wijn van de Grote Muur.

Restaurant van het Jianzang Hotel: zie 'Slapen'. Op de eerste verdieping. Een eerlijk, Tibetaans ingericht restaurant met draaiende tafeltjes waar schotels staan die de toerist overweldigen zonder hem duizelig te maken. Probeer de *momo* van aardappel! Een goed adres.

⊠ TASHI RESTAURANT: Yingxiong Nanlu, iets ten noorden van het *Wutse Hotel* (groot groen uithangbord). Gesloten tijdens het laagseizoen. Op de eerste verdieping van het vroegere *Chanda Hotel*. Nepalese keuken, geen slechte maar ook geen uitzonderlijk goede verrassingen. Populair en toeristisch.

⊠ NINGXIA MUSILIN: Yingxiong Zhonglu. Tussen het *Wutse Restaurant* en het *Tashi Restaurant*. Groen uithangbord, enkel Chinese karakters. De eigenaars stammen uit de provincie Ningxia, *musilin* (uit te spreken als 'moesselien') betekent moslim. De gewone specialiteiten, noedels dus, lekker en niet duur. Engelse kaart. De *Muslim noodles* zijn dezelfde als de *lamian* (met de hand gedraaide noedels), gevuld met 'beef' is dit *gan banmian* (stamppot met rundsvlees op een bordje pasta). Drink hierbij *babao cha*-thee (acht-wonderenthee). Keuken en een paar tafels op de beneden- verdieping, grote zaal op de eerste verdieping voor een 'publiek' tafeltje of een af- gesloten ruimte vanwaar je de andere tafelgenoten kunt monsteren... Dat doen zij ook met jou!

WAT IS ER TE ZIEN?

🔌🔌🔌 **Het klooster van Gyantse:** dagelijks geopend van 9.00 tot 18.00 u. Toegangs- prijs: 40 ¥ (€ 4). De **Pelkor Chode**, het symbool van de stad, werd in 1418 gebouwd en was in feite een federatie van 16 kloostercolleges die tot drie verschillende scholen behoorden: Gelugpa, Sakyapa en Büton (of Zhalupa, een kleine sekte uit Shalu). Van- daag blijft daar maar één college meer van over. De ongewone tolerantie vraagt met- een ook een verklaring voor de uitzonderlijkheid van deze plek. De architectuur wordt gekenmerkt door Nepalese, Chinese en Tibetaanse invloeden. De hal en kapellen van de hoofdtempel (Tsuklakhang) hebben de eeuwen (en de Culturele Revolutie) door- staan zonder al te veel schade. Andere tempels, die onlangs werden gerenoveerd, zul- len het mooie patina van deze tempel nog lang benijden. De inrichting is rijkelijk, het houtwerk prachtig. Binnen tal van schatten zoals de 15de-eeuwse fresco's, eeuwen- oude *thangka*... Dit is ongetwijfeld een van de hoogtepunten van je reis naar Tibet.

Links van deze tempel moet je absoluut de **kapel van de beschermers** (Gonkhang) bezoeken. De inkomhal met laag plafond is een voorproefje van wat nog moet komen: fresco's met als thema de hemelse begrafenis, die de heiligheden van de bardo beschrijven, schrikwekkende standbeelden van de beschermers, een verzame- ling maskers voor tijdens het festival, alles 'spreekt'. Achterin de vergaderzaal (48 pi- laren, uitzonderlijke fresco's en beeldhouwwerken die jammer genoeg vaak zwart geworden zijn door de boterlampen) ligt de belangrijkste kapel van de tempel. Het imposante drieluik van de boeddha's uit het verleden, het heden en de toekomst is omgeven door 8 even intimiderende bodhisattva's (zo'n 4 m hoog), vrouwen links en mannen rechts.

Klim via de trap in de zuidwestelijke hoek van het voorvertrek naar de eerste verdie- ping, neem je tijd om de vier zijkapellen rond de galerij te bewonderen. Je komt bin- nen via een houten trap die naar heel oude driedubbele deuren leidt. De tweede links is een echt pareltje. De niet-gerestaureerde tantrische schilderingen geven, ondanks de slijtage en de vergane kleuren, een idee van hun pracht van weleer. De standbeelden op mensenmaat in de 16 *arhats* waken over Boeddha Sakyamuni en omringen de driedimensionale mandala van Chakrasamvara. De hoge kloosterkapel in het midden is versierd met 15 schitterende en heel ingewikkelde geschilderde mandala's, die ongetwijfeld dateren uit de 16de eeuw. Bepaalde zalen zijn gesloten, je kunt proberen vriendelijk aan een monnik te vragen om er toch eentje te openen. Dring zachtjes aan. Het zou jammer zijn dat je helemaal naar hier bent gekomen en deze schatten niet kunt bewonderen.

In de rechterzaal: Maitreya, de boeddha van de toekomst en een muur met originele teksten. Daarachter Atisha (die de tweede verspreiding van het boeddhisme in Tibet heeft beïnvloed). Let ook op de drie historische koningen van Tibet, waarvan wordt gedacht dat zij manifestaties zijn van de verschillende boeddha's (Songtsen Gampo met Avalokiteshvara, Trisong Detsen met Manjusri en Trin Ralpachen met Vajrapani). In een kleine inspringen de stoepa voor de moeder van de stichter van het klooster. Een vreemd zaaltje, analfabetische bedevaarders tussen de teksten door sluipen om ze in zich op te nemen. De muur is al afgesleten door de vele handen die erover gegaan zijn! Naar aanleiding van de verjaardag van het klooster, traditioneel van de 15de tot de 19de dag van de vierde maanmaand (mei-juni, maar vraag vooraf na want de datum kan wat naar achteren schuiven), wordt een monumentale *thangka* afgewikkeld op een grote witte muur van het kloostercomplex.

De **Kumbum** (afgeleid van Kum, 'beelden', en Bum, '100.000'), de stoepa met 100.000 beelden dus, op het binnenplein, werd gebouwd in 1427 volgens het model van de oude Indiase stoepa's, naar alle waarschijnlijkheid door Newarartiesten uit Nepal. De stoepa is 35 m hoog. De zes niveaus buiten komen overeen met acht niveaus binnen (enkele zijn gesplitst). De vier hoofdkapellen zijn naar de vier windstreken gericht. Het geheel vormt een driedimensionale mandala die je van beneden naar boven en van links naar rechts bezoekt, tot de kapel van Dorje Chang, de eerste boeddha. Dit inwijdende traject doet je duizelen: op je klim naar de top en je halte bij 77 kapellen ontdek je de hele tantrische weg. Sommige afbeeldingen zijn echt wel schitterend, een zaklamp is onontbeerlijk. Betaal de 10 ¥ (€ 1) en dan kun je in de stoepa fotograferen, een flitslicht is nodig. Je begint je klim langs de stenen trap en eindigt met de nauwe houten laddertjes. Vanaf twee tussenniveaus kun je het uitzicht bewonderen. De traditie wil dat de Kumbum 108 deuren telt, een getal dat overeenkomt met het aantal kralen van de Tibetaanse rozenkrans.

❧ **Gyantse Dzong:** toegankelijk met een jeep via de achterkant of via een klim van 20 minuten tot helemaal bovenop de muren. Dagelijks geopend van 9.30 tot 19.30 u. Toegangsprijs: 30 ¥ (€ 3).

Ga te voet, zo werk je niet alleen wat aan je conditie, maar je inspanningen worden bovendien beloond met een grandioos panorama over de versterkte stad, het klooster en de vallei. Keer terug via de andere kant, vanaf het platform waar de barse oppassers van kassa staan. Op die manier ontdek je de oude stad. Er blijft jammer genoeg niet veel meer over van de oude vesting uit de 13de eeuw, die zwaar werd beschadigd tijdens de Britse invasie van 1904 en daarna tijdens de Culturele Revolutie. Droom even weg en beeld je de aankomst in van de Britse troepen van Younghusband aan het begin van de 20ste eeuw. Hij bereikte, 1000 man sterk en met een lichte artillerie, met gemak Gyantse, het laatste versterkte bastion voor Lhasa. Terwijl in het noordoosten voor een afleidingsmanoeuvre werd gezorgd, konden de Engelsen, nadat ze de muur hadden gebombardeerd, langs het zuidwesten binnendringen. Een granaat vernielde het kruit van de Tibetanen, zij moesten hun toevlucht nemen tot het gooien van stenen naar de indringers.

Je bezoek begint met een kleine voorstelling met wassen poppen. Jammer genoeg is er geen uitleg voorzien. Je ziet er hoe de landsheren belastingen innen. Het kleine stadje Gyantse genoot een grote autonomie. Als toppunt van slechte smaak wat verder een executie, compleet met marteling waarop de Tibetanen zo verzot waren. Bemerk in het blok van de veroordeelden de staat waarin het houtwerk en de schilderingen zich bevinden (dit deel dateert van 1390 en werd niet beschadigd). Zie ook de interessante uitkraging, typisch voor de Tibetaanse architectuur. Achteraan ligt een donkere kapel ter ere van Sakyamuni. Op de eerste verdieping een heel klein zaaltje met originele mandala's. Afspraak voor de bergflank van de zelfmoordenaars, om verder te gaan op deze morbide weg.

Een snel bezoek (de tijd die je nodig hebt om de helling te beklimmen, niet meegerekend natuurlijk) dat zeker op je programma moet staan omwille van het panorama.

❧❧ **De oude stad:** via de straat van het klooster (Baiju Lu) of de oostelijke flank (Yingxiong Beilu). Ondanks de vele nieuwe aanpassingen (voetpaden, straatlantaarns...) verloopt het dagelijkse leven hier nog vrij authentiek. De inwoners wonen er in hun huisjes omgeven met hoge muren, een koe houdt de wacht. Slenter wat rond, je komt gegarandeerd een gezin tegen dat een schaap slacht, een vrouw die haar koe melkt of een kraampje waar je klokjes en harnassen kunt kopen. De mogelijke kopers bestuderen ze nauwgezet, alsof het om dure juwelen ging. Wat verder hinkelen kinderen, ze onderbreken hun spel even om te kijken hoe een tractor een enorme lading koeiendrek versleept... Elke dag, aan het eind van de middag, keren herders en boeren te paard, te voet of met een kar terug van de velden. In de straten zie je maar weinig buitenlanders. Hier geen stereotiepe scènes en clichés, je gaat gewoon op in de omgeving...

❧❧ **Carpet Factory:** in de oude stad. Wandel van het centrale kruispunt in noordelijke richting (Yingxiong Beilu), sla links af, voorbij het namaakpark (uithangbord dat Gyantze Dzong aangeeft), en daarna rechts af (aangeduid). De ingang ligt aan het eind van een doodlopende straat, aan de linkerkant. Wandel onder de Tibetaanse poort door. Dagelijks geopend van 9.00 tot 13.30 u en van 14.30 tot 17.00 u, gesloten op zondag. Interessant bezoek langs een aantal kleine gebouwen, die elk in het teken staan van een specifieke taak. Onder de poort links ligt een winkel, rechts wordt gesponnen en gekaard, dan volgt het weven van kleine en grote stukken en helemaal achteraan gebeurt de afwerking (het afknippen van de draadjes). De 200 werknemers, voornamelijk vrouwen, worden betaald volgens rendement. De meesten van hen verdienen amper 300 ¥ (€30) per maand, en ze verdoen hun tijd echt niet... De vrouwen, altijd in voor een grapje, houden van de bezoekers. Je kunt er fotograferen, wat des te meer in de smaak valt als je belooft hen een foto op te sturen. Geef zeker geen geld in ruil voor een foto. Deze plek, waar gelukkig geen troepen toeristen komen, is nog vrij authentiek. Hier kun je nog echt genieten van een onverwachte ontmoeting.

VAN GYANTSE NAAR LHASA VIA DE WEG NAAR HET ZUIDEN

Lange tijd werd er aan de weg Gyantse-Lhasa gewerkt, je kon er dus niet langs. Maar vandaag is dit een van de mooiste en meest gevarieerde wegen van Tibet geworden. Voorbij de eerste berg, Simu-La (4300 m), slingert de weg zich door een landschap van bergtoppen, neergestorte stenen en morenen die van de gletsjers komen helemaal naar de befaamde Karo-La (5000 m) aan de voet van de Norzing Kansar (7200 m). Daarna daal je af naar de kleine depressie Nagartse (4400 m), waar de boeren uit de wijde omtrek samenkomen. In dit kleine stadje vind je enkele restaurants en hotels voor wie op bedevaart is. Op je wandeling rond het meer Yamdrok-Tso (letterlijk het turkooizen meer) kun je tal van vogels bewonderen. Het landschap bestaat voornamelijk uit gruisvormige, verpletterde rotsen en een oude gletsjervallei.

De weg stijgt opnieuw richting Kamba-La (4800 m). Van hieruit, als de Chinezen wat plaats willen maken, heb je een panoramisch uitzicht over het meer met op de achtergrond de eeuwige sneeuw van de Norzing Kansar, schitterend... De weg daalt opnieuw langs schisten naar de vallei van de Brahmaputra en volgt de rivier tot die in de Kyichu uitmondt.

Trek vijf uur uit voor het traject Gyantse-Lhasa, al zou het jammer zijn onderweg niet wat rond te kijken. Overnacht in Nagartse en geniet van de zonsopgang over Samding. Doe je dit niet, vertrek dan rond 5.00 u in Gyantse.

🏔🏔🏔 **Het klooster van Ralung:** verlaat de weg naar Lhasa voorbij de Simu-Lapas (hoogte: 4300 m, prachtig kunstmatig meertje beneden) en voor je op de Karo-La aankomt, volg het kiezelpad (bewegwijzering) ongeveer 5 km. Een prachtige plek, omgeven door gletsjers en de eeuwige sneeuw op de bergen die tot 7000 m hoog zijn. Ralung, dat dateert uit de 12de eeuw, werd door de Chinezen opgeblazen, de monniken waren nog binnen... De indrukwekkende ruïnes van wat ooit het hoofdklooster was, geven je een goed overzicht van het belang van het klooster in het verleden, hier woonden op een bepaald moment tot 1000 monniken (vandaag zo'n 20). Ralung is het belangrijkste centrum van de Drukpa Kagyusekte in Tibet, een rechtstreekse erfgenaam van het onderricht van Milarepa, de dichter-geleerde. In de 16de eeuw onderwees Drukpa Kunleg, yogi en atypisch spiritueel meester, de kunst om wijsheid te bereiken. Een eeuw later zocht een abt van het klooster, op de vlucht voor de koning van de Tsang, zijn toevlucht in Bhutan. Hij slaagde erin het kleine landje onder de vlag van Drukpa te verenigen, vandaag nog is dit de nationale godsdienst van het land. Na de wederopbouw van bepaalde kapellen kent het klooster een nieuwe bloei.

🏔🏔 **Het Yamdrok-Tsomeer:** het prachtig turkoois en de vreemde vorm (met al zijn armen lijkt het meer op een schorpioen) maken van het meer een verplichte stopplaats voor iedereen die op deze weg naar het zuiden rijdt. Het midden van het meer bestaat uit moeras dat terrein wint op het meer. De Chinezen zouden grotendeels verantwoordelijk zijn voor dalen van het waterniveau, sinds zij het meer komvormig hebben uitgegraven. Het water wordt gebruikt voor de turbines van een lagergelegen waterkrachtcentrale voor het naar de Yarlung vloeit. Alweer een ontheiliging, erger nog dan vissen in het meer (spot de grote boten) en een heel delicate zaak voor de overheid. Volgens een oud gezegde zou Tibet, wanneer het meer zou opdrogen en het land zijn belangrijkste symbool zou verliezen, niet meer bewoonbaar zijn...

꽃꽃 Het Samdingklooster: in de omgeving van het Yamdrok-Tsomeer. Een tiental kilometer ten oosten van Nagartse. De weg erheen is 's zomers modderig en dus moeilijk berijdbaar. Het klooster dateert uit de 12de eeuw en werd twee eeuwen later het enige klooster van de duistere Bodongpasekte, die nooit navolging zou vinden buiten de muren van dit klooster. Samding werd gesticht door Bodong Chokle Namgyal, later de onderwijzer van Tsongkhapa (patriarch van de Gelugpa). De Bodongpaschool vertoont gelijkenissen met die van Sakyapa en Nyingmapa. Wat zo bijzonder is aan Samding, is dat het klooster wordt geleid door Dorje Phagmo, een vrouwelijke incarnatielijn (*tulku*). De legende zegt dat deze lijn na de Mongoolse invasie in 1716 de nonnen zou hebben veranderd in varkens. De indringers, die stomverbaasd waren, draaiden zich om en lieten het klooster met rust. Jammer genoeg kon dit mirakel niet worden herhaald tijdens de Culturele Revolutie, die het imposante klooster in de as legde. Inmiddels wonen hier zo'n dertig ijverige monniken in het voormalige maar bescheiden heropgebouwde klooster. Het mist wel een tikkeltje levendigheid, misschien wel omdat de laatste reïncarnatie van Dorje Phagmo, die vandaag gepensioneerd is, in Lhasa woont, waar zij lid is van de plaatselijke regering.

Je kunt je bezoekje kort houden. Op het binnenplein staan twee grote stenen trappen met in het verlengde de gebruikelijke houten 'ladders', in elke vleugel van het L-vormige hoofdgebouw. Rechts een klein vergaderzaaltje met op de eerste verdieping de woonvertrekken van Dorje Phagmo (schilderijen en foto's van haar) en een aantal kapellen. Bekijk ook de recente verzameling van *Tangyur*, 227 delen met gele kaft aangeboden door de Chinezen om de vernieling af te kopen. Vanaf de linkertrap zie je de ruimte waar de patriarchen van alle Tibetaanse ordes samenkwamen en een zaaltje voor de beschermgod. Heel mooie maskers die nog steeds worden gebruikt door de monniken tijdens hun ceremonies. In een ander kapelletje huist Maitreya met rechts van haar een vrouwelijke beschermer en links de stichter van deze plek.

Op de dakterrassen kun je genieten van een adembenemend uitzicht op de vallei en heb je de gelegenheid om de drooglegging te bekijken. Terwijl je naar boven klimt, bekijk je de rib waarop het klooster is gebouwd. Van hieruit ook weer een schitterend panorama, dit keer over de noordelijke arm van het meer.

Heb je de kans, bezoek Samding dan wanneer de zon opkomt. Het 'ontwaken van het klooster' in de ochtendnevel is feeëriek. De kristalheldere zuiverheid van de ochtend, de rook uit de keukens, de nachtelijke rijp en op de muren de gargantueske schaduwen van de monniken met boterlampen zorgen voor een surrealistische sfeer. Een korte reis tijdens je reis.

LIJST VAN KAARTEN EN PLATTEGRONDEN

VERKLARING VAN DE SYMBOLEN

Bezienswaardigheid in de omgeving	Ontbijten
Busstation	Parking
Café, bar	Patisserie
Camping	Postkantoor
Cybercafé	Restaurant
Dansen	Shoppen, inkopen doen
Dienst voor Toerisme	Skistation
Diverse	Snackbar
Duiklocatie	Strand
Fietsen te huur	Taxi
Geschenk, souvenir	Telefoonnummer
Geschikt voor kinderen	Theater, evenement
Haven	Treinstation
Honden toegelaten	Verboden te roken
Hotel, jeugdherberg, B&B	Voorzieningen voor mensen met een handicap
IJssalon	Wandelen
Koffie- of theehuis	Website, e-mailadres
Livemuziek, concert	Wist je dat?
Luchthaven	Unesco-Werelderfgoed
Metrostation	

AANDUIDING TROTTERTIPS	trottertip	interessant	niet te missen

REGISTER